U0934096

The Changes of the Legal System in the Forty Years of Reform and Opening-up

改革开放40年法律制度变迁

总主编　张文显
执行主编　柳经纬

商法卷

Commercial Law

主　编◎赵旭东
副主编◎李建伟　吴　弘　韩长印
樊启荣　董惠江

厦门大学出版社 XIAMEN UNIVERSITY PRESS
国家一级出版社
全国百佳图书出版单位

图书在版编目(CIP)数据

改革开放40年法律制度变迁.商法卷/赵旭东主编.—厦门:厦门大学出版社,2019.12

ISBN 978-7-5615-7250-4

Ⅰ.①改… Ⅱ.①赵… Ⅲ.①商法—法制史—研究—中国—现代 Ⅳ.①D929.7

中国版本图书馆CIP数据核字(2018)第291939号

出版人 郑文礼
策　划 施高翔
责任编辑 李　宁
装帧设计 李夏凌
技术编辑 许克华

出版发行 厦门大学出版社
社　址 厦门市软件园二期望海路39号
邮政编码 361008
总　机 0592-2181111　0592-2181406(传真)
营销中心 0592-2184458　0592-2181365
网　址 http://www.xmupress.com
邮　箱 xmup@xmupress.com
印　刷 厦门集大印刷厂

开本 787 mm×1 092 mm　1/16
印张 27.75
字数 562千字
版次 2019年12月第1版
印次 2019年12月第1次印刷
定价 148.00元

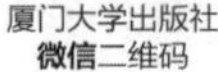

厦门大学出版社
微博二维码

The Changes of the Legal System
in the Forty Years of
Reform and Opening-up

《改革开放40年法律制度变迁》丛书编委会

总　序

改革开放40年
中国法治的历程、轨迹和经验

今年是中国改革开放40年，也是中国厉行法治40年。厦门大学出版社立意高远地策划了"改革开放40年法律制度变迁"这一重大选题，旨在通过聚合我国当今知名法学家，全面回顾总结改革开放40年来我国法律制度变迁和依法治国事业取得的伟大成就，系统梳理改革开放40年来中国特色社会主义法律体系在中国特色社会主义事业波澜壮阔的发展进程中的变迁逻辑、生成规律和实现路径，启迪、展望和探索新时代我国法律制度的建构与发展，以唱响我国法学界献礼改革开放40周年主旋律和最强音，为庆祝改革开放40周年营造良好社会舆论环境，为我国学术界和实务界在新时代更好推动中国特色社会主义法律体系发展完善，推进全面依法治国、建设法治中国新征程，开创法治发展新时代贡献力量。

值此本套丛书出版之际，我以"改革开放40年中国法治的历程、轨迹和经验"为主题作序，与各位作者和编辑一道，豪情满怀地纪念改革开放40年，抒发中国特色社会主义法治的理论自信、制度自信和实践自信。

一、中国法治40年的历程

1978年，中国共产党召开了十一届三中全会，结束了长达十年的"文化大革命"。这次全会做出了"加强社会主义法制"的决定并提出了"有法可依、有法必依、

执法必严、违法必究”的法制工作方针。以十一届三中全会为起点，中国特色社会主义法治经历了三大历史阶段，实现了三次历史性飞跃。

（一）法制创建新时期(1978—1997)

这一时期，我国的法制建设以恢复重建、全面修宪和大规模立法为引领，主要有以下重要历史节点和重大事件：

1.“一日七法”。中共十一届三中全会召开时，虽然“文化大革命”从形式上已经结束，但中国仍处于“无法可依”的状态，国家法律几乎是空白。因此，当务之急是制定一批法律，迅速恢复法律秩序和以法律秩序为支撑的社会秩序。在党中央的领导下，1979年7月1日，五届全国人大二次会议一天之内通过了7部法律，即《刑法》《刑事诉讼法》《地方各级人民代表大会和地方各级人民政府组织法》《全国人民代表大会和地方各级人民代表大会选举法》《人民法院组织法》《人民检察院组织法》《中外合资经营企业法》，被法学界称为中国法治史上著名的“一日七法”。以“一日七法”为先导，我国陆续制定了《民法通则》《行政诉讼法》等一大批重要法律，形成了中国特色社会主义法律体系框架。

2.“九九指示”。有了刑法、刑事诉讼法等法律，能否确保法律实施，在当时的情况下却是一个大大的问号。为此，中共中央于1979年9月9日发出了《关于坚决保证刑法、刑事诉讼法切实实施的指示》。该《指示》要求各级党委要保证法律的切实实施，充分发挥司法机关的作用，切实保证人民检察院独立行使检察权，人民法院独立行使审判权，使之不受其他行政机关、团体和个人的干涉。这是改革开放初期，我们党着手清除法律虚无主义，纠正以党代政、以言代法、有法不依等错误习惯的重要文献，意志坚定、观点鲜明、有的放矢、意义重大。

3.世纪审判。在社会主义法制恢复重建初期，发生了中国现代历史上最重大的法律事件，即对林彪、江青反革命集团的大审判。1980年11月22日，《人民日报》发表特约评论员文章，指出：“对林彪、江青反革命集团的审判，是我国民主和法制发展道路上的一个引人注目的里程碑，它充分体现了以法治国的精神，坚决维护了法律的权威，认真贯彻了社会主义民主和法制的各项原则。”

4.全面修宪。新中国成立之初，党中央和中央人民政府就启动了制定宪法的程序。1954年9月20日，第一届全国人民代表大会通过《中华人民共和国宪法》。这部《宪法》以“根本法”“总章程”的定位，以人民民主原则和社会主义原则为支点，构建了中国历史新纪元的宪法框架，构筑了中国社会主义制度的“四梁八柱”。在“文化大革命”中制定的1975年《宪法》和1978年《宪法》是带有严重错误和缺点的宪法。1980年，中共中央决定全面修改“七八宪法”。经过29个月的艰苦努力，1982年12月4日，五届全国人大五次会议通过了全面修订后的《中华人民共和国宪法》。30多年来的发展历程充分证明，现行宪法及其修正案有力地坚持了中国共产党领导,有力地保障了人民当家做主,有力地促进了改革开放和社会主义现代化建设,有力地推动了社会主义法治国家建设进程,有力地维护了国家统一、民族团结、社会稳定,具有显著优势、坚实基础、强大生命力。

5.全民普法。在法制恢复重建之初,党和政府启动了全民法制宣传教育活动。1985年11月22日,六届全国人大常委会第四次会议通过《全国人民代表大会常务委员会关于在公民中基本普及法律常识的决议》。至今,我国已经先后制定和实施了七个"五年普法规划"。中国的全民普法运动既是中国历史上、也是人类历史上规模空前和影响深远的法治启蒙运动,是一场先进的思想观念和文明的生活方式的宣传教育运动。

(二)依法治国新阶段(1997—2012)

在中国法治的历史上,1997年是一个难忘的国家记忆。1997年召开的中共十五大划时代地提出"依法治国,建设社会主义法治国家",开启了依法治国新阶段。在这个阶段,主要有以下历史节点和重大事件。

1.确立依法治国基本方略。1997年9月,中共十五大召开。江泽民同志在十五大报告中明确提出,要"进一步扩大社会主义民主,健全社会主义法制,依法治国,建设社会主义法治国家"。这是中共首次将依法治国作为治国理政的基本方略。1999年3月15日,九届全国人大二次会议通过《中华人民共和国宪法》修正案,将"依法治国,建设社会主义法治国家"纳入宪法,使依法治国成为党领导人民治理国家的基本方略,建设社会主义法治国家成为国家建设和发展的重要目标之一。这标志着我国迈向了法治建设新阶段。

2.确立依法执政基本方式。2002年10月,中共十六大召开。江泽民同志在十六大报告正式提出"依法执政"概念。2004年9月19日,党的十六届四中全会通过了《中共中央关于加强党的执政能力建设的决定》,把加强依法执政的能力作为加强党的执政能力建设的总体目标之一,并就依法执政的内涵作出科学规定。依法执政基本方式的确立,表明我们党开启了依法治国基本方略与依法执政基本方式有机结合的治国理政的新境界。

3.形成中国特色社会主义法律体系。2011年3月10日,在十一届全国人大四次会议上,全国人大常委会工作报告庄严宣布:一个立足中国国情和实际、适应改革开放和社会主义现代化建设需要、集中体现党和人民意志的,以宪法为统帅,以宪法相关法、民商法等多个法律部门的法律为主干,由法律、行政法规、地方性法规等多个层次的法律规范构成的中国特色社会主义法律体系已经形成,国家经济建设、政治建设、文化建设、社会建设以及生态文明建设的各个方面均实现有法可依。中国特色社会主义法律体系的形成,是我国依法治国、建设社会主义法治国家历史进程的重要里程碑,也是世界现代法制史上最具标志性事件,其意义重大而深远，其影响广泛而深刻。

（三）全面依法治国新时代（2012—）

以中共十八大为历史节点，中国特色社会主义进入新时代，中国法治也跨入新时代。党的十八大以来，以习近平同志为核心的党中央在全面推进依法治国、加快建设中国特色社会主义法治体系和社会主义法治国家的伟大实践中，创造性地发展了中国特色社会主义法治理论，提出了全面依法治国新理念新思想新战略为坚持和开拓中国特色社会主义法治道路奠定了思想基础，为推进法治中国建设提供了理论指引。

1.明确定位“法治小康”。中共十八大提出全面建成小康社会。十八届三中全会、四中全会、五中全会、六中全会不断明晰和丰富全面建成小康社会的目标和各项要求。全面建成小康社会，在法治领域就是要达到依法治国基本方略全面落实，中国特色社会主义法律体系更加完善，法治政府基本建成，司法公信力明显提高，人权得到切实保障，产权得到有效保护，国家各项工作法治化。这是对我国法治建设目标的首次精准而全面的定位。

2.提出法治新十六字方针。2012年，由习近平同志主持起草的中共十八大报告提出：“加快建设社会主义法治国家，必须全面推进科学立法、严格执法、公正司法、全民守法进程。”法学界称之为“新十六字方针”。“新十六字方针”体现依法治国新布局，为全面依法治国基本方略的形成奠定了理论和实践基础。

3.建设法治中国。“建设法治中国”是习近平总书记在十八大之后不久发出的伟大号召。2013年，中共十八届三中全会通过的《中共中央关于全面深化改革若干重大问题的决定》提出要推进法治中国建设。2014年，十八届四中全会进一步向全党和全国各族人民发出“向着建设法治中国不断前进”“为建设法治中国而奋斗”的号召。“法治中国”概念是我们党在法治理论上的重大创新，也是对新时代中国法治建设的科学定位。在实践上，“建设法治中国”，其要义是依法治国、依法执政、依法行政共同推进，法治国家、法治政府、法治社会一体建设。

4.全面依法治国。十八大之后，以习近平同志为核心的党中央在完善“五位一体”总体布局之后提出了“四个全面”的战略布局，并把全面依法治国放在总体战略布局之中统筹安排。在这个布局中，全面建成小康社会是战略目标，全面深化改革、全面依法治国、全面从严治党是三大战略举措，对实现全面建成小康社会战略目标一个都不能缺，要努力做到“四个全面”相辅相成、相互促进、相得益彰。根据习近平总书记的这一战略思想，2014年10月，中共十八届四中全会通过了《中共中央关于全面推进依法治国若干重大问题的决定》，标志着我国法治建设站在了新的历史起点上。

5.建设中国特色社会主义法治体系。中共十八届四中全会是中国共产党执政历史上首次以法治为主题的中央全会，全会通过的《决定》原创性地提出全面依法治国的总目标是建设中国特色社会主义法治体系，建设社会主义法治国家。提出这个总目标，既明确了全面推进依法治国的性质和方向，又突出了全面推进依法治国的工作重点和总抓手。全面依法治国各项工作都要围绕这个总抓手来谋划、来推进。

6. 开启全面依法治国新征程。中国共产党第十九次全国代表大会是中国特色社会主义进入新时代之后中国共产党召开的最为重要的会议。十九大明确了从现在到2020年、从2020年到2035年、从2035年到21世纪中叶一个时段、两个阶段的法治建设目标，为依法治国和法治中国建设指明了前进方向、基本任务、实践路径。十九大把坚持全面依法治国上升为新时代坚持和发展中国特色社会主义的基本方略，凸显了法治在"五位一体"总体布局和"四个全面"战略布局中的地位，提升了法治在推进国家治理现代化和建设社会主义现代化强国中的基础性、支撑性、引领性作用。

二、中国法治40年的轨迹

以中共十一届三中全会做出的"加强社会主义法制"历史性决策为起点，在40年发展历程中，中国法治留下了辉煌的历史轨迹，显现出中国特色社会主义法治发展的鲜明特征和规律。

（一）从"法制"到"法治"

"法制"，望文思义，就是国家的法律和制度。改革开放初期，面对法律几乎"荡然无存"的局面，法制建设的重心是加快立法，健全法制，做到有法可依。之后，在法律体系基本形成的情况下，法治建设经历了从法制到法治的发展。主要体现为：

从"法制"概念到"法治"概念。十一届三中全会之后，在法制领域和法学体系中，最正式最流行的概念就是"法制""法制建设"。中共十五大之后，最正式最流行的概念演进为"法治""依法治国""全面依法治国"等。虽然"法治"与"法制"这两个概念表面上只有一字之差，其内涵和意义却大不相同：第一，"法治"突出了实行法治、摒弃人治的坚强意志和决心，针对性、目标性更强。第二，"法治""法治国家"意味着法律至上，依法而治、依法治权。第三，与"法制"比较，"法治"意味着不仅要有完备的法律体系和制度，而且要树立法律的权威，保证认真实施法律，切实依照法律治理国家和社会。第四，法治包容了法制，涵盖面更广泛，更丰富。

从"方针"到"方略"。改革开放初期，中共十一届三中全会把社会主义法制建设作为党和国家坚定不移的基本方针。中共十五大在社会主义法制基本方针的基础上提出依法治国基本方略。从建设法制的方针到依法治国的方略，显现出中国法治理论和实践发生了深刻变化。

从“法制国家”到“法治国家”。1996年2月8日，在中共中央第三次法制讲座上，江泽民同志在总结讲话中明确提出要依法治国，建设社会主义“法制国家”，并对依法治国和建设法制国家的重大意义进行了阐述。1997年9月，党的十五大报告根据各方面的建议、特别是依法治国的实践逻辑，把此前的提法修改为“依法治国，建设社会主义法治国家。”用“法治国家”代替“法制国家”，是一次新的思想解放，标志着中央领导集体和全党认识上的飞跃。

从“健全社会主义法制”到“健全社会主义法治”。改革开放初期，面对无法可依、制度残缺的局面，党中央作出“健全社会主义法制”的决策，1982年宪法沿用了“健全社会主义法制”的提法。2018年，现行宪法第五次修改将原序言中的“发扬社会主义民主，健全社会主义法制”修改为“发扬社会主义民主，健全社会主义法治”。这一字“千金”的修改，从宪法上完成了从法制到法治的根本转型，反映出我国社会主义法治建设历史性的跨越和进步。

（二）从“依法治国”到“全面依法治国”

党的十五大将“依法治国”作为党领导人民治理国家的基本方略。十八大提出“全面推进依法治国”。十八届四中全会后，习近平总书记提出了内涵更为丰富、表述更为精致的“全面依法治国”概念。从“依法治国”到“全面推进依法治国”再到“全面依法治国”，提法的变化表明我们党依法治国的思路越来越清晰、越来越精准。

（三）从建设“法治国家”到建设“法治中国”

十八大以后，习近平总书记明确提出“法治中国”的科学命题和建设法治中国的重大历史任务。“法治中国”比“法治国家”的内涵更加丰富，思想更加深刻，形态更加生动，意义更具时代性。从“法治国家”到“法治中国”的转型，意味着我国法治建设的拓展、深化和跨越。

（四）从建设“法律体系”到建设“法治体系”

在全国人大常委会宣布中国特色社会主义法律体系已经形成之后，法治建设如何推进？这是摆在全党和全国人民面前的重大课题。习近平总书记经过深入调研和科学论证，提出“建设中国特色社会主义法治体系”。十八届四中全会正式将“建设中国特色社会主义法治体系”作为全面推进依法治国的总目标、总抓手、牛鼻子。从建设“法律体系”到建设“法治体系”，体现了我们党对法治建设规律认识的重大突破。

(五)从“以经济为中心”到“以人民为中心”

中共十一届三中全会果断地、历史性地把党和国家的工作重心从以阶级斗争为纲转向以经济建设为中心，与此同步，中国的法制建设也转向了以经济建设为中心，为经济发展“保驾护航”成为法制的核心价值。中共十八大之后，党中央明确地提出“以人民为中心”的思想，这是统揽全局、指导全面的思想。在法治领域，树立“以人民为中心”的思想，就是要倍加关注人民对民主法治、公平正义、人权保障、产权保护、安定有序、环境良好的美好向往，以满足人民对美好法治生活的向往为宗旨；坚持法治为了人民、依靠人民、造福人民、保护人民，把体现人民利益、反映人民意愿、维护人民权益、增进人民福祉、促进人的全面发展作为法治建设的出发点和落脚点，落实到依法治国全过程各方面。

(六)从“法律之治”到“良法善治”

从1978年至1997年间，我国法制建设的基本方针是“有法可依、有法必依、执法必严、违法必究”，总体而言，这是一种形式法治意义的“法律之治”。十八大提出“科学立法、严格执法、公正司法、全民守法”，从理论和实践上都向形式法治与实质法治的结合前进一大步。十八大以后，我们党明确提出“法律是治国之重器，良法是善治之前提”。十九大报告进一步提出“以良法促进发展、保障善治”。这是对新时代中国特色社会主义法治作为形式法治与实质法治相统一的法治模式的精辟定型。从“法律之治”到“良法善治”是法治理念的根本性飞跃。

(七)从“法制建设”到“法治改革”

从1978年到21世纪第一个十年，在法治领域，总的提法是法制建设，而且总体上也是按照“建设”来规划部署的。中共十八大以来，习近平总书记多次指出，“全面依法治国是国家治理的一场深刻革命”，并以革命的勇气和革命的思维，大刀阔斧地推进法治领域的改革，出台了数百项重大法治改革举措，大力解决立法不良、有法不依、执法不严、司法不公、监督疲软、权力腐败、人权保障不力等突出问题。实践充分证明，法治改革是加快推进法治中国建设的强大动力和必由之路。

(八)从常规建设到加快推进

改革开放以来，我国法制建设有序推进，取得了很大成就。但是，常规的、按部就班的法制建设难以适应全面深化改革、全面依法治国、全面从严治党的迫切要求，难以适应人民群众日益增长的多样化、高质量法治需要，难以跟进国家治理现代化的前进步伐。为此，党中央以时不我待、只争朝夕的姿态加快推进法治改革和法治建设，提出一系列“加快”各领域法治建设和改革的重大措施。

(九)法学教育从恢复重建到繁荣发展

中国的法学教育历史悠久,源远流长。但从20世纪50年代末,我国的法学教育随着法治的衰败而全面衰败。改革开放40年来,伴随着中国法治和中国高等教育前进的步伐,我国法学教育历经恢复重建、快速发展、改革创新,已经形成了具有一定规模、结构比较合理、整体质量稳步提高的教育体系。中国的法学教育已经跻身世界法学教育之林,法学教育的中国模式与法学教育的美国模式、欧洲模式呈三足鼎立态势。一个基本适应我国法治人才需要和法治中国建设需要、具有中国特色的法学体系初步形成。

(十)从人治到法治

40年的中国法治轨迹,总括而言,就是从人治到法治。法治与人治是两种互相对立的治国方略。在这个问题上,我们有经验也有教训。改革开放初期,邓小平同志针对"要人治不要法治"的错误观念以及人治导致"文革"悲剧的沉痛教训,强调指出:"要通过改革,处理好法治和人治的关系"。后来,他又尖锐地指出:要保持党和国家长治久安,避免"文化大革命"那样的历史悲剧重演,必须从法制上解决问题。中共十八大以来,习近平总书记深刻地阐述了厉行法治、摒弃人治的历史规律和深远意义。他指出:"法治和人治问题是人类政治文明史上的一个基本问题,也是各国在实现现代化过程中必须面对和解决的一个重大问题。综观世界近现代史,凡是顺利实现现代化的国家,没有一个不是较好解决了法治和人治问题的。""经验和教训使我们党深刻认识到,法治是治国理政不可或缺的重要手段。法治兴则国家兴,法治衰则国家乱。什么时候重视法治、法治昌明,什么时候就国泰民安;什么时候忽视法治、法治松弛,什么时候就国乱民怨。"基于对人治教训的深刻分析和对治国理政规律的深刻把握,以习近平同志为核心的党中央采取一系列重大举措,推动党、国家和社会告别人治传统而步入法治的光明大道。

三、中国法治40年的基本经验

40年的法治建设不仅取得了历史性成就,而且积累了一系列宝贵经验,形成了一整套科学理论。

(一)坚持和拓展中国特色社会主义法治道路

习近平总书记指出:"中国特色社会主义法治道路,是社会主义法治建设成就和经验的集中体现,是建设社会主义法治国家的唯一正确道路。""具体讲我国法治建设的成就，大大小小可以列举出十几条、几十条，但归结起来就是开辟了中国特色社会主义法治道路这一条。”坚持中国特色社会主义法治道路，“核心要义”是坚持党的领导，把党的领导贯彻到依法治国各方面和全过程，坚持中国特色社会主义制度，贯彻中国特色社会主义法治理论。改革开放40年来，我国的法治建设、法治改革和全面依法治国之所以能够取得历史性成就，根本原因在于我们坚定不移地走中国特色社会主义法治道路。

（二）坚持依法治国与以德治国相结合

法治与德治的关系问题，历来是治国理政的基本问题，是法学和政治学的基本论题。中共十五大以来，党中央总结古今中外治国理政的成功经验，明确提出了坚持依法治国与以德治国相结合的思想。中共十八届四中全会《决定》和习近平总书记在十八届四中全会上的讲话进一步明确提出依法治国与以德治国相结合是中国特色社会主义法治的基本原则，强调“必须坚持一手抓法治、一手抓德治”；既重视发挥法律的规范作用，又重视发挥道德的教化作用，实现法律和道德相辅相成、法治和德治相得益彰。党中央关于依法治国与以德治国相结合的深刻论述，突破了法治、德治水火不容的僵化思维定式，阐明了一种现代法治和新型德治相结合的治国理政新思路。正是遵循了依法治国与以德治国相结合的思想路线和决策部署，我国的法治建设和道德建设才能呈现出相得益彰的良好局面。

（三）坚持依法治国与依规治党有机统一

坚持依法治国与依规治党有机统一，是以习近平同志为核心的党中央在治国理政新实践中探索出来的新经验、概括出来的新理论。依法治国与依规治党有着内在联系，治党与治国相辅相成，依法执政与依规执政高度契合，缺一不可。基于对依法治国与依规治党有机统一关系的深刻认识，我们党采取了一系列措施统筹推进依法治国和依规治党。一是把党内法规制度体系纳入到中国特色社会主义法治体系之中，加快形成完善的党内法规制度体系。二是注重党内法规同国家法律的衔接和协调，共同发挥在治党治国中相辅相成的作用。三是提出思想建党和制度治党紧密结合、同向发力。四是同步推进国家治理体系现代化和中国共产党治理体系现代化，提高党科学执政、民主执政和依法执政的本领。五是探索职能相近的党政机关合并设立或合署办公，推进党和国家治理体制改革，推进国家治理体系和治理能力现代化。

（四）坚持法治与自治良性互动

在一个现代化国家，国家法治与社会自治始终是国家治理的根基所在。依法自治为公民、社会组织等各类社会主体通过自我协商、平等对话、参与社会治理、依法解决社会问题留出了广阔空间。中共十八届三中全会《决定》提出,正确处理政府和社会关系,加快实施政社分开,推进社会组织明确权责、依法自治、发挥作用,并要求放宽社会组织准入门槛,实现依法自治管理。四中全会《决定》进一步提出鼓励和支持基层组织和部门、行业依法治理,支持各类社会主体自我约束、自我管理。两个《决定》开辟了社会依法自治的崭新局面。中共十九大报告进一步提出"打造共建共治共享的社会治理格局";发挥社会组织作用,实现政府治理和社会调节、居民自治良性互动;健全自治、法治、德治相结合的乡村治理体系。这些思想和方略,必将使法治、德治、自治更为有效衔接,推动国家治理和社会治理、国家法治与社会自治良性互动。

(五)坚持以依宪执政和依宪治国统领依法治国和法治中国建设

宪法是国家的根本法、总章程,是"治国理政的总依据""全面依法治国的总依据""国家各种制度和法律法规的总依据"。所以,依法治国首先要坚持依宪治国,依法执政首先要坚持依宪执政。1982年宪法即现行宪法公布施行后,根据我国改革开放和社会主义现代化建设的实践和发展,在党中央领导下,全国人大先后5次对其个别条款和部分内容作出必要的、也是十分重要的修正,共通过了52条宪法修正案。现行宪法及其历次修改,为法的立改废释提供了宪法依据,使我国宪法以其科学理论、制度优势和强大权威,统领和引领着全面依法治国和法治中国建设的航程。

(六)坚持法治与改革双轮驱动

1978年以来,中国特色社会主义事业有两大主题,一是改革开放,一是法治建设。两大主题有着内在的、相辅相成的必然联系。改革与法治如"鸟之两翼、车之双轮",共同推动小康社会建设,是小康社会必不可少的动力支持与保障力量。同时,坚持在法治下推进改革,在改革中完善法治,使改革因法治而得到有效推进,使法治因改革而得到不断完善。

(七)坚持统筹推进国内法治与国际法治

统筹国内国际两个大局是我们党治国理政的基本理念和基本经验。十八大以来,以习近平同志为核心的党中央审时度势,统筹推进"两个法治",使国内法治和国际法治相得益彰。我国以构建人类命运共同体为目标,以推动全球治理体系和治理规则变革为动力,秉持共商共建共享的全球治理观,建设国际法治,推进国际关系法治化,积极开展法律外交,主动参与国际立法,参与和支持国际执法、国际司法、国际仲裁,使国内法治与国际法治的契合达到前所未有的程度。

(八)坚持全面推进与重点突破相协调

全面推进依法治国是一项庞大的系统工程,必须统筹兼顾、把握重点、整体谋划,在共同推进上着力,在一体建设上用劲。在全面推进依法治国过程中,以习近平同志为核心的党中央注重统筹推进、协调发展。同时,善于牵住"牛鼻子"形成"纲举目张"的态势,如强调以中国特色社会主义法治体系为总目标、总抓手、"牛鼻子";始终把"关键少数"作为依法治国的重中之重;注重重点突破瓶颈问题,如倾力推进司法体制改革、破解制约司法公正和司法公信的瓶颈问题,仅中央全面深化改革领导小组就先后42次审议司法改革方案,出台涉及司法体制改革的文件多达53件。。

(九)坚持顶层设计、科学布局与试点探索、先行先试相结合

改革开放初期,无论是经济改革,还是法制建设,几乎都是"摸着石头过河"。十八大以来,以习近平同志为核心的党中央加强了对法治改革和法治建设的统一领导和顶层设计,提出全面推进依法治国的总目标、法治中国建设的总路径。把依法治国纳入"四个全面"战略布局,并与"两个一百年"的奋斗目标对接,把中国特色社会主义法治体系建设与国家治理体系和治理能力现代化紧密连接,彰显出顶层设计的政治引领、理论导航、行动指南作用。在加强统一领导和顶层设计的同时,注重调动地方、部门改革积极性,激励和支持地方、行业先行先试。各地在先行先试中创造了经验,积累了可复制可推广的经验。这些经验又为党中央顶层设计和推进全面改革提供了实践基础和科学依据。

(十)坚持遵循法治规律与秉持中国法理相一致

改革开放40年来,中国法治建设和法治改革的一个十分鲜明的特点就是既重视规律又重视法理,遵循法治规律,秉持法理精神。中共十八大以来,在全面推进依法治国的整个过程中,习近平总书记反复要求解放思想,实事求是,不断深化对法治规律的认识,按照依法治国、依法执政、依法行政、依法自治的客观规律办事,充分发挥法治在治国理政中的基本方式作用。正是由于注重探索法治规律、总结法治经验、凝练法治理论,保证了中国特色社会主义法治始终沿着法治规律科学发展,从胜利走向胜利。

在尊重和遵循规律的同时,也秉持了法理精神。十八大以来,习近平总书记不仅反复强调要学会运用法治思维和法治方式治国理政,而且善于运用法理思维和法理话语提升中国特色社会主义法治理论的解释力、感召力,夯实全面依法治国重大部署和改革方案的法理基础。在他关于法治的讲话和论著中,可以说各篇都有法理金句,通卷闪耀法理珠玑。如法治兴则国泰民安,法治衰则国乱民怨;法安天

下，德润民心；法律的权威源自人民的内心拥护和真诚信仰；自由是秩序的目的，秩序是自由的保障；发展是安全的基础，安全是发展的条件；党的政策是国家法律的先导和指引；依法设定权力、规范权力、制约权力、监督权力，把权力关进制度的笼子；和平、发展、公平、正义、民主、自由，是全人类的共同价值；等等。习近平总书记提炼出来的一系列法理命题为法律体系和法治体系注入了强大生命力，对全党和全国人民保持法治定力、拓展法治道路、深化法治改革、建设社会主义现代化法治强国产生了强大的感染力和推动力。

张文显

2018年11月10日

目　录

第一章

中国商法 40 年总览

回眸历史，从 20 世纪 70 年代末开始，中国商法已经走过了 40 年的历程。无论对于一个国家法律的历史，还是对于一个具体法律制度的历史，40 年都难说很长，甚至可以说是相当短暂，但对于中国商法来说，这是成就辉煌、精彩纷呈的 40 年。在短短的 40 年间，中国商法从形成、发展到成熟，经历了法律部门和法律制度演变的全部过程。现今的中国商法已经成为中国社会主义法律体系重要的组成部分，成为充满生机活力、日趋成熟完备的法律领域，成为与中国市场经济相伴前行的推动者和守护者，成为世界现代先进商法制度的代表者和商法制度国际化的引领者。

一、中国商法 40 年的阶段性发展

如果不切断历史，中国商法可以追溯到 1904 年清末法律改革制定的《钦定大清商律》。《钦定大清商律》作为强国富民之利器横空出世，开始了中国商法的艰难之旅。有人认为过去 100 年的中国社会成为各主要法律体系的试验场。[①] 中国商

① 张谷：《商法，这只寄居蟹》，载《清华法治论稿》第 6 辑。

法经历了清末、中华民国、中华人民共和国三个历史时期，倍感沧桑，往事并不如烟。100年前，中国被动打开国门的同时，也拉开了中国商法的序幕，1978年改革开放也成就了中国商法再次从复兴走向繁荣。

改革开放前的30年，中国商法处于失语状态。改革开放后的40年，既是中国经济体制改革不断深入的40年，也是中国商法从无到有、从稀缺到繁荣的40年。回顾中国商法40年的发展轨迹，参照经济体制改革的重大历史坐标，大致可以把中国商法的发展划分为三个阶段：第一个阶段自1979年至1993年，为中国商法的恢复期；第二阶段自1993年《中华人民共和国公司法》[①]的制订至2005年左右，为中国商法的发展期；第三阶段自2005年《公司法》修订至今，为中国商法的完善期。

（一）1979年至1993年：中国商法的恢复期

1978年十一届三中全会的春风，融化了中国民商法领域的思想坚冰。十一届三中全会确立了对外开放的政策。1979年沿海经济特区开始建立，其作为改革开放的窗口吸引外来投资，中国封闭式计划经济体制被打破。1984年提出建立有计划的商品经济。国有企业改革开始启动，从放权让利到承包经营再到两权分离，改革尝试逐渐涉及产权制度。十三届四中全会以后，我国在总体上实行了计划经济与市场调节相结合的经济运行机制。

这一时期由于商法理论准备的空白，商事立法多依附于国家政策而显现出较强的应景性。为固定对外开放、引进外资的政策，涉外商事立法先行一步，于1979年颁布《中外合资经营企业法》，1986年颁布《外资企业法》，1988年颁布《中外合作经营企业法》。国有企业改革的启动也推动了以所有制为标准的商事主体法的制订。1988年颁布《全民所有制工业企业法》《私营企业暂行条例》，1990年颁布《乡村集体所有制企业条例》，1991年颁布《城镇集体所有制企业条例》。《民法通则》颁布后，确立了法人制度；1988年颁布《企业法人登记管理条例》。1986年颁布《破产法（试行）》，为全民所有制企业建立了退出机制。

对外开放和对内搞活的政策导向在整个20世纪80年代和90年代初的商事立法中起到了决定性的推动作用。但该时期的商事法律政策性有余、法理性不足，针对性有余、体系化不足。同时，外资企业法和内资企业法并存、以所有制标准确立商事主体制度虽具有当时历史条件下的合理性，但并非中国商事立法的理性选择。

中国商法学在这一时期也处于恢复期。中国商法学在法学学科中较晚形成，并经历了从民法学到民商法学再到民法学与商法学并存的特殊发展过程。新中国成立后至改革开放之前的30年间，几乎是法律和法学的虚无年代，计划经济体制

---

① 以下行文中，凡由全国人大及其常委会制定的法律皆省略“中华人民共和国”。

下，商品交易被计划分配所代替，商事法律更无存在的空间，中国商法学处于凝滞之中。改革开放后最先恢复发展的几个主要法学学科是法理学、法制史学、宪法学、刑法学、民法学、刑诉法学、民诉法学、国际法学、国际私法学，其中涉及经济关系的只有民法学。

随着改革开放的全面展开和深入，计划经济和市场经济并行的二元经济结构模式得以确立，经济法学也在与民法学的学术争论中逐渐形成，成为研究经济法律关系的又一法学学科。其时，由于法学学科划分尚不精细，商法学科尚未独立，作为商法学科研究对象的商事关系既为民法学的研究范围，也为经济法学所研究，如企业法律制度、经济合同制度。1986 年的《民法通则》的颁布促进了中国商法学研究的复兴，法人制度、公司法、股份制、国家所有权成为民商法学者关注的热点问题。《民法通则》也界定了民法与经济法的分工，明确了民法学与经济法学的研究对象和范围，商法作为主要调整平等主体之间商事关系的法律在学理上主要归属于民法。

伴随着《中外合资经营企业法》等涉外商事立法和《私营企业暂行条例》《企业法人登记管理条例》《破产法(试行)》等一系列单行商事法律的颁行，单纯的民法学概念已很难精确地反映其覆盖和包含的商法学内容。在 20 世纪 80 年代的后期，民法学科的概念逐渐向民商法学转换和过渡，并于 20 世纪 80 年代末 90 年代初最终形成了民商法学的统一学科概念。其显著的标志是在全国一些重要的高校，开始以民商法的名义设置教研室和教学科研职位，并开始以民商法专业的名义招收和培养硕士研究生和博士研究生，而这些安排又最终得到了教育主管部门和相关国家机关的承认并在有关的文件中得到反映。

(二)1993 年至 2005 年:中国商法的发展期

1992 年党的十四大明确确定经济体制改革目标是建立社会主义市场经济。至此，社会主义市场经济体制在我国成为自觉、主动的历史进程，结束了计划和市场谁主沉浮之争。国有企业改革进一步深入。1993 年十四届三中全会提出要进一步转换国有企业经营机制，建立产权清晰、权责明确、政企分开、管理科学的现代企业制度。与此同时，中国积极加入世界贸易组织，并于 2001 年正式成为组织成员。

市场经济的发展亟须规范商事立法。自 20 世纪 90 年代以来，商事立法驶入高速行驶的快车道。现代企业制度的建立直接推动了 1993 年《公司法》的颁布。1995 年颁布《保险法》《票据法》，1998 年颁布《证券法》，1999 年颁布《期货交易管理暂行条例》，2001 年颁布《信托法》，2003 年颁布《证券投资基金法》。围绕《公司法》，1994 年颁布《公司登记管理条例》，1996 年颁布《公司注册资本登记管理暂行规定》。为鼓励个人投资，1997 年颁布《合伙企业法》，1999 年颁布《个人独资企业法》。随着企业改制的深入，最高人民法院在2002年颁布《关于审理与企业改制相关的民事纠纷案件若干问题的规定》。此外，最高人民法院还就审理破产案件、期货纠纷、证券市场虚假陈述民事赔偿案件颁布规定。[①]

1993年至2005年的商事立法繁荣得益于市场经济的发展。商事主体法打破了先前以所有制标准划分的立法模式，通过《公司法》基本建立了以责任形式和资本构成为区分标准的商事主体制度。《商事行为法》也伴随资本市场改革和金融体制改革而颁布，我国商法体系的基本框架在此阶段已经基本构建形成。"在我国这一商事法律体系的创制时期，无论商事立法抑或商法学的研究，确实均得到前所未有的飞速发展，商事立法的速度与规模，商法学研究的深度与广度，均是前一'过渡期'所无法比拟的。"[②]

由于经济体制改革方向已经明朗化，商法学的研究也摆脱了传统体制的束缚，思想日益活跃。中国商事立法的全面展开和不断完善，使商法学的内容和原理不断地丰富和发展。商法学者对各个具体部门商法的研究日益深入，商法学理论得到迅速的积累，商法学的体系结构不断完善和成熟，商法学作为独立的法学学科也在逐渐与民法学分离，并在20世纪90年代中期之后，成为与民法学并立的独立学科。在有些高校，商法与民法分别设立教学科研机构。具有突出影响的重要事件是2001年中国法学会组建成立了单独的商法学研究会，该研究会是全国性的商法学科学术团体，由全国商法学教学研究工作者和商法实务工作者以及相关单位自愿组成，是商法学科学术性、联合性、专业性相结合的非营利性社会组织。在此之前，民法学和经济法学共处一个学术团体——中国法学会民法经济法研究会；此后，该研究会一分为三，分别成立了民法学研究会、商法学研究会和经济法学研究会。学术团体的组建和分布是学科属性和学科关系的重要表现，中国法学会所属的学科研究会基本上是按照法学的二级学科进行划分和组建的商法学研究会的成立表明商法学理论的扩充积累和法学界对商法学科的地位及独立性已经形成的共识。

(三)2005年至今:中国商法的完善期

2003年十六届三中全会决定进一步完善社会主义市场经济体制，改革资本市场、金融市场。市场经济体制改革继续向纵深方向发展。而在改革开放初期制定的《公司法》《证券法》《破产法》《保险法》，由于制定时很多旧的观念并未完全澄清，

---

① 2002年最高人民法院颁布《关于审理企业破产案件若干问题的规定》。2003年最高人民法院颁布《关于审理期货纠纷案件若干问题的规定》《关于证券市场因虚假陈述引发的民事赔偿案件的若干规定》。

② 赵磊、谢晶：《改革开放以来商法学研究回顾、现状与展望》，载《华东政法大学学报》2017年第2期。

制度设计也倾向保守，经过十几年的实施，日益暴露出与市场经济实践不和谐的因素，需要及时进行调整、修订和完善。由此，这一时期的商事立法更为注重在总结实践经验、借鉴国外立法成果基础上，对商法制度进行体系化和深度化的完善。与先前强调"有法可依"相比，更加注重法律自身的质量以及各个法律部门之间的协调性。最高人民法院也更加注重总结司法审判实践中的问题，及时弥补立法中的漏洞。

最令人瞩目、对中国整个商法制度发展产生深远影响的当数公司法的两次修订和深度改革。2005年10月《公司法》修订的内容主要集中在《公司法》的两大支柱制度上，即资本制度和公司治理。在这部公司法实施8年后的2013年，全国人大对《公司法》又进行了一次新的修订，这次修订集中于资本制度，是在2005年资本制度改革基础上的又一次突破。这两次《公司法》修订，都是在理论突破的基础上，科学总结公司法多年的实践经验，借鉴各国公司法改革的最新成果，努力寻求制度创新，并形成和体现出反映时代要求的鲜明立法目标和价值取向。经由这两次重要的修订和改革，中国公司法实现了日趋成熟和完善。

与《公司法》的修订联动，另一重要的商法部门——《证券法》也于2005年10月同步进行了一次全面的修订。这次修订着眼于证券市场的长期发展，对原有法律规则进行了大量的调整和改进，其中主要是通过灵活的立法条款去除阻碍证券市场发展的法律障碍，完善和细化证券活动的行为规则，完善和强化信息披露的义务和法律责任，加强投资者保护和证券监管等。这一法律的修订和颁行实现了资本市场的多维度制度创新和严格化监管，推动了股权分置改革等资本市场深层次问题的解决，有效地保障了资本市场的跨越式发展。

《保险法》的修订更为频繁，从2009年至2015年，全国人大常委会对《保险法》进行了4次修订，其内容涉及拓宽保险公司业务范围和保险资金运用渠道、增加相互制公司等新型市场主体，完善保险市场主体的管理制度、完善保险合同法律规范，切实保护被保险人合法利益、强化保险监管手段，完善监管相关法律程序，等。《保险法》不断修订的目的就是进一步规范保险活动，防范市场风险，保护投保人、被保险人和受益人合法权益，加快发展现代保险服务业。多次修订的指导思想和原则也十分清楚，就是要优化监管，鼓励改革创新，既释放市场活力，又确保市场公平竞争和保险业可持续发展。要贯彻推进简政放权、转变政府职能要求，对保险业放开前端管制，加强事中事后监管，把握保险业的发展趋势，为保险业的改革创新预留法律空间。

《企业破产法》的制定和颁布是这一时期商法发展的又一重大事件。此前，虽有1986年的《企业破产法(试行)》和《民事诉讼法》规定的破产还债程序确立中国破产制度的基本架构和规则，但这一试行中的法律制度确是相当简陋和粗糙。使中国破产制度得以成熟和完善的正是2006年制定颁行的《企业破产法》。该法借鉴国外先进破产法律制度，充分体现了中国特色，尤其是适应了中国加入世界贸易组织的要求。相比原有的破产制度，该法一方面创设了破产管理人制度、企业重整制度等新的破产制度，对原有破产制度做了广泛、系统的整合和完善，包括破产原因、债权人会议、破产财产、破产债权、逃费债务的预防、破产和解、债务清偿顺序等。另一方面，根据我国特殊国情，对破产企业职工权益保护、国有企业破产等重大问题作出特别规定。

2006年颁布的《合伙企业法》，使中国所有类型的商事主体都有了单独的法律加以规制，并首次创制了有限合伙和特殊的有限合伙形式。至此，中国商事主体的立法体系也已经基本完备。

与商事立法紧密跟进的是商事司法和司法解释，商法实施的重要方面是司法适用。由于商事立法的原则性和概括性，其无法完全满足司法实践中解决商事纠纷的需求，因此，为了准确理解和适用商法规范，统一司法裁判的尺度和标准，最高人民法院从2006年起，几乎在每一部商事法律，包括《公司法》《破产法》《保险法》《票据法》《证券法》等制定或修订后，都进行相应的司法解释，并且根据轻重缓急，对每一法律所涉问题分别阶段性地出台系列性的司法解释。这些司法解释既是司法实践经验的总结，也是对我国商法制度的进一步细化和发展。

大量调整商事关系的行政法规和行政规章是商法的又一重要渊源，也是商法不断丰富和走向成熟的突出表现。在我国各法律部门中，难有其他部门法像商法一样有如此多的行政法规和规章。每一商事单行法，基本上都有相应的行政执法或监管机关，如《公司法》的主要执法机关是工商管理局和证券会，《保险法》的主要执法机关是保监会，《票据法》的主要执法机关是银监会。由此，在每一商事单行法颁布后，国务院和有关行政机关都会为实施该法配套出台一系列的行政法规或规章，如2013年《公司法》修订后，国家工商总局即跟随出台了新的《公司登记管理条例》《公司注册资本登记管理规定》等；2005年10月《证券法》修订后，中国证监会即先后出台了《上市公司证券发行管理办法》《首次公开发行股票并上市管理办法》《证券发行与承销管理办法》《上市公司股东大会规则》等；中国保监会出台《保险公司管理规定》《保险专业代理机构监管规定》《再保险业务管理规定》等。就中国商法规范的构成而言，商事单行法确立的只是各商事法律的基本制度和架构，而具体的行为规范和操作性规则通过大量的各种行政规章予以规定。

这一时期的中国商法学，在经过先前十几年的沉淀积累后，已在走向成熟。首先是商法学研究已经跳出了初始的视野，不再专注于基本概念和基本原理的总结和阐述，也不再将探讨停留在单行商法立法必要性和可行性的研究上，而是聚焦于重要商事法律制度的突破和创新，探索适应中国特殊国情的更高层次的制度设计，其中特别是与市场经济发展密切关联的公司法律制度、证券法律制度、破产法律制度的突破和创新。关于资本认缴制等公司资本制度的改革、公司治理结构和治理机制的改革，关于证券发行审核制与注册制的选择，关于运用破产制度处置僵尸企业、防范金融风险，关于拓宽保险公司业务范围和保险资金运用渠道、强化保险监管手段、切实保护被保险人合法利益的研究都成为这一时期商法学研究的热点和焦点。商法学的理论研究为中国商法的立法、行政执法和司法提供了重要的理论论证和支持，许多研究成果直接地转化为相应的立法设计和法律规则。商法学成为名副其实的实践法学和应用法学，成为制度改革和创新的先行军和推动力。

同时，这一时期，中国商法学的体系结构已基本形成，商法学的理论原理已臻于科学严谨。这一点尤其突出地表现在商法学的课程建设和教材建设上。全国高校的商法学教学20世纪80年代初最早是从介绍西方国家的民商法原理开始的，当时的课程名称和内容有的称为“资本主义国家民商法”或“外国民商法”“西方国家民商法”。20世纪80年代后期和90年代初开始单独开设“外国商法”，再后来重心转为“中国商法”，课程名称也改为“商法”“商法学”等。在授课对象上，商法课程经历了从本科生课程到研究生课程再到博士生课程、从选修课到必修课再到主干课的过程。1997年，当时的国家教委发布了《关于普通高等学校法学专业开设专业主干课程的通知》，首次明确将“商法学”列为法学专业14门核心课程之一，该课程正式定名为“商法学”，并迅速在全国高校普遍开设。商法教材的建设与课程建设几乎在同步推进，并经历了从无到有，从外国法到中国法，从简单的立法介绍到对学科原理深入研究、结构不断优化、体系不断成熟、内容不断丰富的过程。配合教学需要，一大批商法教材和著作面世，除全国各主要高校自编商法教材之外，教育部也在全国规划教材中将商法教材列入，商法教材和读物呈现出空前的繁荣。

二、中国商法十大问题

放眼中国商法的40年，商法实践取得举世瞩目的辉煌成就，商法理论获得广泛丰富的研究成果。纵观中国商法的整个领域，有太多的法律制度得以建立和形成，有无数的法律问题被不断地探索和解决。要对40年的中国商法进行全面的梳理和总结，要将这一历史时期的所有商法理论与实践问题都加以归纳和分析，是任何一篇学术文论都力所不及的任务。但精选并凝练商法发展进程中的一些重大、核心、主线或全局性的理论和实践问题并给予精到的分析，却可以达致纲举目张、管中窥豹、一览全局之观察效果。为此，本书试图通过以下商法的十大问题展现中国商法40年的发展历程和概貌。

(一)商法的地位、范围与商事立法

商法的性质和地位一直是中国商法发展中存有争议的基本问题，尤其是其与

民法的关系问题。在整个法律体系中，民法与商法关系最为特殊，虽然它们分属私法两个不同的法律部门和领域，但联系极为密切。按照民法与商法是否分别制定法典，通常将各国的立法体例分为民商分立与民商合一两种基本模式。在学理上，不论是民商合一，还是民商分立，商法多被认为是民法的特别法，并非脱离民法而完全独立存在。但理论上也有主张商法是完全独立的法律部门。我国一直未对民法与商法进行法典立法，既未制定统一的民法典，也未制定统一的商法典。我国民商事立法一直采取单行法的立法方式，分别就民法和商法的各个具体制度进行单独立法，包括民法的《民法通则》《物权法》《侵权行为法》《继承法》等，商法的《公司法》《证券法》《票据法》《保险法》《破产法》等。其中1986年制定的《民法通则》、1996年制定的《合同法》和1995年制定的《担保法》，既是作为民法单行法的立法，也包含了关于商事关系、商事合同和商事担保的法律规范。因此，对于我国现行立法体例究属民商分立还是民商合一，实际上很难进行严格定性和清晰归类。但从1986年制定的《民法通则》和2017年制定的《民法总则》的内容看，其调整的民事关系实质上也包括了商事关系，而《合同法》《担保法》并未区分民事合同和商事合同、民事担保与商事担保，基本上统一适用于所有民事和商事合同与担保。由此，我国的立法体例更接近民商合一。

商法的范围和体系如何，其究竟由哪些部分组成，是中国商法制度建构和发展中的又一个基本问题。在此方面，各国法律也有相当大的差异。大陆法国家的传统商法体系和范围主要包括公司法、海商法、票据法、保险法、破产法等几个部分。英美法系国家的商法体系和范围更为灵活和广泛，其内容涵盖合同法、代理法、合伙法、公司法、商买卖法、竞争法、票据法、担保法、保险法、知识产权法、破产法、仲裁法等法律部门[①]。中国的商法体系基本上根据大陆法系国家的商法体系，再增加现代商法各领域的内容形成，即除《公司法》(含《独资企业法》与《合伙企业法》)、《保险法》、《破产法》、《票据法》、《海商法》外，先后增加了《证券法》《信托法》《期货法》《银行法》等。

近年来，中国商法发展最为突出的问题是商事立法。在商法单行法的基本立法格局之下，在已经颁行的各个部门商事法的基础上，应否制定一部统领各种商事法的《商法通则》，既是中国商法制度发展和未来立法规划的重要决策，也一直是民商法学理论特别是商法学理论高度关注和思考的重大问题。民法典的编纂使商事通则立法的问题变得更为突出，商法的地位及其在民法典编纂中的安排成为立法者和学者高度关注和审慎思考的重大立法布局和决策问题。学界普遍认为，在我国抓紧制定一部一般性、统领性的《商法通则》，不仅是商事法律制度自身体系化、科学化的需要，更是健全和完善社会主义市场经济法律体系的迫切要求；不但在理

① 董安生等：《英国商法》，法律出版社1991年版。

论和实践上十分必要，而且在立法技术上也完全可行。

（二）公司自治原则和《公司法》的强制性与任意性

公司自治就是允许公司在法律规定的范围内自主决定公司的一切事项，《公司法》既具有强制性，又具有任意性，它应是强制性规范和任意性规范有机结合、合理布局的法。40年来，中国公司法发展中的一个重大理论突破是对公司自治和对公司法强制性与任意性的认识。20世纪80年代初始形成的公司法，偏重法律的当事人的规范、限制和约束，而较少强调对公司活动的鼓励、促进和推动。长期存在的突出问题，一是强制性规范与任意性规范的性质区分不明，二是强制性规范过多而任意性规范不足，法律规定则呈现出过度的刚性和强制性，而缺少应有的弹性和任意性。因此，2005年《公司法》修改形成的一个重要的共识和立法原则就是尊重股东权利，加强公司自治，从原来片面、过度的控制和管理转向对企业经营自治的尊重、对运营效率的追求和对市场机制的有效运用。

为此，2005年《公司法》对其整个制度设计做了全局性的调整，特别是对其强制性规范和任意性规范做了重新的定性和安排，特别注意和强调公司法规范的任意性，减少强制性规范的范围。修改后的《公司法》，任意性得以广泛强化，强制性得以适当弱化，表现在法条中，就是将许多条款改成了任意性条款，其中包括有限公司股权转让的优先受让权问题、股权的继承问题、股利的分配问题等。

（三）公司资本制度

资本制度在《公司法》中举足轻重，《公司法》理论上有人认为，《公司法》是由两大支柱支撑的：其一是资本制度，其二是公司治理制度，由此，资本制度成为《公司法》的基本制度之一，中国公司法改革的主要内容之一是资本制度的改革，2013年的《公司法》修订主要内容就是资本制度的改革。

20世纪80年代以来，中国公司资本制度逐步形成并不断完善，近10年来又实现了发展中的突破和创新。2005年的《公司法》修改是资本制度的第一次重大突破和创新，大幅降低了公司最低注册资本。有限公司从原来规定适用于不同类型公司的50万元、30万元、10万元的最低资本额统一降低到3万元。股份有限公司从原来规定的1000万元降低到500万元；确定了股东出资的法定标准，放宽了出资形式，取消了无形财产出资比例的限制；允许公司的资本可以分期缴纳，而不必一次性缴足；取消了公司对外投资总额不得超过公司净资产的50%转投资比例的限制；允许股权的退出并补充了允许公司收购自己股份的情形。

2013年的《公司法》修改是在2005年《公司法》改革基础上的又一次制度突破。其改革的核心内容包括取消公司最低注册资本分别应达3万元、10万元、500万元的限制，不再限制股东的首次出资比例以及货币出资比例，取消股东2年内缴足出资、投资公司5年内缴足出资、一人公司股东应一次足额缴纳出资的规定，允许股东自主约定认缴出资额、出资方式、出资期限等。同时，简化登记事项和登记文件，公司登记时，不再需要提交验资报告。

这两次资本制度改革虽然发生在不同年代，相隔8年，但却反映和体现出高度一致的立法目标和价值取向：(1)鼓励投资创业，开拓各种投资资源，充分利用一切社会财富，推动公司企业的设立和发展，并以此带动劳动就业，促进整个社会市场经济的发展。(2)放松政府管制，强化公司自治，使资本运营更加便利迅捷，适应投资者对公司资本规模的设计和资金筹措安排的需要。(3)弱化资本信用，强化资产信用。正确认识资本对债权人利益和交易安全保护的作用，不再把资本作为公司的主要信用基础，而更重视资产对交易安全和债权人保护的作用。(4)对资本从事前控制转向事中和事后的监管，将公司行政管理"严进宽出"的监管模式改为"宽进严出"的监管模式，推动政府管理方式和管理职能转变。

(四)公司治理与中小股东权益保护

公司治理是公司法律制度永恒的主题，现代公司治理以公司组织机构设置为基础，以分权为核心。公司治理无非是公司各组织机构在贯彻公司经营目标前提下，合理分配公司的权力资源，使公司的组织机构合理分工，相互制约，在兼顾各利益相关者利益的基础上实现公司的高效管理和运营。

虽然不同的国家因为公司发展的历史不同而形成了不尽相同的治理模式，但公司组织机构的设置仍具有大体相同的原则。我国公司法从一开始就肯定并贯穿了这样的基本原则和理念：(1)股东权力原则；(2)分权制衡原则；(3)激励与约束并举原则；(4)信息披露与透明度原则；(5)利益相关者参与公司治理原则。基于这些原则，我国公司法规定了公司应设置的组织机构及其法定职权：(1)权力机关，一般为股东会；(2)决策机关，一般为董事会；(3)监督机关，一般为监事会；(4)执行机关，即经理。同时，因公司规模和性质的不同，公司基本组织机构的具体设置也存在差异。例如，我国法律规定，在规模较小的有限责任公司中，董事会和监事会就不是必设机构，而由执行董事和监事行使职权。在国有独资公司中，则不设股东会，由国有资产监督管理机构行使股东会职权或由其授权公司董事会行使股东会的部分职权。虽然公司法为实现公司的良好治理进行了精心的设计，但中国公司治理依然存在着一些突出的问题，其中特别是大股东对公司过度控制，中小股东权益得不到应有保障；董事会结构不合理，董事会独立性不足；监事会流于形式，难以履行监督职责；董事长、总经理的权力过于集中，"内部人控制"现象较为突出；利益相关者治理机制欠缺；高管人员权利、义务与责任配置不合理等。为改善公司的治理，公司法理论一直在进行不断探索，"提示现实经济生活所要求的公司治理秩序、评价现有制度尤其是继受规范的实际运作效果，从而进一步揭示'中国语境'，切实解答'中国问题'。为此,我国公司治理结构理论的研究者已经并正在付出艰辛的努力"。[①] 公司法立法对此也作了全面的努力和设计,2005年的《公司法》修改对原有公司组织机构的规定作出全面的修改和补充,其中包括:规定控股股东、高级管理人员不得侵占公司利益;规定上市公司董事对关联事项的表决权回避;突出董事会集体决策作用,强化对董事长权力的制约;细化董事会会议制度和工作程序;充实监事会的职权;规定高管人员忠实和勤勉义务与民事赔偿责任;等。然而,公司治理的任务并未完结,公司治理的效果仍然不尽如人意,中国公司治理的法律设计依然面临着不断改革和发展的压力和需要。

中小股东保护是公司法理论和实践中的热点话题,也是公司治理的一个重要的方面,由此也成为《公司法》不断改革和修改的重心之一。公司实践中,大股东压制中小股东的现象也经常发生,并在各种公司中不同程度地存在。由此,公司法、证券法理论对于中小股东保护问题已经给予了极大的关注,并形成了相当程度的理论共识。虽然资本多数决是无可争议的法律原则和表决机制,但存在实质上的不公平和不合理,《公司法》应该在坚持资本多数决原则的前提下,通过各种法律形式或手段,尽可能地矫正这一原则的偏颇,遏制资本多数决的滥用。

相对各国公司法完备细密的中小股东保护制度,早期中国公司法这方面的薄弱和缺陷显而易见,在10余年的实践之后,中小股东保护的法律理论日趋成熟,2005年修订的《公司法》已经把中小股东保护作为一项重点内容加以规定,并在以下制度和规则的设计中表现出了对中小股东保护的良苦用心和精心安排:(1)股东知情权、建议权与质询权,特别是查账权;(2)代表1/10以上表决权的股东临时股东大会请求权、召集权和主持权;(3)持股3%以上的股东的临时提案权;(4)董事、监事选举时的累积投票制;(5)关联股东担保决议时的表决权回避;(6)股东大会决议无效或撤销的诉讼请求权;(7)异议股东股权收购请求权;(8)公司司法解散请求权;(9)股东权利滥用与侵权行为之禁止;(10)股东直接诉讼权和代表诉讼权。

(五)证券发行制度

证券发行制度是《证券法》最为核心的法律制度之一,也是中国证券法发展中举足轻重、历经变革的重大问题。世界各国的证券发行制度可归结为两种体制:一种是注册制,一种是核准制。注册制的核心是证券监管机关只依法确保发行法律文件的合法披露,而不对证券发行作实质审查和决定。核准制的核心则是证券监管机关对证券的发行拥有最终决定权。

我国证券发行制度经历了计划模式的审批制到市场化的核准制的演变。1998年《证券法》实施之前,我国证券发行体制基本上是依据1993年《公司法》确立的,

① 于莹:《中国特色的社会主义商法学理论研究》,载《当代法学》2013年第4期。

是较核准制更为严格的审批制，它在实质管理的内容中又加入计划管理的因素。发行证券不仅要取得发行额度的许可，还要获得批准，审批机关需对此进行实质审查。[①] 1998年《证券法》实施后，证券发行改采审批制与核准制相结合的体制，即股票发行实行核准制，债券发行实行审批制。2005年，《证券法》修订后，证券发行开始全面实行核准制，并与监管机关专设发行审核委员会具体负责审核。

证券发行制度的改革反映了中国证券市场发展及其与国际市场对接的客观需要，反映了证券市场的市场化程度的变化，也反映了市场监管理念、监管职能和监管方式的改变。进入21世纪以来，证券发行制度又面临进一步改革的需要，近些年来，注册制得到广泛的研究和论证，证券发行应逐步向注册制过渡已经成为学界和实务部门的共识。目前尚在立法过程中的《证券法》修订已经对此进行了相应的立法规定。尽管由于2015年证券市场发生了剧烈的异常动荡，为了维持证券市场的稳定和长远发展，注册制尚未实行，但注册制作为中国证券发行制度的未来模式，已是大势所趋和市场所向，国家立法机关亦对注册制的实行作了具体的安排。[②]

（六）信息公开、投资者保护与证券民事责任

信息公开或信息披露是证券市场的本质要求，是证券发行与交易制度的基础，也是证券市场赖以存在的基石，它贯穿于证券发行、上市和交易的整个过程中，无论是证券投资者的投资决策和权益保护，还是市场监管机关的有效监管，都主要是通过证券发行者信息公开的途径实现。中国证券法制度建立以来，一直把信息公开作为整个制度建构的核心，形成较为完备的信息公开的制度体系。除《证券法》《公司法》确定了信息公开制度的基本要求外，《首次公开发行股票并上市管理办法》《上市公司信息披露管理办法》等一系列证券法规对此进行周密、细致、完备的规定。中国信息公开制度的基本要求是：依法披露的信息，必须真实、准确、完整，不得有虚假记载、误导性陈述或者重大遗漏。

信息公开和投资者保护的重要保障是对证券违法行为民事责任的追究。对于违反信息公开和《证券法》的证券违法行为，包括虚假陈述、内幕交易、操纵市场等，致使投资者遭受损失的，证券发行人和其他相关主体、内幕交易者、市场操纵者等应承担相应的赔偿责任或连带赔偿责任。由于我国证券市场起步晚、发展快以及证券监管的经验不足，在一段时间内因证券违法行为引起的证券民事纠纷大量增

① 赵旭东：《商法学》，高等教育出版社2015年第3版，第235页。

② 2015年12月十二届全国人大常委会第十八次会议审议通过《关于授权国务院在实施股票发行注册制改革中调整适用有关规定的决定（草案）的议案》，授权国务院可以根据股票发行注册制改革的要求调整适用现行《证券法》关于股票核准制的规定，对注册制改革的相关制度作出具体安排。

加。为此，最高人民法院于2002年发布了《关于审理证券市场因虚假陈述引发的民事赔偿案件的若干规定》，为此类诉讼提供了具体的程序规范。该通知虽然将虚假陈述民事责任作为法院应当受理的案件，但却同时规定了需有行政机关处罚决定的先决条件。这一限制性规定虽有司法审判经验不足的客观原因，但的确形成了一些受害投资者诉讼救济的障碍。证券法理论对此进行了广泛的研究，多有意见主张，应取消证券民事责任诉讼的前置要求，充分保障投资者的诉讼权利。2005年修订的《证券法》进一步明确了因内幕交易行为等对投资者损害赔偿的民事责任制度。随着我国证券法律制度的发展，证券民事责任制度也将进一步趋于完善，投资者权益将获得更为有效的维护。

(七)票据无因性与票据抗辩

票据关系成立后，即与其原因关系相分离。票据关系与票据原因关系是两种不同的法律关系，应由不同的法律进行调整和规范。票据的无因性历来是票据法领域研究的热点问题，中国票据法理论和实务研究的焦点集中于对《票据法》第10条、第21条的认识上。有学者认为，这两条规定使基础关系与出票行为相联系，实质上否定了票据的无因性，违反了票据法理，实践中也无法贯彻；有学者认为，纯粹按照字面意思来理解，并不能必然得出否定票据无因性的结论。最高人民法院《关于审理票据纠纷案件若干问题的规定》进行了补充规定，注重维护票据的无因性，而不支持票据债务人滥用该条款的抗辩行为。

票据抗辩是票据债务人根据票据法规定拒绝履行义务的行为，票据抗辩的内容较为复杂，中国票据法研究涉及票据抗辩的各个方面。有学者认为，票据抗辩与一般民法中的抗辩不同，票据抗辩权具有一定的进攻性，票据流通需要票据抗辩不延续；有学者深入探讨了票据抗辩中的无对价抗辩制度，认为受让人无对价获得票据的视为恶意取得；还有学者提出票据抗辩是为了维护票据安全而设计的制度，抗辩的有效性是成功关键。总体上，抗辩制度的确立对票据流通构成阻碍，因此对票据抗辩需要进行适当的限制。

(八)破产法理念的转变与破产法的适用范围及破产原因

《企业破产法(试行)》颁行时期，我国注重破产人的财产清算和在债权人之间的公平分配，对破产制度的设计尚缺少深远的认识和把握。新《企业破产法》的制定过程中，我国破产法立法的主要目标在于如何完善破产法，使立法符合破产法的基本原理。随着新《企业破产法》出台，破产法理论研究重新审视了破产、和解与重整制度，认为破产的本质在于破产清算，破产和解与重整的本质在于破产预防，从破产清算到破产预防是立法理念发展的必然选择。[①] 由此，中国破产法从单纯的清算债务人转向了挽救企业和保护债权人并重，并形成了以企业再生为主导目标的破产程序制度。近年来的破产制度研究进一步提出，破产法的有效实施，还应尽快完善社会保障等相关制度。

在破产法的适用范围上，《企业破产法（试行）》将调整对象限定于全民所有制企业，其他企业法人破产适用《民事诉讼法》规定。新《企业破产法》制定后，将个体商户、自然人、合伙企业等纳入该法调整。迄今为止，我国尚未建立个人破产制度，其因在于个人破产制度需以完备的个人财产登记制度和良好的社会信用环境为前提，而我国这方面的制度还不完善。但学界对个人破产制度的建立已有广泛的呼吁和较为充分的论证，将个人破产纳入破产法调整的前景可期。[②]

对于企业破产的原因，《企业破产法（试行）》将其规定为："经营管理不善造成严重亏损，不能清偿到期债务。"由此，有研究提出，"经营管理不善造成严重亏损"标准过于模糊，难以操作；还有研究认为，应以"资产不足以清偿全部债务"与"不能清偿到期债务"并列为破产原因。[③] 新《企业破产法》借鉴英美法系国家"资产负债"和大陆法系国家"资不抵债"的标准，并综合了破产法理论研究的成果，将破产原因界定为"不能清偿到期债务，并且资产不足以清偿全部债务或者明显缺乏清偿能力"，这一立法规定较好地满足了实践的需要。同时，有学者认为，法院在具体适用时，还应预防当事人滥用破产申请权。

（九）企业的拯救与重整制度

重整制度代表了破产法的国际发展潮流，也是近年来各国破产法研究的重点。中国破产法理论对于引进重整制度的认识比较一致。[④] 对于重整制度适用的范围，有学者建议将其适用于所有企业，新《企业破产法》立法时考虑到重整程序历时较长，比较复杂，如适用于所有企业类型，社会成本过高，实践中也容易被滥用，损害债权人利益，最终确定重整程序仅适用于企业法人，并适当放宽重整原因，赋予人民法院重整计划司法裁量权。重整制度的引入填补了我国商事法律制度的一个空白，使破产程序以企业清算为主导逐步转向以企业再生为主导，破产制度和破产程序的基本法律理念得以改进和升华。

---

① 张世君：《破产重整制度的理论基础研究》，载《西部法学评论》2010年第1期。

② 许德风：《论个人破产免责制度》，载《中外法学》2011年第4期。

③ 韩长印：《破产原因立法比较研究》，载《现代法学》1998年第3期；易仁涛：《论我国破产原因之完善》，载《河南省政法管理干部学院学报》2011年第4期。

④ 王欣新：《重整制度理论与实务新论》，载《法律适用》2012年第11期。

(十)保险法的立法模式与价值取向

中国的保险法应采取怎样的立法模式?是制定统一的保险法还是对保险合同与保险业分别立法?财产保险合同与人身保险合同之"二分法"是坚守还是放弃?这些是中国保险法发展40年来一直备受争议并直接决定中国保险制度基本架构的全局和核心问题。根据保险法规范实质内容的不同,可以把保险法分为保险合同法和保险业法。根据各国立法安排的不同,分为两种不同的立法体例或模式:其一,是合并立法体例,即将保险合同法和保险业法规定在同一部法律之中;其二,是分别立法体例,即分别制定保险合同法和保险业法。从世界各国情况看,绝大多数国家采取分别立法体例,只有少数国家采取合并立法体例。中国的保险立法经历了从分别到合并的演变过程:清末开始的保险立法采取的本是分别立法体例;新中国成立后,国务院通过制定颁布《财产保险合同条例》和《保险企业管理暂行规定》,延续采取分别立法体例;但到1995年时,改采取合并立法体例,制定了统一的《中华人民共和国保险法》,同时对保险合同和保险业问题作出一并规定。这种改变本出于实用和便利的考虑,并可降低立法成本,提高立法效率。然而它却引起了保险法理论的长期讨论,质疑者认为,这种合并体例并不科学,保险合同法属司法范畴,而保险业法具有公法性质。从实际结果而言,这种体例不仅给法律适用和修正带来了困扰,使保险合同法的修订和完善遭遇瓶颈,同时,也造成了法律制度之间的相互干扰,使得立法者在处理"保险合同分类"和"保险业务分类"两类不同性质的问题时,彼此干扰,相互牵制。[①]

保险法立法模式的另一具体问题是固守还是扬弃财产保险合同与人身保险合同的"两分法",即将保险区分为"对物的保险"与"对人的保险",并以此为标准将保险合同类型化为财产保险合同与人身保险合同。这种分类既是中国保险法的选择,也是传统保险法的一般立法体例。但这一分类的缺陷随现代保险业的发展和新型险种的日新月异而不断地显露,诸如"医疗费用性保险"到底是归入"寿险"还是归入"财险"等此类问题,成为困扰各国保险经营和法律适用的疑难问题。而保险法领域的许多争议问题,如保险损失填补原则及其衍生的代位、重复保险和保险竞合等,之所以长期争议不决,与财产保险合同与人身保险合同的基本分类有着内在的关系。为此,关于重新界定保险合同的基本分类,采用"损失填补(补偿)保险合同"与"定额给付保险合同"之现代"二分法"并以此为基础设计保险合同法的规则体系,就成为保险法学的一种具有代表性的主张。[②]

① 樊启荣:《中国保险立法之反思与前瞻》,载《法商研究》2011年第6期。

② 樊启荣:《中国保险立法之反思与前瞻》,载《法商研究》2011年第6期。

三、商法40年的发展轨迹和发展规律

(一)追随和服务市场经济发展是中国商法的初心和使命

社会主义市场经济本质上是法治经济,“市场有效发挥作用的前提是必须具备合理而完善的法律制度,从而将社会经济活动中各个主体的权利、义务都纳入法律的调整范围,并通过明确的规范和严整的秩序切实保障市场经济的正常运行”①。市场经济形成和运行是商法存在的基础,没有中国的市场经济就没有中国的商法。商法作为市场经济的法,直接反映着市场经济的要求,商法中的商事主体制度规范的是市场关系中生产者和经营者的组织形式和内外法律关系,商法中的商事行为规则调整的是市场交易行为和与此相关并为之服务的其他经营行为。追随和服务市场经济发展,确立市场主体地位,规范市场活动,协调市场主体的利益冲突,保护市场主体的合法权益,是中国商法与生俱来的初心和使命。改革开放40年来,我国法律对市场经济的调整或市场经济法治化的重要途径是通过商事立法和商事法治实现的。我国市场经济每一步的重大发展和突破,都需要借助商法制度的设计,无不表现为商事法律制度相应的发展和突破。“我国民商事立法的一个基本特点是,立法始终是伴随着改革开放不断深化的进程而展开,与改革开放之间呈现出‘相伴而行’的关系。”②“三十多年来,中国改革开放不断深化,经济体制由计划经济向社会主义特色市场经济逐步发展。在这一过程中,市场活力逐步被激发,阻碍商品交易的制度逐步被消除;这一过程中,调整商品交易的法律制度逐步确立、完善。”③

我国商事主体制度的演进最生动地展示了我国市场经济逐渐形成和走向成熟的历程。在20世纪70年代末之前,我国的经济体制属于高度统一的计划经济,经济活动的主体主要是国营企业和集体企业,这种不以营利为目的的企业组织也难以定性为法律上的商事主体。20世纪70年代末80年代初起始的改革开放,孕育和造就了中国的市场经济,也催生了新型的市场主体。首先国家允许和促进个体经济的发展,个体工商户成为商事主体,国务院于1987年颁布了《城乡个体工商业管理暂行条例》。随着改革开放的深入,市场经济呼唤非公有制私营企业的加入,

---

① 赵万一、赵吟:《论商法在中国社会主义市场经济法律体系中的地位和作用》,载《现代法学》2012年第4期。

② 柳经纬:《民商事法律体系化及其路径选择》,载《河南财经政法大学学报》2014年第6期。

③ 赵磊、谢晶:《改革开放以来商法学研究回顾、现状与展望》,载《华东政法大学学报》2017年第2期。

独资企业、合伙企业、有限责任公司、股份有限公司等传统企业形态在销声匿迹 20 余年后得以重生并在新的市场环境下如雨后春笋般迅猛发展，中国的商事主体立法紧密跟进，1988 年颁布的《私营企业条例》将这三种企业形式作为私营企业加以规定。此后，又分别对三种企业单独立法，先后于 1993 年颁布了《公司法》、于 1998 年颁布了《独资企业法》、于 1999 年颁布了《合伙企业法》。与此同时，由社会主义公有制的基本经济制度所决定，全民所有制企业、集体企业依然保持其在中国市场经济中的特殊地位，商事立法尊重现实，相应地先后制定了《全民所有制企业条例》《集体企业条例》《全民所有制企业法》。伴随中国市场经济体制的逐渐形成，中国商事主体制度的基本格局也由此确立。

我国商事单行法的陆续颁布则直接地反映了市场经济的不断深入、成熟和阶段性发展的成就。市场经济的基本构成是市场主体与市场行为。市场主体的存在是市场经济运行的基本条件，由此决定了我国的商事立法首先起始于市场主体的立法。从 20 世纪 70 年代末开始，最早的商事立法是 1979 年制定的《中外合资经营企业法》。改革开放初期，为吸收外资，我国确定了中外合资经营企业的组织形式，这是最早的商事主体，也是适应市场经济对外开放需要的最早商事立法。此后，20 世纪 80 年代末 90 年代初的商事立法也都主要集中在商事主体上，它们分别是 1986 年的《外资企业法》、1988 年的《中外合作经营企业法》和《全民所有制工业企业法》、1990 年的《乡村集体所有制企业条例》和 1991 年的《城镇集体所有制企业条例》。在市场经济活动中，海上运输是最为古老的商事活动，也是最为传统的商事关系，因而我国在商事主体立法之后，最先颁布的商事行为法是 1992 年的《海商法》。票据是市场交易中最为典型的支付手段，保险既是市场经济赖以进行的重要保障，也是一种特殊的交易行为，票据和保险行为都是十分传统的商事行为，是国际通行的成熟法律制度。因此 20 世纪 90 年代中期即 1995 年，我国因应市场经济活动的需要，较早地同时颁布了《票据法》和《保险法》两部基本的商事单行法。而另外两部重要的商事单行法，即《破产法》和《证券法》则较晚制定。虽然破产制度也是一个古老的法律制度，但在我国社会主义市场经济条件下，能否实行企业的破产，如何解决企业破产、劳动者保护和社会稳定之间的冲突，是一个历经反复研讨、多年论争，最终达成共识的重大法律抉择。围绕破产制度取舍发生的激烈争辩，本身即反映出中国市场经济发展进入纵深阶段之后所面临的社会冲突，而《破产法》的最终颁行则表明中国社会对市场机制的理性认知和中国市场经济的日臻成熟。《证券法》的颁布更是中国市场经济进入更高阶段的标志。证券发行和交易是特殊的市场行为，证券市场具有特别的融资功能、投资功能和资源配置功能，它是发达市场经济的重要组成部分。改革开放初期的中国，根本没有证券交易和证券市场，而只是到中国市场经济发展到 20 世纪 90 年代中期，证券市场才应运而生，中国的第一部《证券法》也于 1998 年随之颁布。

商法追随中国市场经济发展，40年如影相随，“从商法的规范内容设定和体系结构调整来看，在商法形成与经济体制变动的关联性上，商法建设具有明显的体制跟从性，即经济体制的基本理念、主体结构和运作机制一旦发生改变，其体制变动力随即传导到商法建构过程中”。[①] “尤其是1992年中共十四大确立了市场经济体制的改革目标之后，商事立法之活跃构成了当代中国私法进程的一道靓丽的风景，并对当代中国私法的发展做出了巨大贡献。”“在由计划经济体制向市场经济体制转轨的过程中，中国商法与其近代西方‘前辈’一样，同样扮演着‘开拓者和急先锋’的角色，其对当代中国私法发展所做出的贡献并不逊色于民事立法，其重要性不应被忽视或者低估。”[②]

(二)改革与创新是商法40年发展的永恒主题

中国市场经济的高速发展和经济体制、市场机制的不断改革创新直接驱动着商法制度的变革和创新。中国商法的40年，也是商法制度不断改革创新的40年，甚至可以说，40年来，中国商法始终处于改革模式，中国商事法律制度的改革永远都在路上。

中国商法的创新性首先表现为商法体系结构鲜明的开放性和扩充性。与许多其他法律部门不同，中国商法并未形成一个固定的、封闭性的所谓完整体系和结构，相反，它的体系是开放性的，它的结构是动态变化的，是根据市场经济发展需要不断调整和扩充的。这一特点恰好使中国商法“体现出与市场经济运行的高度契合。正是商法的价值理性和技术理性使商法在保持相对稳定性的基础上，具有适时而变、不断创新的品质，从而使商法成为市场经济中最为活跃的法律”[③]。按照传统的体系和结构，商法所涉法律领域主要是《公司法》《票据法》《保险法》《企业破产法》《海商法》。然而，40年来，新的商事关系层出不穷，新的商法领域也在不断形成，中国商法的体系早已超越了传统商法的范围，《证券法》《投资基金法》《信托法》《期货法》等先后成为商法体系的组成部分。随着新的业态和产业的不断创新和发展，新型商事关系不断孕育产生，新的商法领域也在逐渐形成，如正在蓬勃发展的电子商务关系及正在制定的电子商务法。

其次，中国商法的创新性也表现在商法体系内各商法领域法律制度和规范的不断突破和更新。40年来，各商事单行法在首次颁布后，根据其所调整的商事关系的变化和对法律制度的需求，多次、不断地进行修改，包括全局性的修订和部分

---

① 陈甦:《商法机制中政府与市场的功能定位》，载《中国法学》2014年第5期。

② 柳经纬:《当代中国私法进程中的商事立法》，载《暨南学报(哲学社会科学版)》2012年第11期。

③ 赵万一、赵吟:《论商法在中国社会主义市场经济法律体系中的地位和作用》，载《现代法学》2012年第4期。

条款的修正。这些修改本身不仅是法律条款的文字改变，许多更是重大法律制度的突破和创新，是对某些法律规范的重新设计。其中，修改最为频繁的是《公司法》和《保险法》。《公司法》于1993年首次颁布后，分别于1999年、2004年进行了两次修正，于2005年和2013年进行了两次修订。《保险法》于1995年颁布后，分别于2002年、2014年和2015年进行了三次修正，于2009年进行了修订。《证券法》也是改革和创新较为突出的法律领域，其于1998年颁布后，2004年修正一次和2005年修订一次。最新的立法修订从2014年开始，已经进行了四五年。此次修订力度甚大，涉及证券市场一些基本制度，尤其是证券发行制度的重大变革。只是由于2014年证券市场发生剧烈动荡，此次《证券法》修订至今尚未完成。“商法调整市场经济中最活跃、最易变动的社会关系，决定了商法时时与时而变，与时俱进”，“在过去的30多年间，为顺应社会经济快速发展与变化的法律需求，我国以单行法形式先后颁行40余部商法规范，不仅对于推动我国市场经济的飞速发展作用巨大，而且能够随着社会经济的快速变化而及时地修改增订，体现了极强的适应性、应变能力和强大的生命力”。[①] 在所有商事单行法中，修改较少的是《票据法》、《企业破产法》和《海商法》。《票据法》1995年颁布后，2004年修正一次；《企业破产法》和《海商法》自颁布后，则尚未进行修订和修正。

各商事单行法修改的差异直接反映了不同领域商事关系的活跃程度及其与法律制度的连带互动，与票据和海商关系的高度稳定和法律规则的高度成熟不同，公司、证券无疑是几十年来中国市场经济最为活跃、充满生机活力的领域，市场体制机制改革的持续深入助推商事关系的日新月异，需要法律应对的现实问题也千变万化，由此必然驱动着公司和证券法律制度与时俱进的创新完善。虽然《公司法》从1993年颁布至今不过20余年，却经历了前后四次连续的修订和修正。20世纪90年代前期制定的《公司法》本来已属较新的立法，但在快速变化的中国市场经济面前，其总是经常显露出与丰富实践的冲突和脱节，尤其是进入21世纪新的时期的时候，公司法的滞后更为明显。由此，《公司法》于2005年进行了一次全局性的改革和修订，对公司资本制度和公司治理制度作了根本性的突破和创新。而在时隔仅8年之后，基于工商登记便利化改革的动机，于2013年再次修订《公司法》，对公司资本制度进行了进一步的改革和设计。两次修订的中国《公司法》确有很多令人鼓舞和钦佩的突破和创新，它反映了立法者尊重中国现实，顺应国际趋势，敢于突破和创新的立法智慧和魄力。而在所有的突破和创新中，最为根本和重要的则是立法理念和指导思想的突破和创新，是立法目标和价值选择上的重新认识和调整。这种突破最主要是以下两点：一是改变将公司法作为“治乱的法”“管理的法”

① 李建伟：《制定商法通则的缘起及其立法价值的再认识》，载《社会科学战线》2015年第12期。

和"国企改革的法"等的片面认识，将其作为对所有公司法律关系进行调整的市场主体的法，重视和强调的公司法重要的目标之一应是鼓励投资，推动公司设立，促进资本市场发展和繁荣。改变了原公司法强调规范、限制和管理，而忽略支持、鼓励和引导的明显倾向，从限制投资转向对各种投资主体投资行为的鼓励、对各种投资资源的充分利用、对各种投资形式和投资渠道的开拓。二是给公司以更大的自治空间，对公司法的强制性与任意性规范以合理界定。公司法改革的一个重要的共识就是注意和强调公司法规范的任意性，减少其强制性规范的范围。从片面、过度的控制和管理转向对企业经营自治的尊重、对运营效率的追求和对市场机制的有效运用。历经多次修订的中国公司法，堪称21世纪最为先进的公司法，在公司法律制度的国际竞争中，无疑属于最优、最佳的制度之一。

（三）主体法、行为法和监管法的融合是中国商事法律的基本构成

在整个法律体系中，每个部门法基本上都有其自身的规范结构或制度构成，中国商法40年的发展不仅确立了内容丰富的商法制度，而且形成了自己特有的主体法、行为法和监管法融为一体的制度构成。

首先，商事法规范是主体法规范。商事法规范有的侧重于商事主体关系的调整，是谓商事主体法或组织法。其主要内容是确认了商事主体的法律地位，规定其从产生到消灭整个过程的各种法律关系和活动，包括设立、变更和解散，名称，住所，经营业务，章程，权利能力和行为能力，财产结构和组织结构，成员的权利义务与责任，管理机构的组成及其职权，会计事务，盈余和财产分配等。中国商法最主要的部分是主体法规范，《独资企业法》《合伙企业法》《公司法》基本属于商事主体法，《企业破产法》实质是关于商事主体破产解散的程序性规范，究其性质亦可归属商事主体法。《保险法》中关于保险组织、《证券法》中关于证券经营机构、《信托法》中关于信托机构的规定在性质上也属于主体法规范。

其次，行为法也是商法的重要规范。有的商事法规范侧重于商事活动的调整，是谓商事活动法或行为法。其直接调整具体的经营行为或商业活动，这种经营行为不是发生在某一组织或团体内部，而是发生在不同组织或个人之间。《合同法》（包括买卖法）、《代理法》是最典型的行为法；在商法的几个主要单行法中，《票据法》是最典型的行为法规范。在其他商事单行法中，也有大量的行为法规范，如《证券法》中关于发行行为、交易行为的规定，《保险法》中关于保险经营行为的规定，《银行法》中关于信贷、结算行为的规定，《信托法》中关于信托经营行为的规定等。需要指出的是，商事单行法所规定的商事行为，并非一般的交易行为或合同行为，而是与特定主体的性质和组织特点密切联系，属于该特定主体特有的行为内容。实际上，商事主体的行为分为两类：一类是普通的商业活动，这种活动一般商业组织都可以进行，如制造、承揽、运输、买卖等，在我国民商合一的基本立法体例之下，

此类活动基本是由一般民事立法加以调整；另一类则是与特定商事主体的组织特点直接相关的活动，如公司发行股票、债券的活动，保险机构的保险经营活动，证券机构和交易者的证券发行和交易活动，银行的存贷业务活动，这类活动通常是由单行商事法与主体规范一并予以特别规定。

最后，监管法也是某些商事法的构成要素。在大陆法国家的传统商法中，并无或少有商事监管的法律规范，但在中国单行商事法的立法中，基于国家对特定商事领域经营活动管理的需要，在主要调整商事主体关系和商事行为的同时，通常也对商事监管的问题一并作出较为完整的规定，其中包括监管机关、监管内容、监管程序、监管责任等，从而形成了中国商事法特有的构成部分。如《保险法》中关于保险市场监管的规定、《证券法》中关于证券市场监管的规定、《银行法》中关于银行业监管的规定等。对于这一部分法律规范的性质，在学术上存在着不同的解读，有的认为其属于行政法或经济法的规范，只是规定在商事单行法之中。[①] 但从商法角度观察，它也属于商法规范，与普通行政法和经济法规范不同，它是对特定商事主体和商事行为进行特别监管的法律规范，具有调整特定商事关系的针对性和特殊性，构成该领域整个法律制度体系不可分割的组成部分。“现代商法强制性规范最大的特征是所谓的‘商法公法化’”，“私人强制机制的失灵不断严重，因此国家开始作为国家利益和社会利益的维护者，对商业发展进行监督管理”。“监督性商法强制性规范是现代商法的显著特征，显现了国家意志在商法规范中的新作用”[②]，“在商法范畴，其实不乏旨在实现宏观调控的法律规范”[③]。商法中特定监管规范与其他主体规范和行为规范的融合、这种三位一体或诸法合体的结构恰好成为中国商事单行法的典型构成，成为商法不同于其他许多法律部门的鲜明特点。可以清楚地看到，中国商事单行法并非严格依照传统法律部门的分工和性质制定，而是按照特定商事领域法律调整的需要构建，易言之，商事单行法就是特定商事领域的法，规定和调整该领域的特定法律制度都属该商事法的范围。

在商法的基本体系中，不同商事单行法呈现出不同的规范构成。《公司法》主要表现出主体法的属性，《票据法》《海商法》主要表现出行为法的属性。《企业破产法》既可定性为商事主体破产解散阶段的主体法规范，也可定性为关于破产解散与清算的特殊行为规范。《保险法》《证券法》《信托法》《期货法》《运输法》《银行法》则表现出主体法、行为法与监管法三类规范融为一体的典型构成。正在制定的《电子商务法(草案)》也表现出主体法、行为法、监管法三位一体的典型制度构成。作为

---

① 童列春、白莉莉：《商法的现代嬗变与误读》，载《武汉理工大学学报(社会科学版)》2005年第18期。

② 姜燕：《商法强制性规范中的自由与强制》，载《社会科学战线》2016年第8期。

③ 陈甦：《商法机制中政府与市场的功能定位》，载《中国法学》2014年第5期。

主体法，它规定了主体的市场准入和退出条件及程序，确保电子商务参与者的身份合法。作为行为法，它规定了电子商务参与者在各个交易环节中的权利义务关系，确保电子商务参与者的行为适当。作为监管法，它也规定了电子商务市场的监管模式和监管制度，确保监管行为有法可依，为促进电子商务发展提供政策支持。依循此一立法模型，未来面向任何特定商事领域的单行立法都可能呈现这样的规范结构。由此可见，无论传统商事立法的制度构成怎样，无论对现行商法规范的性质做如何的解读，都不能否定中国商事法客观上已经形成了自己特有的规范构成，这是基于对特定法律关系进行综合调整顺势而为的制度设计，也是超越传统法律性质区隔和部门藩篱而进行的立法安排，也许这恰是中国特色法律体系中商法所具有的中国特色。

(四)对境外商法的兼收并蓄和国际化是中国商法发展的重要路径

在所有法律部门中，商法公认是国际性较为突出的法律部门。商法的国际性由客观的原因铸就：其一，商法以调整商事关系为对象，而不同国家的商事关系具有普遍的共性，商法不能不反映和尊重商事关系的客观规律和要求；其二，商事关系本身也具有一定的国际性，许多商业活动都跨越国籍，各国经济联系日益紧密，并趋向世界经济体系的形成。为此世界各国在本国商事立法方面都注意坚持一般的科学原理并保持与其他国家商事法的协调和衔接。“商法的国际性趋同结果，是商法历史发展所致，也是国家努力的方向……从商法的发展历程来看，商法经历了‘国际法—国内法—国际法’的发展循环，世界商法目前正处于再次国际化的阶段。”[①]商法的国际性在中世纪商法中就已经有所体现，尽管其地域主要限于欧洲各国，伯尔曼曾说：“11 世纪晚期以后，商法上的各种权利和义务在地方适用中变得更加统一、更加普遍，而较少差异、也较少歧视。这在某种程度上是由于那个时期的许多商业活动都具有世界性或国际性。”[②]20 世纪以来，随着全球化的发展，几乎每个国家都在参与国际的分工与合作，商法的国际化程度日益提高。大量有关商事活动的公约得以订立，例如 1930 年《统一汇票本票法公约》、1946 年《统一国际货物买卖公约》、1990 年《国际贸易术语解释通则》及欧盟制定的《欧洲公司法》等等。受上述公约的影响，各国在制定本国商法时往往对其加以吸收。同时，一国商法的成功制度也会迅速为各国所借鉴，导致各国商法的日益趋同化，由此又进一步增强了商法的国际性。

---

① 范健：《民法典编纂背景下商事立法体系与商法通则立法研究》，载《中国法律评论》2017 年第 1 期。

② [美]哈罗德·J. 伯尔曼：《法律与革命》，贺卫方等译，中国大百科全书出版社 1993 年版，第 416 页。

中国商法的40年也是借鉴和吸收境外商法先例和经验的40年，是国际化程度不断提升的40年。中国商法国际化的进程表明，中国在商事法律制度的发展方面，不仅是极富探索精神的创新者，也是先进商法理念制度十分理性的识别者和最虔诚的追随者、效仿者。应该承认，改革开放前的中国，在长期计划经济的土壤上，几乎不存现代商法制度生长的条件，新中国成立初期，残存的部分商法规范也随着私营企业的消灭而消失殆尽，改革开放后的商法制度几乎是在一穷二白的基础上建立的。如果说，中国其他法律制度的建立主要是对原有法律制度的恢复重建和对自身实践经验的总结，那么中国商法制度的建立更主要的是倚重对境外现成制度的借鉴和引进。由大陆法的传统所决定，中国商法，尤其是改革开放前期的中国商法最主要的参照对象无疑是欧洲大陆法国家和日本的商事立法，但某些商事立法以及改革开放后期商事立法的发展则更多地受到美国等英美法国家的影响。改革开放后最早制定的商事主体法《中外合资经营企业法》(1979年)以及后来出台的《中外合作经营企业法》和《外资企业法》就是以德国有限公司法和欧洲国家的外资法为蓝本制定的。中国大陆第一部《公司法》从基本概念到体系结构再到具体规范基本上是经由我国台湾地区“公司法”的途径、仿效以日本和德国为代表的欧陆公司法制定。《票据法》《海商法》《企业破产法》也大致如此。但《证券法》《信托法》则主要借鉴和参考以美国为代表的英美商法制度制定，其原因显而易见：美国和英国有世界最为发达的证券市场和最为丰富完善的证券法律规范，信托法律制度更是英美法的创制和专长。

中国商法对境外商法的借鉴和追随，不只是发生在商事单行法的初创阶段，也贯穿在商法不断修订完善的过程之中。实际上，制度的改革和创新一直是各国商法发展的基本趋势，近几十年的全球化浪潮加剧了世界各国在贸易、投资、技术等方面的国际竞争，这种竞争进一步反映在市场规则上，则形成了各国营商环境尤其是商事法律制度的竞争，竞争的方向就是看谁的制度最佳，谁的规则最优，谁能为投资者和经营者提供最好的营商法律环境。一直坚持改革开放的中国顺势而为，自觉和不自觉地融入了商事法律制度的国际竞争，密切关注和跟踪各国商事法律的最新发展，深入分析和比较各国制度变革的优劣得失，吸收和采纳各国商事立法和理论发展的最新成果，这成为中国商法进取完善的不竭动力。2005年《公司法》修订对公司制度进行的重大改革和突破除个别制度属于中国自有的制度创新之外，大都是受境外公司法改革的启发和驱动，其中包括对一人公司的承认、法人格否认制度的建立、公司最低资本额的大幅降低、公司股份的合法回购、累积投票制的实行、异议股东股份收买请求权的规定、公司僵局时的司法解散请求权、股东代表诉讼、独立董事制度、职工监事的设置等。2005年《证券法》修订中证券发行上市保荐制度，证券投资者保护基金制度，上市公司董事、监事、高管人员的诚信义务制度等的改革更是直接导源于美国证券法的变化。

可以不无骄傲地评价，中国商法对境外制度的吸收和借鉴充分地展现了中国商事立法开明谦逊的心态、宽阔远大的视野和坦荡包容的胸怀。这种兼收并蓄不受大陆法还是英美法的限制，不分西方发达国家还是发展中国家，韩国、新加坡等国的商法制度，也是我们研究借鉴的对象。只要其制度先进，适合中国国情，都可以拿来为我所用。令人欣慰的是，在法律制度的引进上，中国并未出现在其他领域曾有过的坐井观天和夜郎自大，并未发生对境外制度和理念的盲目排斥和否定。相反，如同技术引进一样，现代商法制度像先进技术一样被广泛地，甚至整体性地引进、消化。当然，中国对境外商法制度的引进绝非盲目地照抄或照搬，不是囫囵吞枣，而是对其功能效果进行理性分析后根据中国国情进行的科学取舍，因而也最大限度地避免了制度引进和移植中的水土不服和排异反应。作为市场经济制度的后来者，中国商法没有太多的传统束缚和历史包袱，反而获得了博采众家之长的后发优势。中国既有商法制度与各国先进商法规则的融合互补，使其成为现代先进商法制度的代表者和商法制度国际化的引领者。

四、中国商法的未来发展和立法展望

（一）商事立法的总体布局与商法通则制定的必要性

追昔抚今，中国商法40年成就辉煌，不仅在中国法律制度发展中业绩卓著，而且已经跃居和傲立世界商法制度发展的前沿，对于中国改革开放的巨大成功，对于中国市场经济的健康稳定的发展，对于中国特色社会主义法律体系的形成和完备，中国商法举足轻重、功不可没。

然而，冷静观察和理性分析中国商法的现状，依然可以看到中国商法存在的缺憾和不足。第一，商事法律制度自身体系化、科学化不足。在形式理性上，商法与民法差距甚大，体系化的程度也难望民法之项背。第二，商法规范的缺位和空白。对某些十分重要的商事关系和商事问题缺少相应的法律规制，如商事能力制度、营业与营业转让制度等。第三，商事立法的散乱、重复和冲突。由于各单行法多是由不同部门分别提出草案并在此基础上制定的，彼此之间缺少必要的协调和沟通，由此出现对相同法律问题的重复立法和不同立法之间的相互冲突，如各部门给地方出台的黑名单制度等。第四，商事立法层次错位，效力不足。作为调整商事关系的许多法律规范，本应由全国人大制定的法律予以调整，却长期在行政法规，甚至部门规章的立法层次上低位运行。[1]

中国商法存在的缺憾正是其未来发展的巨大空间，消除这些缺憾和不足是商法制度继续前行的导向和目标追求。除了继续丰富、完善和发展商法各个领域的具体法律制度和规则外，对整个商法制度的体系安排和顶层设计将是中国商法未来发展的重大使命。在我国目前的市场经济法律体系中，商事立法的体系缺陷极其明显。与民法相比，我国民法早已形成基本完备的体系，此前就有一部统领整个民事法律的《民法通则》，目前又正在编纂《民法典》。而商法迄今为止，陆续颁布的都是各个单行商事法，总纲性商法规范极为欠缺，更无法形成合理的体系，缺少一部类似《民法通则》、规定一般商事法律制度、统领整个商法领域立法的系统性法律文件，“商事部门法因总纲性商法规范的缺失而无法形成有效的商法理念与原则，从而未能在商法中形成有效的弥补成文法漏洞的法律机制”。[2] 整个商事立法处于完全的零散化、碎片化状态，与部门法应有的体系化、科学化的要求相距甚远。对比大陆法传统的法典化体系构成，在刑法、民法、行政法、诉讼法等几大并立的部门法中，也只有商法部门缺少统领性的一般立法。在我国社会主义法律体系中，作为四梁八柱的其他基本法都已经制定齐备，明显欠缺的就是商事基本法。由此，为贯彻落实《中共中央关于全面推进依法治国若干重大问题的决定》，为实现《民法典》的立法初衷和主要目的，为加强市场经济法律制度建设而编纂的《民法典》，不能不对商事立法给予特别的重视和科学的布局与安排。[3]

在我国商事单行法的基本立法格局之下，在已经颁行的各个部门商事法的基础上，制定一部一般性、统领性的《商法通则》，不仅是健全和完善社会主义市场经济法律体系的需要，同时也与我国目前经济和社会发展的各种现实需要高度契合，应当作为我国进入新时代后的一项重要立法予以规划安排。近年来，学界大量丰富的深入研究表明，《商法通则》的制定不但可以针对性地解决和消除上述商法制度存在的缺憾和不足，有效地实现商事法律制度自身的体系化、科学化，填补我国商事法律规定的不足，协调和消除相关法律制度之间的矛盾与冲突，合理提升商法规范应有立法位阶，确保商事法律应有的法律效力和权威，而且对于我国正在推进的各种改革和重大决策，包括完善市场经济法律体系、进一步推进深化商事制度的改革、加强营商环境的法治化建设、建立商事信用法律制度、实现“大众创业、万众创新”、完善产权保护、弘扬优秀企业家精神、助力推进“一带一路”发展倡议等，更有着直接、对应、充分的效用。《商法通则》的制定已成我国民商法制发展的当务之

① 赵旭东：《〈商法通则〉立法的法理基础与现实根据》，载《吉林大学社会科学学报》2008年第2期。

② 王建文：《中国现行商法体系的缺陷及其补救思路》，载《南京社会科学》2009年第3期。

③ 赵旭东：《民法典的编纂与商事立法》，载《中国法学》2016年第4期。

需和之急，如果说《民法典》编纂对民事立法是锦上添花，那么商法通则的制定对商事立法就是雪中送炭。同时，我国民商立法体系最富创新的立法安排和突出特色之一恰是商法通则的制定，它将使商事立法的中国特色表现得更为突出和鲜明，也是中国商事法律制度未来发展的最新期待。

（二）商法通则的立法背景和建构目标

商法通则的立法论证如能最终成为国家立法机关的立法决策，将是我国市场经济法律体系建设的重大突破和进展。毫无疑问，在现实特别背景下进行的这一立法，应该具有清晰的目标追求，应形成系统、完整、科学的体系结构，并对我国重大商事制度的发展和建构作出理性的决策和设计。应该清醒地看到，我们要进行的商法通则立法具有不同于许多其他立法的特殊背景。

其一，它是进入21世纪的商事立法。商事立法的历史可以溯源至18世纪中叶法国的《商事条例》，到19世纪，各国商事立法进入了法典化时期，形成了较为完整、成熟的商事法律体系。但商法制度发展的步伐从未停歇，社会经济的发展和商事交易的需要，推动着商事法律制度不断地丰富和进化。时代进入21世纪，伴随着电子化、信息化、数据化的发展，商事法律制度更是呈现出日新月异的变化，制度的突破和创新日趋频繁，区域制度的协同竞争也更为普遍。由此，现在要制定的21世纪的商法注定不同于20世纪以前的商法，无论在结构体系上还是在具体内容规范上，都必然凸显现代化的特点和需求，应具有鲜明的时代性和先进性。

其二，它是超越典型民商合一与民商分立体例的商事立法。按照民法与商法是否分别制定法典，通常将各国的立法体例分为民商分立与民商合一两种基本模式。我国一直未对民法与商法进行法典立法，既未制定统一的民法典，也未制定统一的商法典，我国民商事立法一直采取单行法的立法方式，分别就民法和商法的各个具体制度进行单独立法。因此，对于我国现行立法体例究属典型的民商分立还是民商合一，实际上很难进行严格定性和清晰归类。但从原《民法通则》和现行《民法总则》的内容以及立法机关的立法说明看，我国的民商立法体例更接近于民商合一，却并非大陆法国家典型的民商合一。它是一种既承认和尊重民商合一的基本理念，又坚持商法的特性和独立性的一种新的立法体例，是跳出传统藩篱、摆脱法系束缚、不受框框限制、融大陆法与英美法于一体、博采各国立法体例之长的法律创制，是在中国土地上土生土长形成的立法体系。我国要制定的商法通则正是在这种的立法体例下进行的立法安排，因此，它应当具有统领各个单行商事法的总则功能，其属于真正本土化的中国创制，应彰显出鲜明的中国特色。

其三，它是商事单行法基本齐备的商事立法。虽然我国迄今未能制定统一的商法典，却进行了一系列数量众多、内容广泛的单行商事立法，先后出台了分别调整不同商事关系的商事法律、法规、规章等，其中包括《中外合资经营企业法》《企业法人登记管理条例》《海商法》《公司法》《票据法》《保险法》《企业破产法》《证券法》《商业银行法》《信托法》等，基本上所有的具体商事领域，都有相应的立法规定，就具体领域的商事立法而言，可以说我国的商事法律已经相当完备。只是缺少一部类似民法总则、规定一般商事法律制度、统领整个商法领域立法的系统性法律文件，整个商事立法处于零散化、碎片化状态，与部门法应有的体系化、科学化的要求存在明显差距。商法通则立法的重要使命就是填补这一法律体系的严重欠缺，完善我国市场经济的法律体系。

其四，它是《民法典》编纂之下《民法总则》之后的商事立法。《商法通则》的立法要求是在《民法典》编纂启动之后再次被深入讨论的，未来商法通则的制定也将是在《民法总则》颁行之后、《民法典》编纂之中和编纂之后进行的立法，由此，《商法通则》的立法必然要充分地考虑和保持与民法立法的协调和一致。民法作为商法的基本法，其基本内容都应为商法所遵从，但商法作为民法的特别法，必须对商事关系的特别法律规则作出规定。《商法通则》的规范应避免与《民法典》规范的重复，《民法典》未予涉及的商事规范应尽可能由《商法通则》予以规定，《商法通则》与《民法》不同的法律规定应得到优先适用。这是《商法通则》立法又一重要的出发点和设计思路。

(三)商法通则的体系架构和基本内容

在上述特殊的立法背景之下，基于《商法通则》的立法目标，我国商法通则的体系应围绕以下基本制度进行设计建构：

1. 商事主体制度。商事主体制度是商法上商事主体范围、商事主体分类、商事主体的商事能力等一系列法律制度的统称。商事主体制度旨在揭示商事主体的本质特征，并从立法上将商事主体与其他法律区别开来。从西方商法实践看，欧陆国家多在商法典中对商事主体作了统一、明确的规定。从我国目前的情况看，商事主体的法律规范尚处于无统一标准、无层次化的分散立法状态。这种状态，不仅导致了法律之间的重叠、冲突甚至立法空白，而且还引起了执法的混乱。有鉴于此，借鉴国外的立法经验，结合我国的国情，尽快建立我国的统一商事主体制度非常必要。

2. 商事权利义务制度。商事主体当然享有商事权利并承担商事义务，我国各个单行商事法也都规定了商事主体在特定的法律关系中的具体的商事权利和义务。但没有商事基本法，也就没有商事权利义务的一般性规定，这方面与民事立法形成明显的反差。商法通则是否应仿照《民法总则》建立商事权利义务的一般规则，是本书其后要专门深入探讨的问题。

3. 商事登记制度。登记制度在确认商事主体经营资格、提高交易效率、保护交易安全、维持经济秩序等方面具有重要作用，现行制度中对登记的申请，主管机关，登记的内容、效力以及登记与商事主体资格成立的关系，登记与公示的关系都作出规定。这是我国商事制度中最为丰富、成熟的制度，也是各种商事法规最为集中的领域，商事登记制度立法的主要任务是对现行商法法规进行梳理、整合，实现登记制度的统一性和科学性。

4. 商业名称与字号制度。商业名称是商事主体独立法律主体的重要表现形式，是其法人人格特定化的标志，因此它也是商事主体注册登记的重要事项之一。各国商法均有系统、细致的商业名称制度。我国商业名称也早已形成，但其存在的明显缺陷一是“重规制、轻保护”，对商业名称的保护规定过于简单；二是涉及商业名称的一些核心问题未得到清晰、严密的规定，如商业名称与字号的关系、商业名称转让的要求和法律效果等。

5. 商事账簿制度。我国现行法律并未从商事立法的角度对商事账簿作出总体规定，而是从国家管理和企业经营管理出发，对账簿的制备及具体规则作出规定，主要体现在《会计法》《审计法》《企业会计准则》等法律中。商事账簿是否应成为我国商法的基本制度，是需要专门深入分析论证的问题，本书后面将专题论述。

6. 商事行为制度。商事行为制度与商事主体制度是商法的核心制度，是构建商法体系的两大基石。这两项制度除了满足形式理性的需求，更是法律适用的基础。只有界定了商事行为，才能确定某种交易行为应适用民事规范还是商事规范。大陆法国家的商法典对商事行为均有系统、细致的规定，但在我国，既没有专门的商事基本法，更无商事行为的系统立法，甚至对于何为商事行为，其范围包括哪些，学理上尚有不同的理解和主张。因此，对商事行为的全面设计无疑是商法通则立法的基本任务。

7. 商事代理制度。商事代理与民事代理之区分的最大原因在于其功能的巨大差异。商事代理因其使团体或企业经营者参与法律交易之功能，需要商事代理人也呈现隶属于企业组织或者本身组织化等商业特性，从而实现该制度的效率价值。因此，现代商业的专业化、复杂化、结构化势必会导致商事代理和民事代理二元分化。商事代理与民事代理的发展沿革完全不同，即使在民商合一的国家，也形成了两个不同的制度。因此，在民法典的民事代理制度之外，规定商事代理制度具有必要性。

8. 商事营业制度。商事营业是商法上最具特色的制度，也是民法中极少涉及的问题。传统大陆法国家商法典体系中的重要部分就是营业与营业转让制度，它也是商法学原理中内容相当丰富的理论。我国现行商事立法较少使用“营业”的概念，经常使用的“经营”概念与营业也有所不同，更未形成清晰、完整的商事营业制度。这使得许多本应由营业制度调整和解决的问题变得复杂和难以适当地解决，如企业转让与财产转让的关系、企业改制中债权债务的处理、企业产权交易的性质和法律效果等。这些问题都完全可以也应通过商事营业制度的规则一并调整解决。

9. 商事公示和信用制度。我国现行商事立法中涉及商事公示与信用的法律规范很多,但迄今并未形成统一的商事公示和信用制度。传统大陆法国家的商法典中也未有专门的商事信用制度。然而,现代商业活动的发展,商事信用及与之相关的商事公示问题日益显要,创制相对独立的商事公示和信用制度不但十分必要,而且已经具备了充分的条件,这也是我国商事立法最可作为、最可能实现制度创新并形成鲜明特色的方面。此问题待后详述。

10. 商事监管制度。商事监管制度是指法定的国家机关对市场准入与退出以及市场经营主体在其存续期间的运营进行监督和管理的法律制度。市场的良性发展离不开有效的监管,商事监管制度也是国家治理中必不可少的一项内容。虽然学理上,商事监管应否作为商法上的一项基本制度尚无深入的探讨和清晰的认识,但事实上,我国商法经过几十年的发展,商事监管已经成为商事立法中的重要内容,各种商事单行法,从《公司法》到《证券法》,从《保险法》到《信托法》,几乎所有的商事法律都会将该领域的监管问题作为单独的章节或专门的条款加以系统规定,确定相应的监管机关、监管职能和责任、监管方式和内容、监管程序和救济等法律事项。对多数商事单行法的结构进行分解,基本上都呈现出主体法、行为法和监管法的三分结构。由此,商事监管已经成为各个商事法的公因式或共同规则,作为覆盖所有商事法律的一般立法,商法通则有理由将其抽象为一般性的商法制度。

11. 商事争议解决制度。建构商事争议解决制度的意义在于:民事审判更强调对弱者的特殊保护,侧重于公平优先,实质公平。而商事案件的当事人主要是法人,商事审判中,强调公平与效率二者并重,有时更侧重于效率优先,形式公平;民事争议解决较之商事更注重对"人"本身的关注,明显侧重人格权益的保护。对于商事财产的保护方式,更突出了注重效率的特性,鼓励交易。由此,有必要根据商事争议的特点设计和确定争议解决的法律路径,除了诉讼,应特别鼓励调解和仲裁等发挥当事人能动性的灵活和快捷方式。同时,对于诉讼,也可以探索和建立与普通民事诉讼有所区别的商事裁判理念和诉讼规则。

(四)商法通则体系设计中的几个重要问题

1. 商法基本原则的总结与确立

对法律的基本原则作出集中统一的规定,是我国基本法或重要法律立法的一贯模式,也是中国法律制定的成熟经验和鲜明特色。商法的基本原则,是商法调整商事关系的基本准则,是商事立法的基本理念和指导思想,也是商事法律制度设计的立法目标和价值取向。基于这些立法目标和法律原则制定的商事法律反映了现代市场经济对商事法律制度的要求,对于促进经济改革,规范商事主体的设立和活动,保障各方当事人的合法权益,维护交易安全和社会经济秩序,维护社会经济的健康发展起着至关重要的作用。确立商法的基本原则能够有效地协调和统一各个单行商事法的价值取向，对于立法十分分散、单行法众多的商事立法，商法基本原则的立法统领作用较之其他部门法作用更为突出。同时，商法基本原则又能够为法律的准确理解和适用提供实质的根据和指引，并为商事活动提供基本的行为准则。特别需要指出的是，十几年来，我国司法实践经常强调商事审判理念并就此形成日益广泛的共识，然而，商事审判理念是什么，应当包括哪些具体的内容，却是不甚明了、理解掌握极不统一的问题。实质上，这种审判理念就是以商法基本原则为内容的司法审判指导思想和观念。因此，只有确立商法的基本原则，才能为商事审判提供明确统一的审判理念。

由于商法是作为民法的特别法而存在的，因此，民法的基本原则，如平等原则、私权神圣原则、意思自治原则、诚实信用原则等都适用于商法。同时，商法所调整的商事关系又具有不同于一般民事关系的特征，因此商法具有也应该确立自己特有的法律原则。如何总结和提炼出我国商法特有的基本原则恰是商法通则立法首要的任务。既往的商法学理论和原理对商法基本原则多有总结和阐述，却存在明显的问题：其一，未能充分反映商事关系的特点和商法制度的特殊要求，有的商事特点十分突出的法律原则未能得到提炼和确立，如营业自由原则、公平竞争原则、社会责任原则；其二，商法基本原则与民法基本原则未能清晰地区分，有些原则相互重合，如平等互利原则、诚实信用原则、外观主义原则、严格责任主义原则；其三，对商法基本原则的总结和归纳众说纷纭，非常不统一，形成了“二原则说”“三原则说”直至“六原则说”“七原则说”等不同主张。

本书认为，商法的基本原则应是贯穿和渗透在商法各个领域的核心思想，应充分反映商事法律制度的实质和特点，既不应将其泛化为一般的法律原则，也不应将真正的商法基本原则忽略或遗漏。同时，这些基本原则也是在商事法律制度长期的发展中逐步形成和不断成熟的，并为各国商事立法普遍接受和肯定。概括来说，这些原则主要是：确认和保护营利原则、营业自由原则、商事交易便捷原则、商事交易安全原则、公平竞争原则、社会责任原则。

2. 商事信用制度的创建

现代社会是信用社会，现代经济是信用经济，毫无疑问，信用已成为影响资源配置的要素之一，因此，信用制度的建立与完善将影响市场经济的发展。在商事制度的顶层设计中，商事信用制度应当也完全可以作为商事制度的重要组成部分加以设计。

需要指出，在传统商法制度中并无单独的商事信用制度，无论在法国、德国等民商分立，制定有商法典的大陆法国家中，还是在没有商法典的大陆法国家以及英国、美国等英美法国家，都没有专门的商事信用立法，在这些国家早期的商事立法中，甚至还根本没有形成明晰的商事信用的法律概念。到现代许多国家已经有涉及商事信用的零散法律规定或分布于具体领域的商业规则，但也并未形成统一、完整、系统的商事信用制度。

然而，这不成为否定商事信用制度的充分理由，相反是创新中国商事信用制度的重要根据。从法律制度成长的社会环境而言，没有比信用制度更为中国市场经济和社会发展所需的了。放眼改革开放以来中国经济和社会的发展，中国经济发展的速度冠盖世界，经济总量和规模也已经雄踞世界第二位，军事和国防实力也空前强大，科技水平正在进入世界的最先进行列。然而，我们却不能不承认我国与世界先进发达国家在社会信用尤其是商业信用方面存在着明显的、较大的差距，假冒伪劣、欺诈侵权、毁约逃债等各种严重背离诚实信用要求的商业行为相当普遍地存在，整个社会信用尚处于较为低下的水准。这降低了中国经济发展的质量，也严重制约着市场经济的健康稳定发展。因此，大力加强信用建设已经成为现阶段我国社会发展的重要目标和艰巨任务。

党中央、国务院高度重视社会信用体系建设。党的十八大提出的"加强政务诚信、商务诚信、社会诚信和司法公信建设"，党的十八届三中全会提出的"建立健全社会征信体系，褒扬诚信，惩戒失信"，《中共中央国务院关于加强和创新社会管理的意见》提出"建立健全社会诚信制度"，国务院专门发布了纲领性政策文件《国务院关于社会信用体系建设规划纲要(2014—2020年)》，一批信用体系建设的规章和标准相继出台。公布实施《征信业管理条例》《企业信用信息公示条例》，各部门推动信用信息公开，开展行业信用评价，实施信用分类监管；各行业积极开展诚信宣传教育和诚信自律活动；各地区探索建立综合性信用信息共享平台，促进本地区各部门、各单位的信用信息整合应用；社会对信用服务产品的需求日益上升，信用服务市场规模不断扩大。然而，我国社会信用体系建设虽然取得一定进展，但与经济发展水平和社会发展阶段不匹配、不协调、不适应的矛盾仍然突出。存在的主要问题包括：覆盖全社会的征信系统尚未形成，社会成员信用记录严重缺失，守信激励和失信惩戒机制尚不健全，守信激励不足，失信成本偏低；信用服务市场不发达，服务体系不成熟，服务行为不规范，服务机构公信力不足，信用信息主体权益保护机制缺失；社会诚信意识和信用水平偏低，履约践诺、诚实守信的社会氛围尚未形成。而所有这些问题的存在，都与我国目前缺少系统、完整、科学的商事信用法律制度有着直接的联系，中国商事信用建设到现在最为欠缺的恰是系统的商事信用法律制度，创建这一制度无疑是商法通则立法理所当然、责无旁贷的重大使命。

从近些年来我国商事信用建设的实践情况看，需要创建的商事信用制度具有较为丰富的内容，涉及商事信用形成、利用和保护的方方面面，包括商事信用的信息采集、整理、保存、加工、服务等活动的基本原则和要求，商事信用信息的征集和商事信用的评价，商事信用信息的交易，对失信行为人的惩戒，失信信息和失信评价的披露，商事信用的恢复，失信商事主体的异议权，商事信用的守信激励，等。在这些制度设计中，特别值得探讨的是商事信用权的确立，这是一种不同于一般民事权利的特殊权利，是商事主体就其所具有的经济能力在社会上获得的相应信赖与评价所享有的保有和维护的人格权。

商事失信惩戒制度是商事信用制度设计中又一十分重要的内容。目前这种信用惩戒主要以“黑名单”的方式体现，是指行政机关、司法机关、行业协会、企业等社会组织依照法律、行政法规、规章等法律依据，将严重违法失信的自然人、法人或其他组织的信息进行归集后形成的，并向社会公示的名录和数据库。列入“黑名单”是对商事主体最严重的负面信用评价，但我国目前的黑名单制度呈现出部门化、地方化和碎片化的特点，各部门、各地区各自为政，制度的内容和形式五花八门，突出的问题是立法层级较低、发布主体多样、列入标准不甚统一、列入程序不甚明确、异议与救济机制不甚完善、尺度不合理、操作不完善等，亟须一部统领、规范全国各地区、各部门，面向所有市场和监管领域的统一立法文件。

3. 商事会计账簿制度的立法布局

商事会计账簿可以界定为商事主体依法编制的，用以记载其交易活动、经营状况和财产状况的账册。商事账簿具有十分重要而具体的法律意义和作用，它是商事营业及整个经济活动的重要工具，对于不同的主体，其表现出不同的法律功能和价值。对商事主体本身而言，可以通过商事账簿准确地了解自己的商事经营状况，精确地分析自己的产品价格、成本和利润，为作出正确的经营决策提供依据，促进经营活动科学化、合理化；对于社会公众和交易对方而言，商事账簿便于他们了解商事主体的经营状况和财务状况，衡量商事主体的信誉、实力和发展潜力，作出是否与其进行交易、是否向其投资等决定，从而促进交易安全，维护其他利害关系人的利益；对债权人来说，商事账簿是破产清算时清理债权债务的重要依据；对商事主体的股东或投资者而言，商事账簿是股东或投资者行使权利的依据，有利于促进股东或投资者权益的保护。对政府部门而言，首先，商事账簿的功能主要表现为政府根据商事账簿掌握商事主体的情况并依此对商事主体进行管理，为正确制定经济管理政策提供了理论依据；其次，商事账簿是国家税务机关依法对商事主体征税的重要依据；再次，商事账簿是国家物价机关制定物价标准、进行物价检查的依据；最后，工商部门、审计部门对商事主体的检查和审计也离不开商事账簿。

但如此重要的商事账簿制度是否要由商事立法作出规定，商事账簿是否应成为我国商法基本制度的组成部分，牵涉我国法律制度整体的立法布局和商事立法的分工和任务。为此，经常令人疑惑、特别需要回答的是以下两个具体问题：其一，商事账簿制度属于公法还是私法、是否属于商事法律制度；其二，在会计法和会计准则对商事账簿已有所规定的情况下，是否还需要商法通则对此再作规定。

首先，法学原理上对公法与私法的划分历来存有不同的标准和学说。有主张以法所保护的利益是国家公益还是私人利益进行划分，有主张以法律关系的主体一方是国家还是完全私人为标准来划分，还有以法所调整的社会关系是国家与个体之间权力与服从关系还是纯私人关系为标准来划分。根据上述对商事账簿意义和作用的分析，无论基于何种标准和学说，商事账簿制度的主要性质应属于私法，因为其保护的主要利益是私人利益，其涉及的法律主体主要是商事主体本身及其股东或投资者、交易对方或债权人，其调整的社会关系也主要是这些私人主体之间的权利义务关系，国家并非商事账簿制度涉及的主要主体，其保护的也主要不是国家公益。但必须承认，商事账簿的确涉及国家公益和国家与商事主体之间的管理服从关系，就此而言，商事账簿制度也具有公法的次要属性。公认的商法原理认为，商法本来就是这样一个特殊的法律部门，兼具私法与公法的双重属性，并以私法属性为主。商事账簿制度的性质与商法在这一属性上可谓高度吻合，将商事账簿制度纳入商法的制度体系顺理成章，名副其实。

其次，我国已经颁行多年的《会计法》和《企业会计准则》的确对商事账簿的某些问题作出规定，但这并不当然排斥商法通则对商事账簿再作相应的规定。在《商法通则》中设置"商事账簿"一章能够对现行法律法规中有关商事账簿的散乱规定起统帅、整合作用，是完善商事法律制度的必然选择。目前我国《会计法》《企业财务会计报告条例》《企业会计准则》《审计法》《审计法实施条例》《中国注册会计师审计准则》以及关于会计、审计相关规章制度中已经对会计账簿的编制、保管、审计、披露等作出一系列的规定，但是这些规定零散地分布在各单行法之中，缺少统一协调的原则与理念将各单行法中的具体规定串联起来。这就需要在《商法通则》中设置"商事账簿"一章，对现行关于商事账簿的法律规范中各单行法具体规定起统帅作用，且在设置时考虑商事账簿规则的统一性和一般性需求。同时，我国《会计法》《审计法》等关于会计、审计的法律法规中虽然对会计账簿的编制、保管、审计、披露等作出一系列的规定，但这些法律法规的内容不仅包括商业会计、审计的具体规定，还包括政府会计、审计的规定；不仅包括对账簿本身内容的规定，还包括对会计、审计从业人员的行为的规定。这些规定主要是为了规范会计、审计行为，为会计、审计行为制定一个准则，是一种行为规范，可以看作对会计、审计从业人员行为的一种指导，有较强的技术性和专业性。而《商法通则》中对商事账簿规范的对象是商事账簿本身，其调整的对象和范围更具有针对性。而这样一部对商事账簿进行调整的法律规范，才是真正属于商法领域的商事账簿规范，可填补商事账簿规范在商法领域的空白，完善商事法律制度立法体系。

最后，国外立法模式为我国商事账簿立法提供了借鉴。世界上绝大多数国家除了有会计法、审计法等专门对商事账簿的编制标准和方法进行具体规定的法律法规外，还将"商事账簿"制度规定在商法典、民法典或其他商事法律中。西班牙、法国、日本、韩国、挪威、瑞典、丹麦都在其商法典中规定了商事账簿制度；荷兰、瑞士、意大利都在其民法典中规定了商事账簿制度；英国最早把企业会计账簿规定在破产法中，后来但凡有独立公司法的国家，几乎都会在公司法中对公司财务会计进行规定，其中都会设计会计账簿，我国也是如此；一些股份制企业发展较为发达的国家，会在证券法中对会计账簿进行规定，如美国，因为它们认为企业会计账簿的主要使命在于保护投资者的利益，我国证券法中主要规定了对财务会计报告的审计和披露条款；有些国家也会在税法中对会计账簿进行规定，如法国，主要因为税收直接关系到国家的利益，加之企业会计数据是征税的主要依据，各国的税收制度也越来越复杂。这些国家的立法模式对我国商事账簿制度的立法具有重要的借鉴意义。我国虽有《会计法》《审计法》《企业会计准则》《审计准则》等，但是参考其他各国的立法模式，在《商法通则》中设置"商事账簿"不仅是商事法律制度体系完整性的需要，更是顺应国际立法趋势的要求。

就商事账簿制度的具体规范内容而言，商法通则应该但不限于对如下内容或条款作出规定：(1)商事账簿的编制义务；(2)商事账簿的种类；(3)商事账簿的形式；(4)商事账簿的编制要求；(5)资产评估的原则；(6)商事账簿的保管；(7)商事账簿的查阅；(8)商事账簿的保密；(9)商事账簿的提交；(10)商事账簿的审计。

4. 一般商事权利义务的立法凝练与集中规定

权利与义务作为私法最主要的一项内容，其核心地位不言而喻。就我国当前的立法状况而言，现有民事权利义务体系的建构相对完整，能有效地调整民事关系并实现对民事主体权益的保护。相较之下，商事权利义务只在各个单行商事法中对具体领域的商事权利和义务有相应规定，却一直缺少类似民法中一般民事权利义务的关于商事权利义务的总体规定。换言之，所有的商事主体到底享有哪些基本权利，承担哪些基本义务，它们所享有的权利和承担的义务应如何有效地实现，在商法上并无明晰、系统的规定，在商法学原理上，也较少对此进行理论的凝练和集中阐述。

这是否意味着商法领域不存在一般性的商事权利义务，或者说民法所规定的一般民事权利义务完全可以覆盖或包含一般商事权利义务？事实相反，商法中存在着若干完全可以类型化的基本权利义务，而且这些权利义务在民法中并未得到明确具体的规定和反映。由商法作为民法特别法的基本性质所决定，商法中也有一些特别的权利义务，如商业名称权、商事营业权、商业秘密权、合法经营义务、诚信经营义务、正当竞争义务等，这些权利义务产生于商事主体的营业活动之中，与商事关系和商事行为的营利性密切相关，也直接影响商事主体的根本利益，关乎商事活动目标的实现和商事关系的基本法律秩序。同时，这些权利义务具有固有性和法定性，它既不需要当事人通过具体的交易行为取得，也不局限于证券、保险、票据等特定、具体的商事领域，任何商事主体只要从事经营活动，都当然地享有这样的权利并承担这样的义务。因此，它属于商事主体的基本或一般性权利义务。而这样的权利义务在我国民法中并无明确规定，我国《民法总则》第五章规定了自然人和法人享有的各种人身权和财产权，包括名称权、名誉权、物权、债权、知识产权等，并没有规定商事主体享有的上述商事权利。

进一步的问题是，商事立法有无必要对一般商事权利义务进行凝练并作出体系化的统一规定？回答是肯定的。现代法治的基本精神是"规范公权，保障私权"。保护民事权利是民法的核心，也是民事立法的重要任务。已经颁布的《民法总则》和正在制定的《民法典》就是一部全面保障私权的基本法。《民法总则》以专章的形式系统规定民事权利，这种立法形式被国内外誉为一部"民事权利的宣言书"，它系统、完整地确认了民事主体所享有的各项民事权利，构建了较为完整的民事权利体系，从而不仅可以更有效地尊重和保障私权，同时也确定了公权行使的边界。在贯彻落实中央关于实现公民权利保障法治化和完善产权保护制度的今天，这一宣示性的立法形式，更彰显其重大意义和特别效果。与对权利的系统规定相对应，《民法总则》也同时专章规定了民事责任，没有民事义务就没有民事责任，这种对民事责任的规定在性质上和实质内容上与对民事义务的规定是一致的。由此形成了我国民事立法对权利义务进行体系化规定的立法模式。

权利义务体系化的立法模式既适用于《民法总则》，也完全适用于商法通则。在权利宣示和权利保障的意义上，商事权利义务同样需要这样的立法。不仅如此，商事权利义务更需要立法的梳理和凝练，由于大陆法的立法传统，商事权利义务一直缺少系统化立法的先例，新中国成立以来的单行商事法更无可能对商事主体的一般商事权利义务作出规定，而长期以来，我们的商法学理论也完全放弃了对一般商事权利义务的梳理和凝练。虽然，在不同的制度或场景下，商事法律和商法理论对各种商事权利义务有所规定和阐述，但往往都是个别的、零散的，并且有时不甚明确和规范，从未形成一个完整、系统、严密的权利义务体系，以至于迄今很难准确地界定我国商事主体到底享有哪些商事权利，承担哪些商事义务，或者说在此方面，无论是立法文件还是商法理论，都还没有达成共识。在这样的背景下，通过深入地分析和全面地总结梳理，凝练出贯穿和覆盖整个商事领域的一般商事权利义务，将其统一规定于商法通则之中，无疑是最具理论和现实意义的立法安排。

尤其是对于商法这样一个范围极其广泛、内容十分庞杂、采取单行法形式的法律领域，最需要总则性的立法加以统领，对于分散在各种具体商事法律中的商事权利义务，最需要进行提取公因式式的立法归纳，最需要体系化的统一立法予以涵射。而作为商事法律制度的核心和主线，一般商事权利义务唯有集中统一的立法规定，才能有效地贯穿于全部的商法领域，才能切实地反映在各种具体的商事法律规范之中。

一般商事权利义务的立法还具有创新、发展我国商事法律理论的深远意义。我国商法理论的明显缺陷就是至今没有引入商事权利义务的研究范式，商事权利理论研究非常薄弱甚至缺失。因我国商事立法中"没有'商事权利与商事义务'的专门术语"[①]，商事权利与义务的论文成果非常少，而几乎所有的商法学教材或者专著，都缺乏对商事权利义务理论专门、系统、深入的研究，只有极个别的专著中涉及对商事权利义务理论的探讨[②]，而现有较少的研究成果也更多地集中在对个别商事权利义务类型零星的、分散的研究。商事权利理论研究的极其薄弱甚至缺失，也形成了整个商法学基本理论的缺陷，并进一步影响到商法理论体系的成熟。因此，我国商法基础理论研究的深化和成熟，迫切需要突破其既有的研究视野、研究方法和理论框架的局限和束缚，应以构建和强化商事权利义务理论为新的着眼点，全力实现商法基础理论的创新、突破，促进商法学研究的深化和成熟。

根据目前现行商事立法的规定，我国商事权利与商事义务的类型和体系可以做如下的建构：第一，商事权利，即商业名称权、商事信用权、商事营业权、商业秘密权、公平交易权；第二，商事义务，即合法经营义务、诚信经营义务、正当竞争义务、依法纳税义务、接受监管义务、履行社会责任义务。

① 吕来明：《论商事权利体系》，载徐学鹿主编：《商法研究》第2辑，人民法院出版社2000年版，第61页。

② 陈淳：《商法原理重述》，法律出版社2010年版，第29～124页。

第二章

中国企业法与公司法40年

一、企业法40年的发展变迁[①]

(一)概况

我国的企业法,是由多个部门法组成的一个庞大的法律规范体系。从企业组织法的角度,企业法体系由《公司法》《合伙企业法》《个人独资企业法》《农民专业合作社法》以及关于股份合作制企业的法律法规等组成;从企业所有制的角度,则分

① 从概念的逻辑上看,企业法是公司法的上位概念,仅从企业组织法体系而言,企业法包括公司法,此外还包括合伙企业法、个人独资企业法、合作社法等。我国还存在一套所有制企业法、政策促进类企业法体系,但就核心制度内容而言,现代企业制度的核心就是公司企业制度,企业法的核心就是公司法,基于公司法在现代企业法中的核心定位,很多领域需要单独的展开论述。为了更好地展示我国公司法、企业法40年发展变迁的历史脉络与法治成就,下文共分为三大部分,关于法制发展变迁的历史回顾、关于法制发展变迁中的重大理论与实践问题、关于法制的未来发展展望等,其中的前两部分均将我企业法与作为其核心的公司法分开论述,但在第三部分合并论述,在分与合之间,可以更好地分析与观察我国公司法制、企业法制40年的发展变迁。

为《全民所有制工业企业法》《乡村集体所有制企业条例》《城镇集体所有制企业条例》《私营企业暂行条例》《企业国有资产法》以及三部"外资企业法"——《中外合资经营企业法》《中外合作经营企业法》《外资企业法》等。此外,还包括了由《乡镇企业法》《中小企业促进法》等产业政策类的企业立法。从企业法律规范的组成来看,除了上述各个单行企业立法之外,还有《民法通则》《民法总则》《保险法》《证券法》《证券投资基金法》《信托法》《海商法》《票据法》《企业破产法》等民商事立法包含的关于企业立法规范。在以上多个部门立法组成的这个庞大企业法体系中,最重要的分支有二,是立足于截然不同立法理念的两大企业立法体系,即企业组织法体系与所有制企业立法体系,前者的核心是《公司法》,后者的核心是《全民所有制工业企业法》。

新中国成立以来尤其改革开放40年来我国的企业法发展变迁,可谓经历了一个繁复变革的历史过程,跌宕起伏,峰回路转。从计划经济时期忽视法律的调整手段,到改革开放后经济体制转轨时期注重法律的调整,再到建立市场经济法治体系和现代企业法律制度,从无到有,从单一到体系化,取得了很大的法治成果。40年来的企业立法体系,可以1993年《公司法》颁布为分水岭。《公司法》颁布之前,企业立法以所有制为企业形态划分标准,形成以《全民所有制工业企业法》《乡村集体所有制企业条例》《城镇集体所有制企业条例》《私营企业暂行条例》、三部"外资企业法"为构成的所有制企业立法体系,可谓"旧的企业立法体系";《公司法》的颁布突破了以所有制作划分企业类别的立法模式,标志着企业立法模式从传统的所有制标准向现代的企业组织形态标准的转变。随着其后《合伙企业法》《个人独资企业法》的陆续颁布,企业组织立法体系得以构建,可谓为"新的企业立法体系"。新的建立,旧的并未废止,目前的企业立法体系是"所有制企业立法"与"企业组织立法"并存的"双轨企业立法体系",这是基本的结构,此外还有由特别企业法、政策促进类企业立法组成的特别企业法方阵。

如果用"双轨企业立法体系"来整体描述我国目前企业法体系的概貌,是最恰当不过的。必须指出,这一体系存在着结构性缺陷:体系下旧的企业立法与新的企业立法并存,形成两个分系,前者采用只反映企业的经济属性而非法律属性的所有制作为划分企业类别的标准,在市场经济体制下明显的欠缺科学性,后者以企业组织形态作为立法标准,与前者相比从立法理念到制度规则都是迥异的。新的企业立法体系的内容构造上仍然存在前者的深刻烙印即所有制的渗透和影响,比如最初定位于为国企改制服务的1993年《公司法》,历经数次修订后的所有制影响仍未能完全消除。所有制立法规则与企业组织形态立法规则犬牙交错,必然造成相应立法在体系上的混乱与结构上的缺陷,以及在具体内容上的重复、交叉与错乱。在一些关键问题上由于法律规则的参差不齐,将导致法律适用的模糊与迷惘。其中一个突出表现就是对国有企业没有统一立法规制。按照《全民所有制工业企业法》

设立的全民企业与按照《公司法》设立的国有独资公司，都是国家独资设立的企业法人，在法律规范上本不应有根本的区别，但二者在产权结构、治理结构、管理体制等方面事实上差别甚大。此外，在外资企业立法方面，对内、外资企业立法采双重标准，不仅企业立法体系中内、外资企业法并行，三个外资企业法之间以及外资企业法与公司法、其他一些法律法规之间也存在着大量的重复、矛盾。

企业是市场的基本主体，市场经济的竞争主体应是平等的，但以所有制为标准划分企业类型以及在此基础上的企业立法没有真正确立企业的法人机制，也不能为企业创造公平竞争的法律环境。以企业组织形态为标准的企业立法中仍然存在着根据投资者的不同身份实行某些差别待遇，违背了市场经济的内在要求与精神。这些问题的存在，说明我国公司企业立法的改革仍在继续，比如2008年颁布的《企业国有资产法》在打破所有制企业立法体系上走出了关键性的第一步尝试，但此后沿着这一路线的立法又陷入停顿，改革探索仍在继续。为了更清晰地认识改革开放40年来我国企业立法体系的历程，应该回顾新中国成立近70年的历史，这有助于理解20世纪90代初社会主义市场经济体制改革目标确立之后所形成的现行公司企业立法体系。

（二）历史背景回顾：计划经济体制时期形成的企业法体系（1949—1978年）

1.国民经济改造时期的企业法

1953年至1956年，国家对旧国民经济成分进行社会主义改造，针对不同类型的企业采取不同的改造政策，对不同经济成分的企业区别对待，制定了相应的法律法规。

（1）国营企业生成的立法

为了保证对官僚资本企业的顺利接收，中共中央于1948年先后发表了《再克洛阳后给洛阳前线指挥部的电报》《关于接收官僚资本企业的指示》《中国人民解放军布告》《关于接收平津企业经验介绍》等系列文件，详尽规定有关接收管理资本企业的方针政策。[①] 根据上述文件，凡属国民党反动政府、大官僚分子所经营的工厂、商店、银行、仓库、船舶、铁路、邮政均由人民政府接管，凡属私人经营的工厂、商店、银行等一律保护。1951年1月政务院发布《关于没收战犯、汉奸、官僚资本家及反革命分子财产的指示》，对战犯、汉奸、官僚资本家及反革命分子的财产实行没收政策，接着又颁布《企业中公股清理办法》，开始对隐匿在私人资本主义企业中的官僚资本股份进行了清理。[②] 至1949年年底，共有2858家官僚买办企业被没收，

① 董辅礽：《中华人民共和国经济史》（上卷），经济科学出版社1999年版，第35页。

② 董辅礽：《中华人民共和国经济史》（上卷），经济科学出版社1999年版，第37页。

此外外国在华设立的企业也通过管制、征购等措施转化为国营企业，[①]由此奠定新中国成立后国有经济发展的基础。

(2)暂时保护私有企业的立法

为了发挥私营企业的积极性，规范私营企业的经营活动，1950年年底政务院通过《私营企业暂行条例》，规定私营企业仍然可以采用无限公司、有限公司、两合公司、股份有限公司及股份两合公司等五种企业形式，尊重了国民党政府“六法全书”中《商法》规定的私营企业的既定组织形式。为保证条例实施，1951年3月政务院又颁布《私营企业暂行条例实施办法》。可惜不久之后，对私人资本主义的社会主义改造运动开始了，1954年9月政务院公布的《公私合营工业企业暂行条例》规定公私合营工业企业是“由国家或者公私合营企业投资并由国家派干部同资本家实行合营的企业”，确认公私双方的股份并确立社会主义成分居于领导地位，承认私人股份的合法权益也受法律保护。[②]

(3)关于革新企业内部管理的立法

为废止旧社会压迫工人的不合理的企业管理制度与陋习，1950年政务院批准中国纺织工会代表大会通过的《关于废除搜身制度的决议》、全国搬运工会代表大会通过的《关于废除各地搬运事业中封建把头制度暂行处理办法》、全国煤炭工业代表大会通过的《关于废除把头制度向中央人民政府燃料工业部的建议》，搜身、包工制、入厂保证金等不合理的管理制度相继废除。[③] 1950年2月，中央财经委员会颁布《关于国营、公营工厂建立工厂管理委员会的指示》，对新建立的国营企业的内部管理制度作出规定，改革官僚资本统治下的不合理的企业管理制度，实行由厂长(经理)、副厂长(副经理)、总工程师、党委书记、工会主席、其他生产负责人、职工代表共同组成工厂管理委员会，对企业的生产经营进行民主化管理。1950年7月，《工会法》公布实施，对工会在企业中的法律地位、工会与行政的关系作出明确的规定，赋予工会对厂长和管委会的监督权，推动了企业民主管理的开展。同年政务院又相继通过《劳动保险条例》《工厂安全卫生规程》，对国营企业的劳动保险、安全卫生制度作出规定。政务院通过的《关于1951年国营工业生产建设的决定》，规定了国营工业企业实行独立的会计制度、实施经济核算制度、促进企业提高经济效益。

2.巩固计划经济体制的企业立法

1956年社会主义改造基本完成后，实现了由新民主主义向社会主义的转变，开始转入全民的、大规模的社会主义建设时期。[④] 随着社会主义改造的完成，国营

① 刘瑞复:《企业法学通论》,北京大学出版社2005年版,第59页。

② 董辅礽:《中华人民共和国经济史》(上卷),经济科学出版社1999年版,第192页。

③ 刘瑞复:《企业法学通论》,北京大学出版社2005年版,第59～60页。

④ 董辅礽:《中华人民共和国经济史》(上卷),经济科学出版社1999年版,第293页。

企业、集体企业成为国民经济的主体,企业内部也建立起一套高度集中的企业管理体制。1961年9月中共中央正式颁发《国营工业企业工作条例(草案)》(即著名的"工业七十条")。"工业七十条"明确规定国营工业企业的性质和任务:国营工业企业是社会主义全民所有制的经济组织,又是独立的生产经营单位,其根本任务是全面完成和超额完成国家计划,增加社会产品,扩大社会主义积累。[①] 在计划管理方面,规定"五定五保"制度,要求企业保质保量地完成国家计划;在经营责任制度方面,规定了党委领导下的厂长负责制的企业领导体制;在经济核算方面,规定了每个企业都要进行全面经济核算、遵守国家财政制度;在民主管理方面,规定了企业职工代表大会制度。

组建生产性专业公司是这一时期对企业管理的一项重要改革探索。"工业七十条"规定,企业之间可以直接建立协作关系或组建行业性的生产型专业公司,来推行国营企业间的专业化协作。企业之间要通过各种形式、有计划地组织协作,实行物质的定点供应。凡是企业和企业间能够和需要直接联系的,都要直接建立协作关系;不能够直接联系的,可以按行业把有关的工厂组成生产性的专业公司,可以按专业产品组成销售公司或者购销站,由它们分别负责产品的生产和供应。

1964年中央决定仿效苏联工业联合公司模式,在工业、交通部门试办托拉斯。同年8月中共中央、国务院原则同意并批转国家经委与国务院工业交通口各部提交的《关于试办工业、交通托拉斯的意见报告》。从1964年9月起,中央各部试以区域性或全国性的托拉斯两种方式,建立专业化生产的大中小型企业相结合的生产体系,作为全民所有制的集中统一管理的经济组织,并具有一定的行政管理职能。[②]

(三)计划经济体制框架下的企业法改革:所有制企业法体系的形成(1978—1992年)

1978年年底开始的经济体制改革尤其1984年启动的城市经济体制改革,使国有经济与国企改革进入了新的时期,相应的企业立法获得进展。与经济体制改革的每一阶段相适应,每部企业立法担负着不同的制度使命。

1.全民所有制企业改革及其立法演变

(1)扩权让利阶段

1978年10月,四川省决定在四川化工厂、重庆钢铁厂、成都无缝钢管厂、宁江机床厂、南充钢厂、新都县氮肥厂等六户企业进行放权让利的改革试点,打响了全

---

① 董辅礽:《中华人民共和国经济史》(上卷),经济科学出版社1999年版,第410页。

② 董辅礽:《中华人民共和国经济史》(上卷),经济科学出版社1999年版,第409页;刘瑞复:《企业法学通论》,北京大学出版社2005年版,第62页。

国国企改革的第一炮。[①] 次年5月，国家经委、财政部、外贸部、中国人民银行、国家物资局、国家劳动总部联合发出《关于在京、津、沪三市的8个企业进行企业管理改革试点的通知》，标志着扩权让利的企业改革正式启动。[②] 为了推广和规范放权让利式改革，1979年7月国务院颁布《关于扩大国有工业企业经营管理自主权的若干规定》，同时颁布《关于国有企业实行利润留成的规定》《关于提高国有工业企业固定资产折旧率和改进折旧费使用办法的暂行规定》《关于开征国有工业企业固定资产税的暂行规定》《关于国有工业企业实行流动资金额信贷的暂行规定》等4个配套文件，决定将国有企业放权让利式改革在全国范围内推行。[③] 上述文件规定，国营工业企业在完成国家计划的前提下可以按照生产建设和市场的需要，制定补充计划；实行企业利润留成，并将生产经营权、产品购销权、机构设置权、职工录用权、拒绝摊派权等11项权力下放给企业。1980年8月国务院批转国家经委的《关于扩大自主权试点工作情况和今后的意见的报告》，报告要求改进现行的利润留成办法，积极进行企业独立核算、自负盈亏的试点。

为明确国家和企业之间的收入分配关系，1983年4月国务院颁布《关于国营企业利改税试行办法》，规定了国有大中型企业的上缴利润制度改为按照利润的55%向国家缴纳企业所得税，税后余利大的企业与主管部门再实行利润分成；国有小企业按照八级超额累进税率交纳所得税。但税后留利的计算仍按照原来的利润留成为基础，不能解决企业之间负担不公平的现象，1984年10月国务院又颁布《国营企业第二步利改税试行办法》，实行完全的利改税，将第一步利改税所实行的税后留利改为调节税，同时开征资源税和地方税种。

(2)实行经营责任制阶段

经济体制改革的初期，企业立法开始探索企业经济责任制的改革。1981年11月国务院批转体制改革办公室、国家经委《关于实行工业生产经营责任制若干问题的意见》，开始在工业企业中推行生产经营责任制度。1982年11月国务院又批转国家体改委、国家经委、财政部《当前完善工业经济责任制的几个问题》的通知，明确了实行经济责任制必须遵守的原则和要求、主要内容和基本形式、具体政策和监督措施。1982年颁布《国营工厂厂长工作暂行条例》，规定国营工厂实行党委领导下的厂长负责制，规定了厂长的任免、职责、奖惩等。

1984年之后，经济体制改革的重心从扩权让利向经营责任制转换。1984年10月十二届三中全会通过了《中共中央关于经济体制改革的决定》，经济体制改革

---

① 张文魁、袁东明：《中国经济改革30年(国有企业卷)》，重庆大学出版社2008年版，第8页。

② 董辅礽：《中华人民共和国经济史》(下卷)，经济科学出版社1999年版，第66页。

③ 董辅礽：《中华人民共和国经济史》(下卷)，经济科学出版社1999年版，第66页；张文魁、袁东明：《中国经济改革30年(国有企业卷)》，重庆大学出版社2008年版，第14页。

的重点从农村转向城市。该决定认为增强企业的活力，特别是增强全民所有制大中型企业的活力，是以城市为重点的整个经济体制改革的中心环节；国营企业的所有权和经营权可以适当分开；建立以承包为主的多种形式的经济责任制是推进企业改革的重要内容。从此，国企改革进入一个新阶段。① 同年5月，国务院颁布《关于进一步扩大国营工业企业自主权的暂行规定》，在生产经营计划权、产品销售权、产品定价权、物质选购权等10个方面扩大了企业的自主权。

两权分离、增进企业活力的改革方针，主要通过承包经营责任制和租赁经营责任制落实。1988年国务院先后颁布《全民所有制工业企业承包经营责任制暂行条例》和《全民所有制小型企业租赁经营暂行条例》。经营责任制以合同方式将国家和企业的分配关系基本固定下来，企业在完成国家任务的同时获得了日常经营管理权，调动了企业经营者和劳动者的积极性，使企业在一定程度上自主经营、自负盈亏。②

"两权分离"思维最终催生了《全民所有制工业企业法》。1988年4月七届全国人大一次会议通过的《全民所有制工业企业法》，对全民所有制工业企业作出全面规定。这部立法确立了国有企业的法律形态、法律地位，以及有关的权利和责任，第一次以法律形式明确规定国有企业是自主经营、自负盈亏、独立核算的商品生产和经营单位。该法还以法律形式确认了"两权分离"。③ 针对实践中国有企业的经营权难以落实的情况，1992年7月国务院颁布《全民所有制工业企业转换经营机制条例》，作为《全民所有制工业企业法的配套实施法规》，规定全民所有制企业转换经营机制的目标是成为自主经营、自负盈亏、自我发展、自我约束的商品生产和经营单位，成为独立享有权利、独立承担义务的企业法人。

2.关于集体企业的立法

集体所有制经济一直是我国社会主义公有制经济的重要组成部分，集体企业作为集体经济的组织形式，对集体经济的发展不可或缺，集体企业立法也是企业立法体系中的重要组成部分。长期以来，集体企业立法规范停留在行政法规、部门规章的层面，没有上升到法律（狭义）的层面。集体企业立法主要是两部行政法规，一是1990年颁布实施的《乡村集体所有制企业条例》，二是1991年颁布实施的《城镇集体所有制企业条例》。两部条例对两类集体企业的性质、法律地位、设立变更终止程序、权利义务、集体财产的管理和分配等分别作出规定，明确了集体企业的内外部法律关系性质，为集体企业的发展提供了法律保障。

3.关于私营企业的立法

---

① 张文魁、袁东明：《中国经济改革30年（国有企业卷）》，重庆大学出版社2008年版，第28页。

② 刘瑞复：《企业法学通论》，北京大学出版社2005年版，第65页。

③ 张文魁、袁东明：《中国经济改革30年（国有企业卷）》，重庆大学出版社2008年版，第36页。

改革开放后，私营经济发展很快，1988年宪法修正案规定“国家允许私营经济在法律规定的范围内存在和发展，私营经济是社会主义公有制经济的补充”。同年，国务院据此制定《私营企业暂行条例》，规定了私营企业的性质和法律地位、种类、开办和关闭、权利和义务、劳动管理、财务和税收方面的内容，为规范私营企业的发展提供了法律依据。

二十世纪八九十年代改革开放的一个巨大的“意外”收获，是乡镇企业如雨后春笋般发展壮大，在推动改革开放、增加就业、促进经济和社会发展方面发挥着重要作用，成为国民经济增长的重要力量。1996年八届全国人大常委会第二十二次会议通过的《乡镇企业法》，对乡镇企业的法律地位、设立和任务、产权关系、管理体制、优惠政策作出明确规定，为乡镇企业的发展提供了法律保障。之后，国务院又召开了全国乡镇企业工作会议，1998年4月江泽民总书记发表了题为《要从国民经济和社会发展全局的高度来认识乡镇企业的重要地位和作用》的重要讲话，为乡镇企业的发展营造了良好的环境。[①]

4.关于外资企业的立法

20世纪70年代末开始的对外开放是以引入外资（实为境外投资，包括来自港澳台地区的投资，下同）投资为肇始的。1979年7月，全国人大颁布《中外合资经营企业法》，外资开始进入大陆地区设立企业。《外资企业法》《中外合作经营企业法》先后在1986年、1988年获得通过，国务院先后颁布三部法律的实施条例（细则），多个部委颁布了数以百计的行政规章，还有地方尤其是沿海省市颁布的地方性法规，由此建立起完整的外商投资企业法律体系。[②] 21世纪之初我国加入世贸组织后，这三部立法及其实施条例（细则）再次得到修订。为顺应外资发展的需要，2009年11月国务院颁布《外国企业或者个人在中国境内设立合伙企业管理办法》，为外国投资者在中国的投资方式提供了更多的选择。

5.这一阶段的企业法发展成果总结：所有制企业立法体系的形成

至此，与计划经济体制全面相适应的所有制企业立法体系正式形成，内容涵盖全民、集体、私营、外资经济成分，包括多部基本法律、法律、行政法规、部门规章与地方性法规。这一立法体系，可以看作是20世纪最后20年经济体制改革的阶段性法制成果，反映了整个经济体制改革的探索性、阶段性特征。历史地看，这一立法体系为促进经济体制改革尤其是国企改革作出历史性贡献，但是，确立社会主义市场经济体制之后的情况发生了巨变，市场经济要求各个市场主体的平等参与市场竞争，相应的企业立法是为各种市场主体提供参与竞争的制度保障。显然，以投资者所有制的身份来划分企业类型、进而实行差别待遇的所有制企业立法模式，不

---

① 韩俊：《中国经济改革30年（农村经济卷）》，重庆大学出版社2008年版，第146页。

② 董辅礽：《中华人民共和国经济史》（下卷），经济科学出版社1999年版，第259页。

符合市场经济的内在要求，破坏了企业法制的内在统一，新的企业立法体系被呼唤登上历史的舞台。

（四）市场经济体制下的企业法体系的形成（1992—2018年）

1.企业组织法体系

（1）公司法

党的十一届三中全会后，我国在企业所有制上也进行了一系列改革。逐渐放开了对企业所有制主体的限制。十二届三中全会通过的《中共中央关于经济体制改革的决定》首次确认了个体经济"是社会主义经济必要的有益的补充"，在此后的十三大报告中更是明确指出："中国仍然处在社会主义初级阶段，社会主义初级阶段的所有制结构是公有制为主体、多种所有制形式并存。"在这样的背景下，我国的企业类型除了国营企业和集体所有制企业外，还发展出了私营企业和外商投资企业，并以所有制形式为划分标准，制定了一系列相应的企业法包括：《私营企业暂行条例》、《中外合资经营企业法》及其《实施条例》、《外资企业法》、《中外合作经营企业法》、《全民所有制工业企业法》、《全民所有制工业企业转换经营机制条例》、《企业破产法》、《乡镇集体企业条例》、《城镇集体企业条例》、《企业法人登记管理条例》等。直至1992年的十四大报告正式确立了社会主义市场经济体制，为我国1993年出台《公司法》提供了相关的理论基础和社会舆论支持。在现实问题层面，《公司法》的颁布一方面是为了应对当时出现的经商热，规范市场上形形色色的公司；另一方面则主要是为了服务于国有企业改革[①]。相较于以往各类企业林立的混乱局面，1993年《公司法》确实具有历史性意义，使得中国开始逐渐确立现代公司制度，与国际化接轨，是一种从无到有的突破。

但囿于当时刚起步的市场经济实践、公司法理论积淀与公司法实践的不足，这部立法在立法理念、体例构造与具体规则设计上都有明显的时代局限性，尤为突出者是包含了过多的国企公司改制的内容，混淆了公司立法与国企改制立法，使得公司法更像是一部国企公司改制法，这不但造成不同所有制公司之间的歧视待遇，而且损害了公司法的普适性，减损了其作为公司基本法的价值。于是，修订在所难免。1999年12月人大常委会完成第一次修订，增加了国有独资公司监事（会）的设立、组成、职权等内容，并授权国务院另行规定高新技术的股份公司发起人以工业产权和非专利技术作价出资占公司注册资本的比例，以及公司发行新股、申请股票上市的条件，以促进高新技术产业发展。2004年8月人大常委会完成第二次修订，删除了关于"以超过票面金额为股票发行价格的，须经国务院证券管理部门批

① 彭真明、常健：《盲目照搬还是尊重国情——对当前〈公司法〉修改中几个问题的反思》，载《法商研究》2005年第4期。

准"的规定，以适应《行政许可法》的要求。这两次修订涉及面很窄，不足以改变《公司法》所存在的主要问题。实质性修正案在2005年10月全国人大常委会获得通过，形成了现行公司法的基本内容。第三次修正案的一个显著贡献体现在很大程度上消解了所有制的影响的影子，大规模加入现代公司法治的应有内容，比如公司资本与股东出资责任、保护少数股东权利的诉讼体系、现代公司治理结构等制度得到引入与完善，建立了符合市场经济体制要求的现代公司法治。2013年12月全国人大常委会第四次修订公司法，这次修订旨在配合与落实改善营商环境背景下的商事登记制度改革与企业资本制度改革，修订重心是构建以认缴资本制为核心的新公司资本制度。

(2)合伙企业法

继《公司法》之后，企业组织立法体系继续获得推进。1997年八届人大常委会第二十四次会议通过了《合伙企业法》，对合伙企业和独资企业的设立、财产、经营、财务、变更和终止、企业事务执行、解散和清算、法律责任等制度作出具体规定，规定了普通合伙企业制度，确立了公司企业之外的最主要的现代企业组织形态。《合伙企业法》在2006年得到一次大修，从企业主体法的角度看，最大的贡献是扩大了合伙人的范围，增加了新的合伙企业形式——有限合伙企业；增设了"特殊的普通合伙企业"的规定。这样，合伙企业的形态得到极大的丰富，满足了发展市场经济体制尤其是以公募、私募股权基金业为代表的资本市场对于企业组织形式的供给需求。

(3)个人独资企业法

1999年九届全国人大常委会第十一次会议通过《个人独资企业法》，允许公民个人出资设立不具有法人资格的个人独资企业，丰富了自然人投资的企业类型，由此完成了现代企业制度的最后一个拼版。该法所称个人独资企业，是指依照本法在中国境内设立，由一个自然人投资，财产为投资人个人所有，投资人以其个人财产对企业债务承担无限责任的经营实体，但外商独资企业不适用本法。该法是为了规范个人独资企业的行为，保护个人独资企业投资人和债权人的合法权益，维护社会经济秩序，促进社会主义市场经济的发展而根据宪法制定的。

(4)这一阶段的企业法发展成果总结：企业组织法体系即现代企业立法体系形成

《公司法》《合伙企业法》《个人独资企业法》统称为企业组织法，是主要市场经济国家的企业立法构成，故谓为现代企业立法，也称企业基本法。这三部立法的颁布，标志着我国形成了以公司法、合伙企业法、独资企业法为主体的按照组织形式立法模式的现代企业立法体系。企业法律形态的合理划分是构建科学的企业立法体系之基石。探讨企业法律形态并据此构造企业立法体系，也是合理架构我国企业立法体系的正确思路。[1] 坚持企业立法以企业法律形态为立法基点，将公司法、合伙企业法、个人独资企业法作为现代企业法制的基石，这是我国企业立法改革必须坚持的制度基点。

为与企业组织法相配套，这一时期还出台了一系列与企业发展密切相关的配套性法律法规，为企业发展提供了完善的法律支撑，包括《证券法》《担保法》《商业银行法》《票据法》《合同法》《保险法》《企业破产法》等。总之，这一时期的企业立法数量多、内容涉及广泛，将企业组织形态、企业活动规范都纳入了相关法律的调整范围，共同形成了比较完善的企业立法体系。[2]

2.特别企业立法体系

此处的特别企业，就是在个人独资企业、合伙企业、公司企业等经典企业组织形式之外的其他企业形式，在我国主要是指股份合作制企业与合作社企业，前者是我国集体经济实践中独创的企业组织形式，后者是各国通用的非典型企业组织形式。

(1)股份制合作企业立法

股份合作制企业起源于20世纪80年代初的部分地区的农村，以家庭联产承包责任制和乡镇企业为制度背景，在20世纪80年代中期获得很大发展，进入20世纪90年代特别是十五大以后，股份合作制又被引入城镇集体企业和部分中小型国有企业，开始成为一种广泛的企业组织形式。1998年8月由国家统计局、国家工商局联合颁布的《关于划分企业登记注册类型的规定》，正式规定股份合作制企业为一种企业类型。国家统计局第一次全国经济普查资料(普查时间截止到2004年末)显示，全国有9万多家股份合作制企业。[3]

总体上讲，股份合作制企业既有股份制企业的明显特征，又有合作社的明显特征，但又不同于真正意义上的股份制企业与纯粹意义上的合作社。就其具体特征，股份合作制企业一方面将企业资产划分为股份，并在按劳分配之外实行按资分配，此为股份制企业之特征；另一方面又实行一人一票的表决制度，此为合作社之特征。到目前为止，尚无法律、行政法规层面的立法文件规范股份合作制企业，仅有一些部委、地方立法机关针对较小范围内的立法规范或者指导文件。由于缺乏明确的统一的法律规范，各地的股份合作制企业的实践做法千差万别，在财产结构、产权关系、分配制度与组织结构等方面均存在相当程度的混乱，甚至具有异质性。

关于股份合作制企业的立法规范，存在不同意见，有的认为应该尊重民众的创

---

① 夏利民、包锡妹：《企业法》，人民法院出版社1999年版，第46页。

② 刘瑞复：《企业法学通论》，北京大学出版社2005年版，第68页。

③ 另一个数字是，截止到2000年年底，全国的股份合作制企业已超过400万家。参见漆多俊：《中国经济组织法》，中国政法大学出版社2003年版，第184页。这一数字的差异可能是统计口径的不同带来的。

造，承认股份合作制企业为一种创新的企业法律形态，特别立法予以规范，促其健康发展。也有意见认为股份合作制企业并非新的企业组织形式，无须单独特别立法，只要适用现行的相应企业组织法即可。还有一种意见认为股份合作制企业是一种落后的过渡性质的企业形式，应该予以淘汰，没有必要立法规范之。由于种种争议，股份合作制企业的立法处于停滞状态。

(2)合作社立法

新中国成立后的第一次合作社立法活动是1950年起草的《合作社法(草案)》，但一直未获颁布。从20世纪90年代开始，各地的农民按照市场经济的运行法则创办了一批新型的合作社——农民专业合作社，发展迅速，繁荣了农村经济。第二次合作社立法活动从1997年开始启动，合作社统一立法因各方阻力一直未能通过，在2006年由十届人大常委会第二十四次会议通过合作社的特别法《农民专业合作社法》。规范供销合作社、信用合作社的法规文件层级较低，主要部门规章或规章以下规范构成，同时还有一些地方性法规，如《浙江省农民专业合作社条例》《新疆维吾尔自治区供销合作社条例》等。

《农民专业合作社法》颁行后，农民专业合作社不管是数量还是出资总额都出现大幅度增长。2010年全国实有农民专业合作社24.64万户(含分支结构)，同比增长122.09%，出资总额2500亿元，同比增长179.65%。[①] 立法对合作社经济发展的指引作用可见一斑。

《农民专业合作社法》在2017年12月27日第十二届全国人民代表大会常务委员会第三十一次会议得到首次修订。

3.政策促进类企业立法体系

在现代社会尤其是新兴市场经济国家、地区，有一类立法及其功用不可忽视，那就是产业政策法。产业政策法就是产业政策的法律化。“产业政策”这个颇具对经济进行调控意味的语词，诞生于一度经济落后的日本。日本施行产业政策之初衷在于赶超英美先进国家，而“赶超型战略要求日本的经济发展和产业结构的优化，不可能遵循传统的产业升级换代模式，只能采取非常规的、由政府来集中配置资源的产业政策”。[②] 二战后日本经济获得令人瞩目的成就，被认为与政府长期坚决执行的产业政策息息相关，因此其产业政策经验成为后发国家学习与借鉴的对象。

当前世界上主要有两种产业政策，一是日本为代表的赶超型产业政策，二是美国为代表的以实现有效竞争为目的的“竞争型产业政策”。与以上两种产业政策相对应，亦有两种主要的产业政策法，以日本为代表的倾斜型产业政策立法模式，以

① 《2010年中国工商行政管理年鉴》。

② 金仁淑：《后危机时代日本产业政策再思考》，载《现代日本经济》2011年第1期。

及以美国为代表的竞争型产业政策立法模式。通常认为,产业政策由产业结构政策、产业组织政策、产业技术政策和产业布局政策四部分构成。[①] 与本书主题"企业立法体系"关联性最强的是产业组织政策(当然其他方面的产业政策也与企业有所相关),因为无论在任何产业领域,企业都是最为重要的主体。应当明确,上述产业政策法的各方面不是截然分开的,企业的蓬勃发展需要组织、结构、布局、技术四个方面的协调共进,因此在立法上,产业政策法也有融合之势,我国的《乡镇企业法》也融合了产业组织与产业布局的内容。关于产业组织政策的立法,从企业法的角度看,也可以称为政策促进类企业立法,故而可以当作企业立法体系的一个有机组成部分。

作为后发国家,应该更加重视政策促进类企业立法的作用,重视对产业政策法的完善,形成国家通过产业政策法来帮助和保障企业发展、企业通过企业社会责任来反哺社会的良性互动。我国的政策促进类企业立法规范主要有《乡镇企业法》与《中小企业促进法》。

(1)乡镇企业法

《乡镇企业法》制定于1996年,并于次年初正式实施。在保护乡镇企业的合法权益、防止政府及其工作人员干预乡镇企业经营、促进乡镇企业的发展方面,《乡镇企业法》功不可没。这部立法的法律属性为何,需要予以明确。应当承认,乡镇企业中的绝大多数是中小微企业。在《中国乡镇企业年鉴(2004)》中所列的"全国乡镇企业大型企业名单"中仅有310家企业,[②]而当年统计的乡镇企业总数为21850797家,在此意义上说乡镇企业就是中小企业也是基本正确的,接下来也就顺理成章地说《乡镇企业法》基本上就是一个企业产业政策促进法,在很大程度上起到了在《中小企业促进法》颁布前促进中小企业发展的作用。比如,《乡镇企业法》强调乡镇企业须"承担支援农业义务",就是政策促进类的规范。

(2)中小企业促进法

在立法模式上,日本采取倾斜性企业产业政策立法,核心之一就是促进中小企业发展的立法,这是日本企业法的一大特色。"日本的主流观点认为中小企业法就是产业政策法的重要组成部分,是与反垄断法、产业振兴发、产业法——例如银行法、石油法等并列的日本经济法的重要内容。"[③]《中小企业基本法》是日本中小企业政策法体系中的核心,有"中小企业宪法"之称,其他的中小企业法围绕其展开,

---

① 史际春:《经济法》,中国人民大学出版社2009年第2版,第210～213页。

② 《中国乡镇企业年鉴(2004)》,第335～337页。《中国乡镇企业年鉴(2004)》中并没有给出"中小企业"的标准,可能采用的是现已废止的国家经济贸易委员会、国家发展计划委员会、财政部、国家统计局2003年2月29日联合发布的《中小企业标准暂行规定》规定的标准。

③ 焦富民、陈承堂:《中小企业发展法理:规范框架与实证分析》,社会科学文献出版社2007年版,第26页。

包括《中小企业指导法》《中小企业现代化促进法》《中小企业振兴法》《中小企业经营革新支援法》《中小企业现代化资金资助法》等，组成中小企业促进法体系。中小企业促进法的基本内容可概括为：规定中小企业的政策目标；明确为实现国家政策目标的措施；提出实现中小企业结构深化的具体措施和克服中小企业事业活动不利因素的途径；规定中小企业和不同规模企业的定义和范围及它们所实施的政策；确定中小企业的资本，国家采取必要措施，加强政府金融机构的职能，充实信用保险事业并指导民间金融机构对中小企业适当地融资；规定中央政府和地方政府对中小企业的管理职能。①

在我国，20世纪90年代后期开启的规模宏大的"国退民进"战略（1998—2003年）过后，留下来的国有企业都是大型、超大型企业，基本上都属于垄断行业，垄断行业之外的其他行业领域则基本成为非公有制企业自由竞技的舞台，这些企业大都属于中小企业。"中小企业"与"非公有制企业"几乎成为同义词。1999年宪法修正案大大提升了非公有制经济的单位，不再被认为仅仅是公有制经济的补充，而是被提高到"社会主义市场经济的重要组成部分"的新高度，且国家对其发展有引导、监督和管理之责。

1999年宪法修正案颁布不久，全国人大财经委员会成立了中小企业促进法起草组，2002年九届全国人大常委会第二十八次会议通过《中小企业促进法》。这部立法明确了中小企业的定义、财政支持与融资支持手段、主管机关和服务体系等内容，在性质上属于中小企业促进法的基本法。2017年9月1日第十二届全国人民代表大会常务委员会第二十九次会议修订了《中小企业促进法》。

（五）我国现行企业法体系的基本结构

现代国家的企业立法是一个复杂的体系，随着不同时代的立法逐渐累积而成，并且处于适应社会经济发展需要而不断演进的状态。新中国成立近70年来我国社会经济体制和法律制度经历了频繁而剧烈的变化，在计划经济时期企业的行业布局、资源配置，企业之间、企业与其他经济组织之间的经济交往，均被纳入计划调节的范围，几无法律调整手段之适用余地。这期间，除国务院颁发的《国营工业企业暂行条例》（1983年）之外，多是国务院及各部委制定的调整企业某一方面关系的部门规章，除几部外资企业法外，立法机关没有颁布过任何企业法。1984年启动城市经济体制改革后，为了推动企业改革，维护改革成果，国务院颁布实施了一系列有关国企的行政法规，人大常委会开始制订企业法，其中最重要的立法当属1988年的《全民所有制工业企业法》，这是第一部国有企业法典。确立建立市场经济体制的目标后，又颁布《乡镇企业法》《公司法》《合伙企业法》《个人独资企业法》

① 吴晓波：《激荡三十年：中国企业1978—2008（下）》，中信出版社2008年版，第107页。

《中小企业促进法》《农民专业合作社法》等企业法，形成现行企业立法体系。纵观此历程可以发现，伴随着市场经济的发展以及现代企业制度的建立，企业立法的标准一直在变化，从单一的以所有制为标准的立法模式，转变为“所有制立法”与“企业组织立法”并存的“双轨企业立法体系”。同时，在企业基本立法之外还存在着特别企业法与产业政策立法。形成以所有制立法、企业组织立法为中心，特别企业法、产业政策立法为辅的企业立法体系。

1.所有制企业立法体系概观

从1956年社会主义改造完成至1993年《公司法》颁布前，我国一直采取按所有制标准为主、行业标准为辅来划分企业形态的做法，并以此标准进行企业立法，形成了以所有制企业立法体系，包括全民所有制企业法、集体所有制企业法、私营企业法和外商投资企业法，以及与其配套的法律法规。

(1)全民所有制企业法

全民所有制企业法，又被称为国有企业法，《全民所有制工业企业法》为其基本法，基本内容是确立全民所有制工业企业的法律地位，规范其设立、变更、终止、权利体系和法律责任等。此前，1986年六届全国人大常委会通过的《企业破产法(试行)》仅适用于全民所有制企业，所以也称为“国企破产法”。① 为配套实施《全民所有制工业企业法》，国务院又先后颁布《全民所有制工业企业承包经营责任制暂行条例》(1988年)、《禁止向企业摊派暂行条例》(1988年)、《全民所有制小型工业企业经营暂行条例》(1990年)、《全民所有制工业企业转换经营机制条例》(1992年)等。

为配合全民所有制企业法的实施，还须建立一套国有资产的监督管理机制的法律法规体系以加强国企的国有资产监管，实现所谓的国有资产保值增值之目标。在这一立法目标主导下，国务院先后颁布一系列的国有资产监管法规，但立法思路历经反复，摇摆不定。1994年国务院颁发《国有企业财产监督管理条例》，这部法规的立法意图是与《全民所有制工业企业转换经营条例》相互衔接，相辅相成。② 后来，建立市场经济体制的目标确立后，需要建立与之相合的国有资产监督管理体制，国务院又另起炉灶，立法思路改为健全国有企业监督管理机构，于2000年3月颁行《国有企业监事会暂行条例》，同时废止《国有企业财产监督管理条例》，但在2003年5月又颁布了《企业国有资产监督管理暂行条例》。这些立法在不同的历史时期对于国资监管起到了一定的作用，但终究效果不彰。这一立法思路的局限性是显然的(详见后文分析)，改弦更张势在必行，新的立法成果体现为2008年十一届人大常委会通过的《企业国有资产法》，从产权(资产)

① 张文魁、袁东明：《中国经济改革30年(国有企业卷)》，重庆大学出版社2008年版，第35页。

② 刘瑞复：《企业法学通论》，北京大学出版社2005年版，第102页。

的角度而非企业主体的角度对各类国有企业中的国有资产的特殊问题进行了相对周详的规制。

为了引导、规范利用外资改组国有企业，1998年国家经济贸易委员会印发《关于国有企业利用外商投资进行资产重组的暂行规定》。2002年国家经济贸易委员会等四部门颁布《利用外资改组国有企业暂行规定》，对利用外资改组国有企业应遵循的原则、所需符合的要求和办理程序作了详细规定。2003年对外经济贸易合作部等部门联合发布《外国投资者并购境内企业暂行规定》（2006年修订为《关于外国投资者并购境内企业的规定》），对并购中涉及的债权债务处理、外商投资额度、审批文件等作了详细规定，使外资并购具有了很强的可操作性。[①]

以上，以《全民所有制工业企业法》为中心，渐次形成了一个由多部法律、行政法规、行政规章组成的、内容庞杂的全民所有制企业（国有企业）立法体系。

（2）集体所有制企业法

集体所有经济是我国社会主义公有制经济的重要组成部分，其主要载体就是遍布于我国城乡的集体企业。在所有制企业立法体系下，集体企业立法是其重要的组成部分。调整集体企业的立法主要是国务院制定的两部行政法规：一是1990年的《乡村集体所有制企业条例》，适用范围是“由乡（含镇，下同）村（含村民小组，下同）农民集体举办的企业。农业生产合作社、农村供销合作社、农村信用社不适用本条例”。二是1991年的《城镇集体所有制企业条例》，适用范围是“城镇的各种行业、各种组织形式的集体所有制企业，但乡村农民集体举办的企业除外”。这两部立法文件都有浓厚的所有制立法色彩，且依托城乡二元制的差别人为地将集体企业分割为城镇与乡村两类，反映了浓厚的所有制、城乡二元体制等时代特征。

（3）私营企业法

1988年国务院颁布《私营企业暂行条例》，满足了当时开始蓬勃兴起的私营企业有法可依的现实需要。该《条例》第2条规定，“本条例所称私营企业是指企业资产属于私人所有、雇工八人以上的营利性的经济组织”，第3条规定，“私营经济是社会主义公有制经济的补充。国家保护私营企业的合法权益”。为配套实施《私营企业暂行条例》，1989年国家工商行政管理局发布《私营企业暂行条例施行办法》。《私营企业暂行条例》规定了私营企业采用三种企业形式：独资企业、合伙企业和有限责任公司。这部立法曾对民营企业、民营经济的发展起到过重要的推进与规范作用，但在《公司法》《合伙企业法》《个人独资企业法》相继实施后，由私人投资设立的私营企业的这三种企业形式分由后三部法律调整。在此意义上，《私营企业暂行

① 张文魁、袁东明：《中国经济改革30年（国有企业卷）》，重庆大学出版社2008年版，第196页。

条例》后被明文废止乃是水到渠成之事，其历史阶段性使命早已完成。

（4）外资企业法

外商投资企业是我国改革开放过程中吸引外商投资的组织形式，其中包括中外合资经营企业、中外合作经营企业和外资企业，以及围绕外资企业制定的一系列行政法规和部门规章，形成了关于外资企业的一个由多部法律、行政法规、行政规章组成的、数量可观、相配套的外资企业立法体系。这些立法实际上是循着两条立法思路形成的：一是根植于所有制，外资企业属于非公有制企业，是“双轨企业立法体制”的一部分；二是外资，区别于内资企业，由此形成内外资企业法分野的“二元企业立法体制”。

2.现代企业立法体系概观

1993年《公司法》的颁布为起点，渐次建立起的企业组织形式立法体系即现代企业立法体系，直接触及产权这一焦点问题，根本上降低了所有制对于企业立法的影响。

（1）公司法

如前所述，从20世纪80年代开始，关于公司制实践的探索一直在进行，如国务院于1982年颁布的《关于全国性专业公司管理体制的暂行规定》、1985年颁布的《公司登记管理暂行条例》。1993年的《公司法》是建立现代企业制度的重大举措，也是企业组织立法体系的核心，在整个社会主义市场经济法律体系中也居于基础性地位。

（2）合伙企业法

最早，合伙组织是自然人之间最原始的联合经营组织形式，现代社会的股份有限公司就是由合伙组织演化而来的。合伙组织中的合伙企业发展至今，已成为除公司之外的最重要企业组织形式。目前调整合伙组织的法律规范主要有二：一是1986年《民法通则》关于个人合伙、合伙式联营企业的规定，二是1997年的《合伙企业法》关于合伙企业的规定。此处探讨的合伙企业立法只指后者（《民法通则》关于合伙式联营企业的规定在《合伙企业法》颁行后即被废止，处于名存实亡之状态）。

1997年《合伙企业法》第2条规定：“本法所称合伙企业，是指依照本法在中国境内设立的由各合伙人订立合伙协议，共同出。资、合伙经营、共享收益、共担风险，并对合伙企业债务承担无限连带责任的营利性组织。”第9条规定：“合伙人应当为具有完全民事行为能力的人。”可见该法当初规定的合伙企业的概念非常狭窄，仅限于普通合伙企业且是自然人投资设立的合伙企业。2006年修正后，允许自然人以外的民商事主体投资设立合伙企业，还增加了特殊的普通合伙和有限合伙两种类型，为投资者提供了更多的制度选择。

（3）个人独资企业法

个人独资企业是由一个自然人单独投资设立的、企业财产对投资者所有并由投资者控制经营的企业。个人独资企业设立条件灵活、设立手续简便、吸纳社会劳动能力强，能增加就业机会，创造社会财富，具有相当发展潜力，因此应当鼓励和正确引导个人独资企业的发展。[①] 1999年通过《个人独资企业法》对个人独资企业的设立，个人独资企业的投资者及事务管理，个人独资企业的解散和清算，法律责任等作出明确的规定。这部立法是在社会主义市场经济条件下，完善企业组织形式立法的又一新成果。

3.产业政策企业立法体系概观

目前我国产业政策立法由多部法律、行政法规与行政规章构成，其中涉及企业的产业政策立法也有多部。除前述《乡镇企业法》《中小企业促进法》外，还有指导外商投资的政策立法，包括2002年国家经济贸易委员会、国家发展计划委员会、对外经济贸易合作部发布的《中西部地区外商投资优势产业目录》(后经2004年、2008年修订)，2002年国务院公布的《指导外商投资方向规定》以及2002年国家经济贸易委员会、国家发展计划委员会、对外经济贸易合作部发布的《外商投资产业指导目录》(后经2004年、2007年修订)。这些政策文件具有产业政策激励的功能。

2011年6月工业和信息化部等四部委联合发布《中小企业划型标准规定》，中小企业划分为中型、小型、微型三种类型，具体标准根据企业从业人员、营业收入、资产总额等指标，结合行业特点制定，同时特别指出个体工商户和涉及标准行业外的其他行业都可参照执行。新标准体现了2003年以来国家在针对中小企业的产业促进政策的实践中对中小企业分类的认识深化。小微企业这一概念的提出，就是为了更加有针对性地进行特殊政策的倾斜，从资金支持、创业扶持、技术创新、市场开拓、社会服务等诸多方面为小微企业的创立和发展创造有利的条件。2011年10月国务院常务会议确定一系列支持小微企业发展的金融、财税政策措施，近年来中央政府与各地方政府亦不断推出以小型企业和微型企业为扶持对象的促进措施。目前来看，对小微企业的特殊倾斜政策安排大致包括财税、金融、技术培训、社会服务等方面。

(六)现行企业法治体系的结构性缺陷的原因分析

1.客观经济环境的原因。现行企业立法体系渐次形成于计划经济体制向市场经济体制的转变过程中，企业立法与经济体制改革尤其是企业改革密切相关，也可以说是为了配合当时的企业改革。以所有制为标准的立法模式适应了当时的计划

---

① 万其刚、苏东：《中国企业立法的发展》，载《黑龙江省政法管理干部学院学报》2000年第1期。

经济体制，是“沿着放权让利、改革企业经营方式的思路进行”的企业改革的产物。[①] 随着我国市场经济的不断发展和改革的进一步深化，个体经济、私营经济不断涌现。以不同组织形式出现的经济活动主体，迫切需要法律对其进行规制并确认其地位。[②] 但企业立法从传统的所有制标准向企业组织形式标准的转变是渐次的，鉴于特殊国情下国家干预经济的需要，传统上以所有制性质为标准进行的立法如《全民所有制企业法》《集体企业法》《外商投资企业法》等虽不断淡化，却始终未获完全废除，[③]最终形成企业立法体系的双轨制局面。

2.所有制区分对企业立法的深刻影响。现行企业立法体系缺陷的最根本原因，还在于没有跨越所有制的藩篱，没有彻底廓清所有制立法与组织形式立法之界限，导致计划经济向市场经济转变过程中形成的以企业组织形式为标准的公司立法仍然存在着所有制的重大影响，尤其体现在1993年《公司法》上。这部法律虽后历经四修，很大程度消除了因所有制而产生的不平等待遇，但还是保留了所有制的特殊印记。先来看所有制对1993年《公司法》的深刻影响。在我国，当初公司制度的引进更大意义上讲并非是经济发展的自发要求，而是国企改制的需要，即利用公司特有的产权结构、治理机构及业务运营等模式转换国企的经营机制，建立现代企业制度。1993年《公司法》出台的背景就是为了服务当时的国企改制，在制度构造上设定大量关于国企改革的条款，对于由国企改制而成的公司在设立、股份发行和转让、治理结构、债券发行、破产等方面都作了许多特别规定，可以称1993年《公司法》为“国有企业改制法”。[④] 这部立法为国企公司改制服务的功能最集中体现在特别创设的“国有独资公司”这一特殊公司类型。这一“制度创新”的本质，是将所有制问题带进了本来与所有制成分无关的企业组织法。对国有独资公司过多的特殊规定，不但损害了《公司法》作为企业基本法的普适性，而且影响了我国企业立法体系的完整性。这部立法给予国企的优惠待遇还有很多，比如在不承认“一人公司”的情况下，规定国家授权投资的机构或者国家授权的部门可以单独投资设立国有独资有限公司，国有独资公司和两个以上的国有企业或者其他两个以上的国有投资主体投资设立的有限公司可以如同股份公司一样发行公司债，等等。这些规定从另外一个角度看，构成了对民营企业的歧视。立法针对不同所有制企业实施不同的待遇，人为造成国有、非国有企业之间的冲突，与市场经济体制格格不入。

---

① 汪家元:《我国企业立法回顾及评析》，载《江东论坛》2008年第4期。

② 汪家元:《我国企业立法回顾及评析》，载《江东论坛》2008年第4期。

③ 汪家元:《我国企业立法回顾与评析》，载《江东论坛》2008年第4期。

④ 漆多俊:《中国公司法立法与实施的经验、问题及完善途径》，载《中南工业大学学报(社会科学版)》2002年第1期。

再来分析2005年《公司法》中的所有制表述。2005年修订案面临的一个首要难题，就是如何处理关于国企改革的问题，即要不要在公司法中规定国企的问题。在讨论中多数人主张国企改革立法与公司法修改分开进行，但究竟彻底分开还是有限度分开，争论非常激烈，焦点集中在"国有独资公司"的去留上。有人主张，公司法中单列的关于"国有独资公司"部分应该去掉，与新增的"一人有限责任公司的特别规定"合并为一节；否则，同是一人出资，私人出资的叫"一人有限公司"，国有出资的却叫"国有独资公司"，不利于淡化公司的所有制色彩，也不利于一视同仁、公平竞争。但也有人以及国资委、工商总局等主管部门主张保留。最终的取舍是保留"国有独资公司"一节，同时在淡化所有制方面取得了如下进展。①

其一，删除14处涉国企改革的条款。如原第17条"国有企业改建为公司，必须依照法律、行政法规规定的条件和要求，转换经营机制，有步骤地清产核资，界定产权，清理债权债务，评估资产，建立规范的内部管理机构"，第21条"本法施行前已设立的国有企业，符合本法规定设立有限责任公司条件的，单一投资主体的，可以依照本法改建为国有独资的有限责任公司；多个投资主体的，可以改建为前条第一款规定的有限责任公司。国有企业改建为公司的实施步骤和具体办法，由国务院另行规定"，等等。这些特别条款的删除，有助于回归公司法作为企业基本组织法的制度本位。

其二，缩小了国有独资公司的范围。1993年《公司法》第64条规定："本法所称的国有独资公司是指国家授权投资的机构或者国家授权的部门单独投资设立的有限责任公司。"据此规定，不少中央企业作为国家授权投资的机构所设立的子公司都是国有独资公司。现行《公司法》第65条第2款规定："本法所称国有独资公司，是指国家单独出资、由国务院或者地方人民政府授权本机人民政府国有资产监督管理机构履行出资人职责的有限责任公司。"对比之下，后者缩小了国有独资公司的范围。因为根据该规定，国有独资公司的设立要具备三个要件：国家出资，与原来的"国家授权投资的机构或授权投资的部门出资"相区别；国家单独出资，由此区别于国有控股公司、国有参股公司；国有独资公司是国有资产监督管理机构根据本级政府授权履行出资人职责的公司，本级国有资产监督管理机构是唯一履行出资人职责的机构。这样，非由国有资产监督管理机构根据本级政府授权履行国有资产出资人职责的企业，将不再被纳入国有独资公司的范畴。国家授权投资的机构设立的独资企业不被称为国有独资公司，纳入法人设立的一人公司的范畴。②

---

① http://www.hapa.gov.cn/Article/pajszt/xfkd/200909/98651.html。

② 朱晓磊：《试析修订后公司法中国有独资公司的有关规定》，http://www.sasac.gov.cn/n1180/n1271/n4213364/n42 13672/n4222565/4376464.html。

国有独资公司的范围由此大为缩小。

其三，取消有关国有独资公司的特殊待遇。如1993年《公司法》第159条有关国有独资公司发行公司债券特权的规定。[①] 据此，各类企业不分经济成分，均可利用债券这一金融工具，体现了市场经济的公平、开放精神，有助于构建公平竞争的市场环境。

但是，现行公司法并未完全废除有关国企的特殊规范，改革任务尚任重道远。

3.立法工作的废改立不及时。在确立与市场经济体制相符合的企业组织立法体系之后，形成于计划经济时期的所有制企业立法的多数规定已经失去价值，甚至有些立法整体性失去价值，如《乡村集体所有制企业条例》《城镇集体所有制企业条例》《私营企业暂行条例》等，在整体上应该被废止。至于《全民所有制工业企业法》，其大部分内容也严重落后于市场经济的发展需求，还有一些关于国有资产保护、监管的规定，应该被整合到其他立法部门。至于三部外资企业法，也早已需要进一步整合，以尽快消弭相互间的重复、冲突以及与其他企业法之间的矛盾。即便是在市场经济初期出台的《乡镇企业法》，由于其后《中小企业促进法》的出台，其立法内容与功能几乎被后者取代殆尽，绝大多数内容应予废止。既然上述法律（狭义）自身需要废、改、立，那么附属于它们的行政法规、行政规章与地方性法规，不言而喻也应该相应地废、改、立。对于这些法律法规的废、改、立活动，立法机关迟迟没有着手完成，原因很复杂，但由于这些法律法规未被明文废、改、立，所以人为造成目前企业立法体系内在的重复、冲突与矛盾。

二、公司法40年的发展变迁

(一)公司法的立法、修订历程与制度变迁

1.1993年《公司法》出台前后

由于所有制观念的深刻影响，公司作为一种现代企业组织形式长期得不到立法的认可。1986年的《民法通则》仅仅使用了“企业法人”的概念，没有公司这一概念，尽管企业法人、法人与公司三个概念之间几乎是同源又是同义的。[②] 究其原因，主要在于当时理论与观念的保守，人们将公有制作为根本，法律仅认可公有制

---

① 《公司法》第154条规定：“本法所称公司债券，是指公司依照法定程序发行、约定在一定期限还本付息的有价证券。公司发行公司债券应当符合《中华人民共和国证券法》规定的发行条件。”该规定删除了对公司债发行主体在经济成分方面的限制。

② 江平：《法人制度论》，中国政法大学出版社1994年版，第14页。

企业即全民所有制企业和集体所有制企业，禁止公有制企业以外的其他企业组织形式的存在。20世纪70年代末才逐渐认可公有制企业以外的其他企业，允许设立“三资企业”，而在1988年《私营企业暂行条例》实施之前，个人不得自由设立企业。

同样基于所有制的原因，公司法的制定与股份制的发展命运密切相连。长期以来，股份制被当作公司制的代名词，与股份制发展的曲折历程一道，公司法的制订过程亦复杂而曲折。究其原因，一是关于股份制的认识经历了不断思想解放的长期过程，二是我国公司立法经验的缺乏。[①] 股份制自20世纪80年代兴起之后，理论界就有了“姓资”“姓社”之争。伴随思想的不断解放，人们对股份制的必然性、必要性达成了一定程度的共识，认识到公司制度尤其是股份公司制度同公有制并不冲突，公司尤其股份公司制实际上是公有制实现的重要形式，完全可以利用股份公司制来改造国企，使国企摆脱传统企业制度的束缚，成为现代企业。1992年十四大之后，股份制、公司制作为资本组织形式不存在“姓资姓社”的立场始被确立。1994年十四届三中全会通过《关于建立社会主义市场经济体制若干问题的决定》，要求国有企业进行公司改制，建立现代企业制度。中共十五大报告进一步指出所有制和所有制实现形式是两个不同的概念，股份制作为所有制的实现形式，不姓“社”也不姓“资”，要求进一步明确国家和国有企业的权利和责任，国家按投入企业的资本额享有所有者权益，对企业的债务承担有限责任，企业依法自主经营，自负盈亏，政府不能直接干预企业经营活动，企业也不能不受所有者约束，损害所有者权益，强调要采取多种方式，包括直接融资，充实企业资本金。培育和发展多元化投资主体，推动政企分开和企业转换经营机制。中共十六大则确认股份制为公有制的主要实现形式。

在此历史阶段的前后，公司法的制订正在历经一波三折。早在1983年国家经委、体改委曾着手起草公司法，但受限于外部环境，后来有关部门决定暂缓制定公司法，分别制定有限公司与股份公司两个单行条例。从1986年到1989年，《有限责任公司条例(草案)》和《股份有限公司条例(草案)》分别起草完成并报请国务院审议。国务院认为股份有限公司尚属试点性质，不宜制定行政法规，数量较多的有限公司急需规范，可先行通过《有限责任公司条例》。后为适应“清理整顿公司”运动的需要，全国人大、国务院决定提高其立法位阶，将《有限责任公司条例》改为《有限责任公司法》，并于1991年8月形成《有限责任公司法(草案)》，但关于与《全民所有制工业企业法》的关系、国有独资公司应否列入有限公司法等重大问题存在争议，国务院常务会议审议暂未通过。

---

① 吴敬琏：《现代公司与企业改革》，天津人民出版社1994年版，第67～71页；王保树、崔勤之：《中国公司法原理》，社会科学文献出版社2006年第3版，第9～13页。

在经济改革实践中，沿海地区较早开始了以股份制、公司制为取向的国企改革的尝试，并取得了一些经验。1986年12月国务院颁布的《关于深化企业改革增强企业活力的若干规定》指出："各地可以选择少数有条件的全民所有制大中型企业，进行股份制试点。"1992年年初邓小平南方谈话发表后，股份制、公司制改革的步伐陡然加快。1992年5月国务院13个部门共同制定《股份制企业试点办法》《股份有限公司规范意见》《有限责任公司规范意见》《股份制试点企业宏观管理的暂行规定》《股份制试点企业会计制度》《股份制企业劳动工资管理暂行规定》《股份制试点企业有关税收问题的暂行规定》等11个法规，并经国务院批准下发执行。这些法规对股份制企业的组织形式、股权设置、企业组建、审批程序和财务制度等作了原则性规定。[①] 1992年6月国家计委、国家体改委颁布《股份发行与交易管理暂行条例》，国家体改委又先行制订了两部过渡性规范文件——《股份有限公司规范意见》和《有限责任公司规范意见》，以暂时调整国有企业股份制改制试点工作，为《公司法》的出台做了重要铺垫。

与此同时，国务院抓紧起草公司法，于当年7月形成《有限责任公司法(草案)》后再次提交常务会议审议并获原则通过。1992年8月全国人大常委会审议《有限责任公司法(草案)》认为，应制定一部覆盖面更宽一些、内容比较全面的公司法。1993年11月十四届三中全会召开，会议通过的《中共中央关于建立社会主义市场经济体制若干问题的决定》指出国企改革的方向是建立产权明晰、权责明确、政企分开、管理科学的现代企业制度。全国人大法工委汇总起草了《公司法(草案)》提交全国人大常委会审议，最终于1993年12月29日"三审"通过，第一部公司法典由此诞生，并于1994年7月1日实施。1994年国务院颁布《公司登记管理条例》作为《公司法》实施的配套法规。

《公司法》共11章230条，规定了有限公司和股份有限公司两种类型的公司，专门规定了国有独资公司，确立了现代企业制度的基本框架。公司法的颁布和施行是我国商事生活中的重大事件，是建立现代企业制度的基石性立法文件，标志着打破了所有制企业立法的传统模式，回归企业组织立法体系。随后1997年《合伙企业法》、1999年《个人独资企业法》的出台，是这一立法体系的继续。但是囿于当时的立法背景和立法目的等因素，不可避免地带有一些问题，主要表现在一方面侧重于管理、登记而对于股东权益保护以及高管责任等规定不到位，另一方面主要为了服务于国有企业改革，造成对于公司本质认识不够深刻，因为《公司法》立法之初的理念就是"治乱"而忽视了市场经济对于公司法的期待。[②] 正因此，随着市场经

① 董辅礽:《中华人民共和国经济史》(下卷)，经济科学出版社1999年版，第392页。

② 姜天波:《〈公司法〉修改若干理论与实践问题(一)对历次〈公司法〉修改的回顾》，载《工商行政管理》2006年第1期。

济不断发展、国有企业改革的进一步推进,《公司法》在适用过程中一些问题逐渐暴露出来,需要不断地修订完善,截至目前已经经过了四次修改,分别为1999年和2004年两次较小变动,以及2005年和2013年两次重大修订。

2.《公司法》的1999年、2004年的两次修正

1999年的《公司法》修正仅有两条:其一为增设了国有独资公司监事会以防范国企改革中国有资产流失并推进国企改革;其二为授权国务院放宽对于高新技术股份有限公司对于发起人以工业产权和非专利技术作价出资的金额占公司出资比例要求和新股发行、上市条件。第二项修正的直接原因是当时虽然国务院采取一系列的政策鼓励高新技术产业发展,但是由于《公司法》规定的各项改制条件的过高门槛实际上阻碍了高新技术产业的融资和发展,导致国务院的政策并未能实际发挥效用。这些门槛一方面是当时《公司法》规定的发起人以工业产权、非专利技术作价出资不得超过股份有限公司的注册资本20%,这不符合高新技术企业对于其技术的依赖性;另一方面高新技术企业以转化科研成果为主,开业时间短,股本规模一般较小,现行公司法事实上导致高新技术企业无法通过设立股份有限公司上市的方式进行融资。①

2004年的《公司法》修正删去了"超出票面金额发行股票需要国务院证券监督管理部门批准"的规定,由市场决定股票发行的定价以回应全面贯彻《行政许可法》的要求,并实现转变政府职能,变革行政管理体制的需要。这一修正在一定程度上也是政府监管放松的体现,但是就其修法动因而言仍然是被动的,而不是在对《公司法》本质正确把握的基础上进行的修改。

总体而言,这两次修正中的零星修改或许有效回应当时政策中某些方面的迫切要求并产生了一定的积极意义,但是并未触及根本立法理念的转变,也没有对结构性缺陷作出回应。中国《公司法》需要一个合适的契机进行全面的修改以建立起真正的现代公司法,跟上社会主义市场经济发展步伐,而不是空有《公司法》之形的一部片面强调"管制"背离商法本质的法。

3.2005年的《公司法》修订

直至2005年,我国社会主义市场经济已经有了很大的发展,1993年《公司法》在长期的适用过程中也充分暴露了它的一些问题,尤其是随着全球化程度不断加深,各国不断进行公司法修订,新自由主义模式下以美国为首的发达国家也在不遗余力地推广其"普适性"法律制度。1993年《公司法》竞争力明显不足,甚至成为我国市场经济发展的制度阻碍。在全球化竞争日益激烈的今天,由于其历史原因存在不适应性,如何打造具有全球竞争力的公司,是刻不容缓的事情,虽然公司竞争

① 中共中央、国务院1999年8月20日发布的《关于加强技术创新,发展高科技,实现产业化的决定》。

力不是仅仅依靠公司法,但是一部制定良好完备的现代公司法确实能有效降低公司运营成本和分散经营风险。换言之,公司法律制度在内的国家商事法律制度的落后,无疑会极大地增加公司运营成本和经营风险,并最终导致其在全球经济竞争中挨打。[①] 在赢利最大化导向下导致大规模资本外逃,尤其是随着我国加入世贸组织,迫切需要我国《公司法》对此作出回应。顺应全球化趋势,放松行政监管,为本国企业创造一个自由的、宽松的发展空间是各国公司法修订的基本潮流,只有消除各种不必要的限制,淡化行政色彩,才能增强我国企业的竞争力,以应对来自外部的挑战。有鉴于此,2005 年《公司法》进行了较为"全面"的修订,修改的条款有 120 多条,修改或增加的内容达 400 余处。立法理念也发生了很大变化,公司法的宗旨从过去的"改制"和"治乱"转向"鼓励投资",同时更加强调公司自治和利益平衡。其进步意义具体体现在:

(1)立法观念的转变

针对 1993 年《公司法》"重管制,轻自治"的立法缺陷,2005 年《公司法》深化了公司自治性理念,基本立法取向改管制为自治,使得商事自治精神得到贯彻,任意性规范大量充斥在《公司法》中。这种转变首先体现在 2005 年《公司法》允许公司及股东根据公司特点对于公司章程作出创新性设计,以满足自己经营需要。[②] 例如允许公司章程自由选择董事长、执行董事或经理担任法定代表人;对外担保适宜也由章程作出规定由董事会或股东会决议;在不违法强制性规范、不违反诚实信用和公序良俗的情况下由公司通过章程来自由规范内部法律关系。其次体现在不再强硬要求有限责任公司股东按照出资比例分配股利,而是规定全体股东可以约定不按照出资比例分配股利或优先认购出资,同时章程也可以约定不按出资比例行使表决权而是作出例外的约定。最后,公司可以在不违反强制性法律规定的前提下,自由登记其经营范围,超过经营范围也并不当然无效等规定。同时,2005 年《公司法》取消了公司对外转投资的限制以及使得公司对外担保有了可能性。事实上,公司作为一个以营利为目的的商人,只有公司自身才有强大的内在利益驱动力,也最了解自身的经营特点,因此公司自身最有动力也最有能力去不断变革,适应市场以实现利益最大化。

可以说,公司自治是实现营利的根本途径。[③] 从强调"监管"到尊重"自治"是此次《公司法》修改贯穿始终的理念,也是本次修改最大的特色,为未来《公司法》的进一步修订打下了良好的基调。从某种意义上来说,现代公司法的基础与其说是

---

① 王保树:《〈公司法〉修改应追求适应性》,载《法学》2004 年第 7 期。

② 刘俊海:《新公司法的制度创新:立法争议与解释难点》,法律出版社 2006 年版,第 65 页。

③ 张焰、褚童:《理念的突破与制度的完善——浅评公司法的修改》,载《兰州大学学报》2006 年第 5 期。

各种技术设计，倒不如说公司自治，鼓励公司创新经营管理，按照最有效的管理模式去参与市场竞争，由市场去调节。因此可以说2005年《公司法》修改的重大意义正是在于这种理念上的转变。也是因此，2005年《公司法》修改后，我国才真正有了现代意义上的公司法。

(2)僵化的注册资本制度得到大幅度的放宽、便利公司设立

这一方面的改进首先表现为减少最低注册资本，降低门槛，鼓励投资创业。由于20世纪80年代大量出现的“皮包公司”造成市场秩序的混乱，1993年《公司法》进行了公司行业划分，且分别都规定了很高的最低注册资本要求，过高的公司设立门槛已经严重影响到我国企业的繁荣发展，更为重要的是“资本”已经逐渐从神坛上走下，因为实践证明它并不能完成我们的期待反而严重阻碍了当时要求鼓励投资创业的现实需求。2005年的《公司法》修订统一了最低注册资本要求且大幅度降低，虽然受制于当时的各种主客观因素，并未完全废除最低注册资本要求，但是这对于资本价值观念转变已经具有历史性的意义。

不仅如此，2005年《公司法》同时允许资本分期缴纳、扩大股东出资形式、取消无形资产的出资比例要求等规定都大大便利了公司的设立。[①] 当然，大幅降低最低注册资本也会有负面的影响，因此2005年《公司法》引入“揭开公司面纱”的公司人格否认制度作为相应配套机制。虽然此次《公司法》修改并未完全的废除最低注册资本制度，这和一直以来的我国《公司法》的防范股东通过设立公司欺诈债权人观念分不开。但是这次大幅度降低注册资本以及其他一些资本制度改革，确实在很大程度上缓和了国家管制和公司自治之间的矛盾，并为未来的资本制度改革指明了方向。

(3)公司法人人格独立性理论与制度建设更加成熟

这种改进一方面表现在引入现代法人人格否认制度，在特定情况下揭开公司面纱，突破公司人格独立，要求股东对于公司债务承担连带责任，使得股东的有限责任和公司的法人独立不再绝对，不再恪守其公司独立性以及股东有限责任，而是偏向于实质的公平正义即对债权人的利益保护。相较于法定最低注册资本制度更偏向于“前端控制”而公司人格否认制度则更强调对债权人利益保护的“事后救济”。[②] 其目的当然不是破坏了现代公司制度的基础，而恰恰是为了预防股东滥用法人独立人格来损害债权人利益，是在债权人利益保障与股东有限责任之间的一种平衡，更符合现代公司法的要求。

另一方面，本次修订删去了1993年《公司法》中“公司中的国有资产所有权属

---

① 罗雪峰：《中国政法大学教授赵旭东：〈公司法〉修改七大看点》，载《中国对外贸易》2005年第1期。

② 刘俊海：《新公司法的制度创新：立法争议与解释难点》，法律出版社2006年版，第85页。

于国家"的规定，使得法人财产权更加完整独立，不仅有助于国家股东权利和其他股东相统一，符合股东平等原则，更有助于逐步实现政企分立和公司人格独立。事实上，债权人保护仅仅依靠合同法和担保法并不能得到有效保护，因为股东有限责任的存在，实践中公司背后的股东滥用公司独立人格逃废债务，债权人束手无策，因此在追求效率的同时也需要维护交易安全，公司效率离不开交易安全。股东有限责任和法人人格否认一张一弛共同构成现代公司制度的核心内容。

(4)突破了公司社团性理论，承认一人公司的设立

传统公司法理论是以股东多元为基础确立的，坚持社团性理论基础，其法律价值在于调整公司内部复数股东的内部利益关系。在仅有一名股东的情况下，传统公司法理论认为没有必要采用公司法的技术要求通过公司独立人格来形成独立意思，而是可以直接作出意思表示。更为重要的是一人公司不存在多数股东相互监督，公司治理机构无法发挥其应有的价值，一人公司对于社团性是极大的冲击。简言之，公司法为了保障公司人格独立的一系列约束机制在一人公司下难以发挥有效作用而容易导致该一人股东的意志代替公司的意志。我国1993年《公司法》坚守传统社团性理论规定有限责任公司股东为2人以上50人以下，事实上否认了一人公司的可能性，然而这并未真正阻止实质意义上的一人公司大量存在，反而造成了名义股东的道德风险和法官的裁判风险。2005年《公司法》在鼓励投资创业的现实需求下，同时对于公司本质也有了更深的了解的情况下，承认"一人公司"的存在并专门规定，认识到公司的独立不在于其股东人数的多少，自然不以股东多数为前提，其区别于股东并独立存在是根本条件。[①] 担心一人公司会损害债权人利益也是片面的，两个股东损害债权人的智慧和动力至少不亚于一个股东。[②] 问题的关键不在于股东人数多少，而在于公司和股东的分离。全国人大法工委、国务院法制办、最高人民法院等反复研究认为：从实际情况看，一个股东占公司资本绝大多数而其他股东仅占极小部分，或者一人股东拉上亲友挂名等实质意义上的一人公司客观存在，也很难禁止，为此，结合国外立法经验，有必要将一人公司纳入公司法范畴。但是考虑到一人公司的特殊性，立法也安排了特殊规制，包括规定了一人公司无法证明公司财产独立于股东个人财产时的连带责任以及一人公司不能设立新的一人公司等。

(5)公司治理结构更加完善，平衡各方主体的利益

1993年《公司法》强调监管而忽视内部制衡和利益保护，2005年《公司法》则依据现代公司原理进行了治理结构完善以及公司相关主体的利益保护。在治理结构方面完善股东(大)会、董事会、监事会的分权制衡，包括新增的股东(大)会决议、董

---

① 朱慈蕴：《一人公司对传统公司法的冲击》，载《中国法学》2002年第1期。

② 刘俊海：《一人公司制度难点问题研究》，载《中国社会科学院研究生院学报》2005年第6期。

事会决议的无效和可撤销制度，以及代表十分之一以上表决权的股东在董事会和监事会怠于或不能履行职责时自行召集和主持临时股东会议的权利；同时扩大董事会职权、强化对董事的制约，专章规定了董事、高级管理人员的资格和义务，完善了忠实义务和勤勉义务；也强化了董事的责任，强化董事责任，对于董事会的决议违反法律、行政法规或者公司章程、股东(大)会决议，致使公司遭受严重损失的，要求参与决议的董事对公司负赔偿责任，只有经证明在表决时曾表明异议并记载于会议记录的董事可以免责；强化监事会职能。有效发挥监督作用，针对旧《公司法》仅规定了提议权、检查权、监督权却无权力保障机制，修订后的《公司法》增设了监事会针对违反法律、行政法规、公司章程和股东会决议的董事、高级管理人员提出罢免建议的权力，向股东会提出议案的权力以及章程规定的其他职权，这些都大大提升了监事对于董事有效制约的可能性。

在股东利益保护方面，累积投票制的引入使得中小股东将代表自身利益的董事送入董事会，以达到制约在"资本多数决"下大股东民主的目的，协调股东之间的冲突，保护中小股东利益；增加了"异议股东回购请求权"，股东对于公司合并、分立等重大变更事项持异议的有权要求公司回购股份，及时退出公司，相反，如果强制他们留在一个投资决策时无法预料的公司环境难谓公平；同时立法也新增了股东权利内容，这一方面能有效维护股东利益，另一方面又能形成权力约束，对于治理结构优化具有重大意义，包括股东知情权可以通过诉讼来救济，公司陷入僵局时请求司法解散的权利等。[①]

我们固然肯定此次公司法修改中立法理念逐渐从"强调监管"向"鼓励自治"转变的重要意义，但是完善公司治理结构和平衡各方利益对于确立现代公司立法也是不可缺少的环节，公司治理水平的高低直接决定股东投资收益、公司的命运，国家经济的繁荣。因为虽然鼓励公司自治有助于发挥企业自主创新能力，按照企业最有利于自己的方式去经营获利，同时按照市场规律去调节，但是我们在鼓励自治的同时不能忽略公司治理结构优化的重要性，良好的制度能够有效地提高管理水平，通过各方主体的相互制衡约束提高公司经营效率。我们甚至可以说良好的公司治理结构正是在为完善的现代化公司自治在保驾护航。同时，在鼓励公司自治的同时，对于各方主体利益保护的重要性也凸显出来，相较于1993年《公司法》为了"治乱"而片面地强调"管制"而事实上忽略了各方主体利益保护，尤其是中小股东的利益保护，2005年《公司法》的转变正是在强调自治的同时，逐步将平衡各方利益上升到立法层面，通过平衡各方利益并最终稳定公司的发展，也符合现代公司法的发展方向，这种理念的引入除了能够有效吸收国外先进立法经验外，也能有效

---

① 张焰、褚童:《理念的突破与制度的完善——浅评公司法的修改》，载《兰州大学学报》2006年第5期。

地进行制度创新与协调。

(6)"公司社会责任"理念入法

2005年《公司法》第5条规定:"公司从事经营活动,必须遵守法律、行政法规,遵守社会公德、商业道德,诚实守信,接受政府和社会公众的监督,承担社会责任。"除了将社会责任理念列入总则条款外,还在分则当中规定了一系列的具体制度来强化公司社会责任的落实。公司法传统理念是追求企业利润最大化,但是其一方面作为私法上主体,享有权利义务,另一方面其也是社会的成员,各国实践中也逐渐承认公司社会责任的必要性,正如有学者提出的,现在要讨论的不是公司要不是要承担社会责任,而是承担什么样的社会责任,如何承担社会责任。①

2005年《公司法》完善了职工董事和职工监事制度,切实考虑到了公司利益相关者的利益而不是局限于保护股东利益,更在债权人保护基础上更进一步扩大到职工利益,同时为了切实保护职工利益,公司法规定了要求公司缴纳所欠税款前,除了支付职工工资,还要支付社会保险费用和法定补偿金,以及公司回购的股份应当在一年内转让给职工。这一举措补缺了我国此前《公司法》的重大疏漏,与国际现代公司法律制度接轨,但是由于公司社会责任在我国发展时间较短,尚未形成完整的理论体系,因此相关制度规定仍有很大欠缺,正如有学者提出的《公司法》对于社会责任缺乏完整的体系构想,立法主旨不清、规范属性不明,使得人们对于在何种情况下适用社会责任没有统一的标准,因此缺乏可操作性,而使其失去了应有的价值。②

(7)小结

如果说1993年《公司法》立法的意义在于将现代公司立法引入我国,使得我国第一次有了现代公司制度,至少是一种形式意义上的引入和统一化,和世界接轨。那么我们可以说2005年《公司法》修改的意义在于开始确立现代公司立法理念中强调公司自治的观念,并结合国情积极引入先进公司立法技术,填补了1993年《公司法》的大量缺漏部分,尤其是公司治理结构完善,利益保护以及法人人格否认制度,结构更加完善,使得我国公司立法在世界经济一体化进程中不会因为制度的落后而阻碍市场经济的繁荣,这种理念的转变也为未来的公司法改革指明了方向。但是2005年的《公司法》修改虽然从整体意义上相比于1993年《公司法》进行了观念上的转变,但是并不彻底,我们在肯定其伟大意义的同时,也需要认识到未来《公司法》的艰巨任务一方面是具体制度的不断完善创新,更为重要的一方面仍然是把"公司自治"理念切实地融入我国公司立法、司法实践当中。

---

① 王保树:《公司社会责任对公司法理论的影响》,载《法学研究》2010年第3期。

② 沈贵明:《我国公司社会责任的立法规范问题》,载《法学》2009年第11期。

4.2013年的《公司法》修订

经过2005年《公司法》修订，我国基本确立了现代公司制度，无论从立法理念还是制度设计等方面都有了较大的进步，然而因为受制于各种政治、经济、社会因素的局限，这一次的修法仍有诸多不足之处。伴随着我国改革开放的进一步深入，为因应社会经济各方面发展的需要，《公司法》在2013年也出现了再次修法的必要。这次修法主要针对公司资本部分，是一次由国务院推动的、行政主导的改革，以"宽进严管"为指导原则，旨在进一步降低公司设立门槛，鼓励投资兴业，深化市场经济，克服经济下行的压力。[①] 公司法一个基本特征就是股东的有限责任，而为了保障债权人利益和保证公司偿债能力，公司法针对资本制度确立了资本确定原则、资本维持原则以及资本不变原则三原则来保障资本制度发挥其效用，但事实上资本制度并未有效发挥其预期功效，反而带来了相当的负面效应。本次修法的主要内容包括：

(1)取消最低注册资本制度

传统公司法寄希望于设置最低注册资本来保障公司的最低清偿能力，但事实上这非但不能实现，反而极大地提高了公司的设立成本。1993年《公司法》过高的最低注册资本要求使得许多弱小的投资者只能望而却步，使得他们实际上被挡在了利用公司从事商业活动的可能性。2005年《公司法》虽然进行了大幅度下调，但仍然保留了最低注册资本要求，且规定了设立一家股份有限公司需要500万，一人公司的最低注册资本为10万元。直到2013年《公司法》修订，才彻底废除了最低注册资本要求。废除最低注册资本并不是不要注册资本，而是说资本投入的多少，应当交由投资者自行确定，这是属于投资者自由，市场自律的问题，政府不能借由公权力干涉。取消最低注册资本，体现了对于公司自治的尊重，同时也能避免过高的门槛阻碍公司设立以及零散资本的闲置浪费。但需注意的是最低注册资本的取消仅仅是针对普通商事业务，对于特殊行业，例如金融业务以及涉及国家安全的业务等仍保留着一定的市场准入要求，这也是各国普遍做法，并不与尊重公司自治相矛盾。

事实上，公司注册资本对于公司清偿能力确实有一定的保障作用，但是长期以来这种作用在我国《公司法》上被过分夸大了，因为注册资本仅仅在法律观念上存在，但是公司一经成立，这注册资本即转化为公司资产，而公司资产显然不仅限于公司资本，因此资本并不是公司偿债能力的唯一体现，更不是决定性的因素，恰恰公司资产才是《公司法》在考虑公司偿债能力时需要关注的，而公司资产随着公司经营不断变化。借助最低资本额的方式来保障公司的信用能力实质上是在"法律

① 李润生、史飚：《论我国现行公司资本制度的变迁、定位及未来发展——以2013年〈公司法〉修改为视角》，载《湖南社会科学》2015年第6期。

父爱主义”理念下的过度保护，不符合效率原则，不仅对方无法准确判断公司的信用强弱，反而会导致设立成本增高，经营效率低下。[①] 因此不少学者主张，公司法改革的目标应当是，在公司设立之时，放松管制，降低门槛，鼓励投资创业；而在公司经营过程中以及退出时，强化公司资产监管以及责任承担。[②] 2013年《公司法》修法正是在“宽进严出”的思想指导下，立法理念从“资本信用为主”转为“资产信用为主”。

(2)改实缴制为全面认缴制，取消强制验资程序

这是本次修订的核心措施，1993年《公司法》股东或者发起人应当足额缴纳公司章程中规定的各自认缴的出资额或者全部股款。简言之，章程约定的资本必须一次实际缴足，否则公司不得设立；2005年《公司法》进行了放松，但仍然规定了有限责任公司的股东的首次出资额不得低于20%，且不得低于法定最低注册资本，其余部门需要在两年内缴足。2013年《公司法》则彻底放开了资本缴纳的管制，股东或发起人对于自己认购的出资或股份，只需要按照章程规定缴纳即可，章程规定一次缴足则需一次缴足，章程规定分期则可采用分期缴纳。认缴制的贯彻实质上是排除了法律干涉，注册资本的缴纳交由当事人通过公司章程约定，体现了对于公司自治的尊重。但是由于募集设立的股份有限公司涉及公众持股人，实缴制有利于保护公共利益。同时，在实缴制改为认缴制后，验资程序自然不需要强制要求，而交由当事人自行决定是否验资，实收资本情况由公司通过市场主体信息公示系统公示，并对其真实性、合法性负责。相应的，2013年《公司法》也不再要求在营业执照中记载“实收资本”事项。

事实上，无论是实际缴纳还是认缴出资，都应当是真实出资，在认缴制下，承诺也是具有法律意义的，认而不缴自然要承担相应的责任，体现为通过公司章程进行自治。对于认缴制的担忧实质上是因为民事责任长期无法落实造成的，但这不应该成为拒绝改革的理由。针对认缴制可能会损害债权人利益的问题，有学者提出了自己的见解：①虽然股东可以通过章程自由约定出资期限，但是若该约定绝对无法履行，债权人可依据“以合法形式掩盖非法目的”主张该条款无效，并要求股东履行出资义务；②公司资不抵债时，债权人可以要求股东提前清偿债务；③认缴制下，股东不必耗费时间、成本造假，债权人也不会被假象迷惑，事实上更加有利于债权人保护。[③]

---

① 雷兴虎、薛波：《公司资本制度改革：现实评价与未来走向》，载《甘肃社会科学》2015年第2期。

② 施天涛：《公司资本制度改革：解读与辨析》，载《清华法学》2014年第5期。

③ 石冠彬：《注册资本认缴制改革与债权人权益保护——一个解释论视角》，载《法商研究》2016年第3期。

(3)取消货币出资比例限制

1993年《公司法》规定了以工业产权、非专利技术作价出资的金额不得超过有限责任公司注册资本的20%,国家对采用高新技术成果有特别规定的除外。在鼓励科技创新的同时,又要保证公司有一定的现金和实物以维持运作和对外偿债担保。2005年《公司法》从货币资本角度规定了货币资本额不得少于注册资本的30%。事实上,关于出资方式,法律完全没有必要去强行干涉而应交由当事人自行确定,这样更符合公司自治理念,也更有利于企业未来的发展。因此2013年彻底取消了货币出资的比例限制,而交由当事人自治,按照最有利于企业未来发展方向的方式进行出资,而不是在片面强调债权人保护的重要性的前提下过分夸大资本的重要性而去干涉出资方式,不仅不能完成预期——对外偿债担保,反而会造成干涉公司自主经营,使得公司不能按照最有利于自己的方式让股东出资,甚至会引发很多当事人为了规避该条款而造成更多的矛盾纠纷并在事实上对企业的经营发展造成不利影响。

除了上述几项之外,2013年《公司法》针对资本制度相应的修改还包括了有限公司成立条件由原本的法定最低注册资本改为全体股东认缴的出资额、有限公司股东出资额不再作为登记事项、删去了一人公司必须是一次认足且实缴的规定等。总而言之,2013年《公司法》就资本制度的变革贯彻了现代公司法理念的公司章程自治的要求,可以在一定程度上从源头消除虚假出资行为;取消最低注册资本、改实缴为认缴、取消验资等并不会影响股东出资义务的履行,且更符合公司自治理念。因此,2013年《公司法》的修改虽然主要是基于政策导向推进而非纯粹的理念先于制度,但事实上符合现代公司法理念中强调公司自治、放松政府监管的要求,也符合世界经济一体化背景下,对于资本制度现代化的要求。正是因为本次修法主要是一种政策性的回应,其并未对公司法的整体进行体系化的修改,导致一方面难以将公司自治理念贯彻到底,另一方面也造成制度间的某些不协调,而这些问题均有待于将来进一步的公司法修法来不断加以完善。

5.公司法规范体系的丰富:公司法司法解释及地方性司法意见文件的渐次颁布

由于我国《公司法》立法精细化不足,立法本意的实现在很大程度上依赖于最高人民法院制定的司法解释。1997年《关于司法解释工作的规定》将司法解释定义为"解释""规定"和"批复"3种,2007年《关于司法解释工作的规定》则在此基础上增加"决定"作为司法解释的一种。在司法实践中,尤其在2005年《公司法》修订之前,最高人民法院所作"答复""复函""函""通知""会议纪要"实际上发挥着司法解释的作用,对下级法院的审判工作亦具事实上的约束力。为了使最高人民法院的解释对《公司法》的适用及影响在研究中获得更为广阔多元的视角,本书将与《公司法》内容密切相关的司法解释及包括"答复""复函""函""通知""会议纪要"在内的解释性文件均纳入讨论范围之中。

(1)1993年《公司法》颁布之前的解释性文件

1993年《公司法》颁布之前，我国尚未建立完整的公司制度，对“公司”进行规范的主要制度是国务院在1988年颁布的《私营企业暂行条例》，且该条例当时的规范对象是“企业”。由于当时并不存在“公司法”，因此也不存在“公司法”司法解释，但最高人民法院通过解释性文件(尤其是个案答复的方式)对某些公司法制度进行了实践性探索。据学者统计，自1985年最高人民法院创立《最高人民法院公报》用于刊登司法解释后，至1993年12月29日全国人大常委会通过《公司法》之前，最高人民法院颁布了多条涉及企业的解释性文件，具体包括[①]：

《关于企业开办的公司被撤销后由谁作为诉讼主体问题的批复》(法经复〔1987〕42号)，规定了企业关闭时，诉讼当事人的确定；

《关于行政单位或企业单位开办的企业倒闭后债务由谁承担的批复》(1987年8月29日)对行政单位和企业单位开办的企业的债务承担进行了规定；

《关于企业开办的公司被撤销后谁作为诉讼主体问题的批复》(1987年10月15日)对公司被撤销后的经济纠纷由其主管单位或清理人(单位)作诉讼当事人进行了规定；

《关于企业开办的公司被撤销后企业是否应对公司的债务承担连带责任问题的电话答复》(1988年4月12日)对呈报单位未对公司认真进行核实的情况下公司被撤销的，呈报单位应对其开办的企业的债务承担责任进行了规定；

《关于企业设置的办事机构对外所签订的购销合同是否一律认定为无效合同问题的电话答复》(1988年11月8日)对企业设置的未办理营业执照的办事机构签订的合同应认定无效并由企业承担民事责任进行了规定；

《关于区公所开办的企业倒闭后能否由县政府承担连带责任问题的复函》(〔89〕法经函字第24号)，规定了政府机关作为开办或审批单位时对倒闭企业的债务承担问题；

《关于如何认定企业是否超越经营范围问题的复函》(法经〔1990〕第101号)，对企业能否超越经营范围经营进行规定；

《关于能否扣划被执行单位投资开办的企业法人的资金偿还被执行单位债务问题的复函》(法经函〔1991〕94号)，对债务人投资的公司是否应当承担债务人的债务进行了规定；

《关于企业法人无力偿还债务时，可否执行其分支机构财产问题的复函》(法经函〔1991〕38号)，对企业的分支机构的财产是否应当用于承担企业的债务进行了规定；

---

① 荣振华：《立法与司法解释互应影响之研究》，西南政法大学2014年博士学位论文。

《关于企业经营者依企业承包经营合同要求保护其合法权益的起诉人民法院应否受理的批复》(1991 年 8 月 13 日)对承包经营合同的纠纷性质和法院受案范围进行了规定;

《关于青海人民剧院开办的分支企业停办后是否对分支企业的债务承担责任问题的复函》(1981 年 1 月 23 日)对开办企业的企业在其注册资金出资不实的范围内对其开办企业的债务承担责任进行了规定;

《关于聊城市柳园供销公司法人资格认定问题的复函》(1992 年 3 月 17 日)对于不应以申报单位出资不足否定企业的法人资格进行了规定;

《关于印发(全国经济审判工作座谈会纪要)的通知》(1993 年 5 月 6 日)在 1993 年《公司法》出台前夕,对最高人民法院加强之前制定的司法解释的修改和清理,经济审判加强平等保护、树立合同观念、保护正当竞争,执行法人制度,承包企业在承包期间发生的债务纠纷如何确认诉讼主体和责任承担进行了规定;

《关于充分发挥审判职能作用保障和促进全民所有制工业企业转换经营机制的通知》(1993 年 8 月 6 日)对审判机关保障和促进国企改革进行了规定;

《关于开办单位欠付企业的注册资金应用以承担企业债务的函》(经他〔1993〕22 号,1993 年 11 月 13 日)对开办单位在注册资金出资不实的范围内对开办企业的债务承担责任进行了规定。

从以上规定可以看出,在这个时期,最高人民法院的解释性文件具有几个特点:①由于该时期对企业进行管理的规定多由行政机关颁发,如《企业法人登记管理条例》《全民所有制工业企业承包经营责任制暂行条例》《国务院关于进一步清理和整顿公司的通知》,最高人民法院主要在下级法院对个案中的请示中就个别问题进行答复,几乎很少制定系统性的规范;②由于《公司法》尚未颁布,对于公司独立法人资格及诉讼主体、责任承担的问题尚未形成统一认识,最高人民法院的态度也游移不定;③最高人民法院后期对法人资格独立、法人人格否认等制度做了一些有益探索。

(2)1993—2005 年间的司法解释性文件

在 1993 年《公司法》通过之后至 2005 年 10 月 27 日《公司法》大幅度修订通过之前,除了《关于审理与企业改制相关的民事纠纷案件若干问题的规定》是对国有企业改制问题较为系统的规定外,最高人民法院还就公司法的许多其他制度进行了规定,具体如下:

《关于企业开办的其他企业被撤销或者歇业后民事责任承担问题的批复》(法复〔1994〕4 号,1994 年 3 月 30 日),对企业开办的领取了营业执照的其他企业被撤销或歇业后民事责任的承担问题(实际上是法人独立人格的问题)进行了规定;

《关于破产债权能否与未到位的注册资金抵销问题的复函》(法函〔1995〕32 号,1995 年 4 月 10 日)对股东对公司的债权与未出资资金不能抵销的问题进行了规定;

《关于企业法人的一个分支机构已无财产法院能否执行该企业法人其他分支机构财产问题的复函》(法函〔1995〕158号)对分支机构的财产均属于企业财产(即分支机构不具有法人资格)进行了认定;

《关于认定开办单位对企业注册资金是否投足问题的函》(法经〔1995〕274号)对将注册资金直接用于承担企业债务认定为注册资金已缴足进行了规定;

《关于金融机构为行政机关批准开办的公司提供注册资金验资报告不实应当承担责任问题的批复》(法复〔1996〕3号,1996年3月27日)对为企业出资提供验资报告的金融机构在过错范围内承担出资不实的责任进行了规定;

《关于城市街道办事处是否应当独立承担民事责任的批复》(法释〔1997〕1号)对公司的独立法人资格进行了明确;

《关于对注册资金投入未达到法规规定最低限额的企业法人签订的经济合同效力如何确认问题的批复》(法复〔1997〕2号,1997年2月25日)对企业注册资本未全部缴纳不影响其签订的合同效力进行了规定;

《关于产业工会、基层工会是否具备社团法人资格和工会经费集中户可否冻结划拨问题的批复》(法复〔1997〕6号,1997年5月16日)对股东应当在出资不足或抽逃出资的情况下承担责任进行了规定;

《关于开办单位对企业注册资金不实承担责任范围问题的复函》(经他〔1997〕30号)对股东出资不实的责任应当向全部债权人按比例承担进行了规定;

《关于执行程序中可否以注册资金未达到法定数额为由裁定企业不具备法人资格问题的函》(〔1997〕法经字第389号)肯定了公司的法人独立资格和股东的有限责任;

《关于验资单位对多个案件债权人损失应如何承担责任的批复》(1998年1月13日)。(法释〔1997〕10号)对有过错的验资单位对多个债权人责任的承担进行了规定;

《关于企业的开办单位所划拨的债权能否作为该企业注册资金的答复》(法经〔1998〕505号,1998年12月29日)对已实现债权作为出资财产进行了肯定;

《关于审理中外合资经营合同纠纷案件如何清算合资企业问题的批复》(法释〔1998〕1号)否定了司法强制解散公司的情形;

《关于企业法人营业执照被吊销后其民事诉讼地位如何确定的复函》(法经〔2000〕24号函)对企业法人注销后其法人资格消灭进行了规定;

《关于人民法院不宜以一方当事人公司营业执照被吊销已丧失民事诉讼主体资格为由裁定驳回起诉问题的复函》(法经〔2000〕23号函)对营业执照被吊销后法人资格仍然存在,清算组和公司应作为共同被告进行了规定;

《关于对帮助他人设立注册资金虚假的公司应当如何承担民事责任的请示的答复》(2001年9月13日)对以资金协助他人注册公司并抽逃资金的第三人应当

承担责任进行了明确；

《关于中国重型汽车集团公司股权执行案的复函》(〔2001〕执协字第16号)对法院冻结股权是否无须在工商机关进行登记即可发生效力进行了规定；

《关于王文祥诉马恩树、兖州市南郊水暖安装工程有限公司解散、清算公司一案应否受理的复函》(〔2002〕民立他字第1号)对股东申请司法强制解散、清算公司不予受理进行了规定；

《关于金融机构为企业出具不实或者虚假验资报告资金证明如何承担民事责任问题的通知》(2002年2月9日)对验资机构对出资不实企业的债务承担与其过错相适应的补充责任进行了规定；

《关于周正义状告浦东发展银行要求撤销增发新股议案等一类纠纷的投诉应否受理问题的复函》(〔2002〕民立他字第2号)对撤销董事会决议进行了规定；

《对江苏省高级人民法院关于中国电子进出口公司江苏公司与江苏省信息产业厅等股权纠纷一案请示的答复》(2002年11月15日)对存在股份代持的情况下股东资格的认定倾向于以形式主义为原则进行了规定；

《关于审理与企业改制相关的民事纠纷案件若干问题的规定》(2003年2月1日)对国企改制进行了系统规定；

《关于胡克诉王卫平、李立、李欣股东权纠纷一案的答复》(2003年5月15日)对未就受让股权按照约定支付转让款的受让人的股东资格的认定进行了规定；

《关于股东因公司设立后的增资瑕疵应否对公司债权人承担责任的复函》(〔2003〕执他字第33号)对增资瑕疵股东承担与公司设立时出资瑕疵相同的责任进行了规定。

从该时期的公司法解释性文件的内容来看，最高人民法院的解释具有以下特点：第一，正如有学者提出的洞见，司法解释的形成原因之一在于“许多司法审判人员缺乏对法律条款直接判读应用的能力”①，上述部分解释的主要内容仍在于明确1993年《公司法》规定的公司的独立法人资格、股东的有限责任和分支机构的性质。第二，该时期最高人民法院的解释为2005年全面修改《公司法》中的部分内容提供了基础，如对验资机构的民事责任、公司强制解散、两会决议的撤销等规定。第三，最高人民法院对某些制度的尝试并未反映到随后的法律修订当中，如《关于对帮助他人设立注册资金虚假的公司应当如何承担民事责任的请示的答复》即对第三人协助公司股东抽逃资金的行为进行了规定，但不知出于何种原因并未反映在2005年《公司法》中，直到2010最高人民法院颁布《关于适用〈中华人民共和国公司法〉若干问题的规定(三)》[以下简称《公司法司法解释(三)》]时才予以明确规定。类似的，对于股份代持中股东资格的认定也在《公司法司法解释(三)》中才予

① 李建伟：《股东知情权诉讼研究》，载《中国法学》2013年第2期。

以明确。第四，该时期的司法解释对至今仍有争议的话题进行了有益探索，如《关于企业的开办单位所划拨的债权能否作为该企业注册资金的答复》在个案中肯定了将已实现的债权用于出资的效力。

(3)2005年之后的司法解释性文件

2005年10月27日《公司法》修订通过之后，又于2013年12月28日进行了大幅度修改。期间，最高人民法院于2006年3月27日通过《最高人民法院关于适用〈中华人民共和国公司法〉若干问题的规定(一)》[以下简称《公司法司法解释(一)》]，于2008年5月5日通过《最高人民法院关于适用〈中华人民共和国公司法〉若干问题的规定(二)》[以下简称《公司法司法解释(二)》]，2010年12月6日通过《最高人民法院关于适用〈中华人民共和国公司法〉若干问题的规定(三)》。2013年《公司法》通过之后，最高人民法院又于2016年12月5日通过《最高人民法院关于适用〈中华人民共和国公司法〉若干问题的规定(四)》[以下简称《公司法司法解释(四)》]。除了以上四部较为系统的司法解释外，据学者统计，最高人民法院还通过了以下司法解释及解释性文件：

《最高人民法院民事审判第二庭2006年民商审判工作要点》(2006年1月27日)；

《关于上诉人练志伟与被上诉人陈如明及原审被告林惠贞郑秀英及原审第三人倡州市常青实业有限公司股权转让一案的请示的复函》(2006年11月13日)；

《关于股份转让合同的履行期限跨越新旧公司法如何适用法律的请示的答复》(2007年5月16日)；

《关于审理公司强制清算案件工作座谈会纪要的通知》(2009年11月4日)；

《关于审理公司登记行政案件若干问题的座谈会纪要》(2012年3月7日)。

从以上规定可以看出，随着我国《公司法》的完善，该时期的公司法解释趋向于体系化和抽象化。四个公司法司法解释更是以条块分割的形式对公司法制度的不同模块进行了系统性规定。《公司法司法解释(一)》主要涉及程序性内容，初步完成了新旧公司法之间的相互衔接所产生的如何适用法律方面的问题。《公司法司法解释(二)》则主要对公司解散和清算制度进行了具体规定。根据最高人民法院的相关负责人的介绍，《公司法司法解释(三)》则在落实公司成立前债务的责任主体；确立典型非货币出资到位与否的判断标准及救济方式；界定非自有财产出资行为的效力；明确未尽出资义务(包括未履行出资义务或未全面履行出资义务)和抽逃出资的认定、诉讼救济的方式以及民事责任；规范限制股东权利的条件和方式；妥善平衡名义股东、股权权属的实际享有者以及公司债权人间的利益六个方面进行了规定。[①]《公司法司法解释(四)》则主要在三个方面完善了公司法制度：第一，

① 最高人民法院负责人讲话：《〈关于适用公司法若干问题的规定(三)〉的理解与适用》。

完善股东会或者股东大会、董事会会议决议效力瑕疵诉讼机制，促进公司决策的规范化；第二，加强股东知情权保护，完善股东代表诉讼机制，为股东监督公司经营提供司法保障；第三，完善股东之间的利润分配等利益冲突解决机制，避免和化解公司僵局。① 可以看出，该四个系统性司法解释在很大程度上是对之前颁布的司法解释及解释性文件内容的归纳整理与升华。

公司法解释的系统性演变事实上在最高人民法院的计划之中。早在2006年10月，时任最高人民法院副院长奚晓明在"21世纪商法论坛"学术会议上就曾指出，最高人民法院正在分期分批地制订公司法的司法解释。②《公司法司法解释(四)》也是由于2013年《公司法》的全面修改才让最高人民法院暂停了释法的脚步。③ 学者陈甦将对制定司法解释具有启动意义的判断与决定，依据其判断材料来源、形成方式特点与决定依据选择，划分为两类：一是基于推理启动司法解释的制定过程，简称"推理启动"；二是基于经验启动司法解释的制定过程，简称"经验启动"。前者是指，当一部具体法律生效后，通过对法律文本的分析，发现其中的模糊而不清晰、抽象而不可操作、简约而不周延、疏漏而成适用空白、错误而不能实施之处，并对这些文本局限可能造成的司法困扰进行评估，认为其足以严重影响法律的司法应用时，决定启动司法解释的制定过程。后者是指，当一部具体的法律生效后，通过对该法律在司法审判实践中应用状况的总结，在积累了大量与适用该法律有关的经验案例后，形成法律文本转化为法律秩序的实际司法过程是否顺畅得当的分析与判断，当认为法律文本转化为法律秩序的实际司法过程存在的障碍主要是法律文本局限造成的，决定启动司法解释的制定过程。④ 按照以上分类，该阶段以及当前的司法解释多是基于推理启动。基于推理启动司法解释的制定由于"从制度上贬损或消解了立法的权威与智慧"，在形式上高度模仿法律制定过程从而"扰动一个社会法律体系建构过程的清晰与顺畅，影响社会成员对法律建构机制的正确认知"，"过于张扬司法解释制定者的制度建构能力，容易过早地限缩司法解释制定的经验基础与智力源泉"，形成体系化建构偏好而易偏离立法本意，欠缺经验性内容等方面的原因而遭学者诟病。⑤ 此外，四个公司法司法解释文本所展示出来的司法解释明显的模块化倾向导致立法者在《公司法》中建构的规范疏密状态失衡，从而不利于公司法的均衡实施。同时，由于《公司法》立法对司法解释的内容吸

---

① 罗书臻：《依法保护股东权利，促进规范公司治理》，载《人民法院报》2017年8月29日。

② 张娜：《公司法司法解释正在分期分批制定》，载《人民法院报》2006年10月15日。

③ 《关于公司法司法解释四何时公布问题的答复》，http://www.court.gov.cn/zixun-xiangqing-6869.html，访问日期：2018年6月28日。

④ 陈甦：《司法解释的建构理念分析——以商事司法解释为例》，载《法学研究》2012年第2期。

⑤ 陈甦：《司法解释的建构理念分析——以商事司法解释为例》，载《法学研究》2012年第2期。

收明显不足[①]，这种失衡状态将随着立法精细化不足和解释推理启动模式的延续而持续存在。

综观最高人民法院颁布的上述司法解释及解释性文件，可以看出实用主义立场体现的愈发清晰。有学者将司法解释的解释立场分为三类：规范主义立场，即主要通过文义解释的方法对法律规定进行具体化、明确化，恪守立法原意；实用主义立场，即主要解决法院在实践中的适用问题，“克服成文法机械和粗疏的不足”；价值主义立场，即对法律没有规定的情形进行利益衡量，实质上是立法行为。在《公司法》施行后的前期，由于立法疏漏有余而精细不足，司法解释出于“法官不能拒绝裁判”之由对立法没有规定之情事进行实质价值判断与衡量在所难免。随着立法不断精细化，司法解释更倾向于实用主义立场，在价值主义和规范主义之间寻找平衡，以增强法律的实践适用性。但值得注意的是，价值主义立场在部分解释规定中仍有体现，如《公司法司法解释（四）》对决议不成立的规定尚需立法机关在下一轮修法中予以正视。

（4）地方性司法审判意见

1987年最高人民法院向广西壮族自治区高级人民法院作出的〔1987〕民他字第10号《关于地方各级法院不宜制定司法解释性质文件问题的批复》明确规定，地方法院不宜制定司法解释性文件。最高人民法院与最高人民检察院在2012年1月联合公布的《关于地方人民法院、人民检察院不得制定司法解释性质文件的通知》，再次重申地方人民法院、人民检察院一律不得制定在本辖区普遍适用的、涉及具体应用法律问题的“指导意见”“规定”等司法解释性质的文件，制定的其他规范性文件不得在法律文书中援引，认为需要制定司法解释的，按照《最高人民法院关于司法解释工作的规定》（法发〔2007〕12号）和《最高人民检察院司法解释工作规定》（高检发研字〔2006〕4号）的要求，通过高级人民法院、省级人民检察院向最高人民法院、最高人民检察院提出制定司法解释的建议或者对法律应用问题进行请示。尽管最高人民法院数次出台文件强调地方法院不宜制司法解释性文件，但各地法院在立法精细化不足的情况下，出于审判实践的需要，仍制定了许多颇具系统性的司法解释性文件。较为系统地规定公司法制度的地方解释性文件包括：

北京市高级人民法院2004年制定的《关于审理公司纠纷案件若干问题的指导意见》；2008年制定的《关于审理公司纠纷若干问题的指导意见》；

上海市高级人民法院2003年制定的《关于审理公司纠纷案件若干问题的处理意见（一）》，《关于审理公司纠纷案件若干问题的处理意见（二）》，2004年制定的《上海市高级人民法院关于审理公司纠纷案件若干问题的处理意见（三）》，2005年

① 荣振华：《公司法结构变更之逆向思维——以公司法对司法解释回应之视角》，载《时代法学》2015年第1期。

制定的《上海法院民商事审判问答》(之二),《上海法院民商事审判问答》(之四),《2005年上海法院民商事审判问答》(之五),2006年制定的《关于审理公司纠纷案件若干问题的解答》;

辽宁省高级人民法院2009制定的《关于当前商事审判中适用法律若干问题的指导意见》;

江苏省高级人民法院2003年制定的《关于审理使用公司法案件若干问题的意见(试行)》;

山东省高级人民法院2007年制定的《关于审理公司纠纷案件若干问题意见(试行)》。

从上述地方解释性文件可以看出,系统性的地方解释性文件主要集中于2013年《公司法》通过之前,不难推出这与2005年《公司法》的粗放型立法风格密切相关。在解释类型上,地方解释性文件既有对当时《公司法》规定的续造,又有超出立法框架的"创新"。对于某些立法和司法解释没有规定但在实践中容易引起争议的制度地方性司法解释正是这些规定是否能上升为更高级别制度的"试验田"。以股东知情权为例,在《公司法司法解释(四)》出台之前,对于股东能否委托代理人行使查阅权并没有统一的明确规定。为了避免实践中法律适用的不统一,各地高院作出不同的尝试。根据北京市高院《关于审理公司纠纷案件若干问题的指导意见》(2008年)第17条的规定,允许股东委托律师、注册会计师代为行使会计账簿查阅权。浙江省高院民二庭《关于商事审判若干疑难问题解答》(2010年)则规定如股东请求聘请他人与其共同查阅有关文件资料的,应当说明理由并征得公司同意;公司不同意的,由法院根据股东的申请指定双方同意的专业人员查阅。[①] 北京高院和浙江高院的尝试及相关案例的判决结果无疑为最高人民法院制定《公司法司法解释(四)》中涉及查阅权的内容提供了参考依据。

(二)影响公司法治发展变迁的重大活动与国家政策

1.历次公司清理整顿运动

在改革开放初期,随着经济体制的改革,商品经济得到了极大发展,全国范围内开始出现大量的各类公司,并在生产、流通、科技服务等领域发挥了积极的作用。但同时,由于历史遗留的所有制结构、政治思想解放不足和公司法律制度不够完善等原因,公司在管理实践中往往多有缺陷,许多公司甚至缺乏科学管理制度,乃至于违法经营,扰乱社会经济秩序。这其中存在的主要问题有:(1)政企不分,公司既有行政职能,又有经济管理职能,其中一些公司利用审批权力、物资调拨、资金分配等行政权力经商;(2)官商不分,一些党政机关干部利用机关的权力和干部的关系

① 李建伟:《股东知情权诉讼研究》,载《中国法学》2013年第2期。

经商办企业，从事违法经营活动，非法牟取暴利；(3)不具备公司资质，许多公司属于皮包公司，没有固定的经营场所，也没有明确的经营范围，没有必要的资金和从业人员，但由于法制欠缺，此类公司也被核准登记注册，这类皮包公司从事违法经营活动，严重扰乱经济活动秩序；[①](4)违法经营，一些公司通过倒买倒卖，买空卖空，利用经济合同进行诈骗等行为，严重损害经济活动参与人的利益。

1985年，按照国务院关于清理整顿公司的通知，各地区、各部门曾对公司进行过一次清理整顿，主要解决党政机关和党政干部经商办企业问题、“四无”公司(即皮包公司)问题、不具备开办条件的公司问题和小店起大字号的问题等。到1986年6月底，全国的公司由32万多户减少到18万户。但1987年下半年以后，各类公司又迅速增多，出现了新的“公司热”。据统计，到1988年年底，全国共有各类公司294946户(如果包括分支机构为477431户)，从业人员4088万多人。[②] 1985年8月国务院发出的《关于进一步清理整顿公司的通知》指出：“必须贯彻政企分开的原则，公司应当是从事生产经营或服务型业务的，具有法人资格的经济实体，是实行独立核算、自负盈亏、照章纳税、能承担经济责任的企业。对于党政机关和党政机关干部办的公司，要实行政企分开，并使公司在经济上与党政机关脱钩；党政机关干部担任职务的，要辞去一头，即辞去兼任的公司职务或辞去党政机关的职务。”《通知》强调公司必须具备相应的条件，对不具备开办条件的公司，应吊销其营业执照。对谎报财产，实际上没有资金的公司，要令其停办，收回其营业执照。对实有资金少于注册资金的，要限期补齐或调整注册资金。对注册资金与经营范围和经营规模不相适应的，应根据现有资金重新核定其经营范围和经营规模。《通知》重申公司必须按照规定的经营范围依法经营。针对第一次清顿的不彻底问题，中共中央、国务院又于1988年10月、1989年8月先后两次作出关于清理整顿公司的决定。通过两次清理整顿，坚持政企分开的原则，严禁党政干部经营公司或在公司兼职，严格设立公司的审批制度，防止盲目成立公司的现象。

除了严禁党政机关干部经商以外，中央在1985年5月23日还发布了《关于禁止领导干部的子女、配偶经商的决定》，要求凡县、团级以上领导干部的子女、配偶，除在国营、集体、中外合资企业，以及在为解决职工子女就业而兴办的劳动服务性行业工作外，一律不准经商。由此杜绝了干部子女、配偶凭借家庭关系合意影响，参与或受人指派，从事非法经营活动。军队生产作为一种军粮筹措方式有着历史渊源，人民解放军在抗日战争时期还掀起过轰轰烈烈的大生产运动，早在1950年，

---

① 沈绍芳：《公司法新论》，河南人民出版社1991年版，第94页。

② 1989年8月29日在第七届全国人民代表大会常务委员会第九次会议上，国家工商行政管理局局长任中林《关于清理整顿公司情况的汇报》，http://www.npc.gov.cn/wxzl/gongbao/1989-08/29/content_1481191.htm，访问日期：2018年7月4日。

毛泽东就曾经指出，军队经商不但会“扰乱经济秩序，而且势必发生贪污腐化，毁坏自己的同志”。改革开放后，国家以经济建设为中心，国防费在国家财政支出中的比例不断下降，为此军队从事生产经营以弥补军费不足。[①] 例如，当时赫赫有名的三九集团，企业管理高层都是带着军衔下海经商的军人。又如曾经给中国经济造成巨大冲击的走私，中国沿海地区走私猖獗与当时武警带兵带枪护私不无关系。[②]直到江泽民同志在1998年6月的一次反走私会议上命令军队停止经商后，才在1998年至1999年间逐渐停止。

2.股权分置改革

中国证券市场在创立之初，为保证国家的控股地位，存在着非流通股与流通股两类股票的股权分置。详言之，所谓股权分置，是指我国A股市场上的上市公司的股份分为流通股与非流通股。股东所持向社会公开发行的股份，且能在证券交易所上市交易，称为流通股；而公开发行前股份暂不上市交易，称为非流通股。这种同一上市公司股份分为流通股和非流通股的股权分置状况，为中国内地证券市场所独有。股权分置是由诸多历史原因造成的，是在我国由计划经济体制向市场经济体制转轨的过程中形成的特殊问题，20世纪80年代末期至90年代初期，我国对国有企业进行股份制改造以建立现代企业制度，为了在证券市场筹集资金同时又不失去国有经济的控股权，采取了增量发行股票的方式，即在原有的存量国有企业资产基础上再溢价增发一些股票，原有股票则变成非流通股，不能在证券交易所流通。这一制度在其后的新股发行与上市实践中被固定下来，形成了我国股市流通股和非流通股并存的独特格局。非流通股与流通股这两类股份，除了持股的成本的巨大差异和流通权不同之外，赋予每份股份其他的权利均相同。由于持股的成本有巨大差异，造成了两类股东之间的严重不公，由于同股不同权、同股不同利等问题的存在及其弊端，严重影响着股市的发展，这种制度安排不仅使上市公司或大股东不关心股价的涨跌，不利于维护中小投资者的利益，也越来越影响到上市公司通过股权交易进行兼并达到资产市场化配置的目的，妨碍了我国经济改革的深化。股权分置问题由此一直以来被普遍认为是困扰我国股市发展的头号难题，造成我国股市上有三分之二的股权不能流通，这远不能适应资本市场改革开放和稳定发展的要求，必须通过股权分置改革，消除非流通股和流通股的流通制度差异。

股权分置改革是指通过非流通股股东和流通股股东之间的利益平衡协商机制，消除A股市场股份转让制度性差异的过程。一般是上市企业非流通股东支付一定的对价给流通股东，以取得股票的流通权。可见，股权分置改革是为了解决A

---

① 徐焰、薛国安:《写给新一代人看的辉煌军史》，解放军出版社2012年版，第512页。

② 诺晨:《来龙去脉:中国严禁军队司法机关经商》，载《中国法律》1998年第4期。

股市场相关股东之间的利益平衡问题而采取的举措。2004年1月31日国务院办公厅发布《国务院关于推进资本市场改革开放和稳定发展的若干意见》(国发〔2004〕3号)明确指出应“积极稳妥解决股权分置问题”,提出“在解决这一问题时要尊重市场规律,有利于市场的稳定和发展,切实保护投资者特别是公众投资者合法权益”的总体要求。2005年4月29日,经国务院批准,中国证监会发布《关于上市公司股权分置改革试点有关问题的通知》,启动了股权分置改革的试点工作。经过两批试点,取得了一定经验,具备了转入积极稳妥推进的基础和条件。经国务院批准,2005年8月23日,中国证监会、国资委、财政部、中国人民银行、商务部联合发布《关于上市公司股权分置改革的指导意见》;9月4日,中国证监会发布《上市公司股权分置改革管理办法》,我国的股权分置改革全面铺开。

回顾历史来看,股权分置的由来和股权分置改革发展可分为以下几个阶段:(1)第一阶段:股权分置问题的形成。我国证券市场在设立之初,对国有股流通问题总体上采取搁置的办法,在事实上形成了股权分置的格局。(2)第二阶段:股权分置改革探索阶段。通过国有股变现解决国企改革和发展资金需求的尝试,开始探索股权分置问题。1998年至1999年上半年,为了解决推进国有企业改革发展的资金需求和完善社会保障机制,开始进行国有股减持的探索性尝试。2001年,管理层宣布国有股减持办法即将出台。同年下半年,烽火通讯、北生药业、江汽股份、华纺股份等多家上市公司按10%的融资额市价(发行价)减持国有股。但由于实施方案与市场预期存在差距,试点很快被停止。2001年国务院颁布《减持国有股筹集社会保障资金管理暂行办法》也是该思路的延续,同样由于市场效果不理想,于当年10月22日暂停。(3)第三阶段:股权分置改革启动阶段。作为推进资本市场改革开放和稳定发展的一项制度性变革,解决股权分置问题正式被提上日程。2004年年初,国务院发布《国务院关于推进资本市场改革开放和稳定发展的若干意见》,明确提出“积极稳妥解决股权分置问题”。2005年,中国证券监督委员会发布《关于上市公司股权分置改革试点有关问题的通知》,股权分置改革正式启动。(4)第四阶段:股权分置改革正式实施阶段。2005年,首批“四家试点”公司公布,也标志着我国股市15年遗留下来的最大“包袱”将进入最后的消化阶段。截至2006年10月30日,沪深市股改公司总市值超过94%。(5)第五阶段:后股改时代。从“小非解禁”到所有受限股票实现全流通为止,股改后,各类股东利益趋向一致,扩大了市场规模,接高了市场整体的投资价值和效率。改革后的资本市场蔓非流通股股东特别是大股东提供了实施并购重组和资本退出的平台,有利于企业长远健康地发展。

股权分置改革的基本方式是对价方案:非流通股股东向流通股股东支付对价。关于对价的形式,从当时的股改方案看可以分为以下五种基本类型:除了常见的送股方案与派现方案,还有:(1)缩股方案。缩股方案要减少注册资本,需要履行更复杂的法定手续,将增加股权分置改革的成本和时间,所以,不宜采用缩股方案。(2)权证方案。权证方案具有很大的复杂性和不确定性,在当时的背景下,在股权分置改革的试点中仓促推出权证方案,只能造成市场的混乱、投资者的迷茫、市场估价体系的混乱和市场更大幅度的波动。(3)扩股方案。扩股方案的本质是“公司以资本公积金向全体股东转增股本,或上市公司用未分配利润对流通股股东送红股”和“非流通股股东将所获得的转增股份作为对价支付给流通股股东”两个程序的合并。

关于股权分置改革的股权出售,自改革方案实施之日起,在12月内不得上市交易或转让,持有上市公司股份总数的5%以上的原非流通股股东在上述规定期满了之后,通过证券交易所挂牌交易出售原非流通股股份,出售数量占该公司股份总数的比例在12月内不得超过5%,在24个月内不得超过10%。

股权分置试点方案是我国证券市场制度的一大创举,具有划时代的意义。首先,股权分置问题的解决将促进证券市场制度和上市公司治理结构的改善,有助于市场的长期健康发展;其次,股权分置问题的解决,可实现证券市场真实的供求关系和定价机制,有利于改善投资环境,促使证券市场持续健康发展,利在长远;最后,保护投资者特别是公众投资者合法权益的原则使得改革试点的成功成为可能,这将提高投资者信心,使我国证券市场摆脱困境,避免被边缘化,其意义重大。“流通股含权”预期的兑现,可以大幅降低国内市场估值水平与国际接轨压力的效果。因此,股权分置改革试点不是加剧市场结构分化的过程,而是减轻了市场结构调整的压力。按照当时的改革方案设计,股权分置改革的出发点有五个:首先是为了贯彻落实股权分置改革的政策要求,适应资本市场发展新形势;其次为有效利用资本市场工具促进公司发展奠定良好基础;再次是有利于引进市场化的激励和约束机制,形成良好的自我约束机制和有效的外部监督机制,进一步完善公司法人治理结构,对流通股股东来说,通过股改得到非流通股股东支付的对价,流通股股东的利益得到了保护;复次是可以消除了股权分置这一股票市场最大的不确定因素,有利于股票市场的长远发展;最后是为了解决A股市场相关股东之间的利益平衡问题,对于同时存在于H股或者B股的A股上市公司,由A股市场相关股东协商解决股权分置问题。从最终的改革成果看,股权分置改革的成效也有五个:(1)有利于完善上市公司治理结构,深化国有企业改革,实现国有股权市场化动态估值,增强国有资产保值增值能力;(2)有利于促进股权合理流动,发挥市场的资源配置功能;(3)有利于上市公司充分利用境内外资本市场发展壮大,上市公司将获得更加公平的资产估值,为上市公司进军国际市场拓展更大的盈利空间开辟道路;(4)有利于上市公司建立长效的激励机制、促进上市公司持续发展;(5)有利于开展金融创新。

随着90%以上的上市公司完成股改,我国资本市场运行机制开始发生根本性的变化。2006年5月17日，中国证监会发布《首次公开发行股票并上市管理办法》，标志着因股改暂停近一年的新股发行重新启动。截至2007年年底，沪、深两市共1298家上市公司完成或者已进入股改程序，占应股改公司的98%，对应市值占比98%，仅有33家上市公司未进入股改程序，股权分置改革基本完成。股权分置改革随着国有资产管理体制改革的深化和国有经济结构的调整而深化，非流通股权转化为流通股权，进一步形成流通市场。

3.商事登记改革

2012年3月，国家工商总局出台《关于支持广东加快转型升级建设幸福广东的意见》，支持广东在特定区域开展商事制度改革试点和注册资本登记改革探索。2012年5月，国内第一个商事登记政府规章——《珠海经济特区横琴新区商事登记管理办法》颁布实施，横琴新区工商行政管理局挂牌成立。深圳经济特区也于2013年3月1日开始正式实施《深圳经济特区商事登记若干规定》，并于当天颁发了第一本新版营业执照。新版营业执照最大的亮点是执照上不再记载经营范围和注册资本，从而可以轻易地登记为商事主体，进而使"营商权"成为公民的一项基本权利得以保证。①

商事登记改革前后在六个方面产生了重大变化。(1)前置许可：改革前，商事主体资格与经营资格捆绑，从事许可行业必须先办理前置审批再办理营业执照；改革后，主体资格登记与经营资格许可审批分离，从事许可行业可先办营业执照再办许可审批。(2)经营范围：改革前，经营范围是按具体经营项目核定，如鞋业、玩具、食品等，如想要新增任何经营项目，均须办理变更手续，方可经营。改革后，经营范围是按照国民经济行业分类规范中的门类，按照大类、中类、小类核准，新增同门类的经营项目无须办理变更手续。(3)住所证明：改革前，需提交住所(经营场所)产权证明；改革后，无须提交住所产权证明，由房东和经营者分别承诺房屋安全和消防安全责任。(4)注册资本：改革前，实行有限责任公司注册资本实缴制度，需提交验资证明；改革后，除法律法规规定的特殊行业外，注册资本50万元以下(含50万元)的多人有限责任公司允许首期零出资，无须提交验资证明，设立后2年内缴足，符合条件的有限责任公司还可申请延长出资期限。(5)登记年检方式：改革前，所有登记及年检验照业务基本上以纸质申请为主；改革后，以数字证书和电子印章为基础，将逐步推行网上登记年检验照业务，无须提交纸质材料。(6)后续监管：改革前，日常监管主要放在前置审批的把关上，存在重审批、轻管理的情况，同时没有建立跨部门的信息共享平台，企业的主体信息和经营信息无法做到实时交换；改革后，各部门按照行业管理原则，对主管行业一管到底，后续市场监管力度将明显加

① 中国经济年鉴编辑委员会：《2014年中国经济年鉴第34期》，中国统计年鉴出版社，第518页。

大,同时建立全市统一的市场监管信息共享服务平台,登记监管信息实时传递。

通过商事登记改革,政府职能从管理向服务转变,让市场机制真正发挥作用。商事登记改革的实质是经济民主化的重要体现。

4.公司资本制度改革

1993年《公司法》规定了严格的法定资本制度。无论是有限责任公司还是股份有限公司,发起人都必须将公司资本全部足额筹集到位,并经法定验资机构验资出具证明,公司才能登记成立。1993年《公司法》第25条规定:"有限责任公司的注册资本为在公司登记机关登记的全体股东实缴的出资额。有限责任公司的注册资本不得少于下列最低限额:(一)以生产经营为主的公司人民币五十万元;(二)以商品批发为主的公司人民币五十万元;(三)以商业零售为主的公司人民币三十万元;(四)科技开发、咨询、服务性公司十万元。特定行业的有限责任公司注册资本最低限额需高于前款所定限额的,由法律、行政法规另行规定。"1993年《公司法》第78条规定:"股份有限公司的注册资本为在公司登记机关登记的实收股本总额。股份有限公司注册资本的最低限额为人民币一千万元。股份有限公司注册资本最低限额需高于上述所定限额的,由法律、行政法规另行规定。"为鼓励创业投资,2005年修订的《公司法》大幅降低公司设立的门槛,有限责任公司最低注册资本为3万元,一人有限责任公司注册资本为10万元,股份有限公司为500万元。同时确立了分期缴纳制度,2005年《公司法》第26条和第28条规定,有限责任公司和股份有限公司的全体股东(发起人)的首次出资额不得低于注册资本的20%,也不得低于法定的注册资本最低限额,其余部分由股东自公司成立之日起2年内缴足;其中,投资公司可以在5年内缴足。2013年的《公司法》改实缴登记制为认缴登记制,公司的注册资本只要被股东认缴即可,股东并不需要实际交付出资,取消了最低注册资本限额的要求,除法律、行政法规以及国务院决定对特定行业注册资本最低限额另有规定外,取消有限责任公司最低注册资本3万元、一人有限责任公司最低注册资本10万元、股份有限公司最低注册资本500万元的限制,大大降低了公司设立的门槛,理论上可以实现"零首付"出资。①

在出资形式和出资比例方面,1993年《公司法》第24条规定,股东可以用货币出资,也可以用实物、工业产权、非专利技术、土地使用权作价出资。对作为出资的实物、工业产权、非专利技术或者土地使用权,必须进行评估作价,核实财产,不得高估或者低估作价。土地使用权的评估作价,按照法律、行政法规的规定办理。以工业产权、非专利技术作价出资的金额不得超过有限责任公司注册资本的20%,国家对采用高新技术成果有特别规定的除外。2005年《公司法》扩大资本构成形式,与1993年《公司法》将出资形式限定在5种相比,改变了单纯列举方式,在部分

① 袁碧华:《我国公司资本制度改革研究》,中国政法大学出版社2016年版,第66页。

列举的基础上，规定了作为公司出资的财产形式所应具备的条件"可以用货币评估""可以依法转让"，凡是符合条件的财产形式都可以作为出资。2013年《公司法》进一步取消了货币出资比例，不再要求货币出资金额不得低于注册资本的30%，而是由股东自行约定出资形式，体现了出资的实质，赋予了股东更多的出资选择，有利于公司拓宽融资渠道。公司注册资本最低限额的降低、分期缴纳制度的设立及出资形式、比例的改变，标志着公司法价值取向的重新定位，从过度强调安全价值到确立"效率有限，兼顾公平"的现代公司法理念，从单纯着眼于债权人利益保护到寻求当事人之间的利益平衡，对公司信用基础的认识从原来资本信用转换为资产信用。

5.大众创业与万众创新运动

国务院总理李克强最早在2014年9月的夏季达沃斯论坛上提出，要在960万平方公里土地上掀起"大众创业""草根创业"的新浪潮，形成"万众创新""人人创新"的新态势。2015年李克强在政府工作报告又提出"大众创业，万众创新"。政府工作报告中如此表述：推动大众创业、万众创新，"既可以扩大就业、增加居民收入，又有利于促进社会纵向流动和公平正义"。在论及创业创新文化时，强调"让人们在创造财富的过程中，更好地实现精神追求和自身价值"。2015年6月11日，国务院发布《国务院关于大力推进大众创业万众创新若干政策措施的意见》就改革完善相关体制机制，构建普惠性政策扶持体系，推动资金链引导创业创新链、创业创新支持产业链、产业链带动就业链，从9个方面提出了30条政策措施。国务院还要求各地区、各部门要进一步统一思想认识，高度重视、认真落实各项要求，结合本地区、本部门实际明确任务分工、落实工作责任，主动作为，敢于担当，积极研究解决新问题，及时总结推广经验做法，加大宣传力度，加强舆论引导，推动各项政策措施落实到位，不断拓展大众创业、万众创新的空间，汇聚经济社会发展新动能，促进我国经济保持中高速增长、迈向中高端水平。[①]

6.完善产权保护制度依法平等保护产权

产权制度是社会主义市场经济的基石，保护产权是坚持社会主义基本经济制度的必然要求。2016年11月4日，中共中央国务院发布《关于完善产权保护制度依法保护产权的意见》(以下简称《意见》)，在总结改革开放以来我国产权制度改革的各项成就和制度性举措的经验基础上，也指出我国的产权目前尚存在的薄弱环节和问题，主要包括"国有产权由于所有者和代理人关系不够清晰，存在内部人控制、关联交易等导致国有资产流失的问题；利用公权力侵害私有产权、违法查封扣押冻结民营企业财产等现象时有发生；知识产权保护不力，侵权易发多发"等，有鉴

① 丁一成：《"七五"普法企事业经营管理人员读本(开展法治宣传教育第七个五年规划读物)》，中国言实出版社2016年版，第223页。

于此，为了解决上述矛盾问题，进一步激发经济发展活力，有必要加快完善产权保护制度，对多种所有制经济组织和公民财产权提高保护深度和有效性，以期达到人民群众对财产财富有更强的安全感，社会信心进一步提升，各类经济主体的创业创新动力进一步增强，社会公平正义得到更完善的维护的目标。须知，古谚有云，“有恒产者有恒心。”只有完善产权保护制度，经济社会的持续健康发展以及国家的长治久安才更有保障。《意见》指出，加强产权保护，根本之策是全面推进依法治国。要牢固树立和贯彻落实新发展理念，着力推进供给侧结构性改革，进一步完善现代产权制度，推进产权保护法治化，在事关产权保护的立法、执法、司法、守法等各方面各环节体现法治理念。《意见》强调坚持平等保护原则。“健全以公平为核心原则的产权保护制度，毫不动摇巩固和发展公有制经济，毫不动摇鼓励、支持、引导非公有制经济发展，公有制经济财产权不可侵犯，非公有制经济财产权同样不可侵犯。”这一原则总体上强调了宪法中明确的基本经济制度的核心要义，体现了在社会主义初级阶段的长时期内，基本经济制度的各项要求不会改变，不会动摇。所以，《意见》尤其强调要加强各种所有制经济产权保护。产权经济学认为，产权制度通过界定企业的所有权结构、委托代理链，以及经济组织内从事经济活动的人的利益所在等，对企业行为产生十分重要的影响。目前我国企业较为普遍地存在国有产权控制和非国有产权控制两种形式。在国有产权方面，主要还存在下述问题：国有企业法人财产权和所有权尚未真正分离；政府在履行国有资产委托人和企业国有产权控制人的角色不清晰致使代理成本高昂；国有产权控制关系易使企业过度投资或投资不足，导致国有产权的投资效率不高。而投资效率低所带来的财产浪费甚至国有资产流失，则更是不可忽视；国有上市公司的激励和监督机制仍不完善，管理者利益与公司规模扩大正相关，且缺乏有效措施来改变管理者行为；国有企业和公司所在地区的市场化程度越低，政府干预越多，越容易发生过度投资；政府部门为终极控制人的国有控股公司，控股股东隧道挖掘的动机相对较弱，且有更多因政府干预和代理问题而过度投资的趋向；终极控制人的行政级别越低，其经济诉求性越强，导致其干预上市公司投资决策的动机越强；且接受监督较少，委托代理问题更严重，都可能导致过度投资。

《意见》从立法、司法、执法以及社会舆论引导等维度对产权保护与产权制度改革提出了要求，在立法方面，《意见》提出要加快推进民法典编纂工作，将平等保护作为规范财产关系的基本原则。健全以企业组织形式和出资人承担责任方式为主的市场主体法律制度，统筹研究清理、废止按照所有制不同类型制定的市场主体法律和行政法规，开展部门规章和规范性文件专项清理，平等保护各类市场主体。这一规定已经因 2018 年 5 月国办出台的《关于开展涉及产权保护的规章、规范性文件清理工作的通知》而有了更进一步的细化规定，下文将作出分析回应。在司法方面，《意见》以发展眼光客观看待和依法妥善处理改革开放以来各类企业特别是民营企业经营过程中存在的不规范问题，因此应妥善处理历史形成的产权案件。在这一规定背景下，最高人民法院决定重审顾雏军、张文中等涉及民企产权保护的案件，因此具有了深刻的政治背景、积极的法律价值和极大的社会效益。有鉴于吴英案等案件中对于当事人财产的不当冻结处置等问题，《意见》对涉及犯罪的民营企业投资人，要求在当事人服刑期间仍须依法保障其行使财产权利等民事权利。

2017年9月8日，中共中央国务院《关于营造企业家健康成长环境弘扬优秀企业家精神更好发挥企业家作用的意见》（以下简称《企业家意见》），用三个"弘扬"勾勒了新时期优秀企业家精神的核心内涵：弘扬企业家爱国敬业、遵纪守法、艰苦奋斗的精神；弘扬企业家创新发展专注品质追求卓越的精神；弘扬企业家履行责任敢于担当服务社会的精神。企业家，是经济活动的重要主体，是市场经济中的"关键少数"和特殊人才。虽然企业家的定义有多个维度，但"开拓者""创新者"是企业家群体的共同标签。经济发展史也表明，优秀的企业家和企业家精神是改革创新、推动经济增长的重要元素。这份《企业家意见》是中央首次以专门文件明确企业家精神的地位和价值。这份《企业家意见》指出，企业家是经济活动的重要主体。改革开放以来，一大批优秀企业家在市场竞争中迅速成长，一大批具有核心竞争力的企业不断涌现，为积累社会财富、创造就业岗位、促进经济社会发展、增强综合国力做出重要贡献。营造企业家健康成长环境，弘扬优秀企业家精神，更好发挥企业家作用，对深化供给侧结构性改革、激发市场活力、实现经济社会持续健康发展具有重要意义。《企业家意见》明确要求，依法保护企业家财产权，建立企业家个人信用记录和诚信档案，构建"亲""清"新型政商关系。《企业家意见》还从法治环境、市场环境、社会氛围三个方面提出营造企业家健康成长环境；同时明确，弘扬企业家爱国敬业、遵纪守法、艰苦奋斗、创新发展、专注品质、追求卓越、履行责任、敢于担当、服务社会的精神；最后强调，还需加强对企业家优质高效务实服务、加强优秀企业家培育以及党对企业家队伍建设的领导。

2018年5月14日，国务院办公厅印发《关于开展涉及产权保护的规章、规范性文件清理工作的通知》（以下简称《通知》）指出，为落实党中央、国务院关于完善产权保护制度依法保护产权的部署，营造平等保护各种所有制经济产权和合法权益的法治环境，国务院决定开展涉及产权保护的规章、规范性文件清理工作。《通知》明确，此次清理的范围是国务院部门和各地人民政府及其所属部门制定的规章、规范性文件，重点清理有违平等保护各种所有制经济主体财产所有权、使用权、经营权、收益权等各类产权的规定，不当限制企业生产经营、企业和居民不动产交易等民事主体财产权利行使的规定，以及在市场准入、生产要素使用、财税金融投资价格等政策方面区别性、歧视性对待不同所有制经济主体的规定。《通知》提出，清理工作要于2018年内完成，要坚持"谁制定、谁清理"的原则，依据《中共中央、国务院关于完善产权保护制度依法保护产权的意见》部署的各项任务和相关上位法修改、废止情况，对规章、规范性文件逐项研究清理，确保应改尽改、应废尽废，使党中央、国务院完善产权保护制度依法保护产权的部署不折不扣落实到位，强化监督检查，建立涉及产权保护的规章、规范性文件清理工作长效机制，根据完善产权保护制度工作进展动态清理。《通知》的主旨是要完善产权保护制度，依法保护产权，营造平等保护各种所有制经济产权和合法权益的法治环境。产权制度是市场经济的基石，《通知》最主要的工作就是开展涉及产权保护的规章，规范性文件的清理工作。在第一条清理范围中，《通知》非常明确地规定了："清理的重点是，有违平等保护各种所有制经济主体财产所有权、使用权、经营权、收益权等各类产权的规定，不当限制企业生产经营、企业和居民不动产交易等民事主体财产权利行使的规定，以及在市场准入、生产要素使用、财税金融投资价格等政策方面区别性、歧视性对待不同所有制经济主体的规定。"这是引发社会热议最大的规定。有不少解读认为，据此条可推断现行的限购、限贷、限价、限售政策均应解除。然而，虽然限价政策剥夺了企业的部分经营权和收益权，而限贷政策在事实上也属剥夺了商业银行的部分经营权，但是本条规定的落脚点仍应当是结合有关清理范围的规定综合理解。

《通知》在关于清理范围的表述中指出："各地区、各部门要依据《中共中央 国务院关于完善产权保护制度依法保护产权的意见》（以下简称《意见》）部署的各项任务和上位法修改、废止情况，逐项研究清理。规章、规范性文件的主要内容与《意见》相抵触，或与涉及产权保护的法律、行政法规不一致的，要予以废止；部分内容与《意见》不一致，或与涉及产权保护的法律、行政法规不一致的，要予以修改。要确保规章、规范性文件的有关规定应改尽改、应废尽废，使党中央、国务院关于完善产权保护制度依法保护产权的部署不折不扣落实到位。"由此可见，《通知》中关于清理要求里的"不当限制""有违平等保护"的文件的认定依据首先应当是是否违背上位法，是否有上位法依据。言下之意在于，没有法律、行政法规依据的国务院部门及地方各级政府作为主体制定的规范性文件才属于清理范围。

三、企业法发展变迁中的重要理论与实践问题

（一）双轨制即将结束

目前的企业立法体系主要是在计划经济体制向市场经济体制的转变过程中形成的，计划经济体制痕迹并未完全消除，而且由于法律的滞后性和涵盖的有限性，使得现行企业立法体系的部分内容尚不能适应社会主义市场经济发展的需求，有些立法问题亟待解决。(1)体系内的制度范式冲突。"双轨企业立法模式"下的两个企业立法体系组成部分，是两个异质的制度范式体系。主要原因是在构建新的

企业立法体系时，没有及时废止旧的企业立法，企业分类标准不统一、不科学，由此构成的企业立法体系必然混乱、不科学。这也是造成我国企业立法方面重复、交叉立法现象的根源。(2)多标准立法的混乱。轨企业立法模式造就了诸法并存、重复立法和交叉立法，严重影响了立法规范协调功能的发挥，导致法律实施中的积弊重重，具体法律规定的适用存在重复、冲突甚至混乱。以独资企业为例。目前我国的"独资企业"可以细分为个人独资企业、国有独资企业、集体独资企业、外商独资企业四种形态，由五部迥然不同的立法调整：个人独资企业法、全民所有制工业企业法、公司法、集体企业法、外商投资企业法。此前依照《私营企业暂行条例》设立的私营独资企业与按照《个人独资企业法》设立的个人独资企业在本质上是没有区别的，其法律规定是重叠的。这样的例证还有很多，对比《城镇集体所有制企业条例》和《乡村集体所有制企业条例》，就会发现许多地方都是重复的，在实质上并没有多大差别。[①] 立法内容重复在外资企业立法领域表现得尤为突出，一方面是三个外资企业法之间，内容存在大量重复，如三个外资企业生产经营管理方面的规范基本相同，有关合营企业与外资企业的国有化条款规定雷同等。据统计，三个外资企业法重复规定的条文竟占到50%以上。[②] 此外，三个外资企业法与《公司法》及其他一些法律法规之间也存在大量重复。(3)企业间的法律待遇歧视。企业是市场的主体，市场经济的竞争主体应是平等的。以所有制为标准划分的企业类型和进行的企业立法没有真正确立企业的法人机制，也不利于为企业创造公平竞争的法律环境。企业立法的传统模式并没有为企业平等提供保障机制，不平等现象屡有发生。比如各种带有行政性权力色彩的国有公司，以权力为后盾，垄断操纵市场，进行不正当竞争，[③]绵延不绝。由此，在所有制标准之下，企业从它成立之日就有了身份上的区别，非公有企业在市场准入、贷款、税赋、进出口、享有公共服务等方面，都难以享受到同公有制企业、外商投资企业类似的待遇。[④] 对国有企业、集体企业、外商投资企业的优惠待遇，实质上形成了对私营企业、内资企业的歧视。现实生活中出现的为数不少的"戴红帽子"的"假集体"企业以及"披洋外衣""假合资"企业，这是这种制度不平等所导致的投资人规避不利的选择。此外，在以企业组织形式为标准的现代企业立法中仍然存在对不同企业的不同法律待遇，比如《公司法》给予国有独资公司不同于其他有限公司的特别优惠待遇。

现行企业立法体系在我国经济运行过程中及时有效地解决了经济体制转轨过程中出现的各类法律问题，对于确定各类企业的责、权、利，保障各类企业规范、健

① 郭富青：《中国非公司企业法研究》，法律出版社2009年版，第58页。
② 慕亚平：《国际投资的法律制度》，广东人民出版社1999年版，第126页。
③ 朱炜：《论我国企业立法模式的转换》，载《杭州师范学院学报》1998年第4期。
④ 陈喜明：《论我国企业立法体系的重构》，载《理论导刊》2004年第1期。

康地发展,促进市场经济的发展,都起到了重要作用。同时,我国企业立法坚持从具体情况出发,比较贴近经济发展的实际情况,需要什么样的法律就进行什么样的立法,非常注重现实性,好的方面是解决了当时的迫切需求,适应了我国经济快速发展的需要。在立法技术上,注重原则性与灵活性相结合,制定综合性法律、法规,为企业提供法律准则,又制定大量的单行法规,对一些局部问题进行调整。在现实经济情况不断发展变化、立法时间短的情况下,只能先用法律对经济现象和经济关系进行粗线条勾画,之后再以立法程序较为简便的行政法规或规章加以充实或细化。在立法过程中,坚持慎重立法原则,"成熟一个,制定一个",成熟多少,制定多少;不成熟的,暂不出台。

应该承认,所有制企业立法模式的选择有其深刻的时代背景和历史原因。在计划经济时代,企业与其说是市场主体不如说是政府的附属物,企业内在的"自主"经营活动实为执行上级机关、部门行政命令或计划的外化形式。表现在法律上,根据不同的所有制,对不同企业赋予不同的权利、义务,设定与政府之间不同的关系自然是顺理成章。[①]《公司法》颁布以来,企业立法的显著变化是按照企业组织形式而不是按所有制归属来规范市场主体,这一变化有利于适应市场经济所要求的自主竞争、公平竞争、自负盈亏的需要,企业立法正朝着符合市场经济发展的内在要求和国际惯例的方向转变。

2017年7月26日,中共中央办公厅、国务院办公厅联合发布《中央企业公司制改制工作实施方案》,提出的目标任务是要在2017年年底前,按照《中华人民共和国全民所有制工业企业法》登记、国务院国有资产监督管理委员会监管的中央企业(不含中央金融、文化企业),全部改制为按照《中华人民共和国公司法》登记的有限责任公司或股份有限公司,加快形成有效制衡的公司法人治理结构和灵活高效的市场化经营机制。为此,国务院国资委要统筹推进建设现代企业制度,改制企业要以推进董事会建设为重点,规范权力运行,实现权利和责任对等,落实和维护董事会依法行使重大决策、选人用人、薪酬分配等权利。要坚持两个"一以贯之",把加强党的领导和完善公司治理统一起来,处理好党组织和其他治理主体的关系,明确权责边界,做到无缝衔接,形成各司其职、各负其责、协调运转、有效制衡的公司治理机制这一工作目前已经基本完成,地方政府的省属、市属、县属全民所有制工业企业的公司化改制也在加紧同步进行。这一项改制工作的完成,标志着全民所有制工业企业的基本退出历史舞台,也标志着所有制企业立法体系基本转换为现代企业组织立法体系的完成。

① 汪家元:《我国企业立法回顾及评析》,载《江东论坛》2008年第4期。

(二)国有资产立法与国有企业改革的重大课题

如前所述,在彻底摒弃所有权企业立法的模式后,不可能再进行特殊的所谓国有企业立法,针对国有资产的立法规范应该是从产权(资产)的角度而非企业主体的角度对各类国企中的国有资产的特殊问题进行规制。那么,取消所有制企业立法、同时保持对国有资产特殊规制的最新立法成果,就是十一届人大常委会2008年通过的《企业国有资产法》。作为30年来国企立法重大转型改革的一项重大成果,能否承担起我国企业立法基本模式转型之重任,是评价这部立法得失的最好视角。

1.国有资产法而非国有企业法的立法思路

基于全民所有制的特殊要求与国有资产的特点,我国必须建立健全国有资产管理体制。关于国有资产管理的立法不全属于企业立法,但与企业立法关系异常密切,毕竟大多数国有资产存在于国企之中。在企业组织法为企业基本法的地位确立后,关于国有企业(资产)的立法模式成为一个不容回避的问题。对此,一个主张是在企业组织法之外,制定《国有资产法》以调整包括企业的国有资产在内的国有资产管理、监督等特殊事宜,另一个主张是学习域外法制定一部独立的《公用企业法》。第三种主张认为,应该在对国企按照其性质(竞争性或非竞争性)或者履行的职能(公共职能或者增值保值职能)进行划分的基础上一分为二,对于大量参与市场竞争的竞争性国企,应该由基本企业法(企业组织法)调整,在此基础上结合《企业国有资产法》的特殊规定来调整国企的特殊问题,使得“政府的归政府,市场的归市场”,对于非竞争性国企,另行制定《公用企业法》进行调整。

现行企业立法体系的结构性缺陷,从形式上看是没有廓清所有制立法与组织形式立法之区分,根本原因则是关于国有企业(资产)的立法混乱。基于特殊国情,国有企业数量很大,国有资产存量巨大,广泛存在于各类竞争领域与非竞争领域,分别履行迥异的职能。当前国有企业(资产)规制的立法模式之确定,根植于两个基本的判断,一则,从相当长期的发展前景来看,消灭竞争性国有企业是不现实也无可能的;二则,非竞争性国有企业与竞争性国有企业在企业性质、设立、运营和担负的基本职能等方面都是迥异的。所以,需要根据国有企业的不同性质适用不同的立法规范。对于竞争性的国有企业,适用企业组织法,不再从所有制的角度对其进行企业主体方面的区别对待与特别立法,废止现行《公司法》关于“国有独资公司”的相关规定;对于其名下的国有资产(产权),坚持《企业国有资产法》的立法思路,设立特殊法律规范调整其国有资产的监管等特殊问题。对于那些非竞争性或政策性经营的国企,例如从事军工、航天、国防、基础设施及其运营等特殊行业的企业，由于其承担着特别的职能或任务，制定《公用企业法》，[①]据此制定的《公用企业法》属于企业立法体系中的特别企业立法，不同于现行《公司法》中关于"国有独资公司"的立法规范。对国企进行区分和适用不同的立法规范，有利于市场主体与国有企业中的一般商事企业展开公平竞争，使得《公司法》等企业组织立法专注于完善所有的公司企业等企业主体应遵循的共同规则。[②]

2.《企业国有资产法》对企业立法转型的探索性贡献

世界其他国家没有类似中国《企业国有资产法》的法律。日本有国有财产法，但是日本的国有财产和中国的情形不是一回事，而且日本的国有财产很少，没有像中国这么是庞大，实际上全世界也没有哪个国家拥有中国这样庞大的国有资产，尤其是庞大的经营性国有资产。关键是中国以国企为主导的国有资产还在不断增值，因此，在抛弃国企单独立法的立法思路前提下，对企业中的国有资产进行法律规范是一件自然而然的事情。

在完善企业立法体系的背景下考察《企业国有资产法》的出台，有两个方面的巨大进步。

首先，体现在它首度实现了抛却基于所有制进行企业分类立法之窠臼，从国有资产的特殊规制要求出发，就其管理、运营、监督等特殊事项进行特殊规定。这一立法视角，首先表明立法者放弃了对"国有企业"进行特殊规制的立法模式，转向"国有资产"作为特殊规制的对象。在此意义上，与其说就其本身而言是对国企立法的完善，不如说是对国有资产立法的完善。同时，这部立法从"资本"——股权的角度提出了对出资人、国家出资企业、国家出资企业治理等规则，如规定"本法所称企业国有资产(以下称国有资产，是指国家对企业各种形式的出资所形成的权益)""本法所称国家出资企业，是指国家出资的国有独资企业、国有独资公司，以及国有资本控股公司、国有资本参股公司"。[③] 相较于《企业国有资产监督管理暂行条例》中的"国有及国有控股、国有参股企业"用语，这部立法注重的是国家作为"出资人"的身份，这反映了立法视角与此前的截然不同，符合对于国有资产而非国企进行特殊立法之思路，与建立现代企业制度的要求相合。同时，这部立法规定国家出资企业的某些特殊的治理规则是对《公司法》必要的补充和完善，这表明国有资产的特殊规则完全可以纳入基于企业组织立法的企业立法体系之中。《公司法》规定普通

---

① 以下文献均使用了"公用企业法"或者"公营企业法"的用语：王红一：《我国国有企业的政策定位与若干立法问题探析》，载《河北法学》2002年第2期；孙长坪：《论构建公产企业立法体系》，载《改革与战略》2007年第10期；王韶婧：《关于我国国有企业的立法思考》，载《未来与发展》2009年第9期；李卫平：《国有企业的政策定位和公用企业的立法思考》，载《新疆大学学报(哲学社会版)》2006年第2期；钱津：《特殊法人公营企业研究》，社会科学文献出版社2000年版。

② 王韶婧：《关于我国国有企业的立法思考》，载《未来与发展》2009年第9期。

③ 《企业国有资产法》第5条。

公司的通用治理结构，是现代企业的基本法，基于国有资产管理、运营、监督等特殊事项要求的规则，也就是有关国家出资企业不同于一般企业的特殊治理规则，如国家出资企业管理者经营业绩考核制度、国有独资企业、国有独资公司和国有资本控股公司的主要负责人任期经济责任审计制度等可以通过专门的单行法单独规范。从这个意义上说，企业国有资产已经很好地融入以《公司法》为基石的企业组织立法体系之中，是企业组织法的拓展和延续。[①]

其次，体现在对于国有产权的保护方面，它填补了一个空白。涉及市场经济产权的法律应该有一个框架，这个框架以宪法作为树根，枝干至少有二，一个是私有的，一个是国有的。国有产权以前只是在宪法中有一个宣示性规定，即国有财产神圣不可侵犯。私有财产权在宪法上的表述历经多次变迁。2004年宪法修正案将《宪法》第11条第2款修改为"国家保护个体经济、私营经济等非公有制经济的权利和利益。国家鼓励、支持和引导非公有制经济的发展，并对非公有制经济依法实行监督和管理"；将第13条修改为"公民的合法的私有财产不受侵犯。国家依照法律规定保护公民的私有财产权和继承权"。这体现了十六大以来关于毫不动摇地发展非公有制经济的精神，表明了对非公有制经济和公有制经济不但在认识上，而且在法律上实行了一视同仁。随着2007年《物权法》的出台，私有财产权的保护有了具体的法律明文支持，但是国有财产却没有，所以各界的呼声强烈。这部《企业国有资产法》虽不是一部很全面、完善的国有资产法，但是它的意义就在于把树干的另一枝伸出来了。在此意义上，它对社会主义市场经济法律体系而言有着重要的价值。具体到《企业国有资产法》在国有产权保护的立法进展和成果方面，可以概括为以下几点。

(1)确定了国有资产的范围。《企业国有资产法》确定了国有资产是国家对企业各种形式的出资形成的权益性资产，比较符合现在国有资产的现状，此处的企业以国资委主观的企业为主，又包括多个部委主管的国有企业，但没有将资源性、党政事业、金融等国有资产包括进来，在此意义上是一个小的国有资产范围，但是又把金融企业以外的所有企业的国有资产法的范围涵盖殆尽，这是一个比较大的进展。

(2)更妥当地处理了国资委的定位问题。《企业国有资产法》第11条规定，国有资产监督管理委员会和中央与地方各级政府授权的部门作为履行出资人职责的机构，这等于把履行出资人职责的机构分成了两类，既有国资委，又有各级政府授权的有关部门。这就意味着，出资人概念在这部法律中是一个实体性的基础概念，很大程度上打破了以前的立法更多使用的部门监管作为主概念的模式，这就重新

① 封文丽、田平凤：《〈企业国有资产法〉与国有资产运营管理》，载《经济与管理》2009年第3期。

定位了国资委。这一定位在十六大报告和后来的国资委“三定方案”中都有所体现,但这些政策文件的阐述比较模糊,此次是立法的第一次清晰表述。《企业国有资产法》明确了履行出资人职责的机构,就是明确厘清国资委扮演的行使出资人权利主体的“股东”角色,摆正了国资委的地位、权利、义务、责任。对于国资委而言,也不啻于是一个法律主体意识觉醒的过程。因为《企业国有资产法》把监督职能单写一章,但里面没有提到国资委的监督,也没有提到出资人的监督职能,这就说明国资委作为出资人是一个干净的、纯粹的出资人。《企业国有资产法》在比较明显地剥离了国资委的一些监督职能的同时,强调人大常委会的监督、政府有关部门的监督、审计监督、舆论监督和社会监督。

(3)为涉及国有资产出资人权益的重大事项处理提供了法律依据。国有企业改制、与关联方的交易、国有资产评估、国有资产转让等,一直存在很多法律难题。比如企业改制过程中发生了很多利用改制倒卖盗卖国有资产、贱卖国有资产、侵吞国有资产、侵害职工权益等行为,法院对这些问题往往无能为力,因为缺少裁判依据。再比如国有资产的转让特别是向外资转让,以前的法律依据不足,实际上就是因为关于国有资产的转让制度没有一个明确的法律依据,现在《企业国有资产法》通过以后,就比较明确了。企业在进行改制和转让的时候有法可依,就会节约交易成本,更好地处理企业与国资委、政府有关部门的关系,因为到底做哪些是允许的、哪些是不允许的,都有了一个基本的界定。

(4)确立了国有资本经营预算制度。国有资本经营预算以前是空白,虽然在1994年的预算法实施细则中提到要建立复式预算,就是要分别编制政府公共预算、国有资产经营预算、社会保障预算,但对于国有资本经营预算并没有作出具体的规定。这次《企业国有资产法》清楚规定国有资本经营预算制度,包括规定国有资产的收入应该进行预算管理,哪些收入应该归入这个预算,以及预算的编制主体财政部和国资委的关系也作出规定。国有资本经营预算,实际上解决了社会主义国家举办国有企业的目的是什么的问题,《企业国有资产法》对此的回答是,那些关系到国家政治经济安全的国企,国家可以考虑承担亏损,但涉及竞争性国企,一定要追求盈利。

总之,《企业国有资产法》是为企业国有资产的管理、监督、运营以及转让等,提供了一个基本的技术性的法律依据。[①]

(三)合伙企业法的重要发展问题之一:有限合伙制度

1992年党的十四大确立社会主义市场经济体制的改革目标后,为了适应市场经济的发展,我国亟待完善商事立法,以建立科学的现代企业制度体系。合伙制度

① 王毕强专访李曙光:《企业国有资产法不是一个句号》,载《经济观察报》2008年11月17日。

是一种重要的商事组织形式，1997 年制订了《合伙企业法》，后随着经济社会的发展需要以及合伙法律理论研究的深入，2006 年对《合伙企业法》作出重要修订。

2006 年修订《合伙企业法》扩张了合伙的种类，在原有的普通合伙基础上增加了有限合伙、特殊的普通合伙两种形式，从而使得我国合伙类型体系得以丰满与完善。此前我国合伙形式仅限于个人之间的合伙也即普通合伙，在此种规定之下，各个合伙人均应当对合伙企业的债务承担无限连带责任，忽视了合伙人多元化的投资需求，抑制了合伙投资的积极性，对于外商投资、风险投资等造成巨大的障碍。

有限合伙制度的增设，为我国风险投资提供了又一可选择的合法平台。风险投资多是为创业阶段的公司提供股权资本。虽然在 2006 年前已有《公司法》《信托法》等为风险投资提供立法支持，仍然存在着设立门槛高、条件苛刻等方面的限制。其时，一些地方政府为了促进本地区的风险投资已经允许有限合伙的存在了，如 1994 年深圳市人大常委会通过的《深圳经济特区合伙条例》已经区分了普通合伙和有限合伙，并分别予以规定。2000 年 12 月北京人大常委会通过的《中关村科技园条例》第 25 条规定“风险投资机构可以采取有限合伙形式”，与之相配套，2001 年 2 月北京市政府就颁布了《有限合伙管理办法》，2001 年 6 月珠海市人民政府通过的《珠海市科技创业投资暂行规定》第 7 条：“创业投资机构可以采用下列组织形式：(一)股份有限公司；(二)有限责任公司；(三)有限合伙。”2001 年 10 月杭州市人民政府颁布了《杭州市有限合伙管理暂行办法》。2006 年《合伙企业法》的修改使得有限合伙形式的风险投资在国家立法层面得到肯定。而且，相较于有限责任公司、信托等风险投资形式，有限合伙制度下，不但可以实现有限责任、风险隔离，而且还具有税收优惠、提高融资效率等方面的优势。

有限合伙制度的增设可以有效缓解合伙制度下无限责任为合伙关系的稳定性危机和债权人保护问题。法律并不限制一个自然人投资多个合伙企业，但是由于合伙人之间承担无限连带责任，这就意味着某一合伙人在一个合伙企业中的失败必然为其他合伙关系带来连锁反应，此种情况下会影响合伙企业的正常运营。

有限合伙的增设，也便利了外资的流入。在仅有普通合伙制的情况下，因为无限连带责任的存在，外商投资者的投资热情并未得到很好的释放，而且要求外商投资者承担无限连带责任也不具有可操作性。其实早在 2003 年外经贸部、科技部、工商总局、税务总局、外汇局就已联合颁布了《外商投资创业投资企业管理规定》，该规定的第 4 条表明：“创投企业可以采取非法人制组织形式，也可以采取公司制组织形式。采取非法人制组织形式的创投企业(以下简称非法人制创投企业)的投资者对创投企业的债务承担连带责任。非法人制创投企业的投资者也可以在创投企业合同中约定在非法人制创投企业资产不足以清偿该债务时由第 7 条所述的必备投资者承担连带责任，其他投资者以其认缴的出资额为限承担责任。”其实已有肯定有限合伙的意向。尽管在 2009 年国务院发布的《外国企业或者个人在中国境内设立合伙企业管理办法》中"国家对外国企业或者个人在中国境内设立以投资为主要业务的合伙企业另有规定的，依照其规定"这一条款存在对外资采取有限合伙形式进行风险投资可能会引发风险的担忧，但是在2015年修订的《外商投资创业投资企业管理规定》中对"非法人制创投企业"以及投资者"以认缴的出资额为限承担责任"予以保留，由此可见对于外资的有限合伙风险投资形式其实并未限制，在此情形下不但可以为外资提供有限责任的保护，而且还为其提供了有效的退出机制。

有限合伙制度增设后，也逐渐被引入私募股权投资方面，并为众多的中小企业拓宽了融资渠道。尤其是证监会在2009年11月发布了《关于修改〈证券登记结算管理办法〉的决定》，将《证券登记结算管理办法》开立证券账户的投资者范围扩展到"中国公民、中国法人、中国合伙企业及法律、行政法规、中国证监会规章规定的其他投资者"，从而解决了有限合伙企业因为不能开立证券账户而导致的内资和外资私募股权投资基金所处地位不对等的状况。因此，合伙企业开立账户从事证券交易的问题在制度和技术层面都得以解决。[①]

有限合伙制度也被逐渐引入资产证券化的领域中。在资产证券化的过程中，重要的环节之一就是"特殊目的实体"(special purpose vehicle，简称SPV)的搭建，并以此来实现证券化资产的隔离。在有限合伙制度之前，SPV的搭建只能依赖于信托和公司形式，但我国的信托制度并不成熟而且条件严苛，公司形式下成本过高且不符合投资者的需求，有限合伙的引入，为SPV的搭建提供了更好的选择，从而促进了我国资产证券化市场的繁荣。

(四)合伙企业法的重要发展问题之二:特殊的普通合伙企业制度

特殊普通合伙制度也是在2006年《合伙企业法》修订时所增设的新的合伙类型。特殊普通合伙制度构建了二元化的责任形态，即因故意或者重大过失造成合伙企业债务的合伙人，应当承担无限责任或者无限连带责任，其他合伙人以其在合伙企业中的财产份额为限承担责任。特殊普通合伙制度的初衷在于免除或者限制无辜合伙人承担巨额债务的风险，主要针对会计师事务所、律师事务所等具有高风险的专业服务领域。

特殊普通合伙制度促使会计师事务所不断优化内部治理，提高综合竞争力和服务水平。改革开放初期，我国的会计师事务所多采取挂靠的方式，其法律责任也有挂靠单位一体承担，但是随着社会主义市场经济体制的建立，要求会计师事务所成为独立的市场主体，自主经营、自担风险。而在2005年1月18日财政部发布的《会计师事务所审批和监督暂行办法》(财政部令第24号)中规定"注册会计师可以

① 吴伟央、普丽芬:《2009年中国证券法治评述》，载《证券法苑》2010年第2卷。

申请设立合伙会计师事务所或者有限责任会计师事务所”，由于当时的合伙形式单一，会计师事务所多选择有限责任的公司形式。但是有限责任制度的弊端也逐渐显露：资本多数决不利于内部治理，有限责任引发审计人员的审慎性欠缺和道德风险，双重纳税导致成本增加、不利于综合实力提升等。2006年《合伙企业法》增设了特殊普通合伙制度后，为会计师事务所提供了更好的组织形式，有利于提高审计人员的职业谨慎性和审计质量。为了提高我国注册会计师行业的整体水平，促进注册会计师行业健康发展，培育能够跨国经营并提供综合服务的大型会计师事务所，国务院在2009年10月发布了《国务院办公厅转发财政部关于加快发展我国注册会计师行业若干意见的通知》（国办发〔2009〕56号），要求“积极探索适应大型会计师事务所发展需要的组织形式，大力推进特殊普通合伙制”；随后，财政部、工商总局在2010年7月联合制定印发了《关于推动大中型会计师事务所采用特殊普通合伙组织形式的暂行规定》（财会〔2010〕12号），首次在行业内引入特殊普通合伙组织形式，并就会计师事务所转制为特殊普通合伙制的条件、原则、程序等作了规定。[①] 截至2013年年底，我国40家证券资格会计师事务所转制成为特殊普通合伙形式。2017年8月20日，财政部修订发布了新的《会计师事务所执业许可和监督管理办法》（财政部令第89号）在特殊普通合伙形式的基础上，完善了准入条件，允许注册会计师以外的其他专业资格人员担任特殊普通合伙制会计师事务所合伙人，有利于其扩大规模，改善经营管理，从而提高综合实力。此外财政部还颁布了《其他专业资格人员担任特殊普通合伙会计师事务所合伙人暂行办法》和《财政部国家市场监督管理总局关于推动有限责任会计师事务所转制为合伙制会计师事务所的暂行规定》作为配套制度，辅助《会计师事务所执业许可和监督管理办法》的实施。

与会计师事务所相似，特殊普通合伙的增设也为2007年《律师法》的修改作出铺垫，2007年《律师法》第15条增加了“合伙律师事务所可以采用普通合伙或者特殊的普通合伙形式设立”的条款，从而使得特殊普通合伙的组织形式为律师事务所广泛采纳。

此外2006年修订的《合伙企业法》在附则中增加了“非企业专业服务机构依据有关法律采取合伙制的，其合伙人承担责任的形式可以适用本法关于特殊的普通合伙企业合伙人承担责任”的规定，也为其他的专业服务机构采用特殊普通合伙形式提供了依据。

---

① 会计司：《财政部会计司有关负责人就印发〈其他专业资格人员担任特殊普通合伙会计师事务所合伙人暂行办法〉和〈财政部国家市场监督管理总局关于推动有限责任会计师事务所转制为合伙制会计师事务所的暂行规定〉答记者问》2018年4月13日。

(五)合伙企业法的重要发展问题之三:隐名合伙的争论

自20世纪90年代起我国就已经开始了对隐名合伙制度的讨论。尽管对于隐名合伙一直存在着争论,但学界存在着基本共识:隐名合伙是实际出资人(隐名合伙人)与登记名义人(出名营业人)之间关于出资和收益分配的契约;隐名合伙人履行出资义务后,出资财产即转移于出名营业人,隐名合伙人对出名营业人的经营风险不承担责任,仅在出资范围内分担损失。

隐名合伙的提出主要是针对我国《民法通则》中所规定的个人合伙,由于《民法总则》所确立的个人合伙制下要求合伙人依照合伙协议"各自提供资金、实物、技术等,合伙经营、共同劳动",而且对于合伙企业的债务承担无限连带责任。但是随着社会主义市场经济制度的发展和完善,企业的投资需求在个人合伙制度之下无法得到很好的满足,而且包括企业、个人在内的投资者只希望获取投资收益并不期待能够参与经营管理;虽然1997年《合伙企业法》规定了普通合伙制度,但是基本上延续了《民法通则》的规定,并不能解决经济社会发展的现实需求。

隐名合伙制度的缺失也影响了有效的融通资金融通。在隐名合伙的情况下,隐名合伙人不参与合伙企业的经营管理,仅向合伙企业出资并分配合伙企业的经营收益,同时将风险控制在最小限度内。这样就可以为合伙企业本身以及合伙企业所投资的企业筹集生产、建设所需资金,并能有效克服企业初期股权融资所存在的程序烦琐、风险大、发行周期长、成本高等问题。隐名合伙制度可以为有效利用外资创造条件。对于外商投资者而言,虽然获取投资收益是重要目的,但是投资的灵活性和安全性也是影响其投资的重要因素,虽然当时依据当时的《外资企业法》《中外合资经营企业法》《中外合作经营企业法》等,为外商投资者提供了路径,但是仍未能完全释放外资的潜力,许多投资者仍然十分谨慎,隐名合伙制度则为其限制投资风险、降低投资成本等提供了可能的选择。

《民法通则》《最高人民法院关于贯彻执行〈中华人民共和国民法通则〉若干问题的意见(试行)》均不能为司法实践提供解决现实问题的充分依据。虽然《最高人民法院关于贯彻执行〈中华人民共和国民法通则〉若干问题的意见(试行)》第46条规定"公民按照协议提供资金或者实物,并约定参与合伙盈余分配,但不参与合伙经营、劳动的,或者提供技术性劳务而不提供资金、实物,但约定参与盈余分配的,视为合伙人",相较于《民法通则》关于个人合伙的规定,已经有所改进,但是仍然不能解决法律实务中合伙存在着有限责任的约定这一问题,法院在审判时要么直接认定隐名合伙人承担无限连带责任,要么将该约定视为借款,不能享有合伙收益。[①] 这些无疑都背离了当事人的真实意思。

① 马强:《试论隐名合伙中的若干问题》,载《法学家》1995年第2期。

2006年《合伙企业法》的修改增加了有限合伙制度，但并未将隐名合伙纳入其中。此后，尤其是在2011年生效的《最高人民法院关于适用〈中华人民共和国公司法〉若干问题的规定（三）》规定了实际出资人与名义股东之间的问题后，关于隐名合伙的讨论一度增加，而且有学者认为不能因为有限合伙与隐名合伙具有相似之处，就简单地以有限合伙代替隐名合伙，隐名合伙有其独立的制度价值。但我国当前立法并未对隐名合伙作出明文规定。

（六）个人独资企业法的发展困境与破解

独资企业（sole proprietorship），即个人出资经营、归个人所有和控制、由个人承担经营风险和享有全部经营收益的企业，是我国“多种所有制经济共同发展”社会背景下的产物。随着20世纪末期私营经济的高速发展，1999年《个人独资企业法》应运而立，成为规范个人独资企业的基本法。在迄今为止的近20年间实践中，个人独资企业一直面临法律主体的性质争论、个人独资企业的转型升级模式对债权人保护的影响，以及与个体工商户、一人公司在“商事主体”概念下的关系等问题。

个人独资企业是否为独立的法律主体，在实践中存在一些争议。一种观点认为个人独资企业乃自然人的延伸，因为企业由一人所控制，同时其唯一投资人对于企业的债务承担无限连带责任，自然人与企业的发展密不可分，但是这种观点忽略了个人独资企业在法律上的独立地位。另一种观点认为个人独资企业属于法人，但是根据法人四要件中的“能够独立承担责任”，可以否定个人独资企业属于法人的观点。那么，个人独资企业是否属于法律主体以及属于何种法律主体呢？个人独资企业虽然不具有独立的法人地位，但是其作为一般市场主体，理应具有独立的法律主体地位。根据《民事诉讼法》第48条规定，自然人、法人和其他组织均可以作为民事诉讼的当事人，由此观之，个人独资企业理应属于“其他组织”，具有独立的诉讼地位，同时也具有独立的法律主体资格。个人独资企业是介于自然人与法人之间的经营实体，虽然它不具有独立的法律人格，但这并不影响它作为独立市场主体的地位和从事民事经济活动。[①]

个人独资企业由于其相对于公司而言在治理结构和融资发展等方面先天的缺陷，在实践中许多个人独资企业纷纷升级转型为有限责任公司。在个人独资企业的无限责任和有限公司的有限责任的法律规制大框架以及相关法律空白的情形之下，如何保护在其转型过程中债权人的利益，是一个有待讨论的问题。一般来说，企业在实际操作中有两种模式选择，其一为注销新设模式，即在工商登记部门注销原个人独资企业，新设立有限责任公司，两企业之间相对独立。问题在于新设立的

---

① 施正文：《我国〈个人独资企业法〉实施中的若干问题》，载《当代法学》2001年第2期。

有限责任公司是否应该承担原债务,法律对此没有规定,但根据现有法律条文背后所传递的法律精神(《合同法》第90条体现了民商事主体法律形式的变更不导致其权利义务中断的原则)以及防止道德风险的考虑(如果新设立的有限责任公司不承担原企业债务,极容易造成投资人将优质资产转移,将债务剥离的道德风险),新设立的公司应当在其接收的财产注入范围内承担连带责任。第二种模式为直接变更登记模式,即直接将原来的个人独资企业变更登记为有限责任公司,主体的法律地位没有中断,在这种模式下,法律给予当事人更大的自治空间。如果两企业和其债权人有约定则按约定,如果没有约定,则要类比在公司法中保护债权人利益常用的公告公示制度,在一定的期间内,如果债权人对其债务的约定有异议,则需要重新商定责任分配。

个人独资企业与个体工商户由于其组织形式的不同所导致的设立条件、法律地位、适应的市场规模、财会制度、解散清算程序等诸多的不同,但两者在商个人的体系架构内,“个体工商户和个人独资企业之间,除因历史、体制等原因造成的区别外,从商法角度看这两种主体形态不存在任何实质差别”[①]。相比于差异性,两者的同质性表现在更多的方面:投资主体的单一性,责任承担的无限性,非法人性以及投资经营的一体化等。因此,是否采取企业组织形式只是自然人营业自由权选择的结果,并不是二者的本质区别使然。[②]《个体工商户管理条例》也规定了个体工商户向企业组织的规范,所以在接下来的法律制度完善方向中,应具体规定由个体工商户向个人独资企业转变的法律流程以及具体责任规制。

个人独立企业和一个公司虽然属于不同的法律主体,各具制度优势,但是在实践中仍呈现此消彼长的情势。我国2005年修正公司法承认一人公司后,个人独资企业年均增长率由2006年的13.318%骤降至2007年的3.342%,也说明这两个企业形式之间存在着制度竞争。[③] 相比于一人公司,个人独资企业商事主体的制度价值本来在于较低的设立门槛,管理模式相对简单,较高的经营效率以及宽松的会计制度,但我国《个人独资企业法》规定了几乎与公司无异的、较为严格的企业设立条件以及法律责任,与其本质相背离,降低了个人独资企业存在的意义和价值,所以在制度层面,我国应扩大个人独资企业的区分度,降低其设立门槛以及减轻法律责任的束缚,更好地发挥其制度优势。

① 李建伟:《从小商贩的合法化途径看我国商个人体系的建构》,载《中国政法大学学报》2009年第6期。

② 李建伟:《个人独资企业法律制度的完善与商个人体系的重构》,载《政法论坛》2012年第9期。

③ 李建:《个人独资企业法律制度的完善与商个人体系的重构》,载《政法论坛》2012年第5期。

(七)农民专业合作社法的立法变迁

农民专业合作社是我国农村地区的一类重要商事主体,该种组织形式是以家庭承包制为基础,由农民自愿结合所形成的互助性经济组织。农民专业合作社是市场经济的产物,不同于我国集体化时代的合作社。2006年《农民专业合作社法》的颁布为其取得市场主体资格提供了法律依据。其后,为了贯彻《农民专业合作社法》的执行,又相继出台了一系列配套规定:2007年5月,国务院发布了《农民专业合作社登记管理条例》(国务院令第498号),具体规定了农民专业合作社法人资格的登记程序;2007年6月,农业部下发了《农民专业合作社示范章程》(农业部令第4号);2008年1月,财政部下发了《农民专业合作社财务会计制度(试行)》;2008年6月,财政部、国家税务总局下发了《关于农民专业合作社有关税收政策的通知》。[①]

在《农民专业合作社法》颁布前后,关于农民专业合作社的讨论主要为是否应赋予其法人资格及其所属类型。作为对理论界的回应,2006年的《农民专业合作社法》规定"农民专业合作社依照本法登记,取得法人资格",明确赋予农民专业合作社法人资格,相应的"农民专业合作社成员以其账户内记载的出资额和公积金份额为限对农民专业合作社承担责任"。在立法层面,我国并未直接认定农村专业合作社为"企业法人",同时理论界也多认为,农民专业合作社不以营利为目的。[②]

法人制度设计是《民法总则》起草过程中关注的重点,最终采取了营利法人、非营利法人和特别法人等三类分类,在"特别法人"中将农村集体经济组织法人、城镇农村的合作经济法人纳入其中。农村集体经济组织法人"是历史上以'三级所有'为基础而形成的集体经济组织,而不是指改革开放以后依据《公司法》或者《农民专业合作社法》等成立的法人"[③],因此尽管历史上有地区曾将农村集体经济组织直接登记为农民专业合作社法人,如江苏、上海、河北、山东等,但《民法总则》在制定的过程中还是对农村集体经济组织和农民专业合作社进行了厘定和区分。城镇农村的合作经济法人的内涵和外延均具有模糊性,从立法资料显示,合作经济法人主要是为了解决包括基层供销合作社、联合社、中华全国供销合作总社在内的供销合作社的法律地位问题,但在《民法总则》制定过程中也表明合作经济组织是"既具有公益性或者互益性,又具有营利性"的组织[④],从这一角度出发,有学者认为农民专

---

① 第十一届全国人民代表大会常务委员会第五次会议:《全国人大常委会执法检查组关于检查〈中华人民共和国农民专业合作社法〉实施情况的报告》2008年10月27日。

② 朱晓娟:《法律语境下的合作社》,载《北方法学》2007年第6期。

③ 李永军:《集体经济组织法人的历史变迁与法律结构》,载《比较法研究》2017年第4期。

④ 第十二届全国人民代表大会常务委员会第二十五次会议:《全国人民代表大会法律委员会关于〈中华人民共和国民法总则(草案)〉修改情况的汇报》2016年12月19日。

业合作社应当包含于合作经济组织其中。

随着农民专业合作社在实践中发展，2006年所制定的《农民专业合作社法》所具有的局限性日益显露，且农村专业合作社的发展也出现了一些新的情况，为此"2013年、2015年两个中央一号文件中明确要求抓紧研究、适时修改农民专业合作社法，十一届全国人大以来，全国人大代表有550人次提出修改农民专业合作社法议案18件，要求及时修改农民专业合作社法，修改农民专业合作社法已列入调整后的十二届全国人大常委会立法规划和2017年立法工作计划。"①2017年修订的《农民专业合作社法》主要针对以下问题：(1)农民专业合作社从事多种经营和服务的综合化增强；(2)以自然或传统资源为基础而发展起来的农村民间工艺及制品合作社、休闲农业与乡村旅游合作社等新型合作社逐渐出现，而且经营和服务范围也不断扩大；(3)农民专业合作社尚有管理不民主、财务制度不健全等问题；(4)联合社数量增多，但是缺乏相应的法律规定；(5)合作社内部开展信用合作的问题，等等。② 但是对于理论界较为关注的农村专业合作社融资困难问题，此次修改并未作出太多回应。

从总体上看，未来的立法修订方向，要将农村专业合作社作为独立的商事主体，完善这一独特的商事主体制度，以有利于提高小规模农户的组织化程度，促进农业经营的规模化、专业化、市场化，进而保护农民的合法投资权益。

四、公司法发展变迁中的重大理论与实践问题

(一)公司法结构性改革的基本命题之一：公司形态的整合

1.我国公司形态设置存在的特殊问题

我国现行有限公司制度，首先面临着适用对象模糊不清的困境。立法者本来寄希望于通过悬殊的最低注册资本额要求，将股份有限公司和有限公司从企业规模上区分开来，但在实践中，相当数量的有限公司与股份有限公司在企业规模上不仅区分不明显，甚至比后者更为巨大。这是因为大多数大型、特大型国企改制时选

① 第十二届全国人民代表大会常务委员会第二十八次会议：《关于〈中华人民共和国农民专业合作社法(修订草案)〉的说明》2017年6月22日。

② 第十二届全国人民代表大会常务委员会第二十八次会议：《关于〈中华人民共和国农民专业合作社法(修订草案)〉的说明》2017年6月22日。

择了有限公司，其资本金巨大。[①] 另一方面，其股东多为数家法人企业而非自然人，没有参与公司管理的迫切愿望，多委任专业经理人司职管理，此类有限公司并不具备股东亲自管理之特征。此外，也有相当部分的中小企业出于追求企业形象之好大喜功，选择设立股份有限公司，但又未严格遵循公司法关于股份有限公司之各种规定，导致股份有限公司相关规定于此等小规模企业上，形同具文。[②] 此类情形在日本、意大利、我国台湾地区等也皆有出现，[③]我国大陆自不例外。凡此种种，可以总结为公司法之制度设计与公司之实践出现了严重偏差，甚至发生了公司法的异化现象。[④] 有学者比喻说，公司形态的设计如同为现实企业设计的不同成衣，立法者必须根据"燕瘦环肥"，考虑到市场中企业投资者的以及企业相对人的不同需求，以此为基础进行公司形态的创设和制度构建。[⑤] 此喻甚当。有限公司制度设计之初乃为适应中小企业投资者的特殊需求，应成为契合中小企业发展的载体，但在公司实践中看到这件精心裁制的衣裳少人问津或者"小人穿大衣""大人穿小衣"的现象。[⑥] 2005年修正《公司法》着重对有限公司具体法制进行了诸多改革，但对于有限公司的定位，尤其是在和股份有限公司的比较上缺乏在公司法整体意义上的考量，比如，国外公司法上关于有限公司封闭性的一些规则在我国没有引起足够的注意。[⑦] 还有，面对由于大型、特大型国企改制选择有限公司而导致的大型有限公司普遍出现、中小型企业不再是有限公司适用的唯一领域的特殊国情，公司法的应对明显不足。

根据现行公司法、证券法的规定，股份有限公司分为三种类型：发起设立股份

---

① 1994年发布的《关于选择一批国有大中型企业进行现代企业制度试点的方案》关于公司组织形式的章节规定，"大部分试点企业应改组为有限责任公司，具备条件的可改组为股份有限公司，其中上市公司只能是少数"。实践中，现代企业制度试点企业绝大多数也是改制为有限公司，包括国有独资公司。显而易见，有限公司制度成为国有企业，特别是国有大企业的救命稻草。王睿、胡贞珍：《论我国有限责任公司制度的重新定位——以中小企业为目标模式》，载《武汉理工大学学报(社科版)》2005年第5期。

② 黄铭杰：《公司法七十二变——下一阶段公司法修正方向之刍议》，载《月旦法学教室试刊号》2002年10月。

③ 在意大利，2004年有限公司法改革前，有限公司在公司治理结构的规定基本上与股份有限公司雷同，自治空间有限，导致有限公司在现实中无法满足中小企业的需求，导致很多中小企业选择了合伙形式，而不愿意享受有限公司的有限责任特权。吴越：《意大利有限公司法的改革》，载吴越：《私人有限公司的百年论战及世纪重构》，法律出版社2005年版，第485页。

④ 郑若山：《公司制的异化》，北京大学出版社2003年版。

⑤ 雷兴虎、刘丹妮：《有限公司的存与废——比较法视野下的有限公司制度改革》，中国商法学研究会2011年年会论文。

⑥ 永井和之：《日本公司法制的现代化》，崔延花译，见《日本公司法典》的"序言"部分，中国政法大学出版社2006年版，第7页。

⑦ 王保树：《公司结构改革面临的问题》，中国商法学研究会2011年年会论文。

有限公司、私募设立股份有限公司(即向特定对象募集设立的股份有限公司[①])、公募设立的股份有限公司,前两种统称为非公众股份有限公司,股东人数在2人到200人之间。目前我国股份有限公司达30余万家,截至2011年2月,上市公司也即公募股份有限公司数量为2121家,私募设立的数量约有1.2万家,其余为发起设立的。[②] 显然,现有的股份有限公司中绝大部分为非公众股份有限公司。非公众股份有限公司的基本制度层面与有限公司更为实质接近,如股东人数较少(实践中股东数量多为10人左右,一般不超过30人);股东间关系密切,往往具有亲朋好友之身份联系;股东往往参与公司的经营管理,"两权分离"几乎不存在;公司的股票不具有公开市场,难以转让。虽然公司法对非公众股份有限公司的股权转让没有如有限公司那样进行限制,仅规定股东转让其股份应在"依法设立的证券交易场所进行或者按照国务院规定的其他方式"进行,但由于没有相应的交易场所和其他交易方式,因而实质上是受到限制的。换言之,非公众股份有限公司的封闭性不容忽视,公开性只适用于那些公开募集股份并上市交易的公司而非所有的股份有限公司。问题是,有限公司所特有的灵活有效率的诸多制度设计并未在非公众股份有限公司中适用。譬如股东可以要求查阅公司会计账簿,股东会召集的简易程序,董事会议事方式和表决程序的章程自治,经理的任意设置等。这导致了同样是实质意义上的封闭公司却适用两种立法规范的实质不公平问题。因此,对有限公司、发起设立股份有限公司和私募设立股份有限公司进行公司形态的结构性改革,是必要且重要的。

2.有限公司制度设计的重大制度偏差

此处仅以在企业立法体系中居于核心地位的公司法为例,说明现行公司法的体例与规范安排存在的一些明显缺陷,举起要者:

其一,制度设计预设与现实中的企业分类格局严重扭曲。所谓"严重扭曲",主要有两个突出现象,一则,现实中的有限公司出现"两头大"的极端,绝大多数有限公司是中小企业(这符合公司法的制度预设),但也有一部分有限公司(这与公司法关于有限公司的预设差之万里,出现严重扭曲)。二则,大部分股份有限公司属于发起设立的,在规模上属于中小型企业者居多;在投资者人数上与广大有限公司的情形差不多,人数有限;在股份转让上并不存在一个公开的市场自由转让,后两点说明这些股份有限公司不具有公众性,故而在规模与公众性上几乎等同于有限公司,却适用与有限公司相差极大的法律规范。"严重扭曲"的产生原因,要一分为二

① 按照《证券法》第10条的规定,公募与私募的区分标准在于发行股份的对象累计是否超过200人。

② 中国证监会2011年2月统计数据,http://www.csrc.gov.cn/pub/newsite/sjtj/,访问日期:2011年3月24日。

来看。一方面是由于公司改制过程中很多大型、特大型国企选择有限公司甚至国有独资公司的形式而致，是实践出了问题。另一方面，就现行公司立法规范而言，当然也脱不了干系，其存在的问题有二，一是由于考虑到照顾国企改制而导致对于中小型公司的制度需求严重忽视，从而有限公司的某些制度安排有扭曲之处，二是有限公司与股份有限公司的制度安排"区分度"先天不足。对于最后一点，也是大陆法各国面临的共同窘境，因为有限公司与股份有限公司之概念分类本身就存在着法律上区分度不足的问题，相比于英美法上的封闭(私人)公司与公众公司的概念区分，确实存在制度设计上的先天不足(关于此点，后文还有分析)。

其二，有限公司的制度安排严重错位。有限公司本来应该严格定位适用于中小公司，那么其制度安排就要尽力满足中小投资者与中小企业的制度需求，但现行公司法关于有限公司的规定由于时刻不忘照顾、满足大中型国企改制为有限公司形式的需要，受此羁绊，对于中小投资者与中小企业的制度需求回应力不从心，严重不足。

其三，现行公司法的立法基础，是将公司分为有限公司与股份有限公司，在此类型划分基础上展开了自己的立法体例结构，先规定有限公司后规定股份有限公司的规范，再规定二者共用的规范。但纵观国外将有限公司与股份有限公司合二为一规定在一部立法典的，莫不遵循先详细规范股份有限公司，次明确有限公司准用前面的股份有限公司的部分规范，尔后再规定有限公司的个别规范的体例。对比之下，我国现行公司法的立法体例由此产生的结构性缺陷包括：重复，大量的条款在有限公司、股份有限公司的章节里重复表述；冲突，有些条款在两类公司的各自章节里要么缺乏表述要么表述不一致，至于为何不一致，法理上不明；混乱，很多规范到底是适用于某一公司还是也适用于另一类型公司，连立法者也不明所以，更遑论司法者与公司参与人。

上述诸问题，还需要公司法的结构性立法改革措施予以解决。

3.公司形态改革的路径选择：封闭性公司制度资源整合与公司形态的一体化改革

改革的核心，是科学地整合封闭性公司制度资源，而不问公司的名义组织形式为何。问题是，改革的具体路径如何取舍？既然有限公司、非公众股份有限公司都具有封闭性，如何实现公司形态的整合？概括起来，主要有以下三种路径可选择。一是彻底调整公司法的结构，废除有限公司的类型，将其并入股份有限公司，尔后主要依据股份转让受限制与否，将股份有限公司细分为封闭性股份有限公司和公众性股份有限公司。日本2005年《公司法典》即其适例。二是将股份有限公司中的非公众性股份有限公司划入有限公司的范畴，也即坚持股份有限公司与有限公司的概念体系，只是将股份有限公司"瘦身"、有限公司"扩容"。三是保留现行有限公司的范围与类型不变，将股份有限公司划分为封闭性股份有限公司和公众性股份有限公司,适用不同的规范。

对于第一种路径,若废除有限公司,势必会深度影响到我国几百万家有限公司,改革成本过高,改革方式过于激进。对于第二种路径,学者的担心主要是,“虽然非公众股份有限公司在许多方面和有限公司相类,但也存在着差异,如非公众股份有限公司在规模及股东人数上往往要大于有限公司,若将其强制性地纳入有限公司中,会抹杀二者的区别,且罔顾股东对公司类型的选择”。对于第三种路径,相对前两种改革路径,有人认为较为合适,“一方面强调有限公司的封闭性,另一方面将股份有限公司做出细分,对于非公众性股份有限公司做出例外性规定,赋予此类公司更大的自治空间以满足其人合性和封闭性的需求”。[①] 其实循上述三种路径,最后得到的结果有一点是共同的:公司被实质性地划分为封闭公司和公众公司,只不过在公司具体名称、类型以及相应的概念体系上有所差异。先讨论第三种路径,表面上看这一思路的“折腾”程度最低,改革成本似乎最小,但问题是仍然没有解决大陆公司法上公司类型划分的痼疾,依此,改革后的股份有限公司与英美法上的公众公司相差仍然很大,“股份转让受限制的股份有限公司是非公众公司,而股份转让不受限制的股份有限公司即公众公司”,[②]在股份有限公司这一公司形式内部仍然要“人格分裂”般地区分封闭性与公开性,名称的一元化与制度的一元化没有同步地获得实现。在此意义上可谓是一个“换汤不换药的”思路。对于第一种路径,日本作为前行者已经进行了探索,从实施至今的效果来看似乎并不理想。这种改革,形式上消灭“有限公司”、实质上保留,好处是同时实现了股份有限公司制度与名称的一元化,充分注意到发起设立股份有限公司、私募设立股份有限公司与有限公司的共性,在其股份有限公司内部区分封闭性与公开性,缺陷在于模糊了股份有限公司和有限公司之间的差别,低估了形式意义上的有限公司存在的必要性,漠视了存量巨大的有限公司的存在价值。

我国改革应采第二种路径。详言之,我国立法应当充分借鉴英美法上封闭公司(私人公司)与公众公司的概念体系与制度设计,统一整合封闭性公司制度资源,即在公司法定形态的设计上,将非公众股份有限公司并入有限公司,使有限公司几乎等同于英美法上的封闭公司,成为涵盖所有封闭公司制度资源的制度。为此,需要进一步改革现有的有限公司立法规范,使其成为现在有限公司、发起设立股份有限公司、私募设立股份有限公司的通用规则。同时,将股份有限公司的概念等同于英美法上的公众公司,仅仅限定在公募设立股份有限公司。如此,将来的公司法中

---

① 雷兴虎、刘丹妮:《有限公司的存与废——比较法视野下的有限公司制度改革》,中国商法学研究会2011年年会论文。

② 《日本关于公司法制现代化的纲要试案》,第四部分;《日本关于公司法制现代化的纲要案(第二稿)》,第二部分。

仍保持两类公司的分类体系，但各自的内涵与外延与现行公司法已经大异其趣。有限公司即封闭公司，股份有限公司即公众公司，后者的内部不再区分为发起设立公司与募集设立公司，募集设立公司更无须再作进私募与公募之细分。如此，不仅两类公司的区分度明显，而且在价值认知上获得最大的共识，避免了同一部公司法中存在着两种封闭公司或者多种股份有限公司，也便利人们在生活中进行制度识别。这种改革，不但使得公司法定形态的分类体系简单清晰，而且区分更加公开、透明与明确。第二种路径的相对更为可取，还有两个原因。一是立法技术上的可取性。从技术上看，相当于以往的有限公司加上发起设立股份有限公司、私募设立股份有限公司，适用改革后的有限公司法（实质意义上的有限公司法）的规定。如此，在概念体系上，改革后的有限公司等同于英美法上的封闭公司（私人公司），改革后的股份有限公司等同于英美法上的公众公司（上市公司），实现了向更为可取的英美公司法分类体系的实质意义上的借鉴。二是改革成本的低廉。立法改革的一项基本原则，是要重视人们对于一个既定的传承已久的制度的认知。在此意义上，形式上消灭有限公司的成本过于高昂，关于这一点，透过上述关于我国台湾地区学界的争论便知一二。只是有人提出一个担心，将现在的发起设立股份有限公司、私募设立股份有限公司并入有限公司制度，会不会造成整个公司法架构的失衡，甚至，消灭了现行公司法中多种封闭公司存在的混乱，又出现了新的混乱呢？回答这一疑问，需要讨论清楚现行公司法上的两个问题。

第一，募集设立股份有限公司相对发起设立股份有限公司而存在，若没有了后者，又谈何前者？对此问题，正如有学者敏锐指出，结合我国实践就知道这是一个虚拟的问题。[①] 虽然，我国公司法规定的股份有限公司的募集设立方式分为公募与私募，公募的含义，是指由发起人认购公司应发行股份的一部分，其余股份向社会公开募集。但是，按照2006年《首次公开发行股票并上市管理办法》（证监会令第32号）第8条规定，首次发行股票的“发行人应当是依法设立且合法存续的股份有限公司”，第9条还规定，“发行人自股份有限公司成立后，持续经营时间应当在3年以上，但经国务院批准的除外”。同理，私募设立也是在公司成立之后经证监会批准向特定对象募集设立公司。这表明实践中并没有募集设立的股份有限公司，所有都是在公司设立后募集股份的，即使是首次公开发行股票，也不是在公司设立过程中进行的。还有，在我国所有公开发行的股票都上市交易，因而公开发行股票的公司就是上市公司。由此看来，实践中没有真正意义上的募集设立公司是因为制度规则使然，而不是由于缺乏发起设立股份有限公司这一对应概念造成的。还要注意一个重大的事实，现行公司法上的有限公司都是发起设立的公司，依上述改革思路，将发起设立股份有限公司并入有限公司中，不是消灭发起设立的公司，

① 王保树：《公司结构改革面临的问题》，中国商法学研究会2011年年会论文。

反而科学整合了发起设立公司的制度资源，只是不再保留发起设立股份有限公司的概念而已。今后，发起设立的概念仅仅适用于封闭性公司也即有限公司。

第二，依照现行公司法，上市公司是股份有限公司的一种，如果没有了现行法意义的股份有限公司，上市公司从何而来？上面的分析已经表明，按照我国公司法与证券法的实践，本来就不存在募集股份设立股份有限公司，也没有公募设立股份有限公司，所有公募股份和上市的股份有限公司都是该股份有限公司成立后再行募集股份与上市交易的公司。既如此，将所有封闭性公司并入有限公司并不会成为上市公司概念存在以及设立、运行的障碍，只是改革后的股份有限公司就是上市公司。当然，有限公司与上市公司之间还可以相互进行变更：将有限公司变更为股份有限公司（也就是封闭公司变更为公众公司即上市公司）；反之亦然，比如上市公司的私有化（going private）现象。①

要之，大陆法系各国公司法各种语境下关于有限公司存废之讨论，并非真的废除这种公司形式，其实只有两个选项，一是形式上废除，实质上存留，二是形式上保留，改革公司立法对有限公司的现行界定，使之回归原位，并以此为基础将有限公司改革成为名副其实的封闭公司，以真正贴近中小企业发展需求的面目。公司形态结构的改革是使公司法定形态的区分度真正落到实处，兼收概念体系的科学性与制度设计的实效性，彻底消除了现行公司形态结构中的模糊状态甚至混乱状态。质言之，这种区分应最有利于公司法的实施，最有效地调整公司社会关系，且法律改革的社会成本最小。这一改革的核心，就是科学地借鉴、运用封闭公司、公众公司分类的工具，在公司法内部利用“有限公司”这一概念将封闭性公司的制度资源进行有机地整合，重塑有限公司制度，在有限公司之外不复有其他封闭公司存在，从而实现封闭公司制度资源的一统。

（二）中小企业发展与有限公司制度的契合性

在我国，适合中小企业采用的企业形态包括独资企业、合伙企业和有限公司，此外还有合作社、股份合作制企业等非典型形态。从上文列举的统计数据可以看出，我国中小企业的主体形态是有限公司，独资企业、合伙及其他企业形态在中小企业中的比重都较小，且呈不断下降的趋势。实证数据证明在我国有限公司是一种非常有优势的企业形态，深受中小投资者青睐。但是，这并不表明有限公司的法制设计臻于完善，尤其是在各国近期纷纷改革有限公司法制的背景下，更加注重有限公司法制应然状态向实然状态的回归，使有限公司法制本意更明确地定位于中小企业。相比之下，我国的有限公司法制由于先天的政策扭曲，导致相关立法背离了其本质意义。虽然有些弊病在2005年《公司法》有所纠正，但有限公司立法在与

---

① 赵晓红：《私有化回归上市的法律分析》，载《财经》2012年（增）1期。

中小企业的契合性方面还有很大的改善空间。

1.先天的政策扭曲——有限公司立法的背景及其对制度本意的背离

1993年《公司法》首次以法律形式正式确立有限公司制度，但该法关于有限公司的最初立法指导思想并未明确提出是为了便利民间的中小投资者投资，相反，一开始是为国企公司改革服务的。1993年十四届三中全会通过的《关于建立社会主义市场经济体制若干问题的决定》指出："建立现代企业制度……是我国国企改革的方向。国有企业实行公司制，是建立现代企业的有益探索……公司可以有不同的类型。具备条件的国有大中型企业，单一投资主体的可依法改组为独资公司，多个投资主体的可依法改组为有限责任公司或股份有限公司。"1993年的《公司法》正是贯彻决定的直接产物，第21条第1款的规定即为明证："本法施行前已设立的国有企业，符合本法规定设立有限责任公司条件的，单一投资主体的，可以依照本法改建为国有独资的有限责任公司；多个投资主体的，可以改建为前条第一款规定的有限责任公司。"之后，国家经济贸易委员会《关于选择一批国有大中型企业进行现代企业制度试点的方案》(1994年11月2日)，确立了企业改建为公司的组织形式的标准是："按照分类指导的原则，生产某些特殊产品的企业或者属于特定行业应改建为国有独资公司；大部分企业应改建为有限责任公司；具备条件的可改建为股份有限公司，其中上市的股份有限公司只能是少数……改建的多个股东持股的有限责任公司是国有企业实行公司制改建的主要形式……"在这一政策的指导下，很多试点企业在改制时选择了有限公司形式，尤其是改制为国有独资公司的比例很大。① 1993年《公司法》关于有限公司的制度设计带有很明显的为国企改革服务的痕迹。由于当时的国企规模一般都非常巨大，为了将这些大型国企改制为有限公司，有关制度设计必然以大型企业为考虑基点，甚至无暇顾及民间广大的中小型企业及其投资者的制度需求，相关制度设计与中小企业投资者的需求相去甚远，也就在情理之中了。在1993年《公司法》为国企改制服务的背景下，多数国企改制选择有限公司甚至国有独资公司，少数选择股份公司形式的，采取的路径并非全部改制为股份公司，而是保留母公司为有限公司，剥离其部分优质资产作为发起人来募集资本设立股份公司，作为母公司(有限公司)的子公司而存在。"几乎所有国企改制为上市公司时并不采用整体上市的策略，而仅仅将其优质资产剥离注册新公司，并以后者为主要发起人募集上市，原国有企业本身则改制为有限公司。那么在每一个上市公司背后都有一个国有控股股东存在，该控股股东往往都是有限公司形

① 在国家经济贸易委员会选择的100户试点企业中，除1家破产外，其他99家企业的改制情况为：(1)直接改制为股份有限公司的企业有16家，占16.3%；(2)直接改制为有限责任公司的企业也有16家，占16.3%；(3)仍继续保留原体制不变的企业有4家，占4.1%；(4)由工厂制改制为国有独资公司的企业达到62家，占63.3%。参见国家经济贸易委员会企业改革司：《国企改革与建立现代企业制度》，法律出版社2000年版，第481页。

式，其资本金额十分巨大。"[①]这样，有限公司的现实生存状态表现为两极分化，呈现两头大的哑铃式结构：一是有一批大型企业甚至超大型企业的有限公司，资产规模远远超过绝大多数股份公司，二是更多的是小规模的企业，二者同时并存。其中，前者的投资人多为国家授权投资机构或者国有企业集团，后者的投资人主要是自然人。可见，有限公司法制的实然状态与有限公司法制的应然定位存在极大的偏差，原本专门为中小企业设置的有限公司法制出现的错位和异化，导致现实中的问题丛生。

一是大型国企采用有限公司形态的不适感。在国有企业改制过程中，绝大多数国有企业以国有独资公司为主，[②]这种公司与传统的全民所有制工业企业法的差异是相当有限的，仍然普遍存在治理不规范、行政干预强、内部人控制等问题，表现为：公司的董事会和经理实行"两块牌子、一套班子"，董事会对经理的监督功能无法发挥；监事会职能严重弱化，经营者在政府的干预下控制企业所有权；企业内控失效，管理不善；违法违纪现行突出，官营合谋共蚀国有资产、私分国有资产、贪污公款等经济犯罪现象突出。[③] 这些问题实质上反映出大型国企采用有限公司形式的不适应性。一方面，有限公司本来就不是为这类大型企业设计的"服饰"，现在却阴差阳错地穿在了大型国企的身上，穿衣者难受至极在所难免。另一方面，一元化或者实质上一元化的产权结构使出资人的行为障碍根本无法消除，股份有限公司才是大型国企的未来。

二是立法对以自然人为主要投资者的中小型公司的需求的照顾不周。这类中小型公司一般都是由资金实力有限的几个自然人创立，投资人倾向于亲自担任管理者，股东相互之间的信赖度比较高。由于制度设计只重视国企，对这类公司的特殊性根本未加考虑，所以导致现实中出现股东抽逃出资、大股东欺压小股东、股权转让困难，公司陷入僵局等问题，且未设立解决纠纷的法律机制，导致流弊重重。

一句话，所有这些问题都源于立法理念的错误定位。大型国有有限公司的大量存导致的诸多严重现实问题，在现行公司法上依然存续。但对于自然人投资的中小型有限公司中存在的问题，2005 年《公司法》对原有扭曲的制度有了相当程度的改进，使某些问题有了解决之径。

2.有限公司立法规范在妥协中的制度演进

2005 年、2013 年《公司法》的重大修订有意识地纠正了为国企改制服务的立法

---

① 李建伟：《有限公司法制的发展趋向及我国的立法选择》，载赵旭东主编：《公司法评论》2005 年第 2 辑，人民法院出版社 2005 年版，第 28 页。

② 比如，在 100 户现代企业制度试点企业中，国有独资的占 70 多户，在地方和部门的 2066 户实现改制的现代企业制度试点企业中，国有独资的有 654 户，约占 1/3。李建伟：《国有独资公司前沿问题研究》，法律出版社 2002 年版，第 70 页。

③ 李建伟：《国有独资公司前沿问题研究》，法律出版社 2002 年版，第 220 页。

指导思想，关于有限公司章节的修订，加强了对中小投资者需求的重视，加大了对投资者自由意志的认可，使有限公司法制与中小企业的契合性有所增强，主要体现在以下几个方面：一是资本制度方面，降低了设立门槛，2005年减少了最低注册资本金数额，放松了对股东出资方式和缴纳期限的限制，使得中小投资者以较少的资金就能设立有限公司，2013年的修订案干脆取消了上述诸限制。二是承认了一人公司，不仅为中小企业增添了一种选择形式，也增强了有限公司面对个人独资企业的制度竞争力。三是公司治理的安排更适宜中小企业。关于股份转让、股东知情权、少数股东诉权、公司解散公司等规定不仅更具可操作性和实用性，更使有限公司法制对于封闭性很强的中小企业有了更强的适应性。例如少数股东退出公司的渠道畅通，让股东不必担心将来欲退无路而完全受困于企业，让志趣不相投的投资者能够及时退出企业，不仅维护了企业的封闭性，也有利于企业的存续。四是增强了股东的自治性。如《公司法》多处提到有限公司"章程另有规定或股东另有约定的除外"，鼓励有限公司的股东自由安排公司内部事务。

但是，1993年《公司法》遗留的一些老问题仍未得到解决，相关制度仍未体现出区分企业规模分别规制的特点，相关法制设计仍有不少未竟的改革命题。首先，关于制度设计与定位的理念需要更新。20世纪90年代中期，有限公司形成两头大的哑铃式结构，改制后的大型国有企业和新兴的中小民营企业同时采用有限公司形态，其中前者的国有独资公司形态还占据了很大的比例。这种现象是中国仅有的。如在美国，基本上公众公司规模都很大，大多数封闭性公司的规模都很小，即使现实中偶然存在个别的规模很大的封闭公司，也不会影响公司法划分的有效性，而是表明了公司分类的连续性。[①] 可见我国的这种现象是很不正常的。毫无疑问，有限公司应首先将中小企业作为主要的适用对象，否则，有限公司法制的针对性就出现偏差，定位错误。大型企业与中小企业在运作成本、运作灵性等方面的诉求截然不同，但因为有限公司法制的设计是为满足大型国企改制，会阻碍中小企业基本优势的发挥。与此相伴生的一个问题是，有限公司与股份公司的应然性制度区别没得到体现，导致本应受有限公司法制规范调整的公司形态却被划归为股份有限公司法制的规范对象。例如发起设立的股份公司与有限责任公司，在我国《公司法》中被界定为两种规模差异很大的公司类型，并设计了实质性差异的制度规则。但实际情况是，很多发起设立的股份公司与有限公司在封闭性、资本来源的有限性、规模等方面本质类同，但由于名为股份公司，所以就要同大型的公众股份公司一样受到严格的法律规制。这也是另一种意义上的制度偏差了。

其次，关于有限公司法制的具体构建与中小企业的契合性还不足，有限公司法

① ［美］罗伯特·W.汉密尔顿：《美国公司法》，齐东祥等译，法律出版社2008年第5版，第2页。

制的低成本性、特殊性、自治性等优势需要得到进一步的释放。突出存在的问题还有:一是组织机构的进一步简化。有限公司原则上仍要设立股东会、董事会、监事会三重机构,虽然股东人数较少或者规模较小的有限公司可以设一名执行董事,不设董事会,也可以设一至二名监事,不设监事会。但立法对于"较少""较小"未给予明确的标准,导致真正能够享受豁免待遇的企业并不多见。而且,规模再小或股东人数再少,也必设一至两名监事,这在小型有限公司是否必要,值得怀疑。二是对制定多样化、个性化章程的引导不足。现实中由于公司章程一般都简单地照搬公司法的规定,特别是因为公司登记行政机关要求公司必须按照其提供的范本进行起草,不得自由发挥,导致公司章程千篇一律,缺乏对公司自身情况的具体考虑而缺失个性,公司自治无法得到有效落实。因此公司法的相关配套立法,如公司登记制度和登记部门在引导公司制定个性化章程方面的作用还有待提高。三是信息披露制度的缺陷。有限公司的披露信息主要以财务会计报告为主。现行《公司法》要求有限公司应当在每一会计年度终了时编制财务会计报告,并依法经会计师事务所审计,与股份公司相比在财务会计制度方面没有区别,没有针对中小型尤其小微型有限公司的豁免或简化的规定。比较外国法律,对于中小型封闭公司作出披露义务的豁免性或简化规定是一个趋势。如英国公司法针对不同主体设计了多层次的信息披露义务:小型私人公司的信息披露义务最低,中型公司次之,最后是大型公众公司。美国公司法通常不要求封闭公司受到强制信息披露要求或者会计准则的规制。虽然欧盟法一般要求封闭公司披露他们的财务报表,然而如今随着欧盟各国立法开始关注小公司,有学者敏锐地观察到,这种差异正在缩小。[①] 这一趋势不得不引起我国立法者的重视。四是税收制度的僵硬。税收问题是关系各种企业制度的竞争力的一个重要因素,独资、合伙等非公司制企业在税收方面的优惠是其保持竞争力的一个重要方面,要想使有限公司法制具有更强的竞争优势,对于小微型有限公司也可以考虑引入更加灵活的税收政策,改变现行法上的有限公司股东一概承受双重纳税负担的局面。五是对于现代电子技术的引进不足。通过利用网络等现代通信设备可以实现信息、资料等的快速传递,节省时间和金钱。

总之,现行有限公司法制在与中小企业的契合性方面还有进一步完善的空间,因此有关有限公司的立法理念和制度设计应从适用主流的中小企业的需求出发,不断改革创新。

(三)《民法总则》的颁布对公司法发展的影响与协调

大陆法系诸国,虽就立法模式上采民商合一还是民商分立尚未达成一致,但无

① [美]杰勒德·赫蒂希:《实体法的趋同与实施的趋同:一种比较》,参见[美]杰弗里·N.戈登、马克·J.罗:《公司治理:趋同与存续》,赵玲、刘凯译,北京大学出版社2006年版,第358页。

不承认商法与民法的实质区分,以及民事规范于商事关系的适用性。因此,关于中国公司企业法制 40 年发展的探讨,不能离开对我国民事立法的考察,尤其在当前民法典编纂的背景下。《中华人民共和国民法总则》(以下简称《民法总则》)于 2017 年 3 月 15 日公布,并于 2017 年 10 月 1 日正式施行,除诉讼时效、期间计算、意思表示等于民商一体适用者,商事性质的规范主要分布在第二、三、四章关于主体的规定,以及第六、七章关于法律行为及代理的规定中。

在探究《民法总则》对公司企业法制的具体影响之前,需要对其中商法规范的设置方式予以说明。目前学界的基本共识是采取形式上民商合一的立法体例,分歧在于是否需要在民法典和商事单行法之间制定《商法通则》,而这一理论分歧的具象化体现即为民法总则中商法规范的设置限度。[①]《民法总则》中商法规范主要体现为三种类型:[②](1)通用型条款,即通过提取公因式而设,得于民商关系一体适用者。典型如第 134 条关于决议的规定,第 170 条关于职务代理的规定。(2)融合型条款,即将商事规范直接纳入民法总则。典型如第 83 条对法人人格否认的规定,第 84 条禁止关联交易的规定。(3)转引条款,具体包括转介条款和引致条款。前者指授权法官衡量判断得以适用的具体商事特别法的通道条款,如第 127 条对数据和虚拟财产予以保护的宣誓性规定;后者指直接转引某一具体商事特别规范的条款,如第 62 条关于职务侵权的规定。虽然《民法总则》中少量的商事规范未能较好回应立法诉求,但基于民法典出台时对总则部分再予以调整的可能性较小,于学界更有意义的是通过分析现行规定对公司企业法制的影响和规范缺漏,为未来商事法律制度的完善提供基本方向。

按照《民法总则》的体例,我们可以将民法规范对于公司企业法律制度的影响分为组织法和行为法两个方面来进一步探讨。其中,组织法部分重点包括法人分类、组织转换、胎儿股东和决议几个问题;行为法部分则主要为行为效力和责任承担两个方面。

《民法总则》关于商事组织法的规定主要集中在第二、三、四章:第二章规定了作为商个人的个体工商户和农村承包经营户;第四章对非法人组织的规定涉及商合伙;第三章第一节"一般规定"和第二节"营利法人"的规定则近似于《公司法》。《民法总则》关于商主体的规范设置采取复制《公司法》的立法技术为学者所诟病,会产生制约制度创新、导致规范过度等弊端[③],根源还是对"民商公因式"的提取不

---

① 李建伟:《民法总则设置商法规范的限度及其理论解释》,载《中国法学》2016 年第 4 期。

② 郑泰安、钟凯:《民法总则与商事立法:共识、问题及选项——以商事代理为例》,载《现代法学》2018 年第 2 期。

③ 蒋大兴:《〈民法总则〉的商法意义——以法人类型区分及规范构造为中心》,载《比较法研究》2017 年第 4 期;施天涛:《商事关系的重新发现与当今商法的使命》,载《清华法学》2017 年第 6 期。

当,需要回归到立法模式的探究,在此不再赘述。

1.以"营利"作为法人分类标准。《民法总则》第二章以"营利"作为法人分类标准的商法意义有三:一是,以立法的方式明晰"营利"这一商法基石概念;二是,契合现行法人登记管理体制;三是,延续我国法人分类传统。

首先,从《民法总则》第76条第1款和第87条第1款对营利法人和非营利法人的立法定义可以归纳出"营利"的一般标准。有学者据此提出了营利的双重构造理论[①]:以成员营利/法人营利、目的营利/行为营利作为两套标准,将营利性区分为四个侧面。营利法人需要同时满足前述营利性的四个方面,即设立人以营利为目的成立法人(体现在章程中的目的条款),法人的运营旨在获取利润(体现在法人组织机构的日常决策目的),法人经营成果由成员分享,法人以营业的方式活动。

其次,将法人作营利与非营利的区分符合现存的法人的登记管理体制,未来公司企业制度的设计也应以此为基准。此种契合性具体体现在:(1)登记机关不同。营利法人的登记机关为工商行政管理部门,而非营利法人的登记机关为民政部门、教育部门等。(2)税收管理不同。根据《企业所得税法》的规定,符合条件的非营利组织免征所得税,《财政部、国家税务总局关于非营利组织免税资格认定管理有关问题的通知》进一步细化非营利组织的免税条件,因此非营利法人享有更为优惠的税收政策。(3)会计制度不同。非营利法人的会计制度不同于营利法人,例如科研机构按照科学事业单位的财务会计制度执行,年度预算经主管部门审核后报财政部门核定。[②] (4)资金筹集规则不同。营利法人可以通过证券市场融资,而非营利法人不能发行非营利股票以筹集资金。(5)交易控制不同。对营利法人采取"鼓励交易"的原则,而对非营利法人采取"限制交易"的原则,避免因其从事风险性交易而影响非营利目的的实现。

最后,以"营利"作为法人区分标准体现立法上的历史延续性。《民法通则》将法人区分为企业法人、机关法人、事业单位法人和社会团体法人四类,其中企业法人对应营利性法人,而其余三种法人类型不具有营利性,可大致与非营利法人相对应。民法典编纂不同于民法典汇编,需要强调法律规范的体系性构造;民法典编纂也不同于民法典制定,需要强调历史延续性以减少社会制度变更的成本。因此,《民法总则》在制定过程中需要在能够实现逻辑自洽的基础上尽可能减少新概念新制度的引入,以营利作为法人分类标准即可,没有必要一定仿大陆法系国家将法人区分为社团法人和财团法人。但需要注意的是,虽然现有立法采用营利法人/非营利法人的类型构造尚可,但整体仍然存在立法逻辑混乱之弊。主要原因在于没有

---

① 蒋大兴:《〈民法总则〉的商法意义——以法人类型区分及规范构造为中心》,载《比较法研究》2017年第4期。

② 《关于非营利性科研机构管理的若干意见(试行)》第8条。

采取公法人/私法人的元分类，导致作为上位概念——公法人——具体类型的基层群众自治组织，被划归为与私法人下位概念——营利法人和非营利法人——相并列的特别法人之列。

2.组织转换规则缺位。我国目前仅认可营利法人内部有限责任公司和股份有限公司的转换，体现在《公司法》第9条中。没有相关规则的设置，即意味着要想实现不同类型组织的转换必须通过"注销＋设立"的方式进行，存在诸多不便。由于现实存在不同组织体的转换需求，《民法总则》对转换规则的立法缺位可谓疏漏，在未来的商事法制改革过程中应予完善。

首先，需要非法人组织向营利法人的转换规则。例如分公司有特许经营牌照，需要通过由非法人组织直接变为法人的方式完成牌照保留，而"注销＋设立"的方式无法实现特许资质的存续。其次，需要非营利法人向营利法人的转换规则。2015年之前，根据《教育法》和《民办教育促进法》的规定，任何人不得以营利为目的举办民办高校。2015年年底，《教育法》删除了"不得以营利为目的"的规定，仅限定"以财政性经费、捐赠资产举办或者参与举办的学校及其他教育机构不得设立为营利性组织"。2016年修改的《民办教育促进法》将民办学校分为非营利性和营利性两大类，禁止设立实施义务教育的营利性民办学校。因此，2015年之后滋生非营利教育机构向营利性教育机构转换的现实需求。

《民法总则》对现实问题的规范不足以为公司企业法制的完善指明方向，需要在商事特别法中供给相关规范才能更好地促进公司企业的健康成长与发展。

3.引发胎儿股东问题。《民法总则》第16条规定胎儿在享有利益范围内享有一定的民事权利能力，但以活体"出生"为条件，即确认了胎儿不稳定的民事权利能力。在胎儿因继承或接受赠与而取得公司股权的情形下，此种效果未确定的股权状态将引发一系列组织法上的问题，需要进一步的制度设计。

胎儿股东首先面对的问题是股权结构的不稳定，并将进一步对企业上市申请、挂牌申请及其他资本运作构成障碍。例如，根据《首次公开发行股票并上市管理办法》和《首次公开发行股票并在创业板上市管理办法》，企业申请上市需要满足股权清晰，控股股东和受控股股东、实际控制人支配的股东持有的发行人股份不存在重大权属纠纷等条件。如果公司股东在企业申请上市期间去世而出现胎儿继承的情形，则会存在股权是否清晰的问题。目前国内资本市场还未出现过因胎儿继承/赠与股权而影响企业上市的案例，但其他因继承导致企业控制权变更从而影响上市的案例具有一定参考意义。① 除此之外，在胎儿继承/赠与取得公司股权的情形下，公司章程股东列表如何书写、登记机关如何进行股权登记、法定代理人如何行

① 2007年，盛通股份上市前原实际控制人去世，虽然其继承人就继承后的股权稳定情况进行了一些安排，盛通股份仍因"实际控制人变更"导致其2008年未能通过IPO审核。

使权力、存在两个法定代理人时如果两个意见不一致当如何进行商业决策，都还需要单行法律、法规或者部门规章进行完善，同时也需要当事人事先约定避免公司陷于僵局。

4.决议行为的规定。《民法总则》中有关决议的规定，可以归纳为两点：其一，从成立要件角度，决议具有法律行为属性；其二，从效力障碍角度，决议不适用第六章第三节规定的效力瑕疵事由。由此可知，决议应属于一种特殊的法律行为[①]。

首先，决议属于法律行为。成员的表决属于意思表示；决议的多数决原则以成员同意为前提，未背离意思自治；决议是独立的内部法律行为而非外部法律行为的意思形成阶段；决议瑕疵属于法律行为瑕疵而非意思表示瑕疵。

其次，决议不适用一般法律行为的效力障碍事由。第一，决议不适用以个体法上具体法律行为为原型构建的法律行为一般理论。法律行为作为学理概念，符合18世纪法律学科对一般概念的探寻，即并非自下而上经归纳产生法律概念，而是先有一般概念，再以演绎的方式适用于具体法律类型。但是，在法律行为概念进行法典化时，并非按照法律科学产生法律概念的方式进行，而是将个体法上的法律行为作为原型进行制度构造。因此，现行有关法律行为的规范并非针对抽象的法律行为创设，而是将某一具体法律行为的规则适用于抽象的法律行为。第二，决议不适用于将意思表示一般规则作为法律行为一般规则的法律行为一般理论。法律行为包括意思表示和意思表示的构造规则两个部分，而传统法律行为理论是不完整的，其只关注意思表示，而忽略了意思表示的构造规则。既有规范将意思表示的法律规则适用于法律行为的法律规则，于单方法律行为和契约行为而言影响尚小，但对于注重程序、强调复杂意思表示构造规则的决议而言，其间差异不容小觑。因此，关于决议的效力瑕疵问题在《民法总则》中未有系统规定，需由商事特别法予以完善。

（四）一人公司制度的再完善

一人公司是指出资（包括股份）属于单一股东的公司，包括一人有限公司和一人股份有限公司。在我国对一人公司进行相关立法之前，我国现实生活中已经存在着大量的实质一人公司。2005年《公司法》专设“一人有限责任公司的特别规定”一节，一人公司制度在我国立法层面得到承认和规定。一人公司制度的确立尊重一人公司实质存在的事实，满足个人创业的需求，顺应全球立法趋势。但一人公司股东的单一性也带来了新的挑战，其中最为核心的是债权人利益的保护。

---

① 瞿灵敏：《民法典编纂中的决议：法律属性、类型归属与立法评析》，载《法学论坛》2017年第4期。

首先，我国传统的公司治理结构由股东会、董事会、监事会构成，而一人公司股东具有单一性，且董事会和监事(会)设置与否由股东决定，这使得具有权力制衡效果的公司治理结构难以形成，公司内部无法对股东形成有效的监督，股东侵害债权人利益的可能性便显著提高。鉴于此，有学者建议建议我国《公司法》应规定一人公司必须设立监事会，股东不能进入监事会或干预监事会行使其职权，再辅之以浮动监事制度来对股东形成有效监督。也有学者认为一人公司的治理结构中应引入独立董事制度，强制要求每个一人公司至少拥有一名独立董事。关于一人公司治理结构的设计尚无定论，有待于学界进一步探究。

其次，股东的单一性使得股东更易侵蚀公司财产，对一人公司的公司财产的监管便显得至关重要。我国《公司法》第62条虽然规定了一人公司的审计制度，但其规定过于简略，且缺乏对审计人员的责任规定，缺乏可操作性。因此，公司法有必要进一步细化审计制度，规定具体的实施细则及相关人员的责任制度。

最后，我国《公司法》将一人公司分为自然人一人公司和法人一人公司(全资子公司)，由此带来的问题是法人人格否认制度对于此两种一人公司是否应该区分适用。主张区别适用的传统学说认为母子公司的蓬勃发展使得对此两者区分适用显得愈加重要，母公司对子公司具有控制权，但即使子公司被适用法人人格否认规则，母公司的股东仍受股东有限责任的保护，有违公平。反对区别适用的学者则认为有限责任对投资者之激励对自然人股东和法人股东的作用是一样的，滥用公司控制权损害公司债权人利益的既有法人股东，也不乏自然人股东。应该看到，母子公司之结构相比于单一公司确实更易侵害债权人利益，在立法和司法过程中，应对母子公司给予更多关注。[①]

全资子公司的概念是在公司集团的框架下予以定义的。从股权结构看其属于一人公司，从股东身份看其属于法人一人公司，并由此区别于自然人一人公司。依照我国公司法的设计，一人公司分为自然人一人公司与法人一人公司，后者即为公司集团结构下的全资子公司。众所周知，一人公司获得各国公司法的承认历经漫长时期，主要障碍之一就是一人公司的一些天然制度流弊。[②] 如果说这些流弊天然存在，与自然人一人公司相比较，全资子公司更加的明显，且可能在运行中被放大。依照我国公司法的设计，一个自然人只能设立一家一人公司，该一人公司不能再设立一人公司，耐人寻味的是，但两项限制措施并不是用在法人一人公司，这可以理解为是对当代公司集团经济发展的宽容与支持。于是一家母公司可以设立多家全资子公司，以及后者还可以纵向设立多重的全资子公司，从而组成一个纵横交

---

① 李建伟：《公司法人格否认规则在一人公司的适用——以〈公司法〉第64条为中心》，载《求是学刊》2009年第2期。

② 王涌：《一人公司论纲》，载《法律科学》1997年第4期。

错的包含多家全资子公司在内的公司集团。不可否认，公司集团在降低交易成本等方面的竞争优势非单一公司所可比拟。尤其20世纪70年代以来全资子公司进入了快速发展期，根据美国学者阿尔费雷德对美国密歇根州所有公司的统计，发现有30%的公司均属于一人公司。[①] 在我国，无论大型的国有集团公司还是家族企业集团，全资子公司都在其中扮演重要角色。但是，高速发展的全资子公司也日益暴露出自身的制度缺陷，其中债权人利益的侵害正成为备受关注的问题。传统公司法是以单一公司形式为基础设计的规范，股东有限责任与公司人格独立为其两大基石，但随着公司集团的盛行，子公司以自身利益最大化为目标的制度假设被集团利益最大化所取代，母公司作为公司集团的中枢，利用其控股地位行使着对各成员公司的调控支配权力，如果说控股母公司的支配、控制将动摇各子公司的人格独立性，全资子公司所受影响更甚，因为母公司对其有绝对的控制权，二者的运营关系现状对传统公司法的两大基石均提出了挑战。[②]

(五)国有独资公司制度的发展问题

国有独资公司的制度发展问题，首要体现为国有独资公司的股权结构问题。一直以来，国有独资公司的最大特点之一即在于投资主体的单一性与特定性，单一性是指国有独资公司的投资主体只有一个，特定性指唯一的投资人只能是国有资产监督管理机构。[③] 在国有独资公司的所有制改革中，混合所有制成为国有独资公司所有制的发展方向。混合所有制，即将民营资本引入国有独资公司，实现投资主体的多元化，提高国有独资公司的效率。这一举措将有力改善国有独资公司的效率问题，混合所有制应是国有独资公司所有制的发展方向。国有独资公司在改变所有制结构后，与之相对应的是治理结构也应进行改革。

1.董事会结构的改革

在现行投资人单一的情况下，国有独资公司的董事会组成成员为委派董事与职工代表董事，委派董事由国资委委派。公司所有制向混合所有制发展，很多学者建议董事的来源也应该多元化，董事的产生应该符合《公司法》的治理程序，曾有学者建议将董事会成员分为独立董事与非独立董事，同时建议在较大的国有独资公司中，在董事会下设专门委员会。[④] 笔者认为，在所有制改革后，引入了民营资本，赋予民营投资者选举董事的权利，既解决了董事来源单一的问题，同时也能更好地保护民营资本在国有独资企业中权益。

---

① 王天鸿：《一人公司制度比较研究》，法律出版社2003年版，第17～18页。

② 施天涛：《关联企业法律问题研究》，法律出版社1998年版，第157页。

③ 李建伟：《公司法学》，中国人民大学出版社2018年第4版，第34页。

④ 孙品一：《试论国有独资公司制度的完善》，载《衡阳师范学院学报》2015年第2期。

2.监事会结构的改革

《公司法》规定监事会为必设机构，监事不得少于5人，其中职工代表不低于1/3，其余由国资委委任。而在引入民营资本股东后，该部分股东也应有权选出代表自己利益的监事，从而保障民营资本股东权益，同时，监事成员的多元化能增加监事的监督效力。

3.经理制度的改革

国有独资公司往往牵涉多方利益关系，其对管理者能力要求很高，因此，应该选任经验丰富的职业经理，同时，在董事成员多元化的情况下，经理选任的决策也将有多元化的意见。

(六)公司社会责任的司法化难题

随着经济的爆炸式增长，环境污染、资源短缺、劳动环境恶劣、社会福利不足等社会、环境问题也逐渐暴露。为应对上述问题，联合国确立了17项可持续发展目标，十八届三中全会也将企业社会责任上升为国家战略的高度。习近平总书记在2016年4月19日召开的网络安全和信息化工作座谈会上指出："一个企业既有经济责任、法律责任，也有社会责任、道德责任……只有积极承担社会责任的企业才是最有竞争力和生命力的企业。"然而，相较于社会、环境对于企业社会责任的强烈需求，法律上的企业社会责任条款却常被比喻为"无牙的老虎"[①]或"虚构的裁判幻象"[②]。究其原因，无论是2005年出台的《公司法》第5条还是2017年颁布的《民法总则》第86条均未对企业社会责任的主体进行全面性规定、未对企业社会责任的内涵进行系统性规范、未对企业社会责任条款的功能进行明确定位、未对企业社会责任条款的裁判路径进行科学阐释，由此导致企业社会责任条款在实践中沦为了一个概括性的、宣誓性的条款，几乎不具有裁判指引的功能。《民法总则》在营利法人一节中设社会责任条款的规制方式既无法囊括所有的商事主体，又无法结合商事主体专业性、效率性等特点明确社会责任的责任内涵。由此，应当通过专门的商事立法，结合商业伦理、商业表现等商事特有概念，将社会责任与公司治理相融合，明确企业社会责任的责任主体、责任内涵及裁判路径等问题。

1.企业社会责任的主体规定不全面

2005年《公司法》第5条确立了公司的社会责任，2017年《民法总则》确立了营利法人的社会责任（包括公司、国有企业、三资企业等），但对于诸如合伙企业、个人

---

① 蒋大兴：《公司社会责任如何成为"有牙的老虎"——董事会社会责任委员会之设计》，载《清华法学》2009年第4期。

② 蒋大兴：《虚构的裁判幻想？——检验公司社会责任的可裁判性》，载楼建波、甘培忠主编：《企业社会责任专论》，北京大学出版社2009年版，第291页。

独资企业等非法人组织的社会责任现有立法并无规定。由此,需要专门性的商事立法,对商事主体的社会责任进行系统性设计。在商事领域内,目前社会责任的承担主体应包括以下几类:一是营利法人,营利法人包括公司和非公司营利法人两种类型。其中,公司包括有限责任公司和股份有限公司两种形式。非公司营利法人包括国有企业、三资企业等组织形式。二是营利性的非法人组织,包括合伙企业、个人独资企业等组织形式。而随着电子商务在我国的迅速兴起,未来可能产生更多应承担社会责任却不被现有立法所囊括的组织形式。《民法总则》营利法人一节中设置企业社会责任的条款难以为未来可能出现的组织形式提供规则供给,而通过单行立法的方式逐一解决每一种组织形式的社会责任承担问题则会耗费大量立法成本。因此,有必要在商事立法中设置一般条款对社会责任的承担主体进行概括性的规定,以为现在以及未来可能出现的所有商事组织形式的社会责任的承担提供行为指引和立法依据。

2.企业社会责任的内涵界定不清晰

企业社会责任的内涵一直是各国学术界争论的焦点问题,也是企业社会责任裁判路径形成的前提条件。目前,对于企业社会责任的内涵,不同学科和不同理论均进行了不同维度的界定方法。管理学、经济学理论多以卡罗尔的社会责任金字塔理论为基础,将企业社会责任划分为经济责任、法律责任、道德责任、慈善责任,[①]而法学领域内对于企业社会责任的内涵讨论主要存在四种观点:一是认为企业社会责任是一种具有法律拘束力的法律责任;[②]二是认为企业社会责任是一种不具有法律拘束力的道德责任;[③]三是认为企业社会责任既包含法律责任,也包含超越法律的道德责任,[④]应当"让道德的归于道德,法律的归于法律";四是认为企业社会责任是一种介于法律责任的"软法责任"[⑤]。尽管上述内涵界定有助于我们对企业社会责任有更深层次的了解,但其对于企业社会责任司法裁判思路形成的作用却非常有限。《民法总则》第86条虽提出了营利法人应承担社会责任,但对于企业社会责任的内涵界定依旧模糊。

---

① Archie B. Carroll, The Pyramid of Corporate Social Responsibility: Toward the Moral Management of Organizational Stakeholders, *Business Horizons*, July-August, p.42 (1991).

② 赵万一、朱明月:《伦理责任抑或法律责任——对公司社会责任制度的重新审视》,载《河南省政法管理干部学院学报》2009年第2期;谢鸿飞:《营利法人社会责任的法律定性及其实现机制——兼论〈民法总则〉第86条对公司社会责任的发展》,载《法治现代化研究》2017年第2期。

③ 朱慈蕴:《公司的社会责任:游走于法律责任与道德准则之间》,载《中外法学》2008年第1期。

④ 楼建波:《中国公司法第五条第一款的文义解释及实施路径——兼论道德层面的企业社会责任的意义》,载《中外法学》2008年第1期。

⑤ 蒋建湘:《企业社会责任的法律化》,载《中国法学》2010年第5期。

从定义上看，企业社会责任是指对企业全体利益相关人需求的回应。然而，在企业经营的不同时期，利益相关人对于企业的需求是不同的，即便是同一时期，不同利益相关人对于企业的需求也不尽相同，从这个意义上说，“应该通过一些抽象的、原则性的规定来整体上规范公司的行为”[①]。但若要将其作为一项裁判规范，我们仍有必要从法律角度对企业社会责任的内涵进行一定程度上的限缩。《民法总则》第86条概括性、抽象性的规范方式无法回应企业社会责任条款作为裁判规范的需求。企业社会责任的本质是负责任的商业行为，其实现基础在于恪守商业伦理和维护商法价值。从责任对象上看，其既包括对经营者、股东、雇员等内部利益者，也包括债权人、供应商、消费者、社区等外部利益相关者。从责任领域上看，其既包括追求盈利的经济领域，也包括环境保护、劳动保障、社会福利等环境、社会领域。因此，有必要通过专门性的商事立法，厘清商事领域的伦理追求、价值追求和内在秩序，并在此基础上，以司法裁判为导向，以责任对象和责任领域为维度，对企业社会责任的内涵进行类型化区分和体系化规范。

3.企业社会责任的功能定位不明确

我国企业社会责任的另一焦点问题在于其功能定位。我国2005年《公司法》第5条首次将企业社会责任写入成文法，“这是我国立法者对世界公司法的一大贡献”[②]。2017年《民法总则》在营利法人一节中延续了2005年《公司法》将社会责任写入成文法的模式，并在此基础上进一步扩大了其主体范围。但鉴于长期以来社会责任内涵的模糊性和法院过重的司法负担，审判人员对于企业社会责任条款的可裁判性一直秉持着一种暧昧的态度，使得社会责任条款在实践中沦为仅具有引导性、宣誓性功能的概括性条款。然而，若抛弃企业社会责任条款裁判规范的价值，则该条款将会沦为“无牙的老虎”[③]而丧失其应有价值。因此，有必要通过专门性的商事立法，明确企业社会责任条款的裁判功能和裁判思路，以使得企业社会责任成为“有牙的老虎”，在商事领域中发挥其行为规范和裁判规范的双重作用。

企业社会责任条款的功能定位为兼具裁判功能和指引功能的概括性条款。我国学者在论述企业社会责任条款时多以原则性条款用以描述其定位。[④] 然而，法律原则的特征之一在于贯彻始终。遗憾的是，无论是《公司法》还是《民法总则》，除却社会责任条款本身外，其他条款均未体现社会责任的内容。因此，其在性质上不

---

① 王利明:《谈谈公司的社会责任》,http://www.aisixiang.com/data/45931.html,访问日期:2018年10月19日。

② 刘俊海:《新公司法的制度创新:立法争点与解释难点》,法律出版社2006年版,第553页。

③ 蒋大兴:《公司社会责任如何成为“有牙的老虎”——董事会社会责任委员会之设计》,载《清华法学》2009年第4期。

④ 王利明:《谈谈公司的社会责任》,http://www.aisixiang.com/data/45931.html,访问日期:2018年10月19日。

应定位为包含一般法律思想的原则性条款，而应表述为具有一定适用范围的概括性条款。从具体功能看，社会责任条款的功能应包含两个方面：一是裁判功能。其下又可分为具体两个功能：对于其他部门法（如环境法、劳动法等外部性法律）规则已有明确规定的内容，社会责任条款实际扮演着引致条款的角色，审判人员在具体裁判时，应根据具体的部门法裁判规则进行裁判。对于属于商事伦理或商法价值的内容，社会责任条款扮演着如民法公序良俗原则一般的概括性条款的角色，审判人员在进行具体审判时，应对商事伦理、商事习惯、商法基本原则、商业判断规则、企业社会责任标准等要素妥为考量，在个案中形成具体的裁判路径。二是指引功能。社会责任条款的执行部门不仅限于法院，其还应具有法外效果。[①] 各行业组织、监管部门应依据社会责任条款的指引，结合本行业的具体需求和具体情况，制定相应的企业社会责任规范指引，以引导企业社会责任承担水平的整体提升。

（七）公司资本制度的变革

公司资本制度是公司法的核心制度。我国的公司资本制度，包括公司注册资本形成、增减、公司资本维持等一系列规范。[②]

自1993年颁布《公司法》后，在其后的两次公司法修正案中均对公司资本制度进行了不同程度的改革。在1993年《公司法》中，我国采用过于严苛的法定资本制，设立了标准较高的法定最低资本额制度，且要求注册资本全部实缴。2005年《公司法》使僵硬的实缴制有所缓和，实缴制与认缴制并举，要求股东在公司成立时至少实缴注册资本的1/5，并且下调法定最低资本额制度的标准。2013年《公司法》将法定最低资本额制度废除，确立较为彻底的注册资本认缴制，即除募集设立的股份有限公司和法律、行政法规和国务院决定另有规定外，其他公司均实行认缴制。

2013年《公司法》确立的注册资本认缴制是我国公司资本制度的重要变革。其优势在于降低了公司设立的门槛，有利于激发公众创业的热情，从而促进社会主义市场经济的繁荣发展。但注册资本认缴制的确立也带来了债权人保护的难题，即如果公司没有能力支付到期债务，债权人可否请求约定的出资期限尚未到期的股东提前履行出资义务？或者说未到期的股东出资义务能否加速到期？我国《企业破产法》规定在公司破产的场合下，股东出资责任的履行不受约定的出资期限限制，但对于公司非破产的场合下则无任何明确的法律规定。

在学界，对于公司没有能力支付到期债务且处于非破产场合下，债权人可否请

① 蒋大兴：《虚构的裁判幻想？——检验公司社会责任的可裁判性》，载楼建波、甘培忠主编：《企业社会责任专论》，北京大学出版社2009年版，第291页。

② 王军：《中国公司法》，高等教育出版社2017年第2版，第106页。

求约定的出资期限尚未到期的股东提前履行出资义务的问题，存在以下三种观点。第一种观点为否定说，即出资不到期的股东不承担补充赔偿责任。持否定说的学者主要有以下四点理由：(1)缺乏法律依据；(2)需严格解释法律；(3)风险自担；(4)存在其他的救济途径，如行使撤销权和适用公司法人人格否认制度。第二种观点为肯定说，即出资不到期的股东应承担补充赔偿责任，持肯定说的学者主要有以下四点理由：(1)内部约定不能对抗外部第三人；(2)具有救济成本低、效益高之优势；(3)资本担保责任论；(4)约定无效说。第三种观点为折中说，即股东的出资义务是否加速到期视情况而定。该说认为一般情况不要求出资不到期的股东承担补充赔偿责任，特殊情况除外。对特殊情况的认定又分为经营困难说和债权人区分说。

在以上三种学说中，否定说和折中说存在理论瑕疵，如缺乏法律依据不应成为解决问题的最终答案、对第13条第2款的严格解释本身存疑、债权人区分说有违债权平等原则之嫌等。① 肯定说则具有说服力的论证，该说体现了权利义务的对等性，显示了公司资本制度的功能内涵，境外公司法的实践也对该说提供了支持。②

总结来看，从1993年至2013年的20年间，我国公司法的资本制度一直采用的是法定资本制，但在法定资本制的框架内一直朝不断宽松化改革，在最低资本额、首期出资比例、出资期限、出资形式、验资等环节上不断降低门槛或者取消限制。但是目前面临两大挑战，一是由于债权人保护制度配套的缺失，彻底的资本认缴制制度的实施为公司债权人保护带来极大的压力，认缴制本身也面临质疑与部分环节的修正；二是即便在所有的环节倾向于宽松化的规则设计，但终究法定资本制的自身局限性，在基本制度层面已经不能满足我国迅猛发展的资本市场需求，不符合现代市场经济体制下公司资本的制度逻辑，为公司资本的健康发展带来严重的羁绊。一个多数人的共识是，未来的公司资本制度变革趋向与下次的公司法修订，还是要坚定的采用授权资本制。比之法定资本制，授权资本制的突出制度优势，一是增加公司资本制度的适应性、灵活性，降低资本成本，二是将股份发行权授予董事会，这不仅符合当前我国公司资本制度发展的市场需求，也与未来公司法修订关于公司治理采用董事会中心主义相配套。

(八)瑕疵出资股东的责任及其救济

对于何为瑕疵出资，学界说法繁多，但是一般认为瑕疵出资是指股东对出资义务的违反，是一种对契约义务的违反。根据出资行为可区分为不履行和不全面履

---

① 李建伟：《认缴制下股东出资责任加速到期研究》，载《人民司法》2015年第9期。

② 李建伟：《认缴制下股东出资责任加速到期研究》，载《人民司法》2015年第9期。

行两大基本类型，[①]其主要的表现形式有三：一是出资时间的瑕疵，即出资不及时；二是货币出资的不足额；三是出资方式的不适当，例如非货币出资的质量瑕疵或者权利瑕疵。[②] 其中，一般不认为股东以非货币形式足额履行出资义务后，由于市场或者其他因素导致的贬值为出资瑕疵。出资瑕疵不仅仅出现在公司设立时股东的认缴情形中，也经常出现在公司的增资过程中。

1.股东的瑕疵出资责任

股东出资瑕疵导致的责任类型有三，分别是民事责任、刑事责任、行政责任，本书所介绍的为民事责任，且我国法下该民事责任不受诉讼时效的约束。根据李建伟教授的总结，民事责任有四：对其他发起人、股东的违约责任；对公司的资本充实责任；对公司的损害赔偿责任；对公司债权人的损害赔偿责任，下文分述之。

首先，是对其他发起人、股东的违约责任。1993年《公司法》、2005年《公司法》及以后各修订版本均要求瑕疵出资股东向已经足额出资的股东承担违约责任。关于有限责任公司股东及发起人的瑕疵出资责任的规定见《公司法》第28条、关于股份公司的规定则见《公司法》第83条，值得注意的是股份公司的发起人协议效力仅及于发起人，不含认股人及其继受股东，另外该规定并不适用于募集设立的股份公司。该类责任的规则原则适用无过错责任，且一般仅可主张损害赔偿和违约金。

其次，是对公司的资本充实责任。《公司法》上的资本充实责任包含了缴纳担保责任和差额填补责任，相关规定见之于《公司法》第28条(足额缴纳)、第30条(补足其差额)、第93条(补缴、补足其差额)，以及《公司法司法解释(三)》第13条，其中，股份公司中的规定仅适用于发起设立的股份公司中的发起人，且全体发起人承担连带责任。在诉讼中，除了公司可以成为原告之外，在股东怠于行权时，股东也可以提起诉讼，同前述，该责任的适用无过错责任。

再次，是对公司的损害赔偿责任。根据《公司法司法解释(三)》第6条的规定，由于认股人延期缴纳股款给公司造成损失者，公司可以请求该认股股东赔偿之，且并未有连带责任的规定。例如，由于股东瑕疵出资致使公司资本不足，导致公司丧失商业机会招致损失，公司在要求股东补缴出资的同时当然有权要求该股东赔偿由其行为招致的损害。

最后，是对公司债权人的补充赔偿责任。中国法上的该项责任一般包括瑕疵出资赔偿责任和出资义务加速到期两部分的内容，其承担损害赔偿的责任以其未出资本息为限，应该说明的是在涉及公司清算时，清算财产既包括股东到期未缴出资，也应包括认缴制下认缴而未到期的出资，即应加速到期。在一般出资瑕疵的赔偿责任时，可能会涉及发起人与瑕疵出资股东的连带责任，但是发起人担责后可以

① 李建伟：《公司法学》，中国人民大学出版社2018年版，第177页。

② 刘俊海：《现代公司法》，法律出版社2015年第3版，第213页。

向涉案股东进行追偿。另外，如果发起人的瑕疵出资中涉及因中介机构过错给债权人造成损失时，如非货币出资中，验资机构出具了不实的验资报告，债权人有权要求中介机构在其评估或者证明不实的金额范围内承担补充赔偿责任，显而易见的是中介机构承担的是过错责任，并因其工作的专业性适用过错推定规则。

2.救济方式

首先，对于股东出资瑕疵的救济一般都要求股东足额补缴出资，这也是不言自明的。

其次，限制股东权利。《公司法司法解释（三）》中确立了公司可以通过公司章程或者股东（大）会决议的方式合理限制未履行或者未全面履行出资义务或者抽逃出资的股东的利润分配请求权、新股优先认购权、剩余财产分配请求权等股东权利，以此来敦促该股东及时、适宜地履行出资义务。

最后，股东除名或者催告除权制度。《公司法司法解释（三）》中确立了瑕疵出资股东的除名制度，并将适用范围严格限制在有限责任公司股东的严重的瑕疵出资行为范围内，即未履行出资义务或者抽逃全部出资的行为，换言之，即不当履行并不会触发这一制度。另外，该制度的适用还要求前述行为的股东经公司催缴而在合理期间内仍未缴纳或返还。股东的除名是以决议的方式实现的，因其严厉性，该决议应由股东会作出并适用特别表决规则。若被除名股东认为决议有误。可依据决议瑕疵之诉制度进行救济。除名制度一方面可以威慑股东自觉履行出资义务，另一方面由于其会引发公司后续的减资行为或其他人代为缴纳出资从而继受股权的行为，从而维护公司资本真实性的法律效果。[①]

3.瑕疵出资的股权转让问题

对于瑕疵出资的股权是否可以转让的问题的，回答是肯定的，但是对于受让股东是否应当承担责任以及何种责任是有争议的，对此，《公司法司法解释（三）》做了回答：如果继受人对前手出资瑕疵是明知或者应知的，则继受人与原股东承担连带责任，如无特殊约定，继受人则有权向原股东追偿。若继受人明知股权有瑕疵仍恶意受让或者其虽不明知股权瑕疵却以明显的低价投机购入，其承担相应的连带责任是合理的。根据反向解释，如果继受人购入该瑕疵出资的股权是善意的，其不应就此承担责任。

（九）有限公司股权变动模式及股权善意取得之争

股权变动是指股权转让合同生效后，转让人丧失股权，受让人取得股权的结果。基于法律行为发生的股权变动模式，由于我国公司法立法不够明确，在理论与实务界存在三种理论模式。

---

① 李建伟：《有限责任公司的股东除名制度研究》，载《法学评论》2015 年第 2 期。

1.债权形式主义

该论主张，股份转让合同生效后，转让人与受让人之间产生债的关系；加之公司完成某公司个行为作为股权变动的生效要件，发生股权变动结果，受让方得向公司主张股权。根据作为生效要件的“行为”的不同，此论之下又有两种主张。

主张之一：该“行为”为内部的股东名册的变更记载行为。但该主张的缺陷在于，完全将股权变动的生效要件局限于股东名册变动，过于僵硬；如考虑到股东名册为公司管理层或实际控制人所控制，则将受让人置于极其不利的法律境地。

主张之二：该“行为”为公司外部工商登记。但这一主张与《公司法》第32条第3款直接矛盾，该款规定，“未经登记或者变更登记的，不得对抗第三人”，由此，此主张不具有立法论基础。

2.纯粹的意思主义模式

该论认为，只要转让人与受让人的股权转让合同生效，即在二者之间发生股权变动的效果，受让方得向公司主张股权。该论对于受让人最为有利，却忽略了公司的意思，未考虑到有限公司的人合性，不符合组织法原理。

3.修正的意思主义模式

该论主张，有限公司的股权转让合同生效即在转让人与受让人之间产生股权变动的效果，但只有通知公司并取得公司的认可，受让人才得对公司主张股权。此论既保障了受让人的权利，使其在转让合同生效时就从转让人处取得股权，同时又尊重了公司的意思自治，只有在公司对于该股权转让行为予以认可时，受让人才能对公司主张行使股权。故修正的意思主义模式兼顾受让人权利与公司的组织性，成为有限公司股权变动模式的通说。

在厘清股权变动模式后，股权转让的善意取得制度也是争议话题。关于有限公司的股权善意取得，根据我国《公司法司法解释(三)》等司法解释，及其在实务中主要存在两种场合，而对于这两种情形是否应该适用善意取得规定存在质疑。

场合一：名义股东处分登记于名下的股权

对此情形，《公司法司法解释(三)》第25条规定，法院可以参照《物权法》第106条的规定处理，即准用物权的善意取得制度。

但对于此情形下，适用善意取得制度存在逻辑悖论。善意取得制度的发生前提在于处分人无权处分，而名义股东处分股东究竟属于无权处分抑或是有权处分？答案不言自明。《公司法司法解释(三)》第24条所坚持的原则是，“实际出资人”所享有的投资权益分配的约定属于内部约定，无法超越约定直接向公司主张股权；而公司承认“名义股东”为其股东，“名义股东”可向公司主张股东权益，由此，其处分名下的股权自然属于有权处分，不满足善意取得制度的前提条件。

场合二：“一股再卖”

一股再卖即在公司事务中，原股东转让股权后，由于种种原因未及时办理股权变更登记而形成的名实分离情形，此时，原股东将仍登记于其名下的股权转让、质押或做其他处分的情形。在此情形下，《公司法司法解释（三）》第27条规定，法院可以参照《物权法》第106条的规定处理，即准用物权的善意取得制度。

但在此情形下，股东再卖时的受让人必须具备"善意且无过失"，实践中，受让人通常难以符合该要求，在有限责任公司股东第一次转让时，要求其对公司其他股东进行通知，同时，转让后，也会要求公司进行股东名册的变更，同时有限公司具有较强的人合性，在其进行再卖时，受让人难以做到无过失且完全不知情，故此规定受让人"善意且无过失"的理论具象与生活逻辑双重不可能性。[①]

（十）股东会中心主义与董事会中心主义之争

股东会中心主义与董事会中心主义之争的一大根源是20世纪30年代初经济学界所提出的"伯利—米恩斯假说"，其争论的本质是所有权与经营权分离之争，核心是公司法人治理结构中的权利配置问题，以期寻求解决代理问题的最佳机制。一般来讲，将以股东会作为公司法人治理的核心机构的模式称为"股东会中心主义"，将以董事会作为公司法人治埋的核心机构的模式称为"董事会中心主义"。放眼全球，在长期的公司治理模式发展的过程中，实现了从股东会中心主义向董事会中心主义的变迁。

关于股东会中心主义，受当时政治思潮的影响，公司机关制度化初期，股权结构较为集中且稳定，股东会在公司治理机构中处于最高的万能机构的地位，[②]其逻辑在于公司是在股东的投资基础上形成的，则公司权力应由全体股东组成的股东会所有，股东会是公司的"最高权力机关"，公司章程则是公司的"宪法"，凡与公司经营相关的事项均应由股东会表决决定。而董事会则仅仅是股东会的附庸，是一个依附于股东会的执行机构并应受股东会监督。该时期，股东投票所带来的收益远远高于相应的成本，其拥有足够的激励去管理公司。

但是，随着社会发展和大规模现代公司的涌现，股权的分散加剧，公司经营活动也日益复杂化、专业化，股东会中心主义的不足也愈发显现，这也导致了其在现代公司法人治理中的式微。首先，股东会的决策效率低下，多元股东的"异质偏好"，使得股东内部的协调成本大幅增加，难以应对愈发高速的商事流转；其次，股权的分散化趋势，使得股东参与公司治理的激励大打折扣，"搭便车""理性冷漠"现象严重；再次，股权的买卖自由化也即"用脚投票"使其丧失了"股权结构稳定"的基础；最后，普通股东一般不具备公司管理的专业知识，且缺乏对于股东直接参与公

① 李建伟：《公司法》，中国人民大学出版社2018年第4版，第3页。

② 刘俊海：《现代公司法》，法律出版社2015年第3版，第584页。

司治理的监督机制，易导致道德风险。[①]

关于董事会中心主义，相较于前述模式，董事会中心主义是一个“新生事物”，是指公司的权力中心转移到董事会的一种治理模式，职业经理人更能体现出公司经营的专业化和效率化优势。在该模式下，股东会与董事会的职能划分持续扩大，在一般的经营事务上，股东会基本被“架空”，董事会拥有了实际的决策权，“商业判断规则”的发展也使得董事的经营权得到了保护，进一步强化了董事会的权力。董事会中心主义是对股东会中心主义在公司治理模式上的修正，基本上弥补了股东会中心主义的不足：专业化的经营团队，更能够适应公司经营的专业化和复杂化；常设化和精简化的机构设置带来了公司经营决策的效率化；公司法对董事勤勉忠实的义务约束在一定程度上避免了道德风险；利益无涉也有利于实现对公司小股东和债权人的保护。

那么，具体到我国公司法上的公司治理模式，尽管从股东会中心主义到董事会中心主义的变迁是现代公司治理模式的趋势，但是对于我国公司治理模式是否实现了这一变迁，众说纷纭，例如就有人认为，中国法上股东会与董事会的关系就像“全国人大”和“全国人大常委会”之间的关系，不是任何主流国家公司治理模式的立法，不符合任何一种对董事会角色定位的规范理论。[②] 但是我国的主流学说仍然认为我国的公司治理模式为“股东会中心主义”。对于这两种模式区分的标准有二：经营管理公司的实质决策权（如是否引进授权资本制）由谁享有；立法者没有明确列举的剩余权利由谁行使。[③] 就目前我国法而言，股东会作为权力机关享有重大事项决策权，担负选择管理层与重大事项决策职能，董事会作为执行机关，享有经营管理决策权与执行权，[④]且并未明确规定董事会垄断经营权，较为显著的是我国并未引进授权资本制，也即股东会垄断有关资本事项的决策权。另外，我国法上也并未明确表态公司的剩余控制权的归属，因此按照股东会“权力机关”的属性，应将该项权力赋予董事会。据上，基本可以认定我国法属意于“股东会中心主义”。

具体来看，《公司法》中股东会的职权规定在第37条，董事会的职权规定在第46条，从中不难看出，一些公司重大事项的决定权依旧由股东会掌握，如“经营计划的投资计划”“年度财务预算方案、决算方案”“利润分配方案和弥补亏损方案”“增资、减资、债券发行”“公司合并、分立、解散、清算”等，股东会在公司权力配置中仍然是执牛耳者。另外，在《公司法》第46条明确规定“董事会对股东会负责”的内

① 叶敏、周俊鹏：《从股东会中心主义到董事会中心主义——现代公司法人结构的发展与变化》，载《商业经济与管理》2008年第1期。

② 邓峰：《普通公司法》，中国人民大学出版社2009年版，第552～557页。

③ 刘俊海：《现代公司法》，法律出版社2015年第3版，第585页。

④ 李建伟：《公司法学》，中国人民大学出版社2018年版，第272～273页。

容，这也表明股东会的权力凌驾于董事会之上。概言之，《公司法》依旧保留了股东会中心主义的基调。再者，从事实上来看，我国公司的一大特点是公司股权相对集中且两权分离也相对较弱，这也说明股东会中心主义的基础仍旧存在，董事会依旧是一个业务执行者的角色，其行使的仅仅是股东会授权下的业务职能的执行权。综上所述，我国依旧处于股东会中心主义的阶段，并未确立董事会中心主义。对此，学者争论的是，我国下一步的公司法修改，应否坚定的确立董事会中心主义，并围绕之重构公司治理结构。① 这一问题的确是我国公司法走向现代化过程中不可回避的一个基本课题。

（十一）法人人格否认规则适用的完善

公司法人人格否认制度是指为阻止公司独立人格的滥用和保护公司债权人利益和社会公共利益，就具体法律关系中的特定事实，否认公司与其背后的股东各自独立的人格及股东的有限责任，责令公司的股东（包括自然人股东和法人股东）对公司债权人或社会利益直接负责，以实现公平正义之要求而设立的一种法律制度。② 公司法人人格否认制度本为英美判例法的一项司法原则，2005 年《公司法》首次以制定法的形式规定了公司法人人格否认制度，其中《公司法》第 20 条第 3 款属于公司法人人格否认制度的一般条款，第 64 条属于一人公司适用法人人格否认制度的特殊条款。

我国虽然以制定法的形式规定了公司法人人格否认制度，但其司法适用的诸环节仍需完善。

1.关于公司法人人格否认制度的适用情形与要件

国内许多学者对此进行了深入的探讨，主流观点认为公司法人人格否认制度主要适用于以下情形：第一是公司资本显著不足，第二是利用公司人格规避合同义务，第三是利用公司人格规避法律义务，第四是公司人格形骸化。值得注意的是，随着新类型案件的不断涌现以及我国法院适用法人格否认规则的经验积累，尤其有些地方法院适用法人格否认的门槛不断降低，有些理论探讨也已经超出了传统适用范围的讨论，比如股东或公司自己可否提起公司法人格否认之诉以及公司法人格否认的反向适用问题。③ 关于主观要件，被适用法人格否认规则而被追究连带责任的股东是否需要具备主观过错要件？主观论持肯定立场，认为只有股东具有主观上侵害债权人的恶意，存在规避法定、约定义务的意思，方能追究其责任，客

① 邓峰：《董事会制度的起源、演进与中国的学习》，载《中国社会科学》2011 第 1 期。

② 朱慈蕴：《公司法人格否认法理研究》，法律出版社 1998 年版，第 75 页。

③ 朱慈蕴：《公司法人格否认制度理论与实践》，人民法院出版社 2009 年版，第 6～7 页。

观论则认为股东的主观恶意无须具备。[①] 观法人格否认规则的三方当事人之间的法律关系，债权人与公司属于源发性债权债务关系的当事人，被追究连带责任的滥权股东系第三方，可见后者对于利益受损的债权人而言应实属侵权责任。基于这一点，若追究滥权股东的连带责任，应当符合一般侵权责任的主观要件，也即侵害人股东主观上存在恶意。以司法裁判关注的一线经验法则来看，关于法人格否认适用的情形对象与适用要件，存在较为突出的不统一问题，亟须最高人民法院发布司法解释予以适度的统一规则。

其次是证据规则问题，根据《公司法》第 64 条的规定，在一人公司适用法人人格否认制度时实行举证责任倒置，由股东证明公司财产独立于股东自己的财产。问题的关键在于在非一人公司的其他情形下是否需要实行举证责任倒置。对此存在两种观点，第一种观点为否定说，持该观点的学者认为根据解释论非一人公司的其他情形下要严格按照诉讼法的一般原则进行举证责任的分配。[②] 第二种观点为肯定说，持该观点的学者则认为根据德国的"推定关系企业理论"以及债权人和公司股东之间严重的信息不对称，在非一人公司的其他情形下也应实行举证责任倒置，由公司股东承担证明责任。[③]

最后是关于公司法人格否认后的责任承担问题，根据我国《公司法》第 20 条第 3 款的规定，公司法人人格否认后，股东应当对公司债务承担连带责任，但没有明确应为直接连带责任或是补充连带责任，学界对此尚无定论，有待进一步的研究。

(十二)公司决议瑕疵之诉的完善

公司决议[④]是一种组织法上的法律行为，所谓的公司决议瑕疵是指已经成立的公司决议在内容、程序上存有效力上的瑕疵。[⑤] 关于公司决议瑕疵的类型，大陆法系国家有"二分法"和"三分法"之分，采"二分法"的国家为多数，其分为决议无效和决议可撤销，仅针对已经成立的公司决议；采"三分法"的国家和地区典型如德、日、韩以及我国的台湾地区，分为决议不成立、决议无效和决议可撤销，其在逻辑上更为周延。针对决议瑕疵问题提起的诉讼就是决议瑕疵之诉。

---

① 赵旭东：《法人人格否认的构成要件分析》，载《人民司法》2011 年第 17 期。

② 蒋大兴：《一人公司法人格否认之法律适用》，载《华东政法学院学报》2006 年第 6 期。

③ 李建伟：《公司法人格否认规则在一人公司的适用——以〈公司法〉第 64 条为中心》，载《求是学刊》2009 年第 2 期。

④ 在我国，公司决议分为股东会决议、董事会决议，针对二者的瑕疵提起的诉讼，并称为"公司决议瑕疵之诉"，二者虽有技术上的差异，但基本原理和制度框架是一致的，故而本节中如果明确区分，一并述之。

⑤ 李建伟：《公司法学》，中国人民大学出版社 2018 年版，第 306 页。

1.决议瑕疵之诉的类型

从我国《公司法》以及《公司法司法解释(四)》来看,我国采的也是"三分法",三种瑕疵相对应的救济为决议不成立之诉、决议无效之诉和决议可撤销之诉,其中决议不成立之诉是《公司法司法解释(四)》作为司法解释对于《公司法》决议瑕疵之诉类型的补充,这是本次司法解释的一大亮点,也与《民法总则》相呼应。决议不成立的情形有:会议未召开;未经表决的;不足法定足数的;不足法定比率的;其他情形。[①] 根据我国法,决议无效的事由有:决议的内容违法或者违反了公序良俗。决议可撤销的事由一般认为为两大类:决议内容违反公司章程;决议的程序存在瑕疵。需要说明的一点是如若原告在提起决议瑕疵之诉时性质认定错误该如何处理?此时法官应行使释明权,告知当事人可以改变诉讼请求,不变更的应驳回原告的诉讼请求。

2.决议瑕疵之诉的当事人

我国法上对于决议瑕疵之诉的当事人进行了明确的规定,其中《公司法司法解释(四)》的相关规定最为清晰,其确立的一个基本原则就是"明确了决议效力纠纷的原告范围"[②]。

首先,从原告来看。《公司法司法解释(四)》第1条明确规定了提起决议不存在之诉和公司决议无效之诉的主体为"公司的股东、董事、监事等",第2条同时明确提起诉讼的股东"应当在起诉时具有公司股东的资格",除此之外不作其他要求。关于除"股东、董事、监事"之外的与公司决议有利害关系的人(如高管、债权人)能否成为适格的原告,司法解释并未给出明确的规定,但是应当认为可以将其解释到具有开放性的"等"之中,赋予其原告资格,以期更好地保护中小股东的利益。[③] 而《公司法》第20条第2款,将决议可撤销之诉的原告限定在股东上,同上,该股东要求在起诉时有股东资格,除此之外不做其他要求。提起决议瑕疵之诉的股东若在起诉时丧失股东资格,法院应当裁定驳回起诉。此外,《公司法司法解释(四)》还对共同原告作出规定,即"一审法庭辩论终结前,其他有原告资格的人以相同的诉讼请求申请参加前款规定诉讼的,可以列为共同原告"。

其次,从被告来看。较之以往,《公司法司法解释(四)》第3条明确规定了决议瑕疵之诉的被告应是公司,决议涉及的其他利害关系人则应列为第三人,这就解决了司法实践中被告不清的问题。

---

① 李建伟:《公司法学》,中国人民大学出版社2018年版,第308页。

② 丁俊峰:《公司决议规则的制度解读和亮点呈现》,载《中国审判》2017年第26期。

③ 黄冠猛:《〈公司法司法解释(四)〉对瑕疵决议效力诉讼制度的完善及司法适用》,载《中国审判》2017年第26期。

3.决议被否定后的法律效果

首先,公司决议一旦被生效判决否定,基于其对世效力,任何人不得再主张该决议有效。其次,在溯及力问题上,在决议不成立之诉中,因为其无关法律效力评价,则股东会或者董事会依旧可以依合法的程序作出相同内容的决议;在决议无效之诉中,因其内容违法,决议自始无效,且不得再作出相同内容的决议;在决议可撤销之诉中,决议自始无效,但是是否可以在作出相同内容的决议则应该结合其两类提起诉讼的事由区别对待,若是因程序招致瑕疵的,则可以,反之则不可。最后,根据《民法总则》第61条和第85条的规定来看,我国法采取了区分内部关系和外部关系以及保护善意相对人的原则。在对内关系上,决议被否定之后,基于决议所产生的仅关涉公司内部人员的法律关系当然无效。然在对外关系上,《公司法司法解释(四)》明确规定了决议无效或撤销的,公司依该决议与善意相对人形成的民事法律关系不受影响,反言之,与非善意相对人形成的民事法律关系将受到否定。

4.程序轻微瑕疵的效力影响

《公司法司法解释(四)》中还明确了程序轻微瑕疵对于决议效力的影响,即对可撤销决议的裁量驳回,是对域外《日本公司法典》第831条、《韩国商法典》第379条的借鉴。[①] 其适用的要件有三:该瑕疵是在"召集程序"或"表决方式"上的;该瑕疵是轻微的;该瑕疵未对决议产生实质影响。

5.决议可撤销之诉的再完善

股东决议瑕疵撤销之诉是当公司的股东(大)会或者董事会决议在程序违反法律、行政法规或章程以及内容上违反公司章程的情况下,法律允许股东向法院提起诉讼请求撤销公司决议以维护自身权益,维护公司治理。一般认为,决议撤销之诉权是股东享有广泛股权的一种表现形态,是公司股东固有的权利。《公司法》第22条第2款、第3款以及《公司法司法解释(四)》第2条分别对公司决议撤销之诉的适用情形、原告担保以及原告的资格进行了规定,但是仍有一些方面需要加以完善,接下来将在诉权主体及决议撤销之诉的适格原告的范围、法院要求股东提供担保的情形以及可撤销之决议的可补正性方面提出一些改进措施。

第一,为了防止股东滥诉以及职业原告的产生,可以限缩目前所规定的诉讼原告的范围。《公司法司法解释(四)》第2条规定,依据公司法第22条第2款请求撤销股东会或者股东大会、董事会决议的原告,应当在起诉时具有公司股东资格,也即不论该股东自身的权益是否受到公司决议的侵害,只要其具有股东资格,均可向法院请求撤销公司决议,且无疑是值得商榷的,建议将原告的资格限定为应股东会决议导致自身权益受到侵害的股东,主要基于以下几点因素的考量:(1)过于宽泛

① 杜万华:《最高人民法院公司法司法解释(四)理解与适用》,人民法院出版社2018年版,第116页。

的原告资格会导致股东滥诉的发生以及司法资源浪费。虽然公司法以保护股东的利益为主要目的，但是同时应当兼顾公司的稳定运行；(2)根据《民事诉讼法》第119条"原告是与本案有直接利害关系的公民、法人和其他组织"这一起诉条件，也应当对决议撤销之诉的原告范围加以限定；(3)根据诉因理论要求，原告和诉讼标的应当具有直接的利害关系。股东会决议存在可撤销事由，股东权益并不一定受损。权益未受到侵害的股东除非借助派生诉讼的形式，否则不满足诉因理论。[①]

第二，为了防止不正当限制股东的诉权，只有在公司能够证明股东存在恶意诉讼的情形时，法院才可要求原告股东提供相应的担保。《公司法》第22条第3款规定："股东依照前款规定提起诉讼的，人民法院可以应公司的请求，要求股东提供相应担保。"法律的规定过于概括，应该对其加以解释。对股东科以担保责任是为了平衡股东和公司的利益并防止股东滥诉发生的有效手段，但是股东作为受害人，应当在符合特定情形即具有充分的理由时才可以承担此责任，否则有违公平公正原则。所以当公司请求法院要求原告股东提供担保时，应举证证明原告股东请求撤销公司决议之诉为恶意诉讼，将此举证责任归属于公司，可以防止对股东诉权作出不当的限制。[②]

第三，可以在公司法中增加可撤销决议效力补正规则。最高人民法院2003年发布的《公司法司法解释(一)(征求意见稿)》第41条和《公司法司法解释(四)(征求意见稿)》第8条均对可撤销决议的效力补正规则作出归档，虽然最后由于各种原因没有通过，但是基于实践的需要和国外相关立法例，建议应当对此法律空白进行填补，可参考《公司法司法解释(一)(征求意见稿)》第41条的规定："股东参加了股东会议且对会议召集程序未表示异议，或者虽对会议召集程序表示异议但对决议事项投票赞成，或者虽投票反对但已以自己的行为实际履行了股东会议决议，其提起诉讼，请求撤销股东会议决议或者认定股东会议决议无效的，人民法院应当驳回其诉讼请求。"

(十三)股东知情权诉讼的完善

由于我国现行《公司法》对股东知情权诉讼的规定较为抽象，理论和实务界围绕股东知情权诉讼的诉讼主体、正当目的、查阅范围、举证责任分配、行权方式等问题存在诸多争议。有学者将对原股东是否享有诉讼主体资格的不同看法总结为三种学说，分别为绝对有权说、绝对无权说和相对有权说，其中，"相对有权说"占据主流地位，该学说主张在公司隐瞒利润，侵犯股东盈余分配权这一特定情形下赋予原

① 王湘淳：《股东会决议撤销诉讼：功能重校与规则再造》，载《法学论坛》2018年第1期。

② 刘俊海：《新公司法的制度创新：立法争点和解释难点》，法律出版社2006年版，第45页。

股东以知情权。[①]《公司法司法解释(四)》第7条有条件地赋予已丧失股东身份的原股东以知情权。德国《民法典》、美国《特拉华州普通公司法》等域外法也有类似规定。[②]

关于不正当目的方面,有学者指出法律应对此概念加以界定,以统一实务裁量标准,增强《公司法》第33条第2款的可操作性,持相反观点的学者则根据《公司法司法解释(四)》第9条,认为作为实质判断标准的"不正当目的"无法通过行为描述的方式加以列举,应交由法官自由裁量。[③]《公司法司法解释(四)》第8条第1项对从事同业竞争的股东进行刚性限制的同时,允许公司通过章程或全体股东的约定来排除适用。对此,有观点认为,"即使股东与公司间存在竞争关系,也不应完全剥夺股东的知情权",理由是,股东无竞业禁止义务,股东与公司间存在竞争关系的情形实践中并不少见。[④]《公司法司法解释(四)》第8条第3项也是争议较大的一项规定,该条款旨在保护公司利益,惩罚股东不诚信行为。反对者则认为,"行为的目的是行为本身的指向,不能因为某一次行为的目的不正当而推定3年内的行为目的均不正当,且从早期的行为推定当下行为的不正当目的逻辑不严密"。[⑤]

《公司法》未明文规定有限责任公司股东可以查阅原始会计凭证,《公司法司法解释(四)》在最终通过的版本中亦未予以明确。关于能否查阅公司原始凭证的问题,主流观点持肯定态度,主张会计账簿造假风气盛行,而原始凭证真实度高,基于现状考虑,应对《公司法》第33条做扩张性解释,将制作会计账簿的原始凭证纳入股东查阅范围内。[⑥] 持股东查阅范围应仅限于公司账簿观点的学者从"查账"与"审计"文义的区别、会计实务、立法目的等角度加以论证。[⑦]

---

① 蒋大兴:《超越股东知情权诉讼的司法困境》,载《法学》2005年第2期。

② 邓峰、许德峰、李建伟:《最高人民法院公司法解释(四)理解适用专题讲座》,中国法制出版社2018年版,第141页。

③ 邓峰、许德峰、李建伟:《最高人民法院公司法解释(四)理解适用专题讲座》,中国法制出版社2018年版,第159页。

④ 邓峰、许德峰、李建伟:《最高人民法院公司法解释(四)理解适用专题讲座》,中国法制出版社2018年版,第159～160页。

⑤ 杜万华:《最高人民法院公司法司法解释(四)理解与适用》,人民法院出版社2017年版,第188页。

⑥ 李建伟:《公司诉讼专题研究》,中国政法大学出版社2008年版,第305页。

⑦ 陈群峰:《股东查账权若干法律问题研究》,载《法学杂志》2007年第6期;杨路:《股东知情权案件若干问题研究》,载《法律适用》2007年第4期。转引自杜万华:《最高人民法院公司法司法解释(四)理解与适用》,人民法院出版社2017年版,第189～190页。

（十四）股东抽象股利分配之诉的争论

《公司法司法解释（四）》第15条规定了未提交决议请求分配利润的情形，该条文肯定了大股东或董事的商业判断权，同时也通过"但书"规定了例外。如果股东能够证明公司存有可分利润且符合法定的分配条件，其他股东滥用股东权利不分配股利的，股东无须先提起决议瑕疵之诉，而可以根据本条文直接提起诉讼请求法院分配股利。司法解释颁布之前，我国以往的司法实践中是肯定具体股利分配请求权的可诉性的，却并不承认抽象股利分配请求权的可诉性，这就使得抽象股利分配请求权游离在法律保护之外。即便是司法解释的出台，对于抽象股利分配请求权的保护，司法应当沉默还是介入，理论界和实务界也并没有消灭分歧。

否定的观点认为法院不应介入公司利润分配，主要包括以下几个理由：第一，股利分配属于公司自治的范围，应该由公司自己决定，并且法院作为第三人以及商业上的外行人员，对于公司是否分配股利以及分配多少股利这种问题，并不适合介入和干涉。依据股东自治的精神，法院的司法活动仅应当是一种程序性监督，即法院可以判令公司召开股东会决议分配事宜，由股东自主决定股利的分配，而不能由法院越俎代庖。[①] 第二，"股东多数决"本身就具有控制股东的意志可能合法地取代公司意志的含义，也相当于是对中小股东某种程度上不公平的容忍，只要不违法，法院就应当尊重而不能随意改变。[②] 同时，股权的价值并不体现在分红之上，而是侧重于股权增值乃至股权转让价值，此外公司的股利政策不仅与公司长远发展相关，还可能基于税负的考虑，司法介入利润分配可能会造成公司内外各主体利益的失衡。[③] 第三，我国《公司法》已经给出了一定的救济方式，既包括事先救济如公司章程的条款设置，也包括诉讼、异议回购等事后救济。第四，小股东未必能了解公司的真实盈利状况，即使通过起诉获得一定利润也未必是应得的、完整的利润收益，且起诉会破坏人合性，股东会因此失去另外的商业机会，因而不是最佳选择。[④] 而且法院强制分配股利不能终局性地解决股东与公司之间的利益失衡，后续仍可能出现同样的情形。[⑤]

肯定的观点认为法院应当介入公司利润分配，主要包括以下几个理由：第一，

---

① 常健：《股东自治的基础、价值及其实现》，载《法学家》2009年第6期。

② 周有苏等：《公司法学理与判例研究》，法律出版社2008年第3版，第378页。

③ 周游：《公司利润分配之司法介入及其界限忖度》，载《天津法学》2013年第4期。

④ 陈颖：《股东利润分配请求权纠纷之司法裁判困境与出路》，载《人民司法（应用）》2009年第1期。

⑤ 王清林、杨心忠：《公司纠纷裁判精要与规则适用》，北京大学出版社2014年版，第171～172页。

传统代理理论是建立在股东同质化、股份无差别的假定之上，而“资本多数决的实质是以抽象的资本平等理念掩盖了股东之间权利义务的实质不平等”①，各股东在持股数量、行权方式、利益诉求、利益关联度、对公司的关切程度等多方面都存在不同，股东“异质化”越来越多地在公司运营和权力配置中体现出来。正因为大股东与中小股东在投资回报上的取向差异，异质化的体现之一即股利分配的安排，股东之间的冲突“酝酿、发酵、甚至演变为对抗”②。第二，虽然公司法为无法实现分红诉求的股东预先设计了救济途径，但由于封闭公司缺乏灵活的退出途径，股权回购、公司解散的条件过于严苛等现有救济措施的局限性，少数股东的利益并不能得到很好的保护。第三，在公司实践中，“大股东既是留存利润不分配红利的决策者又是事实股利的获得者，显然已违背了‘不得存在利益冲突’的商业判断规则适用的基本规定”③，法官无法完全放弃商业判断规则，但是利益冲突带来的漏洞却未能弥补。“不加限制的商业判断规则将涉及抽象盈余分配请求权的纠纷一律排除在司法介入范围之外，无疑就从根本上架空了股东盈余分配请求权的实现可能。”

（十五）股东代位诉讼制度完善

股东代位诉讼，又称为股东代表诉讼、派生诉讼，是指公司的利益受到公司管理人员或控股股东等的侵害而不能或者怠于起诉时，由公司的股东以自己的名义代表公司所提起的诉讼。公司法明确规定公司的管理层对公司和股东承担忠实义务和勤勉义务，然而当公司的高管违反此义务并侵害公司和广大股东的共同利益时，管理层的违信责任如何追究？公司法历来注重对中小股东利益的保护，特别是在资本多数决的公司决策治理模式下，大股东或控股股东掌握公司的话语权，难免发生侵害小股东利益的行为，控股股东等对小股东的侵权赔偿责任如何落实？由于管理层和控股股东往往实际控制和代表公司的诉讼行为，则只能通过一种特别的诉讼制度——股东给代表诉讼来加以解决，此即代表诉讼的制度价值所在。然而在我国公司法制度框架下，对比域外法律制度的规定，有以下两个方面尚需完善：

1.增加双重乃至多重股东代位诉讼的规定

双重股东代位诉讼是指母公司的股东代表子公司、孙公司向法院提起的代位诉讼，即股东的股东提起的代位诉讼。最高人民法院《关于适用〈中华人民共和国

---

① 汪青松、赵万一：《股份公司内部权力配置的结构性变革——以股东“同质化”假定到“异质化”现实的演变为视角》，载《现代法学》2011 年第 3 期。

② 甘培忠：《公司控制权的正当行使》，法律出版社 2006 年版，第 16 页。

③ 常健、张强：《商业判断规则：发展趋势、适用限制及完善——以有限责任公司股利分配为视角》，载《法商研究》2013 年第 3 期。

公司法〉若干问题的规定(四)(征求意见稿)》第34条曾有限度地承认了双重代位诉讼(子公司限定为全资子公司),但是最后没有通过。但是在我国公司法中对其作出规定是立法趋势,有以下两个原因:(1)对比域外的相关制度,美国明确支持双重代位诉讼,日本等一些国家甚至允许有条件的多重代位诉讼,我国可予以借鉴;(2)在我国的司法实践中,已经出现关于双重代位诉讼的案件,但是由于缺乏法律依据,原告的诉请不能得到支持。出于多重原因的考量,我国的公司法应当对双重代位诉讼作出回应。

2.放松对代位诉讼原告资格的门槛限制

我国《公司法》第151条对有限公司和股份公司的代位诉讼原告的资格予以了限制:有限公司为任何股东,股份公司中,只有持股时间连续超过180天并且单独或合计持股1%以上的股东才有权提起代位诉讼。域外对此有不同的规定,英美法系国家规定此权力为单独股东权,而大陆法系国家一般将其规定为少数股东权,如我国台湾地区持股比例的限制为3%,高于大陆规定。尽管从比较法的角度来说,我国对原告资格的规定较为宽松,但是从实际情况来看,我国的股东多为小股民,持股较为分散,1%已经属于比较高的要求,同时结合购买沪深上市公司100股股票的中证中小投资者被授权原告资格,可以看出放松对原告资格的门槛限制,便利股东起诉从而激活资本市场是一个趋势。

(十六)有限公司股东优先购买权的侵害救济

有限公司股东对外转让股份时,其他股东享有在同等条件下的优先购买权,《公司法司法解释(四)》第21条规定了优先购买权被侵害时其他股东及第三人的救济。具体如下:

1.其他股东的救济方式

关于其他股东的救济方式,《公司法司法解释(四)》规定了两种,详言之:

(1)行使优先购买权。根据该司法解释的规定,其他股东在优先购买权受到侵害后,股东可以请求法院要求行使其优先购买权,优先购买权的行使可谓首要的救济方式,[①]如果其他股东不请求行使优先购买权,而只请求法院要求认定合同无效或直接请求赔偿,均不能获得支持。其他股东在优先购买权受到侵害后,其要求优先购买时需要符合以下两个条件:①法定期间内行使。其他股东可以在知道或应当知道行使优先购买权的同等条件之日起30日内主张,或者自股权变更登记之日起1年内主张。②同等条件。《公司法司法解释(四)》规定,法院在认定"同等条件"时,应考虑转让股权的数量、价格、支付方式及期限等因素。此规定明确了在规

---

① 杜万华:《最高人民法院公司法司法解释(四)理解与适用》,人民法院出版社2017年版,第466页。

定与第三人有真实、明确的协议的情况下，其他股东欲行使优先购买权的条件。然而该规定却无法解决在转让股东与第三人协议条件不明确，或者为双方虚构条件等情况，如为阻止其他股东行使优先购买权而恶意提高价格，此时其他股东若向行使优先购买权，其同等条件应如何主张？在转让股东与第三人虚抬股价时，其他股东主张优先购买权时，且能够提供证据证明转让股东与第三人的真实交易价款的，应按真实价款执行。但其他股东承担这个证明责任可谓举证十分困难，如转让股东与第三人之间关于转让价款存在阴阳合同，表面价格远远高于实际交易，而其他股东取得这份阴合同基本不可能，可法院也不能直接判定股权的价格，对此问题，还需我们进行更多的探讨。

(2)请求损害赔偿。此种救济适用的情况是指其他股东非因自身原因而无法行使优先购买权时，可向法院请求损害赔偿。主要情形是其他股东在法定时间内并未得知转让股东的股权转让行为，而难以行使优先购买权。

2.其他股东行使优先购买权时，转让股东与第三人间的合同效力

关于转让股东与第三人签订的合同效力问题，在立法过程中存在着“无效说”“可撤销说”等观点，但这些观点均有不妥之处。

(1)无效说。该说认为《公司法》第71条属于强制性规范，转让股东违反该规定转让股权的，其与第三人之间的股权转让合同归于无效。[①] 但该说受到很多批评：第一，该合同被认定为无效后，其他股东主张优先购买时，同等条件如何认定；第二，该说也为区分物权行为与债权行为，其他股东行使优先购买权使得第三人无法取得该权，但显然不能据此否认合同的效力；[②]第三，该说对第三人的保护不利，在合同被认定为无效后，第三人只能通过缔约过失责任请求救济，而不否认合同之效力，第三人可利用违约责任进行救济，不言而喻，违约责任的保护将对第三人更为有利。[③]

(2)可撤销说。该说认为，在其他股东主张优先购买权时，转让股东与第三人签订的合同视为被其他股东撤销，但其所存在的问题与上述无效说的问题一致，因此同样不可取。

对于此合同的效力，《公司法司法解释(四)》对此并未规定，对于此问题，应该区分物权行为与债权行为，合同的效力应按照合同法的规定予以认定，若无无效事由，则合同效力不应受到影响。

---

① 杜万华:《最高人民法院公司法司法解释(四)理解与适用》，人民法院出版社2017年版，第472页。

② 杜万华:《最高人民法院公司法司法解释(四)理解与适用》，人民法院出版社2017年版，第482页。

③ 杜万华:《最高人民法院公司法司法解释(四)理解与适用》，人民法院出版社2017年版，第483页。

五、企业法、公司法的未来与展望

(一)实现企业法治现代化的主要课题

实现公司企业法治化的必要性,分为两个方面:一是市场经济体制的要求。市场经济对经济活动主体的基本要求是地位平等,而经济活动主体地位平等要求规范主体的法律规范必须是统一的、无歧视的和公平的。以所有制为标准的企业立法模式下,以投资者的身份划分企业类型、规定不同的权利义务,进而实行差别待遇的做法与市场经济格格不入。而以企业组织形式为标准的立法模式下,企业法律形态的划分以资本构成状况和投资者责任形式为依据,摒弃了投资者的"身份性",采纳了投资者的"资本性"和权利义务的"一致性",同一投资状态和同一责任形式下,企业具有平等的法律地位,适用统一的法律规则。这些都是适合市场经济的内在要求的,不仅符合国际上发达国家的基本做法,也有利于我国入世后企业立法与国际接轨。[①] 因此,建立社会主义市场经济体系,企业立法必须跨越所有制的藩篱,遵循市场经济规律性的要求革新企业立法体系,统一企业法律形态,使得所有的企业,无论姓公姓私,内资还是外资,在法律适用上一律平等。

二是制度竞争的需要。美国著名学者诺思等《西方世界的兴起》一书提出了一个中心论点:有效率的经济组织是经济增长的关键;一个有效率的经济组织在西欧的发展正是西方兴起的原因所在。[②] 当然,有效率的组织的产生需要在制度上作出安排和确立产权以便对人的经济活动造成一种激励效应,根据对交易费用大小的权衡使私人受益接近社会收益。一个社会如果没有实现经济增长,那就是因为该社会没有为经济方面的创新活动提供激励,也就是说,没有从制度方面去保证创新活动的行为主体应该得到的最低限度的报偿或好处。反观通常的观点,则是将技术的创新、规模经济、教育和资本积累等看作是经济增长的源泉,可是在诺思等人看来并非如此,它们本身就是增长。对经济增长起决定性作用的是制度性因素而非技术性因素。

世界经济的一体化、全球化使得各国围绕企业立法而展开的企业制度供给的竞争近年来尤为激烈。良好的企业立法有利于建立良好的企业制度,吸引资本、人才与技术的流入。对此,我国的立法者一定要站在全球经济竞争的战略高度看待

---

① 汪家元:《我国企业立法回顾及评析》,载《江东论坛》2008年第4期。

② [美]道格拉斯·C. 诺思、罗伯特·托马斯:《西方世界的兴起》,厉以平、蔡磊译,华夏出版社1999年版。

企业立法的制度创新的价值与意义，且有时不我待之紧迫感与使命感。

综合以上认识，企业法治现代化的制度目标有二。其一，借鉴主要市场经济国家企业立法的普遍经验，依据与市场经济要求相合的企业法律形态划分之原理，摒弃按所有制性质对企业分类的做法，以企业组织形式为标准将企业法律形式划分为个人独资企业、合伙企业、公司以及特殊形式的股份合作制企业、合作社，分别适用相应的企业组织法。其二，同时充分顾及国情，完成对国企的国有资产特殊规制的立法任务。

为贯彻上述立法原则，达到上述立法目标，完成现行企业立法的体系重构与内容完善，为此有六项主要课题。

1.所有制企业立法的废改立

2018年4月4日，李克强签署第698号中华人民共和国国务院令，公布了《国务院关于修改和废止部分行政法规的决定》，决定废止《私营企业暂行条例》，这无疑是朝现代企业法治迈进的重要一步，也是正确之举。此外，在适当时机持续废止《全民所有制工业企业法》《乡村集体所有制企业条例》《城镇集体所有制企业条例》等一批带有浓厚计划经济色彩、采所有制标准的立法形式，替代、补充以新的立法规范。《全民所有制工业企业法》及其配套的《全民所有制工业企业转换经营机制条例》的历史局限性，随着社会主义市场经济体制的渐次建立和社会主义法律体系的基本形成，尤其是以《公司法》为代表的企业组织法体系的形成和施行，愈发地暴露出来，而随着《企业国有资产法》的颁布，这部立法及其配套法规的最后一点立法功能也被基本取代殆尽，现在是到废止《全民所有制工业企业法》及《全民所有制工业企业转换经营机制条例》的时候了。今后，在法律形态上看并不存在一个独立的"国有企业"的企业法律形式，"国有企业"更准确地说是一个经济概念，可以表现为多种企业法律形式。[①]

废止全民所有制企业法之后，需要尽快制定一批新的立法填补空白，这就是废与立的相辅相成。如前所述，巨量存在的各类国企(包括最纯粹的全民所有制企业)分类适用不同的立法规范。国有企业中的公用企业，属于非竞争性或政策性经营的企业，例如从事基础设施与基础服务提供、军工、航天等特殊行业的企业，[②]承担着特别的职能或任务，主要根据特定的甚至为某一个(类)企业进行的立法设立

---

① 王红一:《我国国有企业的政策定位与若干立法问题探析》，载《河北法学》2002年第2期。

② 结合我国的国情，可将公用企业界定在非竞争领域，对于国有经济需要控制的行业和领域，也要一分为二，有的可能应该属于非竞争领域，有的则属于竞争领域。《中共中央关于国企改革和发展若干重大问题的决定》所指出的"涉及国家安全的行业、自然垄断行业、提供重要公共产品和服务的行业"，大部分属于非竞争领域，也有的属于竞争性领域。李建伟:《国有独资公司前沿问题研究》，法律出版社2002年版，第83页；王韶婧:《关于我国国有企业的立法思考》，载《未来与发展》2009年第9期。

和运作，一般不受普通企业法的调整，为此当务之急是制定《公用企业法》，可以将《公司法》中“国有独资公司”的部分规定归入《公用企业法》，廓清特别企业立法与普通企业立法的体系。对于竞争性国企，按照企业组织形式分别适用《公司法》《合伙企业法》，对于其名下的国有资产的特殊法律问题，适用修订后的《企业国有资产法》。

竞争性领域的国企在我国不仅长期存在，还会发展壮大。所谓国有经济的战略调整，一方面不能将国有经济全部退出竞争领域作为改革目标，另一方面也不能将国有经济全部进入非竞争领域作为调整策略。非竞争领域本是公用企业主要存在的领域，这在各国都是一致的，中国不应例外，进入非竞争领域的企业一般应是具有“国家一般共性的公用企业”，而不应是“具有社会主义特性的国有企业”。[①] 应该明确，由国体所决定，国企应该也必须活跃在竞争性领域，国企若不能在竞争性领域站住脚，就等于没有出路，或者说与其他市场经济国家无异，这就不是“社会主义市场经济体制”了。所以，国企改革的目标，只能是一部分国企转型为非竞争性领域的公用企业，一部分在竞争性领域的经营中充满活力与生机，只是这里的活力与生机不是来自于基于所有制差别待遇的垄断优势所致，而是与其他经济成分的企业同台公平竞争而得来的。所以，未来的国企将一分为二，适用不同的企业法规范，但无关所有制企业立法。

集体所有制企业，不仅财产关系复杂，而且在转轨市场经济体制后集体所有制的目的发生了不确定性困境，比如属于公益法人还是属于企业法人？难以定论。由于其不适合采取公法调控的形式，又难于简单归入按照组织形式标准划分的企业类别，因此，应该废除集体所有制企业立法，在今后规范的市场经济组织形式中取消集体所有制企业类别，并按照其实际采用的组织形式进行归并。取消集体所有制企业类别，并非取消集体所有制经济，二者不可同日而语。对所有制上属于集体所有制的企业予以梳理，采用公司、合伙、股份合作制企业等相应的组织形式，适用相应的企业组织法进行调整。

最后，重组外资企业法，加紧实现内外资企业的统一法治。内外资企业要平等进行竞争，必须对外资企业实行国民待遇原则，在重构企业立法体系时，使内外资企业法并轨，形成统一的企业立法体系，使内外资企业做到公平竞争以促进经济的发展。根据外资企业的组织形式分别适用《公司法》《合伙企业法》或《个人独资企业法》。此外，在内外资企业同一适用企业组织法的问题解决后，对外商投资企业中的外资监管等特殊问题，应该另行制定《外商投资法》(或称《外资管理法》)作为特别法进行规制。

要言之，废止三部外资企业法及配套法规体系，消除内外资立法区别，实现与

① 钱津：《特殊法人公营企业研究》，社会科学文献出版社2000年版，第13页。

《公司法》等相关法律的并轨。关于涉及外资的"三资企业法"的修改路径，可以分为三步走。首先，关于外资管理与规制方面的内容，将三部外资企业法组织类规范之外的行为规范相互之间重复的内容项进行合并，对相互矛盾的地方进行整理，再结合我国实际将矛盾之处按照统一的标准进行修改，进而制定一部统一的《外商投资法》，遵循世贸组织规则与国际惯例专司规范外资的定义、外资审批、国有化和征收、外资保护、监管等涉及政府管理外资的特殊问题。其次，关于外资企业组织方面的内容，三部外资企业法与《公司法》等相重复与相矛盾的地方，则统统交由外资企业法与公司法、合伙企业法、个人独资企业法等基本企业法的并轨来解决。外商投资的企业组织形式不应该由法律明确限定为有限公司或股份有限公司，而应该由投资者(包括外商投资者以及与合作者依法或依合同约定)，自由采用任何一种企业组织形式。以公司企业为例，对于外商投资组建的有限公司或股份有限公司，其企业的设立、组织、机构、股东权、合并分立、破产、解散清算、财务、会计等事项，都应与内资企业一体纳入《公司法》调整，原来的"三资企业法"的条款除纳入"外商投资法"外，与《公司法》相违背的一概废止。[①]

由于外资企业多采公司制，采合伙制等非公司企业形式的并不多见，所以内外资企业的统一立法焦点在于处理三部外资企业法与公司法的关系。《中外合资经营企业法》《中外合作经营企业法》《外资企业法》及其实施条例、实施细规定，中外合资经营企业应当采用有限公司形式；中外合作经营企业与外资企业可以采用非法人组织形式，符合中国法人条件的应当采用有限公司形式。1995年外经贸部颁布的《关于设立外商投资股份有限公司若干问题的暂行规定》又确立了外商投资股份有限公司。这样，《公司法》规定的两类公司形式都可供外国投资者选择。依此，外商投资公司可被定义为：依据中国法律在中国境内设立、由外国投资者单独投资或者与中国投资者合作投资的有限公司与股份有限公司。

除了资本来源的不同，外商投资公司与其他公司并无实质区别，因而应该适用同一法律。[②] 但是现行外资企业法关于外商投资公司的设立、资本、股东出资、治理结构等诸多方面的规定，都与《公司法》不同，于是产生了外资企业法与公司法适用的法律冲突。如何协调解决这一问题，曾经有很多讨论，达成的一个基本共识是：对现行外资企业法的内容与体系进行根本性的调整，制定一部统一的"外商投资法"，删除其适用公司法的内容，只保留和进一步充实特有规则。如是，外资企业适用企业组织法的该规则得以明晰：具有法人地位的有限公司与股份公司，统一适用公司法；非法人的外资企业也将根据其性质分别适用合伙企业法、独资企业法。外商投资法与公司法的调整对象分工也十分清晰：前者只规定外商投资特有的行

① 彭世权：《论我国外商投资企业立法与公司法的并轨》，载《特区经济》2008年第8期。

② 李建伟：《公司法学》，中国人民大学出版社2011年第2版，第42页。

为规则，主要是鼓励、限制投资的产业政策和经济管理方面的公法规则，后者系统规定一体适用于内外资公司的私法规则、组织法规则。如是，两部立法之间的关系被彻底理顺，法律适用的冲突将会消弭。[①] 在这一思路下，现行《公司法》第 218 条的规定可以理解为留下了一个制度端口："外商投资的有限责任公司和股份有限公司适用本法；有关外商投资的法律另有规定的，适用其规定。"此处的"有关外商投资的法律"，可以理解为将来的统一的"外商投资法"。

2.组织企业法的结构性变革

现代企业法治体系之基在于企业组织法，企业组织法的中心与重心是公司法，现代企业法治化很大程度上在于公司法治的现代化。我国公司法治现代化正在面临的主要挑战与机遇是实现公司组织企业法的结构性变革。

体系性、结构性修改《公司法》《合伙企业法》《个人独资企业法》，构建更融洽的基本企业法体系。先来讲公司法。如上文所述，《公司法》虽历经三次修改，所有制的浓厚影响得到消解与淡化，但所有制的影响犹存，所以公司法改革的一个继续性任务，就是回归到一般的主体立法，强调其普遍适用性，彻底消除为国企改制服务之立法目标。公司法改革的另一项重要任务，是进行结构性改革以消除公司法立法规范与体例的结构性缺陷。如前所述，现行公司法将公司分为有限公司与股份有限公司的这一类型划分以及在此基础上展开的立法体例结构，还存在结构性的缺陷，突出表现在对制度设计预设与现实中的企业分类格局严重不符，对于中小型公司的制度需求严重忽视而致使制度供应不足，有限公司与股份有限公司的制度安排区分度也出现严重偏差。需要适当借鉴英美公司法关于封闭公司、公开公司的分类经验以及日本、德国等传统大陆法系有限公司立法转型的经验，进行必要的结构性调整。公司法作为基本企业法的核心、市场经济国家潜在的宪法性法律，要解决好其有关规定与特别企业立法如股份合作制企业法、公用企业法以及与特殊资产立法如《企业国有资产法》《外商投资法》等有关规定的衔接问题。关于此点，后文专门论述。

再来说合伙企业法。2006 修订《合伙企业法》在建立适合国情的合伙企业类型方面建树甚多，但在重构企业立法体系的新形势下，也有待改进之处。此处探讨的改进不在于某些具体制度的修补，[②]而是主体制度的再完善问题，有待进一步研究的课题有：首先，必须明确外国人（企业与个人）在中国设立合伙企业的国民待遇问题，有无必要区分内外资在设立合伙企业的不同待遇；其次，是否还有必要再增

---

① 刘俊海：《新公司法的制度创新：立法争点和解释难点》，法律出版社 2006 年版，第 511～513 页；周友苏：《新公司法论》，法律出版社 2006 年版，第 668～670 页。

② 有关这方面的讨论可以参见袁碧华：《新〈合伙企业法〉有限合伙制度的立法缺陷与克服》，载《国际经贸探索》2007 年第 6 期。

加合伙企业的类型；再次，合伙企业与《民法通则》上的个人合伙之间的制度区分度是否到位，是否需要调整；最后，有无必要引入美国的LLC。以上四问题，关系到准确定位合伙企业法的修法方向。

最后谈谈个人独资企业法。《个人独资企业法》面临的修改任务，需要放在完善商个人体系的背景下进行考虑。在此背景下需要完成以下立法任务。第一，扩大独资企业法的适用范围，将部分外商独资企业、私营企业纳入《个人独资企业法》的调整范围。《外资企业法》第19条规定：外资企业为其他形式的，外国投资者对企业责任适用中国法律、法规的规定。但实际上当外国投资者为单个个人且投资的企业不采有限公司形式时，依此条款尚处于无法可依状态，因为《个人独资企业法》不适用于外国个人（境外公民、无国籍人）投资者。个人独资企业作为无限责任的经营实体，与一人公司相比往往能增加投资者的信用，因此当一个外国自然人来华投资一些特别需要向交易对方展示高度信用的行业时，可能会考虑采个人独资企业形式。所以，重构企业立法体系，就要明确修改后的个人独资企业法适用于外资企业定位的问题。[①] 第二，个人独资企业与个体工商户的制度区分度的再定位。在《个体工商户条例》出台后，个人独资企业与个体工商户之间的区分愈加模糊，这涉及个人独资企业与个体工商户之间的制度竞争力比拼，解决不好，会导致二者之间某一制度设计的名存实亡，此非危言耸听。从目前的存量看，个体工商户显然具有巨大的优势，个人独资企业制度究竟如何向前发展，关乎自身的前途，个人独资企业法需要作出清晰的回答。

3.补充制订特别企业法

特别企业法，包括《股份合作制企业法》《合作社法》《公用企业法》等。如前所述，股份合作制企业介于股份制企业与合伙企业之间，从投资方式上它与股份制企业相似，从经营上看又接近于合伙企业。对于其能否形成一种独立的企业形式目前还存在争论，对于是否制定一部专门法，有关各方也有不同意见。一种意见认为，股份合作制企业从本质特征看主要是合作投资者之间的投资服务组织，与合作社相似，根据我国合作企业的发展趋势，我们应制定一部统一的合作社法，合作社实行股份制，股份合作制企业能适用合作社法就不必另行立法。第二种意见认为，国家已制定了公司法、合伙企业法，股份合作制企业具备公司特征的适用公司法，不具备公司条件的适用合伙企业法即可，没有必要另行专门立法。第三种意见则认为，透过纷繁的现象看本质，股份合作制企业主要表现为按照公司的组织结构设立与运营，在企业法律形态划分上只能归属于公司，并非一种新的企业形态，虽然实践中的股份合作制企业与公司法的规范化要求相去甚远，但作为现实经济生活中一种充满发展活力的企业形态，有必要予以立法规范，最现实的做法就是逐渐将

---

① 陈喜明：《论我国企业立法体系的重构》，载《理论导刊》2004年第1期。

其纳入有限公司或股份公司的范畴，使其受到公司法的规范调整。再进一步，也可以对其进行规范化的公司制改造。[①] 第四种意见认为，股份合作制企业是我国企业改革的一个创造，是将股份制与合作制相结合创造的一种新的企业组织形式，为规范这类企业的发展应制定一部专门法律，而且该法曾列入八届全国人大立法规划，党的十五大报告正式提出要发展股份合作制企业，我们应该积极组织起草，促使其早日出台。[②]

股份制合作企业立法与股份制合作企业的发展现状、趋势息息相关，既要正视其现实存在，也要看其发展趋势。一方面，尽管理论界有不同的看法，但无法否认其现实存在，其在法律性质、产权关系、管理体制、分配机制等方面都具有独特性，因而成为一种独特的企业组织形式，这就构成了独立的法律调整对象。合作社与股份合作制企业毕竟是两种不同的组织形式，内涵、性质、目的和运行原则均不一致，不宜用一部法规进行调整；同样，公司法、合伙法也无法调整股份合作制企业。[③] 因此股份合作制采用专门立法是完全可行的。另一方面，也要看到股份合作制企业作为非典型企业组织形式、我国自创的企业组织形式的局限性，现存的大部分股份合作制企业可以也一定会逐步改制为规范的公司制企业，少数可能会转制为合作社企业，所以股份合作制企业立法的使命可能是阶段性的。因此我们的态度是，当前应对股份合作制企业进行单独立法，性质为特别企业法，作为基本企业法的必要补充和过渡立法而在一定时期内存在。

合作社法是规定合作社的设立、变更、终止、社员、组织机构、财务会计的法律，其宗旨在于调整合作社的内外关系，保障社员的合法权益，使合作社在市场经济中发挥稳定的作用。[④] 目前有150多个国家陆续制定了调整合作社的专门法律，承认合作社独立的市场主体地位并赋予其法人资格。如果合作社的创设和运营不能纳入立法的调整范围，不但合作社及其社员的利益难以保障，而且无法维护合作社本质特征和宗旨，以及其生产经营的稳定性和持续性，甚至无法防止合作社发生异化现象。[⑤] 关于合作社立法，我国可以采取制定合作社基本法《合作社法》与特殊的专门合作社法相结合的模式，后者，已经制定有《农民专业合作社法》，可能还有《信用社合作法》《互助保险合作社法》《供销合作社法》等。我国现存的老一代供销合作社和信用合作社，发展至今已然变异，不再符合合作社的设立宗旨和特征，可

① 范健、王建文：《公司法》，法律出版社2006年版，第115～116页。

② 朱少平：《我国正在制定的市场主体立法有哪些?》，http://www.chinalaw.net/pls/ceilaw/cei.syzw_query? inzh=4&inflm=10004。

③ 罗晓静：《股份合作制企业立法的几个问题》，载《法商研究》1998年第2期。

④ 中国社会科学院法学所课题组：《建设社会主义市场经济法律体系的理论思考和对策建议》，载《法学研究》1993年第6期。

⑤ 郭富青：《中国非公司企业法研究》，法律出版社2009年版，第364～365页。

采两种方式处置：一是适用新制定的合作社法，但是限期整改达到合作社法的要求；二是暂时不适用新合作社法，由其按照自身实际情况进行改革，解决历史遗留问题，等到恢复合作社的宗旨和经营特征后，再适用合作社法。[①] 目前有关合作社的立法任务有二，一是加紧制定作为合作社基本法的《合作社法》，二是根据发展需要制定一批合作社特别法。

关于公用企业立法，从主要市场经济国家的立法经验看，主要有两种做法，一是制定统一的专门立法，如澳大利亚 1994 年颁布的《联邦公用企业法》，将公用企业定义为“政府拥有资本金、为了公众的利益依据政府法令或有关条令设立的具有垄断性质的企业”，设立严密的报告制度、审批公用企业发展计划、委派公用企业管理人员、严格的财务管理和审计制度等实行有别于其他普通企业的特别规范。二是“一对一”的立法，如日本对 103 个国有企业特殊法人分别制定 103 个特殊法进行个别规范。[②] 鉴于国情，我国可以归属于公用企业的数目众多，分别立法成本过高，制定一部统一的《公用企业法》作为所有公用企业的一般规范，是可行的；如有必要制定特别公用企业立法，则可以按照类别而不按照单个企业进行立法。由于公用企业往往具有较大的经营风险，由此建议公用企业不采公司企业以外的其他企业组织形式，这样，现行公司法关于国有独资公司的规定应予纳入《公用企业法》。《公用企业法》的基本内容主要应规定这类企业的政策目标、企业与政府的关系、企业享有的权利和应承担的义务、企业内部机构的设置等方面的问题和企业运营规则等，并与规范不同公共领域的单行立法、国有资产监管立法如《企业国有资产法》等配合，共同调整公用企业。[③]

4.完善政策促进企业法

与主要市场经济国家立法相比，我国在政策促进类企业立法方面还存在不小的制度缺失。关于中小企业促进法、小微企业政策扶持方面的立法还需加大力度。具体的工作有四，一是检讨《乡镇企业法》的存废；二是修正《中小企业法》，加大对中小企业的政策扶持力度；三是修正《反垄断法》，真正发挥立法对于行政性垄断、市场性垄断的规制功能，某种意义上，对于垄断的认真规制就是对于中小微企业发展的最好支持；四是完善扶持小微企业的立法。

5.国企改革与国有资产立法的下一步

(1)《企业国有资产法》尚未解决的问题

关于国有资产的立法，历经风风雨雨 15 年，最后定位于《企业国有资产法》，既

---

① 郭富青：《中国非公司企业法研究》，法律出版社 2009 年版，第 372～374 页。

② 安蓉泉：《西方市场经济国家管理国有企业的基本方式》，载《中共杭州市委党校学报》2000 年第 2 期。

③ 王韶婧：《关于我国国有企业的立法思考》，载《未来与发展》2009 年第 9 期。

是一个妥协之举，也是40年改革的成果体现。40年来的改革尤其是1984年以来的重点、焦点、难点一直在国企，关于国有资产的立法自然而然首先瞄准国企，国企成为这部立法的中心内容是再正常不过的事情。制定一部大国资法、中国资法还是小国资法，一直争论激烈，囿于目前的共识，还只能局限于这样一部小国资法，所能解决的问题就是特定的，只限于国企涉及的国有资产的特殊规制，所以这部立法没有完成全体国有资产的法律规制的使命，很多重要的问题还没有涉及。概括而言，这部立法还没有解决的问题主要有三。

其一，调整的范围偏窄。我国存量的国有资产，除企业国有资产之外，有资源性国有资产，党政事业国有资产、金融国有资产以及历史文化遗产、非物质的历史文化遗产等。按照全体国有资产的分类立法调整的思路，将来还需要制定资源性国有资产法、党政事业性国有资产法等分类国资法。在此意义上，这部立法只是一个开头，还要继续推进国有资产的立法，最终形成一个比较全面的国有资产立法体系。

其二，国资委的出资人职能需要进一步明晰。在厘清政府部门担任的出资人职能的同时，在政府部门和它的出资人角色之间需要建立防火墙，继续关注由政府部门担任的出资人做到政企分开、政资分开。

其三，国有股权的行使问题需要更加明确。这部立法没有涉及这一问题，在混合所有制企业集团（如国有控股公司、参股公司之类），有很多的企业层级，产权设置复杂而混乱。股权行使涉及与公司法等企业组织法的关系，应当明确，《企业国有资产法》作为一个支架性的法律，不能和现有的其他立法发生冲突。比如，在《公司法》《证券法》中已有明确规定的交易程序和技术方面的问题，不宜在《企业国有资产法》中作过细的规定。国有股权行使的过程中会发生很多民商事纠纷，原来各级各地法院对涉及国企改制、转让的案件采取鸵鸟政策，概不受理，《企业国有资产法》通过后，对于这类案件，法院不能再不受理了。

要之，《企业国有资产法》解决的基本上是宏观问题，不少国企管理者还寄希望解决一些微观问题如企业的自主权更多一点，《企业国有资产法》能否解决这些微观问题？恐怕很难。因为国企的委托代理链条太长，虽然出资人制度有利于解决这个问题，但出资人授权委托代理，授多大的权力，即使将来出台实施细则进一步作出规定，也很难作出恰当的界定。比如有国企领导人抱怨50万的投资都要国资委审批，企业就没法做了。这实际上涉及微观的效率和宏观的安全之间的矛盾，微观问题应该交给公司法等企业组织法去解决，不能寄望于国资法解决。

(2)改革命题

从立法过程中的争论看，国有资产立法面对的困难更多是利益之争使然，部门利益之争乃至某些特殊代言者都可能影响整个立法的进程，或使其偏离立法者的初衷。如果将《企业国有资产法》的立法主旨定位于"一部维护企业国有资产权益、保障国有资产安全、促进国有资产保值增值的国有资产法”，那就更像一部国有企业法，而不是国有资产法。国务院国资委成立之后，国企进入从国企改革到国资改革的阶段，二者的不同在于，不再纠结于单个企业的生存死亡，而是从促进国民经济整体效率和国民福利的高度，让国有资本在经济格局中有效配置，从而发挥最大效力。“要达此目标，根本途径是改革和重新布局现有的国有资本，这就意味着国有资本有进有退，有选择有放弃，有所为有所不为。而保值增值，防范国有资产流失，只是这一过程中的一方面，它不是国有资本存在的最终目的，国有资产的雪球无论滚得多大，如果不能服务于全民福利与社会进步，就丧失了它存在的意义。”[①]所以，一部国有资产法要解决的根本问题是清晰界定政府和公共财产间的关系。作为由政府代管的全民所有公共财产，政府在代管这些资产时的行为方式，需要给予清晰的授权和规范。为此，《企业国有资产法》首先需要清晰界定的是国资管理中政府、出资人代表和企业各自的责权利，以及行使权力的边界，要实现政企、政资分离，使政府和企业各归其位，让企业成为具有竞争力的市场主体。要着眼于未来的国资改革，并为之留下通道和空间，而不宜将《企业国有资产法》定性为一部现有国资的守护法。

(二)公司法的结构性改革

1.公司法的立法结构及其根本缺陷

公司法的立法结构，体现在文本上就是公司法的规范结构。法律规范的组成及其体例不是任意的，有什么样的公司社会关系，就有调整什么样社会关系的公司法规范。[②] 因公司法的结构设计是为了实现公司法的目的，包括体现公司自治，体现效率追求，有利于股东利益保护和利益相关者利益平衡。[③] 公司法的立法结构涉及多个层面的公司立法问题，依法律规范的性质及其对当事人的影响，公司法规范由任意性规范和强制性规范构成；依所规范的主体对象，主要是有限公司法规范与股份有限公司法规范之分，以及单一公司法规范与公司集团法规范之分。这些规范的协调构造都是实现公司立法目的之考量因素。无论从哪一方面讲，我国现行公司法都需要进行结构性改革。但受题目所限，本书主要围绕有限公司法规范与股份有限公司法规范的构成进行探讨，这首先涉及公司形态的改革问题，因为这是公司立法结构的基本因素。

1993年《公司法》被历史赋予的使命是促进传统国有企业的公司改制，以期

---

① 经济观察报社社论：《我们需要一部什么样的企业国有资产法》，载《经济观察报》2008年6月28日，第1版。

② 郑玉波：《公司法》，台湾三民书局1980年版，第2页。

③ 王保树：《公司结构改革面临的问题》，中国商法学研究会2011年年会论文。

“建立现代企业制度”[①],这是不同于主要市场经济国家公司法的特殊使命。从实施效果来看,1993年《公司法》确也不辱使命,有力推进了我国现代企业制度的迅速建立。毋庸讳言,这一使命以及该法在计划经济刚刚被废除、市场经济刚刚确立的时候制订的历史背景,决定了该法仅从公司形态与公司法结构的视角观察,存在着较为严重的非现代性问题。就公司形态的设置与公司法规范的结构,主要市场经济国家的公司法无外乎两种立法例,一是单行分散立法体例,分别制定有限公司法和股份公司法,如德国、俄罗斯等;二是在同一部公司法典或者商法典中统一规定有限公司与股份有限公司,但严格区分两类规范的适用,如法国、韩国等。1993年《公司法》采后一立法例,统一规定有限公司和股份有限公司的规范,问题是没有严格区分二者的规范适用,或者区分不尽合理,如有限公司的股东会、董事会的职权和活动规则同股份有限公司几无区别,即饱受批评。[②] 之所以如此,是因为彼时无论是有限公司还是股份有限公司基本上都由国企改制而来,公司法就是对披上公司面纱的国企进行规范的法律。[③] 从公司法现代化的视角正面评价2005年公司法修正案的进步性,一言以蔽之,反映了现代公司法的基本要求,第一次将现代公司法上的许多基本制度落在纸面,使我国公司法律制度同主要市场经济国家进一步靠拢,消除了此前中外公司法的诸多无谓差异。特别强调的一个进步,是对原有公司形态的改革有突破性的进展,增加了公司形态的制度供给:一是在有限公司一章中新设了一人有限公司形式;二是在股份有限公司一章中专设一节对上市公司的组织机构作出特别规定;三是在公司法结构上突出有限公司和股份有限公司的区别,进一步凸显有限公司的特殊要求。尽管2005年公司法修正案反映了现代公司法的基本精神,不失为迈向现代化道路上的一个里程碑,但还难谓一部真正现代意义上的公司法。[④] 尤其对照公司法现代化的国际背景和现实需求,仍有不少可堪检讨之处。毕竟,公司法作为一种不断演进的经验法则,“公司法修改是不可能一次到位的”。[⑤] 此处仅从公司形态现代化的角度观察,对比同期上述各国、各地区的公司法现代化改革,现行公司法在立法理念上多少还缺乏现代化意识的指导,缺失现代化的自觉性。

---

① 1993年《公司法》第1条就明确了这一点,“为了适应建立现代企业制度的需要……促进社会主义市场经济的发展……制定本法”。

② 施天涛:《公司法论》,法律出版社2006年第2版,第304～307页。

③ 张民安:《2005年〈公司法〉在我国公司法现代化中的地位》,载赵旭东主编:《国际视野下公司法改革》,中国政法大学出版社2007年版,第51页。

④ 张民安:《2005年〈公司法〉在我国公司法现代化中的地位》,载赵旭东主编:《国际视野下公司法改革》,中国政法大学出版社2007年版,第49页。

⑤ 周友苏:《公司法修法理念的凝练与阐释》,载《社会科学研究》2005年第1期。

2.与公司形态整合相配套的公司法规范的结构性变革

(1)制度设计的区分原则。在公司形态的整合方案中,若不辅以对公司法具体规范与制度的修改,无异于隔靴搔痒。对此,需要回到两类公司的实质性制度差异上来,这涉及公司资本、股东出资、公司的设立、解散、清算等多个方面,限于篇幅,此处重点讨论处于公司制度中心位置的治理模式之设计。我国公司法一直未予解决的一个突出问题是,两类公司的治理结构区分度严重不足。这一问题由1993年《公司法》造成,2005年修正案在个别问题上有所改进但改观不大,治理结构的立法设计仍显粗糙,未能体现不同公司形态的特殊利益结构。将来的公司法应当更显著地区分这两类公司,提供不同的治理结构制度安排,相关制度设计的要点,是为参与人提供的利益平衡框架,这需要通过立法为不同的公司类型提供不同的法律规范来体现。归纳各国公司法现代化进程采取的一般做法,对于封闭公司而言,主要是突出自治,授权当事人自行安排利益结构;对于大型公司而言,主要是强化信息披露,确立"董事会中心主义",授权董事会有效协调复杂的内外部利益关系而不是仅仅服务股东的利益。兹举一例。现行公司法规定股份有限公司股东大会的职权简单准用有限公司股东会的规定。① 这意味着股份有限公司在法律上依然奉行"公司是股东的公司"的精神,实行"股东会中心主义"的权力结构,这与"两权分离"之现实相去甚远,这反映出立法者对于两类公司治理结构实质差异的认识不足。实际上随着公司制度的演进,两类公司在公司权力配置上的差异日渐显著。在封闭公司,股东一般对公司的管理权和控制权有较强的欲求,同时由于规模较小,股东会召集方式相对简便,因此公司章程可以较为自由地配置和划分股东会与董事会的权力,"股东会中心主义"的权力配置模式在公司演变过程中未发生明显的变化;但在大型公众公司,股东大会作为公司"至高无上的机关"②并能直接干预公司及董事的任何经营行为的核心地位日渐式微,董事会权力日渐扩张的权力配置模式得到普遍的认同和推行。"董事会中心主义"模式的实行,反映了现代大型公众公司已经不仅仅是股东的公司,而是诸多利益关系人的利益集合体,董事会已不再被简单视为股东利益的受托人而是平衡各方利益的独立机关,与此相适应的法律原则是"董事是公司的代理人而非股东的代理人"。③

(2)坚持统一立法体例,改进公司法规范结构的合理性。如前所述,大陆法系各国公司法的立法体例结构有统一立法体例与单行分散立法体例之分,在立法技术上,由于不同的公司形态间的差异较大,采统一立法体例难免顾此失彼,难以应

① 《公司法》第100条规定:"本法第三十八条第一款关于有限公司股东会职权的规定,适用于股份有限公司股东大会。"

② 张民安:《公司法上的利益平衡》,北京大学出版社2003年版,第341页。

③ [英]保罗·戴维斯:《英国公司法精要》,法律出版社2007年版,第124页。

对周全,但优点是便于理解和适用,同时适应公司法频繁修改的基本品格。分散立法体例虽有利于对不同的公司形式进行有针对性规范,但因公司法律规范分散于多部法律中,反而不利于公司法的统一理解和适用,且在修订上也多有不便。可见,两种立法体例各有利弊,都需要在实践中不断加以调整。我国《公司法》在1993年制定之初即体现两个特点:一是采纳统一立法体例,①二是仅规定了有限公司和股份有限公司两种公司形态。应该认为这两个特点是相互依存的,公司形态分类越简单,就越便于统一立法。现在面临的主要问题,是公司法关于公司形态的简单分类导致相关规定与公司实践出现脱节,特别是使那些处于中间形态的公司难以得到有效规范。

为此,我国公司法的现代化,应当在不改变统一立法体例的前提下改进公司法规范的结构。对此,日本2005年《公司法》和英国2006年《公司法》的现代化改革策略各有所长,均可资借鉴。日本2005年《公司法》改革的策略,是通过调整和精细化公司形态来提高公司法规范的适应性,在合并有限公司与股份有限公司的同时,细化后者的形态分类并许可公司参与人对公司内部结构进行一定的调整。英国的改革则采取在统一立法的体例下有所侧重的策略,公司法主要针对中小公司进行设计,而将大公司特别是上市公司的特别规制任务交给证券法及其他法律规范,以发挥统一立法和多种法律综合调控的优势。因循前述公司形态的重整思路,股份有限公司的形态将高度单一化,而有限公司的内部形式要作进一步区分,使公司法能够容纳不同公司形态的复杂多样的利益结构。

(3)重视公司规模大小的分类意义,提升治理结构的选择性与适应性。如前所述,日本选择的公司形态改革,是将有限公司并入股份有限公司,在其项下根据股份转让受限制与否再划分为公开公司与非公开公司。但接下来的又一个层次的制度设计尤需注意,就是再按照公司规模区分为大公司与中小公司,不同规模的公司可以选择不同的治理结构。② 应当说这种与规模大小相挂钩的公司治理结构的可选择性的制度安排,委实可取。上述有限公司、股份有限公司的治理制度之诸多区别,实际上也体现了区分企业大小而作多样性、选择性制度设计的理念。在将来的有限公司项下,企业规模仍有大小之别。我国现行公司法在个别制度设计上稍见区分公司规模大小而立法的影子,对规模较小或者股东人数较少的公司的机构设置一律实行从简原则,可以只设执行董事而不设董事会,也可以只设1至2名监事

---

① 外商投资企业法虽然在《公司法》实施后还继续存在,但按照《公司法》关于"外商投资的有限公司和股份有限公司适用本法"的规定,可将外商投资企业法中涉及公司的规范,视为《公司法》的特别规定。

② [日]永井和之:《日本公司法制的现代化(代序)》,载《日本公司法典》,崔延花译,"序言"部分,中国政法大学出版社2006年版,第11页。

而不设监事会，这样也就不用设立职工监事。[①] 但这些仅有的规定是远远不够的。今后公司法还应当依照中小企业的特殊需求提供更多的可选择性制度供给。例如在财务信息披露方面，针对小型有限公司，可以规定更大程度上的公开豁免，对于财务会计报表的制作，应当允许小型公司有相对简化的报表制作格式和准则，这有赖于公司法与相关财务会计制度的衔接。[②] 还有一个尚未解决的问题是，区分公司规模大小进行立法的设想的实现，需要立法给出一个对公司大小评判的可操作性的客观量化标准，但现行公司法缺乏这一标准，正如有学者所观察的那样，这势必影响立法的整体可操作性。[③] 比如，这一标准不明，就会影响到精明的投资者如何算计公司的管理成本，因为每多聘请一名董事、监事就意味着公司多了一笔开销；对规模较小的公司的执行董事而言，多聘请一名董事、监事也意味着对自身权限约束的增加。从现存的公司数量来看，有限公司占绝大多数；而在有限公司项下，中小公司又占绝大多数。可见，公司规模大小的衡量标准是一个实践中的大问题，而不是小问题。[④] 但有不同意见认为，这不是一个大问题，公司登记机关完全可以制订出一个判断公司规模大小的标准，而且中国这么大，由《公司法》统一制订出一个判断公司规模大小的标准反而不能照顾到公司的地区差异性。这些观点听上去似乎有道理，其实不然。按照有关实证调查显示，一些地方工商行政管理局早已提供公司大小的判断标准，否则就无法确定哪些有限公司是设董事会还是执行董事，也无法确定是设监事会还是设1～2名监事，如重庆市工商局曾经内部规定凡注册资本达到100万元的，就属于大公司，应当建立董事会和监事会。[⑤] 这种行政机关的内部规定不属于法律法规文件，既不能真正适应新的形势，权威性也低，也容易引发投资者与公司登记机关的争议。[⑥] 不仅如此，现行公司法对公司规模大小的判断标准的表述也存在矛盾之处，分别使用了"股东人数较少""规模较小"或者"经营规模较小"等不统一的术语。这些表述的矛盾之处在于，股东人数较少不一定意味着公司规模较小；反之亦然。在涉及是否应当允许职工进入监事会的

---

① 《公司法》第51～52条。

② 李建伟：《公司诉讼专题研究》，中国政法大学出版社2008年版，第291页。

③ 吴越：《"个性化"的有限公司——评〈中国公司法修改草案建议稿〉相关问题》，载《现代法学》2005年第1期。

④ 吴越：《新〈公司法〉的类型化问题与实践图景》，载赵旭东主编：《国际视野下公司法改革》，中国政法大学出版社2007年版，第44页。

⑤ 吴越：《新〈公司法〉的类型化问题与实践图景》，载赵旭东主编：《国际视野下公司法改革》，中国政法大学出版社2007年版，第45页。

⑥ 比如，此处的100万元到底是指设立时的实收资本为准还是应以章程载明的授权资本为准呢？毕竟现行公司法允许在2年内分期缴纳出资的。

问题上,公司股东人数与公司经营规模与公司雇佣的职工人数之间更不存在必然联系。[①] 当然,上述多术语的立法表述也表明,公司规模大小的判断标准不是唯一的而应是多元的。主要市场经济国家在企业规模大小的判断标准也是多元的:[②] ①判断公司是否应当设立董事会及监事会,主要采用股东人数标准,同时参照公司资本标准。②判断是否允许职工进入监事会,主要采用公司雇员人数标准。③公司的注册资本多数时候不是一个客观标准,仅仅具有参照的意义,因为一人(自然人、法人)也可以设立注册资本逾千万元的一人公司。④在税法上的税收优惠待遇适用上,判断小规模纳税人的标准是公司的营业额。上述多元标准的辩证统一可以得到实证数据的支持。从世界各国公司设立的实际情况来看,大型公司的数量只占很少的部分,存量巨大甚至占绝对优势的,乃是股东人数较少、规模中小型甚至小微型的有限公司(封闭公司)。在美国,股东只有 1~10 人的封闭公司占了全部公司的 93.94%;拥有 11~99 名股东的公司只占 4.03%;拥有 500 名股东以上的公司数量仅占 0.49%。在英国,70%的私人公司股东仅有 1~2 人,90%的私人公司股东不超过 10 人,董事与股东合一的现象十分普遍。[③] 在德国,2002 年注册的有限公司共有 446797 家,同期的股份有限公司大概为 5526 家(包括少量的股份两合公司),[④]且许多有限公司的出资人只有 2~3 人,大多数出资人均积极地参与公司的经营管理。[⑤] 我国的情形也大致如此。[⑥]

在合理界定有限公司的规模大小标准之后,公司立法接下来就需要在有限公司内部根据公司规模大小之不同而作不同的制度设计,在现有的国有独资公司、一人有限公司和普通有限公司的基础上,进一步对后者项下作出细分,对于股东人数虽少、但注册资本与资产规模极大、股东多数为法人机构的有限公司(主要是大中型国企改制而来的有限公司),适用相对较为严格的公司治理规范。同时从普通有限公司中划分出股东为自然人的小微型、中小型有限公司的形式并将之固定化,赋权其更多更大的自治空间,采用更具灵活性的治理结构,允许公司参与人在多样性的制度安排供给中进行选择,在董事会与执行董事、监事会与监事、独立董事设置

① 吴越:《新〈公司法〉的类型化问题与实践图景》,载赵旭东主编:《国际视野下公司法改革》,中国政法大学出版社 2007 年版,第 42 页。

② 林汉川、邱红:《中小企业管理》,高等教育出版社 2006 年版,第 5 页。

③ Cary and Eisenberg, *Corporations Cases and Materials*, 7 th edition, The Foundation Press, 1995, pp.241-243.

④ 高旭军:《德国〈有限责任公司法〉改革评述》,载刘俊海主编:《中国资本市场法治评论》第 1 卷,法律出版社 2008 年版,第 156 页。

⑤ 乔枫:《有限责任公司的利益相关人权益平衡的反思》,载吴越主编:《私人有限公司的百年论战与世纪重构——中国与欧盟的比较》,法律出版社 2005 年版,第 183 页。

⑥ 我国目前有公司约 530 万家,其中中小企业的有限公司占 98%以上。http://www.cnstock.com/homecjzg/2007-05/10/content_2138721.htm。

与否、经理设置与否的丰富多彩的组织机构设置组合中进行选择，同时还允许对于股东会召开、财务会计报表制作、公司账簿置备、信息披露等诸多强制要求项上豁免适用或者简化适用，尽力降低其设立成本、治理成本、运行成本与风险成本；将有限公司作为当代社会小微企业、中小企业的最重要企业组织形式的制度优势最大幅度地发挥出来。

(三)公司企业法的改革与改革中的公司企业法

1.变动中的公司企业法

在民商法体系里，相比于民法具有极大的稳定性，商法的一个重要特点就是具有恒久的变动性。由于社会政治、经济和文化的变化，各国、地区的商法经常处于变动之中，而民法则很少处于此种变动之中。商法之所以具有变动性，其最根本的原因在于商人行为的变动性，商人所为的商行为并非像民事行为那样一成不变，随着商人经济活动的广泛进行与现代信息科技的急剧进步，商人从商的手段和方式亦有极大变化，商法作为以商人为中心的法律需及时体现商人的此种要求，将它们上升到法律的高度，这就需要频繁地修法。虽然商法和民法都应当反映社会生活的目前需要，但商法与民法反映社会当前需要的方式不尽相同。民法之规定落后于社会当前需要的，应对之策不是废除、修改相应的条款，而是通过司法个案审判对该项条款作出扩张、限制解释，使之跟上社会发展之脚步。但商法则不同，当商法之规定落后于社会当前需要的，商法直接选择由立法机关直接废除或修改那些不符合商人要求的条款。①

在商法中，企业法无疑是最能体现其发展性与变动性的法律部门。因此，在各国商法的修订中，企业法的修订无论在量上还是在质上，都是修订最多的法律。急剧变动的社会现实和日趋激烈的国际竞争，不仅带来了企业制度理念的更新，也推动了各国企业立法的发展。这一变革无疑又以作为企业形态核心与主干的公司制度的变革为代表。与域外法相比，我国类似的商事法修改显然过于迟缓了，1987年出台的《城乡个体工商户暂行条例》名为“暂行条例”，一下子就“暂行”了24年多，直到2011年11月1日开始新的《个体工商户条例》生效。类似的还有《私营企业暂行条例》，这部颁布于1988年的行政法规一直“暂行”到被废止之日。回到公司法，自从1993年《公司法》制定，到2005年的重大修订也是12年后的事情了，最近的一次局部重大修的是2013年。联想到最近30年来我国所发生的社会经济生活的急剧变化，这一变化之剧烈，人们通常以“中国以30年走过西方国家300年之历程”来形容，对比之下，我国企业立法的修订更是显得过于迟缓了。所以，立法机

---

① 张民安：《2005年〈公司法〉在我国公司法现代化中的地位》，载赵旭东主编：《国际视野下公司法改革》，中国政法大学出版社2007年版，第57页。

关一定要有一种意识，必须经常性地检讨商事法尤其是企业法规范与经济社会发展的步伐协调，适时地根据变化了的情况修改企业立法，以确保我国企业法真正成为现代意义上的企业法。公司法的变革更不可能毕其功于一役，还有许多问题有待于进一步完善。而是面对公司法变革的国际潮流，认真反思《公司法》存在的问题并寻求其改革方向，谋求公司法与实践发展要求之间的协调性，基于公司法的发展性与变动性的法律特性来淡化法的安定性要求，根据形势发展的需求，在导向上追求效率并适时回应实践的需要，唯此，才能以公司制度的革新为依托实现整个企业法律制度的革新与和谐发展。

2.公司企业法的发展方向

为修订而修订的立法活动或许并不存在，因为那是无意义的。制订法律与修订法律都是有既定的制度目标的，作为后发的发展中国家，我们所强调中国企业立法的修订，就是为了实现企业法的现代化，核心是公司法现代化。在各个主要市场经济国家，公司法的现代化作为一个历史过程，直观体现为一项持续性的修法工程。对于“公司法现代化”当如何解读？我国学者有谓“着眼于市场经济从一国范围到全球一体化的转变，不断提高公司法的适应水平，充分发挥其引导功能”；[①]有谓“是一个国家按照现代公司制度的基本法律理念与原则去改造已有的公司法制度以适应于自己社会经济发展需要的一个历史过程，适应性是公司法现代化最基本的目标，适应性改造是公司法现代化的本质定性；历史过程是公司法现代化适应性改造过程的时间特性”。[②] 有学者指出，应该从法制史意义与理念意义的双重角度来理解公司法的现代化，以及与此相关的另一概念“现代公司法”，在“公司法现代化”语境下来讨论“现代公司法”，“现代公司法”作为分析公司法结构与功能变迁的基本范畴才更具理论张力。按照这一理解，19世纪末法典化运动中形成并延续至20世纪80年代的公司法典或商法典，应称为“近代公司法”，作为与“现代公司法”对照的类型。[③] 仅从公司形态与公司法结构的视角，近代公司法存在的共性问题有三。其一，在公司形态方面，资合公司形态单一。大陆公司法只有股份有限公司和有限公司两种资合公司形式，这两类公司内部也不再作分类或者作有意义的分类。在规范设计上以股份有限公司为主要规范对象，而对有限公司关注不够，设计缺乏个性，基本框架和主要规范均与股份有限公司区分不足。其二，在公司治理模式上，奉行“股东利益至上”，组织机构设置与权力配置实行“股东会中心主义”，以平衡公司高管与股东关系为主旨的代理成本问题及相应的制度设计尚未受到重

① 王保树：《立法政策与中国大陆公司法的现代化》，载王保树主编：《转型中的公司法的现代化》，社会科学文献出版社2006版，第598页。

② 曹兴权：《公司法的现代化：方法与制度》，载《中国法律》2008年第4期。

③ 周友苏、李红军：《现代化视野下中国公司法改革前瞻——以公司形态调整为主线》，中国商法学研究会2011年年会论文。

视，更遑论债权人、雇员等利益相关者的利益实现机制。其三，公司法以强制性规范为主，即使对有限公司的规制也是如此，公法、私法规范在性质与功能的区分不甚清楚。

近代公司法的上述特性，使得其在百余年来应对不断发展演化的经济组织的制度需求方面，为扩展其适应性而不得不经常性地进行修改，这种经常性修改又使商法典的稳定性面临挑战并最终导致近代公司法向现代公司法演变。这也揭示出应然意义上的“现代公司法”的制度层面相应地至少具备以下特征：(1)公司形态更具多样性。这意味着立法需要供给更多的公司子类型以供事人进行更多自由的选择，提升公司法的适应性和包容力，如一人公司、不同设立方式的股份有限公司、合同公司等新的公司形式。(2)公司产权结构、利益结构与治理机构的多样性。区分封闭公司与公众公司、大中小公司而设置不同的治理制度模式或强制适用或可供选择，设计更多精密的法律机制来平衡更多利益主体之间的利益冲突。(3)公司法规范类型的多元化。不同类型的公司适用的强行性规范与任意性规范的比例自有不同，两类规范的类型也更加丰富，体现了立法者规制公司行为的手段与方式更加丰富与灵活。这些特征实际上是现代公司法为了满足公司企业的制度需求而作出的制度调适和安排，目的在于增强公司法的实效性与适应力。

相较于主要市场经济国家，我国的公司立法起步可谓滞后无比，直到20世纪90年代初才有公司法的颁布，比这些国家晚了足足一百余年。但作为立法的后发国家，在制度建构上也有自身的优势：一开始就可以充分借鉴先发国家、地区的近现代公司法的丰富经验而作积极主动的制度设计，可谓迎头赶上。在此轮的公司法现代化浪潮中，我国又适逢其时，为适应现代公司法发展的趋势并契合自己十多年的公司实践需要，几乎与主要市场经济国家同步进行公司法现代化工作，在2005年完成最重大的公司法修订，在激烈的公司法律制度竞争上力争主动，确保不掉队。只是需要强调的是，由于先天的不足与经验积累的相对贫乏，我国公司法改革的压力与任务比这些主要市场经济国家更为繁重。在现行公司法基础上，我们更应奋力前行，以作为市场经济国家共识的现代公司法理念为导引，以公司形态调整为主线，围绕公司法的结构改革这一核心，力促我国公司法规范的现代化，着力提高我国公司法的竞争力。

3.立足于制度竞争的企业法改革

应该说，过去30多年来我国虽然历经曲折，但在企业制度方面所取得的改革成就不逊于任何国家，关于这一历史性的成就，本书在前面已经进行了详尽的阐述，这里就不赘述，尽管这确实是值得骄傲的。我们在这里讨论的问题是，当前如何推进包括国企改革、国有资产法改革、公司法的结构性改革等重大命题在内的企业立法改革，增强我国企业法律体系在全球范围内的制度竞争力。与前40年的一路改革下来相比，当前我国的企业立法改革似乎面临着一个无形的瓶颈，需要我们冷静思考，如果要启动“改革再出发”，需要我们正视一些关键症结所在，解决一些重大认识问题。

最大的症结，就是缺乏持续推动企业法改革的原动力与利益协调机制。30多年前启动国企与集体企业改革、允许建立个体与私营企业、引入三资企业，任何一项改革都是一种明显的帕累托改进，所有参与人均有动力也均有收益，受损人群几乎不存在。而随着改革的推进，各参与人的利益诉求不断发生着变化，新生的利益主体如亟须创业的年轻大学生、新生代农民工难有参与变革的途径与机会，尤其糟糕的是原有的改革主体或是逐渐失去改革的紧迫感和共识，或是演变为新的既得利益群体，由原来的改革推动者，变成改革的牵制、阻碍力量甚至反动力量，[①]国企改革与国有资产改革的深层推进之所以艰难，深层原因就在于此。在此背景下，如果改革缺乏顶层设计与战略规划，缺乏利益协调机制，很多重要改革难以出台或“走形变样”。

有谓，鉴往而知远。中国渐进式改革已持续40年，现在已到了适当提速、加快推进的新阶段。必须拿出比40年前的更大的决心和勇气，勇闯利益“雷区”、冲破体制束缚，直面挑战、再启改革。依靠改革，我们成功实现了40年的快速发展，极大地解放和发展了生产力，取得了巨大的制度红利。未来我们还需要更大更多的创新制度红利。只有继续依靠深化改革，中国才能切实转变经济发展方式，真正步入科学发展轨道，实现从经济大国向经济强国的历史性跨越。[②] 在此历史跨越进程中，一定要依靠发挥以企业为核心的经济组织的力量，增强我国的经济组织制度竞争力。诺思等人在《西方世界的兴起》一书提出的中心论点是：有效率的经济组织是经济增长的关键；一个有效率的经济组织在西欧的发展正是西方兴起的原因所在。[③] 当然，有效率的组织的产生需要在制度上作出安排和确立产权以便对人的经济活动造成一种激励效应，根据对交易费用大小的权衡使私人受益接近社会收益。一个社会如果没有实现经济增长，那就是因为该社会没有为经济方面的创新活动提供激励，也就是没有从制度方面去保证创新活动的行为主体应该得到的最低限度的报偿或好处。反观通常的观点，则是将技术的创新、规模经济、资本积累等看作是经济增长的源泉，可是在诺思看来并非如此，它们本身就是增长。对经济增长起决定性作用的是制度性因素而非技术性因素。在当今社会，企业作为最典型与最具影响力的经济组织，尤其是大型公众公司，因其资本雄厚、经营规模庞大、业务范围广泛，在社会经济生活中的地位举足轻重，其制度的主要构成就是企业法律

① 财经杂志社评：《改革再出发》，载《财经》2012年第4期。

② 财经杂志社评：《改革再出发》，载《财经》2012年第4期。

③ [美]道格拉斯·C.诺思、罗伯特·托马斯：《西方世界的兴起》，厉以平、蔡磊译，华夏出版社1999年版。

制度，从诸思建构的高度上来理解我国企业法制的现代化、企业形态体系的重构与企业立法体系的结构性改革的诸多命题，有助于增进我们对于企业立法改革的重要性的理解，同时也会强化我们构筑企业法律制度竞争力的紧迫感与使命感。

检视历史，我国公司企业法治建设与宪法发展、经济体制改革尤其国企改革密切相关。伴随着经济体制改革由计划经济向市场经济之历史性转变，公司企业法治的形成具有强烈的时代特征与中国特色。时至今日我们来检讨这一法治体系，最大的问题还是集中在新旧经济体制转型过程以及经济体制改革不彻底带来的一个后遗症——以所有制形式为标准和以企业组织形态为标准的两种立法模式并存的“双轨企业法立法体系”。这种双轨制的立法模式随着经济体制与国企改革的往深水域推进，积弊日显，立法的交叉、重复与矛盾构成了这一体系的表象缺陷，实质的缺陷则是由于这一体系内容的落后、涵盖的有限、结构的缺陷这使得现行企业立法体系已远远不能适应社会主义市场经济发展的需求。

要之，重构我国公司企业法治体系，宏观背景与思想支持是坚持社会主义市场经济体制的改革方向，进一步推进对内改革与对外开放，深化国有资产管理体制改革，破除对某些所有制进行特殊保护与区分所有制的思想与意识形态禁锢，消除所有制进入企业立法的思想残余。重构我国公司企业法治体系的路径，需要站在体系性、整体性、制度性改革企业立法的高度和宏观视野，有计划、有步骤、协调性地进行一系列的法律废、改、立工作，同时在废、改、立的过程中提升企业立法的层次，消除目前企业立法层级过低的问题。依照《立法法》的规定，明确有关基本的企业法律制度的立法权在中央，有关企业基本问题的立法应该为法律（狭义）与行政法规，涉及企业的行政规章、地方政府规章应该回归原位，法律、行政法规、地方性法规、行政规章与地方政府规章之间应该组合成一个各司其职、和谐融洽的立法体系。

第三章

中国证券法 40 年

一、证券法 40 年的发展变迁

证券，是指长期资金的需求者公开发行的由投资者购买且对一定收入享有请求权的投资凭证。通过公开发行证券筹集长期资金是资金需求者的目的，而通过购买证券享有一定收入的请求权是投资者的投资目的，证券正是双方可达到各自目的的媒介。证券通常分为股票、债券、投资基金凭证等。

证券市场是证券供求关系和交易网络的总称，狭义的证券市场就是证券发行和买卖的场所。证券市场是商品经济高度发展的产物，并促进市场经济进一步发展。中国证券市场起步于 20 世纪 80 年代，在 90 年代得到高速发展，至 20 世纪末，上市公司数和市价总值均已居新兴市场第三位，对我国改革开放、市场经济建设和优化资源配置、调整经济结构、促进企业发展，都起到了非常重要的作用。

证券法是规范证券市场行为、调整证券活动中各种关系的法律规范的总称。我国证券法伴随证券市场而产生、发展，1998 年 12 月 29 日由第九届全国人大常委第六次会议审议通过《中华人民共和国证券法》(下称《证券法》)，是社会主义法制建设的重大成果，其颁布实施标志着我国证券市场法制发展进入了一个新的时期。证券法40年的发展变迁可以看出，追随和服务市场经济发展是证券法法发展的初心和使命；改革与创新是证券法发展的永恒主题；主体法、行为法和监管法的融合是证券法的基本构成；对境外证券法的兼收并蓄和国际化是中国证券法发展的重要路径。

(一)中国证券法的起步阶段(1993年以前)

党的十一届三中全会后，我国进行了全面的经济体制改革，从有计划的商品经济向社会主义市场经济转变，证券交易随之悄然兴起，随着商品经济的进一步发展，证券交易日益活跃，证券市场在稳步形成和发展，规范证券市场、保障证券交易正常进行成为当务之急。

1.法制伴随证券市场同步产生

为了调整和稳定国民经济，适当集中各方面的财力，进行社会主义现代化建设，我国逐渐改革单一地向银行透支借贷的传统体制，先于1979年恢复向国外借款，1981年又决定在国内发行国库券，1985年颁布《国库券条例》。为了促进金融工具多样化，筹措新投企业的自有资金，企业债券出现于1984年，中国人民银行于1985年批准中国工商银行等专业银行发行金融债券。

根据经济体制改革和发展有计划商品经济的需要，国家经济体制改革委员会和中国人民银行于1985年12月联合在广州召开了5城市金融体制改革试点会议，提出开发证券市场并布置试点工作。在首批股票发行的基础上，1986年8月15日，经中国人民银行上海分行批准，上海工商银行信托投资公司开办了股票的柜台转让业务。

当时，由于国库券发行采取派购方式且不流通转让，致使国库券信誉不高，在“黑市”转让的国库券价格大大低于面值。为了提高国库券声誉，1988年4月1日，中国人民银行总行会同财政部请示国务院同意后，在上海等7个城市进行了国库券转让试点，迅速提高了国库券的交易额和市场价格，取得显著成效。这不仅提高了国库券信誉，也激活了我国证券市场。国家不断发行各种债券并允许其进入市场流通，在国家有关部门的办法和条例的鼓励下，其他债券品种逐渐增多，一些国有大型企业开始发行企业债券。

我国第一家证券交易所——上海证券交易所于1990年12月19日正式营业。同年，深圳证券交易所开始试运行，1991年7月正式营业。一些公司的股票开始在证券交易所挂牌上市。全国证券自动报价系统也于1990年12月5日在北京开通运行，它依托电脑互联网进行场外集中交易，把分布在全国各地的经营机构联结起来。1992年，经批准成立了中国证券交易系统有限公司及其全国电子交易系统，于1993年年初运行，但因该系统将投资者身份限定于系统内的证券商，其发展受到较大影响。

在我国证券交易市场逐步形成的过程中，证券品种从较早的国库券、建设债券、金融债券、重点企业债券发展到公司股票以及各种权证如认股权证和配股权证等，反映现代投资组合理念的投资基金也成为证券市场上的重要证券品种。交易方式也在现货交易的基础上，出现了期货交易。证券交易规则也从试行和实验，逐渐发展成为比较规范和成熟的交易规则。我国发行的股票主要有以下几种类型：按持有股份的权利义务不同，有优先股、普通股、普通股与优先股混合型；按持股主体身份的不同划分，有国家股、法人股、个人股三种，其中国家股是指全民所有制企业改组成股份公司后，原有国有资产所形成的股份或以国有资产进行股票投资而形成的股份，个人股是指自然人购买的股份，这种按持股人主体身份不同划分的方式一直保持至今。

我国基金市场也从无到有。20世纪80年代末，一批由中资或外资金融机构在境外设立的“中国概念基金”相继推出。20世纪90年代初期，在境外“中国概念基金”与中国证券市场逐步发展的影响下，在地方政府和当地人民银行的支持下，国内基金开始发展，在1992年前后形成了投资基金热。1992年11月，经深圳市人民银行批准成立了深圳市投资基金管理公司，发起设立了当时国内规模最大的封闭式基金——天骥基金。1992年11月，经中国人民银行总行批准的国内第一家投资基金——淄博乡镇企业投资基金正式成立，并于1993年8月在上海证券交易所挂牌上市，成为我国首只证券交易所上市交易的投资基金，该基金为公司型封闭式基金，筹集规模1亿元人民币，60%投向淄博乡镇企业，40%投向上市公司。处于萌芽时期的基金在运作过程中积累了一些宝贵经验，培养了一批基金管理从业人才，但也存在问题，如由于缺乏基本法律规范，基金普遍存在法律关系不清、无规范可依现象，资产大量投向房地产、企业法人股权等，实际成了产业投资基金。

2.中央与地方并行的我国初期证券立法

股票立法早期都是中央下文通知，上海、深圳两地制定关于发行、交易、管理的地方性法规，如广东省《股票、债券管理暂行办法》；其他地方也陆续有地方性立法出台，如陕西省《企业发行股票、债券暂行管理条例》、武汉市《股票、债券发行管理暂行规定》等。国务院及有关部门自1986年起颁布了一系列有关证券管理、证券发行与交易的政策、规范，如中国人民银行及其分行相继颁行了《证券公司管理暂行办法》、《证券柜台交易暂行规定》(上海)、《关于深圳目前股票柜台交易的若干暂行规定》等一系列规章或规范性文件；国务院1987年3月发布《企业债券管理暂行条例》(1993年8月发布《企业债券管理条例》时废除)，有力地推动了我国证券发行与交易市场的兴起。

随着证券市场的进一步发展，国家加强了证券立法，尤其是关于股票的立法；1992年国家先后出台了《股份有限公司规范意见》和《有限责任公司规范意见》，国务院1992年12月发布《进一步加强证券市场宏观管理的通知》等。1992年6月，七届全国人大常委会委员长会议正式将制定《证券交易法》列入全国人大常委会的议事日程。《证券交易法》由全国人大财经委承担主要组织工作，由经济学家厉以宁教授等组成起算小组。在《证券交易法》第三稿的基础上，1993年1月《证券交易法(草案)》改名为《证券法(草案)》。1993年以前，尽管证券市场尚处于起步阶段，规模比较小，市场不统一，法律规范层次较低，执法不严，但证券市场在筹集巨额建设资金、平衡国家财政收支、促进企业经营机制转换等方面的积极功能已为人们广泛认同；同时，证券法制在培育、保障证券市场成长方面的作用也得到人们的普遍重视。

3.证券市场监管起步

自1986年1月7日国务院发布《中华人民共和国银行管理暂行条例》开始，中国人民银行作为证券主管机关的地位开始确立。此后，人民银行先后颁布了一系列监管办法以适应证券市场的发展。这些办法主要包括：《证券公司的管理办法》《跨地区证券交易管理办法》《设立证券交易代理点有关问题的通知》《有关严格控制股票发行和转让的通知》等。上海深圳两地的人民银行分支机构，对两地证券市场初期的发育起到了积极作用。这一时期，证券监管没有专门的机构，主要是在中国人民银行和国家经济体制改革委员会等部门领导下，上海、深圳两市地方政府管理。在实际的运作过程中，上海、深圳地方政府充当了主要管理者的角色，两地人民银行分行相继出台了一些证券监管的政策和规范性文件，对证券发行与交易行为进行了初步规范。

(二)中国证券法的创立阶段(1993—1998年)

1.中国证券市场快速兴起

1992年，邓小平视察南方谈话后，我国经济体制改革步伐全面提速。

在国债发行方面，1993年国家推出了国债一级自营商制度，通过一级自营商向广大投资者发行。1994年1月，国家借助上海证券交易所的电脑网络系统，成功的发行了半年和一年期非实物国库券，并于同年8月份完成了对半年期非实物券的兑付，这是一次极有意义的国债发行方式的尝试。1995年9月，国家首次施行了以缴款期为标的竞争招标方式发行国债，1996年1月又采取国际通行的价格竞争招标方式发行了贴现国债。经过改革，由以往只在一家交易所发行一个品种的记账式国债发展到目前同一种记账式券种可在多个交易所同时挂牌分销，再通过中央国债登记结算公司办理场所间的转托管业务，使记账式国债的发行量日趋扩大。

在国债交易方面，1993年几个主要市场的回购业务初具规模，1994年全国国债回购交易量达到3000亿元，1995年全国各集中性国债交易所(交易所和证券交易中心)的回购交易量已超过4000亿元，在1995年下半年之前，国债回购交易量占到全国国债交易量的50%以上。为配合财政部国债市场改革，上海证交所于1993年10月25日率先推出了国债期货交易试点，至1994年第4季度，国债期货交易已经成为上海证券市场发展的一大热点，日均成交量约84.6万元，几乎全国所有的大证券经营机构和投资者均云集上海国债期货市场，交易量猛增。此间，深圳证交所也开办了国债期货交易。

在股票发行方面，1993年，中国股票发行上市由深、沪两地试点转为向全国拓展，新成立的国务院证券委和中国证监会共受理了全国各地133家股份公司A股的发行及上市申请，其中115家获准发行，面值达37.43亿元人民币，筹资160亿元人民币左右。同时，另有35家企业发行了"B股"，青岛啤酒、上海石化、广州造船、北京人民机器、马鞍山钢铁、昆明机床等六家企业到香港公开发行"H股"，并在香港联交所直接上市。上海石化和马钢在港上市的同时，又以ADR形式进行全球公开发行，并将ADR在美国NYSE挂牌上市。在1995年，共发行A股5.1亿股，筹资20.62亿元；发行B股10.76亿股，筹资4.03亿美元；发行H股15.38亿股，筹资3.8亿美元。在股票公开发行的方式上，吸取深圳1992年"8·10"事件的教训，改变了单一认购申请表抽签方式，尝试了与专项储蓄存款挂钩、上网定价、上网竞价的方式。

在股票交易方面，1993年，已有4家公司的6.93亿股法人股在STAQ系统流通，全年成交17.7亿股，金额达55亿元。1993年4月28日，由"中国证券交易系统有限公司"开发和管理的"中国电子交易系统"(简称"NET系统")开通，至1993年底已有7家公司的5.44亿股法人股在NET系统流通，全年成交4.5亿股，成交金额达18亿元，此外，各地还先后成立了23家"证券交易中心"。

1996年6月7日，上交所拟选择市场最具代表性的30家上市公司作为样本，编制"上证30指数"，并在7月1日正式推出。

2.中国证券法制创设

1993年之后，我国证券市场立法有了崭新面貌。1993年12月全国人大常委通过的《中华人民共和国公司法》，不仅确立了作为证券市场存在基础的公司法律制度，确认了证券活动公开、公平、公正的原则，还专门规定了公司股份发行、转让、上市公司以及公司债券等一系列基本制度。"公司法具有私法公法融合的特点，是国家公法限制和干预较多的一个私法领域。"[①]国务院和国务院证券委先后出台了《股票发行与交易管理暂行条例》(1993年)、《企业债务管理条例》(1993年)、《证券交易所管理暂行办法》(1993年)、《禁止证券欺诈行为暂行办法》(1993年)等法规规章，其中《股票发行与交易管理暂行条例》是我国股票市场第一个重要的全国性法规，其制定和实施是我国证券法制史上的一个里程碑。国务院发布《关于股份有

---

① 江平：《新编公司法教程》，法律出版社1994年版，第3页。

限公司境外募集股份及上市特别规定》(1994年)和《关于股份公司境内上市外资股的规定》(1995),开启了证券市场国际化和与境外证券监管机构合作监管的途径。1997年,将证券欺诈犯罪列为刑事惩处对象的《中华人民共和国刑法(修正案)》的出台,加强了对市场违法犯罪行为的查处打击。

中国证监会还就国债期货发行与认购方式、配股、上市公司辅导、信息披露、证券经营机构、证券从业人员、证券服务机构等大量规章和规范性文件。较有影响的法规有:《可转换公司债券管理暂行办法》《证券投资基金管理暂行办法》《证券交易所管理办法》《证券期货投资咨询管理暂行办法》等。国务院有关部委和上海、深圳政府,地方政府亦就国有股权益、外资股、上市公司监管、证券投资基金等作出规范。随着1997年3月证监会《证券市场禁入暂行规定》出台,首次大规模清查市场违规者,并实施市场禁入,法的威慑力得到体现。1997年中,国家有关部门作出规定禁止国有企业和上市公司炒作股票,禁止银行资金违规流入股市,有效地扼制了投机。1997年12月12日,中国证监会发布《证券投资基金管理暂行办法》的有关实施准则,开始受理设立基金管理公司和证券投资基金的申请,一些不合规范的基金出现大起大落行情,但合乎规范的新基金的发行仍受到投资者广泛的欢迎。

此外,我国金融市场相继出台了《中国人民银行法》《商业银行法》《票据法》《保险法》等立法。

3.中国证券监管体制逐步形成

随着证券市场的成长,中国人民银行作为证券主管机关所带来的矛盾日渐突出:在管理目标上,中央银行侧重从总体上调控货币的发行与流通,以维护金融制度的稳定,而对维护公平交易、保护投资者利益方面相对滞后;在监管手段上,中央银行偏重于传统的宏观、间接手段,而证券市场需要作用于市场主体行为的微观、直接手段;加之银行业与证券业存在利益冲突,以规范银行为主的监管手段无法适应证券监管的需要。另外,因为传统体制分工的制约,众多政府部门都涉及证券市场的监管,发布《股份有限公司规范意见》等14个具体办法需由国务院牵头,股份制企业改制和股票发行需由多个机构的共同审批,影响了监管效率与市场作用的发挥。

1992年5月,中国人民银行成立证券管理办公室;7月,国务院建立国务院证券管理办公会议制度,代表国务院行使对证券业的日常管理职能。

随着证券交易所的成立、证券公司和股份公司的增加,证券市场相继出现了一系列违规操作、秩序混乱等问题,如1992年8月10日,百万人拥至深圳争购1992年新股认购表,结果多数人因为没有买到中签表而到市政府示威,从而引发了震惊全国的“8・10风波”。为有效应对证券市场各种问题,加强证券业监管,国务院决定成立专门的证券市场监管机构。

1992年10月27日,国务院证券委员会成立。《股票发行与交易管理暂行条例》以法律的形式确认国务院证券委员会是全国证券市场的主管机构,依照法律、法规的规定,对全国证券市场进行统一的管理。证券委负责制定有关证券市场发展的重大政策和拟定有关管理法规,证券委办公室负责处理日常事务。同时成立了中国证监会,由有证券专业知识和实践经验的专家组成,作为国务院证券委的执行部门,负责对证券市场进行监督管理。1993年8月,国务院证券委授权中国证监会,其有权依照《股票发行与交易管理暂行条例》查处股份有限公司、证券经营机构、内幕人员和其他单位个人的证券违法违规行为,但对需要撤销当事人单位的证券经营业务许可的处罚应当上中国人民银行办理。1994年7月18日,国务院证券委作出决定,由中国证监会配合中国人民银行共同审批、监管证券经营机构。

1995年2月23日,上海国债市场出现异常的剧烈震荡,爆发了著名的"3·27"国债期货事件,史称"327风波"。"327"是指以1992年发行的、1995年6月到期的三年期国债为基础证券而衍生创设的国债期货。上海证券交易所在1993年10月25日向社会开放国债期货交易。1994年10月后,受到国家调整储蓄存款利率和保值贴补政策的影响,国债期货行情火爆。11月份前后,市场传出财政部拟给予"327"国债以贴息的消息,市场成交量大增。1995年2月22日贴息传言得到确认,次日开盘后,"327"国债品种价格大幅上升。上海万国证券公司和辽宁国发(集团)股份有限公司等空头主力为减少亏损,在没有缴纳保证金的情况下,于23日收市前8分钟卖出1056万口卖单,将该国债期货价格从150.30元打压至147.50元。该下单规模相当于"327"国债期货主要品种发行量的3倍多,正常情况下卖出需要缴纳50亿元保证金,上海证券交易所于闭市后宣布与违规相关的交易(即最后8分钟交易)无效,上海证券交易所从2月27日起开始休市。证监会处罚通知称"上海证券交易所对市场过度投机带来的风险估计不足,交易规则不完善,风险控制滞后,监督管理不严,致使在短短几个月内屡次发生严重违规交易引起的国债期货风波,在国内外造成很坏的影响"。此后,证监会和上海证券交易所公布了加强期货市场监管的具体措施,完善了涨跌停板幅度,降低了国债期货最大持仓量限额,提高了国债期货保证金比例,严格了大户业务报告制度,每日结算制度和强制平仓制度。5月17日,中国证监会发出《关于暂停国债期货交易试点的紧急通知》,"经国务院同意,中国证监会决定暂时停止了国债期货交易",规定各国债期货交易场所一律不准会员开新仓,由交易场所组织会员协议平仓。正如一位中央领导当时说:"这个市场现在还看不清楚,问题没有充分暴露出来,要暴露一段时间。"[①]1997年8月15日,国务院作出决定,沪深证交所划归中国证监会直接管理,结束了由上海、深圳两市政府监管证券交易所的历史。

1997年11月,中央召开首次全国金融工作会议,会议决定对金融业实行分业

① 张志雄:《证券法出台:不为人知的内情》,载《财经》1999年第7期。

监管，国务院证券委与中国证监会合并成为新的中国证监会，中国证监会成为中国证券期货市场的监管部门，并在全国设立了派出机构，证监会监管证券业的格局基本形成。同时成立中国保监会，分别专司中国证券业和保险业的监管；人民银行专司对银行业、信托业的监管。1998年春，国务院决定对证券监督管理体制进一步改革，当年下半年，国务院正式批准中国证监会"三定"方案，明确中国证监会对全国证券期货市场实行集中统一管理。根据国务院批准的"三定"方案之规定，中国证监会的主要职责是：研究和拟定证券期货市场的方针政策、发展规划；起草证券期货市场的有关法律法规；制定证券期货市场的有关规章；统一监管证券期货市场，按规定对证券期货监管机构实行垂直领导；监管股票、可转换债券、证券投资基金的发行、交易、托管和清算以及批准企业债券的上市。集中统一的证券监督管理体制消除了证券市场多头监管的弊端，有利于强化监管职能，提高监管的效率，更有效地保护投资者的利益。

(三)中国证券法的形成阶段(1998—2005年)

1.《证券法》出台

1995年年末，时任国务院总理朱镕基视察上海证券交易所，正式提出了"法制、监管、自律和规范"的八字方针。1995年12月召开的国务院常务会议专门听取并研究了《证券法(草案)》问题，指出草案操作性不强，要继续总结修改。1997年爆发了亚洲金融危机，亚洲新兴国家经济结构落后，经济泡沫较多，对金融市场缺乏有效监管。1997年5月，国际货币投资者乘机在泰国大量向同业银行借入泰铢，随后迅速抛出，造成泰铢贬值。泰国政府动用40亿美元外汇储备稳定汇率未见成效，最后不得不宣布泰铢与美元脱钩，实行浮动利率，导致泰铢贬值18%。始于泰国的亚洲经济危机，不但重创了泰国经济，而且引起各国投资者对亚洲经济的恐慌。10月下旬，国际投机分子积聚10亿美元，对坚守联系汇率制的香港汇市和股市发动冲击。香港政府监管机构采取了上调利率、抽紧银根等措施来保卫香港金融。香港经济虽然得到了保卫，但这场危机对香港股票市场、外汇市场和房地产市场产生了重大影响。截止到1997年末，亚洲经济危机波及菲律宾、马来西亚、韩国、日本和我国台湾地区，给亚洲各国和地区经济造成巨大损失。1998年5月，时任总书记江泽民在《证券知识读本》的批语中指出"对于证券存在的消极因素和可能遇到的风险，我们也必须有清醒的认识。这些东南亚发生金融风暴，一个重要原因就是他们的资本市场开放过快，对金融、证券监管不力。我们应从中吸取教训，引以为戒，加强风险意识和防范以工作，并努力把这次金融风暴对我国的负面影响降低到最低程度"。1997年亚洲金融危机直接推动了我国《证券法》出台进程。实践使人们对证券市场优化资源配置的功能和在社会主义市场体系中的重要地位有了更深入的认识，对证券市场风险和消极面也有了切身的体会，从而对健全证券法制的要求也更为自觉和迫切。

证券法的起草和出台分为四个阶段:第一阶段是从1992年8月至1993年12月,主要工作是调研。1992年12月,《证券法》起草小组已经完成了三稿。1993年8月,八届全国人大常委会第二次会议初审草案;1993年12月,八届全国人大常委会第三次会议二审草案,并由全国人大法律委员会作了《关于证券法修改意见的汇报》。第二个阶段是从1994年1月至6月,主要是对一些重要问题进行广泛的讨论。1994年6月,八届全国人大常委会第八次会议三审草案,由全国人大法律委员会提交草案修改稿,并作了修改情况的说明。第三阶段是从1994年7月至1998年8月,主要工作是深化调研,对有关问题进一步讨论,对草案有关条款进行修改。1995年11月,草案修改稿被送国务院征求意见。1995年12月,国务院第三十九次常务会议听取国务院法制局对草案修改稿意见的汇报。第四阶段是从1998年8月至当年年底,左后审议。1998年9月,全国人大委员长会议听取全国人大法律委员会、财经委员会对草案修改情况的汇报;10月,九届全国人大常委会第五次会议四审草案;12月,九届全国人大常委会第六次会议再审草案,至12月29日以135票赞成、3票弃权的绝对多数表决通过了《证券法》,并于1999年7月1日起施行。

历时六年多,经过全国人大五次审议的《证券法》终于诞生了。《证券法》是改革开放后中国第一部证券基本法,其颁布实施成为我国证券市场健康发展的有力保障,并标志着我国证券法制史进入一个新阶段。《证券法》的出台,对于规范证券发行和交易行为、保护投资者合法权益、防范和化解金融风险、保障证券市场健康发展、维护社会经济秩序和社会公益,以及促进社会主义市场经济发展、维护统一的证券市场法制等方面将会发挥重要的作用。

《证券法》是我国证券市场发育成长的经验总结。十多年来,证券市场的建设和法制、监管、自律、规范都取得了一系列的成果,以法的形式将改革成果巩固下来,是保证证券市场稳定、有序运营的有效措施。

《证券法》是面向未来面向发展的重要规范。《证券法》确定了我国证券市场发展的基本框架,为规范证券市场的发展创造了条件;《证券法》又十分重视金融风险的防范,结合我国国情和市场规律,强调了维护秩序、突出市场监管,为证券市场导航、护航。

《证券法》根据我国国情和国际惯例,突出了监管的精神。《证券法》确立了证券市场运行的原则,包括公开、公平、公正原则,自愿、有偿、诚实信用原则,禁止欺诈、内幕交易和操纵市场原则,分业经营、分业管理原则,集中统一监管原则,自律原则和审计原则等,大都与监管有关。有专家指出《证券法》规范中行政机关权力多、程序规范多、资格限制多、强制规范多、禁止性规定多、行政处罚多,因此本质上是部管理法。[①]

《证券法》坚持了保护投资者合法权益的立法宗旨。一方面努力保证发行、上市的证券的质量，减少投资者的投资风险，提高投资效益；另一方面对市场交易中的欺诈、恶性投机、挪用客户交易结算资金等危害投资者的行为，加强防范与打击，并通过严格法律责任、制裁违法者，来切实保护投资者的利益。

《证券法》明确了证券市场各类主体的法律地位。对证券公司、证券登记结算公司、证券交易所、证券投资咨询及评估、法律、会计等证券交易服务机构、证券业协会及证券监管机构，以及发行人、投资者的权利义务、职权责任都作出规定，使之各定其位、各行其权、各负其责、各得其利。

《证券法》贯彻改革开放精神，促进市场发展。发展是硬道理。股票发行由审批制改为核准制，发行定价由行政化改为市场化，实行较宽松的收购制等，都反映了我国证券市场进一步发展的需求。此外，《证券法》对证券公司资本、资金的规定，也在实际上推动引导了证券公司重组扩张、合法融资，增强竞争实力。

《证券法》体现新兴市场特点，高度重视风险管理。《证券法》制定出台之时，正遇亚洲金融危机，新兴市场风险抵御能力不足的现实及教训使人印象深刻。为增强风险意识、有效防范和化解风险，我国《证券法》设置了一系列制度，如金融业分业经营、分业管理，证券公司分类管理，禁止信用交易，禁止证券公司将经纪业务与自营业务混合操作等等。

2.法制促进证券市场全方位发展

围绕着证券法的施行，一系列规范市场的配套措施出台，我国证券市场进入全面发展阶段。据统计，截止到2004年年底，我国境内上市公司已达1377家，内地公司境外上市已达111家，总股本约7600亿股，总市值约33450亿元，投资者开户数达7200多万户。从1991年至2004年我国企业通过境内外市场累计筹资11600多亿元。与此同时，我国的基金业也得到快速发展，截止到2005年3月底，我国的基金管理公司已有45家基金，规模达到4300亿份。

新股发行定价的市场化趋势。在新股发行定价方面，我国长期采取市盈率定价方式。股票发行人发行新股、确定市盈率时，应当遵守证监会关于发行市盈率倍数的指导规定，定价机制表现出浓厚的行政色彩。有些企业为提高证券发行价格，不惜采取违法改制、虚假包装等手段骗取上市资格。《证券法》实施后，证监会尝试对股票发行定价机制进行市场化改革，曾经一度允许采取市场定价方式，停止执行行政定价方法。但在证券市场供求关系失衡情况下，单纯依赖市场认购来确定发行价格，导致新股发行价格大幅提高，市场化定价机制受到社会公众质疑。鉴于此情况，新股发行价定价才转而采取逐渐市场化方法，主要包括股票配售和市场询

---

① 江平：《本质上是部管理法》，载《中国律师》1999年4月号。

价。1999 年证监会发布的《关于进一步完善股票发行方式的通知》规定，公司股本总额在 4 亿元以上的公司，可采用对一般投资者上网发行和对法人配售相结合的方式发行股票。该通知首次提出上网发行和法人配售相结合的方式，突破了长期信奉的上网定价方式。2000 年 2 月 13 日，证监会发布《关于向二级市场投资者配售新股有关问题的通知》，根据该通知，发行人和主承销商，承销商事先确定发行量和发行底价，通过向法人投资者询价，并根据法人投资者的预约申请情况确定最终发行价格，以同一价格向法人投资者配售和对一般投资者上网发行。与发行公司有股权关系或者为同一企业集团的法人不得参加配售，法人不得同时参加配售和上网申购。2004 年，证监会发布《关于首次公开发行股票试行询价制度若干问题的通知》及配套文件《股票发行审核标准备忘录第 18 号——对首次公开发行股票询价对象条件和行为的监管要求》。根据规定，首次公开发行股票的公司（简称发行人）及其保荐机构应通过向询价对象询价的方式确定股票发行价格。按照上述规定，发行申请经证监会核准后，发行人应公告招股意向书，开始进行推介和询价。发行人及其保荐机构应通过初步询价确定发行价格区间，通过累计投标询价确定发行价格。为了使询价更趋市场化，平衡配售和上网发行的关系，上述规定还对询价发售数量作出限制。按照规定，发行人及其保荐机构应向参与累计投标询价的询价对象配售股票：公开发行数量在 4 亿股以下的，配售数量应不超过本次发行总量的 20%；公开发行数量在 4 亿股以上（含 4 亿股）的，配售数量应不超过本次发行总量的 50%，经证监会同意，发行人及其保荐机构可以根据市场情况对上述比例进行调整。

推行证券发行上市保荐人制度。我国《证券法》实施前采取证券发行审批制，后改为股票发行核准制以及公司债券发行审批制，反映出我国证券发行制度正朝着透明化和市场化发展。2003 年 12 月 28 日，证监会发布《证券发行上市保荐制度暂行办法》。上市保荐人制度于 2004 年 2 月 1 日起正式实施。证券发行人保荐人制度原是针对创业板市场的特殊风险而设计的特别制度。上市暂行办法实际是将境外创业板中推行很久的保荐人制度移植到主板市场。根据上市保荐人制度的要求，保荐机构及其保荐代表人须承担因自己推荐发行上市的公司出现质量问题而引发的连带责任。保荐人制度将公司发行证券以及上市后的持续诚信表现，与中介机构的执业质量考核紧密联系，通过责任追究制度约束保荐人，实现了保荐人优选上市企业，政府监管机构审查上市企业的新型制度安排。保荐人制度是深化我国证券发行制度改革的重大举措，将推进证券公司投资银行业务规范化和专业化运作，将有助于消除实行通道制所带来的诸多弊端。在证券发行过程中，保荐机构和保荐代表人实际担当着证券发行环节“第一看门人”的角色。

引入合格境外机构投资者机制。2002 年 11 月 5 日，证监会和中国人民银行联合发布《合格境外机构投资者境内证券投资管理暂行办法》，自 2002 年 12 月 1

日起实施。合格境外机构投资者(Qualified Foreign Institutional Investors)简称QFII,是指符合该暂行办法规定的条件,经证监会批准投资于我国证券市场,并取得国家外汇管理局额度批准的中国境外基金管理公司、保险公司、证券公司以及其他资产管理机构、合格境外机构,投资者应委托境内商业银行作为托管人托管资产,委托境内证券公司办理在境内的证券交易活动。合格境外机构投资者是一种有限度的引进外资、开放资本市场的过渡性制度。根据QFII制度,经当地监管机构核准,合格境外机构投资者可以按照规定汇入一定额度的外汇资金并转换为当地货币,在受到严格监管的情况下,利用专门账户投资当地证券市场,其资本利得、股息等经审核后可转为外汇并汇出的市场开放模式。尤其在新兴市场经济国家中,由于货币没有完全可自由兑换,资本项目尚未开放,外国投资者无限制进入可能会冲击本国证券市场。借助QFII制度,政府管理层可以对外资进入加以限制和引导,控制外来资本对本国经济独立性赢得影响,抑制境外投机性游资对本国经济的冲击,推动资本市场国际化,使之与本国经济发展和证券市场发展相适应。

逐步开放B股市场。顺应我国吸引外商投资政策和外汇管制体制的要求,1995年起允许国内上市的股份有限公司发行人民币特种股股票。据此,境内上市公司发行的普通股股票遂分为A股、B股、H股三种。B股是指境外投资者在国内证券交易所以外汇买卖的,以人民币标明面额的股票,原规定其投资者仅限于境外投资者,境内居民不能从事境内上市外资股的买卖。H股也称境外上市外资股股票,是国内上市公司在境外发行并上市的股票。我国居民持有的外汇数额规模相当大,截至2004年7月底,国内居民外汇储蓄存款余额已达905亿美元。在严格的外汇管制制度下,国内居民外汇只能采取兑换成人民币、外币存款、买卖外汇等方式投资。但境内已有超过20家上市公司同时发行A股和B股股票,同一上市公司的A股和B股股票流动性差异很大,交易价格差异很大。为了逐步解决A股和B股市场的分置局面,使境内居民持有的外汇有增值的机会,经国务院批准,证监会于2001年2月19日决定允许境内居民以合法持有的外汇开立B股账户,交易B股股票。证监会随即发布《关于境内居民个人投资境内上市外资股若干问题的通知》对程序作出规定,还规定境内居民个人不得从B股资金账户提取外币现钞,禁止境内居民个人和非居民之间进行B股股票的协议转让,以及禁止境内居民个人所购B股向境外转托管。

加快建立多层次证券市场。2004年1月31日,国务院发布了《关于推进资本市场改革开放和稳定发展的若干意见》,提出了建立多层次证券市场问题。经国务院批准,中国证监会于2004年5月17日正式发出批复,同意深圳证券交易所在主板市场内设立中小企业板块,并核准了中小企业板块实施方案。中小企业板块是深圳证券交易所主板市场的一个组成部分,将重点安排主板市场拟上市公司中具有较好成长性和较高科技含量的中小企业发行股票和上市。依据该方案可将中小企业板块的总体设计概括为“两个不变”和“四个独立”。即在现行法律法规不变，发行上市标准不变的前提下，在深圳证券交易所主板市场中设立一个运行独立、监察独立、代码独立、指数独立的板块。代办股份转让服务业务是指，证券公司以其自有或租用的业务设施，为非上市公司提供的股份转让服务业务，该项业务是在中国证券业协会主持下进行的，中国证券业协会于2001年6月12日发布《证券公司代办股份转让服务业务试点办法》。该股份代办转让系统被证券界视为我国建立“三板市场”的重要标志，实施不同于上海和深圳证券交易所的特别规则。该股份代办转让系统主要包括三项业务：一是继续作为原STAQ和NET系统挂牌公司股份流通的交易系统；二是为从上海和深圳证券交易所退市的公司提供股份转让业务；三是为中关村科技园区，非上市股份公司提供股份代理报价转让业务股份。

启动上市公司股权分置改革。自实行企业公司制改革以来，我国上市公司股份及分为流通股和非流通股，流通股是可以通过证券交易所集中竞价交易系统转让的股份，非流通股是不能通过证券交易所集中竞价交易系统转让的股份。股权分置即为上市公司股份分为流通股和非流通股的股权结构，这种状况成为我国证券市场的历史性制度缺陷。股权分置在许多方面制约着我国证券市场的规范发展和国有资产管理体制的根本性变革，扭曲证券市场的定价机制，导致公司治理缺乏共同的利益基础，不利于深化国有资产管理体制改革，不利于上市公司并购和重组，制约着资产市场的国际化进程和产品创新，也不利于形成稳定的市场预期。《关于推进资本市场改革开放和稳定发展的若干意见》中明确提出了“积极稳妥解决股权分置问题”，股权分置改革即将非流通股转化为流通股的制度安排。2005年4月29日，证监会宣布启动股权分置改革试点，在同年5月份第一个股市开盘日，证监会推出了股权分置改革试点的4家上市公司。在完成股权分置改革的上市公司中，全部股份都具有流通权并在承诺期限届满后可以全部流通，这就必然会对证券市场的走势产生深远影响。

推动基金市场快速发展。中国证监会于2000年10月8日发布实施《开放式证券投资基金试点办法》，由此揭开了我国开放式基金发展的序幕。2001年9月，我国第一只开放式基金——华安创新诞生；2001年年底，我国已有华安创新、南方稳健和华夏成长三只开放式基金；2002年年底开放式基金迅速发展到17只，规模566亿份。2002年10月，首家中外合资基金管理公司，国联安基金管理公司批准筹建。同年12月，首家中外合资基金管理公司招商基金管理公司正开业成立，基金业成为我国履行加入世界贸易组织承诺的先锋。2003年10月28日，十届全国人大常委会第五次会议审议通过《中华人民共和国证券投资基金法》，并于2004年6月1日施行，基金法律规范得到重大完善，为我国基金市场发展奠定了坚实的法律基础。

3.证券监管全面加强

全国集中统一的监管体制形成。1999年《证券法》确认并推行了我国集中统一的证券监管体制，在总结我国以往证券监管实践基础上，奠定了我国证券监管体制的法律基础，全国集中统一的监管体制正式形成。中国证监会担任国务院证券监管机构，"国务院证券监督管理机构可以根据需要设立派出机构，按照授权履行监督管理职责"。改变了多头管理、分层管理的局面，为充分发挥证券市场的集资功能，促进了企业转换经营管理机制，推动社会资源合理配置和流动。

提升自律监管组织的地位。政府统一监管是法律层次，市场主体的自律规则是道德层次，二者互为补充。① 这明确了证券交易所是依法履行自律监管职责的组织，独立行使上市审核职权，证券交易所的自律监管具有专业性、灵活性等比较优势。② 证券上市交易，应当向证券交易所提出申请，由证券交易所依法审核同意，并由双方签订上市协议。上市申请人对证券交易所暂停上市、终止上市决定不服的，按民事关系处理。

证券发行实行核准制。2001年3月起实施证券发行上市核准制，改变了过往审批制下行政额度分配、指标管理和政府推荐企业的做法，由担任主承销商的证券公司负责选择、推荐企业，中国证监会依法核准。此外，还明确了证券公开发行的界限和发行失败的处置。核准制实施以来，中介机构的作用开始得以发挥，市场竞争机制初步建立，促进了上市公司质量的提高。

4.证券司法启动

2002年1月15日，最高人民法院正式下发《关于受理证券市场因虚假陈述引发的民事侵权纠纷案件有关问题的通知》，法院将开始受理相关的证券民事案件。此举回应了市场的殷切期望，也意味着建立和完善证券民事责任制度终于迈出了关键的一步，对于保护投资者合法权益、促进上市公司完善治理结构、推动证券市场健康发展，具有重大意义。2003年1月9日，最高人民法院又出台《关于审理证券市场因虚假陈述引发的民事赔偿案件的若干规定》，该规定分为一般规定、受理与管辖、诉讼方式、虚假陈述的认定、归责与免责事由、共同侵权责任、损失认定等8部分共37条，从2月1日起执行。这是继2002年1月15日《通知》之后，一部有关具体审理证券市场民事侵权案件的系统司法解释，它将与证券法等法律一起，有力地保护证券投资者权益，严肃追究虚假陈述行为人的民事责任。同时，监管与公安部门都健全了相应机构，及时打击证券领域的犯罪行为。

---

① 余雪明：《证券交易法》，财团法人中华民国证券市场发展基金会1990年版，第103页。

② 卢文道：《证券交易所自律管理论》，北京大学出版社2008年版，第24页。

（四）中国证券法的发展阶段（2005—2018年）

1.2005年《证券法》修订

1998年《证券法》总结了我国证券市场发展的经验和教训，体现了国家金融工作的重大决策，吸取了东南亚金融危机的教训，借鉴了发达国家证券立法的经验，努力将国际规则与我国实际相结合，使我国证券市场法制化建设迈出了重要一步，也使我国证券市场走向成熟。期间，为了落实行政许可法关于行政许可制度改革的要求，2004年8月28日，第十届全国人民代表大会常务委员会第十一次会议通过了《关于修改〈中华人民共和国证券法〉的决定》，对《证券法》个别条款作了修改。但是，随着国内外经济、金融环境的变化，我国证券市场和监管实践中也暴露出一些问题，这些都需要及时加以解决；随着证券市场国际化，制度的开放性需要大力加强；另外，《证券法》制定时恰逢亚洲金融风暴，因此部分条款侧重于应对过度投机、证券欺诈等现象，面对金融创新发展新形势下的风险防范，显得力不从心，《证券法》的修改日益紧迫。

根据第十届全国人大常委会立法计划的安排，2003年7月，由全国人大财经委负责成立证券法修改起草组，全国人大、国务院各有关部门的负责同志组成领导小组，聘请专家、学者组成顾问组，抽调专门工作人员组成工作组，全面开展《证券法》的修订工作。经过近两年的工作，采取多种形式广泛听取各方面的意见，学习借鉴海外的有益经验，反复论证、集思广益、群策群力，提出证券法修订草案，并于2005年4月20日提交第十届全国人大常委会第十六次会议第一次审议，8月进行二审，2005年10月27日全国人大常委会第十八次会议三审通过《证券法》修订，2006年1月1日起实施。

证券法修订是以党的十六届三中全会《关于完善社会主义市场经济体制若干问题的决定》中“大力发展资本和其他要素市场。积极推进资本市场的改革开放和稳定发展，扩大直接融资。建立多层次资本市场体系，完善资本市场结构，丰富资本市场产品”的精神，以及国务院《关于推进资本市场改革开放和稳定发展的若干意见》为指导思想。在修订过程中，坚持既积极又慎重，既有利于推动资本市场的发展，又有利于保障资本市场安全稳定的原则，对社会各方提出的意见和建议，区别不同情况妥善处理：凡实践证明有利于发挥资本市场积极作用和推进改革开放、稳定发展的，就对有关条款作出修改、补充、完善；对各方面普遍关注、认识比较一致、修改条件比较成熟的意见，尽量予以采纳吸收；对于争议比较大、认识不统一或目前修改的时机尚不成熟、条件尚不具备的，暂不作出修订。

《证券法》的修订，进一步面向未来、面向发展，确定了我国证券市场发展与规范的基本框架。修订后《证券法》共有240条，与214条的老法相比，做了比较大的修改：新增53条，删除27条，还有一些条款作了文字修改，增加的部分还包括从公司法中并入的8条。《证券法》的修订具有以下特点：一是积极回应市场关注的热点问题，努力促进市场发展。如在多层次市场体系方面，提出了证券交易所市场和场外市场的概念；在证券品种方面，从股票、公司债券扩大到国债、基金证券、证券衍生品种等；在交易方式上不再限于现货交易，证券公司业务范围也更趋向多样化。二是集中体现了规范发展这一核心，反映了我国市场经济不断发展情况下对证券市场的需求，也体现了证券市场自身规范发展的新要求。与原法相比，新法更具有市场化和有效性，更关注市场诚信和规范运作，更着力于上市公司质量和风险防范，也更便于操作执行。三是吸收成熟的实践经验，巩固市场规范与发展的成果。近年来在市场实践过程中，出台了一系列司法执法措施，不少已被证明对市场健康发展起到积极作用，在这次修订中被吸纳。如确认了证券发行上市保荐制度，确认了证券退市的具体规则，还确认了证券欺诈民事赔偿的责任主体、归则原则、赔偿范围等具体制度。四是着力构建诚信环境。由于诚信曾被仅仅当作一种道德理念，而缺乏约束力，因此在逐利特征明显的资本市场上就显得力不从心。人们从实践中认识到，诚信不能仅得到理念上的认同，更需要具体法律法规的制约和配合，必须依靠制度来保障诚信。重点对上市公司及其高管从守信激励和失信惩处两方面进行促进。五是立法技术上的调整，使证券市场法律规范更趋完整。这次修订利用证券法与公司法同时修订的便利，将有关股票发行上市的一些规则从公司法调整到证券法中，使两个法律分工更明晰、体系更完整。具体制度修订有：

为混业经营预留政策空间。2005年《证券法》在原规定"证券业和银行业、信托业、保险业分业经营、分业管理。证券公司与银行、信托、保险业务机构分别设立"之外增加了"国家另有规定的除外"，标志着分业经营向混业经营的过渡。在广义上，混业经营主要是指有所有金融行业之间的交叉经营关系，金融机构都可以进入任何一种业务领域多元化经营。

为国有企业买卖股票预留法律空间。2005年《证券法》规定，国有企业和国有资产控股的企业买卖上市交易的股票，必须遵守有关国家规定。此项修改并非授权或者允许国有企业或者国有资产控股企业进行股票买卖，而是将限定或者授予其从事股票买卖的权利交给国有资产监督管理机构。

开放证券公司融资融券业务。证券公司为客户买卖证券提供融资融券服务，应当按照国务院的规定，并经国务院证券监督管理机构批准，通过融资融券可增加市场流动性，提供风险回避手段，提高资金利用效率。融资融券也是以后实施期货等金融衍生工具必不可少的基础，因此应在国家制定相关法律规定，严格监管条件下分步组织实施。

改革证券交易和结算制度。证券法在现货交易基础上增加了但书条款，允许证券交易采取监管机构批准的其他方式；在集中竞价交易的基础上，允许采取国务院批准的其他方式。另外，还取消了T+0交易规则的限制，增加了关于登记结算的新规则，即证券登记结算机构为证券交易提供净额结算服务时，应当要求结算参与人按照货银对付的原则，足额交付证券和资金，并提供交收担保。在完成交收之前，任何人不得动用用于交收的证券、资金和担保物。结算参与人没有按时履行交收义务的，证券登记结算机构有权按照业务规则处理前述财产。

加强对投资者利益的保护，增加了违法行为人承担民事赔偿责任的条款，内幕交易、操纵市场、虚假陈述和欺诈客户的违法行为人，在造成损失的情况下，即主观上行为人为自己牟取利益，客观上投资者受到不必要的损失后果，[①]行为人都应承担民事赔偿责任。此外，增加了证券投资者保护基金条款，国家设立证券投资者保护基金，由证券公司缴纳的资金及其他依法筹集的资金组成，其筹集、运行管理取得了显著的效果。

2.证券市场进一步发展

多层次资本市场体系框架基本建成。2009年10月30日首批28家创业板上市公司正式上市交易，至此中国证券市场已形成主板、中小板和创业板相结合的比较完善的多层次资本市场体系。同时股指期货上市。2013年12月，新三板准入条件进一步放开，新三板市场正式扩容至全国。随着创业板、新三板、股指期货等制度创新和产品创新的推进，中国证券市场逐步走向成熟，为中国经济提供投融资服务的功能日益突出和体现。

券商发展规模化。为了加强证券公司风险监管，督促证券公司加强内部控制、防范风险，我国证券行业建立了以净资本为核心的风险控制指标体系，证券公司的业务规模将直接取决于证券公司的资本规模。根据《证券公司风险控制指标管理办法》，证券公司经营各类业务的资格条件与其净资本规模挂钩，如证券公司净资本与各项风险准备之和的比例不得低于100%，并要求证券公司在开展具体业务时，需要根据不同业务类型按照不同比例计算风险准备。在新的监管体系下，证券公司发展的规模化不但体现在业务规模的快速扩张，而且主要表现为资本实力的快速提升。以净资本为核心的风险控制机制确立了净资本在决定业务牌照和潜在业务规模方面的决定性作用，使得扩充净资本成为证券公司未来发展的当务之急；而行业业绩的快速提升也为证券公司通过公开上市、增资扩股等途径扩充资本提供了可能。2007年以来，越来越多具备上市条件的证券公司通过借壳、首次公开发行股票等方式寻求上市，以建立资本持续补充机制，提升资本实力。

券商盈利模式多元化。2006年后我国证券行业业绩实现了大幅增长，但其主要推动力仍然来自于传统的经纪、承销和自营三大业务，受市场和政策环境制约，创新类业务只在集合理财和权证创设等局部领域获得突破。随着证券市场制度变革和产品创新的加速，酝酿多时的一些创新业务都将可能进行试点，由此，证券行

① 顾肖荣：《证券违法犯罪》，上海人民出版社1994年版，第107页。

业业务创新的空间将得到实质性拓展，证券品牌也开始明显凸显出来，创新类业务直接为证券公司带来新的收入来源，如资产管理业务带来的资产管理收入及其他可能推出的创新业务带来的收入等；创新类业务的推出将拓展传统业务的经营领域，并将提升传统业务的收入规模，改善公司收入结构。进入2010年，证券市场制度创新取得新的突破，2010年3月31日证券公司融资融券业务正式推出，2010年4月16日股指期货正式上市交易，这是中国证券市场金融创新的又一重大举措。2012年8月、2013年2月转融资、转融券业务陆续推出，有效地扩大了融资融券发展所需的资金和证券来源。金融创新带来的造富活力，吸引着更多投资者进入资本市场。今后，中国证券市场还将逐步发展股指、利率、外汇等期货交易市场以及其他金融衍生品市场。

证券市场国际化步伐加快。多年来，中国政府逐步取消外资证券公司进入国内市场的禁令，逐步扩大符合条件的外资证券公司的业务范围，允许其从事证券经纪、自营和资产管理等业务，一系列举措进一步推动国内证券市场的对外开放，促进国内证券行业的竞争。沪港通、深港通及债券通的开通，加强了国内资本市场与境外资本市场的互联互通。自由贸易区的经验得到推广，对外资投资实行负面清单制度。

3.基金市场积极创新快速发展

2006—2007年，受益于股市繁荣，我国证券投资基金得到有史以来最快的发展：基金业资产规模急速增长，基金产品和业务创新继续发展；基金管理公司分化加剧、业务呈现多元化发展；构建法规体系，强化基金监管，规范行业发展。针对基金业出现的问题，中国证监会在《证券投资基金法》的框架下，出台了多项法规，规范基金行业，保护投资者利益，形成了“一法六规”为核心的比较完善的监督管理法规体系。

2008—2014年，基金市场进入探索创新阶段。完善规则，放松管制，加强监管，设立“不能搞利用非公开信息获利、不能进行非公开交易、不能搞各种形式的利益输送”三条底线。互联网金融与基金业有效结合，2013年6月与天弘增利宝货币基金对接的余额宝产品推出，规模及客户数量迅速爆发增长，成为市场关注的新焦点。股权与公司治理创新得到突破，2013年、2014年，天弘、中欧等基金管理公司先后实现管理层及员工持股，也有不少公司通过子公司来间接实现管理层股权激励，这些探索体现了基金行业人力资本的价值，有利于建立长效激励约束机制。修订后的《证券投资基金法》为基金服务机构发展提供了空间，交叉经营与大资产管理的局面初步显现，搭建了大资产管理行业的基本制度框架。在国际化的进程中，境内基金管理机构加强规范化，培育出一批具有国际竞争能力的资产管理机构。

2015年以后，基金市场重点防范风险，规范发展。加强私募机构的规范与清理，为了引导私募基金行业的规范运作，中国基金业协会先后颁布了私募投资基金信息披露、基金管理人员内部控制、行为管理、合同等一系列自律规则。规范基金管理公司及其子公司的资产管理业务，严格清理资产管理计划中违规提供保本保收益安排、杠杆倍数超标、违规进行结构化安排和管理，委托不符合条件的第三方机构提供投资建议等情况。规范分级、保本等特殊类型基金产品，发展基金中基金产品。沪、深证券交易所发布《分级基金业务管理指引》，在总结分级基金9年来发展情况的基础上，对基金监管安排的进一步完善，规范分级基金运作。中国基金业协会制定和颁布了《公募基金管理公司压力测试指引（试行）》，提供压力测试模板，组织行业开展定期压力测试，强化基金行业的风险管控约束机制，提高基金管理公司的风险管理水平。申请设立基金公司的主体多元化，专业人士申请数量攀升。基金产品呈现货币化、机构化的特点。

4.中国证券法的完善

随着经济和金融体制改革的不断深化和社会主义市场经济不断发展，证券市场发生了很大变化，在证券发行、交易和证券监管中出现许多新情况，证券法已经不能完全适应新形势发展的客观需要。

证券发行酝酿注册制改革。按现行法律规定A股发行上市实行核准制，由证监会对企业进行实质判断，与市场发展已严重不相适应。2013年11月，十八届三中全会召开，提出金融领域的改革，为证券市场带来新的发展机遇。因此，2013年底新一轮发行制度改革启动，推动新股发行向注册制迈进。由于此项改革事关重大，采取了积极稳妥的做法。2015年12月，全国人大常委会审议通过《关于授权国务院在实施股票发行注册制改革中调整适用〈中华人民共和国证券法〉有关规定的决定》，授权国务院决定对沪深交易所股票公开发行实施注册制，授权期为2年。2018年年初，全国人大再次作出授权。

严监管成为市场主旋律。按照中央、国务院的决策，中国证监会启动了为期3年的证券公司综合治理，有效化解了行业多年积累的风险，“依法监管、从严监管、全面监管”思想贯穿始终，相关监管制度渐成体系，证券公司合规和风险控制能力明显提高，努力营造健康市场环境。在上市公司监管方面，强化大股东减持约束、对“借壳上市”、重组监管趋严、整治上市公司停复牌乱象、推出股权激励制度；在市场监管方面，出台私募新规和互联网金融监管规则、以净资本为核心的风险监控、开展新一轮退市制度改革，对内幕交易和“老鼠仓”市场、操纵行为及时查处，打击力度明显加大；投资者保护方面，实施投资者适当性管理、客户资金第三方存管、推行投资回偿制、建立证券纠纷多元化解决机制，开展行政和解试点。

《证券法》进入全面修订。自2014年年初修改工作启动以来，修订草案已经过全国人大常委会二审。此次证券法修改思路主要有三点：一是简政放权，推进市场化，促进市场在证券市场资源配置中发挥决定性作用。二是放松管制，简政放权，鼓励创业创新，推动证券行业的发展。三是加强监管执法，强化对投资者特别是中小投资者合法权益的保护。主要是解决五大问题：一是要推进股票发行注册制改革，二是健全多层次的资本市场，三是完善了投资者保护制度，四是推动证券行业的创新发展，五是加强了事中事后监管。在充分考虑我国证券市场实际情况、认真总结2015年股市异常波动经验教训的基础上，《证券法》修订草案二次审议对注册制暂不作规定、重点聚焦市场热点，包括执法权限和处罚力度升级、收购增持资金应来源、信息披露升级为专章规定、增加操纵市场等情形、设投资者保护专章作规定等。

（五）中国证券法40年发展变迁的轨迹和规律

第一，追踪服务市场经济发展是中国证券法的初心和使命。资本市场是市场经济的重要支柱和推动力，对社会主义市场经济的发展具有重大意义。资本市场具有直接融资功能，可以拓宽企业融资途径，促进资源优化配置，推动现代企业制度的建立，降低企业融资集中于银行贷款的结构性金融风险，有利于维护国家经济和金融安全；资本市场为各类机构与社会公众提供了更多的投资渠道，推动资本的社会化，使投资者得以分享国民经济增长的成果，有利于全面建设小康社会与构建社会主义和谐社会；资本市场的健康发展和市场环境的持续改善，将进一步增强本土市场对国内外企业和资本的吸引力，提升市场的综合实力，为我国参与国际竞争创造有利条件。资本市场要取得发展，要做大做强，必须依靠法制的规范与保障。加强证券市场法制建设、坚持依法治市是市场发展的重要基础和根本保障。

第二，改革创新是中国证券法发展的永恒主题。随着我国资本市场的发展和金融体制改革的不断深化，证券发行、交易和监管中不断出现新情况和新问题。一个创新可以导致更多的创新，因为它提供了一个框架，可以使一些互补性和相关型技术地概念创造，设计和工作成为可能。[①] 加强基础性制度建设需要得到法律的确认：一是证券交易品种、交易方式的创新和拓宽，需要在法律上加以规范；二是对投资者特别是中小投资者合法权益的保护需要在法律上作出详细和具体的规定，公平原则是证券市场的重要原则，但公平不是结果的平均分配，而是机会公平，或者在机会公平基础上的分配正义[②]；三是通过立法规范上市公司法人治理，进一步提高上市公司透明度，以及加强董事、监事和高级管理人员诚信义务和法律责任，以提高上市公司质量；四是通过法律严格规范证券公司的经营行为、股东和高级管理人员的准入资格及他们所负的责任，以利于防范和降低证券公司风险，使证券行

① ［美］库兹涅茨：《创新和经济增长中的调整》，载《瑞典经济学报》74（1972年11月）第437～438页。

② 莫俊：《论现代经济的价值取向》，载《山东大学》1998年第4期。

业走上健康发展的轨道;五是证券发行、上市、交易、登记结算制度等经过多年实践后,需要改革和调整并在法律上予以确认。我国证券法根据市场改革创新实践,有针对性地作出制度调整,促进了资本市场创新、发展。

第三,协调市场与政府的关系是中国证券法的重要内容。发挥市场在资源配置中的决定性作用,同时更好地发挥政府作用,是中国特色社会主义市场经济的基本特征,也是证券法所追求的目标。中国证券市场快速、健康发展的成就,一方面得益于中国经济的持续、稳定、健康发展,另一方面也得益于政府各项渐进式、市场化的改革措施稳步推进,以及政府对防范风险维护秩序的有力保障。将成熟市场经验与中国国情有机结合,既充分尊重市场规律,又要有效监管与协调市场,是中国证券市场的一大特色,也是证券市场的重要保证。证券法承担着全面地、辩证地、历史地引导规范证券市场与政府关系的重任。

第四,主体法、交易法和监管法的融合是中国证券法的基本构成。我国证券法为资本市场各参与者提供了相应的法律地位,赋予其平等的市场主体资格,现代法律制度的精神实质就是协调平衡各种利益冲突,特别是社会个体与社会整体之间的意志、行为和利益的矛盾,使各方处于应有的位置和最佳的联结状态,保证社会经济的持续、稳定、协调发展①,“立法平等乃法律平等之本体,其他法律意义的平等皆因附于其上而具有意义”②。证券法也规定了证券发行交易过程中的基本规则,上海、深圳两个证券交易所发布了发行认购、上市流通、委托成交、清算交割、席位和账户、行情发布和通讯方式等交易规则,对市场运行进行全面规范。证券法还就有效防范和化解风险、切实维护投资者权益作出保障,强调主体基本的行为准则,包括信息披露、禁止欺诈等,以维护市场秩序,“法律秩序是通过有系统地、有秩序地使用政治组织社会的强力来调整关系和安排行为的制度”③。

第五,兼收并蓄和国际化是中国证券法发展的重要路径。加快国际化进程是中国证券市场走向世界的必由之路,有利于提高中国证券市场国际竞争力,有利于整合国外资源促进自身发展,也有利于积极借鉴国外成功经验作为中国证券市场发展完善的助推器。我国证券法历来重视资本市场扩大开放、与国际资本合作,推动人民币国际化,同时加强信用体系建设、保障金融体系稳定、注重提升整体竞争力与可持续发展,为资本市场国际化创设良好环境。同时正积极发展完善金融期货和黄金市场,成为具有国际影响力的人民币资产定价中心和全球资本市场标准制定者,中国金融体系成为全球多极金融中心之一极。

---

① 潘静成、刘文华:《中国经济法教程》,中国人民大学出版社1999年版,第39～40页。

② 闫国智:《论法律平等理论之重构》,载《政法论丛》2002年第2期。

③ 剑峰等:《主体秩序法律》,河南大学出版社1992年版,第23页。

二、证券法发展变迁中的重要理论和实践问题

(一)证券范围的扩展

1.证券立法中的证券范围

证券范围是指适用证券法的证券种类,即证券法中的证券。证券法的适用范围,包括证券法的效力所涉及的地域范围、时间范围、主体范围以及证券范围。

证券首先是一民法的概念,但在民事立法中并没有明确的定义,依照学界的通说,证券从广义上讲就是表明权利存在的权利凭证,权利的发生、行使或转移须以全部或部分占有、交付证券为要件。民法上将证券分为三大类[①]:一是金券,其记载一定金额,使用于特定用途,记载的权利与金券本身密不可分。金券本身具有价值,以持有为行使权利的前提,丧失金券者无法弥补。例如邮票,记载一定金额,用于寄信,权利与证券不可分离,丢失后不能向邮局主张权利。二是资格证券,又称免责证券,表明持有人具有行使一定权利的资格。通常情况下权利与证券不可分离,如果能以其他任何方式证明拥有证券权利,则可以主张权利。主要有存车票、车船票、行李票、信用卡、储蓄单等。三是有价证券,以持有证券为行使权利的必要条件,证券上记载的权利即持有人行使权利的内容。民法中作为民事法律关系客体的证券主要就是指有价证券,包括商品证券(常见提单、仓单),货币证券(即汇票、本票、支票),资本证券(如股票、债券)。有价证券还可以按不同的标准分类:按转移的方式不同,分为无记名证券、记名证券和指示证券;按权利的原因不同,分为要因证券和不要因证券;按记载事项是否为法定,分为要式证券和非要式证券;按权利与证券的关系密切程度的不同,分为完全的证券和不完全的证券:按发行人的不同,分为政府证券、公共团体证券和私证券;按是否具有流通性,分为流通证券和非流通证券;按记载的权利内容的多少,分为复合证券和单纯证券,等等。

国外典型的证券立法中,均采取审慎下证券定义的态度,而直接以证券范围予以阐释。一般而言,证券法中的证券是公众的投资对象,具有流动性、收益性、风险性和均等性等特征,实际上可称其为投资证券。

美国证券法中的证券,其外延具有模糊性,联邦立法概念不统一,联邦立法与州"蓝天法"的范围界定也不尽一致。1934年《证券交易法》第3节第10项规定,证券指任何票据、股票、国库券、债券、公司债券、利润分享协议或石油、天然气或其他矿产特许或租赁协议下的权益证书或参与证书,任何关于证券的抵押信托证、组

---

① 吴弘:《证券法论》,世界图书出版公司1998年版,第1~2页。

建前证书或认购证、可转让股份、投资合同、投票信托证、存单，任何关于证券、存单，或证券指数的卖出权、买入权、多空套作权、选择期权或优先权（包括其权益或由价值所生之权益），任何在国家证券交易所达成的外汇卖出权、买入权、多空套作权、选择期权或优先权，或者一般意义上被认为"证券"的任何票据；或者前述之各证券的权益证书、参与证书、暂时或临时证书、收据、认购或购买的担保或权利，但不包括货币和自出票日有效期不超过9个月的任何票据、汇票或银行承兑书，但有宽限期的情况除外；也不包括有效期相当有限的更新的票据、汇票或银行承兑书。美国1933年《证券法》以及其他一些相关法中对证券范围的表述不尽一致，尚需法院司法时予以解释。[①]

美国证券法中证券的范围界定具有如下特征：一是着眼于对投资者利益的保护，凡与投资者利益相关的金融工具尽揽其中，不留漏洞，使证券范围极其广泛；一旦有其他联邦法律对投资人的保护程度大于证券法的规定，那么法院总是倾向于适用前者。二是证券的外延具有开放性，随着经济与市场发展而由判例解释和立法补充使证券范围不断扩展。三是重视证券本身的互易性和市场性，而对证券形式、归类等并不计较。[②]

由上可见，证券法中的证券，与民法上的有价证券范围并不一致。证券法中的证券不包括商品证券和货币证券，仅有资本证券反映资本的权利，可继续要求利益的分派或支付利息，故为投资的对象，从此意义上讲，其范围小于民法中的有价证券。然而，证券法又将一些被民法排除在外，但可表明权利的凭证，如认股权证、认购证券交款凭证，甚至是相关证书、契约包含在证券之中，此时其范围又显得大于民法的有价证券。此外，民法上有价证券是以书面为要件，证券法中的证券却只需具有证券权利而不必拘泥于书面形式，如我国台湾地区"证券交易法"2000年修正时在第6条增加第3项：未印制表示其权利之实体有价证券者亦视为有价证券（原日本《证券交易法》第2条第2款亦有类似规定）。

综合理论分析，确定证券法中证券的范围，应依照以下原则：

第一，以促进资本市场发展为前提。资本市场是资金供求体系与交易网络的总称，狭义上讲就是证券买卖的场所，是企业筹集资金和公众投资获益的重要桥梁。资本市场在积聚资本、分散风险、合理配置资源、促进经济发展等方面具有重要作用，也有利于国家加强宏观调控和市场监管。经济与资本市场的发展，使证券交易品种日趋多样化，证券法应顺应这一发展的要求，准确确定并及时修改证券的范围。如日本就根据经济发展和业务扩大的情况，于1992年和1998年两次修改

① 符启林：《中国证券交易法律制度研究》，法律出版社2000年版，第2页。

② 杨志华：《证券法律制度研究》，中国政法大学出版社1995年版，第16页；高如星、王敏祥：《美国证券法》，法律出版社2001年版，第56页。

了证券交易法中证券的范围[①]。

第二，以保护投资者为目的。投资者特别是中小投资者是市场活跃的主体，但由于其地位较为被动，易为市场各种欺诈行为损害，需从多角度予以保护，故而在确定证券法中的证券时，应该考虑公共利益，以及是否为保护投资人所必要。当市场中的证券少有法律规范，对投资人缺乏保护时，证券法就应将其列为证券范围中。

第三，以市场开放、与国际接轨为准则。各国因市场的历史、环境与发达程度不同，证券法中的证券亦有所不同，但基本范围是大同小异的。我国加入世贸组织后，随着资本市场的全面开放和自身发展，金融创新工具的不断出现，必然要求在证券范围的立法上与国际接轨，在规则的协调一致之下，积极参与国际证券市场的竞争。

2.我国证券范围的立法演变过程

我国《证券法》的起草过程中，证券范围历经演变，从中我们可以看出争论与妥协。1993年8月25日，第八届全国人民代表大会第三次常委会审议的《证券法(草案)》中，对证券所下的定义是(该草案第6条)："除上下文另有所指外，下列词语在本法中具有如下含义：'证券'指以下有价证券：(1)政府证券；(2)金融证券；(3)公司证券；(4)其他企业、事业单位和社团法人债券；(5)股票；(6)新股认购权证书；(7)投资基金券；(8)经主管机关认定的其他证券。"除此之外，该草案还对其他24个专业术语作出定义，包括股票和债券。[②]

1993年12月20日，第八届人大第五次常委会审议《证券法(草案)》中，不仅将投资基金券作为基本证券，还设专章规定投资基金制度。

1994年6月28日，第八届人大第八次常委会审议《证券法(草案)》，草案修改稿把调整范围规定为："主要规范股票和公司债券，政府债券、国家银行的金融债券等证券的发行和交易，由法律、行政法规另行规定。同时，考虑到今后实践发展的需要，还规定国务院或国务院证券管理部门依法认定的其他有价证券，也适用证券法，其中可以包括投资基金券和其他形式的证券，为证券市场的进一步试验和发展留有余地。"[③]

1998年10月22日，全国人大法律委员会在向全国人大常委会提交的《关于〈中华人民共和国证券法〉(草案)修改意见的汇报》中指出，该法中的证券种类的确定应坚持两点：(1)应是资本证券。资本证券是相对于支付及信用工具证券(如汇

---

① [日]河本一郎、大武泰南：《证券交易法概论》，侯水平译，法律出版社2001年版，第31～32页。

② 《证券法》起草小组：《中华人民共和国证券法条文释义》，改革出版社1999年版，第348页。

③ 《证券法》起草小组：《中华人民共和国证券法条文释义》，改革出版社1999年版，第400页。

票、支票、本票等)、商品流通证券(如仓单)而言。(2)证券法对调整范围应当具体列举规定。

1998年10月27日,第九届人大第五次会议第四次审议《证券法(草案)》,根据我国的实践情况,草案修改稿按照下述原则来确定所调整的证券种类范围:一是证券法调整的证券应限于资本证券,其基本形式为股权凭证(如股票、证券投资基金券等)和债权凭证(如公司债券、金融债券、政府债券等),这两类债证券是我国证券市场交易的基本品种,已有了一定的实践经验。而对于证券期货、期权等衍生品种,需要慎重对待,暂不列入本法调整范围;二是证券法对调整的证券范围应当采取具体列举的办法,对有把握的证券种类先作出规定。同时也为今后证券市场的发展留有余地。据此,草案修改稿又扩大到5个有名券种和1个兜底条款,即对股票、公司债券、政府债券、金融债券、证券投资基金券和国务院依法认定的其他证券的调整作了规定。①

1998年12月27日第九届人大常委第六次会议再次审议了新的修改稿,全国人大法律委员会副主任委员乔晓阳向全国人大常委会作的关于《中华人民共和国证券法(草案修改稿)》审议结果的报告中指出证券法调整的证券的种类目前是股票和公司债券,应当明确规定股票、公司债券和国务院依法认定的其他证券的发行和交易适用本法,本法未规定的,适用公司法和其他法律、行政法规。

第九届人大常委第六次会议通过的1998年《证券法》第2条将证券范围表述为:"在中国境内,股票、公司债券和国务院依法认定的其他证券的发行和交易,适用本法。本法未规定的,适用公司法和其他法律、行政法规的规定。政府债券的发行和交易,由法律、行政法规另行规定。"根据此规定,我国证券法适用的证券范围主要是在我国境内公开发行且上市交易的股票和公司债券,不确定的其他证券作为补充。如此,就形成了一个狭小的适用范围。

根据多年来的实践,1998年《证券法》对证券范围的规定逐步显现出以下缺陷:首先,影响法律的适用。如债券因适用不同法律而形成不平等,仅公司债券受《证券法》调整,政府债券主要依据国务院特别法规,金融债券尚无完整法律予以规定,企业债券则依照《企业债券管理条例》,可见仅仅因为发行主体不同便适用不同法律,既不利于适用一致的制度,从而保护投资者的合法权益,也容易出现不必要的法律冲突。其次,影响统一监管。随着经济发展而出现一些新的证券,在"国务院认定"之前,游离于法律之外,不利于投资者利益的保护和鼓励金融创新,同时也为逃避监管的融资行为提供了便利。以私募基金为例,由于相关法律均未给予其合法地位,使近万亿元的私募基金只能长期游走于地下。最后,影响市场的发展和

① 吴志攀:《从证券定义看监管制度设计》,载《证券市场与法律》,中国政法大学出版社2000年版。

开放。在加入世贸组织后我国面临直接与世界证券市场接轨的问题，如果证券品种与国外相去甚远，特别是确认的证券衍生工具过少，就难以在同一层次市场竞争了。

在理清思路、形成共识的基础上，2005年10月27日第十届全国人民代表大会常务委员会第十八次会议修订《证券法》，其中对证券范围作了较大的改动。2005年《证券法》第2条规定："在中华人民共和国境内，股票、公司债券和国务院依法认定的其他证券的发行和交易，适用本法；本法未规定的，适用《中华人民共和国公司法》和其他法律、行政法规的规定。政府债券、证券投资基金份额的上市交易，适用本法；其他法律、行政法规另有规定的，适用其规定。证券衍生品种发行、交易的管理办法，由国务院依照本法的原则规定。"由此可见，现行证券法适用的证券范围可分为三个层次：一是适用于股票和公司债券的发行上市，二是适用于政府债券、基金证券的上市交易，三是原则适用于证券衍生品。

3.证券范围的进一步扩展

为适应资本市场改革开放深化，加快金融创新和多层次市场建设，防范新型金融风险和打击非法金融活动的需要，并与金融监管体制的完善相协调，新一轮证券法修订中，证券范围的扩展完善自然成为热点之一。

(1)关于私募发行的证券。私募证券是指非公开发行而是向少数选定的投资人定向发行股票。与公募相比，私募无疑有着"短、平、快"的明显优势，有较浓厚的"人合"性质。在我国证券市场发展的早期，由于私募股票(定向发行)出现了较多的问题，带来了一些短期内难以解决的问题，监管上采取了禁止证券私募的办法。这一监管思路不但导致了诸多立法留下私募制度的空白，也使不少人产生了"证券法只调整公募证券"的惯性思维。我国私募证券最早出现在1992年，当年的《股份有限公司规范意见》中指出："募集方式包括定向募集和社会募集两种。采取定向募集方式设立，公司发行的股份除由发起人认购外，其余股份不向社会公众公开发行，但可以向其他法人发行部分股份，经批准也可以向本公司内部职工发行部分股份。"1993年7月国家体改委分别颁发了《定向募集股份有限公司内部职工持股管理规定》和《国家体改委关于清理定向募集股份有限公司内部职工持股不规范做法的通知》，要求对内部职工股发行工作中存在的问题进行一次全面清理，此后不到一年，国家体改委又发出通知，立即停止审批定向募集股份有限公司。随后成立的中国证监会在《关于股票发行工作若干规定的通知》中规定了内部职工股上市流通的条件，努力解决历史遗留问题。1998年证监会《关于停止发行公司职工股的通知》，则明确规定股份有限公司公开发行股票一律不再发行公司职工股。但由于私募较之公募存在明显的便利，仍然使不少企业乐于借助私募筹集资金，不仅一些不能满足发行条件的企业为融资的需要而进行私募，而且一些公募设立的公司为了保证资金链的连续性和安全性也会采取私募的方式进行新融资，还有公司擅自将内部职工股向社会公开发行或转让。随着市场不断壮大,私募也逐渐开始从地下走向地上,要求规范化。以阻止不法分子却利用制度欠缺自设转让中介赚取暴利,甚至演化成非法集资,损害投资者的权益。

美国《证券法》虽规定"不涉及公开发行的发行人的交易豁免注册",但判例对适用豁免作出限制:是否豁免注册取决于有关人士是否需要证券法的保护,与发行所及的人数无关,而与他们是否与发行人有必要的联系、是否了解发行人的情况有关;若购买者仅仅是证券再销售的渠道(证券法意义上的承销商),那就成了公开发行。国内外的经验表明,私募对象虽非公众,但仍有一定的涉及面,若缺乏对私募证券的基本规范和有效监管,则仍可能危及经济安全和社会稳定。近年来,监管部门陆续出台了证券私募的规范,随着"私募规范化"的进程,私募规模也不断扩大。我国对于《证券法》新的修订中,扩大证券范围是否应包含私募证券亦展开讨论。可取的基本精神是:明确《证券法》的基本原则应当适用于私募证券,同时授权证券监管部门对私募证券发行及登记豁免、转让规则作出具体规定;限定私募范围,凡不属法定私募范围的证券就必须通过公募的方式发行。

(2)关于场外交易证券。这实际是未上市公众公司(Public Company)证券的法律适用问题。我国并无公众公司概念,按通说,公众公司又称开放式公司、公开公司、多数人公司。根据普通法,公众公司是相对于私人公司而言的,私人公司则是指公司的章程对自己设定股份转让限制、股东人数限制和禁止邀请公众认股的公司①。公众公司与私人公司的基本区别在于,只有公众公司可以邀请社会公众来认购它的股票,而私人公司则被禁止以发布广告或任何构成发布广告的方式向社会公众发出购买其股票的要约。一般来说,判断一个发行公司是不是公众公司,至少可以考虑以下因素:发行人与购买者的数量,以及他们之间、他们与发行人之间的关系;发行单位的数量;发行的规模;发行的方式;投资者是否成熟。② 另外,公众公司的股票可在证券交易所挂牌公开进行交易,股东人数也没有法定最高数额限制。可见,公众公司与私人公司的最本质区别就在于其股票发行方式是多大程度的"公众化"。立法根据"公开原则"对公众公司作出较为严格的要求:如公开业务经营状况;向投资者和公众公开资产负债表及损益表等,以保护广大投资者和债权人的利益。

在我国,上市股票通常包括在上海和深圳证券交易所、全国中小企业股权交易中心(新三板)挂牌交易的股票,未上市股票则有的在地方的股权交易中心柜台交

---

① 《香港公司条例》规定私人公司应当为:"一间藉其章程细则作出下列规限的公司——(a)限制将其股份转让的权利;(b)限定其成员人数不超过50人,但不包括受雇于该公司的人,亦不包括先前受雇于该公司而在受雇期间及在终止受雇后一直作为该公司成员的人;及(c)禁止邀请公众人士认购该公司的任何股份或债权证。"

② 吴志攀、白建军:《证券市场与法律》,中国政法大学出版社2000年版,第223页。

易。《证券法》未对上市和未上市的股票作出明确的划分，但实际上证券法重点调整上市证券。由于未上市公司的证券也有转让的需求，这就极易造成法律上的空白。一些公开发行而未上市的公司，也已经通过地方股权交易中心或其他场所向不特定多数人转让股份的情况，但其信息严重不对称；地方政府发布了一些规范性文件但内容相对简单，监管部门由于缺乏有效规范而无法对其监管，使投资者得不到法律的有力保护。特别是不法分子利用场外交易进行非法金融活动，严重损害了投资者的利益。

近年来，我国已将场外交易纳入了法制和监管的视线，通过《证券法》的进一步修订，明确将公开发行的股份公司证券，无论上市与否都纳入证券法适用范围，以避免法律出现盲点，最大限度地保护投资者的利益，保证证券监管的统一有效性。

(3)关于各种债券。我国目前对政府债券、公司债券、企业债券、金融债券等债券的规定，除《证券法》外，还分布在《商业银行法》《国库券条例》《企业债券管理条例》等众多法律法规之中，并散见于《国务院关于坚决制止乱集资和加强债券发行管理的通知》《中国证券监督管理委员会关于规范企业债券在证券交易所上市交易等有关问题的通知》《中国人民银行关于银行间债券回购业务有关问题的通知》等文件。我国债券法律规范存在以下问题：一是债券规范体系不统一，法出多门，由不同级别、行业的管理者制定规范，有的债券的规范与《证券法》没有上下位关系；二是人为割裂市场，不同债券品种的发行、交易分为多个市场，制度差异较大，宜造成监管套利；三是缺乏权威性，许多至关重要规则由级别较低的规范性文件规定，缺少必要的约束力，内容上易交叉和冲突。随着金融创新产生的一些新类型债券，如企业短期融资债券(含不够信用等级的公司的债券)、资产支持债券(资产证券化)等更是缺乏基本规则，而市场中相应问题已发生。

建议将各种债券一并纳入证券法的证券范围，将有关债券的法规规章统一到证券法的体系中，由证券法对债券的基础性制度加以规定，并通过配套制度对各债券品种规则予以细化。根据《证券法》对现行债券规范进行清理、协调，在统一债券发行、交易、监管基本规则基础上，体现各债券的监管差异及豁免范围。

(4)关于证券衍生品。证券衍生品种即衍生证券、衍生工具，是依托于股票、债券和投资基金凭证等基本证券而创设的新的证券形态，我国常见的有认股权证、存托凭证、可转换债券和股指期货、债券期货等。[①] 证券衍生品种是双方或多方建立的一种合同关系，交易方根据事先约定的事项进行支付，主要包括远期合同、期货、期权和互换等。它是通过协议"创造"出来的，因此人们的想象力有多丰富、衍生工具就可能有多丰富。证券衍生品种的出现是金融创新的结果，是证券市场投资者与经营者规避和分散风险，满足不同投资需要的产物。美国1933年《证券法》第2

① 叶林：《证券法》，中国人民大学出版社2002年版，第19页。

条和1934年《证券交易法》第3节所定义的证券，除了所列举的股票、债券等外，还包括了存托凭证、认股权证、证券期货、指数期权等一系列衍生品种。《香港证券条例》第2条对有价证券的定义除了股票、债券等外，还及于权利、选择权及利益等。

我国证券市场已对部分衍生品进行了实践，但品种有限；立法也有所反映，但规范的层级较低，无法应对纠纷。无论是从证券市场发展需要金融工具多样化而言，还是从市场开放与国际接轨考虑，衍生品种在我国发展是大势所趋，有着很大的成长空间。由于证券衍生品种的风险较之基础证券大得多，需要"先规范、后发展"，对证券衍生品种进行规范，以保护投资者利益和维护市场秩序。因此，在新一轮证券法修订中，应明确将其纳入证券范围，并作出基本规定，同时授权国务院对具体证券衍生品种发行、交易制定管理办法。

(5)关于基金证券和信托受益凭证。证券投资基金是指一种利益共享、风险共担的集合证券投资方式，即通过发行基金单位，集中投资者的资金，由基金托管人托管，由基金管理人管理和运用资金，从事股票、债券等金融工具投资。投资基金证券则是由投资基金发起人向社会公开发行的、表示持有人按其所持份额享有资产所有权、收益分配权和剩余资产分配权的凭证，又称基金受益凭证，是基础证券的一种。我国已有《证券投资基金法》，并明确基金证券的上市交易适用《证券法》。在《证券法》进一步修订时，建议将基金证券明确纳入证券范围适用证券法，同时规定基金法等另有规定的适用其规定。

信托受益凭证是代表信托受益权的特别凭证。如在资金信托中，信托机构为募集资金而向投资者发放的表明受益权的凭证，即一种投资权益的证明。在法律认可的情况下，信托受益凭证属于有价证券，可以标准化交易，甚至可以入市流通。美国证券法将受益凭证列入证券范围。受益凭证具备证券的许多特征，如经常被分为记名式与无记名式两种，一般采用记名式为多，前者需要背书转让，而后者是直接交付转让；又如受益凭证遗失，一般还需要补办。信托受益凭证还涉及签证机构、代理机构、集中保管机构以及申购、交付、买回、换发等程序。将信托凭证纳入证券范围，将为其奠定流通的法律基础，有利于形成统一的信托流通交易市场。

(二)证券发行审核制度的演变

证券发行审核制度是一国证券监管机构对于证券发行活动进行监管的法律法规的总称。由于各国经济、法律、文化等方面存在较大的差异，加之证券发行及上市所在的证券市场乃至金融市场的特殊性，各国在证券发行审核制度方面存在较大的差别。一般认为发行审核制度区分为两种：一是以美国1933年《证券法》为代表的公开主义为基础形成的证券发行注册制度，一是以欧陆国家公司法为代表的准则主义，实行证券发行核准制。[①] 也有学者提出审核制度分为三种，即审批制、核准制和注册制。[②]

1.从审批制到核准制

我国的证券发行审核制度最早是严格的审批制，在逐步发展完善的过程中，我国的证券发行审核制度经历了从计划模式的审批制到市场化的核准制的转变。

自我国证券市场产生之初，就实行严格的审批制。例如，1990 年 11 月 27 日由上海市人民政府颁布的《上海市证券交易管理办法》就明确规定："凡在本市发行证券，必须取得主管机关批准。未经批准，禁止发行证券。"1993 年国务院《股票发行与交易管理暂行条例》也采用审批制。1993 年开始，审批制表现为具有浓厚计划经济色彩的"额度制"，国务院证券管理部门确定每年发行的总额度，再分配给各省以及行业主管部门，并由它们选择和初审发行股票的企业（主要是国有企业），再由国务院证券管理部门复核。1996 年开始，"额度制"转为"指标管理"，采取"总量控制、限报家数"的办法，国务院证券管理部门确定可发行上市的企业家数，然后向省级政府和行业主管部门下达家数指标，后者推荐预选企业，并报送企业预选申报材料。证券发行的审批制容易导致一些问题，如限制了发行规模；"地方主义"导致发行股票的公司质量极其低下；权力过于集中滋生腐败。当时也的确因为证券发行审批部门权力太大，导致了一批贪污受贿案件的出现。

核准制是证券发行审核制度改革的结果。1998 年《证券法》第 10 条规定："公开发行证券，必须符合法律、行政法规规定的条件，并依法报经国务院证券监督管理机构或者国务院授权的部门核准或者审批；未经依法核准或者审批，任何单位和个人不得向社会公开发行证券。"第 11 条规定："公开发行股票，必须依照公司法规定的条件，报经国务院证券监督管理机构核准……发行公司债券，必须依照公司法规定的条件，报经国务院授权的部门审批。"由此，证券发行审批制转向股票核准制与债券审批制双轨制。2000 年 3 月 16 日，《中国证监会股票发行核准程序》颁布实施，核准制正式确立。2001 年 3 月 17 日，证监会取消额度和指标控制等，放开了一级市场的发行定价，开始实施"通道制"下的核准制。"通道制"的主要做法：证监会向各综合类券商下达可推荐的企业数量，只要具有主承销商资格，就可获得 2 至 9 个通道。"过会一家，递增一家"，2002 年春节后改为"发行一家，递增一家"。这种通道制的发行方式提供了一种相对公平的排队机制，但仍然具有计划经济主义平均分配的色彩，导致大量企业尤其是一些中小企业的发行受阻。2004 年 2 月 1 日，《证券发行上市保荐制度暂行办法》正式施行，保荐制又称保荐人制度，证券

① 杨志华：《证券法律制度研究》，中国政法大学出版社 1995 年版，第 63 页。

② 黎红刚：《发行的大趋势：核准制向注册制转变》，载《上市公司》2001 年第 5 期；程合红：《证券市场出现的问题透视证券发行监管制度》，载《法制日报》2001 年 10 月 28 日。

发行必须由具有一定资格并注册登记为保荐机构的证券经营机构进行推荐，保荐人（券商）负责发行人的上市辅导和推荐，承担证券发行的主承销工作，需核实公司发行文件与上市文件中所载资料是否真实、准确、完整，协助发行人建立严格的信息披露制度，承担风险防范责任，并在上市公司上市后持续督导发行人履行相关义务，为信息披露行为向投资者承担担保责任。随着保荐制度的完善，保荐人对项目的把关更为严格，证券发行的市场约束机制初步建立。自2005年1月1日起，通道制正式废止，并在2005年《证券法》的框架下，我国的发行审核制度转变为了较为市场化的核准机制。

2.证券发行核准制评析

2005年《证券法》规定："公开发行证券，必须符合法律、行政法规规定的条件，并依法报经国务院证券监督管理机构或者国务院授权的部门核准；未经依法核准，任何单位和个人不得公开发行证券。"证券发行核准制是指证券监管机构在审查证券发行人的发行申请时，不但要求其充分公开披露企业的真实情况，而且必须符合有关法律和证券监管机构规定的必备条件；申请经过证券监管机构或其授权单位的审查并获批准后，发行人方可发行证券的证券监管制度。简而言之，核准制系指主管机关就发行人及发行证券之实质内容加以审查，符合既定之条件始准予发行。①

核准制具有如下特征：首先，证券发行需取得证券监管机构的许可，体现了行政权力对证券发行的参与，发行人必须获得审核机关的授权文件，方能开展相关的证券发行活动。其次，发行人信息公开披露，即发行人必须提供真实、完整、准确的相关信息。再次，强调实质管理，证券监管机构除进行对信息公开形式审查外，还根据证券发行条件进行实质审查，并据此作出发行人是否符合发行条件的判断和是否核准申请的决定。最后，实行事前与事后管理结合，在发行人获得核准之后，如果证券监管机构发现所核准的事项存在虚假、舞弊等违法行为，有权撤销已作出的核准，并追究发行人及相关责任者的法律责任。②

一般而言，核准制贯彻准则主义，法律明确规定证券发行的条件，条件既包括形式性要件也包括实质性要件，只要证券发行人具备了法定的实质要件和形式要件，均可发行证券。其立法思想是实质管理，并一定程度上排除发行人的行为自由，也排除公众投资者的合理选择权；以制度上的硬约束，寻求法律价值上的公共利益和社会安全。③ 由于其可对经济活动提供可预见性或支持性的保障措施，以

① 吴家声：《我国证券管理政策回顾与展望》，载《证交资料文章》1998年第439期。

② 杨志华：《证券法律制度研究》，中国政法大学出版社1995年版，第70页。

③ 杨志华：《证券法律制度研究》，中国政法大学出版社1995年版，第70页。

精微的形式保证合理的预算[①]，以法律的形式将质量差的公司排除在股票公开发行之外，所以核准制往往成为新兴市场的首选。

对于核准制的合理性，有很多学者从我国目前市场发展情况来论证，认为“对于新兴市场而言，核准制作为培育市场的一种方式，更有其存在的必要性和优势特征。核准制是政府推动型证券市场发展模式的必然选择。新兴市场往往存在市场机制不完善、中介机构发育不成熟的问题，在这种状况下，如果政府不进行实质控制，大量企业在‘融资饥渴症’的促动下一哄而上，通过中介机构的大力协助，运用造假、包装等非法手段，欺骗上市，最终必然降低上市公司的质量”。[②] 还有人认为“中国内地与香港在文化传统、投资者结构、市场机制（集团诉讼、保荐制）等方面更为接近。考察香港市场IPO审核规则与实践，其以几近‘备而不用’的否决权、公开透明、可预期性强为特征的，高度市场化的审核方式至少在短期内更值得中国内地改革借鉴”。[③]

核准制也并非尽善尽美，也存在显而易见的缺陷：一是程序繁复、增加成本，核准制对证券发行实行实质性审查，查验发行条件势必需要较多的人力、物力和财力；二是影响证券市场效率，实质性审查费时耗力不能适应现代经济运行及时之需，少数人选择也不符合优胜劣汰的市场机制；三是增加监管责任和风险，监管者存在失误的可能，使获得发行的证券并非一定是优良证券，而投资者不够成熟，往往将投资失败归咎于监管者，使后者增加了额外的风险和责任。[④] 理论与实务界都认为，现行的核准制虽经不断完善，但仍只能是一种过渡性制度安排，未来应逐步过渡到完全市场化的注册制。“我国股票发行制度由核准制取代了审批制，是证券市场的重大制度创新。但这种制度存在较多缺陷，如极易导致权力寻租；激发投资者与政府之间的矛盾；干扰了股票市场的基本功能等。只有实现由核准制向注册制的转变才能真正保障投资者的利益，提高上市公司质量，促进证券市场的健康发展。”[⑤]

3.证券发行注册制改革的争议

2013年11月15日发布的《中共中央关于全面深化改革若干重大问题的决定》提出，健全多层次资本市场体系，推进股票发行注册制改革，多渠道推动股权融资，发展并规范债券市场，提高直接融资比重。中国证监会在2014年内积极完成了新股发行注册制改革的研究和方案设计，2015年年初全国人大常委会初次审议

---

① ［美］罗杰·科特威尔：《法律社会学导论》，张文显等译，华夏出版社1989年版，第178页。

② 陈岱松：《论证券发行审核制度》，载《河北法学》2004年第12期。

③ 汤欣、魏俊：《股票公开发行注册审核模式：比较与借鉴》，载《证券市场导报》2016年1月号。

④ 吴弘：《证券法教程》，北京大学出版社2017年版，第37页。

⑤ 贾立：《股票发行核准制的制度缺陷分析》，载《生产力研究》2006年第3期。

的《证券法》修订稿已包含有注册制的内容。但2015年5月的股票异常波动等一系列情况，使大家认识到目前证券市场存在诸多薄弱环节和监管漏洞，社会各界对于是否适合推行注册制改革产生了较大分歧，因事关重大需稳妥处理，2015年12月，全国人大常委会审议通过《关于授权国务院在实施股票发行注册制改革中调整适用〈中华人民共和国证券法〉有关规定的决定》，授权国务院决定对沪深交易所股票公开发行实施注册制，授权期为2年。2018年2月，全国人大再次作出授权将注册制相关授权再延长2年。中国证监会负责人表示，注册制是不可单兵突进，研究论证需要相当长的一个过程。这也意味着证券发行注册制改革将暂缓施行。理论界和实务界对注册制的争议集中在以下几方面：

(1)证券发行注册制改革时机是否成熟。不少专家认为股票发行的注册制改革相对于核准制而言，是一种市场的进步，在提高市场运行效率、保护中小投资者权利等方面都更有优势。"引入股票发行注册制，是立法机关亟待落实的政治任务，也是适应证券市场发展需求的明智选择。"[①]"推行股票发行注册制是一种历史趋势，是资本市场市场化程度提高的必然结果。中国目前实行的是股票发行核准制，存在很多弊端。所以现在的主要任务是，如何平稳地从核准制过渡到注册制。"[②]

但有人比较了注册制和核准制，认为二者的区别更多的在于制度所奉行的理念以及与之相配套的法律基础制度。注册制奉行市场自治，认可证券发行权归属于公司自治的范畴，而非国家授予，强调市场效力和自由，充分尊重市场这只无形之手在资源配置中的调节作用；而核准制推崇政府介入，强调市场公平和秩序，充分体现了行政权力对证券发行的参与。[③] 所以注册制和核准制其实并没有太明显的优劣之分。另有学者研究了美国的IPO监管体制，认为目前国内教科书以是否存在实质审核为标准，将证券发行制度分为注册制与核准制，认为美国的注册制让公司IPO不必经受实质审核，从而引以为中国本土IPO监管改革的方向；而事实上，美国的双重注册制审核中充满了实质审核。"尤其是在2008年的金融危机之后，美国国内开始出现非主流的呼声，建议增加联邦证券法的实质审核。"[④]而且从理论上看，也有学者认为注册制本身也存在一定不现实的理论缺陷，"注册制的理论设计是市场经济条件下的证券市场，只要信息完全、真实、及时公开，市场机制与法律制度健全，证券市场本身会自动工作处择优选择。但这仅是理论上的假设，实

① 叶林：《关于股票发行注册制的思考——依循"证券法修订草案"路线图展开》，载《法律适用》2015年第8期。

② 曹凤岐：《推进我国股票发行注册制改革》，载《南开学报(哲学社会科学版)》2014年第2期。

③ 付彦、邓子欣：《浅论深化我国新股发行体制改革的法制路径——以注册制与核准制之辨析为视角》，载《证券市场导报》2012年5月号。

④ 沈朝晖：《流行的误解：注册制与核准制辨析》，载《证券市场导报》2011年9月号。

际情况并非如此。注册制实际上肯定一种假设,即全面、真实地公开关于发行人本身和其证券的信息能够及时地反映在证券市场的最新交易价格上。而实际上,目前尚不存在强式市场,大多还只是弱式市场”。[①]

有人进而认为:“注册制虽然为市场化程度较高的形式,更能体现公开、公平和公正的市场原则,但它却弱化政府的实质管理。对于新兴证券市场,不利于对投资者的保护,特别是对中小投资者的保护,并且就安全性而言,核准制似乎更有利于保障新兴证券市场。”[②]还有人对比了我国证券市场进行注册制改革的利与弊因素,认为我国证券市场无论从规制性、规范性,还是文化—认知性来看,都还不够成熟,目前实施注册制的条件还不具备。[③] 有教授认为:“我国实行注册制的经济、法制等条件并不完善,如果没有缓冲过渡期,贸然实施,将会给我国金融市场造成严重不利影响。”[④]

关于我国目前是否具备注册制改革条件的问题,我们认为,注册制与核准制在学理上有鲜明的区分,但在实践中各国都会根据自身证券市场发展情况不同而作出一些变通。如英国证券发行审核体制,学界对其到底是核准制还是注册制颇有争议,这是因为英国政府虽享有证券发行审核权力,但实际上政府很少直接干预,更多情况下是由交易所这一市场组织自律来实现的,若从外观上来看其证券发行是由市场决定,具有注册制的特征;而若从权源来看,对证券发行审核权力仍然来源于政府部门,因此又具有核准制的特征。我国在进行注册制改革过程中也应如此,目前我国证券发行审核状况是:一方面,发行核准制已越来越与证券市场发展不相适应,迫切需要市场化的注册制改革来缓解存在的问题;另一方面,我国证券市场并非强式有效市场,信息披露往往不能反映在证券价格上,仍然欠缺成熟的投资者、中介机构,也就不可完全放弃监管审核。因此,我们主张渐进式的注册制改革,将注册制和核准制的优势同步吸收,以最小的试错成本和金融风险推进证券发行审核制完善。

(2)证券发行注册制背景下证监会和交易所的关系。注册制改革的总体趋势是监管权力下放,但是学者们对如何具体处理证监会和交易所的关系也有不同的观点。有的认为证券发行注册制应当是将证券发行的审核权下放到交易所,即“股票发行注册制按照证券交易所审核,中国证监会备案监督的审监分立、相互制约模

① 郝素珍、高建宁:《证券发行核准制与注册制的比较分析》,载《华东经济管理》2007年第12期。

② 陈岱松:《论证券发行审核制度》,载《河北法学》2004年第12期。

③ 陈淮、顾连书:《我国股票发行注册制的制度条件及其政策研究》,载《上海财经大学学报》2012年第14卷第2期。

④ 谢百三、刘芬:《我国近期股票发行实行注册制的风险与对策》,载《价格理论与实践》2014年第4期。

式的设计，就是注册制与核准制有机结合的证券发行审核制度”。[①] “证券监管机构可以根据需要，将公开发行拟上市证券的审核交由证券交易所承担，并将公开发行豁免注册的审查事项，交给证券交易所之外的适当机构（如证券经营机构或其他认可的机构）承担。”[②]“企业发行股票和上市首先由证券交易所来审，之后，再上报证监会审查，证监会对拟发行公司不作价值判断，主要审查是否合格，信息披露是否真实。”[③]“建立由证券商推荐，证券商和中介机构把关，交易所审核，证监会备案（注册）的股票公开发行审核制度。”[④]

也有观点认为证券发行注册制并不意味着证券发行权的下放，证监会仍然担负着重要的监管权力。如“中国实行注册制后，证监会的权力会发生结构性重整。注册制并不意味着‘权力型’证监会的完全隐退，相反在某种意义上意味着我们需要一个更强大的证监会”。[⑤] 还有观点认为不论是监管机构还是交易所都不应再进行发行的实质审查，“实行新股发行的注册制，并不是‘行政许可’的搬家，从证券监督机关移至证券交易所，而应是根本性变革”，而且我国证券法没有赋予交易所行政许可的权力，“法律规定的会员制下的证券交易所的地位不可能使它享有行政许可的权利，因而注册制不应该是‘行政许可’在交易所的翻版”[⑥]。发行注册制改革应“以充分信息披露为核心，在股票发行过程中，减少证券监管部门对发行人资质的实质性审核和价值判断，弱化行政审批，增强发行制度的弹性和灵活性，降低股票发行成本，提高融资效率”。[⑦]

目前而言，我国证券交易所却仍然是政府机构的延伸，证券交易所和监管机构形分而实不分，在注册制背景下二者的关系应当进行一定的变革，交易所的自律、独立功能应予强化，将发行审核权下放到交易所是市场选择的要求。

（3）证券发行注册制改革的具体内容。大多数学者都认为注册制的核心内容应当是建立健全信息披露制度，因此将改革的重点放在完善信息披露制度上。如主张“以信息披露为原点，切实转变信息披露审查的思路，科学制定发行审核与上

---

① 李东方：《证券发行注册制改革的法律问题研究——兼评〈证券法〉修订草案中的股票注册制》，载《国家行政学院学报》2015 年第 3 期。

② 叶林：《关于股票发行注册制的思考——依循证券法修订草案路线图展开》，载《法律适用》2015 年第 8 期。

③ 曹凤岐、李伟杰：《分步推动核准制向注册制过渡》，载《中国证券报》2013 年 11 月 20 日。

④ 郭锋：《大金融视野下的证券监管理念和〈证券法〉修改路径》，载《金融服务法评论》2013 年第 1 期。

⑤ 蒋大兴：《隐退中的权力型证监会——注册制改革与证券监管权重整》，载《法学评论》2014 年第 2 期。

⑥ 王保树：《股票发行注册制改革笔谈》，载《证券法苑》2014 年第 12 卷。

⑦ 周小川：《全面深化金融业改革开放　加快完善金融市场体系》，载《中国金融家》2014 年第 1 期。

市审核在发行人信息审查上的分工规范"作为注册制改革的切入点和核心点,包含两个层面的制度设计:证券监管机关对发行注册文件进行形式审查并决定是否予以注册;证券交易所按照上市条件对申请上市的证券进行实质审查并决定其是否可以上市。[①] 有主张重构股票发行信息披露制作为注册制改革的核心环节,针对存在的问题及原因,"在理念更新的基础上,重构现行信息披露制度"。[②] "通过优化信息披露价值相关性内容、提供投资者权利清单、整合信息披露数据等方式,能够完善信息披露引导投资者决策的理论逻辑,并赢得股票发行注册制改革所预期的制度优势。"[③]

有不少观点主张完善注册制改革配套措施。如上市聆讯制,"证券法应当确立股票发行中的注册制度以及聆讯制度,证监会要制定可以具体操作的《股票发行注册办法》,证券交易所根据上述规定制定《股票发行申请及聆讯程序》"[④];如民事赔偿制,"在新股发行注册制的若干基础性配套机制中间,建立行之有效的受害投资者民事赔偿制度至关重要"[⑤];又如责任追究制,"全面构建以充分信息披露为基础、以审慎形式审查为核心、以严格法律责任追究为后盾的公开发行注册制度"[⑥]。

(三)信息披露制度的完善

1.证券市场信息披露制度的地位

信息披露,又称信息公开,是指上市公司等证券发行者按照法定要求将自身财务、经营等情况向证券监管机构报告,并向投资者公告的活动。信息披露制度就是规定信息公开的内容、时间、方式、程序等事项的法律规范。信息披露制度在证券市场的制度构建中具有非常重要的地位,也是各国证券法的重要内容,贯穿于证券发行与交易各项制度中。

证券市场对信息有高度依赖性,信息披露有利于公众投资者了解投资对象、作出合理判断与投资决定,有利于证券发行和交易合理价格的形成,有利于有效抑制过度投机和内幕交易等欺诈行为,有利于证券监管机构对市场的监控,也有利于发行上市公司改善自身经营管理,促进市场健康发展。新古典经济学理论基于理性

---

① 陈洁:《股票发行注册制改革笔谈》,载《证券法苑》2014年第12卷。

② 周友苏、杨照鑫:《注册制改革背景下我国股票发行信息披露制度的反思与重构》,载《经济体制改革》2015年第1期。

③ 傅穹、廖原:《证券发行注册制中信息披露对投资者的法律适应性分析》,载《江西财经大学学报》2016年第6期。

④ 顾功耘:《股票发行注册制改革笔谈》,载《证券法苑》2014年第12卷。

⑤ 汤欣:《股票发行注册制改革笔谈》,载《证券法苑》2014年第12卷。

⑥ 刘俊海:《落实十八届三中全会精神 扎实推进我国IPO注册制改革》,载《法律适用》2014年第1期。

人的假设,从证券投资人对证券风险收益状况等决定因素的信息需求出发,指出由于信息非对称性、信息的公共物品性质、生产者垄断以及外部性这四大因素,导致证券市场上始终存在信息的自发披露不足,因此需要政府公权力的介入进行信息披露。一是信息不对称,公司经营管理人员与投资者相比具有明显的信息优势,他们比投资者更了解公司的实际情况。如果缺乏管制的话,产生的"逆向选择"(投资者不相信所有的信息,对所有公司平等看待,此时证券市场成为典型柠檬市场,绩优公司都无法从证券市场上获得所需融资)和"道德风险"问题(管理者偷懒、滥用职权以谋取私利)就必然引起市场失败。因此对信息进行管制是十分必要的,这也是实现资本市场公平性的内在要求。二是信息公共物品性,信息不同于一般商品,它具有公共物品的两个特性:非排他性(即一个人使用信息并不排除其他人的使用权利)和非竞争性(即一个人使用了信息并不减少其他人对信息的使用)。这样信息的生产方即管理层无法将信息生产成本转嫁给消费者即投资者,没有管制的情况下,信息供给不足不可避免。三是公司作为信息的垄断提供者,在非管制的信息市场中,公司是信息的垄断供给者,它不但限制信息的产出,而且以垄断价格出售信息。四是有效资本市场理论,资本市场的有效性程度取决于证券市场价格对信息的反映程度。[①] 信息披露是上市公司及相关主体向投资者承担的法定义务,并对义务的履行后果承担民事责任。

信息披露按披露时间可分为初次信息披露和持续信息披露。初次披露主要指在证券发行上市过程中的信息披露,包含招股说明书、上市公告书、发行公告等一系列文件,其中招股说明书是初次信息披露中最重要的法律文书,是投资者据以购买股票的依据,所以监管机构和交易所对此具有严格的要求,其记载的事项具有法定性,即需要记载的内容、方式和格式都应当符合证券法规的要求,不得删减或虚假,发行人和中介机构需要保证相关文件符合信息披露的各项基本要求。持续信息披露主要指证券上市后上市公司的信息披露义务,包括定期(年度、中期、季度)报告、及时揭示影响证券交易价格的重大事项的临时报告。定期报告需公开公司报告期内的经营财务等状况,临时报告的重大事项一般包含公司的经营方针和经营范围的重大变化、公司的重大投资行为和重大的购置财产的决定、公司发生重大亏损或者重大损失、公司减资、合并、分立、解散及申请破产等。

信息披露按是否基于法律明确规定可分为强制性信息披露与自愿性信息披露。强制性信息披露是指法律、法规明确要求证券发行人、上市公司等主体必须披露的信息,按照法定的时间、方式披露信息,是披露义务人应尽的法定义务。而上市公司等主体也可以基于公司形象、投资者关系、回避风险等动机自行主动披露相关信息,即为自愿性信息披露,自愿性信息披露虽然不属必需,但同样要接受监管,

① 吴弘:《证券法教程》,北京大学出版社2017年版,第130页。

防止欺诈行为，以维护投资者权益。美国1933年《证券法》和1934年《证券交易法》确立了对证券市场的监管原则，其中的强制性信息披露规则和反欺诈规则为各国所仿效，构成证券法最基本内容，《证券交易法》也被誉为“披露法令”。① 强制性信息披露制度的目的在于减少信息获得成本，相应的法律责任制度和中介机构的参与，是为了减少信息证实成本。②

2.证券市场信息披露的基本要求

我国理论界对此有多种表述，如信息的全面性、资料的真实性、时间的时效性、空间的易得性、内容的易解性与形式的适法性。又如实质性原则包括真实性原则、完整性原则、准确性原则、及时性原则与公平披露原则，形式性原则包括规范性原则、易解性原则与易得性原则等等。在立法上，我国《证券法》既有集中的规定，又有分散的规定，如《证券法》第63条规定：“发行人、上市公司依法披露的信息，必须真实、准确、完整，不得有虚假记载、误导性陈述或者重大遗漏。”又如《证券法》第67条第1款：“发生可能对上市公司股票交易价格产生较大影响的重大实践，投资者尚未得知时，上市公司应当立即将有关该重大事件的情况向国务院证券监督管理额证券交易所报送临时报告，并予公告，说明事件的起因、目前的状态和可能产生的法律后果。”《证券法》第53条、第59条还规定了应在限定期限内对相关信息予以公告。综合而言，信息披露制度最基本要求主要有四个方面，即真实性、完整性、准确性和及时性。

首先，信息披露的真实性，具体内涵主要是指披露的信息必须具有客观性、一致性和规范性，不得作虚假陈述。无论通过何种渠道、借助何种方式，披露的信息应当是以客观事实或具有客观事实基础的、未被扭曲或修饰的方式再现或反映的事实状况。真实性实质解决的是信息的真与假的问题。

其次，信息披露的准确性，真实性和准确性有一定的联系，但侧重点是不同的。准确性要求信息披露人在进行信息披露时，必须采用精确的表述方式以确切表明其含义，不得有误导性陈述。真实性要求可以总结为不做虚假性陈述，准确性要求则可以总结为不得做诱导性陈述。诱导性陈述通常有两大基本特征：一是多解性，即对披露的信息有多种合理的理解和解释；二是非显见性，即披露的信息在内容上的不准确并非显而易见。

再次，信息披露的完整性，要求全面披露信息，发行人应公开与所发行证券投资价值有关的一切信息，既包括发行人内部信息，也包括与所发行证券之投资价值有关的其他信息；既包括可能对证券价格产生积极作用的利好信息，也包括产生消

---

① ［美］乔治·本斯顿：《被要求的披露与股票市场：1934年证券交易法评估》，参见曹荣湘：《强制信息披露与证券立法》，社会科学文献出版社2005年版，第47、79页。

② 彭冰：《中国证券法》，高等教育出版社2007年第2版，第117页。

极影响的利空信息。上述表述可以简单归纳为不得做隐瞒性陈述。现实的证券市场中上市公司从自身利益出发,可能会不完全披露或者故意地遗忘披露必要的信息,那么为了保护投资者的利益,通常采取四种方法加以约束:第一,由专业机构协助上市公司依法确定应当披露信息的具体范围;第二,证券法规以不完全列举方式规定应当披露信息的清单;第三,监管机构依照相关规则确定应披露信息的范围;第四,证券交易所结合不同信息披露要求,分别要求发行人披露相关信息。

最后,信息披露的及时性,披露的信息具有最新性,要求上市公司必须在合理的时间内尽可能迅速地披露其应公开的信息,不得迟延。信息披露的及时性要求也可以归纳为不得做迟延性陈述。

根据以上要求,针对实践中问题,中国证监会对信息披露的文件内容、格式、填报规则等发布并逐年修订了一系列规章和规范性文件。

3.完善证券信息披露制度的理论探讨

根据市场现实和保护投资者的需要,证券信息披露制度正在向纵深和细节延展,一些独特角度的信息披露问题在理论层面得到了讨论。有人从股份回购角度对证券高可控度信息的法律问题进行了研究,认为"随着公司资本制度的逐步放款,股份回购等高可控度行为也一定会逐步活化,与此同时,加强对相关行为直接与间接规制,亦即引入提前披露机制,并在一定程度上限制相关交易"。[①] 有教授专门研究网络信息时代证券信息披露制度的重构,"'网络导向'的信息披露监管要充分关注网络对于信息公开的迅捷性特征。网络技术的发展,使得信息披露可以通过网络实时地向证券投资者公开,能够在重大事件的发生和信息的公开之间做最迅捷的连接,防止因不能及时公开相关信息而导致'内幕交易'等问题的出现"。[②] 有学者从大额持股披露制度的完善角度出发,认为"应遵循的理念是在增加市场透明度和促进公司收购之间保持平衡,适度加重法律责任以兼顾规范与发展。因此《证券法》修改中提出的降低持股变动披露比例、施加证券民事责任乃至刑事责任的建议是不可取的。在具体完善路径上,应当增加披露持股资金来源,取消慢走规则,并综合采取罚款、没收违法所得、表决权限制和强制股份出售等多种责任形式"。[③] 还有人从预测性信息的披露角度出发,认为"增加预测性信息的使用能够使上市公司对信息披露变得更加积极负责,有利于公司市场形象的维持和提升,而且预测性信息披露避免了选择性信息披露造成了信息获得的不平等,使中小投资者能够在同等的条件下获取上市公司的信息,这也符合信息披露制度的公

① 朱庆:《证券高可控度信息的相关法律问题研究——以股份回购为视角》,载《法学》2015年第1期。

② 冯果、武俊桥:《由"类推监管"到"网络导向监管"——论网络信息时代证券信息披露监管制度的建构》,载《现代法学》2010年第2期。

③ 伍坚:《论我国大额持股披露制度的完善》,载《法学》2018年第5期。

平理论”。[①]

关于信息披露的有效性方面,研究者得出了不同的结论。如有教授从上市公司重大资产信息披露角度出发,认为上市公司的“重大资产重组信息披露制度不断在修正,但是由于各种主客观原因,依然存在披露义务主体范围过小、信息披露数量过多、法律责任设置股沟以及配套机制不完善等缺陷。为此,建议将重大资产重组中的定期公告改为分阶段公告;引入‘简明性规则’,重点提示投资风险;对国有背景上市公司进行特别处理,追加有关决策机构为信息披露义务人;对自媒体披露信息进行规范,利用信息技术应对网络化挑战”。[②] 有学者从证券衍生品交易的角度,指出“后危机时代证券衍生交易信息披露制度改革的动向表明,以投资者为中心、致力于满足投资者的信息需求有可能成为未来证券信息披露制度改革的新方向。以投资者为中心构建证券信息披露制度可以利用核心披露义务人进行汇总式信息披露,对所需披露的信息予以分层和归类,采取差异化的信息披露方式,使投资者深度参与信息披露制度”。[③] 还有人认为中国证监会实际上发展出了一条标准,即“原则上要求股票交易价格有异常波动就披露,不论股价异动的原因是否为公司所知,不论相关信息是否成熟、确定。这不符合对应当披露的信息重大性判定标准的一般法理认识,也加大了上市公司的披露负担,并由于释放了不确定、不成熟的信息,而可能增加市场波动。对于未达到重大性披露标准的信息,公司应有更多权利自主决定是否披露,而不应受外部交易有无异动的影响”[④]。这些观点更多地强调了信息披露的有效性和选择性,而非单纯要求全方位的信息披露。

有学者从域外比较的视角概括了可供我国证券市场信息披露制度借鉴的经验。有人根据美国证券信息披露体系的演变过程,得出“成熟的信息披露制度是美国联邦证券监管制度的核心,也是美国在对证券发行实行宽松、开放的注册制的同时仍能对证券市场进行有效监管的根本原因。然而,信息披露越充分,对投资者的保护固然越有力,但公司的资本成本相应也越高,经营负担也就越重”[⑤]。有专家从上市银行信息披露的角度,借鉴了国外上市银行信息披露监管协调的经验做法,提出“要完善我国上市银行信息披露的监管合作。各监管部门应当统一信息披露监管标准,针对我国目前金融立法调研相对薄弱的现状,监管机构应当成立专门的

---

① 王从容、李宁:《法学视角下的证券试产该信息披露制度若干问题的分析》,载《金融研究》2009年第3期。

② 李有星、冯泽良:《论重大资产重组信息披露制度的完善》,载《浙江大学学报(人文社会科学版)》2015年第3期。

③ 窦鹏娟:《证券信息披露的投资者中心原则及其构想——以证券衍生交易为例》,载《金融经济学研究》2015年第6期。

④ 缪因知:《股价异动时不必强求公司披露》,载《证券市场导报》2015年7月号。

⑤ 廖凡:《钢丝上的平衡:美国证券信息披露体系的演变》,载《法学》2003年第4期。

信息披露工作小组，负责协调信息披露的立法调研工作”[1]。

信息不对称是传统理论中对金融消费者施以倾斜保护的逻辑起点，信息披露也据此成为监管的重要举措并被奉为圭臬。国内外的立法以及监管实践中也鼓励义务主体进行更多、更完善的信息披露作为降低信息不对称程度的重要举措，弥补金融消费者、投资者在此过程所获取信息的不足。但在实际操作中，金融交易的信息披露的篇幅越来越冗长、金融商品的交易结构越来越复杂、金融商品的专业术语越来越晦涩难懂，即便是专业人员，也很难在短时间内彻底把握并作出理性的判断，结果淹没了信息的有效性，也吞噬了本该揭露的风险本质。对于金融商品和服务信息掌握的不足，同时受限于人们自身对金融商品和服务的深入了解，金融消费者、投资者的议价能力也就失去了基础，无法在核心条款设立的博弈过程中维护自身的合法利益。实践表明，金融创新导致金融商品的复杂性急剧上升，信息披露并未能有效增强透明度，投资者常常无法理解甚至忽视可能严重影响其成本和收益的关键性条款，以致作出错误的选择，甚至有时金融商品的复杂性条款成为金融机构掩盖其不公正和欺诈行为的工具，信息披露在此也无能为力。因此对信息披露制度进一步完善的过程应当主要从两方面来进行：首先，进一步挖掘信息披露监管真空，对于可能对投资者权利造成重大影响的事件，要强制相关义务主体实施信息披露；其次，要更加强调信息披露的实质监管，关键事实的信息披露不但要求内容上要合法，而且形式上也要合规，亦即要使用通俗易懂的语言并且用1～2页具体阐述金融商品或服务的主要条款和条件。对金融商品和服务的关键事实说明提供模板。[2]

(四)证券市场投资者保护

1.证券投资者保护制度依据

投资者保护特别是社会公众投资者合法权益的保护，是保证证券市场长期发展的基本原则之一，并且日益在世界范围内受到认同和执行。国际证监会组织(IOSCO)将“保护投资者”列为对资本市场三大监管目标之一。[3] 欧洲证券委员会论坛(FESCO)在2001年2月发布了《协调保护投资者的核心商业行为准则》。“保护投资者合法权益”也是我国《证券法》的立法宗旨之一。

“投资者保护”其实并非保护所有投资者，而应是保护那些处于交易弱势地位

---

① 巴曙松：《上市银行信息披露——国际经验与中国选择》，载《西部论丛》2006年第1期。

② 世界银行：《金融消费者保护的良好经验》，中国人民银行金融消费权益保护局译，中国金融出版社2013年版，第30页。

③ IOSCO三大监管目标为：保护投资者；确保市场的公正、透明和有效；降低系统风险。

的投资者。[①] 当代金融交易活动已经高度涉众化,2015年6月数据显示,国内A股与B股市场自然人投资者数量为8866.08万人,占投资者总数的99.7%。[②] 从而在金融法领域产生了一个全新的法律问题,即如何在交易力量差距悬殊、交易地位在实质不平等的普通个人与金融业经营者之间,消除或避免金融业经营者对个人的不当侵害,实现交易的实质公平。另外,金融交易中普遍存在的信息不对称状况,使得在金融交易中需要给予金融消费者群体以特殊保护。[③] 2013年12月国务院办公厅颁布了《关于进一步加强资本市场中小投资者合法权益保护工作的意见》("新国九条"),明确将"投资者保护"对象限定为"中小投资者"。

关于投资者保护的理论依据。信息不对称往往是投资者保护的理论依据,证券法上的投资者保护规范主要是围绕资本市场上的信息不对称问题进行制度设计,以信息披露及法律责任作为规制的主要内容。"委托代理"也是投资者保护的理论基础,股份公司的出现及有权与经营权的分离,产生了"代理成本"问题,相关规则旨在解决公司内部人(管理层和控股股东)对外部投资者(股东和债权人)利益的"掠夺"。投资者在交易中的劣势地位更是保护投资者的常见理由,证券公司因专营资格和专业能力而具有经济优势地位,个人投资者必须依靠有经纪资格的证券公司才能从事证券买卖,法律旨在营造实质公平的环境。

2.证券投资者保护基本法律制度

(1)投资者教育制度。投资者常常因其所受教育、知识水平有限而不能对所获信息进行正确的判断,即使信息是完全、充分的,投资者仍然可能因分析能力有限而作出错误的投资决策。其不成熟、不理性的投资理念和法律意识不仅容易受到经济利益受的侵害,还动摇其投资信心,进而影响证券市场的稳定和发展。因此,开展和加强教育,对于提高投资者的素质,提高投资者的信心,减少和化解市场风险投资者,具有重要意义。

中国证监会2007年2月8日发布《关于证券投资基金行业开展投资者教育活动的通知》,投资者教育的主要内容是帮助投资者了解证券、了解自己、了解市场、了解证券发展历史、了解证券公司。投资者教育工作的具体形式应该丰富多彩、形式多样,宣传内容应该简明扼要,通俗易懂,容易传播,综合利用如电视、报刊、网络、宣传材料、户外广告等多种宣传方式进行投资者教育,区分不同类别投资者,进行市场细分和定位。如上海证券交易所于2000年10月成立投资者教育中心,通过举办各类会议、编撰书籍资料、主持报刊专栏、开通电子信箱,以及在业界成立"投资者教育网络"这一覆盖全国的松散型组织,开展一系列公益性的投资者教育活动。

---

① 何颖:《金融消费者概念的学科定位与规范价值》,载《财经法学》2016年第1期。

② 资料来源于中国证券登记结算有限公司官网。

③ 何颖:《金融消费者概念的学科定位与规范价值》,载《财经法学》2016年第1期。

(2)投资者关系工作。投资者关系工作是指公司通过信息披露与交流,加强与投资者及潜在投资者之间的沟通,增进投资者对公司的了解和认同,提升公司治理水平,以实现公司整体利益最大化和保护投资者合法权益的重要工作。目的是促进公司与投资者之间的良性关系,增进投资者对公司的进一步了解和熟悉;建立稳定和优质的投资者基础,获得长期的市场支持;形成服务投资者、尊重投资者的企业文化;促进公司整体利益最大化和股东财富增长并举的投资理念;增加公司信息披露透明度,改善公司治理。

中国证监会2005年7月11日发布的《上市公司与投资者关系工作指引》,确定投资者关系工作的基本原则:充分披露信息,除强制的信息披露以外,公司可主动披露投资者关心的其他相关信息;合规披露信息,公司应遵守国家法律、法规及证券监管部门、证券交易所对上市公司信息披露的规定,保证信息披露真实、准确、完整、及时以及投资者机会均等,公司应公平对待公司的所有股东及潜在投资者,避免进行选择性信息披露;诚实守信,公司的投资者关系工作应客观、真实和准确,避免过度宣传和误导;高效低耗,选择投资者关系工作方式时,公司应充分考虑提高沟通效率,降低沟通成本;互动沟通,公司应主动听取投资者的意见、建议,实现公司与投资者之间的双向沟通,形成良性互动。投资者关系工作中公司与投资者沟通的内容主要包括:公司的发展战略,包括公司的发展方向、发展规划、竞争战略和经营方针等;法定信息披露及其说明,包括定期报告和临时公告等;公司依法可以披露的经营管理信息,包括生产经营状况、财务状况、新产品或新技术的研究开发、经营业绩、股利分配等;公司依法可以披露的重大事项,包括公司的重大投资及其变化、资产重组、收购兼并、对外合作、对外担保、重大合同、关联交易、重大诉讼或仲裁、管理层变动以及大股东变化等信息;企业文化建设;公司的其他相关信息。

(3)投资者保护基金。《证券法》第134条规定:"国家设立证券投资者保护基金。证券投资者保护基金由证券公司缴纳的资金及其他依法筹集的资金组成,其筹集、管理和使用的具体办法由国务院规定。"投资者保护基金是一种按一定方式筹集的基金,在上市公司、证券经纪机构出现支付危机、面临破产或倒闭清算时,由基金直接向危机或破产机构的相关投资者赔偿部分或全部损失的保障机制,其作用类似于存款保险制度。投资者保护基金一方面可以通过补偿客户资产,化解证券公司破产的风险;另一方面可以通过对成员公司财务信息进行持续的监控,及早防范和控制证券公司的破产风险,从而具有增强投资者信心、保障长期投资资金供给的积极作用。1970年12月美国国会通过《证券投资者保护法》,成立了"证券投资者保护公司"(Securities Investors Protection Corporation,SIPC);英国在1998年至2001年2月实施"投资者赔偿计划"(Investor Compensation Scheme,ICS),2001年2月以后成立"金融服务赔偿有效公司"(The Financial Services Compensation Scheme Limited, FSCS);欧盟从1998年9月开始实施"投资者赔偿计划"(Investor Compensation Schemes)；日本在1998年以前有寄托证券补偿基金，之后有由国内券商组成的日本投资者保护基金和外国经纪公司组成的证券投资者保障基金，2002年两个基金合并成为“证券投资者保护基金(日本)”[The Securities Investor Protection Fund (Japan)，SIPF(J)]。

我国证监会、财政部、中央银行于2005年6月30日联合发布了《证券投资者保护基金管理办法》。随后，注册资本为63亿元的中国证券投资者保护基金有限责任公司登记成立，负责基金的筹集、管理和使用。证券投资者保护基金的来源有：上海、深圳证券交易所在风险基金分别达到规定的上限后，交易经手费的20%纳入基金；所有在中国境内注册的证券公司，按其营业收入的0.5%～5%缴纳基金；发行股票、可转债等证券时，申购冻结资金的利息收入；依法向有关责任方追偿所得和从证券公司破产清算中受偿收入；国内外机构、组织及个人的捐赠；其他合法收入。基金的用途为：证券公司被撤销、关闭和破产或被证监会实施行政接管、托管经营等强制性监管措施时，按照国家有关政策规定对债权人予以偿付；国务院批准的其他用途。

2016年6月1日施行的新修订《证券投资者保护基金管理办法》主要涉及：完善投保基金公司治理结构，优化证券投资者保护基金的筹集程序，增加投保基金公司的融资方式，适当拓宽证券投资者保护基金的运行形式，增加证券公司向投保基金公司报送涉及客户资金安全的数据和材料的规定，调整投保基金公司信息报送制度等。此外，中国证监会和财政部于2007年4月19日发布《期货投资者保障基金管理暂行办法》，自2007年8月1日起施行，2016年11月8日修订。

(4)投资者适当性制度。我国证券市场长期以来是中小投资者为主体结构的市场，大量的中小投资者进入市场时缺乏专业的知识储备、成熟的投资理念、健康的心理状态和风险意识，很多情况下仅仅是受氛围影响，且证券经营机构及其人员的行为短期化，使得一部分不适当的中小投资者进入证券市场。这不仅使得中小投资者的合法权利难以得到有效保障，同时也加剧了证券市场的波动性，妨碍市场的发育成熟。投资者适当性制度就是根据不同风险产品配置给不同承受能力的投资者的原则，允许适当的投资者进入适当的市场。首先，要科学性地对投资者进行了分类管理，根据投资者的专业水平、风险承受能力，由监管机构将投资者分为普通投资者和专业投资者，自律组织制定风险承受能力最低的投资者类别，供经营机构参考。不同投资者之间经过严格的程序，可以向经营机构申请相互转化。其次，对金融产品或服务也进行系统化的分级管理，经营机构应当对其向投资者提供的产品及服务有所认知，评估产品的风险，并在此基础上进行风险等级划分。最后，经营机构应向投资者提供有针对性的产品及差别化服务，一般不应向普通投资者销售高风险产品，或者要负特别注意义务。

我国《证券期货投资者适当性管理办法》已经证监会审议通过，自2017年7月

1 日起施行。强调了证券期货经营机构是投资者进入市场媒介，适当性管理是经营机构从事证券期货经营活动的基本底线，是应当承担的一种义务与责任。

3.完善证券投资者保护机制的理论探讨

关于投资者保护的国外理论在国内验证。有学者以国内上市公司的相关数据对 LLSV 的模型进行了实证分析，得出投资者法律保护程度与上市公司价值成正相关关系，并指出加强法律保护与强化公司信息披露是制约少数所有权控制结构中最终控制人的利益侵占行为的有效方法。[①] 有学者通过实证检验我国不同阶段投资者保护问题，并得出检验结果：在我国中小投资者法律保护的不同历史阶段，首次公开发行（IPOs）的初始收益率存在显著的差别，说明在不同阶段里，中小投资者的市场保护意识不同，两者之间存在显著的负相关关系。中小投资者得到法律保护较好的阶段，其对市场保护的依赖性较低，即所要求的 IPOs 的初始收益率较高；反之在法律保护不健全的情况下，中小投资者往往首先寻求市场保护。[②] 有人从“法与财务学”视角提出中小投资者保护立法一定程度上可以直接降低中小投资者对公司内部人的监督成本，中小投资者法律保护的实施则可以对公司内部人构成可信的威胁，二者共同作用于中小投资者和公司内部人这两类市场参与者的理性决策，从而影响市场的均衡收益率（即权益资本成本）。[③]

关于引进国外保护投资者的先进制度。有人认为证券投资者适当性是对证券公司行为的一种有效监管，可以规制证券公司的行为，构建其向投资者销售证券产品或提供投资建议的行为规范，防止其滥用投资者的信赖来损害投资者权益，亦即对证券公司的行为监管，旨在抑制券商的自利冲动，防止其因短期利益而忽视长期利益，最终损害投资者的利益。[④] 有较多专家主张通过引入代表诉讼制度来提高证券司法效力，但是也有学者并不认可，认为“作为德国法上关于群体性法律保护的最新尝试，《投资者示范诉讼法》要旨在于：将群体性诉讼中的共同事实或法律问题交给上级法院，由后者在一种‘两造诉讼’的框架内先行审理，并以审理结果作为解决所有个别纠纷的基础。但是，这一方案不仅在法解释学上面临一系列无法解决的难题，在诉讼效率方面也没有展示出明显优势”。[⑤]

关于保护投资者权益的组织。有学者认为应当更多依靠投资者保护组织进行自力救济，“通过立法与执法加强投资者组织化程度，保障投资者组织群体利益对

---

① 吕长江、肖成民：《最终控制人利益侵占的条件分析》，载《会计研究》2007 年第 10 期。

② 沈艺峰、许年行、杨熠：《我国中小投资者法律保护历史实践的实证检验》，载《经济研究》2004 年第 9 期。

③ 肖珉：《法的建立、法的实施与权益资本成本》，载《中国工业经济》2008 年第 3 期。

④ 张付标、李玫.《论证券投资者适当性的法律性质》，载《法学》2013 年第 10 期。

⑤ 吴泽勇：《资者示范诉讼法：一个群体性法律保护的完美方案》，载《中国法学》2010 年第 1 期。

提高投资者地位意义重大。投资者保护组织可以在不增大'代理成本'的情况下，解决所有者和经营者之间利益冲突的'委托代理问题'，也有助于完善公司治理与提升企业价值"，"投资者保护组织应定位于中介组织、专业组织和法定组织，依法运作，依靠监管机构、司法部门和市场力量，加强自我教育与自我保护，采取多种方法，有效并合理地维护投资者权益，促进资本市场健康发展"。[①] 有学者主张完善投资者保护基金，"在本质上，保护基金公司应该是一种市场力量自我救助的组织形式，保护基金公司通过收取市场参与者缴纳的资金，对参与者实行救助。在此意义上，国家财政最终应当退出保护基金公司，进而实现保护基金公司的行业自救功能，恢复保护基金公司的市场化本意，进而形成国家监督下的民产民营的体制"。[②] 还有建议"在基金公司的管理人员构成上，宜改变单一的政府人员来源，而兼采政府、业界和投资者三者参与的模式，以确保基金决策的中立并最终发挥市场化风险处置功效"。[③]

关于保护投资者的民事赔偿制度。一些专家建议通过适当的补偿机制，为证券市场中各种违规行为的受害者提供一个"降落伞"。有专家认为由于证券执法尚未对潜在违法违规者起到真正的威慑作用，并且我国现行证券法规中缺乏民事责任的规定，受害的投资者得不到充分补偿。因此，加大证券违法处罚力度、明确证券违法的民事责任应该成为证券法修改的重要内容。[④]

关于上市公司治理与投资者保护关系。有人从公司治理制度的设计出发，认为我国的公司治理应当围绕投资者利益保护这一核心目标，构建其他利益相关者的帕累托最优状态。[⑤] 还有人从代理理论和投资者保护理论出发，提出应从公司治理的内部环境和外部环境两方面构建中小投资者利益保护的整体框架。建立有效的内部权利制衡机制，当前对上市公司的治理应以完善内部治理为主并加强外部市场监督机制和法律环境。[⑥]

(五)上市公司退市制度的完善

1.我国退市制度的演进

上市公司退市是指公司股票在证券交易所终止上市交易。退市制度是调整规

---

① 吴弘：《证券投资者保护组织的立法思考》，载《东方法学》2008年第2期。

② 叶林：《证券投资者保护基金制度的完善》，载《广东社会科学》2009年第1期。

③ 洪艳蓉：《证券投资者保护基金的功能与运作机制》，载《河北法学》2007年第3期。

④ 陈国进、赵向琴、林辉：《上市公司违法违规处罚和投资者利益保护效果》，载《财经研究》2005年第8期。

⑤ 陆杨、查小莉：《投资者保护视角下的帕累托最优——对我国公司治理的新诠释》，载《价值工程》2005年第11期。

⑥ 魏安莉：《构建完善的中小投资者利益保护体系》，载《工业技术经济》2005年第2期。

范上市公司退市活动的一系列法律规范的总称，包括退市标准、退市程序、配套机制等方面的规定。上市公司退出证券交易所市场，进入次一级市场或场外交易市场，或完全退出交易市场。证券交易所则根据与上市条件相对应的退市标准，终止相关证券的交易活动，并终止与该上市公司之间的上市协议和交易安排。①

退市分为主动退市和强制退市。主动退市是指公司自愿申请退市或通过收购、回购、公司合并、自愿解散等形式，经过内部决策、信息披露以及其他申请与决定程序，从而自行退出上市交易市场的情形。强制退市是指上市公司存在欺诈发行、重大信息披露违法重大违法行为，或者股本总额、股权分布、公司净利润、净资产、营业收入等方面不满足交易标准要求而被强制终止上市的情形。② 有学者认为还有一种法定退市的情形，即不符合上市条件的公司，在经过法定的宽限期或者整理期之后，仍无法满足上市条件的，由交易所按照规定直接对上市公司做退市处理。主张将目前所存在的财务指标或审计意见类型不符合上市条件，股权分布不具备上市条件，未按期披露定期报告的三种强制退市纳入法定退市中，有利于发挥交易所在上市公司退市制度中的自律管理职能，及时清除不符合条件的上市公司，建立稳定的市场预期。③ 退市制度对于提高我国上市公司整体质量，形成优胜劣汰的市场机制具有积极意义。

从1990年12月上海证券交易所和深圳证券交易所相继成立至今，交易所市场已经历了20多年的发展。我国退市法律制度经历了一个前期近乎空白而后期变化相对频繁并逐步走向完善的演变。

1993年《公司法》对上市公司股票暂停上市和终止上市的情形进行规定，我国上市公司强制退市制度由此建立，但这一时期出台的ST、PT（特别处理）等制度一度背离了退市制度的初衷和正轨。自2005年《公司法》《证券法》修订后，退市制度改为《证券法》规定，且将暂停、终止上市的权力下放给交易所。2001年证监会发布《亏损上市公司暂行上市和终止上市实施办法》，首次从操作层面对上市公司退市的标准、程序进行规定，当年11月30日在原有办法基础上加以修订，明确连续3年亏损的上市公司将暂停上市，我国上市公司退市制度正式开始推行。2001年4月23日，PT水仙因申请宽限期未获上海证券交易所批准，成为我国第一家被终止上市的上市公司，中国证券市场上市公司退市正式开启，此后累计有80多家公司退市，主要集中于净利润连续亏损退市，也有的被吸收合并而退市。

随着市场发展改革的逐步深化，原有退市制度在实际运行中逐渐暴露出了一

① 民生证券证券市场退市制度课题组：《我国证券市场退市制度的潜在问题与完善路径研究》，载《金融监管研究》2018年第4期。

② 中国证券监督管理委员会：《关于改革完善并严格实施上市公司退市制度的若干意见》。

③ 李曙光：《实现中国资本市场退市机制常态化》，载《证券时报》2018年2月2日。

些问题，主要表现在上市公司退市标准单一，退市程序相对冗长，退市效率较低，退市难现象突出。存在着上市公司通过各种手段调节利润以规避退市的现象，导致上市公司“停而不退”，并由此引发了“壳资源”的炒作。同时多年来，严重违法违规行破坏市场秩序和损害投资者利益而受到严厉惩处的案例不在少数，从欺诈发行违规上市，到财务数据造假违规披露信息，都极大损害了市场投资者的信心和利益，但由于缺乏因重大违法而退市的规定，往往以罚代退，演化出市场“不死鸟”现象。美国纳斯达克每年大约8%的公司退市，纽约证券交易所的退市率为6%，英国AIM的退市率约12%，而我国退市比例只占整个A股挂牌公司数的1.8%。

2012年3月18日，国务院批转发改委《关于2012年深化经济体制改革重点工作的意见》的通知，提出深化金融体制改革，健全新股发行制度和退市制度，强化投资者回报和权益保护。2012年4月20日，深交所发布新修订《创业板股票上市规则》，创业板退市制度正式出台，其中规定创业板公司退市后统一平移到代办股份转让系统挂牌，将不支持上市公司通过借壳恢复上市。2012年6月28日，上交所、深交所公布新退市制度方案，连续3年净资产为负，或者连续3年营业收入低于1000万元，或连续20个交易日收盘价低于股票面值的公司应终止上市。

市场各方纷纷要求对一些重大违法的公司作处罚的同时将其驱逐出市场，净化市场环境。监管能力的增强和经验的积累，也使“重大违法”的认定成为可能。适时推出重大违法公司强制退市制度，对于资本市场深化改革、夯实市场基础、提升公司质量、提振投资者信心、激活市场活力都具有十分积极的意义。此外，实施重大违法公司强制退市，也是证券发行制改革、推出注册制的配套保障措施，对于正在紧锣密鼓进行的证券法修订也有推动作用。

2014年，中国证监会发布了《关于改革完善并严格实施上市公司退市制度的若干意见》，一是建立健全上市公司自主退市制度；二是针对欺诈上市等重大违法行为，落实重大违法公司强制退市制度；三是强调严格执行强制退市标准，进一步抑制绩差股炒作；四是完善与退市相关的配套制度安排，保护退市中的投资者权益。[①] 2016年，博元投资因重大信息披露违法被依法终止上市；2017年，欣泰电气因欺诈发行被强制退市。

2018年7月27日中国证监会发布《关于修改〈关于改革完善并严格实施上市公司退市制度的若干意见〉的决定》，对退市制度作出修改，包括完善重大违法强制退市的主要情形，明确“严重危害社会秩序，严重侵害群众利益，造成重大社会影响”的重大违法公司，实施强制退市，强化证券交易所的退市制度实施主体责任，明确重大违法强制退市公司控股股东、实控人、董监高等人员的主体责任等。上海、深圳两交易所也公布了新的退市规则。

---

① 方重、康杰、简思达：《上市公司退市制度思考》，载《中国金融》2016年第12期。

2.推行退市制度的难点分析

为发挥退市制度的功能，国内理论与实务界一直在努力寻求推行退市制度的难点，以便有针对性地采取对策。难点主要有：

退市制度自身不够完善。如认为我国上市公司退市标准虽逐渐多元化和市场化，但是溯及法律依据，仍旧限于《证券法》的几条原则性规定。[①] 由于量化指标单一、标准过宽，形同虚设，容易操纵，使得部分上市公司能成功避免退市。非量化指标仅包括欺诈发行与重大信息披露违法两项，认定模糊，判定的主观性大，非量化指标落实难度较。[②] 制度上的不完善还包括退市信息披露的规定，不少濒临退市的企业通过假重整、假重组的方式交易壳资源，这其中存在大量的内幕交易。另外，现有的退市制度安排相关细节也未能做到让投资者特别是中小投资者所了解和熟知，加之缺少具体案例可供借鉴，使得相关规定被束之高阁，而未能真正对市场主体产生警示作用。[③]

证券监管执法力量不足。证券监管部门和交易所的权限不明，容易产生监管真空地带，使得退市制度难以真正发挥作用。监管机构有时讳疾忌医，对于退市规则执行不到位，对信息披露违规、欺诈等行为处罚不对应，难以真正发挥退市制度对违法者的震慑作用。[④]

退市中投资者保护的配套制度尚不完善。一是对于退市公司中大股东、董事、高管及相关责任主体的责任追究机制还不成熟；[⑤]二是司法救济渠道缺失，中小投资者在请求补偿方面缺乏制度基础和可操作性，对上市公司退市中涉及民事责任的因果关系、赔偿计算、归责原则以及构成要件等缺乏规定；三是中小投资者缺少退出渠道，"量大优先"的交易制度对机构投资者更为有利。[⑥]

上市公司"壳价值"较高。直接融资的渠道相对较窄，上市公司资源较为稀缺；上市公司享有较多发展红利，上市公司透明度较高，治理运作相对规范，在直接融资、信贷融资、并购重组等多方面都享有更多的机会。在上市公司"壳价值"较高的背景下，地方政府、股东、重组方、债权人等多方面都不愿意看到上市公司退市。[⑦] 地方政府为保持政绩，维护稳定，通过直接帮助或者帮忙引入战略投资者等方式极

---

① 丁丁、侯凤坤：《上市公司退市制度改革：问题、政策及展望》，载《社会科学》2014年第1期。

② 民生证券证券市场退市制度课题组：《我国证券市场退市制度的潜在问题与完善路径研究》，载《金融监管研究》2018年第4期。

③ 李曙光：《实现中国资本市场退市机制常态化》，载《证券时报》2018年2月2日。

④ 李曙光：《实现中国资本市场退市机制常态化》，载《证券时报》2018年2月2日。

⑤ 方重、康杰、简思达：《上市公司退市制度思考》，载《中国金融》2016年第12期。

⑥ 民生证券证券市场退市制度课题组：《我国证券市场退市制度的潜在问题与完善路径研究》，载《金融监管研究》2018年第4期。

⑦ 方重、康杰、简思达：《上市公司退市制度思考》，载《中国金融》2016年第12期。

力"保壳",使得退市制度更难发挥作用。[①]

3.完善我国退市制度的探讨

构建退市规则良性运作的必要环境。一是构建多层次的资本市场体系,容纳不同情况下公司的融资需求,各个层次相对独立并能有机衔接,为上市公司退市提供必要的通道和出口。二是改变股市偏重的筹资功能,重视改制功能。公司则可多考虑其他方式而不必单一地依赖于证券市场实现其融资目的。三是上市标准市场化。只有通过市场化的准入标准,减少发行人进入市场的成本,才能减少按市场化退市标准决定公司终止上市可能遇到的阻力。四是规范退市股票代办转让系统,有效流通退市股票。[②]

完善退市标准。采用定性与定量相结合的退市标准。退市规则要以数量标准为主,结合少量的质量标准。数量标准人为操纵因素较小、较为公平,但对于上市公司本身的质量情况,数量标准较难衡量,在客观标准上需要一定主观判定的标准来衡量上市公司的质量。[③] 对于客观标准的认定也应有主观判断的弹性,在决策程序的保障下,应该制定客观标准在主观认定下的豁免程序。[④] 在退市标准中,应综合考虑总资产、资产负债率等持续经营指标,通过市场化的综合评价和判断,全面评估濒临退市公司的困难程度,避免仅以简单的财务盈利指标作为判断标准,甚或被人为操纵,规避退市。可考虑针对不同证券市场服务对象的特点,采取差异化的退市标准。[⑤] 有学者建议细化明确"僵尸企业"财务指标要求,正确判断真实性的财务改善和包装性的财务改善。进一步改进上市标准考核指标,对于暂停上市后恢复上市的企业要有更为明确、要求较高的门槛。强化信息披露违法违规强制退市标准,只要属于信息披露严重违规则可考虑强制退市。因为目前只有信息披露重大违法行为才强制退市,上市公司在业绩预告上玩"变脸"游戏,而实际控制人与一致行动人趁机大肆减持股份。[⑥] 但有学者认为要进一步明确欺诈发行、重大信息披露的违法行为是否"重大"的认定标准,明确处罚强制退市的执法底线,以提高强制退市的可操作性和威慑力。[⑦]

完善退市流程。构建市场化考查机制。对财务陷入困境、不满足上市交易条

---

① 李曙光:《实现中国资本市场退市机制常态化》,载《证券时报》2018年2月2日。

② 井涛:《退市法律研究》,上海交通大学出版社2004年版,第61～94页。

③ 井涛:《退市法律研究》,上海交通大学出版社2004年版,第107～108页。

④ 郑彧:《IPO常态化背景下退市制度完善之探析》,载《证券法苑》2017年第4期。

⑤ 民生证券证券市场退市制度课题组:《我国证券市场退市制度的潜在问题与完善路径研究》,载《金融监管研究》2018年第4期。

⑥ 李曙光:《实现中国资本市场退市机制常态化》,载《证券时报》2018年2月2日。

⑦ 民生证券证券市场退市制度课题组:《我国证券市场退市制度的潜在问题与完善路径研究》,载《金融监管研究》2018年第4期。

件的上市公司，设计一定期限的自愈考查期，进而对是否给予公司修正和改善机会作出判断。对于缺乏自愈能力的上市公司，应坚决实施强制退市，避免公司利用风险警示和财务调整手段，反复拖延或规避退市。完善公司退市风险预警制度。要杜绝或遏制退市风险警示引发股票炒作，避免强制退市的股票催生“抄底”的市场预期，造成价格异动。提高ST“摘帽”门槛，控制ST反复“戴帽”“摘帽”的累计次数，增加濒临退市公司的融资成本，促使上市公司将避免退市的重心放在长期风险防范和主营业务的改善方面。[①] 同时，也需简化退市流程。在退市投资者保护体系相对完善的前提下，可以考虑借鉴成熟市场做法，缩短退市风险警示、暂停上市的时间和退市整理期交易期限，甚至取消现行退市风险警示和暂停上市程序，对于不能满足持续上市标准的上市公司，给予一定宽限期，宽限期内未完成整改的，直接进入退市程序。[②]

提高退市规则的执行力度。交易所应严格按照退市制度的相关规定，对于各项退市情形的标准需要落实“穿透式监管”，对符合退市标准的上市公司启动退市程序，还应加强对因亏损而暂停上市公司恢复上市的审查力度。[③] 对于存在重大违法行为的上市公司，果断强制退市。对于尚有持续运营能力，且能够提出可行的自救或自愈计划的上市公司，交易所可以对暂停上市给予风险警示的上市公司以一定的缓冲，但须加强信息披露和对ST公司的日常监管；防止出现假重整、假重组的方式买卖“壳资源”；督促中介机构切实履职尽责；依法严厉打击二级市场尤其是ST股票的股价操纵和内幕交易；对ST股票的差别化交易机制、维持上市地位的成本等方面进行研究，如果未能在合理期限内提出自救、自愈或整改计划，或计划缺乏可行性或合理的商业依据，交易所应及时强制退市，避免退市公司规避或拖延。[④] 上市是上市公司与证券交易所之间基于双方的意思表示一致达成的一项协议，上市公司违反了协议，理应由证券交易所决定是否予以摘牌。从发达资本市场的退市机制来看，证交所对上市公司的退市与否具有很大的处理权。应当赋予证交所更大的决定权。[⑤] 证交所可在重大违法强制退市实施规则中，明确对重大违法的认定标准。由交易所全盘自主认定重大违法、并执行重大违法强制退市制度，有利于引导上市公司严格遵守国家法律法规、遵守上市规则，有利于维护公共利

① 民生证券证券市场退市制度课题组：《我国证券市场退市制度的潜在问题与完善路径研究》，载《金融监管研究》2018年第4期。

② 方重、康杰、简思达：《上市公司退市制度思考》，载《中国金融》2016年第12期。

③ 丁丁、侯凤坤：《上市公司退市制度改革：问题、政策及展望》，载《社会科学》2014年第1期。

④ 李曙光：《实现中国资本市场退市机制常态化》，载《证券时报》2018年2月2日；民生证券证券市场退市制度课题组：《我国证券市场退市制度的潜在问题与完善路径研究》，载《金融监管研究》2018年第4期；方重、康杰、简思达：《上市公司退市制度思考》，载《中国金融》2016年第12期。

⑤ 郑远民、熊静波：《关于我国上市公司退市机制的法律思考》，载《法学》2001年第8期。

益，维护经济、社会和证券市场正常秩序。[①]

强化对投资者的保护。上市公司退市可能会使广大投资者遭受损失，要消除上市公司不良行为带来的上市公司和投资者之间的利益失衡，需要完备的责任追究制度。[②] 要确定责任主体，退市规则要明确股东可以向谁、以什么程序追究责任。加大对退市公司控股股东、董监高的责任追究力度，落实并强化立案稽查公司的股份转让限制；要求对负有责任的控股股东、实际控制人及其董事、高管等责任人员承诺股份购回。建立欺诈发行、借壳违法违规案件中相关证券服务机构的先行赔付制度。[③] 要明确责任形式，并加重民事赔偿责任，提高违法成本。有学者认为，对于因公司不按规定公开其财务状况，或者信息披露存在瑕疵记载，或者存在其他重大违法违规行为而退市的上市公司，应推动引入无限和连带的民事赔偿责任。[④] 要进一步完善违法违规行为与投资者权益司法救济之间的衔接。[⑤] 建立股东派生诉讼、共同诉讼、董事责任保险等机制，落实因违法行为退市而对投资者的赔偿问题。[⑥] 完善投资者保护基金制度，构建投资者保护基金代为诉讼机制，建立证券集团诉讼制度，上市公司退市保险制度。[⑦]

（六）证券欺诈民事责任

1.我国证券欺诈民事责任制度的沿革

首先引起市场各方高度关注的是虚假陈述的民事责任。虚假陈述是指信息披露义务人违反证券法律规定，在证券发行或者交易过程中，对重大事件作出违背事实真相的虚假记载、误导性陈述，或者在披露信息时发生重大遗漏、不正当披露信息的行为。具体种类有：虚假记载，是指信息披露义务人在披露信息时，将不存在的事实在信息披露文件中予以记载的行为；误导性陈述，是指虚假陈述行为人在信息披露文件中或者通过媒体，作出使投资人对其投资行为发生错误判断并产生重大影响的陈述；重大遗漏，是指信息披露义务人在信息披露文件中，未将应当记载的事项完全或者部分予以记载；不正当披露，是指信息披露义务人未在适当期限内

---

① 熊锦秋：《证交所应拥有对重大违法的认定权》，载《证券时报》2018年3月3日。

② 郑远民、熊静波：《关于我国上市公司退市机制的法律思考》，载《法学》2001年第8期。

③ 方重、康杰、简思达：《上市公司退市制度思考》，载《中国金融》2016年第12期。

④ 丁丁、侯凤坤：《上市公司退市制度改革：问题、政策及展望》，载《社会科学》2014年第1期。

⑤ 方重、康杰、简思达：《上市公司退市制度思考》，载《中国金融》2016年第12期。

⑥ 郑彧：《IPO常态化背景下退市制度完善之探析》，载《证券法苑》2017年第4期。

⑦ 丁丁、侯凤坤：《上市公司退市制度改革：问题、政策及展望》，载《社会科学》2014年第1期；董安生、吴建丽：《退市中的投资者保护》，载《中国金融》2016年第12期。

或者未以法定方式公开披露应当披露的信息。[①]《证券法》第69条规定了发行人、上市公司、上市公司控制股东、上市公司的董(监)事和高级管理人员、保荐人、证券公司等中介机构虚假陈述应承担民事赔偿责任。1993年8月经国务院批准、国务院证券管理委员会发布的《禁止证券欺诈行为暂行办法》也有所涉及。

虚假陈述是证券市场最为常见的欺诈侵权行为,对投资者的损害较明显,危害较大。即使在市场机制较为成熟的美国,也曾暴出“安然”“世通”等隐瞒巨额亏损和虚报利润数亿到数十亿美元的重大丑闻,也因此美国颁行了更严厉的法规。我国证券市场在迅速发展的过程中,陆续出现了一些虚假陈述的欺诈行为,如初期的琼民源、红光、亿安科技、银广夏等,造成恶劣的社会影响。投资者的利益受到损害,从2001年下半年起,有许多投资者向法院提起民事诉讼,要求造假者承担侵权赔偿责任。但考虑到当时证券民事责任制度十分薄弱的状况和法院在人员等条件进行必要的准备,最高人民法院于2001年9月21日发布暂时不予受理涉及证券民事赔偿案件的通知,同时指出暂不受理并非永不受理,而是积极调研进行准备。理论界也为司法操作提供了多种方案,尤其是社会各界对依法追究证券民事责任的必要性取得了高度的共识。

最高人民法院于2002年1月15日正式下发《关于受理证券市场因虚假陈述引发的民事侵权纠纷案件有关问题的通知》,回应了市场的殷切期望,也意味着证券民事责任制度迈出了关键的一步。最高人民法院于2003年1月9日又发布《关于审理证券市场因虚假陈述引发的民事赔偿案件的若干规定》,具体细化审理规则。短期内,各地法院受理近900件虚假陈述案件。通过多年严格追究民事责任,证券市场虚假陈述多发的势头得到了遏制。

但法院对证券民事赔偿责任的案件还只是有条件受理,即在收案范围、前置程序、诉讼方式等方面有所限制,这表明法院意图通过审理证券民事案件的实践,循序渐进,为最终健全证券民事责任制度,受理和审理各类证券民事纠纷案件奠定基础。

目前尚未正常受理的证券欺诈民事赔偿责任案件主要指内幕交易、操纵市场、欺诈客户等行为导致的赔偿纠纷。关于内幕交易所引发的民事赔偿案件,包括2012年的黄光裕案件均因缺乏具体裁判规则而未得到支持,直到2015年的光大证券内幕交易民事赔偿案件才有了突破。期间,最高人民法院就《关于审理内幕交易侵权民事赔偿案件的若干规定(征求意见稿)》征询意见,新一轮《证券法》修订也提出了相应方案:“内幕交易行为人应当对内幕交易期间从事相反证券交易的投资者,就其证券买入或者卖出价格与内幕信息公开后10个交易日平均价格之间的差

① 最高人民法院于2003年1月9日发布《关于审理证券市场因虚假陈述引发的民事赔偿案件的若干规定》。

价损失,在内幕交易违法所得三倍限额内承担赔偿责任。"关于操纵市场的民事责任,虽然市场中恶意炒作、操纵股价,扭曲市场配置资源功能的行为时有发生,也造成了许多投资者的损失,但仍碍于制度缺失,投资者尚无法通过诉讼追究民事责任。

2.虚假陈述民事责任制度完善的探讨

对虚假陈述民事责任体系的研究大多是围绕虚假陈述民事责任的构成要件展开。如有人以证券市场中的实际案例为切入点,提出准确认定虚假陈述范围应当"首先结合案件事实,认定该案存在哪些虚假陈述行为,各项行为被揭示的日期、媒介及内容分别是什么,然后根据'一一对应'原则,将各项虚假陈述行为与其严格对应的揭露日或更正日等有序组合,从而构成若干项独立的情形。由于任一虚假陈述行为并不因其他虚假陈述行为的揭露或更正而被揭穿,其对股价虚高的影响在其本身被揭示之前一直持续地存在于市场之中,故有序组合后的各项虚假陈述情形均属于应予赔偿范围"。① 有人从比较研究的角度,对比了中国和美国虚假陈述民事责任中因果关系认定,认为应当交易因果关系的角度对我国的虚假陈述民事责任因果关系构成要件进行改造,要"认定交易因果关系应当采取信赖推定的方法。投资者如果就自己的交易损失予以追偿,在认定交易因果关系的基础上,还必须证明交易损失与虚假陈述行为之间存在因果关系,即损失因果关系。损失因果关系的认定可以采取直接后果并进行举证倒置,以及对证券市场系统高风险等其他因素予以排除"。② 另有人从虚假陈述民事责任主体角度,研究了律师作为责任主体的可行性,提出"在律师过程的认定上,应将'勤勉尽职义务'视为一种'合理的注意义务';在责任的承担主体上,律师事务所和律师(直接负责人)应对第三人的损失承担连带赔偿责任"。③ 还有人较为全面地研究了虚假陈述民事责任的构成要件,并从多个角度对虚假陈述民事责任制度提出了完善路径,如"虚假陈述民事责任人范围应扩及专业中介服务机构的直接责任人以及证券监管机构及其直接责任人。行政处罚决定和人民法院的刑事裁判文书只能作为虚假陈述案件的重要证据来源,但不是唯一的证据,更不应作为人民法院受理有关民事赔偿案件的前置条件。投资者在利空的虚假陈述发生之前已购入与虚假陈述有直接关联的证券,并且在虚假陈述实施日或以后至虚假陈述被揭露或更正之日之前,已卖出该证券的,

① 汤欣、杨祥:《虚假陈述损害赔偿的最新事件及法理检视——以万福生科与海联讯补偿方案为例》,载《证券市场导报》2015年3月号。

② 闫海、彭晨:《证券虚假陈述民事责任中因果关系辨析——基于中美比较视角》,载《南京财经大学学报》2012年第2期。

③ 彭真明、陆剑:《论律师对第三人的民事责任——以证券虚假陈述为视角》,载《社会科学》2008年第6期。

其损失应由虚假陈述人承担。在证券发行市场虚假陈述的赔偿范围应扩及相关费用”。[①]

另一研究热点是虚假陈述民事责任纠纷处理与相关诉讼问题。有教授以上市公司财务报告中的虚假陈述为切入点，分析虚假陈述民事责任中投资者保护和信息披露人权益之间的关系处理问题，提出：“一方面要追究上市公司及有关人员提供虚假财务报告、侵害投资者及其他关系人利益的责任，以惩罚虚假陈述行为、保护投资者利益，维护市场的健康有序发展。另一方面，也要严格把握民事赔偿责任的构成要件，防止滥诉行为。”[②]有教授则以总结了虚假陈述民事责任诉讼在起诉前置条件、管辖制度、代表人诉讼登记程序、证明责任倒置等特点，提出“应进一步采取缓和权利登记程序要件、扩大代表人诉讼适用范围、引入团体诉讼与诉讼担当制度、拓宽当事人适格范围、强化法院判决效力扩张、完善信息披露制度、明确规则原则和举证责任等措施以完善救济机制和强化纠纷解决功能”。[③]

完善证券民事诉讼是证券欺诈民事责任研究的当然内容。有学者从法律经济学的角度认为，我国的证券欺诈赔偿民事诉讼，在诉讼成本控制、社会收益获取、诉讼效率提升以及法律供需均衡方面都由待提高。可以借鉴美国的证券欺诈赔偿检诉制度，探索我国检察机关提起证券欺诈公益诉讼。检察官提起证券欺诈赔偿诉讼可以最大限度节省管理诉讼和弥补错误疏漏的成本，并且在社会收益和诉讼效率方面都有所提升，能够最大限度恢复交易秩序、促进社会财富的再分配。[④] 也有学者倾向于代表人诉讼制度，因为“我国代表人诉讼制度在借鉴外国经验的同时又结合了本国的实际，形成了具有我国特色的群体性纠纷诉讼制度。在目前的阶段，我们不应当盲目的移植集团诉讼制度或者团体诉讼制度，而是应当完善我国已有的代表人诉讼制度，为证券欺诈纠纷的解决提供良好的法律保障”。[⑤] 还有学者从司法实践角度，研究了证券欺诈中构建集团诉讼制度解决民事责任纠纷的可行性，分别从集团诉讼模式在其中适用的制度优越性，集团诉讼模式适用所需要实现的目标，集团诉讼规则体系在实践中具体的可操作性[⑥]等方面进行了分析。

3.其他证券欺诈行为民事责任完善的理论

关于内幕交易民事责任。有教授从内幕交易民事责任的价值平衡角度对其法

---

① 殷洁：《证券虚假陈述民事责任制度论》，载《法学》2003年第6期。

② 李明辉：《上市公司财务报告虚假陈述民事责任的认定》，载《厦门大学学报（哲学社会科学版）》2004年第4期。

③ 江伟、王铁玲：《虚假陈述证券民事责任诉讼机制研究》，载《金陵法律评论》2004年第2期。

④ 焦津洪、高旭：《美国证券欺诈赔偿检诉制度对我国的启示》，载《法学论坛》2015年第3期。

⑤ 肖建华、陈迎宾、宋芳：《论我国证券欺诈代表人诉讼制度的完善》，载《天津法学》2012年第3期。

⑥ 胡永庆：《证券欺诈民事赔偿案件中集团诉讼模式之构建》，载《比较法研究》2004年第4期。

理基础进行了研究，认为在内幕交易民事责任的追究中，存在着远非单一的多元价值，补偿投资者利益只是要实现的若干目标之一。制度构建的重要任务是要对相互冲突的价值目标进行恰当的协调和平衡，其中包括：威慑、监控内幕交易行为、保护投资者信心与防止滥诉、保护公司利益之间的平衡；补偿投资者损失与防止民事责任成为投资者保险之间的平衡；保护受害者诉讼权利与抑制过度诉讼之间的平衡等。同时，为实现法律的目标，内幕交易民事赔偿的各种法律规则之间需要功能的互补和相互的配合，包括刑事、行政、民事责任的互补配合，程序法和实体法的互补配合等。也有人对证券民事责任的强化提出了质疑："由于调查能力的天然限制，民事诉讼在协助执法、威慑内幕交易方面的功能是极其有限的。如前所述，多数国家的执法策略都是向强化信息披露制度以及增进公共执法方面进行努力：一方面，指定更加明确和详细的信息披露政策，打击虚假陈述行为，提高信息披露水平；另一方面，通过增加调查人员、加强市场监督和奖励举报人、采取电脑自动识别等高科技辅助调查手段提高抓获概率，以及通过降低公诉和监管机关的举证责任，对内幕交易的控制人进行处罚、增加罚金等方式加强公共执法手段和强度，是有更效率的法律选择。"①还有人认为"我们应正视此领域以赔偿为主的民事责任制度功能的有限性，通过综合运用法律制度的震慑功能来规制内幕交易。相关立法宜继续保留原则性规定，将民事责任实现的具体方案留待司法机构逐步探索和细化"。②

有教授比较研究了美国、日本内幕交易民事责任的因果关系，建议借鉴美国法律明确规定的做法，在《证券法》等相关法律中直接规定内幕交易的因果关系；采取因果关系推定理论；借鉴英美法系法官审理案件的主观能动性，积极保护私人利益。③ 有人则认为应当放松民事责任因果关系的认定，"彻底放弃英美法上欺诈的概念约束，通过将内幕交易行为作为法定的侵权行为，在大陆法系侵权责任的法律构成之下，适度放松因果关系的证明要件来完成制度建构，回归损害赔偿的法律本位"。④ 有人对内幕交易民事责任的赔偿范围提出要做较大限制，认为"依托以原因力、有责性、公平性等若干要素为中心的理论与价值判断体系，并贯彻侵权法之填补及预防损害的补偿性功能，经论证可知内幕交易侵权行为引致的损失限定为对手'交易损失的一半'但应以相当于内幕交易人非法获利（包括所获收益或避免

① 耿利航：《证券内幕交易民事责任功能质疑》，载《法学研究》2010年第6期。

② 缪因知：《内幕交易民事责任制度的知易行难》，载《清华法学》2018年第1期。

③ 杨峰：《美国、日本内幕交易民事责任因果关系比较研究》，载《环球法律评论》2006年第5期。

④ 周伦军：《从不当得利到损害赔偿：内幕交易民事责任的逻辑严谨——〈证券法〉修订草案第92条之评析》，载《法律适用》2015年第8期。

的损失)的投资者损失额为限"。[①] 另有人认为不仅不能将赔偿范围限制在交易损失的一半,还应当引入加倍的惩罚性赔偿机制,因为"内幕交易造成的无法用金钱衡量的社会整体利益损害不仅给一般损害赔偿带来了理论难题和制度障碍,而且无法为一般损害赔偿所全部填补,须由惩罚性赔偿制度予以解决。当善意从事与内幕交易反向交易的投资人有权向内幕交易人请求其买入或卖出价格与消息公开后合理时间内收盘平均价格之间差额合理背书的损害赔偿"。[②]

关于操纵市场民事责任。很多学者把操纵市场民事责任研究重点放在了因果关系上,如有教授比较美国、日本操纵证券市场民事责任因果关系认定规则,建议我国在法律中明确规定操纵证券市场因果关系的认定,在一定情况下采取因果关系推定,因为证券市场操纵行为专业性强,手段隐蔽,非相当精密的监察系统无法发现其作案线索,普通投资者很难凭借自己的力量来证明操纵行为之存在;对因果关系类型化;采用相当因果关系理论,如果某项事实在通常情形,依社会一般见解亦认为有发生该项结果制可能性时,始可认为有因果关系。[③] 也有学者反对采用相当因果关系理论,认为在操纵证券市场侵权领域,不宜采纳美国的事实因果关系和法律因果关系两分法,也不宜移植德国的责任成立因果关系和责任范围因果关系两分法。司法实践中,根据直接因果关系或必然因果关系标准认定操纵证券市场侵权责任是不合理的。"操纵证券市场侵权案件应当实行因果关系推定,其理论基础为证明责任分配的有关理论,并非美国'欺诈市场理论'。"[④]另外,对于赔偿的范围的研究中也存在较大的分歧,有教授提出赔偿直接损失的计算方法:(1)证券已卖出时,按照实际价值计算,即受害人进行交易时的价格与当时证券的实际价值之差额。这种计算方法关注的是证券最后卖出时的损失。(2)当证券已经卖出,其损失为受害人卖出证券的价格与要求赔偿损失时市场价格的差额。(3)当证券尚未卖出时,则按照实际价差计算,即请求权人取得该有价证券所支付的金额中,扣除要求赔偿损失时的市场价格。如果违法者能够证明请求人的损失不是违法行为直接造成,就不能计算在赔偿范围之内。[⑤] 另有教授认为:"可以采用一个折中的方法来确定操纵市场行为的民事责任:首先,可以依据操纵行为前十个营业日内被操纵的证券收盘价的平均价格与原告买入或卖出该股票的价格的差额作为赔偿范围的基准;其次,考虑被告行为的主观恶性以及被告通过操纵行为所获得非法利益

① 曾洋:《内幕交易侵权责任的因果关系》,载《法学研究》2014 年第 6 期。

② 马新彦:《内幕交易惩罚性赔偿制度的构建》,载《法学研究》2011 年第 6 期。

③ 杨峰:《操纵证券市场民事责任因果关系认定规则之完善——从对美国、日本相关规定的比较出发》,载《法商研究》2006 年第 6 期。

④ 廖升:《操纵证券市场侵权责任之因果关系》,载《法学评论》2017 年第 1 期。

⑤ 金泽刚:《操纵证券交易价格行为的认定及其法律责任》,载《华东政法学院学报》2002 年第 1 期。

的数额。”[①]

期货市场也存在操纵市场民事责任问题，有教授论证了期货市场操纵行为民事责任的必要性，民事责任通过其内在规则如过错推定、连带责任、损害结果推定等，不但能够弥补行政责任的欠缺，而且可激活受损害投资者寻求法律保护的欲望，使权利义务得以合理修复。[②] 有教授对操纵市场民事责任的具体构成要件做了较深入的研究：其一，操纵期货市场行为具有违法性。其二，操纵期货市场行为给相对投资者造成损害。对于损失额的计算，比较合理的是采用实际损失原则。其三，操纵期货市场的违法行为与相关投资者的损害之间存在因果关系。比较合理的是采取法律推定的方式来认定操纵行为与相关投资者损害事实之间的因果关系。其四，操纵期货市场者在主观上存在过错。[③]

由上可见，在民事责任的制度层面，除了虚假陈述有较完整的操作规定外，其他几种证券欺诈行为仅《证券法》中有原则规定，尚无更多的可实施规范。理论学术层面，对证券欺诈民事责任的尚薄弱，未形成统一的意见。司法执法层面，资本市场“重行政、轻司法”“重公权干预、轻私权救济”的状况并没有得到根本性的扭转，司法对资本市场保持距离的局面亦未发生实质性的改观。[④] 因此，要重申证券欺诈民事责任细化的重要性与必要性，并付诸实际行动。

三、中国证券法的未来和展望

改革开放40年以来，我国资本市场取得了重大进步和转折性变化，市场规模和影响力迅速扩大，市场功能得到明显改善，服务经济社会的能力和作用大幅提升；以市场自律规则为基础，以法律、行政法规和规章为主干，以司法解释和司法政策为补充，全面、完整、系统的证券规范体系已基本形成。证券法治建设始终保持与市场发展同步，为我国资本市场发展作出十分重要的贡献。但改革开放还在深化，证券法治任重道远。

我国《证券法》的再次修订正在进行中，证券监管与司法实践也正在不断推进，许多理论与实践问题更是在深入探讨。

---

① 程啸：《论操纵市场行为及其民事赔偿责任》，载《法律科学》2001年第4期。

② 胡光志、张美玲：《我国期货市场操纵立法制完善——基于英美的经验》，载《法学》2016年第1期。

③ 彭真明：《论操纵期货市场行为及其法律责任》，载《华中师范大学学报(人文社会科学版)》1998年第4期。

④ 冯果、李安安：《内幕交易的民事责任及其实现机制——写在资本市场建立20周年之际》，载《当代法学》2011年第5期。

(一)我国证券法近期发展趋势

1.深化行政审批制度改革、完善证券监管

《证券法》的完善要在市场与政府关系的基础性命题上有所进展和进步,进一步减少政府对市场行为的过度干预,坚持市场优先和社会自治的原则,主动改变监管理念和方式,大幅减少事前准入和审批。

如前所述,股票发行审核制正在从核准制走向注册制,近年来相应的配套改革也在逐步推进,以创设良好的环境。如完善预先披露和发行审核信息公开制度。在发行监管上要以信息披露为核心,不断提高透明度;又如完善新股价格形成机制,改革股票承销办法,使新股定价与发行人基本面密切关联。还有推动更多的机构投资者进入新股市场,引导长期资金在平衡风险和收益的基础上积极参与,包括合格境外机构投资者资格审批限制放开、额度申请放宽以及部分投资限制取消,养老金、社保金等长期资本的入市等。深化发行体制改革,注册制将逐步推出,将进一步增强市场约束机制,以充分、完整、准确的信息披露为中心,强化资本约束、市场中介约束和诚信约束。

发行制度将设置非公开发行和豁免注册发行的情形,如众筹、小额发行、股权激励等都给予变通。发行门槛降低,如可以不设定营利性要求,但对信息披露要求更严,发行人、保荐人应对发行文件的真实性负责,中介机构应当对真实性负责,特别是注册会计师承担较严格的法律责任。另外有专家建议债券发行也可实行注册制。

关于证券业务经营准入,也将逐步取消行政许可,实行证券经营业务资质的牌照管理。在分业经营分业监管制未变化之前,证券核心业务如承销、经纪、自营等,仍实行分业牌照管理。对会计、律师、评估等证券服务业实行登记准入,而运营监管则实施资信管理。对证券经营、服务机构的监管重在行为监管。

2.加快多层次资本市场建设、促进证券创新

十八届三中全会提出"健全多层次资本市场体系"的要求,未来多层次资本市场主要为:证券交易所市场、国务院批准的其他全国性证券交易场所(如新三板)和按照国务院规定设立的区域性股权市场三个层次。对于国务院批准的其他全国性证券交易场所、按照国务院规定设立的区域性股权交易市场目前的发展情况,证券法中也将作原则性规定,授权国务院制定具体管理办法。

近年来,国家积极稳妥地推进了债券市场、衍生品市场和统一监管的全国性场外交易市场(如"新三板")建设,这对于提升金融行业服务实体经济的能力,加大金融对中小企业的支持力度,促进科技创新和民营经济发展都具有重要意义。对于交易所市场、银行间债券市场等金融市场之间需要互联互通、统一规则;交易所市场的主板、中小板、创业板板块需完善信息披露制度,对不同板块进行差异化信息

披露。对证券在场内场外市场转换、在不同板块间升降，要有明细规则。

规范的场外市场建设对于减轻交易所市场的压力，便利上市公司退市安排，也有积极作用。同时，根据国务院发布的《关于清理整顿各类交易场所切实防范金融风险的决定》，全国范围开展了各类场外交易所清理整顿工作，除依法设立或者国务院批准外，各地不得擅自设立从事金融产品交易的场所，场外交易场所均不得将任何权益拆分为均等份额公开发行、持续挂牌交易，不得采取集中竞价、做市商等集中交易方式进行交易。各地方股权市场等监管体制问题也将得到解决。

3.加强对违法行为的惩治力度、保护投资者利益

近年来，监管机构和司法机关都陆续出台了一系列司法解释和规范性文件，加大了对之证券违法犯罪行为的打击力度。如最高人民法院、最高人民检察院出台了首部关于内幕交易犯罪的司法解释，从时间吻合程度、交易背离程度和利益关联程度等典型特征入手，明确内幕交易各项认定要件；明确界定“内幕信息敏感期”和非法获取内幕信息人员范围，还规定“相关交易行为明显异常，且无正当理由或正当信息来源”，则有可能被认定为内幕交易。这给有效惩治相应犯罪行为提供了可靠依据。但证券市场内幕交易、操纵市场等欺诈行为仍时隐时现，危害市场秩序与投资者利益。对此，我国证券立法和司法执法还要在具体操作层面作出细化规定，且在实际操作中完善规范。

重点完善法律责任体系，刑事责任方面，要细化证券违法犯罪的量刑，加强处罚的威慑力度，有人大代表建议设立证券犯罪重刑惩罚体系。民事方面，要支持投资公众对欺诈发行、内幕交易、操纵市场的集体诉讼和公益诉讼制度，不仅可以加大违法者的成本，也可最大限度地保护众多中小投资者的利益，还可从根本上治理证券违法犯罪，加强民事赔偿机制，将已有实践的先行赔付制度固定下来，发行人因欺诈或者其他重大违法行为给投资者造成损失的，其控股股东、实际控制人、相关的证券公司、证券服务机构可以委托国家设立的投资者保护机构，就赔偿事宜与投资者达成协议，予以先行赔付。行政责任方面，进一步提升信用制度的适用、提高行政处罚的法定数额，扩大失信主体市场禁入的适用范围，对具有专业技术资格的直接责任人员（保荐代表人、律师、会计师、资产评估师等）也实施相应的长期市场禁入制度。

（二）证券法治健全中的热点问题

1.上市公司收购

上市公司收购的概念，学界的狭义说认为是指投资者依法购买特定上市公司股份以达到获取该公司控制权或将其兼并目的的行为。[①] 而只要不是出于谋求公

---

① 郭俊秀、蒋进：《证券法》，厦门大学出版社2004年版，第16页。

司控制权的目的，无论持股比例多寡，皆不构成收购；[①]中义说认为是指投资者通过证券交易场所，单独或者共同购买某上市公司股份，以取得对该上市公司的管理权或者控制权，进而实现对上市公司的兼并或实现其他产权性交易的行为；[②]广义说认为是指为了取得目标公司的控制权而完成的一系列行为和安排。[③] 国外立法中，上市公司收购狭义即为要约收购（美国法称之为“tender offer”，英国法称之为“takeover bid”），指收购人通过向目标上市公司发出收购要约的方式购买该公司有表决权的证券的行为；而广义还包括协议收购和交易所竞价收购等多种方式。我国采广义概念，《上市公司收购管理办法》第 5 条规定：“收购人可以通过取得股份的方式成为一个上市公司的控股股东，可以通过投资关系、协议、其他安排的途径成为一个上市公司的实际控制人，也可以同时采取上述方式和途径取得上市公司控制权。”上市公司收购的形式，一般认为分为要约收购和协议收购两种方式。[④]

上市公司收购的对象主要是目标公司发行在外的有表决权的股份。收购一般不需要经过目标公司及其管理层的同意。收购的目的是获取目标公司的控制权。上市收购涉及收购人、目标公司及其股东、管理层、雇员、债权人等多方当事人的利益。因而在多方利益主体之间，维护目标公司股东，尤其是处于弱势地位的中小股东的利益这一现实要求下，各国先后确立了充分披露、目标公司股东待遇平等等基本原则。我国《上市公司收购管理办法》也明确规定“上市公司收购及相关股份权益的变动，必须遵循公开、公平和公正的原则”。我国证券市场也经常发生上市公司收购事件和涉讼案件，特别是近年来发生了宝万之争、新梅收购等对市场影响较大的收购案，引起实务界和法学界高度关注，上市公司收购制度的完善将持续进行。

(1)上市公司邀约收购法律规则及其完善。要约收购是指收购者通过向目标公司的股东发出购买该上市公司股份的要约，收购该公司股份的行为。1968 年英国《伦敦城收购及合并守则》创立了要约收购制度。随后这一制度为各国吸收借鉴。1993 年国务院颁行的《股票交易与发行管理暂行条例》中明确，我国公司收购亦采用要约收购方式。

我国要约收购经历了强制性要约向主动性要约的转变。《上市公司收购管理办法》（中国证监会 2006 年发布，2008 年、2012 年、2014 年、2017 年修订，简称《收购办法》）确立了强制性要约收购制度，持股 30％将触发强制要约收购，导致经常

---

① 张建东：《看“万宝之争”论我国收购法的立法方向》，载《2016 年清华大学 21 世纪商法论坛论文集》。

② 张晓迅：《民商法学》，四川大学出版 2007 年版，第 12 页。

③ 李东方：《证券法学》，中国政法大学出版社 2007 年版，第 23 页。

④ 朱锦清：《证券法学》，北京大学出版社 2011 年第 3 版，第 242 页。

出现大股东持股比例29%～29.9%的怪异现象。[①] 这一制度也增加了收购人的成本，不利于资源配置与市场效率的提高。此后，我国《证券法》与《收购办法》转变立法理念，明确持股30%继续收购的将触发强制要约收购。

现行法律将强制全面要约收购规则修订为部分要约收购制度。对于部分要约收购，理论界一直存在争议。支持者认为，这一制度更有利于公司控制权的转移。如美国SEC收购咨询委员会曾指出，部分要约收购在促进公司投资的多样化、促进技术交流、鼓励私人投资、为希望全面收购的收购者了解目标公司提供机会等方面大有裨益。[②] 但反对者认为，这一制度可能会造成收购人滥用股东地位进而损害原有股东权利；同时股东对其他股东是否会接受要约态度认识不明，部分要约收购可能会影响股东的自由选择权。我国现阶段允许进行部分要约收购，提升了上市公司收购比例的自由度，保障了目标公司的股东对于收购价格和比例的自主决定权，主要是考虑有利于公开收购的进行，防止内部交易等行为，也有利于资源的合理配置，降低收购成本。

当前还需要填补要约收购失败后的规范缺失。要约收购随着收购期限届满而终结，将产生收购成功或失败的后果。而收购失败，是指收购人持有的股份数未达到法定比例要求（该比例通常为50%）等无法完成收购要约所列明的条件。我国《股票发行与交易管理暂行条例》第51条规定："收购要约期满，收购要约人持有的普通股未达到该公司发行在外的普通股总数的百分之五十的，为收购失败。"但是我国《证券法》与《收购办法》等都未对收购失败后的双方的权利义务限制等作出明确规定。有学者认为，如果收购失败后再频繁地发生收购与反收购，势必危及市场的稳定与秩序，诱发证券欺诈与过度投机，保护股东利益的宗旨就难以实现。[③] 缺乏规范将不利于对收购人在收购失败后其持股、转售、再次收购、改组董事会等一系列可能存在行为的规制。[④] 国外立法多有赋予受要约人收购失败后的撤销承诺的权利，对要约人一定期限内的再次收购行为予以限制。如英国曾规定收购人要约收购失败后，受要约人有权撤销原先的承诺；与此同时除非经City Panel同意，收购人12个月内不能再从事相关收购活动。德国也规定如果收购失败或联邦金融监管局（BaFin）禁止公布要约，收购方在1年之内不得提出新的要约。[⑤]

（2）反收购规则的建立。反收购是上市公司收购中逐渐发展形成的对抗收购行为的措施，是敌意收购中目标公司管理层与收购人博弈，抵御收购的行为。国际

---

① 傅穹、陈林：《上市公司收购与反收购的规则变迁》，载《当代法学》2009年第3期。

② 张敬前：《上市公司部分收购的法律问题》，载《法学评论》1995年第6期。

③ 王肃元、周江洪：《上市公司收购中股东权的保护》，载《政法论坛》2000年第2期。

④ 郑彧：《上市公司收购法律制度的商法解读》，载《环球法律评论》2013年第5期。

⑤ 吴弘：《证券法教程》，北京大学出版社2007年版，第218页。

上常见的反收购措施有：诉诸法院确认收购的不合法；采取修订公司章程、发行有限制表决权的股票等方式防止收购发生；通过股票回购等阻碍收购发生。[①]

学界对于反收购的评价也有多种观点：消极行为说，对反收购持反对态度，认为目标公司管理层不应该采取措施，因为公司收购应当由股东自行决定股份的转让与否，公司管理层干预会阻碍股东权利的行使；公司的任何防卫措施都不适用“经验判断规则”，只有对收购采取默许态度才符合该原则。[②] 鼓励拍卖说，认为应当视管理层措施而定，对于管理层有利于寻求收购高价的措施予以支持，而对于其他防卫措施应行禁止。[③] 基本目的标准说，允许管理层的反收购措施，但是管理层应当对反收购系出于公司利益承担举证责任。经营判断规则说，肯定了管理层在一定条件下采取反收购措施行为的正当性，并视为是正当业务行为，若因此产生诉讼，应当对此承担举证责任证明其过失或不当。由此可见，反收购本身对股东和公司的利弊不能一概而论，应当衡量实际情况才能得出。目标公司管理层采取反收购措施的合理性应当建立于遵守法律的强制性规定、维护公司和股东权益的基础上，目标公司控股股东或者实际控制人，不得滥用股东权利损害被收购公司或者是其他股东的合法权益。

反收购措施的决策权，较有代表性的有美国支持的“董事会优越”立场与英国采取的“董事会中立”做法，前者赋权予董事会、后者将反收购决策权交由股东会行使。我国关于上市公司反收购的规制思路是采纳“董事会中立”的设计思路，[④]这与收购立法中的“中立性”目的相呼应，[⑤]也是平衡多方主体利益的体现。实践中，在敌意收购已经发生的情形下，多由目标公司管理层在不损害公司和股东利益、不得违法作出重大影响决策而采取一定措施。然而我国目前公司法对董事义务、责任的规定尚不健全，公司内部治理机制尚不完善，将反收购决定权赋予董事会是危险的。因为信息的不对称，董事会总能找到抵制收购的理由而股东难以提出合理质疑证据。

我国《收购办法》第 8 条规定了目标公司管理层对公司负有忠实义务和勤勉义务，突出强调了应当公平对待收购本公司的所有收购人、不得滥用职权对收购设置不适当的障碍。《收购办法》第 33 条规定了，收购人作出提示性公告后至要约收购完成前，被收购公司除继续从事正常的经营活动或者执行股东大会已经作出的决

---

① 吴弘：《证券法教程》，北京大学出版社 2007 年版，第 218 页。

② See Frank H. Easterbrook, Daniel R. fischel, The Proper Role of a Target's Management in Responding to a Tender Offer, 94 *Harvard Law Review*, 1998, pp.1161-1204.

③ See JohnC.Coffee, Regulating the Market for Corporate Control: A Critical Assessment of the Tender Offer's Rolein Governance, in *Columbial Law Review*(1984), pp.1183-1192.

④ 傅穹、陈林：《上市公司收购与反收购的规则变迁》，载《当代法学》2009 年第 3 期。

⑤ 张艳凯：《上市公司反收购措施的理念、原则和制度》，载《法治论坛》2010 年第 3 期。

议外，未经股东大会批准，被收购公司董事会不得通过处置公司资产、对外投资、调整公司主要业务、担保、贷款等方式，对公司的资产、负债、权益或者经营成果造成重大影响。因而，我国立法没有明确规定目标公司管理层在不损害公司及股东合法权益的情形下是否有权采取反收购措；除了《收购办法》规定的几类可以构成事实上的反收购措施外，其他类型的反收购措施是否可以实施。此外，如果允许目标公司进行反收购，决定反收购的适格主体是谁亦未明确。

对于特定的反收购措施，应当建立外部监督机制，合理规制目标公司管理层的反收购行为。对通过修改公司章程等形式，以分期分级董事会条款、董事资格限制条款及董事产生程序条款反收购的，需审查这些条款是否存在违法或无意义的问题。①

(3)大股东报告义务。为防止上市公司大股东操纵市场，各国证券立法确立了大股东报告义务，②包括大股东的持股披露义务与持股变动披露义务。大股东的持股披露义务也称为“权益公开原则”，即当大股东持股比例达到一定数额时，需在规定的期限内进行权益披露，虽然此时或尚未进入收购阶段，但大宗持股往往是公司收购的前兆。我国《证券法》第 86 条第 1 款对此作出规定：“通过证券交易所的证券交易，投资者持有或者通过协议、其他安排与他人共同持有一个上市公司已发行的股份达到 5%时，应当在该事实发生之日起 3 日内，向国务院证券监督管理机构、证券交易所做出书面报告，通知该上市公司，并予公告；在上述期限内，不得再行买卖该上市公司的股票。”

持股变动披露义务，亦称为“台阶规则”，即当某一股东持股数额达到某法定标准，增加或减少所持股份需要进行披露，与此同时其买卖该公司股票的行为也将受到一定的限制。我国《证券法》第 86 条第 2 款规定：“投资者持有或者通过协议、其他安排与他人共同持有一个上市公司已发行的股份达到 5%后，其所持该上市公司已发行的股份比例每增加或者减少 5%，应当依照前款规定进行报告和公告。在报告期限内和作出报告、公告后 2 日内，不得再行买卖该上市公司的股票。”

虽然我国法律规定了在上市公司收购中的大股东报告义务制度，但在实践中，监管部门对于上市公司收购持股披露触发点和增减变动披露点“5%”的比例采取严格执行与处罚制度，即要求持股人在达到 5%时必须停止收购，履行披露与报告义务后才能继续进行交易，若违反则按照违反信息披露义务的行为予以处罚。有许多学者研究认为，持股增减变动披露点对二级市场收购来说定得过高。③ 当下

---

① 王建文：《我国公司章程反收购条款：制度空间与适用方法》，载《法学评论》2007 年第 2 期。

② 王保树：《中国商事法》，人民法院出版社 2001 年版，第 301 页。

③ 王化成、陈晋平：《上市公司收购的信息披露——披露哲学、监管思路和制度缺陷》，载《管理世界》2002 年第 11 期。

的市场交易中，一次式交易超过5%以上的股份，可以在竞价系统中及时反映，并可以通过买盘进行成交量与成交结果的调整，因而严格的"阶梯式收购"不利于市场自主调解作用的发挥，给不以获取控制权为目标的收购方带来了更高的成本和披露要求，应当予以考虑调整放宽。

另根据立法趋势，大股东在持股变动公告中应当公告增持股份的资金来源以及在上市公司中拥有表决权的股份变动的时间及方式；对大股东违规增持的股份，明确在一定期限内不得行使表决权；将在上市公司收购中收购人持有的被收购的上市公司的股票，在收购行为完成后不得转让的期限，由"6个月"延长为"18个月"。

2.上市公司分红

上市公司分红即上市公司的股利分配。这是上市公司股东分配公司利润的形式，切实关系到股东的利益，并作为股东投资的重要参考依据。给予投资者合理的投资回报，为投资者提供分享经济增长成果的机会，是上市公司应尽的责任和义务。根据我国《公司法》和《证券法》的要求，我国上市公司分红的主要分配形式有现金股利和股票股利两种分红方式。现金股利形式是分红的主要形式，即上市公司分红时向股东分派现金。这种分红方式的优点在于股东可地直接获取现金收益，但是在确定分派现金比例时，也存在比例平衡的矛盾。如果过多分派现金，那么股东利益增加，公司减少了用于扩大再生产的资金，对公司的长远发展不利。如果过少分派现金，增加了公司扩大再生产的资金，对股东而言，影响了当前利益，公司股票的价格也受到影响。

(1)上市公司分红制度变迁。由于历史原因，我国资本市场股本约束和投资回报机制还比较薄弱，一些上市公司分红意愿不太强，主动回报股东的意识明显不够。2001年至2011年上市公司现金分红占净利润的比例仅为25.3%，而国际成熟市场该比例通常在40%左右。这对上市公司整体形象造成不良影响，也影响到市场的声誉和投资者的信心。

2000年之前，我国对于上市公司分红缺乏法律规定，而上市公司不断出现分红纠纷。为了解决分红问题，证监会此后出台了一系列规定，而我国上市公司也经历了从现金分配为主到送股方式为主再回到现金分红为主的过程。

中国证监会2000年发布了《关于上市公司2000年年度报告披露工作有关问题的通知》，规定上市公司要在年度报告中预计下一年度的利润分配。2001年证监会颁布《上市公司新股发行管理办法》，将分红作为再融资的条件之一。2004年证监会发布《关于加强社会公众股股东权益保护的若干规定》，要求上市公司应积极实行利润分配方案，未实行的在定期报告中披露原因，独立董事作出声明，近3年没有作出现金股利分配的，不得增发新股、发行可转换债券、对原股东配售股份。2006年修订的《上市公司章程指引》规定公司弥补亏损和提取公积金后所余税后利润，按照股东持有的股份比例分配，但章程规定不按持股比例分配的除外，公司应当在章程中明确现金分红相对于股票股利在利润分配方式中的优先顺序。2008年10月发布《关于修改上市公司现金分红若干规定的决定》，对《上市公司证券发行管理办法》《上市公司章程指引》及上市公司定期报告内容与格式准则等涉及现金分红的规定一揽子修改，现金分红信息披露要求得到明确，最近3年以现金方式累计分配的利润不少于最近3年实现的年均可分配利润的30%，如此上市公司才可公开发行证券。2012年5月发布《关于进一步落实上市公司现金分红有关事项的通知》，采取措施提升上市公司对股东的回报：鼓励引导上市公司完善分红政策及其决策机制，明确股东回报规划；强化现金分红的信息披露要求，细化相关披露内容；监管中关注上市公司是否切实履行分红承诺，对未按承诺履行回报义务的公司，采取必要的监督检查措施。2013年11月发布《上市公司监管指引第3号——上市公司现金分红》，督促上市公司规范和完善利润分配的内部决策程序和机制，增强现金分红透明度；支持上市公司采取差异化、多元化方式回报投资者；完善现金分红监管规定，加大监督检查力度。2013年12月，国务院发布的《关于进一步加强资本市场中小投资者合法权益保护工作的意见》，其中要求"优化投资回报机制"。2015年8月，证监会、财政部、国资委、银监会联合发布《关于鼓励上市公司兼并重组、现金分红及回购股份的通知》，明确要求上市公司当具备现金分红条件时，上市公司利润分配应当采用现金方式进行，上市公司利润分配中现金分红的占比应当增加；具备分红条件的公司实施中期分红、分红频率应增加；完善鼓励长期持有上市公司股票的税收政策，上市公司现金分红成本应当降低，实现股权投资长期回报增加的终极目标。

对累计净利润为正数但未分红的公司，证监会将督促公司充分披露其未分红的具体原因、未分配资金的用途和预计收益、实际收益与预计收益不吻合的原因等信息。对未按承诺比例分红、长期不履行分红义务的公司要加强监管约束，帮助企业牢固树立回报股东的观念，持续推动企业完善其公司治理。

(2)国外分红制度借鉴。根据1980年修正的美国《标准公司法》，分配是指公司为了股东的利益，以股份为基础，直接或间接地向股东让渡金钱或其他财产(但不包括公司自身股份)，或者招致负债。分配的形式可以是宣布股利、支付股利；回购公司股份，回赎公司股份或其他形式的股份取得；也可以通过对股东负债的形式分配，或者通过其他形式进行分配。收入盈余和资本盈余是可用于分配的价值。收入盈余用于分配，收入盈余是分配的基础，收入盈余准则的基本思想是股利分配不能侵蚀或削弱资本。衡平破产准则即假如公司资产不足以清偿负债是由分配的结果导致，公司的法定资本或声明资本因股利侵蚀受到削弱，公司破产也是因为这种分配导致，则这种分配被《旧标准公司法》禁止，但1980年《标准公司法》明确破产准则对所有类型的分配都适用。新《标准公司法》规定公司要进行分配，必须从

"公平"的观念看,具有偿付能力。必须保证公司在分配之后,从资产负债表的观念有盈余分配。如果公司不能支付正常经营过程中的到期债务,公司就要破产。按照灵巧股利准则,公司可以在不弥补以往亏损的情况下、对所获得的利润进行分配。[①] 美国特拉华州自1927年便在公司法中创立了这一分配准则。至今这种利润分配原则被《特拉华州普通公司法》。[②] 这有利于陷于财务困境的公司进行融资,使公司的融资制度更加灵活。对于股东之间的分配比例,允许股东自由约定,约定的比例是否与其出资或持股份比例成正比则不做要求。

《联邦德国股份公司法》规定享有盈余分配请求权的人员包括:股东、董事会成员、债权人和新股东。股东参与公司利益的分配,当然有权利获得投资回报。除股东之外,还有规定的董事会成员可以分享红利,董事会成员一起工作参与可分享红利。原则上说,公司年度盈利中的一部分分配给董事会成员。当以发行的股票由公司购回而未注销时,这部分由公司自己持有的股份不享有利润分配的权利,公司对自己的股票不享有权利。债权人在公司发行盈利债券时可持有盈利债券,享有股东分红权。

《法国商事公司法》中可分配的价值包括强制提取的法定储备金和可分配利润。公司资产的重估增值部分不得利用分配估值,差额可以全部或部分纳入资本。可以将资本偿还给股东资本的偿还,只能通过同一类股份的每股进行等额补偿方式来实现,并不能导致注册资本的减少。在股份公司中,章程可以有规定对会计年度账目作出决定的大会为支付全部或部分可分配股利,有权批准每位股东选择以现金形式,或以股份形式支付股利和支付部分股利。以股份形式支付股利或支付部分股利,应同时向所有股东提供,作为股利的股份发行价不得低于面值。章程也可以规定,以第一次股利的名义,分配根据已缴付和未偿还股份的数额计算的利息,但禁止为股东的利益,规定固定股利或附加利息。股东大会在批准年度账目和确认存在可分配款项之后,确定以股利形式分配给股东的份额。

《日本商法典》规定,盈余公积金、提取资本储备金[③]、法定储备金、可用于盈余分配的价值以及专用基金,作为可用于分配的价值。建设股息、股票股息和中间分配,是股利分配主要方式。建设股息即公司可以根据章程规定,根据公司事业目的性质,认定公司在成立后2年以上期间内不能全部开业时,在开业前的一定期间内,就一定股份向股东分配股利。[④] 未分配利润转增股本是股票股利的核心,公司可以决议将可分配盈余之全部或部分计入资本,处分盈余的决议由股东全会作出。

---

① Banyless Manning, James J.Hanks, *Jr*:*Legal Capital*, Foundationa Press, Third Edition, 1990, p.83.

② 卞耀武:《特拉华州普通公司法》,左羽译,法律出版社2001年版,第63页。

③ 《日本商法典》第288条。

④ 武忆舟:《公司法论》,台湾三民书局1970年版,第396页。

中间分配是指公司可以在章程中规定，确定营业年度中某日，每一营业年度一次，向股东分配金钱。中间分配的决议由董事会作出并于章程中所确定的分配日起3个月内作出。

(3)鼓励上市公司分红的若干措施。修订影响分红的相关制度。如完善公积金制度，限制任意公积金的提取比例，防止管理层或大股东过多提取公积金，导致利润减少而不分配股利或少分配股利给中小股东。又如要拓宽上市公司融资渠道，降低筹资成本，使上市公司有更多的融资选择，防止上市公司过于依赖方便和成本较低的内源融资，从而影响分红能力与意愿。另外，分红规范还要体现差异性，上市公司处于不同发展阶段、所属不同行业，以及企业业绩波动，都会影响其收益，股利分配政策应考虑到这些变量，规范更合理，不挫伤积极性。

加强监管对上市公司分红的引导。以公司的经营状况、发展潜力为依据限定上市公司送红股的最高比例，对经营状况良好，发展潜力大的上市公司，通过股票分配的方式进行收益留存可得到允许。加强分红信息披露要求，上市公司在年报中应明确披露股票股利政策信息，转化为股本的留存收益用途和相应投资方向等相关信息更要明确明示，让市场与监管部门了解与监督，有效发挥股利的信号传递功能。

发挥税收引导作用。当前对我国中小投资者而言，无须缴税资本利得，而要缴纳股息红利所得税，这就促使投资者更多关注二级市场炒作而轻视持股分红。从稳定市场、减少投机和鼓励长期投资的角度，应当降低股利所得税税率，鼓励上市公司分红，鼓励投资者积极寻求现金股利回报。

3.基金管理人的信义义务

(1)基金管理人信义义务基础。在社会财富、个人资产不断增长的今天，各类资产管理业务将会有更大的发展，健全投资基金法制，特别是理顺基金管理人义务与责任，对于基金市场乃至资本市场意义重大。

信义义务源自衡平法，“信义”即信用、信任和道义。《布莱克法律词典》解释为“为他人之利益将个人利益置于该他人利益控制之下的义务。这是法律所旨意的最高标准的义务”。可见，信义义务既是一种道德义务，也为法律所要求的。基金管理人的信义义务，源于投资人对其专业水平和道德素质的信赖与信任，要求其能够为了投资人的利益履行职责、恪尽职守。在证券投资基金的制度安排中，基金管理人作为投资专家被赋予了广泛的自由裁量权，[①]执掌资产，处于核心地位，理应受到更多的法定义务与道德义务的约束。

信义义务产生于主体之间的信赖关系，信赖关系有别于一般的民商事法律关系，天然具有不平等因素，体现在强势的基金管理人与弱势的基金投资人之间的力

---

① 王苏生：《证券投资基金管理人的责任》，北京大学出版社2001年版，第20页。

量不平衡，存在信息不对称与管理人的道德风险。在基金法律关系中，管理人是实质受托人，其凭借专门知识和经验，遵照监管机构及基金合同规定的投资限制，运用所管理的资产进行投资，谋求所管理的基金资产不断增值，为基金持有人获取尽可能多的收益。[①] 管理人具有独立性与专业性，不受投资人的干预，处于主导地位；投资人既无投资的专业知识，又无充分的信息，难以对基金运作全程有效监控，处于利益很容易受损的被动地位。基金投资人利益能否实现，完全依赖于管理人是否恪尽职守、履行义务，以及专业水平的高低。基金管理人在基金运作中可能作出不利于投资人的行为选择，包括为了自身的利益而不惜损害投资人利益。在基金投资、交易、销售等各个环节都存在着基金管理人的道德风险，如操纵净值、内幕交易、关联交易、“老鼠仓”等。因此，为了防止基金管理人滥用权利损害投资人利益，必须对基金管理人课以严格的信义义务。

(2)我国基金管理人信义义务的实践与理论。我国的证券投资基金起步于20世纪90年代，虽然起步较晚，但发展迅猛。据中国证券投资基金业协会公布的重要数据，截至2017年年底，基金管理公司及其子公司、证券公司、期货公司、私募基金管理机构资产管理业务总规模约53.6万亿元；公募基金管理机构管理的公募基金4841只，份额11.0万亿，规模11.6万亿元；私募资产管理业务规模也超过了30.9万亿元。[②] 随着基金与基金公司规模明显提升，基金立法执法也有了长足进步。但与发达国家相比，我国投资基金法制尚显薄弱，对投资基金的规范和监管也不成熟。特别是社会对基金管理人信义义务的履行批评较多，管理人违背义务损害投资人权益现象屡有发生，“基金黑幕”事件和一度猖獗的“老鼠仓”问题就是例证。主要问题是：

基金管理人信义义务的规范不足。我国基金市场法律除《证券投资基金法》外，配套制度有《基金管理公司管理办法》《证券公司和证券投资基金管理公司合规管理办法》《证券投资基金销售管理办法》等。此外，交易所就公募基金上市交易、基金业协会就私募基金运作也分别作出一些规定。但这些规范中针对管理人信义义务的寥寥无几，条款过于空泛，没有充分反映证券投资基金运作权利义务关系的客观要求，缺乏可操作性。如规制基金管理人的利益冲突交易和保护基金份额持有人利益的最大化就是亟待立法和监管解决的问题。[③]

基金管理人的监督机制尚不健全。作为公司型基金和契约型基金的最高权力

---

① 王连洲、董华春：《证券投资基金法条文释义与法理分析》，中国方正出版社2004年版，第75页。

② 中国金融信息网，http://www.financialnews.com.cn/zq/jj/201801/t20180112_131371.html，访问日期：2018年7月18日。

③ 倪受彬、伏爱国：《论基金管理人与证券公司利益冲突交易的法律问题》，载《政治与法律》2005年第16期。

机构的基金持有人大会未能发挥作用，实践中持有人利益代表缺位和大会虚设问题十分严重，“理性冷漠”使投资人缺乏出席持有人大会的意愿，而有关法规对持有人大会召开的限制也抑制了投资人参与的积极性。本应对管理人起到监督作用的托管人存在缺位现象，托管人的地位缺乏独立性，在大多数情况下管理人对托管人的选择和任命有控制权，因此托管人缺乏履行监督职能的热情，甚至与管理人有利益联系。

缺乏民事救济渠道。现行法律规定了基金份额持有人对基金管理人享有诉权，但又规定管理人以其自身名义，代表基金份额持有人利益行使诉讼权利或者实施其他法律行为的职责。一旦投资人因管理人违背信义义务导致利益受损时，如何让管理人代表投资人起诉自己？对此，有必要考虑引入基金份额持有人代表诉讼制度，为投资者提供有效救济途径。

已有的对证券投资基金法的理论研究，比较集中于证券投资基金的法律属性、治理结构与监管问题，对基金管理人信义义务专门研究较少。但已有学者从比较法、交叉学科入手，对基金管理人信义义务的必要性、可行性及信义义务的具体要求和标准，进行了较深入探讨。① 还有学者从基金治理角度，剖析基金管理人的信义义务，并通过解释法学、比较法学、经济分析法学和社会法学等研究方法对管理人本我交易、利益冲突、图利行为等禁止行为做了分析。② 有学者从投资基金的原理与法律构造两个方面来说明信义义务产生的缘由。③ 也有学者将研究视角锁定于信义义务中的忠实义务，认为忠实义务产生于信托法上的受托人的忠实义务。④还有学者从私募股权基金的视角切入，讨论信义义务在融资、投资、管理和退出环节各有具体的表现形式，并探讨了信义义务适用的影响因素，⑤认为私募基金与信义法在架构上的契合，使得信义义务成为管理人义务的核心，因此可以以“信义义务”作为统合私募基金管理人义务的工具⑥。也有人认为对机构投资者的投资管理活动仅赋予传统的信义义务予以调整会明显呈现出调整不足的状态，应当借鉴境外先进经验，引入调整机构投资者双重义务体系的尽责管理义务的概念，重构我国信义义务体系。⑦

（3）健全我国基金管理人信义义务的制度设计。信义义务包括注意义务与忠

① 王苏生：《证券投资基金管理人的责任》，北京大学出版社2001年版。

② 张国清：《投资基金治理结构之法律分析》，北京大学出版社2004年版。

③ 郭锋、陈夏：《证券投资基金法导论》，法律出版社2008年版，第66页。

④ 丁凤楚、王竹：《论基金管理人忠实义务的法律规制》，载《社会科学研究》2009年第1期。

⑤ 肖宇、许可：《私募股权基金管理人信义义务研究》，载《现代法学》2015年第6期。

⑥ 许可：《私募基金管理人义务统合论》，载《北方法学》2016年第6期。

⑦ 王心怡：《我国机构投资者信义义务体系的反思与重构——以尽责管理义务的引入为视角》，载《法商研究》2017年第6期。

实义务，理论界对注意义务和忠实义务存在着“同质说”和“异质说”两种观点。“同质说”认为，忠实义务是加重的义务，包含善良管理人注意义务之内，即忠实义务与注意义务是同质的。“异质说”认为，忠实义务与注意义务是具有关联的两种不同性质的义务。尽管理论有分歧，但我们认为两项义务的目标应是一致的，注意义务是对管理人称职的要求，忠实义务是对其道德上的要求，为了最大限度地为投资人谋取利益，注意和忠实义务都是不可少的。我国现行立法对注意义务与忠实义务仅有原则规定而缺乏操作规则，在法律制度上健全基金管理人信义义务，不应再在原则上修饰，而应直接规范相应行为的标准。

关于注意义务。注意义务实际是对基金管理人“称职”的要求，[1]基金管理人在作出经营决策时，其行为标准是必须为了基金持有人的利益，以适当的方式并尽合理的注意履行职责。管理人必须以公正、正当、诚实和最大限度的善意、健全的判断力以及高度谨慎的态度来处理事务。[2] 我国《证券投资基金法》第9条规定："基金管理人、基金托管人管理、运用基金财产，基金服务机构从事基金服务活动，应当恪尽职守，履行诚实信用、谨慎勤勉的义务。基金管理人运用基金财产进行证券投资，应当遵守审慎经营规则，制定科学合理的投资策略和风险管理制度，有效防范和控制风险。"《信托法》第25条规定："受托人应当遵守信托文件的规定，为受益人的最大利益处理信托事务。受托人管理信托财产，必须恪尽职守，履行诚实、信用、谨慎、有效管理的义务。"可见，要求管理人（受托人）谨慎勤勉、有效地运用基金财产即注意义务在立法要求。

注意义务一般分为普通注意义务和特别注意义务。就证券投资基金法律关系而言，基金管理人向投资人提供投资理财专业化服务并以此从投资人处获得报酬的专业机构，理应负有更高标准的注意义务，即善良管理人的特殊注意义务。因此在制度上，注意义务应体现为两个层面的要求：

一是技能要求。即管理人作为基金财产的实质受托人，应具备从事基金投资与理财的专业知识和实践经验，包括投资策略、资产组合、风险管理等方面的能力，并竭尽所长为投资人创造最大化的利益。管理人的技能常反映在其经营业绩与资本利得上，因此若其不符合专业人才所需具备的基本素质，投资人可以以此为由要求管理人承担过失责任、更换管理人。世界各国证券基金法律一般都对管理人该项能力有所规定，我国规定管理人应具备基金从业资格，制定科学合理的投资策略和风险管理制度进行投资。

二是谨慎要求。要求管理人以合理方式获得合理的收入，保持高度的勤勉尽责状态。具体表现为分散投资、流动性控制与风险控制等方面。分散投资又称组

① 王苏生：《证券投资基金管理人的责任》，北京大学出版社2001年版，第33页。

② 程信和等：《投资基金法专论》，中央党校出版社2002年版，第129页。

合投资，要求管理人将投资人的财产分散投资于不同收益率和风险率的证券中，实现投资组合的多样化，发挥趋利避险的功能。流动性控制指的是金融机构以适当的价格获取可用资金以应付客户提存和满足随时可能发生的资金需要的能力①，要求管理人避免将大量资产投于非公募证券或不动产。风险控制主要是对运用证券投资基金资产进行投资的范围加以限制，以此确保基金的保值、增值，降低投资风险。

关于忠实义务。忠实义务旨在根本消除基金管理人和投资人之间现实或潜在的一切利益冲突。② 忠实义务要求管理人始终以基金持有人的利益为重，不得与投资人或管理的财产有利益冲突，不得在基金管理中为自己或第三人谋利。其主要内容是利益冲突禁止规则，包括"冲突禁止"(Non-conflict Rule)规则和"图利禁止"(Non-profit Rule)规则，均要求管理人在面临利益冲突时消极不作为。在我国，仅在2004年证监会出台的《证券投资基金行业高级管理人员任职管理办法》中能找到"忠实尽责"的字样，概念阐述模糊，立法层次低；其他相关立法也规定了一些体现忠实义务的禁止性条款。忠实义务的制度安排可侧重以下几方面：

一是对本人交易的规制。本人交易(Principal Transaction)也称自我交易，是最为典型的利益冲突交易。在基金管理关系中，基金管理人作为受托人，应尽最大义务保管、增加投资人的资产利益。这种情况下，管理人被视为"投资人手足的延长"，视为投资人的利益共同体。为防止管理人利益为投资人理财的便利，可能为了自身利益而损害投资人利益，大多数国家对本人交易加以规制，如要求管理人信息披露，将自有资产与基金财产分离等。

二是对共同交易的规制。共同交易(Joint Transaction)指基金管理人以本人身份与基金处于交易的同一方，共同与第三方进行交易的利益冲突形态。③ 最为典型的共同交易为基金同向交易，管理人如果出于营销策略或为提升某一只基金的效益，不公平地对待其掌管的其他基金，以其他基金的利益受损来确保一只基金的利益获得，必然违反了忠实义务。对此，通行的做法是按比例平均分配④。

三是对委托交易的规制。委托交易(Agency Transaction)指基金管理人或其关联方是某只基金的代理人并参与交易。由于管理人是投资人的代理人，其可以自主决定购买的基金种类、数量。因此，存在收取过高的佣金或进行不必要的频繁交易的情况。因此大多数国家对这类代理行为均有限制。

---

① 张国清：《投资基金治理结构之法律分析》，北京大学出版社2006年版，第64页。

② 郭锋、陈夏：《证券投资基金法导论》，法律出版社2008年版，第166页。

③ 王苏生：《基金管理人利益冲突交易法律问题探讨》，载《南京大学法律评论》2000年第2期。

④ 美国SEC也基本上持此观点，即采取捆绑指令(Bunching of Orders)。但是SEC强调对捆绑指令的事前书面披露，并需要获得董事会批准，同时，SEC并不排除采用其他分配方法。

4.证券市场国际化

(1)证券市场国际化趋势。证券市场国际化是指以证券为媒介的资本在国际上流动,即证券市场中的各类主体不受区域和国界的限制,能够跨境自由流动,国际证券市场整体达到了相互流动融合的目的,实现全球一体化的目标。[①]

证券市场国际化是一个双向的过程,包括国内公司在境外证券市场上市和境外公司在国内证券市场上市,也包括国内投资者投资境外市场和境外投资者投资国内市场,还包括国内外证券经营、服务机构相互进入对方国家市场。通过开放合作,各国证券市场提升了自身的竞争力通过筹资、投资、中介机构、监管的国际化,共同防范金融系统性风险。国际化还体现在证券监管机构和证券交易所按照国际通行的规则管理和运作,在一个国际化的市场上,各种市场主体都具有明显的跨国性,而不限于该国的主权管辖范围。

国际化是资本市场发展的必然趋势,我国以积极的姿态推动证券国际化。我国人民币国际化拥有良好前景和坚实基础,为证券市场的开放提供竞争力,并给境外优质公司带来收益。[②] 证券市场国际化可加快上海国际金融中心建设,提升竞争力,[③]如在 1986 年仅有 59 家外国公司在纽约交易所上市,但 1990 年出台的 S 规章和 144 A 规则,为外国公司跨境在美上市提供豁免,促进了外国公司在纽交所的上市后,到 1999 年就已有 406 家上市。证券市场国际化也有利于加快人民币国际化步伐,日本于 1973 年建立了证券市场"国际板"之后,日元在世界货币体系的位置开始变得越来越重要,有效扩大货币的交易使用范围,推动资本账户循序渐进的放开,[④]反过来又增强证券市场的吸引力。

(2)我国证券市场国际化的制度促进。证券市场国际化离不开法制的推动,开放证券市场的相关法律法规制定和实施可以有效地促进证券市场的国际化,推动国际金融中心的建设。

一是促进和规范证券境外发行和上市。国务院分别在 1994 年 8 月 4 日和 1995 年 12 月 25 日发布《关于股份有限公司境外募集股份及上市的特别规定》和《关于股份有限公司境内上市外资股的规定》,并于 1997 年 6 月 20 日发布《关于进一步加强在境外发行股票和上市管理的通知》。1999 年 9 月,经国务院批准,中国证监会发布了《境内企业申请到香港创业板上市审批与监管指引》。国家经济贸易委员会、中国证监会也于 1999 年 3 月 29 日发布《关于进一步促进境外上市公司规范运作和深化改革的意见》。2005 年《证券法》明确要求:"境内企业直接或者间接

① 聂庆平:《证券市场国际化、全球化和一体化的含义》,载《经济研究参考》2003 年第 39 期。

② 李黎明、尹兴中:《结算货币与证券市场的国际化》,载《财政研究》2011 年第 8 期。

③ 吴弘、祁琳:《一带一路战略下人民币国际化风险的法律控制》,载《新金融》2017 年第 1 期。

④ 杨成长、单豪杰:《证券市场国际化、人民币国际化与国际金融中心建设的影响机制研究》,载《上海经济研究》2011 年第 9 期。

到境外发行证券或者将其证券在境外上市交易，必须经国务院证券监督管理机构依照国务院的规定批准。"1991年11月30日首次发行了第一只境内上市外资股（B股）股票——"上海电真空"，之后开始向上海、深圳本地上市公司开放，进而向全国市场开放，截至2016年8月，共有101家公司发行B股。1993年8月，上海石油化工股份有限公司的ADR在纽交所挂牌上市，成为首个境外上市外资股，开创了我国企业通过美国证券市场筹资的新纪元。

二是逐步开放证券业的市场准入。我国于2001年12月成为世界贸易组织（WTO）的正式成员，在加入世贸组织之后，我国证券市场对外开放，直接面临国际竞争。证券市场的开放首先从证券业开始。我国在加入世贸组织时对证券业市场准入作出具体的承诺：①外国证券机构可以（不通过中方中介）直接从事B股交易；②外国证券机构驻华代表处可以成为我国所有证券交易所的特别会员；③允许外国机构设立合营公司，从事国内证券投资基金管理业务，外资比例不超过33%，加入后3年内，外资比例不超过49%；④加入后3年内，允许外国证券公司设立合营公司，外资比例不超过1/3。合营公司可以（不通过中方中介）从事A股的承销，B股和H股、政府和公司债券的承销和交易，以及发起设立基金。2002年10月17日，首家中外合资基金公司——国联安基金管理公司正式获准筹建。[①] 2002年12月19日，加入世贸组织后的首家中外合资证券公司[②]——华欧国际证券有限公司[③]获准设立。随后，合资的证券公司、证券投资基金管理公司日益增多[④]。随着国家建立一批自贸区并实施金融制度创新，外资证券机构、基金业的准入大大放宽，证券市场国际化步伐也随之加快。

三是引进境外投资者。中国证监会和中国人民银行于2002年11月5日发布《合格境外机构投资者境内证券投资管理暂行办法》，2006年8月24日发布《合格境外机构投资者境内证券投资管理办法》，建立了QFII（合格境外机构投资者）制度，允许合格的境外机构投资者，在一定规定和限制下汇入一定额度的外汇资金，

---

① 国泰君安证券股份有限公司与德国安联集团（Allianz AG）共同发起设立的国联安基金管理有限公司，注册地在上海，注册资本为1亿元人民币，其中国泰君安持有67%的股份，安联集团持有33%的股份。

② 早在1995年成立的中国国际金融有限公司（中金公司）是由国内外著名金融机构和公司基于战略合作关系共同投资组建的中国第一家合资投资银行，注册资本为1亿美元。股东包括：中国建设银行、摩根士丹利国际公司、中国经济技术投资担保公司、新加坡政府投资公司、名力集团。

③ 注册地在上海，股东为湘财证券有限责任公司及里昂证券亚太区市场。

④ 2003年3月由长江证券和法国巴黎银行共同组建的长江巴黎百富勤证券有限责任公司获批准设立。基金方面，有华宝信托和法国兴业资产管理公司共同发起设立的华宝兴业基金管理公司、海通证券与富通集团共同发起设立的海富通基金管理公司、招商证券与荷兰国际集团等一同发起设立的招商基金管理公司、申银万国证券公司和法国巴黎资产管理有限公司共同发起设立的申万巴黎基金管理有限公司等。

并转换为当地货币，通过严格监管的专门账户投资当地证券市场，其资本利得、股息等经批准后可转为外汇汇出。通过QFII制度，可以对外资进入进行必要的限制和引导，使之与本国的经济发展和证券市场发展相适应，控制外来资本对本国经济独立性的影响，抑制境外投机性游资对本国经济的冲击，推动资本市场国际化，促进资本市场健康发展。[①] 2011年，我国还建立RQFII(人民币合格境外机构投资者)制度，允许境外的人民币在境内证券市场进行投资，并进一步放宽准入条件，达到开放市场的目的。[②] 截至2016年8月30日，外汇局已批准瑞士银行等132家QFII总共899.93亿美元投资额度。

四是建立与境外市场互通机制。2014年，“沪港通”正式启动，为我国证券市场国际化的里程碑。通过两地间证券市场的互通投资，市场间风险得到了分流，并促进了资金的流动，推动证券市场向国际接轨。“沪港通”的实施，使得沪港两市间的短期联动性增强，有效地推动了两地资本市场的发展，但在短期内并未达到与国际其他市场联动的目的。[③] 继“沪港通”后，2016年“深港通”正式开通，“深港通”取消了原来的5500亿元人民币总额度，由于使用了人民币进行交易交割，使得资金结算交易全程封闭。之后，沪港之间的“债券通”启动，与英国市场联接的“沪伦通”也在积极准备中。

另外，我国证券交易所的国际板已筹备多年，未来将正式推出。

(3)推进证券市场监管国际合作。在国际化的背景下，为了化解风险和促进竞争，互相合作是证券监管的必由之路。

证券监管国际合作包括：一是参与证券国际化国家的国内立法，促进和规范证券市场的国际化以及加强国际监管合作，如1990年美国SEC提交国会通过的《加强国际证券合作法》，授予SEC与外国监管机构合作的权力。二是各国监管机构之间的双边合作，如签订司法协助条约、谅解备忘录、联合声明等，实现信息共享；自1993年6月以来，中国证监会已先后与60多个国家或地区的证券(期货)监管机构签署了监管合作谅解备忘录。三是区域性国际监管合作，如在过去的10多年里，欧盟颁布和实施了许多有关证券发行和交易的指令，在有关市场准入、信息披露、内幕交易等方面协调成员国对证券市场的监管。四是全球性监管合作，在国际监管组织框架下证券监管进行全球合作和协调，国际证监会组织(IOSCO)已成为协调各国证券法实施的主导力量，它制定的一系列监管原则、标准、准则和建议已为成员国协调监管提供了依据。中国证监会于1995年7月正式成为国际证监会

---

① 《QFII诞生历程》，http://finance.sina.com.cn/roll/20021108/0917276485.html。

② 侯娅玲：《我国证券市场国际化的改革与出路》，载《甘肃社会科学》2016年第2期。

③ 《沪市与中国香港、美国股票市场间的联动性——基于“沪港通”实施前后的比较分析》，载《财会月刊》2015年第14期。

组织的成员，并积极推动证券监管的国际合作。[①]

证券市场监管的国际合作比较侧重于信息领域。金融市场本质上是一个信息交换的市场，掌握了信息的主体便可提前预知商机，证券市场的每一交易环节同样涉及各类信息的收集利用，因此，对信息的共享是证券市场监管国际合作的重要问题，建立信息交换平台也是实践中的普遍做法。要补充完善监管机构，填补监管盲区，协调监管政策，使得我国信息监管标准与国际标准相适应。[②] 另外，对于证券市场国际化带来的大规模信息泄露风险，急需建立有效的合作保护措施，维护信息的公平和效率，保护投资者的利益。

我国参与证券市场监管的国际合作需要与时俱进。在大数据时代，证券监管合作需要法律咨询大数据平台，便利各国监管政策的查询获得，为执法提供充足的数据支持，提升自身的管控水准。[③] 我国以往证券监管的国际合作方式主要为签订双边备忘录，今后还可多采用司法互助协定等其他多边合作方式；合作也不停留在框架性的协议或原则性的声明上，重点在于实质性的具体操作方式和执法监管。[④]

---

① 吴弘：《证券法教程》，北京大学出版社2017版，第372～373页。

② 朱绵茂、黄徐前：《我国证券市场国际化法律监管问题探讨——以信息监管为视角》，载《法学杂志》2012年第8期。

③ 吴弘、祁琳：《一带一路战略下人民币国际化风险的法律控制》，载《新金融》2017年第1期。

④ 干云峰：《我国跨境证券监管协作机制的改革和完善研究》，载《现代经济探讨》2016年第7期。

第四章

中国信托法、期货法 40 年

一、中国信托法 40 年

信托被誉为英美法最伟大的创造之一，早期的发展依托于衡平法的体系。随着信托在财产管理尤其是金融投资方面的功能被不断拓展，大陆法系也将信托制度作为重要商事法律部门加以引进，金融行业更是习惯于将信托和银行、证券、保险一同并称为"四大支柱"。但是，大陆法系的宏观制度环境与英美法系有别，日本学者将信托法的移植比喻为"水上浮油"，离开了衡平法的信托在大陆法系国家形成了与其原型不同的发展轨迹。信托业、信托法、信托法理论自中国改革开放 40 年来的演进历程同样也是曲折、斑斓的，值得从业者与研究者去回溯梳理。

(一)信托业与信托法改革开放以来的发展变迁

1."金融百货公司"兴起与整顿期(1979—2001 年)

信托业的发展与商品经济的蓬勃发展具有密切的关系。随着 20 世纪 70 年代末我国跨入改革开放的新纪元，为了进一步吸引和利用外资，中国国际信托投资公司于 1979 年创立，这是信托业在新中国的肇始。1980 年 6 月，国务院在《关于推动经济联合的暂行规定》中要求："银行要试办各种信托业务。"同年9月，中国人民银行正式下达《关于积极开办信托业务的通告》。1985年中国工商银行信托投资公司正式成立。1986年中国人民银行公布了《金融信托投资机构管理暂行规定》。1988年，中国农业开发信托投资公司、中国人民建设银行信托投资公司和中国农业银行信托投资公司相继成立，各省、直辖市、自治区的银行都开展了信托业务，设立信托部或者成立投资信托公司等。在国务院和人民银行的号召下，中国信托业已经进入了快速发展的时期。

20世纪90年代以来，随着我国社会主义市场经济体制改革目标的确定以及改革开放的不断深入，信托行业伴随着其他金融产业的发展而不断发展。到1995年末，我国信托投资公司已达392家，总资产达6000亿元。① 信托业的发展对我国金融市场体系的构建至关重要，是对同一时期的银行业的有益补充。

但是，与信托业的快速发展形成强烈反差的却是信托规范体系的缺失。这一时期对信托业活动具有影响力的规则渊源包括以下几种：(1)行政法规，即国务院颁布的《中华人民共和国银行管理暂行条例》中的有关规定，以及《中国人民银行关于金融信托投资机构管理暂行规定》等；(2)地方性法规中的零星规定，如《深圳经济特区非银行性质国营金融机构管理办法》中的有关条款；(3)专业银行总行制定的业务办法，如1985年《中国农业银行信托存款、贷款管理试行办法》等；(4)独立核算的信托机构自行制定的章程；(5)国务院、五总行根据经济形势制定的临时性政策；(6)对国外信托法的借鉴和对信托原理的运用。可以说，这一时期信托业的发展基本上处于制度缺失、监管空白的状态之下。随着我国经济体制改革的进一步深化，金融领域的混乱日益受到国家的关注，随之而来的便是对信托业的几次大整顿：

(1)第一次整顿。1982年4月，信托投资公司因业务范围缺乏科学界定，出现了分散信贷资金的情况，受到了第一次整顿。国务院颁布《关于整顿国内信托投资业务和加强更新改造资金管理的通知》，目的在于禁止信托投资公司从事银行业务。1983年1月，中国人民银行颁布《关于人民银行办理信托业务的若干规定》，将信托投资公司的业务范围明确规定为"委托、代理、租赁、咨询和经批准的其他业务"，信托投资公司不得办理银行业务这一原则得以确立。

(2)第二次整顿。由于信托在1984年召开的中国人民银行改革座谈会上被定性为"金融百货公司"，"凡是有利于引进外资、引进先进技术，有利于发展、搞活经济的多种信托都可以办理"，这在相当程度上促使了我国各地的信托投资公司去办理属于其他金融机构的业务，许多信托投资公司成为"地下钱庄"，非法发放贷款，由此拉开第二次整顿的序幕。这次整顿通过对经营活动进行清理促使信托投资公

① 谭振亭：《信托法》，中国政法大学出版社2010年版，第38页。

司的业务趋于正常化，在整顿期间中国人民银行发布《金融信托投资机构管理暂行规定》，要求泛滥的信托投资公司停办固定资产业务并停止为满足客户需求发放贷款。

(3)第三次整顿。1988年的第二、第三季度，我国各地又一次出现了经济过热与固定资产规模持续地非正常扩大的现象，在这样的背景下，国家因信托投资公司数量过多、经营管理混乱，进行了第三次整顿，直到1992年5月才基本结束。这轮整顿以组织整顿为中心，削减信托投资公司的数量，限制信托公司的规模。此前存在的信托公司中的大多数均因不具备法定条件而被撤并，仅有330多家被保留了下来。正是在这次整顿中，政府开始对信托业与银行业实行分业管理，禁止银行办理信托业务，并重申信托投资公司不得办理银行业务。

(4)第四次整顿。1993年前后，我国经济发展过热，众多信托投资公司通过各种违规途径获取资金投资于股票与房地产市场。在此背景下，中国人民银行颁布《金融信托投资机构资产负债比例管理暂行办法》进行第四次整顿，整顿的重点是资金来源，切断银行与信托投资公司之间的资金拆借渠道，强化银行业与信托业的"分业经营、分业管理"的模式。

(5)第五次整顿。20世纪90年代中期，以"金融百货公司"身份运作的信托投资公司的经营风险与日俱增，再加上东南亚金融危机的爆发，使得我国原本严峻的金融秩序雪上加霜，对信托投资公司可能导致的风险进行管理和控制直接促成了第五次整顿。1999年2月，中国人民银行颁布《整顿信托投资公司方案》，这次整顿的重点是明确信托的功能定位，强调信托业与银行业、证券业分业经营的原则，并提高了信托投资公司的设立标准。此次整顿直至2003年末才基本结束，而当时符合条件被保留下来的信托投资公司仅59家。[①]

纵观"金融百货公司"时期的信托法制，基本上还处于监管部门事后立规的阶段，当时既有的法规对信托经济活动的影响力有限，主要是对信托机构的设立、撤并、业务经营等方面进行管理性的规定。从一个完备的信托法律制度体系的角度来看，该时期缺少全面规定信托法律关系的成立、变更、消灭以及信托各方当事人权利义务的基本法，也缺乏针对具体问题制定的特别法规。这些割裂的规范性文件既不能全面规范我国的信托业，也不能协调信托与其他法律制度可能存在的冲突，而且恰恰是因为对信托业的规范不足，才导致了信托机构越界、跨界经营的"金融百货公司"乱象。一部统一的信托基本法的制定、颁行势在必行。

2.《信托法》颁行及规范发展期(2001—2012年)

(1)信托业"基本法+行政规章"规制格局形成。2001年我国加入了世界贸易组织(WTO)，外部环境要求和内部金融改革推动了《信托法》的颁行。

---

① 张淳:《中国信托法特色论》，法律出版社2013年版，第33～34页。

《信托法》早在1993年就被列入全国人大常委会的立法规划，并在1996年由全国人大常委会对草案进行了第一次审议，但直至2000年，第九届人大常委会才对《信托法》审议稿进行第二次审议，最终在2001年4月28日通过了《信托法》，并于2001年10月1日起施行。[①]《信托法》对信托的设立、信托财产范围及信托财产独立性、信托当事人的权利和义务、信托的变更和终止以及公益信托等内容作了规定，确立了信托当事人的法律地位，为促进我国信托业的发展奠定了制度基础。但是，由于特殊原因，关于信托公司的规范未能被纳入《信托法》之中，留下了一块巨大的制度空白。

2002年，中国人民银行先后修订和制定《信托投资公司管理办法》《信托投资公司资金信托管理暂行办法》。其中，《信托投资公司管理办法》规定了信托公司的设立、变更、终止、经营范围、经营规则和监管规定，主要是对信托公司运营管理的规范；而《信托投资公司资金信托管理暂行办法》则主要是规范信托投资公司资金信托业务的经营行为，保障资金信托业务各方当事人的合法权益。两个规章的颁布、施行使信托公司的业务向本源回归，即围绕"受人之托，代人理财"的信托内涵开展业务，初步搭建了营业信托发展的平台。

之后，由于信托制度在投资理财、资金融通和财产管理方面具有独特的优势和政府的积极推动，作为四大金融行业之一的信托业乘势而上，信托公司横跨货币市场、资本市场和实业三大领域，信托资产总规模很快达到两万亿元，各类信托产品层出不穷，创新频频：从房地产信托到MBO信托，从外汇信托到法人股投资信托，一个个风险收益特征迥异的信托产品不断被推出。[②] 在此期间，原中国人民银行的货币政策和监管职能进行了分离，成立了银监会，承担原人民银行对银行和非银行金融机构的监管职能，信托公司则由银监会直接监管，其发展空间得到进一步的拓展。

然而，一片繁华的背后，部分信托公司的经营却存在偏离信托本业、风险管理能力不强、公司治理不完善等问题，再加上少数股东和高管人员违规经营、违法犯罪，信托公司经营风险时有发生。2004年，金新信托因"德隆事件"被停业整顿；2005年，庆泰信托因操控"桂林旅游"崩盘而资金链断裂；2006年，吉林泛亚信托因公司治理存在严重缺陷，挪用客户信托资金等问题而面临整顿。为此，银监会逐渐加强了对信托行业的监管，颁布了大量的规范性文件。2004—2007年期间，银监会发布了《中国银行业监督管理委员会关于进一步加强信托投资公司内部控制管理有关问题的通知》《信托公司治理指引》《中国银行业监督管理委员会关于进一步规范集合资金信托业务有关问题的通知》《中国银行业监督管理委员会关于信托投

① 耿利航：《信托财产与中国信托法》，载《政法论坛》2004年第1期。

② 刘迎霜：《论信托的本质——兼与信托异化论商榷》，载《法学评论》2011年第1期。

资公司集合资金信托业务信息披露有关问题的通知》,加强对信托公司内部管理的整顿和集合资金信托业务的监管。但是,这些规范性文件已无法遏制信托行业的野蛮生长。于是,银监会在2007年修订、颁布了《信托公司管理办法》和《信托公司集合资金信托计划管理办法》,对零散的规范性文件进行清理、整合、完善。新的"两规"在信托公司经营方面,强调"压缩固有业务,突出信托主业";在信托公司的监管方面,强化了更严格的监管标准;在集合资金信托计划上,建立了合格投资者制度,同时在委托人、异地业务和信托贷款业务方面也有了新的规定。2009年,银监会再次修订《信托公司集合资金信托计划管理办法》,但是修改幅度较小,主要修改了单笔委托金额在300万元以上的自然人投资者不受"单个信托计划的自然人人数不得超过50人"的限制,同时对集合资金信托计划向他人提供贷款的比例作出了例外规定。由于《信托公司管理办法》和《信托公司集合资金信托计划管理办法》重要的规范意义,业界习惯于将这两部行政规章与《信托法》并称为"一法两规",作为规制信托业的基本框架。

除了信托公司的管理与集合资金计划的规范以外,其他规范也同样随着信托业的发展而不断完善。在信托监管方面,2008年,银监会发布了《信托公司监管评级与分类监管指引》,以规范信托公司监管评级工作,实现对信托公司的持续监管、分类监管和风险预警。两年之后,银监会又发布了《关于修订〈信托公司监管评级与分类监管指引〉的通知》,对评级要素、评级分工和流程进行了改进,以适应当时的监管形势。2010年,《信托公司净资本管理办法》正式施行,建立了以净资本为核心的风险控制指标体系,增加了信托公司风险监管的手段。同年,银监会颁布《关于加强信托公司结构化信托业务监管有关问题》,开始对信托公司的结构化信托业务进行专门规制。2011年,银监会《关于印发信托公司净资本计算标准有关事项的通知》对净资本计算标准作了细致化的规定。

在与监管密不可分的信息披露方面,银监会于2005年印发了《信托投资公司信息披露管理暂行办法》,加强主要信托投资公司的市场约束,提高信托业的透明度。2008年,《中国银监会办公厅关于进一步做好信托公司信息披露工作有关问题的通知》要求所有正常经营的信托公司全部按照上述《信息披露暂行办法》展开披露工作,自此信息披露义务涵盖了整个信托行业。2009年《中国银监会办公厅关于修订信托公司年报披露格式规范信息披露有关问题的通知》对于披露规则和披露格式细节的规范,逐步提高了信托行业的信息透明度,对投资者权益保护和信托行业的发展起到了积极的作用。

此外,部分信托规范的出现往往也体现了当时信托业的发展趋向。2007年,银监会和国家外汇管理局印发了《信托公司受托境外理财业务管理暂行办法》,鼓励具备资质的信托公司进行审慎金融创新,提高自身竞争能力,同时进行必要的政策监管。2008年,《银行与信托公司业务合作指引》出台,该规定旨在规范银行与信托公司开展业务合作的经营行为，促进银信健康合作、有序发展。2011年发布的《信托公司参与股指期货交易业务指引》则主要规定信托公司参与股指期货交易的资质和行为准则。2014年银监会、财政部联合发布《信托业保障基金管理办法》，以规范中国信托业保障基金的筹集、管理和使用，建立市场化的风险处置机制。2017年，《慈善信托管理办法》更是推进了我国慈善信托事业的发展进程。同年，银监会还发布了《信托登记管理办法》，我国信托行业开始逐步迈向公示公信的“后登记”时代。

总体上看，中国信托业的规制格局呈现出“基本法＋行政规章”的样态，基本法即《信托法》，而行政规章的数量甚巨，在2010年之后尤以《信托公司管理办法》《信托公司集合资金信托计划管理办法》《信托公司净资本管理办法》这“三规”为核心。这种情况的出现，一方面是因为《信托法》制定之初曾在“信托行为法”与“信托业法”究竟应当合并立法抑或分别立法的模式选择上产生分歧，致使关于信托机构的规范未能写入《信托法》，实际监管缺乏依据；另一方面则是由于信托作为一项“舶来品”，在中国本身即缺乏制度传统，在金融信托成为我国信托业的主流形式之后，更是存在严重的制度供给不足，适时制定行政规章不失为一种有效的补充措施。

(2)《信托法》颁行后信托业的新发展。《信托法》促进了我国信托业进入飞速发展的新阶段，不仅相应的规章制度不断改进完善，各种类型的信托也如雨后春笋般涌现出来。其类型如下：

投资基金。投资基金的基础法律关系是信托，也可以视作信托最为普遍的衍生模式。在英国，投资基金被界定为一种集合投资计划，以单位信托为主；在美国，投资基金的主要表现形式为共同基金；在日本和我国台湾地区则称为证券投资信托基金。在我国，如果没有《信托法》，投资基金立法将会在许多问题上遇到障碍。[①] 即使在《信托法》颁行之后，投资基金立法仍然并非一帆风顺，甚至得到了“种瓜得豆”的结果——从综合的“投资基金法”立法规划到最终实现的《证券投资基金法》专项立法，在股权投资基金、证券投资基金、产业投资基金等规制对象中，只确立了证券投资基金的规范体系，相关立法在2003年颁行，并经历了2012年、2015年两次小幅修改。《证券投资基金法》的实施推动了证券投资基金在我国的迅猛发展，既是国企改革与发展的需要，也为证券市场的发展和稳定创造了条件。[②] 与此同时，股权投资基金、产业投资基金尤其是私募基金的法律规制仍有待研究、完善。

公益信托与慈善信托。《信托法》设专章规定了公益信托，但由于法律设计与

---

① 思远：《出台〈信托法〉意义重大——访〈信托法〉起草工作小组负责人王连洲》，载《中国证券报》2001年4月30日。

② 曹凤岐：《关于发展投资基金的战略思考》，载《财贸经济》1999年第2期。

现实的脱轨,并未很好地实现制度着陆。银监会2008年颁布的《关于鼓励信托公司开展公益信托业务支持灾后重建工作的通知》(以下简称《通知》)从监管层面试图推动我国公益信托的实践探索。该《通知》发布前,虽然各信托公司都将"公益信托"列为其业务范围之一,但是仅有少数几家信托公司进行尝试,且均无成功经验,如中融信托推出的"中华慈善公益信托"等都是"准公益信托",并非实质意义上的公益信托。《通知》从业务监管角度为信托公司从事公益信托明确了方式及操作细则,在实践中开始出现一批明显具有公益信托性质的案例,如"西安信托5·12抗震救灾公益信托计划"和"百瑞信托·郑州慈善(四川灾区及贫困地区教育援助)公益信托计划"。[①] 2016年《慈善法》实施后,我国的慈善信托快速发展,一年之内备案数近30个,规模上亿。然而,《慈善法》明确规定"慈善信托"属于公益信托的一种,公益信托是为了公共利益而设立的非私益信托,这就在"慈善信托"的概念下排除了"私益慈善"信托,因此,定向捐赠资助而设立的信托由于不符合"公共利益"的要求,既不能适用公益信托的规范,也不能适用慈善信托的规范,又显著区别于一般信托,如何实施规制是一个亟待解决的问题。

资产证券化。资产证券化是又一项依托《信托法》规则开展的金融创新,我国的探索始于20世纪80年代,但直至2005年4月,人民银行和银监会联合发布《信贷资产证券化试点管理办法》,公开的实践才由此起步。随后的近10年中,资产证券化业务均处于审慎的试点阶段。直至2014年5月,国务院发布《关于进一步促进资本市场健康发展的若干意见》,统筹推进符合要求的资产证券化业务发展;2014年11月,银监会发布《关于信贷资产证券化备案登记工作流程的通知》将审批制改为事前备案,极大地提高了业务效率;同月,证监会发布《证券公司及基金管理公司子公司资产证券化业务管理规定》,也将证券化业务的审批制改为备案制,并开始实行负面清单管理制度,进一步保障资产证券化业务的灵活性和自主性。至此,资产证券化才始终保持高速发展。目前,我国资产证券化的业务模式主要为三种,分别为信贷资产证券化、企业资产证券化以及资产支持票据。根据中央国债登记结算有限公司发布的《2017年资产证券化发展报告》,2017年我国资产证券化年发行量首次超过1万亿元,年末市场存量突破2万亿元,可见其市场之广阔。

民事信托。英美的信托起源于英国的用益(use)制度,最早被用于规避财产继承的苛刻限制,减少财产转移的赋税,多发生于家庭财产传承的场合,用大陆法系的眼光来看就是民事信托。以至于后来信托被运用于商事领域时,还被看作是一种新生的法律关系,例如美国的《信托法重述》就将商事信托排除在其规范范围之外。信托在我国的发展过程则刚好相反,移植信托制度的最大目的是发展金融、充

① 王建军:《慈善信托法律制度运行机理及其在我国发展的障碍》,载《环球法律评论》2011年第4期。

实资本市场，作为“鼻祖”的民事信托长期没有得到发展。纵观我国如火如荼的信托行业，除了少数“家族财富管理信托”计划外，基本上都是以自益信托为主的商事信托，民事信托在我国极为少见。主要原因是我国的民众对信托尚缺乏了解，对信托公司原本就不怀信任，同时信托公司也因单纯追求利润率而缺乏开拓此类业务的积极性。此外，根据现行的行政规章，信托机构无法接受分散性的小金额信托，信托逐步演变为富人专有的理财工具。然而，随着社会经济的发展和分配体制改革的深入，国人的个人财富急剧增加，社会各阶层都不同程度地存在着理财与财富传承的需求。这种需求正是民事信托产生的基础土壤，也是其发展可行性的表现，悄悄催生着巨大的民事信托市场。

3.以《信托法》为上位法的大资管时期(2012年至今)

“基本法＋行政规章”的规制格局因应了我国信托业蓬勃发展期迫切需要监管依据的实际情况，但总体规制趋于严格。在信托业逐步平稳之后，监管标准和执行力度慢慢放宽，为金融业务创新提供了历史契机。证券、基金、期货、保险等机构的资产管理业务快速发展，并通过资产管理的桥梁实现跨行业的合作。资产管理业务的结构在客观上部分消解了我国一直坚持的“分业经营、分业监管”的金融格局，业界惊呼一个“大资管时代”的到来。然而，细究之下，资产管理产品的同质化程度极高，却由于发行部门的差异存在监管套利的空间。因此，是否可能以《信托法》作为各类资产管理产品共同的上位法在近几年成为一个非常值得探究的问题。

(1)“资产管理”名义之下金融混业限制的放松

首先，保险资金通过“资管”式的信托通道流向各领域。利用“资管”之名打破分业壁垒最彻底的是保险业。2012年7月16日，保监会首先发布了《保险资金委托投资管理暂行办法》，符合一定资质的保险公司可以将保险资金委托给符合条件的投资管理人，开展定向资产管理、专项资产管理或者特定客户资产管理等投资业务。该办法所允许的投资管理人，指在中国境内依法设立的、符合保监会规定的保险资产管理公司、证券公司、证券资产管理公司、证券投资基金管理公司及其子公司。

2012年10月12日，保监会又同时颁行《关于保险资产管理公司有关事项的通知》《关于保险资金投资有关金融产品的通知》《基础设施债权投资计划管理暂行规定》三个规范性文件，从而放开了对保险资金的大部分限制。根据《关于保险资产管理公司有关事项的通知》，保险资产管理公司除了可以受托管理保险资金外，还可以受托管理养老金、企业年金、住房公积金等机构的资金和能够识别并承担相应风险的合格投资者的资金；保险资产管理公司可以接受客户委托，以委托人名义，开展资产管理业务，也可以设立资产管理产品，为受益人利益或者特定目的，开展资产管理业务；符合有关规定的保险资产管理公司可以向有关金融监管部门申请，依法开展公募性质的资产管理业务；保险资产管理公司可以按照有关规定设立子公司，从事专项资产管理业务。根据《关于保险资金投资有关金融产品的通知》，符合一定要求的保险公司可以将保险资金投资于境内依法发行的、符合一定要求的商业银行理财产品、银行业金融机构信贷资产支持证券、信托公司集合资金信托计划、证券公司专项资产管理计划、保险资产管理公司基础设施投资计划、不动产投资计划和项目资产支持计划等金融产品。根据《基础设施债权投资计划管理暂行规定》，保险资产管理公司等专业管理机构被允许作为受托人，面向委托人发行受益凭证，募集资金以债权方式投资基础设施项目。

随着保险业打开“资产管理”这只“潘多拉魔盒”，原本受到严格监管的保险资金以信托的方式大量涌入市场，脱离了监管部门的控制，甚至充当起一些上市公司的收购主力，引发了资产市场中广受关注的重大纠纷。放松管制带来这样的后果，令保监会始料未及，着实有矫枉过正之嫌。

其次，证券公司资管业务的准入方式转变。在保监会率先为保险业的资管业务“松绑”后，证监会也随即发布《证券公司客户资产管理业务管理办法》《证券公司集合资产管理业务实施细则》《证券公司定向资产管理业务实施细则》，对证券公司开展资管业务放松管制，使其更贴近客户需求和适应市场情况。最重要的改变是取消集合资产计划的行政审批，实行协会备案管理制度。同时，为了防范风险，证监会在2016年又颁布了《证券期货经营机构私募资产管理业务运作管理暂行规定》《基金管理公司特定客户资产管理子公司风险控制指标管理暂行规定》，将基金专户子公司开展的各类型业务统一纳入风控指标体系，保证各项业务规模均有相应的净资本相匹配，推动行业建立全面风险管理体系。虽然，证监会的做法不如保监会那样激进，仍然十分重视风险防控，但是在相对宽松的监管政策下，证券公司的资产管理业务依旧发展迅速。

最后，期货公司获准开展资产管理业务。此外值得关注的是，期货公司原本不具备经营资产管理业务的资格，但在2012年5月22日后，证监会颁行《期货公司资产管理业务试点办法》，符合条件的期货公司经过批准后可以以专户理财的方式从事资产管理业务，而且期货公司除了能够投资于商品期货、金融期货等金融衍生品外，还可以投资股票、债券、基金、票据等金融资产。上述变化改变了期货公司依靠手续费的单一盈利模式，推动了期货公司向“跨界”的多元化经营模式转型。

(2)“大资管时代”的监管改革

次贷危机之后，救市资金进入市场却没有合适的出口，银行在信贷规模受限的情况下，借助信托的方式寻找资金投向。另外，平台融资收紧以及房地产调控后，信托公司又充当重要的资金供给方。然而2013年以后，受到宏观经济增速下滑以及房地产行业逐步萧条等因素的影响，信托项目的风险开始暴露，一直持续到2016年，个别重大信托项目的兑付危机引起了社会的广泛关注，信托业自身的危机慢慢显现。同时,在"大资管时代",银行、证券、保险、信托各行业产品之间的界限不再清晰,虽然从法律关系来分析,绝大多数资管产品的性质是信托,却受限于分业监管的格局,监管部门只能从自身职权范围内的某个角度加以矫治。

2014年4月8日,银监会发布《中国银行业监督管理委员会办公厅关于信托公司风险监管的指导意见》(以下简称《意见》),贯彻国务院关于加强影子银行监管的有关精神,在混业经营的背景下加强对信托行业的监管,试图推动信托公司转型发展。2016年3月18日,银监会又发布了更具操作性的《中国银监会办公厅关于进一步加强信托公司风险监管工作的意见》,其中着重提出了综合监管的理念,在金融市场联动的背景下,要求加强银监局之间的横向监管联动、上下监管联动以及内外联动,不给"监管套利"留下空隙。2017年,银监会开展"三三四十"专项整治①,发布《关于规范银信类业务的通知》等一系列监管文件,旨在去杠杆、去通道、去链条,防范系统性金融风险。在行业转型升级期,对信托行业严监管,意味着对信托公司业务合规性提出了更高的要求,重点加强通道业务、房地产信托、信政合作业务、证券投资信托、投资者保护等方面的合规性,要求信托公司严守合规底线。

然而,真正触动整个资管市场的事件是2018年4月中国人民银行、中国银行保险监督管理委员会、中国证券监督管理委员会、国家外汇管理局联合发布《关于规范金融机构资产管理业务的指导意见》。该《意见》的指导思想是"服务实体经济、防控金融风险、深化金融改革",目标是全面覆盖、统一规制各类金融机构的资产管理业务,实行公平的市场准入和监管,最大限度地消除监管套利空间,切实保护金融消费者的合法权益。该《意见》按照产品类型统一监管标准,从募集方式和投资性质两个维度对资产管理产品进行分类,分别统一投资范围、杠杆约束、信息披露等要求;坚持产品和投资者相匹配原则,加强投资者适当性管理,强化金融机构的勤勉尽责和信息披露义务;明确资产管理业务不得承诺保本保收益,打破刚性兑付;严格非标准化债权类资产投资要求,禁止资金池,防范影子银行风险和流动性风险;分类统一负债和分级杠杆要求,消除多层嵌套,抑制通道业务;加强监管协调,强化宏观审慎管理和功能监管。这是我国主要的金融监管部门首次针对同一类金融产品联合颁布规范性文件,而且是在监管机构改革的大背景下,在"资管新政"实施前不久,银监会和保监会刚刚合并,统一监管的趋势愈发明显。

"大资管时代"的到来推动了金融监管格局的变化,而"大资管时代"本质上就是"大信托时代",所以这一时期是我国广义上的"信托业"的全新发展阶段,《信托

---

① "三三四十"指三违反、三套利、四不当、银行业存在的十个方面问题。"三违反"即违反金融法律、违反监管规则、违反内部规章;"三套利"即监管套利、空转套利、关联套利;"四不当"即不当创新、不当交易、不当激励、不当收费;"十个方面"即股权和对外投资方面、机构及高管方面、规章制度方面、业务方面、产品方面、人员行为方面、行业廉洁风险方面、监管履职方面、内外勾结违法方面、涉及非法金融活动方面。

法》的重要性也随之上升。《关于规范金融机构资产管理业务的指导意见(征求意见稿)》曾明确指出《信托法》是资产管理的上位法、基础法,虽然这样的表述在正式颁行的规范性文件中没有保留,但是让资产管理业务回归《信托法》规范的思维依然十分清晰:新规明确禁止资产池的运营模式,强调了受托人的分别管理义务,旨在强调信托财产的独立性与风险隔离;刚性兑付被打破,明确禁止杠杆的放大,旨在强化受托人的信义义务履行;禁止通道业务,消除多层嵌套,则体现了《信托法》中对转信托的限制。从内容上看,《关于规范金融机构资产管理业务的指导意见》并非一个可执行性很强的规范性文件,且明确授权各监管部门据此制定部门规章,完全可能在行政规章中进一步确立《信托法》作为上位法、一般法的地位。由是观之,《信托法》在新时期将不只是一个金融部门的基本法律依据,还将发挥更大的综合性影响。

(二)中国信托法治发展的重要理论与实践问题

如果说我国移植信托制度、发展信托业是回应社会经济所需,那么研究信托理论则是立法所急、实践所迫。在中国,信托法不仅是新生事物,还缺乏信托制度生长发育的衡平法土壤,在研究信托法理论时人们不自觉地援用大陆法系的概念与逻辑,由此形成了许多令人困惑的问题,也在一定程度上抑制了实践的快速进步。40年来众多论文专著,反映了信托法发展过程中几个核心的学术议题。

1.信托财产的归属

信托制度的核心价值之一是实现信托财产的独立性,使信托财产能够独立于委托人的财产和受托人的固有财产,又强化受托人对信托财产的独立权能。在英美法系,普通法承认受托人的权利,衡平法保护受益人的权利,借助这种双轨制实现了所谓的信托财产双重"所有权"。而要实现类似的目标,在大陆法系就面临着信托法与物权法协调的难题。我国的《信托法》第2条规定:"本法所称信托,是指委托人基于对受托人的信任,将其财产权委托给受托人,由受托人按委托人的意愿以自己的名义,为受益人的利益或者特定目的,进行管理或者处分的行为。"据此,信托财产的所有权归属究竟如何,对于"委托给"是否应当理解为转移信托财产所有权,一直存在着很大的争议。

"受托人所有权说"认为,"委托给"应该理解为"委托+给",委托是设立信托的意思表示,"给"是将信托财产所有权转让给受托人。[①] 甚至进一步建议,《信托法》第2条中的"委托"应修改为"转移",从而使信托财产权明确归受托人所有。[②] "委托人所有权说"则认为,信托的定义用"委托"一词是符合中国国情的选择,对委托

① 耿利航:《信托财产与中国信托法》,载《政法论坛》2004年第1期。

② 黄来纪:《试论我国信托法的特点》,载《政治与法律》2002年第1期。

人权利、地位的重视也是中国立法的特色，无须修改。[①] 财产权"委托"不同于财产权"转移"，实施结果不能导致包括所有权在内的全部权能都转移给受托人，因此信托财产所有权仍应归委托人所有。[②] 另外，"权能自由委托说"将财产权的内容细分为占有、管理、处分、收益等四项权能，委托人可以将各项权能分离而分别行使或转移给受托人。[③] "无主的目的财产"[④]、"受益人所有权"[⑤]等观点也有学者相继提出。关于调和信托财产归属与物权制度的方式，有人认为只有突破传统的民法体系才可以为界定受托人的信托财产权的法律性质找到出路，另一派观点则认为双重所有权在中国可以顺利实现本土化，双重所有权并非不可逾越的鸿沟，普通法所有权可以本土化为单一所有权，衡平法所有权可以本土化为债权。[⑥] 至今为止，如何破解双重"所有权"的难题，为信托财产的独立性和受托人对信托财产的独立权能提供充分的理论支撑，仍然需要更深入的论证并寻求最高程度的共识。

2.信托的性质

由于对信托性质的认定会影响信托法的制定范式以及完善方向，因而是一个核心的争议问题，相关的理论观点主要有契约论、物权论及主体论。我国《信托法》第8条规定："设立信托，应当采取书面形式。书面形式包括信托合同、遗嘱或者法律、行政法规规定的其他书面文件等。采取信托合同形式设立信托的，信托合同签订时，信托成立。采取其他书面形式设立信托的，受托人承诺信托时，信托成立。"该规定对于信托合同的强调，有混同信托与合同的嫌疑。虽然信托始于委托人、受托人的合意，并形成相关信托文件，具有契约属性，但是信托制度与合同制度存在着很大的不同。信托契约论认为信托法律规则的设置具有极强的授权性，信托基于当事人间的合意产生，且信托制度的核心特征在于规定受托人在信托关系中享有的权利义务，而非强调信托财产的移转，信托所形成的法律关系事实上是一个合约。但其同时认可信托制度的独特构造，也不主张用合同法来规范信托或将信托归为合同中的某种类型。信托物权论则基于英美法系下的双重所有权制度，认为信托的核心在于信托财产之上的双重物权，受益人所具有的追偿权不仅包括对受托人的个人权利，也包括对物的权利，这种物权可限制他人无端侵犯财产权的行为。虽然反对观点认为，受益人的该种"物权"并非完全的物权，因其不享有对抗善

---

① 王连洲：《中国信托制度发展的困境与出路》，载《法学》2005年第1期。

② 张淳：《中华人民共和国信托法中的创造性规定及其评析》，载《法律科学》2002年第2期。

③ 卞耀武：《中华人民共和国信托法释义》，法律出版社2002年版，第3～4页。

④ 张天民：《失去衡平法的信托》，中信出版社2004年版，第126页。

⑤ 温世扬、冯兴俊：《论信托财产所有权——兼论我国相关立法的完善》，载《武汉大学学报》2005年第2期。

⑥ 于海涌：《论英美信托财产双重所有权在中国的本土化》，载《现代法学》2010年第3期。

意第三人的效力，但是在相当长的一段时间里，这种观点仍然具有较大的影响力。[①]

最有特色的学说当属主体论，这种理论认为信托财产除了处于权利客体的地位之外，还构成了一种独立于受托人之外的实质上的法律主体。信托虽然没有类似于公司的组织机构，但是信托受益人和公司股东、信托的变更和公司的分立合并、信托的清算和公司的清算等，都存在着很大的相似性。不同的观点则认为，若信托财产具有独立的法律人格，则不再需要将财产名义置于受托人之下，会极大地冲击传统的信托。要解决信托中各主体的地位问题，只需采用"双财团理论"，即认为在特殊情形下，一个人在持有一般财团的同时还可以持有一个服从于某种特殊目的的财团，信托财产就是介于公司和合伙之间的无权利能力的特殊财团，受托人具有两个财团，一个为其自身的一般财团，一个为信托财产的特殊财团，该特殊财团受信托目的之限制。[②] 就内容而言，"双财产理论"仍然认可信托财产具有有限的特殊主体地位，是信托主体论的一种延伸。

信托的性质看似一个理论性很强的争议问题，却直接决定了我国的《信托法》究竟应当将规范的重心放在信托合同、信托财产还是组织关系上，决定了修改《信托法》时应当按照行为法还是组织法的逻辑来编纂，兹事体大，不可不查。而且，在论证信托之属性的过程中，部分学者还采取了更细致的分类方法，将商事信托作为一个独立的对象，继而形成了一个新的研究热点。

3.商事信托

我国的信托大多见于商业尤其是金融领域，民事信托并不普及。《信托法》列举了民事信托、营业信托及公益信托的类型，却并未对中国的信托作出科学、严谨的类型划分，理论与实践中常出于习惯指称一类信托为"商事信托"，作为"民事信托"的对称，但从分类标准和基本特征来说，"商事信托"显然不同于立法所称的"营业信托"。此外，许多文献将"商事信托"与"商业信托"混用，研究者更多地使用"商事信托"来表述信托在商业实践中的运用形态，使用"商业信托"来称呼一个以组织化的方式运营的商事信托，用心良苦却造成了理解上不必要的困扰。目前，对后者的研究已形成一些相对独立、深入的成果。[③]

关于商事信托，最大的研究亮点还是在其主体地位的证成上。该等理论认为，传统信托不具有法律主体资格，而商事信托是对传统信托的超越，具有传统信托不具有的法律特征——有偿性、组织性及财产独立性，进而奠定了商事信托主体地位

① 朱圆：《论信托的性质与我国信托法的属性定位》，载《中外法学》2015年第5期。

② 赵廉慧：《信托财产权法律地位新解——双财团理论的引入》，载《中国政法大学学报》2016年第4期。

③ 李奎明：《组织法视角下的商事信托法律问题研究》，法律出版社2014年版。

的基础，[①]甚至应该通过立法来确立商事信托的法律地位。[②] 还有论著指出，商事信托通过独特的制度设计实现资产隔离功能，还体现了企业组织法中的内部治理和资产分配理念。[③] 这些观点引领了信托法研究的组织法思潮，更多的学者开始将商事信托与公司、合伙进行微观的比较，得出了富有创新意义的结论。

4.受益权的性质

《信托法》第43条仅规定了受益人的定义，即受益人是在信托中享有信托受益权的人，但纵观《信托法》全文及相关法规规章，也无法找出对信托受益权性质的界定。一般认为，狭义的信托受益权仅指受益人在信托存续期间获得信托财产收益以及信托终止后根据信托合同获得剩余财产的权利；广义的受益权还包括监督受托人、参与受益人大会等权利。理论界对狭义受益权的性质始终未有定论，争议普遍集中于债权性和物权性两个方面。由于物权法和债法保护权利人的方式有所不同，因此明确信托受益权的性质，对相关权利人而言显得至关重要。[④]

英美法系不区分物权和债权，将权利划分为对人权和对物权，因此信托财产在衡平法上虽为受益人所有，但相应的受益权在性质上却是具备"物权"属性的对人权，需要请求法院对信托文件予以强制执行才能实现权利。[⑤] 在大陆法系的语境下，信托受益权的性质界定与信托财产的归属问题紧密相关，主流的观点可以概括为以下四种：第一种观点即持"债权说"的学者认为信托财产的所有权为受托人所有，而受益人仅仅是对受托人享有信托财产收益的请求权，目前这是我国最主流的学说。第二种观点即持"物权说"的学者认为信托财产的所有权应为受益人所有，如受益人可以在受托人违背信托目的处分信托财产时行使具有物权性质的撤销权和财产追及权，而受托人对信托财产的管理和处分仅仅是代理的行为。第三种观点综合了"债权说"与"物权说"的理论，认为信托受益权同时具有债权性权利和物权性权利的双重性质，是一种特殊的权利。第四种观点在承认受益权具有双重性质的基础上，还指出其区别于债权和物权的权利，如对信托事务的监督权、知情权等，使得信托受益权无法被纳入传统的权利体系中，应被视作一种新型权利。[⑥] 事实上，第四种学说所描述的对象已由狭义的受益权扩张为广义的受益权，因此难以同前三种学说构成真正的争锋。除此之外，随着近年来信托主体说的兴起，也有人认为信托受益权其实是受益人对信托财产构成之独立主体的请求权，而非对受托人的请求权。厘清受益权的属性并在《信托法》修正时对受益权的保护方式予以澄

① 李宇：《论作为法人的商业信托》，载《法学》2016年第8期。

② 于朝印：《论商业信托法律主体地位的确定》，载《现代法学》2011年第5期。

③ 何正荣：《现代商事信托的组织法基础》，载《政法论坛》2006年第2期。

④ 何宝玉：《信托法原理研究》，中国法制出版社2015年版，第232页。

⑤ 徐孟州：《信托法》，法律出版社2006年版，第117页。

⑥ 卞耀武：《中华人民共和国信托法释义》，法律出版社2002年版，第121页。

清是十分必要的。

5.受托人义务

我国《信托法》对受托人义务虽采取列举式规定，但仍存在不足。除了继续加深对注意义务的研究之外，越来越多的学者也开始关注忠实义务。忠实义务的法理依据在英美法上源于信义义务，在大陆法中则是诚实信用原则。无论在英美法系还是大陆法系中，忠实义务都是受托人的重要义务。我国《信托法》虽然并未明确说明何为忠实义务，但是第25条至第33条都可理解为忠实义务的实质内容，是忠实义务的具体体现。然而，忠实义务的内涵不止于此，有学者呼吁将受托人的竞业禁止也加入《信托法》中。[①] 还有文献认为，忠实义务可谓受托人义务中的核心，应作为其他义务的统领而存在，但受托人是否妥善履行了忠实义务却存在认定上的困难，信托关系中的不同主体对忠实义务的履行亦有不同的要求，忠实义务作为一项颇具主观性的概念，急需《信托法》对其客观标准作出补充，以此更好地督促受托人履行义务，减少因受托人管理失职给受益人带来的风险。[②]

对于受托人违反信托义务行为的性质，理论界主要有债务不履行说、侵权行为说、兼具债务不履行及侵权行为说、个别民事责任说等不同认识。其中持“兼具债务不履行及侵权行为”观点的学者给出的理由是，一方面，因受托人积极实施违反信托目的的管理、处分行为，侵害了受益人的利益具有侵权行为的性质；另一方面，因其不履行信托目的要求其履行的管理信托财产、给付信托利益的义务而具有债务不履行的性质。此种学说对理解受托人违反信托义务行为的本质有所助益，得到了不少学者的支持。

6.委托人的地位

委托人在设立信托之后，一般即应丧失信托财产权，以保障受托人以自己的名义来履行信托职责。然而，我国《信托法》第23条规定：“受托人违反信托目的处分信托财产或者因违背管理职责、处理信托事务不当致使信托财产受到损失的，委托人有权申请人民法院撤销该处分行为，并有权要求受托人恢复信托财产的原状或者予以赔偿；该信托财产的受让人明知是违反信托目的而接受该财产的，应当予以返还或者予以赔偿。”上述规定不同于其他国家和地区，突出和扩大了委托人的权利，将撤销权赋予委托人。对此，有学者表示赞同，认为这正是中国《信托法》本土化过程中的特色所在。[③] 同时也存在反对观点，认为赋予何人撤销权实质上是与信托财产的法律性质息息相关的，信托财产利益的最终归属是撤销权的基础，既然

---

① 姜雪莲：《信托受托人的忠实义务》，载《中外法学》2016年第1期。

② 赵磊：《信托受托人的角色定位及其制度实现》，载《中国法学》2013年第4期。

③ 徐孟洲：《信托法》，法律出版社2006年版，第84～85页。

受益人享有信托财产利益的最终归属权，理应将上述撤销权赋予受益人，而非委托人。[①] 由于当前商事信托主导了市场，许多投资人兼为委托人、受益人，自益信托占据多数，使得撤销权归属的分歧尚不尖锐，但随着民事信托、他益信托的发展，关于委托人法律地位的争议仍将显现甚至激化。

7.信托的“异化”

信托在我国实现本土化的过程中，许多的特征与规则发生了演变，一些学者称之为“异化”。这些“异化”主要存在于三个方面：第一，有些信托的受托人因信托财产的转让而支付对价，受益人为获得受益权而向受托人支付对价，因此该等信托被认为“异化”为“买卖性质的附条件的所有权转移行为”。而有些学者认为，作出这种判断的学者并没有理解商事信托与民事信托的区别。第二，根据传统的信托法理论，能够作为信托法律关系客体的信托财产只能是那些体现双重所有权属性的独立财产，诸如物权、知识产权等具有所有权性质并可由权利人最终行使支配权利的财产，不具备所有权与物权支配性的财产不能充当信托财产。而根据我国《信托法》第 7 条的规定，信托财产也包括合法的财产权利，只要该财产或财产权利是可以确定的，所有权属性与物权支配性并非必要条件。这就引发了股权收益权、受益权收益权能否作为信托财产的争议，如果作肯定回答，也实属对于传统信托规则的一种重要扩张。第三，受托人应以信托财产为限承担信托的债务责任，但我国目前的集合资金信托大多对预期收益率作出承诺，这种保底条款的存在违背了信托责任的有限性原则，亦属一种“异化”。[②] 而持反对观点的学者认为，保底条款的存在并不必然改变信托的法律构造，真正被忽略、篡改的是受托人的信义义务，受托人因“保底”而失去了积极管理的激励，委托人、受益人因“保底”而丧失了主动监督的动力，只要信义义务能够归位，保底承诺并不构成所谓的“异化”。

对“异化”现象的理论探讨，至少可以带来两个方面的思考：其一，信托是两大法系比较研究的最佳素材之一，从英美法系来，在大陆法系生根发展，演变出一些本土化的特色制度不足为奇，反过来更值得研究厘清的是信托的本质特征究竟为何，凡是符合这些本质特征的“异化”仍属信托的形态延伸，否则应被排除在信托的范畴之外。其二，信托“异化”的本体论是否成立，对各种不同类型的信托而言，是否适合概而论之，如果本来就应当采取类型化的分析方式，那么所谓的“异化”就可能是一种误读。

---

① 张军建：《论中国信托法中的委托人的撤销权——兼评中国〈信托法〉第 22 条》，载《法学家》2007 年第 3 期。

② 孙义刚、郑阕：《信托制度异化论——对我国现行信托产品法律结构之评判》，载《法律科学》2009 年第 2 期。

8.信托法与资管市场的关系

近几年来，随着资产管理业务在各金融行业的铺开，事实上的混业格局已经悄悄形成。正是由于资产管理的资金规模越来越大，形式越来越多样，如何规范资管市场成为一个不可回避的热点问题。有论著专门梳理了各机构发行的主流资管产品，认为它们虽然名称不一，投资者群体不尽相同，但法律构造高度同质化。信托在各个国家会呈现出不同的样貌，但其本质是界分出范围明确的特殊目的财产并在此基础上规范委托人、受托人、受益人及其与第三人的关系，尽管我国的一些资管产品不乏刻意回避"信托"名称的情况，究其实质并未跳出信托的范畴。[①] 还有学者进一步指出，在我国当前的市场环境下，资管机构主动管理能力不足，亲自管理义务弱化，委托人往往以投资顾问的形式主导了被管理资产的投资决策，资产管理常常成为委托人的通道，因此资产管理的信托基础关系容易与委托发生混淆。[②] 但从各个监管机构的态度来说，将资管认定为委托可能会减轻受托方的义务而要求投资者承担过高的调查成本，不利于保护投资者，因而在实践中监管层并不倾向于将资管关系认定为委托。有学者还分析了资产证券化的法律构造，认为其用合同关系替代了信托载体，导致这种资管方式无法与委托人实现破产隔离，因而具有法律结构的脆弱性。[③] 这又进一步反证了资产管理的应然法律基础是信托。"资管新政"之后，许多的规范也都体现出将《信托法》作为上位法调整资管市场的思路，理论与实务界在这方面的共识会越来越多。

（三）中国信托法治发展展望

信托制度在我国的发展历程可谓波折、迂回，克服跨法系移植的法律传统鸿沟，寻找适合我国社会经济实际的创新方向，平衡行业发展与体系稳定之间的诉求矛盾。就是在这样的背景下，信托业的实力逐步强盛，在行业资金规模统计中已经仅次于银行业位居第二，信托制度在日益完善，信托法理论研究不断深化。除了沿着既有的惯性继续进步以外，要提升中国的信托法治环境，尚有三个问题需要关注并解决。

1.信托登记

在大陆法系中，为确保信托财产的独立性，建立一套信托登记体系是必需的途径，这对于信托关系的稳定、财产交易的安全乃至信托行业的发展都有重大的影响。我国《信托法》第10条规定："设立信托，对于信托财产，有关法律、行政法规规定应当办理登记手续的，应当依法办理信托登记，未依照前款规定办理信托登记

---

① 季奎明：《论金融理财产品法律规范的统一适用》，载《环球法律评论》2016年第6期。
② 缪因知：《资产管理内部法律关系之定性：回顾与前瞻》，载《法学家》2018年第3期。
③ 沈朝晖：《企业资产证券化法律结构的脆弱性》，载《清华法学》2017年第6期。

的，应当补办登记，不补办的，该信托不产生效力。”然而，在现实中关于信托登记机构、信托登记方式的规范尚付之阙如，我国的信托登记面临着“有法可依、无法操作”的窘境。

首先，需要澄清的是登记生效的信托财产的范围，《信托法》所指的“有关法律、行政法规规定应当办理登记手续的”财产除了经登记发生物权变动效果的财产之外，是否还包括股权这样经登记而形成对抗效果的财产。若应当登记的信托财产范围不清，则会直接影响到对信托设立效果的判断。其次，《信托法》所要求开展的“信托登记”属何性质，是物权登记、股权登记这样的传统财产权登记中的一个新门类，还是同财产权登记并行的独立的一种行政行为？根据相关法条的文义解释，似乎无法得出明确的结论。诚然，将“信托登记”接入我国既有的财产权登记体系中是最高效的做法，现实却是尚无一个财产权登记机构接受“信托”类属的登记，这无疑成为信托业发展的一个掣肘。事实上，大陆法系的日本、韩国、我国台湾地区都将信托财产的财产权登记和信托登记分而置之，在登记簿上进行两项独立却又相关的登记记载，我国《信托法》所要求的“信托登记”并不理所当然地等同于财产权登记体系下的信托类属。因此，如何解释“信托登记”既是一种困惑，也是一个改革的契机。

正因为认识到信托登记制度对我国信托业的重要性，近些年来我国已展开一系列有关信托登记的探索。2006年，中国银监会批准在浦东新区成立上海信托登记中心。目前可提供信托产品转让服务的平台已有多所，除上海信托登记中心外，还包括北京金融资产交易所、天津金融资产交易所、重庆金融资产交易所和深圳前海金融资产交易所等。然而，这些区域性金融交易所由于平台自身的局限性，并不能满足市场对信托产品的资产交易需求，远不如一个全国性的信托登记平台有实际助益。在加强影子银行监管、严控信托公司风险等工作目标的联合推动下，2016年9月20日，银监会正式批准筹建中国信托登记有限责任公司。同年12月，中国信托登记有限责任公司即在上海正式运营，全国性的信托登记平台自始建立。2017年8月，银监会颁布《信托登记管理办法》，标志着我国的信托登记迈入了新的历史阶段。

遗憾的是，中国式的信托登记似乎在功能目标上有所偏离。根据《信托登记管理办法》和《中国信托登记有限责任公司监督管理办法》的规定，这唯一的全国性信托登记平台的职责是信托产品及其受益权的集中登记、信息披露、行业监测、辅助监管等，同时就《信托法》规定必须登记之范围以外的信托财产提供登记服务。这种安排清晰地彰显了当前信托登记的核心价值是公法层面上的便利监管，而其他国家、地区的信托登记则是在私法意义上保障信托财产的独立性，我国目前开展的信托产品、信托受益权登记不足以扫除困扰信托业发展的最大障碍，完全是避重就轻，加上一个“法定登记财产以外的”其他信托财产登记也基本无济于事。未来理论与实务中要解决的依然是如何实现《信托法》第10条所要求的信托(财产)登记,包括范围、模式、程序等。

2.信托实践的司法保障

在理想状态下,信托业的蓬勃发展应当催生实践对制度环境的更多需求,除了行政监管之外,也包括充分发挥司法裁判的定纷止争作用。从某种程度来讲,大量的信托纠纷如果能通过法院审理来解决,反而体现了行业的发达与成熟程度。现实中的信托纠纷并不鲜见,却呈现出两对矛盾:案例数量不少,涉案金额巨大,但立案诉讼的少,用“刚兑”的潜规则或者行政调解的方式解决的多;《信托法》的条文基本成体系,但司法裁判中被经常援引作为审理依据的集中在少数几条,大部分条款处于“休眠”状态。总体上,信托实践的司法保障水平是远低于预期的。

信托立法自身固然存在不足,以民事信托规则为主的《信托法》无法适应我国商事信托主导的行业实际,《信托法》规则过于空泛、粗糙而缺乏裁判功能,这些制约司法保障的因素可望随着《信托法》的修订而逐步消弭。除此之外,信托裁判理念的转变也是极为重要的,最典型的例证就是合同法思维对信托案件裁判的干扰。比如,自益信托中的委托人与受托人在信托合同中约定设立一个长期信托,未经双方协商一致不得解除信托关系,其后双方关于受托人是否合理履行了受托义务发生争议并诉至法院,虽然法院的判决认为受托人已尽到受信责任,但是此时委托人能否以信任关系破裂为由解除信托法律关系呢?不少法院在未征得受托人同意的情况下支持这样的请求,无形中已经参照了委托合同当事人的任意解除权。而分析类似问题的更合理的着眼点应当是信托的目的:设立长期信托的目的是利用受托人的专业能力对信托财产实施延续的、稳定的管理,委托人解除信托的诉请显然与该目标不符,且未征得受托人的同意,法院不应当支持。再如,对于怎样界定受托人的注意义务的问题,《信托法》第25条仅笼统地规定,“受托人应当遵守信托文件的规定,为受益人的最大利益处理信托事务。受托人管理信托财产,必须恪尽职守,履行诚实、信用、谨慎、有效管理的义务”,留下了极大的解释空间。尽管法院在审理的过程中将这些案件列为信托纠纷,却依旧按照委托代理合同的方式进行裁判,在解释受托人的注意义务时直接将信托受托人与委托代理人的职责混同。在委托代理关系中,委托人可以随时向代理人发出指示或变更指示,代理人应当服从并遵照指示处理受托事务;在信托关系中,委托人在信托成立后不得变更信托文件的内容,受托人按照信托文件或者法律的规定管理、处分信托财产,享有充分的自主权,委托人不得干预受托人正常处理信托事务的各项活动。相比之下,委托代理关系中的代理人职责较为消极,其注意义务的标准也相对宽松;而信托关系中的受托人享有更广泛的积极权力,同时也负有为受益人的最大利益以各种合理方式管理、处分信托财产的义务,受信责任显得更重。根据信托案件的实际情况,需要合理划定受托人适当行为的边界,倘若受到委托合同思维定式的影响,参照代理人行为的"消极标准"来要求受托人,自然难以适应权力与风险均衡的基本原则。诸如此类的例子还有许多,形成不当裁判思维的主要原因在于审判人员在分析信托法律关系时没有充分注意到信托法与合同法之间的区别,虽然信托常常因信托合同的签订而成立,但是信托不等同于信托合同,信托的法律构造超出一般的双方合同关系。严格来讲,合同法不是信托法的一般法,须寻求信托法的要素、重视信托法的特点、解释信托法的规则,才有可能合理地裁判信托案件。

另一个值得深思的问题是,监管部门制定的规范性文件在信托案件的审理中是否能够被当作裁判依据。限于《信托法》制定的背景,监管部门所制定的行政规章及其他规范性文件事实上在约束市场方面发挥着比《信托法》更大的实效。但是,司法是否应当一概遵从行政规章所反映的意志、取向呢?尤其是在《合同法》及其司法解释明确规定只有法律、行政法规方能作为判定合同效力之依据的背景下,何时以及通过何种方式在信托案件的判决中恰当地援用行政规章、规范性文件,必须慎之又慎。

3.信托法研究与信托业发展中的类型化思维

在学科意义上,信托法是年轻的;在实践意义上,信托业、信托制度却起步很早,几乎与改革开放同行。然而,"信托"的本体论研究却一直十分欠缺,直到今天,在实务界与理论研究者眼里,在不同学者的口中,"什么是信托"依旧莫衷一是。各说各话、难求共识的窘状限制了理论研究的深入,也妨碍了理论与实践的对接。造成这种情形的一个原因可能是信托制度与生俱来的灵活、开放,使得其发展出太多的样态,要笼而统之地研究、规制实属无法完成的任务。因此,类型化不管在信托法研究还是信托业促进中都是很有价值的方法论。不加区分地研究信托法理论,会忽略许多细节,使得一些特征、要件无法抽象、统一,进而得出似是而非的结论。不分门别类地发展信托业,难以回应各种信托对制度环境的差异化需求,最终令法律、规章的适用力减弱。在解决信托登记、信托税制、信托财产独立性等普遍问题之外,科学地实现信托的类型化,分而治之,不失为一条可行的路径。

首先应当准确地界定、识别信托,将财产破产风险未完全隔离、受托人不能享有独立管理权的通道业务剔除出"信托"的范畴。然后,在立法过程中应为推定信托、目的信托这样的特殊形态预留发展空间,不宜强行归类至普通信托法的类型之下,甚而完全扼杀其在中国的发展前景。特别值得一提的是,建议用"慈善信托"的概念取代"公益信托",而且这个"慈善信托"的外延应当宽于《慈善法》目前的界定,不限于实现公共利益目的的信托,也包括对特定对象实施慈善救助的信托。"慈善信托"同样应当作为特殊的信托看待,甚至有必要专门立法解决其设立备案、运营监督、税务豁免、终止处置等疑难问题。在特殊信托之外,普通信托至少可以形成两个必要的分类标准:其一,是营业信托与非营业信托,由于我国《信托法》缺少"信托公司"一章,对于专业受托机构的受托行为缺乏约束,部门规章又无法回应所有的制度需求,制定一部《信托业法》或者《受托人法》就显得尤为迫切;其二,是民事信托与商事信托,营业信托以专业受托人作为核心特征,商事信托以营利性(延伸出对价性、管理积极性等)为核心特征,这样的解释更符合术语习惯,分类逻辑上也更能自洽,规则有必要加以区分,对目前的《信托法》加以完善就足以促进民事信托(如家族信托等)的发展,而商事信托则更多地展现出组织化运作的特征,一个信托产品、资管计划几乎就是参照公司这样的商业实体由专业化的管理人组织、运营,可以考虑另行设计一套组织法逻辑的规则,加强针对性。

总之,信托制度的品性非常适合我国经济发展的切实诉求,引入并发展信托是明智的抉择。信托业的发展与信托法研究的深化应当是相辅相成的:发展信托业要在创新与稳定之间找到平衡点,为中国式的"信托"确立自己的定位;深化信托法研究要综合运用两大法系的先进法制资源,敢于通过理论扬弃缔造中国本土化的学说。历经改革开放的四十年,信托法、信托业在中国才刚刚步入快速、常态发展的轨道,达致未来的美好愿景依旧任重而道远。

二、中国期货法 40 年

(一)期货法治改革开放以来的发展变迁

我国期货市场的创立和发展,是我国改革开放 40 年历史中的一段缩影,也是我国金融市场改革开放的重要标志和成果之一。期货市场独特的交易规则和高风险性,决定了建立健全期货交易的法律制度是规范期货市场正常运作、推进期货市场全面发展的关键因素。回顾我国改革开放 40 年来的期货法治建设历程,可以使我们更加清醒地认识到,期货市场的发展与期货法治建设息息相关。

1.期货市场初兴阶段(1978—1993 年)

改革开放的起步时期,经济转轨特征突出,价格对资源配置的作用得以发挥。初步的改革取得了成效,促进了生产的发展。然而在流通环节,原有的流通体制已经无法满足大量产品交易的需要,调价的连锁反应致使出现物价结构调整型通货膨胀。1984 年价格改革双轨制登上了历史舞台。在此阶段,经济主体自主经营和决策的成分不断增大,对市场价格和风险管理的需求逐渐显现。随着改革的不断推进,这种价格体制越发不适应于现实需要,最明显的表现是 1988 年出现的全国范围的"抢购风潮"。对于流通体制的问题,国家在初期主要是通过大力发展批发市场进行缓解,郑州、长春、武汉、沈阳等地的粮食、木材、生猪批发市场就是在这种背景下发展起来的。对于价格领域的问题,政府最终放弃了价格管制,双轨价格体制向单一的市场价格体制并轨。即便如此,批发市场和价格体制运行过程中的违约事件、价格剧烈波动问题仍不断发生。同时,随着商品经济的发展,企业或个人在参与经济运行过程中面临着越来越多的风险,急需有效的风险管理工具。在此背景下,期货市场得以被重新研究和引入。1987年,专家学者赴美国、日本考察商品市场价格的形成机制。回国后,专家们一致认为,期货是完成价格改革、理顺价格形成体系的"良药"。随后,国务院发展研究中心将期货市场问题列入了1988年的重点研究课题。

1988年年初,七届人大一次会议《政府工作报告》指出"加快商业体制改革,积极发展各类批发贸易市场,探索期货交易"。随后国务院发展研究中心与国家经济体制改革委员会联合成立"期货市场研究工作小组"。该小组在国务院发展研究中心、国家经济体制改革委员会、商业部和河南省政府的支持下,领导了我国郑州粮食批发市场方案设计、选点和前期准备工作,并于1990年10月12日促成了我国第一家农产品中央交易所——我国郑州粮食批发市场的建立。[①] 经过两年多的运作、总结经验、吸取教训,在原批发市场的基础上,于1993年5月28日组建了郑州商品交易所。随后深圳有色金属交易所和上海金属交易所相继挂牌开业。继上述三个交易所建立之后,一大批期货交易所相继成立。据不完全统计,到1993年12月底,全国交易所已达39家,以期货交易所为发展目标的批发市场数目更多。国债期货也于1992年12月28日在上海证券交易所首次推出,包括12个品种的期货合约。由于受到当时国债现货市场及整个资本市场发展的限制,初期交易十分清淡。

这一时期相关法治尚未建立,除了一部由国家工商行政管理局发布的《期货经纪公司登记管理暂行办法》之外,法律监管处于十分宽松的状态。这部暂行办法是我国期货市场第一个具有规范意义的行政性规章,虽然对期货经纪公司的设立条件、行为规范等问题作了基本规定,但是显然是不够的。由于期货市场的特殊性,我国期货市场建立之初并没有明确的国家主管机关,而是由各个政府部门按照各自的职能分工对期货市场进行监督和管理,一度造成了各部门、各行业以及地方政府对期货市场交叉重叠监管、管理混乱的局面,而法治的缺位是关键原因。如1992年上海外汇调剂中心建立了我国第一个合法的外汇期货市场,后由于过度投机等违反外汇管理办法的现象屡禁不止,严重扰乱了我国外汇市场的正常秩序,上海外汇调剂中心遂于1993年停止了人民币汇率期货交易。

2.期货市场规范起步阶段(1993—1999年)

1993年至1994年间,由于对期货市场的经济功能和风险还缺乏认识,期货市场缺乏统一的监管部门和相应的法律法规,各地、各部门受利益的驱使争相发展期货交易,导致期货交易所过度无序发展、交易品种重复严重、欺诈等违法犯罪活动

① 唐波:《期货法论》,世界图书出版公司1998年版,第32页。

较为猖獗等问题的出现，因而引起了政府的高度重视，从而开始了对期货市场的长期清理整顿。至1995年，交易所数量自50多家已清理至15家，至1998年又对交易所进行整顿与撤并，只保留了上海期货交易所、郑州商品交易所及大连商品交易所。同时期货交易品种被压缩至12个。1995年年底，330家期货经纪公司经重新审核获发《期货经纪业务许可证》，混乱无序的市场局面得以显著改善。

这段时期国家对外汇期货采取了严格管制的政策，相继颁布了《关于加强外汇(期货)交易管理的通知》《外汇期货业务管理试行办法》等规章制度。但当时我国外汇期货交易秩序混乱，多家大型国有企业因参与境外衍生品交易而遭受数亿美元的巨大损失。后为严肃整顿外汇期货市场，1996年3月27日《外汇期货业务管理试行办法》被废止。至此，新的外汇期货试点业务被取消。国债期货在经历了惨淡的试点阶段之后，1993年10月25日，上海证券交易所重新设计了国债期货合约品种、交易机制。此后市场逐步发展，形成了上海、深圳和武汉三足鼎立的格局。[①] 但由于1995年，国债期货出现了"327"事件及"319"事件，严重扰乱了国债期货市场的正常经营秩序。故而1995年5月17日，证监会决定在全国范围内暂停国债期货交易的试点。

这一时期的法治多停留在规范性文件层面，由于缺乏统一的管理机构，这些文件缺乏统一性与系统性，多是针对某些突出的问题而制定的。重点是依靠行政干预，本着"坚决制止期货市场盲目发展"的原则，进行整个行业的清理整顿。以1993年11月4日国务院发布的《关于制止期货市场盲目发展的通知》为开端，随后国务院办公厅下发了《国务院办公厅转发国务院证券委员会关于坚决制止期货市场盲目发展若干意见请示的通知》，重点从审核期货交易所、严格限定期货交易的范围、严格审批各类期货经纪公司、查处非法期货经纪活动、加强监管等方面对整顿期货市场提出意见。为配合整顿，1995年至1996年间，相继颁布了多项规范性文件，建立起了我国期货交易的基本制度。1995年9月颁布的《关于期货交易所进行会员制改造的意见》，要求各期货交易所实行会员制，进行自律管理；1995年11月颁布的《关于审核期货经纪公司设立期货营业部的通知》与《关于审核非期货经纪公司会员从事期货经纪业务的通知》规范了期货经纪公司及其业务；后证监会为控制市场风险，稳定市场秩序，发布了《关于对大户持仓及风险管理情况进行一次全面检查的通知》《关于严格控制风险，从严查处违规行为的紧急通知》《关于进一步控制期货市场风险、严厉打击操纵市场行为的通知》《关于对操纵期货市场行为认定和处罚的规定的通知》，要求建立持仓限额制度，取消"T＋0"结算，禁止用仓单抵押做投机交易，禁止未经证监会批准的机构从事二级代理业务、对操纵市场行为确立认定与处罚标准。1998年8月，国务院下达了《关于进一步整顿和规

① 杨玉川：《金融期货期权市场研究与策划》，经济管理出版社2000年版，第239页。

范期货市场的通知》,确定了"继续试点,加强监管,依法规范,防范风险"的方针,对期货市场实施第二次大的结构调整,整顿重点涉及整合期货交易所、压缩期货交易品种、提高交易保证金比例等,同时加强对期货经纪公司的监管、严控境外期货交易。

3.期货市场规范发展阶段(1999—2007年)

1999年6月2日国务院颁布的《期货交易管理暂行条例》及配套的四个管理办法,标志着我国期货市场开始进入全面规范发展阶段。2000年12月29日,我国期货业协会成立,正式建立了"政府—协会—交易所"的三级管理体系。2006年9月8日正式成立了我国第四家期货交易所——中国金融期货交易所。中国金融期货交易所的成立,对于深化资本市场改革,完善资本市场体系,发挥资本市场功能,具有重要的战略意义。

这一时期是期货法治建设的高峰期。1999年,我国期货市场迎来了《期货交易管理暂行条例》以及"四个配套办法",即《期货交易所管理办法》《期货经纪公司管理办法》《期货业从业人员资格管理办法》《期货经纪公司高级管理人员任职资格管理办法》,告别了无法可依的情形,我国期货市场与期货经纪行业终于得到了法律的承认。自此以后,法律、法规、司法解释纷纷出台。1999年12月,"刑法修正案(一)"将有关期货犯罪写入条款;2006年6月,"刑法修正案(六)"将操纵期货价格和期货机构挪用客户资金等行为进一步明确为犯罪行为。2003年6月,最高人民法院发布了《关于审理期货纠纷案件若干问题的规定》,不仅成为审判和处理期货纠纷的重要依据,也一度成为期货经纪公司制定内控制度的重要法规依据,甚至从某种意义上成为规范期货市场法律行为的"准期货法"。①

同一时期,各相关部委出台多部部门规章,也给期货市场的规范运行提供了重要的参考,如证监会、国家经济贸易委员会等机关先后颁布《国有企业境外期货套期保值业务管理办法》《期货经纪公司治理准则(试行)》等,对期货市场进行进一步规范;2005年8月商务部与香港特别行政区签署《内地与香港关于建立更紧密经贸关系的安排》(CEPA)及其磋商纪要,允许符合条件的内地期货公司到香港经营期货业务,包括设立分支机构。进一步放宽香港市场准入的条件,允许在内地设立合资的期货经纪公司。另外,2004年1月31日国务院发布的《国务院关于推进资本市场改革开放和稳定发展的若干意见》明确提出要稳步发展期货市场,并把期货公司定位为现代金融企业,该意见为之后的期货法治完善奠定了坚实的基础。

4.期货市场创新发展新阶段(2007年至今)

2007年4月15日,国务院颁布的《期货交易管理条例》正式生效,自此,《期货交易管理条例》成为我国最高层级的期货立法。我国期货行业进入创新发展、对外

① 刘健、曲峰:《期货法律基础》,高等教育出版社2016年版,第2页。

开放的新阶段。国债期货时隔18年重新设置，原油期货正式挂牌，期货品种逐步完善，期货市场稳步推进，逐步开放，期货法治建设进一步完善。与之前的《期货交易管理暂行条例》相比，《期货交易管理条例》有多处创新性突破，如将金融期货和期权交易写入条例；放宽了期货公司的业务范围；规定经证监会批准，交易所可采取会员制或公司制等。为适应期货市场的发展，国务院于2012年对《期货交易管理条例》进行了修订，首次明确了“期货交易”的定义，扩大了期货交易的主体并进一步明确了期货交易所的职责等。《期货交易管理条例》的推出与修订，对期货市场的发展起到了非常重要的促进作用，为金融期货品种的推出及期货市场的进一步发展提供了法律上的保障，为我国期货业转变市场格局、拓展期货市场广度和深度创造了巨大的机遇和发挥空间。

随着期货市场的发展和《期货交易管理条例》的制定，证监会也对配套管理办法进行了修订，且在此基础上颁布了一些新的管理办法或规定，包括期货投资咨询业务规定、资产管理业务规定、分类监管规定、信息公示管理规定、开户管理规定、金融期货投资者适当性规定、境外投资者从事特定期货交易的规定等。这些规定进一步丰富和完善了期货行业的法律体系、为期货业的良性发展保驾护航。2010年12月，最高人民法院发布了《关于审理期货纠纷案件若干问题的规定(二)》，明确了相关期货纠纷案件的管辖等法律适用问题，为期货案件的审判起到了关键的指导作用。随着条例和证监会规定的颁布或修订，我国期货业协会和各大交易所也根据实际情况发布了一些自律性规则，比如交易规则、结算规则、保证金规则等。这些自律性规则也是规范期货业发展必不可少的制度规则，是市场交易主体必须遵守的规则。

5.我国期货法治40年发展的小结

我国期货市场已经建立了以行政法规为主的制度体系。其中主要包括以下五个方面：一是行政法规，当前我国期货市场最高位阶的专门性制度规范是国务院颁布的《期货交易管理条例》；二是部门规章，目前主要有《期货交易所管理办法》《期货公司监督管理办法》等；三是司法解释；四是规范性文件；五是自律规则，主要是我国期货业协会、期货交易所制定的自律规则。在期货法治发展的推动下，我国期货市场取得如下成绩：

第一，初步构建了较为完善的期货市场体系。在将监管权力集中于证监会的基础上，形成了以证监会、期货交易所、期货经纪机构、期货投资者为框架的较为完善的市场体系，并通过法律法规的制定为期货市场的平稳运行提供保障，形成了以场内衍生品为主的制度体系。目前以《期货交易管理条例》为主体的法规体系仅对期货等场内衍生品进行了规范，场外衍生品的范围、类别、交易方式、参与主体和监管方式等并没有相关的法规进行规范。

第二，建立了侧重境内期货市场的制度结构。《期货交易管理条例》对境外机构参与境内期货交易，境内单位和个人从事境外期货交易，境外机构在境内设立、收购或参股期货经营机构，及境外期货经营机构在境内设立分支机构进行原则性规定，并规定国务院期货监督管理机构可以和其他国家或地区的期货监督管理机构建立监督管理合作机制，实施跨境监督管理。

第三，积累了一定的监管经验。证监会一方面借鉴国外经验，另一方面基于对国内实践问题认识的提升，通过持续推进各种监管工作积累了丰富的监管经验，提高了业务能力和水平。

第四，培养了较为理性的投资者群体。期货市场能够通过风险的有效配置促进实体经济的发展，但本身并不能产生新的价值，这极易造成期货市场是"赌场"的错误认识。加上经常发生的"一夜暴富""一夜赤贫"的事例，以散户为主的我国期货投资者在很长时期内都无法正确理解、参与和处理期货市场交易。通过规范阶段的自律、投资者教育、市场发展程度加深等，期货投资者参与期货交易时更加理性。

从我国期货市场的发展与期货法治建设的历程来看，虽然期货市场在发展中出现了反复与波动，但是基本面是朝着创新化、规范化、国际化的正确方向前进的。期货法治的建设也经历了从无到有、从无序到有序、从立法缺失到法治繁荣的发展过程，法律制度的不断完善是推动期货市场发展和繁荣的重要动力，因此我们必须高度重视期货法律制度的建设工作。我国目前正在积极推进《期货法》的立法进程，这必将是我国未来期货法治建设中最重要的一环。

十二届全国人大常委会于2013年9月将期货立法列入立法规划，2013年12月全国人大财经委员会成立了包括全国人大常委会法工委、国务院法制办和有关部委、证监会、最高人民法院等部门的立法草案起草组。2014年5月，《期货法》草案第一稿完成；2014年11月，《期货法》草案第二稿完成。受2015年股市异常波动的影响，期货立法工作有所推迟。《期货法》从2014年起，多年列入全国人大常委会立法工作计划。目前《期货法》立法正在积极筹备中。

（二）期货法治发展中的重要理论与实践问题

在市场呼唤期货立法的背景下，期货法治发展中的重要理论和实践问题均围绕期货市场法制建设的各个方面展开。

1.期货立法基本概念的讨论

期货是期货交易的标的，对"期货"概念的界定，理论上一直存在争议。一种观点认为期货交易的标的就是交易的商品本身，包括未来交收的货物、外汇、利率、股票指数等；[①]另一种观点认为期货交易的标的是期货合约，即期货在性质上是一种合约。[②] 第一种观点在早期曾经获得不少学者的支持，但在《期货交易管理条例》第 2 条中，期货交易的标的被界定为“期货合约或者期权合约”，因此随着该条例的颁布，这种观点已不占据主要地位。当然，期货交易的标的应当是合约，是由期货交易的目的和功能所决定的。在期货市场中，交易者所进行的基本交易模式包括套期保值交易和套利、投机交易，目的是控制风险或者赚取差价利润。大多数期货合约并不发生实物交割，在交割日之前持仓人通过对冲平仓交易了结头寸。如果说期货交易的标的是商品，交易者的目的是获得商品本身，那么相对于商品数量、质量、交易单位、履约时间、地点都标准化了的期货合约而言，个性化的买卖合同显然更能满足交易者的需求。期货交易的标的是商品还是合约这两种观点，差别就在于期货交易中转让的究竟只是基础资产本身，还是一种合约权利(此种权利作为交易标的不以合约的达成为前提)。而后者与前者在功能上的不同之处就在于，通过合约上对基础资产的安排，使合约持有者具有了支配合约上利益的能力，以及占据交易上有利地位的能力。通过期货交易，交易者得以支配的权利类型是债权而非所有权。因此，在《期货法》立法中，应当将期货交易的标的(即期货)的性质界定为合约而非商品。[③]

有学者认为，在研究期货的界定标准时还应考虑三个排他性标准。第一，标准化合约的设计期限。标准化合约是区别期货和远期合约的基础，但是标准化的合约也并不一定完全等同于期货合约。例如，从部分现货市场的实践来看，其商品交易机制和合约的表现形式虽然很像期货，但是由于合约期限很短，与现货贸易需求紧密结合，因而实际上属于现货市场。因此，为了满足市场主体创新和现货商品流通的需要，在区分期货合约和标准化的现货合约时，可以尝试以合约期限作为排他性依据。如合约最长到期期限设计小于一个月的标准化合约不属于期货合约。第二，交易方法和机制。现代远期商品交易中引入了双向交易、对冲机制和保证金交易，以及集中竞价、电子撮合、匿名交易、做市商等内容。其中，低比例的保证金交易构成了期货的核心特征，应首先将其作为期货交易机制的排他性标准。此外，基于风险考虑，匿名交易和做市商制度也应作为期货界定的排他性标准，法律应禁止

① 文海兴：《期货交易法律关系研究》，法律出版社 1995 年版，第 7～19 页、第 213～226 页。

② 杨永清：《期货交易法律制度研究》，法律出版社 1998 年版，第 46～52 页；唐波：《期货法论》，上海世界图书出版公司 1998 年版，第 3 页；彭真明：《期货法论》，华中师范大学出版社 1998 年版，第 76 页；杨振强：《期货法》，法律出版社 1999 年版，第 33 页；李明良：《期货法》，人民法院出版社 1999 年版，第 7～8 页；林准超：《期货交易，买卖什么》，载黄永庆：《期货法律实务》，法律出版社 1998 年版。

③ 叶林、钟维：《核心规制与延伸监管：我国〈期货法〉调整范围之界定》，载《法学杂志》2015 年第 5 期。

远期市场引入这一交易方法。第三，经纪业务。经纪业务的特点是可以扩大社会公众的参与度，因此也应成为期货交易的排他性要件，《期货法》应禁止期货交易所之外的远期商品市场采用经纪交易。总的来说，《期货法》在选择期货的界定标准时可以考虑多重排他性标准，这一标准也为期货监管范围提供了选择。建议立法层和监管层可以结合排他性标准组合，区分期货市场、OTC市场和中远期现货市场，有效提高市场效率和监管效率。[①]

对"期货交易"法律概念的准确界定，决定了《期货法》调整和规范哪些法律关系，是《期货法》立法过程中需要解决的问题。关于"期货交易"概念的界定，有学者认为，立法上关于期货交易的定义实际上涉及好几个概念的定义：一是期货合约的定义；二是期货市场的定义；三是关于商品的定义。期货交易的定义可以通过这三个概念的定义加以明确，无须单独对期货交易下定义。[②] 有学者认为期货交易是指在期货交易所内买卖期货的交易，而期货则是标准化了的远期商品。[③] 因此有学者建议适度扩大"期货交易"的概念，将采用公开集中交易方式或国务院期货监督管理机构批准的其他方式进行的以"期货合约""期权合约"等各类衍生品合约为交易标的的交易活动，均定义为"期货交易"。[④] 此外，还有学者建议构建期货合约与远期合约的实质性区别要件（如合同条款特定化、交易参与者特征、交付义务的法定强制执行力等），并补充"公众参与"和"标的物种类"作为认定期货交易的必备要件。[⑤]

2.期货法调整范围的讨论

针对期货立法的名称，有的学者认为，虽然立法者倾向于把调整期货及衍生品市场的基本法称为"期货法"，但是采用《期货法》的立法名称不妥，不足以涵盖其调整范围，例如期权合约、互换合约、远期合约等并不属于期货的范畴。[⑥] 也有的学者认为《期货法》应当作为期货立法的名称，以期权合约为例，从交易标的来看，期权交易的标的是交易所制定的标准化的期权合约，合约中仅有期权价格（权利费）一项需要买卖双方自行约定；从交易机制来看，期权合约采用保证金交易机制，由交易所履行中央对手方义务并为交易提供集中履约担保，采用当日无负债结算方式；从交易环节来看，期权合约没有发行环节以及基于发行的投融资环节。期权合约的上述特点均符合《期货交易管理条例》第2条所规定的期货交易的法律特征。

---

① 安毅、王军：《与〈期货法〉立法相关的若干重要问题探讨》，载《证券市场导报》2015年第1期。

② 贺绍奇：《期货市场的边界及〈期货法〉的调整范围》，载《中国市场》2015年第48期。

③ 常清：《中国期货市场发展的战略研究》，经济科学出版社2001年版，第22～24页。

④ 刘道云：《关于完善期货法立法的导向性建议》，载《证券市场导报》2017年第11期。

⑤ 于勤：《期货交易的界定及其完善》，载《证券法苑》2013年第8期。

⑥ 刘春彦、段莹：《论〈期货法〉立法名称的不妥》，载《东方早报》2014年9月23日。

考虑到目前我国的衍生品市场仍处于发展的初级阶段，未来衍生品交易在交易品种、交易方式、交易规则、交易主体、产品风险等方面仍将有各种新情况出现。现阶段，如果采用《商品交易法》或者《衍生品交易法》的名称，法律规定的内容将存在很大的不周延性，未来伴随着衍生品市场的不断创新发展很可能面临不断修法的巨大成本。①

针对场外衍生品是否应纳入期货立法的问题，学者均认为将场外衍生品纳入期货立法符合期货市场的发展趋势。我国场外衍生品市场通常的立法方式是“推出一类产品即制定相应的管理规定”，此种方式往往具有局限性，缺乏可操作性，且法律层级较低。场外市场蕴含着巨大的风险，需要有效率的监管。“核心规制与延伸监管”作为界定《期货法》调整范围的思路应一以贯之，也就是说《期货法》除了规制场内交易外，还应当实现对场外衍生品交易的延伸监管。明确期货交易的标的是采用对冲交易机制的合约，实际上将一些本属于场外创制的衍生品类型纳入《期货法》的调整范围，并提供原则性的判断标准。但要使这一界定具有可适用性，应当为其提供制度和程序上的支持，主要的方法就是将这些可对冲的场外衍牛品纳入中央对手方结算。中央对手方不仅可以提高结算效率，节约担保资源；降低对手方风险，确保交易履行；更重要的是它可以增加场外市场的透明度，方便监管机构进行风险评估，从而及时有效地采取监管措施。凡是纳入中央对手方机制的场外衍生品，均应适用《期货法》的有关规定。②

从分管领域来看，我国现行的《人民银行法》《证券法》《商业银行法》《银行业监督管理法》《期货交易管理条例》都没有专门针对场外金融衍生品的具体条款。将特定场外衍生品纳入《期货法》的调整范围，弥补目前立法上的空白，应当考虑三个方面的因素。一是该产品的交易特征有标准化和集中交易的特质；二是该产品具有较大的风险，统一监管、统一清算能够避免发生系统性风险；三是该产品的交易和监管可以援引参照使用期货交易的相关法律法规。从我国目前银行间市场的产品、交易机制和境外立法实践来看，标准化远期、互换类产品以及期权类产品等纳入《期货法》监管范围，提升这些产品的法律层级，强化这些可能引发系统性风险产品的监管力度，加强对投资者的保护，为这些产品的发展提供一些更高层次的制度保障。③

市场经济条件下的期货市场应是统一的市场，标准化的期货交易与非标准化的期货交易是可以相互转化的。虽然它们在交易属性上有一定的区别，但是在合

---

① 孔康妮：《论我国〈期货法〉的调整范围》，载《科技与法律》2015年第3期。

② 叶林、钟维：《核心规制与延伸监管：我国〈期货法〉调整范围之界定》，载《法学杂志》2015年第5期。

③ 万玲、刘道云：《关于完善我国期货立法调整范围的探讨》，载《上海金融》2017年第5期。

约属性上还是具有一致性的。如果未来的期货立法仅调整标准化的场内交易，那么非标准化的场外交易就需要制定单独的法律进行调整，或者没有任何法律对其进行调整而任由其自由发展。从实际操作来看，这两种方法都是不可取的，未来的“期货法”应既调整标准化的场内交易也调整非标准化的场外交易，这是实现期货市场交易和监管规则统一，由机构监管向功能监管转化的必要条件。如果不能将所有期货性质的交易都统一在“期货法”的调整范围之内，就不可能实现对期货交易行为的功能监管，也难以明确区分民商法与金融法的法学界限，更难以杜绝我国目前非现货交易市场的混乱现象，难以从根本上实现控制系统性金融风险的法治目标。[①]

场内市场与场外市场的互动加强，需要统一监管，防范系统性风险。目前，场内期货市场与场外衍生品市场已经形成了既互相竞争又互为补充的良性互动关系。一方面，场内期货市场具有充裕的流动性、完善的交易风控制度和严格的监管措施，可以利用自身较为完善的制度为场外市场筑起风险防范的堡垒，同时为场外市场相关参与者提供风险转移的场所；另一方面，场外市场凭借其个性化的设计，为场内业务无法覆盖到的市场提供了有针对性的风险管理服务，同时也有利于提高场内市场的流动性和功能发挥，完善场内市场的定价机制。考虑到场内市场与场外市场的联动性逐渐增强，而场内市场和场外市场的监管机制不同，就会出现类似于“安然漏洞”的监管差异以及监管套利的空间，因此有必要将场外衍生品市场纳入统一监管，避免因场外市场的监管不足引起的系统性风险。[②]

3.期货立法与证券立法关系的讨论

如何处理期货立法与证券立法的关系是期货立法的重要问题，在《证券法》修订和《期货法》制定之际，如何明确界定两部法律的调整范围是协调两部法律的关键。证券和期货在产品属性和交易机制上存在明显的差异，一般情况下不会出现管辖权冲突，《期货法》与《证券法》协调的关键是对证券衍生产品调整边界的明确界定。一般而言，期货立法与证券立法的关系问题涉及四个层次的制度安排：金融立法体系的内部协调；与衍生交易相关的监管机构的设置；交易所的业务范围与分工；特定交易品种的上市地点。

多数学者认为期货立法应当独立于证券立法，以对商品期货、金融期货以及场外衍生交易、杠杆性外汇交易等进行统一监管。与这种立法模式相对应，往往存在着一个发达的期货市场，包括商品期货市场与金融期货市场。事实上，如果进一步从期货立法形态与期货市场结构之间相关性的视角观察其他国家的期货立法，可

---

① 刘少军：《我国期货法制定中的主要问题研究》，载《南昌大学学报(人文社会科学版)》2017年第6期。

② 孔康妮：《论我国〈期货法〉的调整范围》，载《科技与法律》2015年第3期。

以发现，在商品期货比较发达或比较重要的国家，一般会有单独的期货法或至少是独立的商品期货法，日本、新加坡、印度等都是如此。在全球经济一体化的格局下，商品期货市场的战略意义是争夺对大宗商品的定价权。以此观照，我国作为全球第二大经济体以及多种大宗商品的最大消费国和进口国，期货市场的现状与我国实体经济的地位极不相称；期货立法也是目前我国金融立法体系中最显眼的缺口。从这个意义上说，制定一部独立的、能够充分反映期货交易独特机理的《期货法》势在必行。独立的期货立法一方面避免了在《证券法》中塞入过多的期货交易监管规则，从而破坏《证券法》自身逻辑与体例的严谨性；另一方面，一部独立的期货立法也能够包容商品交易的不同阶段，从而化解当前我国实践中大宗商品中远期电子盘交易的监管归属争议。[①] 有学者指出，按照现行《证券法》的规定：《证券法》的调整范围包括证券衍生品，因此证券期货是《证券法》的调整对象，《证券法》是证券期货法规的基础性法律，这就必然存在期货立法与证券立法的关系问题。在商品期货中商品交易的基础性法律仍然是其法律基础，金融期货中金融交易的基础性法律也仍然是其基础性法律，期货法不可能完全独立于其基础性法律体系，这就必然存在它与各基础性法律体系相关规范的协调问题，不能完全不考虑各种基础性法律的现行规范和未来规范，完全独立地制定期货法。[②]

同时，也有相当部分学者主张实质重于形式。如果要制定类似于《金融商品交易法》或《资本市场法》这样的法律取代已有的金融市场相关立法，或是只存在有《证券法》，把期货及衍生品纳入法律的调整范围甚至证券的概念内都是可行的。[③] 还有学者认为《证券法》和《期货法》应当是母法与子法的关系，《期货法》中没有规定的应当到《证券法》中寻找条文适用。这样，对于以证券为基础资产的期货、期权等证券衍生产品，因其在本质上是基于证券而产生的，与证券关系密切，应由《证券法》对其进行原则性规定。但是，证券衍生产品毕竟不同于证券而属于期货交易或期权交易，《期货法》的相关规定亦应遵守。因此，以证券为基础的期货合约、期权合约等产品应受到《证券法》和《期货法》的双重规范。[④]

从监管主体上看，有学者认为我国一直采用的是证券市场和期货市场分别发展、分别立法、统一监管的模式。从监管模式来看，不同于美国证券交易委员会与商品期货交易委员会分设的监管模式，中国证监会是我国证券市场与期货

---

① 楼建波：《美国处理期货法与证券法之间关系的实践及其启示》，载《法学论坛》2015年第4期。

② 刘少军：《我国期货法制定中的主要问题研究》，载《南昌大学学报（人文社会科学版）》2017年第6期。

③ 叶林、钟维：《核心规制与延伸监管：我国〈期货法〉调整范围之界定》，载《法学杂志》2015年第5期。

④ 华东政法大学课题组：《证券法的调整范围与立法体例研究》，载《证券法苑》2014年5月。

市场的统一监管主体，从而避免了监管部门之间的管辖权之争。[①] 从促进市场发展和协调监管的角度出发，建议按照交易机制的不同将证券衍生产品划分为发行类衍生品与非发行类衍生品。此种分类一方面与证券型衍生品和契约型衍生品的分类标准一脉相承，另一方面也利于明确界定《证券法》和《期货法》各自的调整范围。对与上市公司或者证券公司相关、具有发行环节并采用现货交易机制的发行类证券衍生品由《证券法》调整，而对由交易所统一制定标准化合约、不具有发行及相应的投融资环节并采用期货交易方式的非发行类证券衍生品（契约类衍生品）交由《期货法》调整，从而实现期货及衍生品市场和证券市场法律规定之间的有效衔接。[②]

从法律条文上看，有学者认为在证券与期货的区分上，可以有两种选择：如果是将来允许证券交易所与期货交易所交叉上市证券期货产品，那么可以在《证券法》第2条第3款后增加一款，即在“证券衍生品发行、交易的管理办法，由国务院依照本法原则规定”后增加一款，规定：“不包括在期货市场上市的期货合约”；如果仍然沿袭目前市场分开、立法分开与分别监管的体制，那么可以在《证券法》第2条第3款后增加一款规定，即“上款规定的证券衍生品，不包括期货合约”。[③] 也有学者认为，将来我国《期货法》中可规定：“在中华人民共和国境内，商品期货合约、金融期货合约、期权合约以及其他期货合约的交易及相关活动，适用本法。”商品期货合约、金融期货合约和期权合约属于期货市场的主要种类。“其他期货合约”是一种兜底性的规定，可以将一些随着经济发展而产生的新兴期货涵盖进来。关于对证券衍生期货的规制，其内容本质上应属期货立法的范围。因此，我国《证券法》第2条第3款的相关内容可纳入期货法，这样可避免《期货法》与《证券法》关于调整范围的规定交叉重叠，从而理顺二者的关系，维护期货法内容体系的统一。[④]

长期来看，未来证券衍生产品的具体品种将会随着市场的创新发展不断增加，一些新型证券衍生产品的性质界定和调整分工在法律层面将有待于进一步的明确。如古谚所云：合久必分，分久必合。统一型的立法可能发展成为分散型的立法，分散型的立法可能再回到统一型的立法。[⑤]

4.发挥期货立法监管功能的讨论

我国期货市场违法案件的日益增多及操纵手段的日趋复杂化正在考验着期货

---

① 孔康妮：《论我国〈期货法〉的调整范围》，载《科技与法律》2015年第3期。

② 杨阳：《期货及衍生品与证券的概念界定》，载《清华金融评论》2015年第6期。

③ 贺绍奇：《期货市场的边界及〈期货法〉的调整范围》，载《中国市场》2015年第48期。

④ 黄爱学：《论我国期货法的调整范围》，载《学术交流》2014年第1期。

⑤ 吴志攀：《证券法适用范围的反思与展望》，载《法商研究》2003年第6期。

立法监管功能的时效性与成熟度，多数学者均认为期货立法中明确各违法行为的具体内涵是发挥期货立法监管功能的前提。

针对期货市场操纵，学者认为，惩罚和防范操纵是期货监管的焦点和核心，[①]应在期货立法中准确界定市场操纵的内涵：任何人（政府、期货交易所等履行监管职能的主体除外）以在期货或期权合约上获利或减少损失为动机，通过人为抬高、降低、维持期货或期权市场价格，可能给市场供求带来误导性信号，从而导致市场交易量异常变动或出现人为价格的行为。[②] 在期货立法中，对跨市场操纵行为作出明确的规定，对行为类型、行为构成、责任认定作出规范，跨市场操作行为造成中小投资者损失的，为其提供良好的救济渠道如代表人诉讼等。[③] 还有学者针对跨市场操纵提出加强到期合约的监控，建立跨市场危机处理程序。从股指期货的定价理论来看，由于股指期货以股票现货指数作为标的，在期货合约即将到期时，期货合约的价格往往会与现货价格趋同，在到期日的前夕两个市场的关联性会越来越强，一个市场的变化将显著影响另一个市场的变化，因此，在这段时间内将是操纵者最有可能进行操纵的时期，进行跨现货与期货市场的操纵行为的可能性极大。[④] 可以将期货交易所的异常交易行为监管扩展至证券交易所，只要自动做市、动量发起、订单抢先在股市和期指市场的行为符合异常交易行为要件，就要由交易所对行为人采取监管处分措施。[⑤]

针对期货内幕交易，学者认为期货市场与证券市场中的内幕交易存在差异，与期货合约关联的往往是某一实物商品或金融资产的品种、行业、产业链等宏观经济要素，期货内幕信息包括国务院期货监督管理机构以及其他相关部门制定的对期货交易价格可能发生重大影响的政策、期货交易所作出的可能对期货交易价格发生重大影响的决定、期货交易所会员、客户的资金和交易动向等对期货交易价格有显著影响的其他重要信息。因此，证券内幕信息侧重于公司经营财务层面的微观性信息，而期货内幕信息则更侧重于监管政策、交易所决定、重大交易信息等能够对期货价格产生重大影响的宏观性信息，两者重合度较低。[⑥] 因此，学者认为应明确期货内幕交易的内涵：在内幕信息尚未以可以使交易公众普遍知晓的方式发布

---

① 温观音：《美国期货法上的反操纵制度研究》，载《河北法学》2009年第7期。

② 胡光志、张美玲：《我国期货市场操纵立法之完善——基于英美的经验》，载《法学》2016年第1期。

③ 朱大旗：《完善我国股指期货市场监管机制的法律思考》，载《政治与法律》2012年第8期。

④ 石晓波、周奋：《中国股指期货市场与股票市场的跨市操纵与监管》，载《当代经济研究》2015年第2期。

⑤ 上海证券交易所—招商证券联合课题组：《股票与股指期货跨市场交易监管研究》，载《中国证券报》2011年8月12日。

⑥ 朱芸阳：《股指期货内幕交易监管困境与出路》，载《人民论坛》2015年第32期。

以前，利用基于身份或雇佣关系获取的内幕信息为自己或他人进行交易；以协助他人利用内幕信息进行交易的意图将基于身份或雇佣关系获取的内幕信息泄露给他人；明知是内幕信息而获取并利用该等信息进行交易；明知是内幕信息而盗用、侵占或滥用，并利用该等信息进行交易，或以协助他人利用内幕信息进行交易的意图向他人泄露该等信息；场内经纪商进行的双重交易。[①] 有学者提出期货立法中将内幕交易的内涵具体化的方案：首先，明确将内幕信息原则性地界定为对期货交易价格具有重大影响的宏观政策信息、事件类信息和特定情形下的客户交易信息。其次，明确内幕交易主体为基本内幕人和其他主体。基本内幕人即政府工作人员、期货自律管理组织工作人员、期货经纪商和事件类信息的制造者，其他主体即经由基本内幕人知悉内幕信息的交易者，包括非法获取、意外获知和被动获知期货交易内幕信息的人员。再次，内幕交易的行为形态基本维持现行规定，即在公开前直接或间接从事期货交易，但不以"利用"内幕信息作为要件。最后，例外规定，包括期货交易的行为人有证据证明下列情形之一的，如其交易行为与内幕信息无关、有正当理由相信内幕信息已公开、事先不知道泄露内幕信息的人是内幕信息知情人或泄露的信息为内幕信息、能以其他方式证明其未从事内幕交易活动等。此外，参考境外市场的成熟做法，建议有关期货市场"老鼠仓"的规定，仍然沿用《期货市场管理条例》第70条第2款的规定，将期货市场"老鼠仓"作为期货市场内幕交易的一部分统一作出规定。为此，相应地对《刑法》第184条作出修改，删除第4款对期货市场"老鼠仓"的单独规定。[②]

(三)中国期货法的未来和展望

1.《期货法》的出台

期货市场发展的形势迫切需要期货立法工作的加速开展。当前，在我国全面深化经济体制改革和加快转变经济发展方式，对多样化风险管理工具产生巨大需求的背景下，期货市场具有广阔的发展前景。期货市场的发展创新需要更为完善的法治环境和制度保障。在未来期货立法的过程中，通过法律制度的设计保障期货市场国际化、建设中央对手方制度、完善投资者保护机制，从而在我国推行"一带一路"发展战略的背景下，在追求我国期货市场国际化的同时完善国内期货法律制度建设，使得国内期货市场能够以此为契机，协同人民币国际化，促进我国期货市场提供跨国境服务，这不仅有助于提升我国期货市场服务"一带一路"国家战略的

① 钟维：《期货市场内幕交易：理论阐释与比较法分析——兼论我国期货法之内幕交易制度的构建》，载《广东社会科学》2015年第4期。

② 李明良、李虹：《期货市场内幕交易的内涵：以美国为中心的考察》，载《证券法苑》2014年第4期。

能力，还能推动我国期货市场的蓬勃发展，进一步深化我国争夺大宗商品定价权的战略进程，为我国争取国际金融话语权打下坚实的基础。

通过期货立法，优化期货市场主体结构，合理界定交易所、金融服务机构、从业人员、行业协会以及期货监管机构之间的权利与义务关系，有利于形成定位合理、权责明确、动态均衡的市场结构关系；通过期货立法，进一步明确监管机构和自律机构的监管职责、监管权限和监管程序，有利于更好地明晰监管边界和创新空间，提升市场效率；通过期货立法，进一步完善期货产品供给与交易机制，建立公正高效的期货交易制度，有利于更好地满足不同层次投资者的市场需求，吸引境外投资者，提升服务质量，促进期货市场更好地服务国民经济。期货立法应当为期货市场创新发展提供坚实的制度保障，在严格防范风险的前提下，为市场创新提供广阔的平台。具体而言，主要包括以下几个方面：

首先，期货立法应完善期货品种上市制度，确立市场化导向的品种创新机制。行业创新在很大程度上依赖于品种创新，建议充分考虑成熟市场经验，完善期货品种上市机制，推动场内品种创新。我国期货市场欲取得更好发展并与国际期货市场接轨，监管层应予自由价值以适当升位，激发金融创新活力，促进市场效率，使安全价值与自由价值、效率价值相平衡。

其次，期货立法应丰富期货中介服务主体类型，并确立相应的监管制度。通过多元中介服务主体类型的构建，细化服务分工，切实满足客户需求，提升服务质量和运作效率，不断深化期货市场服务实体经济的功能作用。借鉴国外成熟市场的经验，建立期货交易顾问、期货基金管理人，以及场外期货市场交易商、经纪商和主要市场参与者的注册和监管制度，优化期货市场服务主体结构。此外，期货立法应以风险管理服务为核心，为期货经营机构开展相关业务预留空间。根据期货经营机构的管理能力和专业水平，充分利用资金优势为客户提供综合金融服务。

再次，期货立法应为场外期货市场的发展预留空间。场外期货野蛮生长最终酿成2008年金融危机的惨剧，此即自由价值、效率价值与安全价值的失衡，而《多德—弗兰克法案》正是对此失衡状态的矫正，故将场外期货纳入期货法调整当中已成为后危机时代多国的重要实践。同时，期货立法应当坚持期货合同的本质，正是基于此自由，金融创新才有动力，市场效率才会不断提高，若过于强调安全价值而扼杀金融创新，无异于是对自由价值与效率价值的最大漠视。换言之，发展场外期货市场是满足实体经济及现货产业多样化、个性化风险管理及财富管理需求的重要手段，有利于进一步促进期现结合，完善价格形成机制，提高我国大宗商品在国际上的定价能力和影响力。场外期货市场的机制构建一方面要放得开，通过与场内相区分的交易模式和管理机制突出场外市场个性化、定制化的优势；另一方面要平衡好更广泛和多元的市场参与主体的利益以及市场创新与市场监管间的关系。

最后，期货立法应关注投资者适当性问题。各国期货法律都会设置投资者适当性制度，即根据投资者的资产、专业能力和经验等将不适当的投资者排除于高风险的期货市场外，以免普通公众遭受不当风险，这才是法律实质公平正义价值的体现。但此亦为对公众投资自由的极大限制，故投资者适当性制度应采法律形式，而非较低层级的规范性法律文件形式。此外，投资者适当性制度对投资者资格限制不应过严，中小投资者保护措施的重心应由资格限制逐步转向投资者教育和期货风险披露，尤其是复杂期货的内容和风险的充分披露，以实现法律的自由价值和实质公平正义价值的平衡。[①]

2.期货市场国际化的深化

期货市场国际化即与国际惯例接轨，既包括管理体制和法律法规国际化，也包括期货交易所、期货公司、投资者市场主体国际化等。期货市场作为一个规则导向市场，期货市场的制度设计直接关系到市场运行质量的提升和功能的有效发挥。期货市场的国际化需要法律依据，境内机构走出去需要法律提供支撑和保障，境外机构走进来需要相应的准入门槛和运行规则。期货市场国际化对期货市场的交易、结算、风控、交割等各项业务提出创新需求，跨境监管和市场自律相关制度也须跟进配套。

目前规制我国期货市场现有的法规均是在特定的历史条件下形成的，具有一定的局限性。尽管几经修改、调整，现行的《期货交易管理条例》缺乏对期货市场国际化的制度安排，与国际规则接轨仍具有较大的难度。期货市场已成为金融市场体系中不可或缺的重要组成部分，在完善社会主义市场经济体系、加速金融创新步伐、服务国民经济转型升级中发挥日益突出的作用。但对于我国期货市场的规制至今尚未立法，这制约着期货市场在更高层次、更广范围上服务实体经济。世界银行和国际货币基金组织在对中国金融体系稳定性评估中，虽肯定了我国期货市场的基本制度，但同时也指出了我国期货市场法律层级较低的问题。

期货市场国际化是一项系统工程，不仅涉及资本外汇控制、人民币国际化等外部环境问题，其内部含义还包含三个层次，即期货市场主体结构（交易所、期货公司、投资者）国际化，期货市场客体（期货品种）国际化以及期货市场运行规则（主客体之间的法律关系）的国际化。期货市场国际化的立法应当遵循期货市场运行规律，从全球视野出发进行期货立法，将国际化纳入期货立法内容，并设计和制定相关制度保障国际化进程有序开展。为我国期货市场“引进来”和“走出去”提供便利，从而为期货市场的国际化提供充分的法治保障。期货市场国际化涉及国家经济安全和金融稳定，必须具备相应的条件和配套法律制度的跟进。因此，期货市场

---

① 唐波等：《国际化背景下中国衍生品市场前沿法律问题研究》，法律出版社2017年版，第14～16页。

国际化也必然以法治化作为保障。[①]

在"引进来"方面，根据《期货交易管理条例》和《境外交易者和境外经纪机构从事境内特定品种期货交易管理暂行办法》的规定，允许境外交易者参与境内特定品种的期货交易，目前，在上海国际能源交易中心进行交易的原油期货就是我国境内允许境外交易者参与的特定品种。在股指期货方面，境外交易者目前仅可通过QFII模式参与套期保值。期货公司方面，过去外资不能对期货公司进行控股，2018年4月，习近平主席在博鳌亚洲论坛2018年年会开幕式上发表讲话，其中针对我国的扩大对外开放，提出大幅度放宽市场准入4大举措后，我国人民银行行长易纲又宣布了12项具体的金融业对外开放新举措，其中就包括将期货公司的外资持股比例上限放宽至51%，3年后不再设限等。

在"走出去"方面，根据《期货交易管理条例》和《国有企业境外期货套期保值业务管理办法》等，目前仅有31家国有企业获准赴境外市场从事套期保值业务，其他具有避险需求的企业只能望洋兴叹。期货公司方面，虽然通过落实《〈内地与香港关于建立更紧密经贸关系的安排〉(CEPA)补充协议四》的有关内容，已有6家期货公司在香港设立分支机构，但是其所获经营权限仅包括代理香港的资本在当地及境外市场进行交易，不能代理内地资本在香港市场交易，也不能代理国际资本在内地进行交易，业务开展受到较大的限制。自2014年证监会发布《关于进一步推进期货经营机构创新发展的意见》支持期货经营机构在境外设立、收购公司后，数家期货公司通过海外并购等方式赴海外设立分支机构。交易所方面，2015年11月，由上海证券交易所、我国金融期货交易所与德意志交易所集团在法兰克福合资组建的中欧国际交易所正式开业，在欧洲打造离岸人民币资产的交易和定价中心，满足人民币的融资和投资需求，建设综合风险管理服务平台。此外，目前我国期货交易所主要是通过期货产品合作开发、加入国际性期货期权行业协会、签署谅解备忘录实现信息共享、研讨交流等方式与境外开展交流的。[②]

目前我国期货市场的开放仍有较大的发展空间，尤其是当前国际投资者较少参与国内期货市场且可参与范围有限、参与国际期货市场套期保值的国内企业数量也较少，以及国内期货公司参与国际竞争、引进外资股东和境外投资者等重重困难，使得我国期货市场难以高效利用国际资源。期货市场国际化的缓慢进程已难以适应我国经济快速发展的需要。期货市场国际化有利于我国企业规避市场风险、实现套期保值、增强我国大宗商品的定价话语权、提高我国市场的资源配置效

① 唐波等：《国际化背景下中国衍生品市场前沿法律问题研究》，法律出版社2017年版，第4～5页。

② 陆丰、顾元媚、黄思远：《我国期货市场国际化的现状及路径研究》，载《开发性金融研究》2017年第2期。

率。我国作为原材料需求大国、制造业大国和外贸进出口大国，国际市场上大宗商品价格的任何变动都有可能对我国经济产生重大的影响，我国需要通过期货业务的全球化，建立全球性的期货市场，吸引国际期货交易者参与交易，扩大我国期货市场的规模，逐渐使我国期货市场的价格能够作为国际商品价格的定价标准，并运用此价格指导企业生产、定价、备货以及套期保值。目前我国大部分企业还不能参与境外期货交易，在许多危机时刻无法通过国外的期货市场进行套期保值，使得企业面临巨大的损失，因此我国企业也有必要通过参与国际期货市场，规避经济全球化背景下无处不在的市场风险。期货市场的国际化势必需要法治的国际化，因此我们应了解和借鉴国际期货市场的通行规则和惯例，与国际接轨，使国内的管理体制和法律法规适应国际期货市场的发展潮流，推动我国期货市场的国际化发展。

3.期货投资者保护制度的完善

2016年12月，证监会发布《证券期货投资者适当性管理办法》，标志着我国在投资者利益保护方面取得了里程碑式的进步，与《证券法》共同形成保护证券投资者合法权益的法律体系。《证券期货投资者适当性管理办法》针对现实问题，依据多维度指标对投资者进行分类，统一了投资者分类标准和管理要求，并明确了产品分级的底线要求和职责分工，建立层层把关、严控风险的产品分级机制。然而，《证券期货投资者适当性管理办法》仍欠缺一定的可操作性，结合2013年8月证监会修改发布的《关于建立金融期货投资者适当性制度的规定》，不难发现，我国目前的投资者适当性制度主要是从证监会规章、期货交易所业务规则和期货业协会自律规则等三个层面制定并建立起的一套多层次、多结构的规则体系，而考察境外成熟的资本市场，其投资者适当性制度主要是从法律层面进行规定的，这使得该制度在我国由于法律效力层级较低而无法得到投资者的足够信任，从而导致期货交易所和期货公司在履行管理职能时可能面临较高的诉讼风险。另外，目前的投资者适当性制度过于强调投资者的“准入”，已无法完全适应金融期货市场快速发展的需要，同时对“准入”的过分强调，还会导致期货交易所、期货公司忽视在投资者进入金融期货市场后进行适当性引导、风险教育的重要性。

此外，建立健全期货投资者保障基金制度也是保护期货投资者的重要方法。设计有效的期货投资者保护基金，不但有利于保护中小期货投资者的利益，而且有利于完善期货经纪机构的市场退出机制，防止金融风险扩散。虽然我国的期货投资者保障基金制度在2016年通过修订《期货投资者保障基金管理办法》以及发布《关于期货交易所、期货公司缴纳期货投资者保障基金有关事项的规定》在原有制度基础上进行了调整与发展，确定了“保障基金按照取之于市场、用之于市场的原则筹集。保障基金的规模应当与期货市场的发展状况、市场风险水平相适应”这一原则，但是该规定也仅是原则性的规定，制度整体上仍缺乏实质性的发展。因此，可通过拓宽基金来源，明确期货监管机构对期货市场违法违规行为没收的违法所得、罚款可以作为基金来源等方式，通过多种渠道筹措基金；通过制定严格的赔付机制，在赔付范围、赔付条件、赔付限额和赔偿程序方面严格规定，完善赔付制度，从而使保障基金制度发挥实效。

4.期货纠纷解决机制的健全

我国现行的期货纠纷解决机制是按照传统法学体系设置的。客户与期货市场机构之间的纠纷统一被界定为普通的民事纠纷，适用民事诉讼法的相关制度进行处理。监管机构对期货市场主体的查处统一被界定为行政纠纷，由市场主体首先接受处罚，对处罚不服才有权提起复议或行政诉讼。这种纠纷解决机制的确能够解决单个主体与单个主体之间的民事关系，也能够比较迅速地解决期货市场的监管处罚问题。但是，这种纠纷解决机制首先不方便各市场主体之间的纠纷解决，难以为期货市场的普通纠纷提供专业的迅速的解决机制；其次，它事实上无法解决期货市场中强势主体同时侵害众多弱势主体利益的行为；再次，面对期货监管机构，被监管对象只能被监管立法者进行直接的执法处罚，而不是交由第三方进行公正的裁决，事实上剥夺了被监管对象的权利主张，形成立法者的强势；最后，对监管机构缺乏司法监督，无法解决其怠于监管和监管失当的问题。因此，面对现实纠纷解决的需要，必须突破传统的纠纷解决体系，建立完善的期货纠纷解决机制。第一，应建立期货投资人利益的多种渠道的非诉讼纠纷解决机制，如期货公司的投诉制度、期货业自律组织的投诉制度，以及其他类型的投资人利益非诉讼解决机制，能够方便、专业地迅速解决投资人的利益纠纷。第二，应建立代表人诉讼制度，当期货市场中的强势主体同时侵害多个弱势主体利益时，被侵害主体有权推选其代表人向法院提起以全体受侵害人利益为请求的诉讼，以充分保障弱势主体的群体利益。第三，应建立重要监管执法诉讼制度，对于重要的监管处罚不能由监管机构直接作出，必须由监管机构向法院提起监管诉讼，由法院作出是否应予以处罚及处罚程序的裁判，以保护被监管对象的基本权益。第四，应建立检察机关期货补充诉讼制度，对于期货市场上的违法行为，如果投资人没有能力进行有效的解决，或者被监管对象迫于压力不敢于要求解决，或者监管机构怠于履行监管职责或出现监管职责失当时，检察机关作为法律执行监督权的享有主体，应有权向法院提起期货补充诉讼，以最终保障期货法律制度得到正确、适当的执行。①

① 刘少军：《我国期货法制定中的主要问题研究》，载《南昌大学学报(人文社会科学版)》2017年第6期。

第五章

中国破产法40年

一、中国破产法40年的发展变迁

(一)我国改革开放初期的破产立法与实践[①]

我国的破产法律制度无疑是在改革开放、废除计划经济、推行市场经济体制的过程中建立起来的。

"破产法"最早出现在新中国的政策文件中，是1983年国务院《关于争取科技进步，促进经济发展若干问题的建议》，其第26条规定，"从根本上说，不淘汰落后，就无所谓竞争；企业技术落后、产品落后没有危机感，也就不会有开发新技术、新产品的紧迫感，要给企业以压力。建议国家经委会同有关部门立即起草企业破产法。1984年底以前报送人大常委会批准"[②]。之后，国务院经济法规研究中心于1985年1月30日宣布成立以顾明为组长的"《破产法》起草小组"和以曹思源为组长的

① 本部分整体参见曹思源：《破产风云》，中央编译出版社1996年版。

② 曹思源：《破产风云》，中央编译出版社1996年版，第12～13页。

“《破产法》起草工作小组”，破产法正式进入立法起草阶段。

接着，武汉、沈阳和重庆等地开始了破产制度的试点工作。

1984年11月，武汉市政府开始着手部署破产试点工作。次年6月21日，武汉市选定武汉市无线电三厂进行破产制度试点，对其实行“濒临破产，限期整顿”工作，期限一年。“黄牌警告”之后的该厂1985年下半年与上半年相比，销售额增长一倍，减少亏损61.6%，1986年3月起开始扭亏为盈。

1985年2月9日，沈阳市政府出台了《关于城市集体工业企业破产倒闭处理试行规定》。同年8月3日，市政府向市防爆器材厂、市五金铸造厂、市第三农机厂发出了“破产警戒通告”，在国内外产生了较大的影响。次年8月3日，沈阳市政府再次举行新闻发布会，市工商局局长宣读了如下通告：沈阳市工商行政管理局通告第一号，根据沈阳市人民政府《关于城市集体所有制工业企业破产倒闭试行规定》，沈阳市防爆器械厂于1985年8月3日正式宣告破产警告，进行整顿拯救，期限一年。但是一年中，虽然企业作了各方面的努力，终因种种原因没能扭转困境，所欠债务仍无力偿还，严重资不抵债。现决定沈阳防爆器械厂从即日起破产倒闭，收缴营业执照，取消银行账号……①

也是在1985年，重庆市政府部署由市属江北新政府颁布了一份《企业破产暂行条例》，并对县属4家乡镇集体企业亮“黄牌”，而后，市政府选择重庆市洗衣机厂作为试点企业进行黄牌警告。

总体说来，前述试点改革对于加快经济体制改革取得实质性突破、传播破产法理念、促进企业扭亏为盈、建立优胜劣汰的市场经济体制起到了重要的“破产启蒙”作用。

(二)《企业破产法(试行)》的颁布与实施

1986年1月31日，国务院第99次常务会议审议并通过《企业破产法(草案)》。之后，6月16日开幕的第六届人大常委会第十六次会议对国务院提请审议的《企业破产法(草案)》进行了第一次审议。第六届人大常委会第十七次会议再次对《企业破产法(草案)》进行了唇枪舌剑式的辩论和审议，中央电视台就此次会议上的委员发言制作并播出了一期“采访纪实”节目，在民众中引起了强烈的反响，之后中央电视台重播了此次特别节目。

此间，国务院经过充分的酝酿，制定了包括失业保险在内的劳动制度改革的四项暂行规定，成为企业破产法最直接的配套法规。

---

① 曹思源：《破产风云》，中央编译出版社1996年版，第12～13页。境外有媒体当时报道该事件时指出：“沈阳城发生了地震，超过八级的改革地震。”另外，本案之所以由市工商局宣告破产倒闭，是因为绕过法院宣告破产缺乏法律规定的障碍和阻力。

1986年12月2日，第六届全国人大常委会第十八次会议以101票赞成、9票弃权、0票反对的表决结果，表决通过了《中华人民共和国企业破产法（试行）》[以下简称《企业破产法（试行）》]，这标志着我国企业破产法律制度的初步建立。[①] 可以说，《企业破产法（试行）》的颁布，对于促进当时经济体制改革的进一步深入，加强企业改善经营管理状况，提高劳动生产率以及转变就业观念等，都起到了巨大的推动作用。[②]

正如新中国破产法律制度的开拓者曹思源先生所言，与国外破产法源远流长、家喻户晓、司空见惯有所不同的是，我国破产法在80年代立法时竟引起了一场十分剧烈的思想震动。其意义不仅在于完善法制，更在于给当时中国社会的政治经济改革带来了一些突破。集中体现在四项“第一”：破产法是我国第一部突破计划经济立法体系、与市场经济国际惯例接轨的法律；破产法是中国大陆第一部在人大常务会审议期间发生公开、激烈的意见分歧而几乎流产的法律；[③]破产法是我国第一部通过院外活动而催生的法律；破产法还是我国第一部在颁布之前就受到新闻媒介广泛讨论的法律。[④]

之后的事实表明，破产法还创造了其他多个立法史上的第一：第一部经过三审才通过的法律；第一部在生效实施之前经过近两年周知期间的法律；[⑤]第一部试行期间长达近20年的法律；第一部在生效后长期“休眠”的法律……

从《企业破产法（试行）》的有关内容来看，以下几个方面的特点显得比较突出：其一，适用范围限定为全民所有制企业；其二，宣告企业破产的原因是“企业因经营管理不善造成严重亏损，不能清偿到期债务”；其三，债权人和债务人均可提出破产申请，但债务人申请破产须经其上级主管部门同意；其四，债务人不能直接提出破产整顿的申请，只有对于那些由债权人提出破产申请的案件，在人民法院受理案件之日起3个月内，债务人企业的上级主管部门提出申请对债务人进行整顿的，债务人方可进入和解整顿程序。

鉴于《企业破产法（试行）》仅适用于全民所有制企业，而其他性质的企业同样

---

① 此前，广东省六届人大常委会于1986年11月颁布了《深圳经济特区涉外公司破产条例》。

② 由于《企业破产法（试行）》通过颁布之时，《全民所有制工业企业法》尚未出台，故而《企业破产法（试行）》将其生效实施的时间，延长至《全民所有制工业企业法》实施满3个月之日。事实上，《企业破产法（试行）》是从1988年11月1日生效实施的。

③ 1986年10月25日，全国人大法律委员会和财经委员会在人民大会堂召开企业破产法座谈会，为人大常委会第十八次会议继续审议破产法作准备。这次座谈会一连开了七天，它澄清了人大常委会委员争议中的几乎所有问题。参见曹思源：《破产风云》，中央编译出版社1996年版，第154～161页。

④ 曹思源：《破产风云》，中央编译出版社1996年版，第168～169页。

⑤ 《企业破产法（试行）》第43条规定：“本法自全民所有制工业企业法实施满三个月之日起试行，试行的具体部署和步骤由国务院规定。”

需要破产法的调整，1991 年 4 月 9 日第七届全国人大第四次会议通过并施行的《中华人民共和国民事诉讼法》便于第二编（审判程序编）中专设第十九章“企业法人破产还债程序”，适用于全民所有制企业以外的具有法人资格的其他企业的破产案件。

《企业破产法（试行）》共分 6 章 43 条，《民事诉讼法》中的“企业法人破产还债程序”一章只有 8 个条文。这些较为笼统的规定，无论是在实体权利的处理方面还是在程序规范的适用方面，都不能充分满足司法实践的需求。故而，最高人民法院于 1991 年下发了《关于贯彻执行〈中华人民共和国企业破产法（试行）〉若干问题的意见》（以下简称《破产法意见》），并于 1992 年下发了《关于适用〈中华人民共和国民事诉讼法〉若干问题的意见》，对企业破产案件审理中可能遇到的问题作了较为详细的司法解释，以求保障企业破产法的正确实施。自 2002 年 9 月开始，《破产法意见》被最高人民法院《关于审理企业破产案件若干问题的规定》（法释〔2002〕23 号）所替代。

随着我国经济体制改革的不断深入以及对市场经济体制改革目标的确立，《企业破产法（试行）》的内容已不能完全满足经济体制改革和经济发展的需要，并日渐暴露出其诸多缺陷，主要包括：(1)受计划经济观念和体制的影响，彼时的立法存在立法理念和目标方面的偏差，在制度设计方面也显得不够成熟；(2)立法内容过于简单、粗糙，诸多制度存在疏漏，法律规范缺少可操作性；(3)对国外已有的成功立法经验与制度借鉴不足；(4)适用对象范围上存在较大的局限性；(5)与其他法律之间的相互协调尚未到位。

(三)《企业破产法》的重新制定与实施

1994 年 3 月，全国人大财经委员会根据第八届全国人大常委会立法规划的要求，着手组织新破产法的起草工作。次年 9 月，全国人大财经委员会首次将新破产法草案提交全国人大常委会会议审议。八届全国人大常委会 1995 年立法规划曾将破产法列为 1995 年出台的立法文件之一。但因种种原因，破产法草案并未付诸审议。此后，破产法作为“列入第八届全国人大立法规划尚未完成的”立法项目，被列入了第九届全国人大的立法规划。事实上，直到第十届全国人大常委会才将此“规划”变为现实。

伯尔曼在《法律与革命》一书中说过，法律的发展被认为是具有一种内在的逻辑；变化不仅是旧对新的适应……并且至少事后认识到，这种过程反映了一种内在的需要。[①] 的确，法典编纂通常总是以某种成熟的法律思想作为背景，并应充分反

① [美]哈罗德·J.伯尔曼：《法律与革命》，贺卫方等译，中国大百科全书出版社 1993 年版，第 11 页。

映出法律制度本身所应蕴含的时代特色。

新破产法之所以到2006年才正式出台，部分原因在于，相对于我国推行改革政策所造就的日新月异的社会情势变迁，破产法理论准备得不充分及现有理论成果一定程度上不敷立法的需求，也在于破产案件中不同的利益相关者在破产财产分配中可能存在的利益冲突，还有法院在审理破产案件方面专业人员的缺乏以及一些地方政府在实施破产法上的消极态度。李曙光教授曾经总结了我国《企业破产法（试行）》在实施过程中的几大难点，包括"政府强、法院弱"问题、职工安置问题、银行的呆坏账问题以及企业间的连环担保问题等。[①]

此间，为推动破产试点工作的开展，国务院于1994年10月25日以"国发〔1994〕59号"文件发布了《国务院关于在若干城市试行国有企业破产有关问题的通知》（以下简称《通知》），该《通知》对试点城市中破产企业职工的安置、破产财产（包括土地使用权）的处置、银行贷款损失的处理等破产法实施中的一些难点问题，作出相应的规定。此后，国务院于1997年3月2日以"国发〔1997〕10号"文件又发布了《国务院关于在若干城市试行国有企业兼并破产和职工再就业有关问题的补充通知》。

两个文件的主要内容在于就试点城市中职工安置与担保债权的关系方面设置了不同的处置方法。按照规定，安置破产企业职工的费用，从破产企业依法取得的土地使用权转让所得中拨付。破产企业以土地使用权为抵押物的，其转让所得也应首先用于安置职工，不足以支付的，不足部分从处置无抵押财产、抵押财产所得中依次支付。破产企业财产拍卖所得安置职工仍不足的，按照企业隶属关系，由同级人民政府负担。

上述试点文件公布实施后，全国法院每年受理的破产案件数量有了明显的增加，在破产案件的规范化处理方面也取得了长足的进步。彼时，基于新破产法的长时间酝酿而迟迟不能出台，破产审判实践中的诸多新问题又亟须加以统一规范，最高人民法院于2002年7月颁布了前述《关于审理企业破产案件若干问题的规定》，自同年9月1日开始实施。这是最高人民法院第二次对《企业破产法（试行）》作出全面系统的司法解释，该司法解释的施行在较大程度上推进了中国破产案件的规范化审理。

如果说《企业破产法（试行）》作为一部"试行"法，其宗旨在于初步建立起我国的企业破产制度并开始试运行的话，那么，经过近20年的试行，该法已经完成了自己的历史使命。

---

① 李曙光：《法思想录》，中国政法大学出版社2007年版，第268～270页。李曙光教授还对后文提到的国务院关于破产企业职工安置费的性质做了解读，将其定性为我国长期推行高就业低工资政策而对职工形成的"历史劳动债权"。

第十届全国人大常委会第二十三次会议于2006年8月27日通过了新的《中华人民共和国企业破产法》(以下简称《企业破产法》),定于2007年6月1日起生效实施。这是在对我国破产法作出新定位的基础上,对《企业破产法(试行)》近20年的实施效果进行全面回顾和检讨,分析立法的利弊得失,并参考世界范围内自20世纪80年代开始的破产法改革经验,结合我国10余年来已发生巨大变革的社会情势及与市场经济相适应的企业运行机制和各类民商事主体的财产结构,完成的新一轮的破产法改革。它既吸收了我国相对成熟的破产法理论研究成果和国外比较成熟的立法经验,又映射出我国经济社会发展所蕴含的时代特质。

正如有学者指出的,《破产法》从立法体例、结构到内容,都堪称一部充分反应世界破产法最新理念的为市场经济量身定做的先进破产法。一位资深的香港执业律师认为,从形式上看,该法的先进性超过市场经济法制更发达的香港的破产法立法。①

从《企业破产法》的立法结构和内容来看,此次立法至少在以下方面实现了重要的制度革新:

1.赋予非法人组织以破产清算能力。在2004年6月份提交审议的破产法草案中,曾将破产法的适用范围扩大到合伙企业及其合伙人,以及个人独资企业及其出资人。但《企业破产法》最终将其适用范围局限于企业法人,而在该法的附则部分增加了一条,即"其他法律规定企业法人以外的组织的清算,属于破产清算的,参照适用本法规定的程序"。

2.设定了独立的破产清算、破产重整、破产和解程序。当事人提出破产申请时可以直接提出清算申请,也可以依法直接提出破产和解(限于债务人提出)或者破产重整的申请。

3.确立了(破产)管理人在破产程序中的中心地位。按照规定,管理人可以由有关部门、机构的人员组成的清算组或者依法设立的律师事务所、会计师事务所、破产清算事务所等社会中介机构担任。人民法院根据债务人的实际情况,可以在征询有关社会中介机构的意见后,指定该机构具备相关专业知识并取得执业资格的人员担任管理人。

4.对银行、非银行金融机构、保险公司等采取分离立法的模式。按照规定,商业银行、证券公司、保险公司等金融机构达到破产界限的,国务院金融监督管理机构可以向人民法院提出对该金融机构进行重整或者破产清算的申请。国务院金融监督管理机构依法对出现重大经营风险的金融机构采取接管、托管等措施的,可以向人民法院申请中止以该金融机构为被告或者被执行人的民事诉讼程序或者执行

① 李曙光、王佐发:《中国〈破产法〉实施三年的实证分析(一)——立法预期与司法实践的差距及其解决路径》,载《中国政法大学学报》2011年第2期。

程序。金融机构实施破产的,国务院可以依据本法和其他有关法律的规定制定实施办法。

5.对破产企业所欠职工的工资及其他依照新《企业破产法》应当享有优先权的相关费用及补偿金,实行"新旧划段"的处理方法。按照规定,新《企业破产法》施行后,破产人在该法公布之日前所欠职工的工资和医疗、伤残补助、抚恤费用,所欠的应当划入职工个人账户的基本养老保险、基本医疗保险费用,以及法律、行政法规规定应当支付给职工的补偿金,依照该法规定的清偿顺序不足以清偿的部分,仍然以该法规定的已经设定了担保权的特定财产优先于对该特定财产享有担保权的权利人受偿。

6.允许一定范围内的国有企业破产在一定期限内继续实行特殊的处理方法。按照规定,《企业破产法》施行前国务院规定的期限和范围内的国有企业实施破产的特殊事宜,按照国务院有关规定办理。

此外,《企业破产法》还强化了债权人自治,并为降低协商成本而创设了债权人委员会制度,界定了担保债权和职工债权在清算中的清偿顺序问题,并第一次把跨境破产的条文写入法律。①

但不得不指出的是,2006年《企业破产法》施行以后的较长时期内,破产案件数量过少的现象并未根本改观,大量本应通过破产退出市场的企业并未进入破产程序。据统计,2006—2013年间全国每年吊/注销企业的数量以及破产案件的审结数量如表5-1所示。②

表5-1　2006—2013年全国年注吊销企业数量与破产案件数量对照表

年份	2006	2007	2008	2009	2010	2011	2012	2013
注销企业	67.2万	81.46万	87.14万	77.47万	78.07万	79.09万	73.50万	无数据
破产案件	253	817	139	128	567	531	100	998

① 李曙光:《法思想录》,中国政法大学出版社2007年版,第258～259页。

② 关于吊/注销企业及破产案件数量的统计,参见李曙光、王佐发:《中国〈破产法〉实施三年的实证分析——立法预期与司法实践的差距及其解决路径》,载《中国政法大学学报》2011年第2期;李曙光、郑志斌:《公司重整法律评论》(第1卷),法律出版社2011年版,第501、518页;国家工商总局企业注册局、信息中心:《全国内资企业生存时间分析报告》,http://www.saic.gov.cn/zwgk/tjzl/zxtjzl/xxzx/201307/P020130731318661073618.pdf,访问日期:2018年3月17日;周强:《最高人民法院工作报告(摘要)》,载《人民日报》2014年3月11日。需要说明的是,对于注吊销企业数量,所引数据存在冲突的,以国家工商总局的数据为准;对于破产案件数量,2010—2013年的数量为审结数量。

与破产案件的数量过少相对应，我国市场中有两种现象非常普遍：一是企业主及高管的"跑路"现象。与公司法定代表人或企业主负债潜逃有关的新闻报道可谓屡见不鲜。据悉，截至 2011 年 10 月，仅浙江省就有 228 名企业主出逃，9 名自杀。[①] 二是"无产可破"(no-assets)及负债资产比畸高的现象非常严重。所谓无产可破，是指债务人的所有财产不足以支付破产案件管理费用的情形。有律师对 11 家上市公司被裁定重整时的负债资产率进行了统计，发现负债资产比超过 200% 的为 5 家，100%～200%之间的为 5 家，100%以内的仅有一家。[②] 对于负债资产比畸高的上市公司，与其说其仍具有拯救的必要，还不如说由于我国证券公开发行所采纳的核准制，上市公司的"壳资源"具有特殊的价值。

不可否认，在实践中，有的法院尚未充分认识到企业破产法在调整市场经济中的重要作用，加之现行体制、机制上的各方面原因，对于申请人提出的符合法律规定的破产案件受理条件的申请，以种种理由不予立案，影响了企业破产法的贯彻实施。最高人民法院为了"尽快扭转这种不正常局面……推动破产案件的受理"，于 2011 年 8 月通过了《关于适用〈中华人民共和国企业破产法〉若干问题的规定(一)》[以下简称《破产法司法解释(一)》]。该司法解释不仅对"不能清偿到期债务""资产不足以清偿全部债务""明显缺乏清偿能力"等涉及破产界限的诸多范畴首次或者重新进行了界定，而且对认定和把握破产界限时应当注意的问题、破产申请的举证责任以及上级法院如何监督下级法院对破产案件的受理等问题作了规定。

《企业破产法》施行以来的司法实践表明，企业破产案件的处理程序烦琐，涉及大量程序性、实体性权利的处置，尤其是债务人财产的界定问题，因涉及与《合同法》《物权法》《公司法》《侵权责任法》《证券法》《民事诉讼法》等多部法律的协调与衔接，就显得更为复杂。而我国目前的相关法律制度尚不完善，各地法院在审理破产案件时对债务人财产的认定掌握的尺度不一，影响了对债权人权利的依法保护，为此，最高人民法院围绕债务人财产认定中所涉的法律适用问题于 2013 年 9 月公布实施了《关于适用〈中华人民共和国企业破产法〉若干问题的规定(二)》[以下简称《破产法司法解释(二)》]。

根据《破产法司法解释(一)》和《破产法司法解释(二)》所突出的不同主题，有理由相信，最高人民法院还会就《企业破产法》实施中的其他专题问题(比如破产管理人问题、关联企业破产实质合并问题)出台相应的司法解释，事实上，最高人民法

① 尹秀超:《跑路公司破产研究》，载王欣新、尹正友主编:《破产法论坛》(第 8 辑)，法律出版社 2013 年版，第 389～390 页。

② 郑志斌:《中国公司重整实证研究》，载李曙光、郑志斌主编:《公司重整法律评论》(第 1 卷)，法律出版社 2011 年版，第 76 页。

院也的确形成了包括管理人和破产费用问题、破产程序中的财产保全和执行问题、关联企业破产实质合并等方面的司法解释草案。但到目前为止，这些司法解释已经让位于率先出台的《关于执行案件移送破产审查若干问题的指导意见》和《全国法院破产审判工作会议纪要》了。

(四)供给侧结构性改革背景下的破产司法政策

1978年年底开始推行的改革开放政策，使我国经济社会发展取得了举世瞩目的成绩。但连续四十年的经济增长也集聚了经济运行中较为突出的“四降一升”问题，即经济增速下降、工业品价格下降、实体企业盈利下降、财政收入增幅下降、经济风险发生概率上升，这些问题产生的原因，主要不是周期性的，而是结构性的，经济结构问题特别是创新能力问题成了当今经济发展的关键性制约因素。2015年年底的中央经济工作会议之后，以去产能、去库存、去杠杆、降成本、补短板，即“三去一降一补”五大任务为重点的供给侧结构性改革正式启动。

1.《关于执行案件移送破产审查若干问题的指导意见》的发布实施

为了充分发挥破产制度在拯救困境企业、淘汰落后产能方面的重要功能，贯彻中央供给侧结构性改革的重要部署，推动执行领域的僵尸企业清理，促进市场化、法治化、专业化的破产工作深入开展，最高人民法院2017年1月发布了《关于执行案件移送破产审查若干问题的指导意见》(以下简称《执转破意见》)。

《执转破意见》的出台，意在解决以下两个方面的难题：其一，法院判决执行难；其二，破产案件启动难。根据最高人民法院2003年至2015年的《司法统计公报》，全国法院民事执行案件受理量在90万件至349万件，年均大概195万件。其中无财产可供执行案件占据执行案件总数的40%～50%，而企业法人作为债务人的案件又占较大比例。这些企业在丧失清偿能力后由于不能进入破产程序，既无法实现债权的最终公平清偿，又无法实现资源的优化配置，一些具有存续价值的企业无法通过有序的债务调整和营业重组程序实现救治。因而，执转破是通过倒逼机制来化解执行难，增加破产程序启动比率的一项重要举措。

本来，我国的个别强制执行立法体例是对企业法人采取个别执行的优先主义，对个人和非法人组织采取个别执行的平等主义，即参与分配制度。但最高人民法院1998年《关于人民法院执行工作若干问题的规定(试行)》第96条规定：“被执行人为企业法人，未经清理或清算而撤销、注销或歇业，其财产不足清偿全部债务的，应当参照本规定90条至95条的规定，对各债权人的债权按比例清偿。”该规定使得参与分配制度也扩展适用于对企业法人的个别强制执行，学界称之为“小破产”程序，因而弱化了对企业法人启动破产的动机和效果。

2015年最高人民法院颁布的《关于适用〈中华人民共和国民事诉讼法〉的解释》重新确立了对企业法人的执行优先主义规则。该司法解释第513条规定：“在执行中,作为被执行人的企业法人符合企业破产法第二条第一款规定情形的,执行法院经申请执行人之一或者被执行人同意,应当裁定中止对该被执行人的执行,将执行案件相关材料移送被执行人住所地人民法院。"第516条规定:"当事人不同意移送破产或者被执行人住所地人民法院不受理破产案件的,执行法院就执行变价所得财产,在扣除执行费用及清偿优先受偿的债权后,对于普通债权,按照财产保全和执行中查封、扣押、冻结财产的先后顺序清偿。"根据规定,如果那些在个别执行中提出申请在后的债权人不提出启动破产程序的申请,就有可能在个别执行程序中不能获得足够的清偿或者根本无法得到清偿。"执转破"的规定有利于倒逼那些在个别执行程序中"姗姗来迟"的债权人提出转入破产审查的申请,以便通过破产程序实现债权的公平受偿。

《执转破意见》对"执转破"的工作原则、条件、管辖、征询程序、决定程序、移送材料的范围及受移送法院的接收义务、受移送法院破产审查与受理的规则、受移送法院不予受理或驳回申请的处理、执行案件移送破产审查的监督等问题作出规定。对于最高人民法院在2016年3月召开的全国两会上郑重承诺的要用2年至3年时间基本解决执行难问题,相信"执转破"措施的推行会有一定的促进作用。[①]

2.《全国法院破产审判工作会议纪要》的公布实施

2018年3月,为加强破产审判工作、打造优质的破产法治环境,最高人民法院在近年来全国破产审判工作经验的基础上,公布了《全国法院破产审判工作会议纪要》。《会议纪要》共50条,在提出当前破产审判的总体要求的基础上,就破产审判的专业化建设、管理人制度的完善、破产重整、破产清算、关联企业破产、执行程序与破产程序的衔接、破产信息化建设、跨境破产等8个方面的内容,明确了破产审判工作的总体要求。

就专门制定和发布破产审判工作会议纪要的意义,正如时任最高人民法院审委会专职委员杜万华在2017年12月召开的全国法院破产审判工作会议上指出的,加强企业破产案件审理工作,对于发挥市场在资源配置中的决定性作用、推动我国产业结构调整具有重要意义,是人民法院贯彻新发展理念、服务供给侧结构性改革的重要抓手。各级法院要不断增强责任感和紧迫感,补齐市场经济主体救治和退出机制的短板,为促进现代企业制度和现代化经济体系的建立做出贡献。

事实上,在推动破产审判工作的开展方面,最高人民法院还推出了其他诸多司法措施。主要包括:

(1)制定了《关于在中级人民法院设立清算与破产审判庭的工作方案》(以下简称《方案》),推动建立专业化的清算和破产专业审判庭(后文将展开详细阐述)。《方案》要求,直辖市应当至少明确一个中级人民法院设立清算与破产审判庭,省会

① 后述第二部分第(六)专题将对此展开更详尽的阐述。

城市、副省级城市所在地中级人民法院应当设立清算与破产审判庭。其他中级人民法院是否设立清算与破产审判庭,由各省(区、市)高级人民法院会同省级机构编制部门,综合考虑经济社会发展水平、清算与破产案件数量、审判专业力量、破产管理人数量等因素,统筹安排。

(2)推动各地建立破产管理人协会。据悉,河北、重庆、南京、杭州、无锡、温州、成都、济南、沈阳、广州等地都已成立省级或者地市级破产管理人协会。

(3)建立常态化的府院联动协调机制,统筹解决破产案件处理中的信用修复、简易注销、职工安置、税收优惠等问题。2018年8月,国家发展改革委员会、人民银行、财政部、银保监会、国资委还联合发布了《2018年降低企业杠杆率工作要点》,提出了加快推动"僵尸企业"债务处置、完善"僵尸企业"债务处置、破除依法破产实施障碍(包括解决破产启动费用问题,协调解决破产程序启动难、实施难、人员安置难)、完善依法破产体制机制政策体系等方面的具体分工。

(4)探索推行破产案件审理程序的繁简分流,不少地方的高级、中级人民法院出台了具体的实施意见。

(5)落实破产审判的信息化工作,开通了"全国企业破产重整案件信息网",相应建立了破产法官工作平台、破产管理人工作平台,形成了"一网两平台"工作格局。对此,后文将展开详细阐述。

二、中国破产法发展变迁中的重要理论和实践问题

(一)破产审判的专业化建设

1.破产审判专业化建设的内容

根据最高人民法院2018年3月4日印发的《全国法院破产审判工作会议纪要》(法〔2018〕53号),加强破产审判专业化建设的着力点主要在于:审判机构专业化、审判队伍专业化、审判程序规范化、裁判规则标准化、绩效考评科学化。以下就规则构建与组织建设两个方面作一下介绍评析。

在规则构建方面,自1986年《企业破产法(试行)》颁布以来,截止到现在最高人民法院单独或与最高人民检察院联合颁布或印发司法解释15件、司法解释性质文件46件、工作文件7件,共计68件。上述规则涵盖了自管理人指定与报酬确定、破产原因与破产财产之认定到破产案件立案受理、强制清算与破产案件类型划分、强制清算与破产案件信息业务标准等破产审判相关的各个方面,在企业破产法之外构筑起了较为全面、细致的规则体系,有力保障了我国破产司法实践的开展。

除上述最高人民法院层面的规则构建外,我国地方高级人民法院或中级人民

法院也纷纷结合自身实践情况发布了各具特色的规程，有效弥补了我国立法、司法解释的滞后与空白。典型如深圳市中级人民法院，作为我国较早开展破产审判活动的法院，其先后发布了诸如《深圳市中级人民法院破产案件管理援助资金管理和使用办法》《深圳市中级人民法院破产案件管理人分级管理办法》《深圳市中级人民法院破产案件立案规程》《深圳市中级人民法院破产案件审理规程》等共计9件地方性办法或规程。

此外，在规则构建方面较具特色的应属发端自浙江地区的"府院联动"机制。由于破产案件的复杂性，在破产案件审理过程中难免会涉及诸如税务、工商等行政机关。一旦涉及法院职权之外的应当由政府部门担当的职责时，诸如税收减免、征信恢复、职工安置、维护稳定等，若政府部门不能提供有效协作，破产案件的处理就会困难重重甚至寸步难行。[①] 为克服此类难题，在浙江一些破产审判压力较大的地区开始探索"府院联动"这一形式，即由当地政府出面协调司法机关与行政机关，以高效、有序地推动破产案件的处理。

2016年11月4日，浙江省高级人民法院与浙江省促进企业兼并重组工作部门联席会议办公室、浙江省经济和信息化委员会联合出台《关于成立省级"僵尸企业"处置府院联动机制的通知》(浙并购办〔2016〕8号)，正式建立省级"僵尸企业处置府院联动机制"，并明确了府院联动机制的主要职责，以及20个成员部门和单位的职责分工，标志着浙江"僵尸企业"处置和破产审判省级府院联动机制进入了实质化运作和深入推进阶段。此后，这一机制为其他省份所广泛借鉴，并得到最高人民法院的认可。

在组织建设方面，较具代表性的成果应属"清算与破产审判庭"在全国范围内的普遍设立。"近年来，人民法院整体上面临'案多人少'困境。很多法院都将有限的审判力量全部投入普通案件审判中，未建立专门的破产审判组织。所以在破产工作中就形成了'由于没有专门的审判组织，所以法院不愿或不会处理破产案件；由于不处理破产案件，就更不需要专门的破产审判组织'的不良循环。"[②]最高人民法院虽然早在2014年11月26日就下发了《关于在部分人民法院开展破产案件审理方式改革试点工作的通知》。但截至2015年年底，"只有广东深圳中院、浙江温州中院等少数地方法院成立了专门的企业清算与破产审判庭。实践证明，设立专门审判庭的法院，处理企业清算和破产事务的积极性高、效果好。专门审判庭是企业清算和破产审判工作专业化、常态化的重要保障，也有助于破产审判队伍的专业

① 韩长印：《破产审判的专业化要求与江山法院的针对性探索》，载《人民法院报》2018年1月11日。

② 杜万华：《依法处置"僵尸企业"开创破产审判工作新局面》，载《人民法院报》2016年3月28日。

化建设”[①]。为此，最高人民法院于2016年6月21日下发了《关于在中级人民法院设立清算与破产审判庭的工作方案》(以下简称《工作方案》)，对在中级人民法院设立清算与破产审判庭的总体思路、设立范围、职能范围、案件管辖、人员配备、配套措施等进行了全面规定。受此影响，到2017年11月全国专业化清算和破产审判庭的数量从2015年的5个增加到90个，[②]而到2018年1月则增加到了97个，[③]其中包括3家高级法院、63家中级人民法院、31家基层法院。[④]

组织建设方面的另一项代表性成果当属“全国企业破产重整案件信息综合平台”的正式开通，实现了破产案件一站式网上业务协同服务。自2016年8月1日正式开通，“截至2017年12月21日，网站访问量达1.08亿人次，公开文书19463篇，法官平台案件总量达19380件，指定管理人数量6071个，管理人成员16681人。2017年以来，利用网络资源召开网络债权人会议24场，涉及债权人19896人次，涉及债权金额达1250余亿元，有效节约破产程序费用，加快破产审理进程”[⑤]。

2.破产审判专业化建设存在的问题与对策

虽然我国破产审判专业化建设近年来取得了不少成绩，但专业化建设绝非一蹴而就之事，其又与破产法的其他诸要素，如管理人制度、重整制度等的完善程度息息相关。有学者便认为，前述《工作方案》在整体制度设计上便存在诸多不足。如《工作方案》要求设置破产审判庭时不得突破中级人民法院内设机构的限制，这虽有助于避免各中级人民法院在改革方案实施中“大干快上”，与此同时也会因之带来限制。又如，在人员配备上，《工作方案》明确规定，“法官原则上从本院或者下级法院具有公司强制清算与企业破产案件及相关案件审判经验的优秀法官中选任产生。一般按照1∶1∶1的比例为法官配备法官助理和书记员。设立清算与破产审判庭所需人员编制在现有编制内调剂解决”。考虑到破产审判人员的匮乏，这一安排阻滞了破产审判人才的跨地区流动，“现有编制”的要求基本堵死了院外优秀人才流入破产庭的可能性。此外，未对破产审判庭法官考核机制作出制度性安排，也是《工作方案》的重大疏漏。从司法机构内部来说，缺乏针对破产审判庭的独特的考核机制，使得破产法官在以结案率为基准的法官考核机制中落于下风，从而降低了破产审判对优秀审判人才的吸引力，应是阻碍破产审判专业化建设的重要原

① 杜万华:《依法处置“僵尸企业”开创破产审判工作新局面》,载《人民法院报》2016年3月28日。

② 贺小荣:《建设适应现代化经济体系的破产法治》,载《人民法院报》2017年11月15日。

③ 杜万华:《当前破产审判工作必须重点把握的十个问题》,载《人民法院报》2018年4月4日。

④ 周强:《坚持以习近平新时代中国特色社会主义思想为指导加强破产审判工作促进经济高质量发展》,载《人民司法·应用》2018年第1期。

⑤ 周强:《坚持以习近平新时代中国特色社会主义思想为指导加强破产审判工作促进经济高质量发展》,载《人民司法·应用》2018年第1期。

因之一。[①]

对此，最高人民法院已有一定的工作部署。“在建立专业化审判机构过程中，人民法院要同步推进破产审判法官队伍和司法辅助人员的专业化建设。已有专门破产审判法官的法院，要加强对在任法官和司法辅助人员的培训，进一步提升法官和司法辅助人员的业务素质；要将纪律意识强、业务素质好、综合能力强的同志配备到破产审判岗位，实现破产审判新生力量补充常态化；要结合破产审判工作特点，做好‘传帮带’工作，组建成熟的破产审判团队，切实避免‘一人离岗、工作皆停’的情形。目前尚无破产审判法官和司法辅助人员的法院，要加紧发掘、培养专门人才，确保专门审判人员及时到位。同时，在当前司法改革推进法官‘员额制’过程中，各地人民法院必须将专门审判庭作为一项内容特别考虑，要在各方面为下一步工作预留空间。”[②]

各地方法院也在结合自身情况进行积极探索。如，温州中院为提升破产审判的专业化采取的主要措施有：一是强化专业技能培训；二是转变破产审判理念，教育法官不再把破产案件当作无审理期限的案件而是作为普通民事案件来办；三是推动全市法院全面设立审理破产案件的专门合议庭，建立破产案件集中审理机制，提高破产法官专业化审判水平；四是坚持领导带头办案，召开破产审判现场会，积极推行院、庭长带头办理破产案件的模式；五是健全绩效考核机制，制定《全市法院破产审判工作考评办法》，对破产案件办理质量、破产审判程序执行情况等分别规定相应的评分标准，并将得分情况纳入基层法院绩效考评范围，[③]又如直接规定司法重整案件以16件二审民商事案件计件、有产可破案件以8件二审民商事案件计件等折算标准。[④]

推动破产审判专业化的一个重要内容，便是要明晰司法与行政的边界。因此要继续加强司法与行政的良性互动，建立司法与行政的协作联动机制，完善相关破产配套制度。[⑤] 进而将司法审判机关从烦琐的与政府部门的协调工作中解放出来。有学者进一步指出，《企业破产法(试行)》实施过程中存在较强的行政干预色彩，为此《企业破产法》从立法上尽量予以了排除。但其仍赋予了法院一定的非司法角色，不利于破产审判的专业化。破产法院的职能应“去行政化”，即剥离其对管理人的司法行政管理职能，相应职能应交由司法行政体系是当前改进破产审判工

---

① 陈夏红：《破产审判的“革命”往何处去》，载《法制日报》2016年7月6日。

② 杜万华：《依法处置“僵尸企业”开创破产审判工作新局面》，载《人民法院报》2016年3月28日。

③ 徐建新：《创新破产审判方式助推经济转型升级》，载《中国审判新闻月刊》2013年11月5日(总第93期)。

④ 陈夏红：《破产审判的“革命”往何处去》，载《法制日报》2016年7月6日。

⑤ 贺小荣：《建设适应现代化经济体系的破产法治》，载《人民法院报》2017年11月15日。

作的首要一环。此外，破产法院的职能应“去民事化”，即在破产管理人的选任和报酬的确定上，应当赋予债权人会议较大的职权，实行以债权人会议决定为主、法院指定为辅的模式，毕竟债权人才是破产财团最为密切的利害关系人。①

《全国法院破产审判工作会议纪要》指出，破产审判的专业化建设，应合理配置审判任务。要根据破产案件数量、案件难易程度、审判力量等情况，合理分配各级法院的审判任务。即“推进繁简分流，探索建立简易破产案件的快速审理机制。根据案件难易程度进行繁简分流，科学调配、高效运用审判资源，依法快速审理简易破产案件，规范审理复杂案件，从而建立简案快审、繁案精审的破产审判工作机制”②。在此方面，温州中级人民法院同样进行了有益的探索。为此，其出台了《关于试行简化破产案件审理程序的会议纪要》，该纪要的要点如下：

(1)最大限度压缩破产案件审理期限。《会议纪要》规定试行简化审理程序的破产案件，一般应在裁定受理后6个月内审结；无任何财产且可以向债务人或其负责人、控制股东直接送达相关文书的破产案件，一般应在裁定受理后3个月内审结。在现有破产法律框架内明确了规定受理通知期限、债权申报期限、宣告破产期限、破产终结审查期限、申请注销登记期限等的缩短内容。

(2)最大限度简化破产案件审理方式。纪要规定，试行简化审理程序的破产案件，可按民事诉讼法有关简易程序的简便送达方式送达各类文书。除受理破产申请、指定管理人、宣告债务人破产和终结破产程序必须公告外，其余事项可不予公告，但应书面送达相关破产参与人。对确无财产可供分配且无人垫付相关费用的破产案件，管理人可以不刻制印章和登报公告，相关的文书可粘贴在债务人的工商注册地、管理人办公地点和受理法院的公告栏，并拍照附卷。

(3)灵活规定破产管理人的指定机制。纪要规定，对于决定试行程序简化的破产案件，可依照最高人民法院《关于审理企业破产案件指定管理人的规定》(法释〔2007〕8号)第17条之规定，指定管理人名册中的个人为管理人；对于债务人财产不足支付管理人报酬和管理人执行职务费用的企业破产案件，债权人提出破产申请时承诺自行承担清算组费用的，审判业务庭报请分管院长同意后，可以债权人推荐的名单为基础确定清算组成员并指定清算组为管理人。

(4)实现破产程序与个人责任的对接。对实践中存在的大量债务人人员下落不明或财产状况不清的破产案件，从充分保障债权人合法利益的角度出发，对债务人的法定代表人、财务管理人员、其他经营管理人员以及出资人等进行释明，或者采取相应的罚款、训诫、拘留等强制措施后，债务人仍不提交有关账册等材料或者

① 陈义华：《破产法中法院审判职能的理性回归与改革路径探析》，载《行政与法》2012年第6期。

② 贺小荣：《建设适应现代化经济体系的破产法治》，载《人民法院报》2017年11月15日。

不提交全部材料，影响清算顺利进行的，将就现有财产对已知债权进行公平清偿并裁定终结清算程序后，告知债权人可另行提起诉讼要求有责任的有限责任公司股东、股份有限公司董事、控股股东以及实际控制人等清算义务人对债务人的债务承担清偿责任。若发现上述人员存在“假破产、真逃债”及虚假出资、抽逃出资等行为涉嫌犯罪的，将依法移送公安机关立案侦查。

(5)规定试行简化审理程序的破产案件，可按《诉讼费用交纳办法》第16条的规定在依法计算受理费的基础上再减半收取。对于无任何财产可供分配的破产案件，由管理人提出申请，经受理法院的院长批准后可以免收受理费。债务人“资不抵债”时，管理人可计时收费；债权人、管理人、债务人的出资人或者其他利害关系人愿意垫付破产费用的，破产程序可以继续进行；经债权人会议确认，可以将债权人对债务人未知财产的追索权以及对公司股东、董事、实际控制人等相关责任人的民事请求权全部或部分转让给管理人，以折抵应予支付的管理人报酬和管理人执行职务的费用。①

(二)破产管理人制度的变革

1.从清算组到管理人

1986年《企业破产法(试行)》第24条规定：人民法院应当自宣告企业破产之日起15日内成立清算组，接管破产企业。对此，1991年，最高人民法院通过的“法经发〔1991〕35号”意见进一步规定：成立清算组以前，应由人民法院商同级人民政府从企业上级主管部门人员、政府相关部分人员和专业人员中以公函的形式指定清算组成员，清算组组长由人民法院指定。2002年的“法释〔2002〕23号”第48条继承了上述规则，规定清算组成员可以从破产企业上级主管部门、清算中介机构以及会计、律师中产生，也可以从政府财政、工商管理、计委、经委、审计、税务、物价、劳动、社会保险、土地管理、国有资产管理、人事等部门中指定。

由于破产清算工作具有道德风险大、专业性强、工作量大、期限长等特点，清算组制度在司法实践中暴露出诸多问题。如：(1)清算组成员多来自政府官员，不具备破产专业知识，且往往不能摆脱本职工作的束缚，致使清算组组织松散；(2)清算组的体制及人员构成决定了清算组的行政色彩浓厚，使清算组工作受制于地方政府，缺少独立性和中立性；(3)政府机构委派的清算组成员没有额外报酬，只是作为国家机关的正式在编人员领取固定工资，导致清算组成员缺乏有效激励，清算效率低下；(4)清算组的议事规则及决策主体不清，清算组及其成员的法律责任无法有

① 对该纪要的介绍，详见徐建新：《创新破产审判方式助推经济转型升级》，载《中国审判新闻月刊》2013年11月5日(总第93期)。

效追究,法院难以有效地监督与制约。[①]

2006年《企业破产法》为了减少破产审判中的行政干预,创建了市场化的管理人制度。不过,由于在立法过程中有人提出,“管理人在企业的重整和解,破产清算程序中,要负责处理大量复杂事物……特别是国有企业的破产,涉及国有资产处置、职工安置等复杂问题,需要由政府有关部门、机构的人员组成的清算组担任管理人”[②],故而,《企业破产法》并没有彻底废除清算组,在司法实践中尤其是上市公司重整中,清算组仍在相当程度上被采用。

由于《企业破产法》仅对管理人的任职资格、职责及选任等进行了较为原则性的规定。为了进一步完善管理人制度,最高人民法院于2007年先后发布了《关于审理企业破产案件指定管理人的规定》与《最高人民法院关于审理企业破产案件确定管理人报酬的规定》,就管理人的管理、选任、更换及报酬确定等内容进行了详细的规定。此外,一些地方法院面对实践中的困局,也进行了有益的探索,如深圳中院针对破产管理人的精细化管理发布了《深圳市中级人民法院破产案件管理人分级管理办法》,针对无产可破案件中管理人报酬的收取问题发布了《深圳市中级人民法院破产案件管理人援助资金管理和使用办法》。江苏、浙江等地区的法院,也都出台了类似的规定。

2.破产管理人制度的基本内容

(1)破产管理人的任职资格。管理人资格主要包含积极资格与消极资格两个方面。对于前者,我国立法未作明确规定,实践中各地法院在编制管理人名册时多参考相关机构的既往业绩、执业人数等要素加以确定。而对于消极资格,《企业破产法》第24条规定,有下列情形之一的,不得担任管理人:因故意犯罪受过刑事处罚;曾被吊销相关专业执业证书;与本案有利害关系;人民法院认为不宜担任管理人的其他情形。此处“与本案有利害关系”,最高人民法院在《关于审理企业破产案件指定管理人的规定》第23条中作了进一步的明确。

(2)破产管理人选任。有学者指出,在制定管理人的具体指定办法时,要考虑多种目标的实现:其一,保持管理人市场的开放性,不能形成垄断机制;其二,培养长期性、专业化的高质量管理人队伍,要使专业化的中介机构经常有案可办;其三,在制度设计上,不能给法官任意指定管理人的过大权力,以防止腐败。不过,市场的开放性、业务的专业性与指定权力的分散化和随机化,这几者之间客观上存在着一定的冲突,难以完全实现。[③] 基于上述考量,结合我国管理人制度的历史、现状

① 许德风:《破产法论——解释和功能比较的视角》,北京大学出版社2015年版,第252～253页;王欣新:《破产法》,中国人民大学出版社2011年版,第66～67页。

② 许德风:《破产法论——解释和功能比较的视角》,北京大学出版社2015年版,第253页。

③ 王欣新:《破产法》,中国人民大学出版社2011年版,第81页。

和各类破产案件的具体情况，最高人民法院在《关于审理企业破产案件指定管理人的规定》中设计了三种管理人选任方式，即采取随机方式、竞争方式、接受推荐。

随机方式可有效避免指定管理人环节中法官任意裁量权力过大而可能产生的种种不利影响。因此，人民法院一般应按照管理人名册所列名单采取轮候、抽签、摇号等随机方式公开指定管理人。考虑到采取轮候、抽签、摇号等随机方式指定管理人可能存在无法确保随机指定的管理人成为最有资格、最适宜处理某一案件管理人的缺陷。最高人民法院又设置了竞争方式选任管理人。对于商业银行、证券公司、保险公司等金融机构或者在全国范围有重大影响、法律关系复杂、债务人财产分散的企业破产案件，人民法院可以采取公告的方式，邀请编入各地人民法院管理人名册中的社会中介机构参与竞争，从参与竞争的社会中介机构中指定管理人。此外，对于经过行政清理、清算的商业银行、证券公司、保险公司等金融机构的破产案件，人民法院除可以按照成立清算组的方式指定管理人外，也可以在金融监督管理机构推荐的已编入管理人名册的社会中介机构中指定管理人。

(3)破产管理人的职责与义务。我国现行《企业破产法》对管理人的职责作了专章规定。此外，有关司法解释对此也有所涉及，如《破产法司法解释(二)》便在管理人申请法院对债务人财产进行保全、行使破产撤销权、取回权等方面进行了规定。综合立法和司法解释的相关规定，管理人的职责主要有以下各项：全面接管破产企业；保管和清理与破产企业有关的财产；为清算目的，继续破产企业的营业；经人民法院许可，可以聘用必要的工作人员；决定解除或者继续履行破产宣告时尚未履行的合同；请求召开债权人会议，列席债权人会议并接受债权人会议的监督；对破产财产进行估价、处理、变价和分配；申请终结破产程序，办理破产企业的注销登记。

按照我国《企业破产法》的规定，管理人应当勤勉尽责，忠实执行职务。管理人没有正当理由不得辞去职务。管理人辞去职务应当经人民法院许可。此外，管理人还应接受债权人会议、债权人委员会以及债权人等的监督。

(4)破产管理人的报酬。根据《企业破产法》的规定，管理人履行企业破产法规定的职责，有权获得相应的报酬。管理人报酬由审理企业破产案件的人民法院依据《最高人民法院关于审理企业破产案件确定管理人报酬的规定》确定。人民法院应根据债务人最终清偿的财产价值总额，分段确定管理人的报酬。此外，为保障无产可破案件中管理人能够正常履职，不少地区法院积极争取财政部门的支持，或采取从其他破产案件管理人报酬中提取一定比例等方式，推动设立了破产费用保障资金，建立起破产费用保障长效机制。

(5)破产管理人的管理。近年来，为加强对管理人的管理和约束，维护管理人的合法权益，逐步形成规范、稳定和自律的行业组织，不少地区的人民法院积极支持、引导、推动本辖区范围内管理人名册中的社会中介机构、个人成立管理人协会。

3.完善破产管理人制度的理论探讨

(1)破产管理人的法律地位。我国《企业破产法(试行)》在破产案件的管理上采用清算组制度,在清算组成员的组成、资格要求、职责与法律责任等方面采取了不同于国外破产立法通例的做法,存在诸多问题。[①] 其根源在于清算组于破产程序中的地位不清,为此,学者们提出了不同的学说,主要有以下几种:第一,特殊机构说。该说认为,我国《企业破产法(试行)》并没有承认破产财团,因而清算组是接管破产企业,对破产财产进行清算的特殊机构。第二,破产企业法定代表人说。该说认为,清算组对外代表破产企业进行必要的活动,对内主持破产财产的处置和分配,是破产企业的法定代表人。第三,清算法人机关说。该说认为,企业法人被宣告破产后,完全可以成为一种清算法人,它以破产财产作为其具有法人资格的财产权基础,并在此基础上能独立进行必要的民事活动。第四,双重地位说。该说认为,破产清算组具有双重性质,既是人民法院选任的协助法院进行清算的执行组织,又是独立的民事主体和诉讼主体,可以独立进行与清算有关的活动,在与破产财产有关的诉讼中是一方当事人。第五,破产财团代表说。持此观点的学者主张,在我国颁布正式的破产法时,应采用"破产财团"的概念,相应地赋予其独立的人格,破产清算组成为破产财团的代表人。[②]

近年来,有学者主张借用信托制度来确立管理人的法律地位,即破产人是委托人,管理人是受托人,债权人为最终受益人,破产财产乃信托财产。[③] 有学者则认为可以借鉴美国法上的新义务理论来解释自行管理时债务人的法律地位,即认为自主管理的债务人不应被视为新的主体,而是原债务人被赋予了新的义务即对破产财产的信义义务。[④] 也有学者认为,虽然我国立法中目前尚未采用财团法人及破产财团的概念,难以直接采用破产财团代表说,但是从管理人的法律地位来分析,破产财团代表说较其他学说更为合理,能够较好地体现出管理人在破产程序中的实际作用与功能,从一般法理上分析,应采该学说。[⑤]

对于上述争论,有学者评价到,无论采用何种学说对管理人的法律地位进行解释,在实务中均应注意:第一,管理人除需向企业负责外,也要向法院报告工作并接受监督;管理人不仅代表破产企业及其股东的利益,也代表债权人等其他利害关系人的利益。因此无论将管理人解释为企业的独立机构,还是作为破产企业的受托人,管理人均为具有特殊身份、独立功能的实体。第二,管理人在破产进程中依法

---

① 王欣新:《破产法》,中国人民大学出版社2011年版,第65~66页。

② 韩长印:《破产清算人制度的若干问题》,载《河南大学学报(社会科学版)》2000年第3期。

③ 张在范:《论管理人的法律地位》,载《北方论丛》2005年第1期。

④ 高丝敏:《我国破产重整中债务人自行管理制度的完善——以信义义务为视角》,载《中国政法大学学报》2017年第3期。

⑤ 王欣新:《破产法》,中国人民大学出版社2011年版,第65页。

负责公司财产的管理、处分等事务，在法律规定的职权范围内，具有相对的独立性，不受法院、债权人会议等组织的任意干预。第三，破产程序会涉及债权人、股东、破产企业等多方当事人，各方利益存在冲突的可能性，需法院及管理人共同加以平衡。管理人既在一定程度上代表各方利益，又不完全代表任一方当事人的利益，因此具有利益上的中立性，以超脱任一方当事人的身份介入破产事务。①

(2)破产管理人的选任。有观点指出，目前实践中普遍认为当前的管理人选任机制存在名册固化、方式机械、程序不透明等问题，亟须改革和优化。为此，部分地方法院进行了有益的探索，如浙江省高院则通过《浙江省高级人民法院关于规范企业破产案件管理人工作若干问题的意见》与《关于进一步规范管理人动态管理若干事项的通知》两份文件构建起了颇具特色的竞争方式选任管理人制度。在江苏省，相关探索主要围绕以下几个方面进行：在主体资格方面，建立市场化选任机制，突破城市地域限制，面向全国公开招募；设置案件分类机制，对案件难易程度进行划分；成立评审委员会；优化选任方式，基本确立以随机摇号为原则，以竞争选任为例外的选任方式；完善监督体系，主要是在内部强化纪检监察部门监督，并主动接受外部监督；调整公告方式，综合运用"全国企业破产重整案件信息网""人民法院网""人民法院报"等全国性媒体平台，以及法院官方互联网、微博、微信多种媒介。②

(3)破产管理人的职责。有学者认为，管理人的调查权因可调查事项、被调查主体过于狭窄等原因而被弱化，因此应予加强。另外，当前管理人在破产期间的借款权过大，经法院在召开第一次债权人会议时向各方当事人释明，由债权人会议通过决议为管理人行使借款权设定数额与性质等标准，在标准以下的借款可由管理人径行实施；在标准范围内的借款则需由债权人委员会、债权人会议或法院进行监督。当前立法授予管理人的财产处分权亦过大，应进行必要的限制，具体可采用前述由债权人会议进行授权的方式。此外，应允许法院就债权人对撤销权提出的异议进行裁定，赋予其他利益关系人制定和提交重整方案的权利，限制人民法院创设管理人职责的权力。③

(4)破产管理人的责任。有学者认为，对于管理人承担民事责任的构成要件，应以管理人存在主观过错为前提；对于得向管理人主张权利的主体，考虑到破产案件的复杂性，应界定为"全体当事人"或"利害关系"；对于赔偿数额，有必要引入最高赔偿限额制度，使破产管理人的执业风险降至合理程度，同时建议确立和完善破

① 郑志斌等：《公司重整：角色与规则》，北京大学出版社2013年版，第71～72页；许德风：《破产法论——解释和功能比较的视角》，北京大学出版社2015年版，第260页。

② 夏正芳、李荐、张俊勇：《管理人选任机制实证研究——以江苏法院管理人选任机制改革实践为蓝本》，载《法律适用》2017年第15期。

③ 王欣新、郭丁铭：《论我国破产管理人职责的完善》，载《政治与法律》2010年第9期。

产管理人执业责任保险制度，从客观上加强他们对执业过失损害的赔偿能力。①

此外，在管理人的资格方面，尽管《企业破产法》第24条第1款规定了"管理人可以由有关部门、机构的人员组成的清算组或者依法设立的律师事务所、会计师事务所、破产清算事务所等社会中介机构担任"，在实务中少见法院在编制管理人名册时将诸如资产管理公司、财务咨询公司等其他中介机构纳入名册的做法。应当看到，破产重整案件与破产清算案件在对管理人的专业水平尤其是接管债务人财产和负责债务人营业方面的专业水平方面的要求无疑高得多，因而，对清算中的管理人与重整中的管理人设定不同的资格条件，尤其是在重整案件中对管理人资格方面的要求采取开放的态度是正确的。但对所有的管理人设定一个合理的门槛也是必要的。

在管理人的分级管理、跨行政区执业、个案制定中如何克服随机指定的肥瘦不均、竞争选任中的垄断、清算组作为管理人的专业性欠缺，以及管理人报酬保障、执业保障、考评与激励，还有管理人协会的设立方面，实务和理论上也都有程度不同的探索和创新。

（三）破产重整制度的完善

1.破产重整制度的建立

我国《企业破产法（试行）》受限于当时的历史背景规定了和解整顿为一体的破产挽救制度。对于《企业破产法（试行）》下整顿制度的缺陷，有学者指出：其一，和解整顿制度与企业所有制形式密切相关，国有企业的整顿须由上述主管部门负责，且与和解程序同时产生、相互继存，不能独立存在。其二，政府行政管理机关参与企业整顿，使整顿成为政府行政管理和经营企业的合法途径，带有计划经济的鲜明特色。其三，忽视人民法院的主导作用，对于国有企业的非自愿破产案件，由该企业的上级主管部门决定是否申请对企业进行整顿，法院只能被动"等待"，在政府职能部门提出整顿申请后，人民法院又"消极地"同意。②

由于整顿制度在本质上是由政府主导的行政整顿，已不适应市场经济防范企业破产之需要。故新破产法以各国公认预防破产最为有力的重整制度取而代之，专门设置第八章"重整"以解决债务人的挽救问题。③

虽然《企业破产法》就破产重整的申请、重整期间、重整的制定与批准、重整计划的执行等内容进行相对完备的规定，但是相较于域外立法，我国立法在制度设置上仍显粗糙，难以完全满足司法实践的需求，存在立法供给不足的问题，典型如关

① 张艳丽：《破产管理人的法律责任》，载《法学杂志》2008年第7期。

② 蔡晓玲：《我国企业重整法律制度初探》，载《法学家》2001年第6期。

③ 王欣新：《破产法》，中国人民大学出版社2011年版，第245页。

联企业的合并重整、预重整等。在实践中,面对此类问题,只能依赖于个案探索。不过,最高人民法院也在其权限范围之内提供了部分规则指引,如最高人民法院于2012年10月29日印发了《关于审理上市公司破产重整案件工作座谈会纪要》。该纪要就上市公司破产重整中的如下问题提供了原则性指引:上市公司破产重整案件的审理原则与管辖、破产重整的申请及审查、信息的保密与披露、重整计划草案的制定,以及重整中出资人组的表决等。此外,最高人民法院正在积极推动破产重整司法解释的制定与出台。

为妥善审理企业重整案件,通过市场化、法治化途径挽救困境企业,最高人民法院在《全国法院破产审判工作会议纪要》中对破产重整审判工作提供了更为全面的要求:(1)加强重整企业的识别审查,对于明显不具备重整价值以及拯救可能性的企业,应通过破产清算,果断实现市场出清。(2)对于债权债务关系复杂、债务规模较大,或者涉及上市公司重整的案件,人民法院在审查重整申请时,可以组织申请人、被申请人听证。债权人、出资人、重整投资人等利害关系人经人民法院准许,也可以参加听证。(3)人民法院要加强与管理人或债务人的沟通,引导其分析债务人陷于困境的原因,有针对性地制订重整计划草案,促使企业重新获得盈利能力,提高重整成功率。人民法院要与政府建立沟通协调机制,帮助管理人或债务人解决重整计划草案制订中的困难和问题。(4)人民法院在审查重整计划时,除合法性审查外,还应审查其中的经营方案是否具有可行性。(5)人民法院应当审慎适用《企业破产法》第87条第2款,不得滥用强制批准权。确需强制批准重整计划草案的,重整计划草案除应当符合《企业破产法》第87条第2款的规定之外,如债权人分多组的,还应当至少有一组已经通过重整计划草案,且各表决组中反对者能够获得的清偿利益不低于依照破产清算程序所能获得的利益。(6)因出现国家政策调整、法律修改变化等特殊情况,导致原重整计划无法执行的,债务人或管理人可以申请变更重整计划1次。债权人会议决议同意变更重整计划的,应自决议通过之日起10日内提请人民法院批准。债权人会议决议不同意或者人民法院不批准变更申请的,人民法院经管理人或者利害关系人请求,应当裁定终止重整计划的执行,并宣告债务人破产。(7)人民法院裁定同意变更重整计划的,债务人或者管理人应当在6个月内提出新的重整计划。变更后的重整计划应提交给因重整计划变更而遭受不利影响的债权人组和出资人组进行表决。(8)企业重整后,人民法院要通过加强与政府的沟通协调,帮助重整企业修复信用记录,依法获取税收优惠,以利于重整企业恢复正常生产经营。(9)探索推行庭外重组与庭内重整制度的衔接。

2.破产重整制度的司法实践效果

《企业破产法》实施以来的破产重整案件,虽未见最高人民法院公布全国性数据,但不少地方省级高院在其年度工作报告中偶有披露,如广东省高级人民法院在其2018年工作报告中披露,在过去的5年中"审结破产案件1392件,审理深圳中华自行车集团公司等重整案148件”①。而根据“2017年浙江法院破产审判工作报告”显示，“2017年，全省法院共受理破产申请审查案件2006件，法院经审查后正式立案受理破产案件1626件，其中破产清算1587件、破产重整38件、破产和解1件；共审结破产案件722件，其中破产清算641件、破产重整78件、破产和解2件”。② 相对于非上市公司破产重整数据的非公开性，上市公司破产重整的信息具有公开性，据统计2007—2016年间，全国共发生50起上市公司破产案件。③

就破产重整的实施效果而言，有实务界人士以上市公司破产重整为例，将其区分为法律效果与社会效果两个维度。上市公司重整的法律效果主要在于：上市公司法人主体地位得以保留，上市公司的上市资格得以维持，以及上市公司至重整时发生的全部债权、债务关系依法得到彻底解决等。而上市公司重整的社会效果主要有以下几个方面：债权人的债权得以最大限度地保护，出资人权益得以保护，金融生态环境得以改善，社会秩序得到维护，相当部分员工的岗位得以保留，创造了投资机会，增加了税收。④

相对于上述实务界的积极评价，学界则以批判、怀疑的态度为主。有学者指出，在近年来的司法实践中，尤其是上市公司重整中，行政权的运行偏离了立法初衷，越来越多地“越界”参与到破产重整中，主要体现为：上市公司管理人选任机制的非市场化、重整价值分配的扭曲、强制批准制度的滥用等。⑤

对于重整立法的预期与现实之间的差距，有学者进一步指出：公司重整制度的主要目标在于保护公司的营运价值，而我国申请重整的上市公司，多属于至少连续3年亏损而面临退市风险的*ST或ST公司，他们中的大多数在此之前已经经过一次或多次庭外重组，这一事实足以让人对其营运价值产生怀疑，实际上重整中更看中的是上市公司的“壳”资源。此外，既有上市公司重整中的管理人运行也背离了立法预期——重整管理人以市场中介机构和职业人员为主导，通过使用其专业知识降低重整谈判中的交易成本。⑥ 在2007—2016年间的50起上市公司重整案件中，采用清算组担任管理人的有38起，占比76%；采用中介机构的只有12起，

---

① 龚稼立：《2018年广东省高级人民法院工作报告》，广东法院网，http://www.gdcourts.gov.cn/web/content/40274-? lmdm=10753，访问日期：2018年9月19日。

② 浙江省高级人民法院：《2017年浙江法院破产审判工作报告》，浙江法院新闻网，http://www.zjcourt.cn/art/2018/4/16/art_133_13513.html，访问日期：2018年9月19日。

③ 刘延岭、赵坤成：《上市公司重整案例解析》，法律出版社2017年版，第3页。

④ 刘延岭、赵坤成：《上市公司重整案例解析》，法律出版社2017年版，前言部分、第6～8页。

⑤ 丁燕：《上市公司重整中行政权运行的偏离与矫正——以45家破产重组之上市公司为研究样本》，载《法学论坛》2016年第2期。

⑥ 李曙光、王佐发：《中国〈破产法〉实施三年的实证分析——立法预期与司法实践的差距及其解决路径》，载《中国政法大学学报》2011年第2期。

占比24%。[①]

对于这种背离，李曙光教授与王佐发博士将其归结于法律实施的政治经济背景：首先，我国经济体制转型尚未完成，行政力量的偏好以及行政力量对政治经济生活的影响能力在很大程度上塑造了当前破产重整制度的实施模式；其次，在市场发育尚不成熟，行政力量影响社会经济生活方方面面的经济转型时期，重整中涉及的复杂局面市场力量往往难以独立应对，或者根本不存在相关市场，代表市场力量的中介机构或者专业执业者也就没有能力主导重整，难以胜任管理人角色。此外，法律职业人员的素质不高也是一个因素。[②]

3.破产重整制度的改革思路

针对重整制度的进一步完善，近期讨论相对集中的议题主要有：重整中的公司治理、关联企业的合并重整、重整中的强制批准、重整中的税收优惠等。

(1)重整中的公司治理。关于重整中公司的控制权，有学者根据经济学上的剩余控制权理论，认为破产重整中公司的控制权应转移至公司债权人；[③]也有观点认为不能一概而论，特殊情况下公司原股东仍享有一定的控制权。[④]

至于重整中的公司决策，有学者认为应区分为经营决策和重整决策。前者指重整中困境企业需要继续运营，围绕企业经营而作出的一系列决策行为；后者指重整中为产生重整计划、执行重整计划而作出的一系列决策行为。在重整中，重整决策应当由管理人实施，经营决策应当由债务人实施。[⑤]

另有学者认为，应当区分调查及检查权、撤销权及追讨财产型职权、重整事务型职权、监督权等职权，并在债务人和管理人之间进行合理配置。[⑥] 也有观点认为，应禁止董事会行使职权而由管理人替代。股东会只能就管理人和债权人会议职责范围以外的事项进行决议，但没必要一概禁止股东会选举董事、监事。[⑦]

还有学者认为，从理论上来说，公司治理的一般原则能够在破产法背景下正常发挥作用，因为无论是否涉及破产重整，公司治理都要解决如何对公司经营权进行规范的问题。只不过，非破产公司治理结构不能在破产案件中直接适用，而且破产程序中的司法控制替代了破产重整之外的契约和市场控制。在破产重整公司治理结构中，经营决策的制定应从三个维度进行理解：首先，破产法院或者利害关系人

① 刘延岭、赵坤成：《上市公司重整案例解析》，法律出版社2017年版，第9页。

② 李曙光、王佐发：《中国〈破产法〉实施三年的实证分析——立法预期与司法实践的差距及其解决路径》，载《中国政法大学学报》2011年第2期。

③ 贺丹：《破产重整控制权的法律配置》，中国政法大学2006届博士学位论文。

④ 郑志斌：《公司重整制度下股东权变异研究》，吉林大学2011届博士学位论文。

⑤ 宋玉霞：《破产重整中公司治理机制法律问题研究》，法律出版社2015年版，第19页。

⑥ 王欣新：《论破产重整中的债务人自行管理制度》，载《政治与法律》2009年第11期。

⑦ 郑志斌：《公司重整制度下股东权变异研究》，吉林大学2011届博士学位论文。

拥有一定的直接控制权；其次，诸如债权人委员会等的成员作为其所代表群体的代理人同样对案件具有一定的控制力；最后，公司控制人的受信义务和其他义务在破产程序中被进一步强化。[①]

(2)关联企业的实质合并重整问题。关于实质合并的标准，有学者认为，可以适用实质合并的情形包括四类：法人人格混同、欺诈、债权人收益更大化、重整需要。仅债权人信赖利益等其他情形不能构成独立的适用标准。法人人格混同是实践中适用实质合并破产最为普遍的情形。判断法人人格混同的决定性标准是资产与负债的混同，因为这两项内容是在破产程序中适用最为重要的因素，其他因素往往只是辅助性的判断标准。[②]

有学者则对司法实践中以公司法人格混同这一单一标准作为实体合并的主要裁定标准提出了异议，并认为应借鉴域外经验，将关联企业破产实体合并标准由现有的单一裁定标准扩展为包含资产分离困难标准、破产管理收益标准与债权人期待标准的综合标准。[③]

还有观点指出，学界通说的根本性局限在于割裂了实质合并规则在清算、重整形态上的统一适用，实质合并规则应统一适用于关联企业清算与重整案件，并进一步认为应将"非法或不当的利益转移或分配"或"人格高度混同"情形的存在与否作为实体评判的两个核心要素。[④]

此外，针对关联企业合并破产的合理性及启动程序等问题，学界也有学者开展了专题研究。[⑤]

(3)重整中的强制批准问题。关于重整计划的强制批准，有学者指出，必须遵循公平原则，并认为应从以下两个方面保障债权人的公平待遇：保证债权人得到清算价值与赋予债权人充分的重整营运价值分配参与权。[⑥] 针对我国司法实践中对强制批准规则的滥用，有学者在进行系统的比较法考察后指出，我国强裁规则的滥用与对该规则的定位偏差和功能误读有关。强裁规则不仅仅是法官裁判的规则，更是通过对当事人充分谈判结果的模拟，引导当事人的谈判行为并化解囚徒困境

---

① 齐明：《论破产重整中的公司治理——美国经验及其借鉴》，载《当代法学》2003年第2期。

② 王欣新：《关联企业实质合并破产标准研究》，载《法律适用》2017年第8期。

③ 贺丹：《破产实体合并司法裁判标准反思——一个比较的视角》，载《中国政法大学学报》2017年第3期。

④ 朱黎：《论实质合并破产规则的统一适用——兼对最高人民法院司法解释征求意见稿的思考》，载《政治与法律》2014年第3期。

⑤ 王欣新、周薇：《关联企业的合并破产重整启动研究》，载《政法论坛》2011年第6期；王欣新、周薇：《论中国关联企业合并破产重整制度之确立》，载《北京航空航天大学学报(社会科学版)》2012年第2期；徐阳光：《论关联企业实质合并破产》，载《中外法学》2017年第3期。

⑥ 王佐发：《上市公司重整中对债权人强裁的公平原则》，载《政治与法律》2013年第2期。

的规则。为达到这一目的,强裁规则应当具有动态和静态二元功能。动态功能在于作为破解当事人谈判僵局的最后手段;而强裁规则本身包含的一系列最低期望收益规则起到引导当事人谈判行为并形成合理预期的静态功能。[①]

(4)重整中的税收优惠问题。对此,有观点认为,企业破产重整的顺利进行需要国家税收优惠政策的支持和激励,为此应当对破产重整中的税收优惠政策进行规范化、法制化处理,在重整计划的议定、执行期间分别实行不同程度、不同方式的税收优惠措施。[②] 有学者则进一步指出,现有税收优惠政策在内容上其受惠主体范围有限,受惠程度普遍较低;形式上效力级别过低;结果上有违税收公平、效率原则。[③]

此外,不同的学者还从其他视角就重整制度的进一步完善进行了研究,如有学者指出我国破产法没有对绝对优先原则加以明确和全面的规定,对此应借鉴比较法经验,通过对《企业破产法》第87条的修订构建起我国的绝对优先原则。[④] 还有学者指出,目前我国破产法上的信息披露制度存在诸多不足,有必要通过体系化、制度化的立法路径作出制度构建。其主要内容有如下几点:适当扩大信息披露义务主体的范围,采取概括加列举的模式规定信息披露的范围,确定真实、准确、充分、完整的披露程度要求,引入听证会等公开质询制度,有限度地适用公开调查制,进一步完善信息披露义务人的法律责任制度。[⑤]

而对于破产重整中担保物权的行使,有学者认为:"破产重整中,担保债权不得优先受偿而需为必要容忍,以维持公司经营的财产性基础。然而现行法存在异议救济缺位、协议程序的制度供给不足、对各方博弈缺乏底线性安排等问题。尽管破产中的法律规制常常暗含着难以把握的公共政策,但基于对重整价值目标与担保信用功能的共识,仍然存在相对有效且合理的科学性安排。因此,应在追求重整价值最大化与目的性中立的基础上,搭建合作博弈与利益分配的平台,厘定意思自治的合理边界。具体而言,应明确担保债权暂停行使的必要性标准,厘定重整计划批准的最低保护限度,承认债权人在重整协商中的利益分配,以确保在破产法框架下团体自治的秩序与实效。"[⑥]与之相关联的问题是,有学者认为在破产重整中担保物的变现上,我国《企业破产法》的相关规定有待进一步明确。对此,不妨参酌美国法与德国法,延期清偿期间的担保物价值自然减损的,不予赔偿;而对于利息损失的补偿,德国法的规则对担保物权人的保护更充分一些,做与之相同的解释,有助

---

① 高丝敏:《重整计划强裁规则的误读与重释》,载《中外法学》2018年第1期。

② 刘佳:《税收优惠政策对破产重整的法律调整及优化进路》,载《税务与经济》2014年第2期。

③ 乔博娟:《企业破产重整税收优惠政策研析》,载《税务研究》2014年第3期。

④ 任永青:《绝对优先原则与我国破产法的缺失》,载《河北法学》2011年第10期。

⑤ 王欣新、丁燕:《论破产法上信息披露制度的构建与完善》,载《政治与法律》2012年第2期。

⑥ 李忠鲜:《担保债权受破产重整限制之法理与限度》,载《法学家》2018年第4期。

于发挥担保权的经济价值。[①]

(四)破产清算中担保物权的充分保护与普通债权的清偿顺位

1.破产清算中担保物权的充分保护问题

《企业破产法》生效之前,基于国务院在企业破产法试行的城市中推行的职工安置费等应当优先于担保债权的做法,担保物权与员工债权的关系曾经引起国内外不少投资者的关注,也成为营商环境评价中"权利保护力度"的重要因素。《企业破产法》分别对担保债权的法律地位作了相应的规定,概括起来主要包括以下三个方面:(1)在破产清算程序中,担保债权就担保标的优先受偿。即便是税收债权,也一律列在担保债权和员工债权之后受偿。比如《企业破产法》第109条规定:"对破产人的特定财产享有担保权的权利人,对该特定财产享有优先受偿的权利。"(2)在破产重整程序中,担保债权暂停行使。不过,担保债权人可以作为单独分组就重整计划对担保债权作出的调整进行表决,以确定担保债权的受偿比例、期限和方式等。(3)担保债权人不参加和解,并且自法院裁定和解之日起可以行使权利。

关于重整期间担保物权的地位,《企业破产法》第75条第1款规定:"在重整期间,对债务人的特定财产享有的担保权暂停行使。但是,担保物有损坏或者价值明显减少的可能,足以危害担保权人权利的,担保权人可以向人民法院请求恢复行使担保权。"但破产清算程序中担保权是否暂停行使,立法并不明确,由此形成了两种观点:一种观点认为,根据《企业破产法》第19条、第109条的规定,破产程序启动前的担保物权实现程序属于执行程序应予中止,破产程序启动后担保物权行权冻结直至破产宣告为止,因为根据第107条的规定,只有宣告破产后"债务人"方成为第109条所指的"破产人",据此反推,在债务人未成为破产人之前,担保物权暂停行使。[②] 另一种观点则认为,《企业破产法》明确了重整期间担保物权暂停行使,未规定破产清算程序中担保物权暂停行使,由此反论,在破产清算程序中因为法律没有作限制性的规定,所以原则上是不停止担保权行使的。因此,破产清算程序中担保物权原则上不受第19条"执行程序应当中止"的限制。[③]

近年来,学者多认为,在清算程序中同样应暂停担保物权的行使。[④] 不过,也有学者在立法论上认可将来修法时可采取限制担保权行使的立场,但认为在目前

---

① 许德风:《论担保物权在破产程序中的实现》,载《环球法律评论》2011年第3期。

② 赵雷:《新企业破产法讲读》,中国工人出版社、人民法院出版社2006年版,第221页。

③ 王欣新:《破产别除权理论与实务研究》,载《政法论坛》2007年第1期。

④ 许德风:《论担保物权在破产程序中的实现》,载《环球法律评论》2011年第3期;徐阳光:《破产法视野中的担保物权问题》,载《中国政法大学学报》2017年第2期。

的司法中采取以不中止对担保物的执行为原则。[①]《全国法院破产审判工作会议纪要》指出，在破产清算和破产和解程序中，对债务人特定财产享有担保权的债权人可以随时向管理人主张就该特定财产变价处置行使优先受偿权，管理人应及时变价处置，不得以须经债权人会议决议等为由拒绝。但因单独处置担保财产会降低其他破产财产的价值而应整体处置的除外。

针对围绕担保物权与劳动债权、税收债权等优先权清偿顺位的争论，有学者撰文系统论证了担保物权应优先于劳动债权与税收债权的观点。对于雇员利益的保护，就域外比较法经验来看，更多应依赖于社会福利制度的保障。[②]

此外，还有学者对让与担保这一非典型担保权在破产程序中的实现进行了论述，认为根据让与担保的担保权构成理论，在破产程序中应赋予让与担保权人以别除权而非取回权。让与担保权人在担保设定人破产时应当享有优先受偿权，能就物上代位权行使代偿别除权。但对于让与担保容易滋生的过度担保和秘密担保行为也应予以规制。[③]

2.破产清算中普通债权的清偿顺序问题

《企业破产法》第113条第1款规定，破产财产在优先清偿破产费用和共益债务后，依照下列顺序清偿：破产人所欠职工的工资和医疗、伤残补助、抚恤费用，所欠应划入职工个人账户的基本养老保险、基本医疗保险费用，以及法律、行政法规规定应当支付给职工的补偿金；破产人欠缴的除前项规定以外的社会保险费用和破产人所欠税款；普通破产债权。据此，一般认为，在我国清偿顺位为职工债权优先于税收债权，税收债权优先于普通债权。但是随着司法实践的不断深入，上述看似合理的顺位安排也遭遇到了诘难。如在“三鹿破产案”中，基于立法规定，成千上万遭受人身侵权的债权人只能以普通债权参与到破产程序中，而这似乎与我们普遍的道德认知产生了一定的冲突。

就此，有学者提出“中国债权受偿顺位遵循‘担保物权绝对优先’与‘普通债权平等受偿’两大规则。但当债务人丧失清偿能力，尤其是在发生大规模人身损害而遭遇破产的情况下，恪守这两项规则不仅会使人身侵权受害人得不到必要的救济，而且无益于实现侵权责任法遏制侵权行为之基本功能，形成法理上的严重不公和逻辑上的严重欠缺。基于侵权之债与合同之债在救济环节的差异，侵权之债原则上应该优先于普通合同债权；考虑到不可能也没必要彻底动摇担保物权的优先受偿地位，以及人身侵权尤其是物质性人格权侵权之债相对于财产侵权之债应该具有的优位性，在侵权债务人破产时先行有限度地确立人身侵权之债的优先地位，不

① 王欣新：《论破产程序中担保债权的行使与保障》，载《中国政法大学学报》2017年第3期。
② 徐阳光：《破产法视野中的担保物权问题》，载《中国政法大学学报》2017年第2期。
③ 冉克平：《破产程序中让与担保权人的权利实现路径》，载《东方法学》2018年第2期。

失为一种切实可行的备选方案"[①]。这一观点得到了不少学者的支持,不过在具体方案上略有不同。如有学者认为:"基于侵权债权类型化以及罗尔斯的公平的正义理念——给最少受惠者最大利益,侵权债权在区分人身侵权债权和财产侵权债权的基础上,应做以下受偿顺位安排:破产费用和公益债务之外,人身侵权债权—工资债权和社会保险费用—劳动补偿金债权—财产侵权债权—国家税收——一般交易债权。人身侵权债权甚至有可能优先于担保债权,如果担保债权的设立发生于人身侵权债权产生之后。社会强制责任保险费用债权视其保障范围可以先于人身侵权债权或财产侵权债权。"[②]

还有学者从一般民法理论上进行了探讨。《侵权责任法》第4条第2款规定:因同一行为应当承担侵权责任和行政责任、刑事责任,侵权人的财产不足以支付的,先承担侵权责任。由此,确立了侵权请求权的优先权保障制度。对此,可将侵权请求权优先权认定为一种担保物权,就侵权人的全部财产而设立。其目的在于保障被侵权人在就同一行为应当承担的侵权责任和刑事责任、行政责任;其优先效力体现在,侵权人的财产不足以支付的情况下,优先实现侵权请求权,并得对抗刑事责任或者行政责任中的财产性责任,对于税收优先权也应当具有对抗效力,但对其他债权则无对抗效力。[③]

对于上述秉持侵权债权应享有优先顺位的观点,有学者提出了反对意见,认为:"法律及其体系存在固有的功能及局限,应对'大规模侵权'等非常态问题不能倚赖债权受偿顺序上的制度更迭。担保物权优先受偿并非绝对、更非完美,而是基于风险分配在制度变迁中形成的相对有效平衡。侵权之债与合同之债、人身侵权之债与财产侵权之债的区分更多具有理论意义,于实践中的制度化则缺乏合理空间。破产债权受偿顺序的确定与变更事关理念、规范和技术三个维度,应当基于整体主义的思想及方法寻求合理的制度设计,在保障担保物权优先受偿的基础上,整合企业、政府和社会的力量建立赔偿基金并予专业管理和监管,从而在大规模侵权导致责任企业破产时尽力增加对受害人的赔偿。"[④]

需要指出的是,《破产法司法解释(二)》第16条规定:"债务人对债权人进行的以下个别清偿,管理人依据企业破产法第三十二条的规定请求撤销的,人民法院不

---

① 韩长印、韩永强:《债权受偿顺位省思——基于破产法的考量》,载《中国社会科学》2010年第4期。

② 林一:《侵权债权在破产程序中的优先受偿顺位建构——基于"给最少受惠者最大利益"的考量》,载《法学论坛》2012年第2期。此外,该学者还另外撰文探讨了侵权债权人在破产程序中享受优待的原因,参见林一:《侵权债权人在破产程序中受偿地位之重塑理由》,载《法学》2010年第11期。

③ 杨立新:《论侵权请求权的优先权保障》,载《法学家》2010年第2期。

④ 冯辉:《破产债权受偿顺序的整体主义解释》,载《法学家》2013年第2期。

予支持:(一)债务人为维系基本生产需要而支付水费、电费等的;(二)债务人支付劳动报酬、人身损害赔偿金的……”

除对人身侵权之债的清偿顺位进行探讨外,有学者对税收债权的优先顺位进行了检讨,认为:“在破产清算程序中,税收债权优先于担保债权受偿,类似于创设了一种在受偿时间与受偿财产范围两方面都具有优先性的新型‘别除权’,税收债权相对于担保债权的优先性违背了物权优先于债权的一般民法原理,同时也将打破留置权在担保物权体系中的相对优先性地位。《税收征管法》与《企业破产法》之间就税收债权受偿顺位的非协调立法不仅将导致两部法律之间的相互循环否定,同时也将在破产程序中造成发生于担保债权之前与之后的税收债权在受偿顺位上的差异化待遇,最终形成法律适用逻辑上的割裂。在两部法律统一协调立法的前提下,发生于普通债权之前的税收债权可优先于普通债权受偿,其他税收债权可与普通债权在同一顺位公平受偿。”[①]

有学者则认为应进行类型化分析,对于因债务人继续履行未履行完毕的合同而发生的税收、破产宣告后因债务人变卖、拍卖或处置破产财产而产生的税收、重整计划通过后破产清算之前因企业继续生产经营而发生的税收,因其具有共益性特征,在清偿顺序上处于最优先的地位;对于纳税人或第三人以保证、抵押、质押的方式为纳税人提供担保的那部分税收,同样适用于破产法上的别除权理论,享有优先顺位;对于无担保的税收债权,虽各国均在弱化其优先性,但我国现阶段否认其优先地位的条件尚不具备;而税收“滞纳金”在本质上则属于“税收利息”,按照从债权依附于主债权的理论,应享有税收优先权。[②]

(五)跨境破产的司法实践与理论探索

1.我国跨境破产的立法演变

2006年《企业破产法》通过以前,我国在跨境破产立法上基本处于空白的状态。与破产有关的立法主要包括:1986年的《企业破产法(试行)》、1991年的《民事诉讼法》、1993年的《公司法》。此外,最高人民法院亦曾颁布了不少与之相关的司法解释,主要有:1991年11月17日颁布的《关于贯彻执行〈中华人民共和国企业破产法(试行)〉若干问题的意见》、1992年7月14日颁布的《关于适用〈中华人民共和国民事诉讼法〉若干问题的意见》及2002年7月18日颁布的《关于审理企业破产案件若干问题的规定》。在一些对外经济比较发达的省份则根据实践需要出台了一些地方性法规,如广东省人大常委会于1986年9月28日颁布了《广东省经济特区涉外公司条例》与《深圳经济特区涉外公司破产条例》。但是,这两个条例于

① 蒋辉宇:《破产清算程序中税收债权受偿顺位的重构》,载《税务研究》2017年第11期。

② 李慈强:《破产清算中税收优先权的类型化分析》,载《税务研究》2016年第3期。

1993年分别被《广东省公司条例》和《深圳经济特区企业破产条例》所取代，而后生效的两个条例对跨境破产问题未作规定。[①] 在这些法律规范当中，只有《广东省经济特区涉外公司条例》《深圳经济特区涉外公司破产条例》《关于审理企业破产案件若干问题的规定》对跨境破产问题作出规定。即使这些无论在数量上还是效力层级上都略显单薄的法律规范中，对跨境破产问题的规定也并不全面，存在许多需要进一步解决的问题。

对于我国早期跨境破产立法实践，有学者指出，其在对待外国破产程序在我国的效力上坚持了地域主义原则，注重对我国债权人利益的保护，尽力避免外商在国外的破产影响到中国境内的外商投资企业的正常经营活动。但是，其缺陷也是非常明显的："其一，中国不承认外国程序在中国的效力，外国破产管理人欲取得位于中国境内的财产，必须在中国重新提出破产申请；其二，允许客商或其代理人通过转让股权或权益的形式收回一部分在中国的投资且自行处理，不符合破产法公平对待所有债权人的立法宗旨；其三，由于在承认外国程序在我国境内的效力问题上，要求以存在互惠关系为前提，不利于我国在跨境破产上的国际合作。"[②]

及至最高人民法院于2002年7月18日颁布《关于审理企业破产案件若干问题的规定》，我国才第一次从国家层面上确立了我国破产宣告的效力及于境外的财产。根据该司法解释第73条、第78条的规定，破产企业的境外财产，由清算组予以收回；债务人对外投资形成的股权及其收益应当予以追收。

2006年《企业破产法》首次从法律层面上确定了我国在破产宣告域外效力问题上的态度。其第5条规定："依照本法开始的破产程序，对债务人在中华人民共和国领域外的财产发生效力。对外国法院作出的发生法律效力的破产案件的判决、裁定，涉及债务人在中华人民共和国领域内的财产，申请或者请求人民法院承认和执行的，人民法院依照中华人民共和国缔结或者参加的国际条约，或者按照互惠原则进行审查，认为不违反中华人民共和国法律的基本原则，不损害国家主权、安全和社会公共利益，不损害中华人民共和国领域内债权人的合法权益的，裁定承认和执行。"根据该条规定，我国在承认外国破产程序时仍坚持以存在相关国际条约或互惠原则为基础，显得较为保守，与现阶段国际发展趋势相背离，如在此问题上一直坚持地域主义的日本在2000年的破产法修订时亦是参考联合国贸易法委员会制定的《跨国界破产示范法》。

此外，中国虽未加入任何有关跨境破产的多边条约，却与至少22个国家的双边司法协助条约中涉及民事裁判的承认与执行。那么，如果上述国家的外国代表

---

① 张玲：《跨境破产的国际合作——国际私法的视角》，法律出版社2007年版，第173～174页。

② 石静遐：《跨国破产的法律问题研究》，武汉大学出版社1999年版，第68～70页。

请求中国承认与协助该国破产程序，在不存在拒绝承认的情形下，中国法院可依据《民事诉讼法》第276条、第277条、第281条予以承认与执行。而最高人民法院在2015年《关于人民法院为"一带一路"建设提供司法服务和保障的若干意见》中提出，"要在沿线一些国家尚未与我国缔结司法协助协定的情况下，根据国际司法合作交流意向、对方国家承诺将给予我国司法互惠等情况，可以考虑由我国法院先行给予对方国家当事人司法协助，积极促成形成互惠关系，积极倡导并逐步扩大国际司法协助范围"。"要严格依照我国与沿线国家缔结或者共同参加的国际条约，积极办理司法文书送达、调查取证、承认与执行外国法院判决等司法协助请求，为中外当事人合法权益提供高效、快捷的司法救济。"该规定软化了互惠原则的要求，为中国法院与境外法院进行司法协助及承认与执行外国裁判提供了空间，对跨境破产亦应适用。[①]

2.我国跨境破产的司法实践

虽然，我国在跨境破产立法上长期处于滞后状态，但是在司法中表现得较为积极。我国法院受理的第一宗涉外公司破产案件，是深圳中级人民法院于1992年7月受理的深圳市友谊纺织品商行申请宣告深圳市富友塑料有限公司（中外合资企业）破产案，此后，这类案件迅速增多。[②] 而对我国跨境破产立法推动作用最大的要数有中国"第一破产案"之称的广东国际信托投资公司（以下简称广东国投）破产案。

广东国投于1999年1月16日被广东省高院宣告破产。该案涉及位于日本、美国、德国、瑞士等多个国家和地区的境外债权人及大量境外债权。此外，广东国投还在美国、泰国、澳大利亚等国家和我国香港、澳门等地区拥有多家全资或参股公司，并有大量财产位于境外。该案给我国跨境破产立法提出了巨大的挑战，主要体现在以下三个方面：其一，如何公平对待境内外的债权人；其二，如何选择准据法；其三，对其境外财产的追缴，即破产程序的境外效力问题。而在这三个问题中，对我国影响最为深远的无疑是第三点。由于当时我国尚无相关规定，因此，广东省高院专门出台了《关于广东国投等四家破产企业清算组依法开展工作的暂行规定》，该规定确立了破产企业在境外财产由清算组予以追收的原则。该原则后来被最高人民法院《关于审理企业破产案件若干问题的规定》第73条、第78条，及《企业破产法》第5条所采纳。[③]

---

① 杨靖：《中国跨境破产研究综述》，广东法院网，http://www.gdcourts.gov.cn/web/content/40940-? lmdm=1041，访问日期：2018年9月20日。

② 王常营：《中国国际私法的理论与实践》，人民法院出版社1993年版，第155页。

③ 张玲：《跨境破产的国际合作——国际私法的视角》，法律出版社2007年版，第179～186页；石静遐：《我国破产程序域外效力的实例分析——评香港高等法院对"广信"破产程序的承认》，载《政法论坛》2002年第3期。

由于广东国投案件的巨大影响力，该案件在处理面临的法律空白时拥有了较高的自由度。然而，在其他一些案例中，法院则无法享受这种"特权"，只能从我国现行的法律制度中寻找依据，如2001年2月，广东省佛山市中级人民法院受理的"B&T Ceramic Group s. r. l. 有限公司申请和承认执行意大利法院破产判决案"。在该案中，佛山中院依据《中意司法协助条约》的规定，最终承认了意大利法院的破产宣告判决。该案是我国司法实践中第一起以司法裁定的形式承认国外破产程序。①

近年来，我国跨境破产司法实践活动中较具代表性的案件要属"大拇指环保科技集团（福建）有限公司与中华环保科技集团有限公司股东出资纠纷案"（以下简称"大拇指案"）与"浙江尖山光电股份有限公司破产重整案"（以下简称"尖山光电案"）。在"大拇指案"中，最高人民法院根据《中华人民共和国涉外民事关系法律适用法》第14条第1款"法人及其分支机构的民事权利能力、民事行为能力、组织机构、股东权利义务等事项，适用登记地法律"的规定，认为环保科技公司的司法管理人和清盘人的民事权利能力及民事行为能力等事项，应当适用环保科技公司的登记地即新加坡法律，并进而承认了环保科技公司的司法管理人基于新加坡法律享有的职权。有实务人士指出，本案作为最高人民法院的公报案例，其最核心的示范目的虽不在于对域外破产程序法律效力的承认，但该案体现出来的最高人民法院对于域外破产程序法律效力的积极态度应给予正面肯定。

而"尖山光电案"更是创造了中美跨界破产合作的里程碑。2014年8月12日，美国新泽西州破产法院法官伯恩斯（Gloria M. Burns）签署命令，批准正在我国浙江海宁中院进行破产重整程序的"浙江尖山光电股份有限公司"代表人提交的申请，承认该程序为《美国破产法》第15章意义上的"外国主要程序"，并给予相应的破产保护和救济措施。这是美国法院正式承认我国大陆破产程序域外效力的第一案。②

3.完善跨境破产制度的理论探讨

我国国内学者对跨境破产的研究整体起步较晚，始于20世纪80年末。在既有研究成果中，既有从破产域外效力、破产管辖、法律适用及破产判决的承认与执行等方面进行的系统论述，也有专注于跨境破产中的某特定问题进行深耕的精细化研究。就前者而言，学者们讨论较为集中的主要有跨境破产案件的管辖、法律的适用以及判决的承认与执行三个方面。

---

① 张玲：《跨境破产的国际合作——国际私法的视角》，法律出版社2007年版，第186～190页。

② 石静霞、黄圆圆：《中美跨界破产合作里程碑——"尖山光电案"评析》，载《法律适用》2017年第4期。

针对破产案件的管辖、法律适用以及国外破产程序的承认与协助等系统性研究,已如前述,此处不赘。

至于专题性的精细化研究,有学者探讨了 VIE(可变利益实体)构架对中国的跨境破产制度和司法实践提出的新挑战,并指出有必要引入"主要利益中心"制度以增加域内破产裁判在域外获得承认与执行的可能性。此外,由于破产程序的开始、破产宣告均涉及债务人财产的处分、自动冻结等,因此对外国生效破产裁判的承认等同于对外国正在进行的破产程序的承认。为促进 VIE 架构下各公司通过破产程序实现有效的市场退出、域内债权人利益的最大化,我国有必要引入跨境破产国际实践中通行的主要利益中心制度和非主要破产程序制度,并对承认与执行域外破产裁判的条件给予进一步明晰。①

有学者对内地与香港间的跨境破产法律框架进行了详细的探讨。具体如下:(1)适用范围。两地跨境破产法律框架应局限在企业的跨境破产问题上,不含自然人破产问题。(2)因保险公司、信贷机构、经纪类投资公司等为第三人提供持有基金或股票的服务或综合类投资的公司往往涉及公共政策,应排除在两地跨境破产法律框架之外。(3)两地跨境破产法律框架适用于内地与香港之间发生的跨境破产法律问题。对于管辖问题,可通过引入主要破产程序与附属破产程序概念予以解决。对于破产程序的承认与司法协助,不妨参照联合国贸易法委员会制定的跨境破产示范法及欧盟破产程序规则的相关经验。随着《内地与香港关于建立更紧密经贸关系的安排》的实施,内地将向香港开放法律服务市场,此举可有效缓解内地与香港间的破产管理人指定问题。(4)可借鉴 CEPA 的做法成立专门机构对两地跨境破产法律框架运行过程中产生的问题进行解释,及时修订条文、起草议案,以及对框架条文进行解释等。②

(六)执行案件移送破产审查的推行及理论评价

1.执行案件移送破产审查的试点与建立③

执行案件移送破产审查(以下简称"执转破")是人民法院司法工作机制的创新,经历了一个草创到逐步完善的过程。2015 年 2 月 4 日起实施的最高人民法院《关于适用〈中华人民共和国民事诉讼法〉的解释》第 513 条至第 516 条规定了"执转破"的相关内容,从制度上打通了执行不能案件通过法院移送进入破产程序的通道。

---

① 张海征:《论 VIE 架构对中国跨境破产制度提出的特殊问题》,载《首都师范大学学报(社会科学版)》2016 年第 3 期。

② 王芳:《香港与内地跨境破产的法律框架研究》,载《政法论坛》2009 年第 5 期。

③ 本部分内容主要参考王富博:《〈关于执行案件移送破产审查若干问题的指导意见〉的理解与适用》,载《人民司法·应用》2017 年第 10 期。

但是囿于该司法解释的内容、体例和篇幅限制，上述条文仅对“执转破”问题作出原则性、概括性的规定，完整、详尽的程序转换规则却付之阙如。因此，在试点工作的推进当中，地方法院不同程度地进行了司法创新，但囿于经济社会发展与司法水平的不均衡性等原因，各地法院制定的实施细则差异较大。以广东省、江苏省、浙江省、陕西省四省高级人民法院的“执转破”程序实施细则为例，虽然四地的实施细则在具体条文的结构安排上都大致相同，但是在具体内容上仍有较大的不同。比如关于管理人的规定，只在陕西省高院与浙江省高院的实施细则中有所突出；破产程序优先于“执转破”程序的适用原则，只在浙江省高院的文件中得以体现等等。[①] 此外，在试点的过程中还暴露出诸如“执转破”案件管辖不合理，“执转破”案件启动难、数量少，缺乏专业审判机构，“执转破”具体衔接程序不规范等现实问题。[②]

为此，最高人民法院民二庭从2015年下半年开始就着手调研起草“执转破”的规定。2015年8月，初稿拟定后，最高人民法院民二庭组织全国部分法院的法官在浙江温州召开了第一次征求意见会，对初稿进行了逐条讨论修改。

党的十八届五中全会提出要更加注重运用市场机制、经济手段、法治办法化解产能过剩，加大政策引导力度，完善企业退出机制；2015年年底的中央经济工作会议上，中央明确提出要加强供给侧结构性改革，抓好去产能、去库存、去杠杆、降成本、补短板五大重点任务。由此，尽快制定“执转破”的规定，大力推进“执转破”工作的开展，推动执行领域的僵尸企业清理，促进市场化、法治化、专业化的破产工作深入开展，充分发挥破产制度在拯救生病企业、淘汰落后产能方面的功能，便成为人民法院贯彻十八届五中全会精神和中央供给侧结构性改革部署的重要举措。

为适应形势任务发展变化的需要，最高人民法院民二庭在2015年年底的中央经济工作会议之后，加大了制定“执转破”规定的工作力度。2016年5月和8月，先后组织全国部分法院执行、破产审判部门的法官在江苏南通、山东青岛召开了两次规模较大的研讨会。在此基础上，历经七次修改，形成执行案件移送破产审查指导意见的征求意见稿。此后，将征求意见稿送全国人大法工委、最高人民法院相关庭局室正式书面征求意见，并通过人民法院内网面向全国法院广泛征求意见。在整理收集相关反馈意见的基础上，修改形成送审稿，报最高人民法院民事行政审判专业委员会讨论通过，于2017年1月20日正式公布实施《关于执行案件移送破产审查若干问题的指导意见》。

---

① 廖丽环：《正当程序理念下的执行转破产机制——基于法理视角的反思》，载《法制与社会发展》2018年第3期。

② 潍坊市中级人民法院课题组：《关于完善执行转破产程序的调研报告》，载《山东审判》2017年第1期。

该指导意见主要从以下几个方面对"执转破"进行了详细构建:"执转破"的条件(含适用对象要件、意思表示要件、破产原因要件),"执转破"案件的管辖(含地域管辖与级别管辖两个方面),"执转破"的征询、决定程序,决定移送的异议处理,决定移送对执行的影响(含决定移送与中止执行、决定移送与继续保全两个维度),材料移送、立案与破产审查,裁定受理后执行费用的清偿,裁定受理后财产的移交(含执行标的物的移交、未分配执行价款的移交),受移送法院裁定不予受理或驳回申请后的处理,禁止重复移送,"执转破"的监督制约。

2.对执行案件移送破产审查的理论评价

以下两个关联因素的作用影响着中国司法程序对破产功能的承担:其一,由于国家对破产的控制和垄断,破产制度进入门槛高、当事人使用制度成本高,致使对破产制度的需求低;其二,国家从20世纪90年代起对执行制度大力投入,使得执行程序进入门槛低、效率相对较高,且许多协调和组织及制度运行的成本由法院承担而不是由当事人承担。执行程序的相对优势刺激了当事人通过执行程序解决事实上是破产问题的动机,一定程度上推动了中国司法执行程序中大量债务人没有财产可供执行现象的出现。[①]

最高人民法院创制的执行转破产程序虽可因应执行难困局,但这一举措作为功利主义导向下的非常态之举,严格来说缺乏正当性支撑。此外,现行"执转破"主要以地方性实践为主导,存在整体规范低阶化、法律规则难统一、具体实施细则模糊、配套的硬制度供给和软文化建设尚付阙如、案件受理量低迷,实效乏力等问题。[②]

因此,"执转破"制度需作进一步完善,具体可从制度、文化和细则三个维度进行建构:制度供给方面,打造破产审判的专业化与信息化、加强府院合力和查控分析;文化建设方面,转变思想观念,构建尊重市场失败者的企业破产文化以及市场主体自负风险的意识;规则精细方面,确定依职权启动的准入条件、增设财产地法院与跨行政区法院的破产管辖权、完善管理人报酬的司法解释、限定执转破适用、建立执转破监督机制、区分不同主体的激励机制等。[③]

但无论是贯彻供给侧结构性改革,还是健全市场主体的救治和退出机制,"执转破"都不是长远之策,从根本上讲,还需要依靠市场化破产以提高破产程序适用率,改变以往以指令法理为主导的破产制度,转向侧重市场法理,唯有如此,才是实

① 唐应茂:《为什么执行程序处理破产问题》,载《北京大学学报(哲学社会科学版)》2008年第6期。

② 廖丽环:《执行转破产制度的路径优化》,载《北京理工大学学报(社会科学版)》2018年第2期;廖丽环:《正当程序理念下的执行转破产机制——基于法理视角的反思》,载《法制与社会发展》2018年第3期。

③ 廖丽环:《执行转破产制度的路径优化》,载《北京理工大学学报(社会科学版)》2018年第2期。

现程序性正当向实体性正当转换的必由之路。[①]

三、中国破产法的未来和展望

(一)我国破产法的近期发展趋势

1.以破产实践促进僵尸企业清理和过剩产能化解

2015年年底召开的中央经济工作会议提出,“要尽可能多兼并重组、少破产清算”以助力化解过剩产能。2016年中美元首杭州峰会上达成的共识亦强调破产重整、破产和解、破产清算制度和机制对依法解决产能过剩问题的重要性,并就此提出我国将通过继续建立专门的破产审判庭、不断完善破产管理人制度以及运用信息化手段等方式推进破产法的实施,以期加快解决产能过剩问题。

为回应上述政策精神,最高人民法院自2016年起推出了前述一系列重大举措。各地法院还定期、不定期发布典型案例,以起到引导示范效应。

与上述司法审判机关的积极作为相呼应的是各类市场主体的大胆创新,如危困企业投资并购联盟、资产投资促进机构及信息共享平台等不断建立。与此同时,不少地区还不失时机地建立了破产管理人协会,以加强管理人的管理工作,促进管理人机构的健康有序发展。

2.以破产法制的规范化促进营商环境的改善

“办理破产”是世界银行评估商业经营的10个领域之一。根据世界银行《2018年营商环境报告》,中国大陆在这一领域排名第56位。影响我国排名进一步提高的因素主要有以下几个方面:“回收率”“时间”“成本”“债权人参与指数”。此外,在上述“权利保护”的考核指标中,破产程序中的权利保护状况也有一定的占比。

“债权人参与指数”的具体评价指标包含以下四个方面:第一,债权人是否可以任命破产管理人,或有权批准或拒绝破产管理人的任命;第二,债权人是否需要批准破产程序过程中债务人的大量资产的出售;第三,个人债权人在破产程序进行中是否有权获得有关债务人财务的信息;第四,个人债权人是否可以反对法院或破产管理人的决议,从而关于批准或拒绝债权人本身或其他债权人对债务人提出的要求。受限于我国《企业破产法》的整体制度构造,我国大陆地区仅在第四项上得分。

对于债权人收回贷款的时间,《营商环境报告》所测量的时间段从公司违约之时开始,直至其拖欠银行的款项部分或全部偿付之时结束。各方可能采取的拖延

① 廖丽环:《正当程序理念下的执行转破产机制——基于法理视角的反思》,载《法制与社会发展》2018年第3期。

战术，比如提出拖延时间的申诉或延期申请等，均考虑在内。因此，符合破产受理要件的案件及早进入破产程序有利于缩短债权人收回贷款的时间。因而我国有必要进一步加强破产理念的宣传工作，塑造有利于破产审判工作的社会环境，进一步便利破产案件的申请与受理，切实解决破产案件"立案难"的问题。

而影响诉讼成本占债务人不动产价值百分比的因素，包括法庭费用和政府税费、破产管理费、拍卖费、评估费和律师费以及其他一切费用和成本。"回收率"则按债权人通过重组、清算或债务执行(抵押物没收或破产)等法律行动收回的债务占债务额的百分比来记录。

《全国法院破产审判工作会议纪要》虽对上述问题多有涉及，但受限于"纪要"的效力层次，其目标将难以完全实现。因此，应在时机成熟时有针对性地推动我国《企业破产法》的修订、完善。

(二)破产法制健全中的热点问题

《企业破产法》对企业法人以外的民商事主体的破产能力的规定，除了第135条规定的"其他法律规定企业法人以外的组织的清算，属于破产清算的，参照适用本法规定的程序"之外，没有赋予自然人以破产能力。在企业破产法起草过程中，曾在草案中对合伙企业的合伙人以及个人独资企业的投资者，在其所投资的企业破产的情况下，可以与企业同时破产。但不影响其对企业债务承担无限责任(连带)责任。至于这些自然人投资人是否免责以及如何免责，企业破产法草案采取了将免责期限与债务清偿比例相挂钩的做法，即债权人的受偿比例越低，债务人在破产程序终结后开始免责的期限越长。

但2006年正式颁布的《企业破产法》删除了这些条款。原因可能在于：其一，债务人责任财产的查控途径和方式可能不到位；其二，自然人破产免责条件是否成熟？也就是说不少人对自然人实施破产的必要性和可行性存有疑问。

企业破产法实施以来，我国企业破产的相关配套法律制度都发生了较大的变化。债务人财产状况的查控以及对失信人员的惩治制度，早已建立并得到了相对严格的执行。这在很大程度上为自然人破产创造了可行性。而在必要性方面。2013年修改后的《公司法》在废除最低资本制度并对注册资本实缴改认缴以后，有理由相信以下两个方面现象比较突出：一是自然人股东在公司股东中的比例明显增多；二是股东认缴(而非实缴)的比重明显增大。而当这些公司进入破产程序之后，基于《企业破产法》第35条的规定股东未到期的出资义务将加速到期。此时，如果这些自然人无力提前履行其出资义务，究竟是允许其破产，还是只能依照《民法通则》第108条的规定，经债权人会议或者人民法院裁决而分期清偿，便成为破产法的一个重要课题。

在《公司法》鼓励自然人投资创业的背景下。如果因为经营失败而剥夺其申请破产，免除债务的机会，那么就会使那些投资创业过程中诚信经营而遭遇不幸的自然人投资人，在投资创业方面形成一定的风险陷阱。因此，自然人破产已经成为目前《企业破产法》适用范围上一个重要的命题，其必要性和可行性，以及对激发自然人投资创业的热情，都将具有极为重要的历史意义和实践价值。

据悉，深圳等地方已经启动自然人破产立法的论证工作，相信对其他地方的示范效应会逐渐凸显出来。正如郑有为教授指出的，“企业破产清算、企业重建再建、个人破产清算，与个人重整再建四大部分，乃顺随时代变迁、破产法学发展至今，现今21世纪先进破产法制不可或缺的债务整理制度。一个破产法制是否得以真确成为该国经济社会体制坚固后盾磐石，以上四大部分皆不宜任意忽视之”①。

1.自然人的破产能力问题

(1)我国自然人破产的立法实践

1986年的《企业破产法(试行)》第2条规定“本法适用于全民所有制企业”。在该法适用期间，我国立法并未直接承认自然人的破产。不过，现代自然人破产制度的主要功能便包含了允许个人在陷入财务困难时除了免受人身处罚之外，还保护自己的某些财产不被债权人强制执行。② 从此项立法功能的实现角度观之，此间我国通过其他方式在一定程度上承认了自然人的破产能力。如1982年3月8日第五届全国人民代表大会常务委员会第二十二次会议通过并于1982年10月1日起试行的《民事诉讼法(试行)》第171条第2款规定：“人民法院决定扣留、提取劳动收入时，应当保留被执行人及其所供养家属的生活必需费用。”这一制度为1991年4月9日第七届全国人民代表大会第四次会议通过的《中华人民共和国民事诉讼法》第223条所继承。该条第1款规定，“被执行人未按执行通知履行法律文书确定的义务，人民法院有权查封、扣押、冻结、拍卖、变卖被执行人应当履行义务部分的财产。但应当保留被执行人及其所扶养家属的生活必需品”。

最高人民法院审判委员会第1330次会议通过，2005年1月1日起施行的《最高人民法院关于人民法院民事执行中查封、扣押、冻结财产的规定》对前述生活必需品作了详细的规定。其第5条规定，人民法院对被执行人下列的财产不得查封、扣押、冻结：①被执行人及其所扶养家属生活所必需的衣服、家具、炊具、餐具及其他家庭生活必需的物品。②被执行人及其所扶养家属所必需的生活费用。当地有最低生活保障标准的，必需的生活费用依照该标准确定。③被执行人及其所扶养家属完成义务教育所必需的物品。④未公开的发明或者未发表的著作。⑤被执行人及其所扶养家属用于身体缺陷所必需的辅助工具、医疗物品。⑥被执行人所得的勋章及其他荣誉表彰的物品。⑦根据《中华人民共和国缔结条约程序法》的规

① 郑有为：《破产法学的美丽新世界》，台湾元照出版公司2012年第3版，第227页。

② 许德凤：《论个人破产免责制度》，载《中外法学》2011年第4期。

定，以中华人民共和国、中华人民共和国政府或者中华人民共和国政府部门名义同外国、国际组织缔结的条约、协定和其他具有条约、协定性质的文件中规定免于查封、扣押、冻结的财产。⑧法律或者司法解释规定的其他不得查封、扣押、冻结的财产。对于不动产的执行，该规定第6条指出："对被执行人及其所扶养家属生活所必需的居住房屋，人民法院可以查封，但不得拍卖、变卖或者抵债。"

而最高人民法院于1992年颁布的《关于适用〈中华人民共和国民事诉讼法〉若干问题的意见》第297条至第299条及1998年颁布的《关于人民法院执行工作若干问题的规定（试行）》第88条至第96条中规定了民事强制执行中的参与分配制度。但人民法院在实行参与分配制度时仍应遵守前述规定，保留被执行人及其扶养家属的生活必需品。

此外，如下立法或规定也可视作自然人破产的替代性措施或制度。最高人民法院于2010年颁布了《关于限制被执行人高消费的若干规定》，规定法院可以"限制高消费令"的形式禁止被执行人从事"非生活和工作必需的高消费行为"（第3条）。被执行人若有违反，根据《民事诉讼法》第102条、《刑法》第313条的规定，则可能被处以拘留、罚款等处罚或被追究刑事责任（第11条）。有学者进一步指出，我国的司法执行程序在一定程度上一直承担着破产清算之功能。[①] 而"对突发性灾难导致的大规模个人债务危机，我国一直倾向于用临时政策取代正式立法。例如，中国银行业监督管理委员会在2008年四川汶川大地震后颁布了《关于做好四川汶川地震造成的银行业呆账贷款核销工作的紧急通知》，准许对房屋灭失且无力偿还的个人贷款者进行呆坏账核销处理。"[②]"其结果是债务人债务的免除，此与个人破产制度不谋而合。"[③]

考虑到合伙企业的合伙人和个人独资企业的出资人对企业债务承担无限连带责任，当这两类企业破产时，可能连带到合伙人和出资人的个人财产。为公平清偿债务，维护我国企业立法和企业破产法的协调统一，也为今后建立个人破产制度积累经验，[④]2003年形成的《中华人民共和国企业破产法（草案）》将合伙企业合伙人和个人独资企业出资人可能出现的连带破产及相应的免责制度一并进行了规定。但由于立法过程中存在的争议较大，上述规定并未被最终通过的立法所采纳。

值得关注的是，最高人民法院正在委托深圳市中级人民法院进行个人破产法立法的试点工作，而深圳市律协业已发布了由其起草的《深圳经济特区个人破产条例草案》。

---

① 唐应茂：《为什么执行程序处理破产问题？》，载《北京大学学报（哲学社会科学版）》2008年第11期。

② 赵万一、高达：《论我国个人破产制度的构建》，载《法商研究》2014年第3期。

③ 杨显滨、陈风润：《个人破产制度的中国式建构》，载《南京社会科学》2017年第4期。

④ 安建：《中华人民共和国企业破产法法释义》，法律出版社2006年版，第279页。

(2)自然人破产能力的理论探讨

我国关于自然人破产能力的争论发端于20世纪90年代中后期,[①]伴随着1986年《企业破产法(试行)》的修订和2006年《企业破产法》的制定而达到顶峰,但最终以否定派观点的取胜而暂告一段落。[②] 不过,在我国所争议者,应属我国破产法何时应将自然人破产制度完全纳入其中,而非在应然层面就自然人应否适用破产法存在争议。

2006年《企业破产法》颁布之前,大致上存在三种不同的观点。第一种意见认为,破产法适用于中国境内的所有企业法人和自然人;第二种意见认为,破产法适用于在中国境内的所有企业法人,不适用于自然人;第三种意见认为,破产法适用于中国境内的所有的企业法人和依法核准登记的非法人企业。[③] 不过,也有观点认为,对于自然人的破产能力,应区分商自然人与消费者,对于前者应赋予其破产能力。[④] 而随着2006年《企业破产法》的施行,企业法人以外的组织的破产能力已得到立法的承认,该法第135条规定"其他法律规定企业法人以外的组织的清算,属于破产清算的,参照适用本法规定的程序"。进而关于破产主体范围的争论集中于立法应何时承认自然人的破产能力。

反对现行立法承认自然人破产能力的理由主要有:第一,缺乏经济基础,即我国的经济发展尚未达到全民皆"商"的程度;第二,配套的财产制度欠缺,健全的财产申报制度或财产统计制度尚未建立,个人的财产和收入尚不够透明;第三,在个人信用制度还未完全建立的情况下,允许债务人免责,会诱发债务人的道德风险,进而对正在形成的信用制度造成毁灭性的打击;第四,由于基础性的财产制度的缺失,缺乏有效的防止隐匿财产、逃避债务的手段,贸然允许自然人破产,难以控制债务人的逃债行为;第五,现有审判力量难以有效应对,就国外破产实践来看,自然人破产案件占据破产案件数量的绝大多数,允许自然人破产将对本已高负荷运转的司法系统增加新的重担;第六,自然人破产时,自然人债务人的自由财产范围难以

---

① 韩长印:《论建立我国统一的破产立法模式》,载《现代法学》1994年第3期。

② 赵万一、高达:《论我国个人破产制度的构建》,载《法商研究》2014年第3期。

③ 这三种观点最早来源于企业破产法修改小组组长吴春生同志在1994年11月18日于北京召开的"94产权流动与破产实务研讨会"上的发言,相关介绍参见邹海林:《关于新破产法的适用范围的思考》,载《政法论坛》(中国政法大学学报)2002年第3期;常敏、邹海林:《中华人民共和国破产法的制定》,载《法学研究》1995年第2期。

④ 曹兴权:《雾里看花:自然人破产之争》,载《河北法学》2006年第4期;江平、江帆:《论商自然人的破产能力》,载《现代法学》1997年第4期。

确定，尚需进一步研究。[①] 此外，还有学者提及，“欠债还钱”“父债子还”等传统理念与现代破产免责理念存在内在冲突，在一定程度上阻碍了自然人破产制度的推进。[②]

支持破产法适用于自然人的理由主要有：第一，自然人和法人一样，同样面临着不能偿还到期债务的问题，理应受破产法调整；第二，破产制度可向诚实而不幸的债务人提供一个重新开始的机会；第三，完善的破产机制，更宜于自然人债务的清理，克服执行难，对债权人利益的保护也更为有效；第四，是深化对外经济体制改革，进一步扩大对外开放，并同破产法的国际惯例相接轨的需要；第五，我国现已出版建立了较为完备的个人破产配套制度；第六，随着我国社会主义市场经济的不断深入发展，自然人已广泛地参与到经济生活中，而我国自然灾害频发的客观现实也进一步提出了借助破产制度免除个人债务，为其提供全新开始机会的客观需求。概言之，前述反对理由更多的是技术层面的暂时性困难，不应构成长期阻碍我国建立自然人破产制度的理由。[③]

虽然，我国学者原则上均认可自然人的破产能力，但是在具体的立法模式上仍存在争议。有学者认为，由于我国采取的是民商合一模式，因此应采一般破产主义，但应将自然人的破产区分为民事破产和商事破产。二者的区分标准是导致破产的原因。前者指源于借贷、租赁、分期付款等一般民事生活关系所产生的自然人破产；后者指源于工商业生产经营活动所产生的自然人破产。此外，进一步区分了制裁型破产，指根植于公司企业经营失败上的原因责任所产生的自然人破产。[④] 有学者则认为，我国应采狭义的一般个人破产模式，即在原则上承认所有个人的破产能力，但特定类型的个人原则上不具有破产主体资格。其原因在于自然人对商事活动的广泛参与，以及市场经济条件下存在许多性质模糊的法律行为，难以清晰界定其属商事或民事。该学者进一步认为，农村居民应暂不纳入我国个人破产制度规制的主体范围，其理由主要在于：第一，农村居民的生产经营所得很难计算。

---

① 常敏、邹海林：《中华人民共和国破产法的制定》，载《法学研究》1995年第2期；邹海林：《关于新破产法的适用范围的思考》，载《政法论坛》（中国政法大学学报）2002年第3期；曹兴权：《雾里看花：自然人破产之争》，载《河北法学》2006年第4期；刘静：《信用缺失与立法偏好——中国个人破产立法难题解读》，载《社会科学家》2011年第2期。

② 汪世虎、李刚：《自然人破产能力研究》，载《现代法学》1999年第6期。

③ 常敏、邹海林：《中华人民共和国破产法的制定》，载《法学研究》1995年第2期；汤维建：《关于建立我国个人破产制度的构想》（上），载《政法论坛》（中国政法大学学报）1995年第3期；邹海林：《关于新破产法的适用范围的思考》，载《政法论坛》（中国政法大学学报）2002年第3期；曹兴权：《雾里看花：自然人破产之争》，载《河北法学》2006年第4期；赵万一、高达：《论我国个人破产制度的构建》，载《法商研究》2014年第3期。

④ 汤维建：《关于建立我国的个人破产程序制度的构想》（下），载《政法论坛》（中国政法大学学报）1995年第4期。

第二，农村居民个人收入和财产构成与家庭收入和财产构成之间很难进行明确界分。第三，农村居民适用个人破产程序与现有立法及政策存在重大冲突，如承包地和宅基地的流转要受农业用途、审批、村集体及村集体其他成员的同意等多方面限制。第四，农村居民在失权和复权制度适用上存在明显困难，典型如农村居民取得土地承包经营权和宅基地使用权的资格是否要纳入失权范围。[①] 不过，也有观点认为，在破产主体适用和具体制度设计上不应对农村居民和城镇居民进行区别对待。农村居民的收入结构、对农村居民的特殊保护，以及土地承包经营权、宅基地使用权等具有中国特色的权利制度对个人破产制度的构建没有实质性影响。[②]

(3)完善自然人破产制度的建议

自然人破产制度，较之企业破产制度，其核心在于自然人破产时的豁免财产制度与破产后的免责制度，此外防止自然人破产制度滥用的预防性机制也具有重要地位。对此，我国学者业已进行了诸多探讨。有学者认为可借鉴德国法上的庭外和解与庭内和解程序，设置必要的自然人破产前置程序；对自然人破产优先适用简易程序，以降低成本，提高效率；同时构造必要的防止滥用自然人破产制度的机制和措施，如失权、复权制度，必要的自然人破产门槛等。[③]

而对于个人免责的适用，应借鉴域外经验，设置必要的前置程序，并应区分破产原因设置不同的程序。对于存在不诚实行为的债务人，应设置必要的惩罚机制，不得再对其适用免责制度。[④] 值得一提的是，2004 年 6 月提交全国人大常委会审议的破产法草案中曾提出过一种自然人获得免责的方案，即："破产案件终结后，具备下列情形之一的，对于普通破产债权的未受清偿部分，除故意侵犯人身权的损害赔偿外，免除破产人的清偿责任：(一)在破产案件终结时，全部破产债权的百分之四十以上已经获得清偿的，自破产案件终结之日起满三年；(二)在破产案件终结时，全部破产债权中已获得清偿的部分达到百分之三十以上，但不足百分之四十的，自破产案件终结之日起满四年；(三)在破产案件终结时，全部破产债权中已获得清偿的部分达到百分之二十以上，但不足百分之三十的，自破产案件终结之日起满五年；(四)在破产案件终结时，全部破产债权中已获得清偿的部分达到百分之十以上，但不足百分之二十的，自破产案件终结之日起满七年；(五)在破产案件终结时，全部破产债权中已获得清偿的部分不足百分之十的，自破产案件终结之日起满

① 赵万一、高达:《论我国个人破产制度的构建》，载《法商研究》2014 年第 3 期。

② 王雪丹:《关于二元经济体制对个人破产制度影响的思考——兼与朱涛博士商榷》，载《前沿》2010 年第 12 期。

③ 赵万一、高达:《论我国个人破产制度的构建》，载《法商研究》2014 年第 3 期；杨显滨、陈风润:《个人破产制度的中国式建构》，载《南京社会科学》2017 年第 4 期。

④ 许德风:《论个人破产免责制度》，载《中外法学》2011 年第 4 期。

十年。”[1]对于这一方案，今后立法中不妨予以采纳。

2.银行等金融机构的破产问题

企业经营失败而陷入破产，作为正常的商业规律，同样适用于银行等金融机构。但由于金融行业对整个经济发展、社会运行的重要作用，银行的破产极易引发连锁反应，典型如 2008 年爆发的金融危机。因此对于银行破产又不得不采取较普通企业破产更为审慎的态度，乃至构建特殊破产制度。而在我国，受计划经济历史惯性的影响，在改革开放的历程中，对于陷入经营困境的金融机构往往由政府信用进行担保，或借助于行政手段进行整顿，对新中国第一家破产商业银行——海南发展银行的处置工作便是明证，据报道直至今日仍未完成清算工作。[2] 受此影响，对法治化的银行破产制度的需求便长期不足，我国银行破产法律制度的构建也一直处于“慢、散、乱”的境况。

(1)我国银行破产立法现状

从广义的银行破产法律制度理解，我国涉及银行破产的法律、法规及司法解释主要包括:《中国人民银行法》(2003 年)、《商业银行法》(2003 年)、《银行业监督管理法》(2003 年)、《公司法》(2005 年)、《企业破产法》(2006 年)、《民事诉讼法》(2012 年)等法律;《金融违法行为处罚办法》(1999 年)、《金融机构撤销条例》(2001 年)、《外资银行管理条例》(2006 年)、《存款保险条例》(2015 年)等行政法规，以及《最高人民法院关于审理企业破产案件若干问题的规定》(2002 年)、《最高人民法院关于审理企业破产案件指定管理人的规定》(2007 年)、《最高人民法院关于审埋企业破产案件确定管理人报酬的规定》(2007 年)、《最高人民法院关于适用〈中华人民共和国企业破产法〉若干问题的规定(一)》、《最高人民法院关于适用〈中华人民共和国企业破产法〉若干问题的规定(二)》。此外，《外资银行管理条例实施细则》(2006 年)则对外资银行的监管、终止、清算事项进行了专门规定。

从我国银行破产与预防规制的演变史来看，《城市合作银行管理规定》(1997 年)、《农村商业银行管理暂行规定》(2003 年)、《农村合作银行管理暂行规定》(2003 年)等现已失效的部门规章，亦曾对银行破产问题进行过规定。

上述立法规定，搭建起了我国银行破产法律制度的基本框架。此外，《企业破产法》第 134 条规定:“商业银行、证券公司、保险公司等金融机构有本法第二条规定情形的，国务院金融监督管理机构可以向人民法院提出对该金融机构进行重整或者破产清算的申请。国务院金融监督管理机构依法对出现重大经营风险的金融机构采取接管、托管等措施的，可以向人民法院申请中止以该金融机构为被告或者

---

① 韩长印:《商法教程》，高等教育出版社 2007 年版，第 437 页。

② 《这所国内第一家破产的银行，已破产 20 年却至今未完成清算——海南发展银行》，华股财经网，http://www.huagu.com/hgjj/20180603237567.html，访问日期:2018 年 9 月 27 日。

被执行人的民事诉讼程序或者执行程序。金融机构实施破产的，国务院可以依据本法和其他有关法律的规定制定实施办法。”由于国务院至今尚未对银行和金融机构的破产制定实施办法，以为必要的金融衍生品交易提供所谓的安全港规则，[①]所以，关于金融合约以及金融合约中涉及的担保债权问题是否给予特殊对待，例如，银行借贷合同中的加速到期、交叉违约、交叉加速到期等条款的效力问题，以及银行能否通过扣划破产债务人的存款或者业务往来款项用以抵销加速到期的债权并获得破产豁免的待遇，便由法院自由裁量。正如李曙光教授指出的，《企业破产法》第134条隐含着十分丰富的信息。首先，企业破产法第一次写上了金融机构破产的内容，它实际上宣告中国的市场经济接纳金融机构的破产；其次，企业破产法接受了商业银行作为公众公司而不是特殊行业的国际标准；再次，企业破产法赋予中央政府起草相关破产条例、实施办法的权力；复次，企业破产法赋予监管部门来处理问题银行和问题金融机构的手段；最后，这一条款也是与现有的商业银行法，证券法，保险法等法律法规中有关金融机构破产的内容相衔接、相配套的。[②]

此外，《商业银行法》第71条第1款第1句则规定“商业银行不能支付到期债务，经国务院银行业监督管理机构同意，由人民法院依法宣告其破产”。由此，可以认为我国在银行破产问题上采取了普通公司破产框架，只不过宣告破产前需经国务院银行业监督管理机构之同意。而在破产标准方面，普通公司破产采用的“现金流标准”与“资产负债表标准”亦得适用。

《商业银行法》第71条第1款第2句还就银行破产的管理人进行了规定，即商业银行被宣告破产的，由人民法院组织国务院银行业监督管理机构等有关部门和有关人员成立清算组，进行清算。由此，商业破产的职能采取清算组方式。该条第2款还对存款债权设置了优先顺位。该款规定，商业银行破产清算时，在支付清算费用、所欠职工工资和劳动保险费用后，应当优先支付个人储蓄存款的本金和利息。

为进一步保护存款人的合法权益，国务院第67次常务会议2014年10月29日通过、2015年5月1日起施行的《存款保险条例》（以下简称《条例》）就存款保险制度作出系统规定。比如：《条例》第2条规定，在中华人民共和国境内设立的商业银行、农村合作银行、农村信用合作社等吸收存款的银行业金融机构（以下统称投保机构），应当依照本条例的规定投保存款保险。投保机构在中华人民共和国境外设立的分支机构，以及外国银行在中华人民共和国境内设立的分支机构不适用前

① 有学者认为我国暂未确立安全港规则的主要原因在于：(1)中国金融市场尤其是金融衍生交易市场发展水平较低，致使现实需求不足；(2)中国市场化程度较低，更多依赖于金融行政管理部门来控制金融风险；(3)中国金融衍生交易的实践水平与研究水平低下。冯果、洪治纲：《论美国破产法之金融合约安全港规则》，载《当代法学》2009年第3期。

② 李曙光：《论新破产法与金融机构破产的制度设计》，载《中国金融》2007年第3期。

款规定。《条例》第5条规定，存款保险实行限额偿付，最高偿付限额为人民币50万元。中国人民银行会同国务院有关部门可以根据经济发展、存款结构变化、金融风险状况等因素调整最高偿付限额，报国务院批准后公布执行。同一存款人在同一家投保机构所有被保险存款账户的存款本金和利息合并计算的资金数额在最高偿付限额以内的，实行全额偿付；超出最高偿付限额的部分，依法从投保机构清算财产中受偿。存款保险基金管理机构偿付存款人的被保险存款后，即在偿付金额范围内取得该存款人对投保机构相同清偿顺序的债权。《条例》第19条规定，人民法院裁定受理对投保机构的破产申请的，存款人有权要求存款保险基金管理机构在本条例规定的限额内，使用存款保险基金偿付存款人的被保险存款。

除上述破产清算制度外，我国《商业银行法》《银行业监督管理法》还设置了银行破产预防措施，主要有以下几种：

其一，接管。《商业银行法》第64条规定："商业银行已经或者可能发生信用危机，严重影响存款人的利益时，国务院银行业监督管理机构可以对该银行实行接管。接管的目的是对被接管的商业银行采取必要措施，以保护存款人的利益，恢复商业银行的正常经营能力。被接管的商业银行的债权债务关系不因接管而变化。"

其二，重组。《银行业监督管理法》第38条规定，银行业金融机构已经或者可能发生信用危机，严重影响存款人和其他客户合法权益的，国务院银行业监督管理机构可以依法促成该银行业金融机构的机构重组，机构重组依照有关法律和国务院的规定执行。

其三，停业整顿。《银行业监督管理法》第46条规定，银行业金融机构存在未按照规定进行信息披露或严重违反审慎经营规则等情形的，由国务院银行业监督管理机构责令改正，并处20万元以上50万元以下罚款；情节特别严重或者逾期不改正的，可以责令停业整顿或者吊销其经营许可证。《商业银行法》第74条至第77条也有类似的规定。

《金融机构撤销条例》还就金融机构之撤销进行了规定，据其规定金融机构有违法违规经营、经营管理不善等情形，不予撤销将严重危害金融秩序、损害社会公众利益的，应当依法撤销。

对于我国银行破产法律制度，学者们诟病较多的是：第一，启动程序标准不明，如《商业银行法》仅规定"在商业银行已经或者可能发生信用危机，严重影响存款人的利益时"，这一表述过于笼统，不利于对濒临破产银行的及时救助。第二，我国虽然设置了破产预防制度，但是相关制度构建并不完善，使得政府在进行救助时缺乏明确的法律指引和约束，而且破产预防措施与《企业破产法》中的重整、清算等破产程序的协调也有待明确。[①]

(2)国外银行破产制度借鉴

英国的商业银行破产法律制度主要由2009年的《银行法》和2012年的新《金融服务法》为代表的一系列法案构成。前述两个法案主要包括以下几个方面:第一,设立商业银行系统性风险监管。英格兰银行、审慎监管局、金融行为监管局和财政部这四个机构共同负责维护英国金融系统的稳定,上述四个机构的法律地位、职责权限有明确的分工和协调。上述两个法案尤为强调职责权限分明的信息沟通和工作协调机制的建立。第二,问题商业银行特殊处置程序。特殊处置程序主要适用于尚未达到破产标准但符合"监管性"标准的问题商业银行。"特殊处置程序"包括授予银行业监管机构处置问题商业银行时的选择权和处置权。处置选择权是指银行业监管机构有选择将商业银行部分或全部资产转移给私人购买者、建立"过桥银行"或者将该问题商业银行临时国有化的权力。第三,问题商业银行的破产程序。对此,2009年《银行法》和2012年新的《金融服务法》以英国普通公司破产法为参照样本,但进行了必要的修改,以进一步增强和扩展英格兰银行在问题商业银行破产程序中的职责权限。根据2009年《银行法》的规定,得对商业银行提起破产申请的主体为金融服务管理局、英格兰银行和国务秘书;而根据2012年的《金融服务法》,破产申请主体为金融行为监管局、英格兰银行、金融审慎监管局和国务秘书,清算人须由法院任命。破产原因或者破产标准如下:问题商业银行不能或者将无法清偿到期债务;对问题商业银行进行破产清算符合社会公共利益;对问题商业银行进行破产清算遵循公平原则。不过,不同机构适用不同的标准,并相互制约和平衡。第四,问题商业银行破产管理程序。根据英国2009年《银行法》的规定,破产管理程序是"特殊处置程序"的后续程序,其宗旨并不在于救助问题商业银行,而将支持"私人买家"和"过桥银行"作为首要目标。在实现破产管理程序的首要目标之后,债权人委员会和商业银行破产管理人才能行使普通破产管理所赋予他们的权力。第五,金融服务赔偿计划。2009年的《银行法》和2012年新的《金融服务法》专门规定了金融服务赔偿计划,并对该项制度进行了细化,核心在于确定合理的存款保险赔付限额。[②]

美国的商业银行破产不适用普通破产法,而是适用独立的商业银行破产与重整规则,相关规定散见于《联邦存款保险法》、各州和联邦银行法以及相关的司法判例之中。基本制度构造如下:第一,破产程序启动标准。以"监管性标准"作为启动

---

① 王楠:《我国银行破产法律制度问题研究》,载《法学家》2007年第4期;邹德刚:《银行破产法律理论逻辑——一个法律经济学的视角》,吉林大学2013届法学专业博士学位论文。

② 杨东勤:《中国商业银行破产法律制度构建研究》,对外经济贸易大学2016届博士学位论文。

商业银行破产程序的标准，根据《联邦存款保险公司改进法》的规定，监管机构将银行归为下列五类：资本状况良好、资本充足、资本不足、资本严重不足和资本极端不足。而且在进行资本分类时，监管机构享有不受约束的自由裁量权，一旦发现银行处于“不安全或不稳健状态”或进行了“不安全或不稳健的活动”便可进行重新分类。① 同时，针对商业银行的不同资本状况采用不同程度的监管措施。第二，商业银行破产申请主体资格。在美国，商业银行破产程序的申请主体资格被排他性地授权给了银行业监管部门。第三，对商业银行的早期及时介入与干预。美国联邦存款保险公司拥有处置商业银行的所有职责权限，具体包括但不限于以下内容：对问题商业银行实施监管，担任存款保险人、问题商业银行破产接管人、管理人和清算人之多重角色。第四，存款保险制度。对存款保险的征收、存款保险赔付数额，以及道德风险的防范均进行了详细的规定。第五，银行业监管机构在商业银行破产程序中的法律地位。在美国，由银行业监管机构启动问题商业银行的破产程序。换言之，实质上是由银行业监管机构负责判断银行是否达到破产标准。不过，2008年金融危机之后，消费者金融保护署的职权被进一步加强。此外，《多德—弗兰克法案》还授权金融监管机构有权对陷入困境的“太大而不能倒”的金融机构进行分拆，同时还明确地规定限制使用国家财政资金来实现救市。第六，商业银行破产管理人和接管人制度。根据《联邦存款保险公司改进法》，美国联邦存款保险公司成为破产管理人或接管人有两种途径，一种是通过银行业监管机构任命，在进行破产清算时，美国联邦存款保险公司必须接受此项任命，不得拒绝；另外一种是美国联邦存款保险公司可以排他性地指定自己为唯一接管人或破产管理人。美国联邦存款保险公司不仅可以概括地承受问题商业银行的一切权利，而且作为接管人可以不承认问题商业银行债权人的债权、优先权或担保权，甚至可以挑战问题商业银行与其控股公司之间的有限责任原则。②

日本金融机构危机处理法律制度的构建始于1971年存款保险制度的设立。但这一制度从未真正启动过。受2008年金融危机的冲击，近年来日本进行了金融机构破产处置法律框架的改革。2012年5月的金融审议会中设置了关于金融系统安定的特别工作小组。而G20戛纳首脑会议中关于“金融机构破产处理框架主要特征”的相关决议为金融审议会所采纳，相关改革成果集中体现在对《预金保险法》的修订中，经修订后的《预金保险法》已于2014年实施。修订的基本要点为：第一，实行金融危机应对措施的基本条件为，在维持本国或该金融机构进行业务的地

① 苏洁澈：《英美银行破产法述评——以银行特殊破产制度为中心》，载《环球法律评论》2013年第2期。

② 本部分内容主要参考杨东勤：《中国商业银行破产法律制度构建研究》，对外经济贸易大学2016届博士学位论文。

方的信用秩序中有发生极为重大障碍的可能性；第二，由内阁总理大臣全面负责金融机构的有序整理，预金保险机构为实际履行机关；第三，应对金融危机的基本法律程序为，当金融市场以及金融系统被判定为有产生显著的混乱的可能时，须经金融危机应对会议讨论，内阁总理大臣必须采取相关应对措施；第四，具体应对措施包括三个部分，即资本增强措施、特别资金援助措施、特别危机管理银行制度，适用的对象包括银行、保险公司、一定的金融商品交易业者等。[①]

(3)完善我国银行破产制度的建议

正如有学者指出的，“从宏观层面看，普通破产法着重追求的是平等对待债权人和债务人的利益，无法顾及银行破产的特殊性，尤其是无法兼顾公众信息的维持、系统性危机防范与金融稳定等银行破产监管目标的实现；从微观方面看，普通破产法授予银行监管当局干预问题银行的权力有限，在破产界定、早期干预、破产解决方案等方面没有对监管当局进行明确授权”。[②] 因此，我国很有必要就银行破产进行统一的立法。

在银行破产的立法目标设定上，应注意与普通公司破产法的差异性。2008年金融危机后，国际货币基金组织对银行破产目标进行了修正，更为强调对金融体系稳定的维护，并为部分国家银行破产法所吸收，如英国2009年《银行法》规定：“银行破产主要为了加强金融体系稳定、保护公共信心、保护存款人和公共资金。”

有学者指出，国务院金融机构破产立法应该重点解决以下几个方面的问题：第一，金融机构的界定范围问题；第二，金融机构破产的申请主体问题；第三，金融机构破产的前置程序问题；第四，金融机构破产时的破产管理人问题；第五，金融机构破产的债权申报问题；第六，金融机构破产的重整问题；第七，金融机构破产时财产的变现问题；第八，金融机构破产时财产分配方案的特殊性问题；第九，金融机构投资者保护基金问题。[③]

此外，在银行破产的制度设置上，应以便利化、专业化为指引。由此，在破产原因或破产界限的设置上，不妨借鉴境外的“监管性”标准，而非机械地适用普通公司的破产标准；在程序启动的主体上，可适当限制债务人与债权人的破产申请权，而向银行业监管机构适当集中，即更侧重于行政主导而非司法主导；进一步完善及时干预制度，赋予银行业监督管理机构更多的破产前干预权力，并进一步明确预防机制与普通破产程序间的协调问题；进一步完善我国的存款保险制度，加强对存款人的利益保护等。

---

① 张世君：《中国金融机构破产的理论探索与制度构建》，法律出版社2017年版，第67～68页。

② 解正山：《金融稳定与存款人保护：英国银行破产法改革及其借鉴意义》，载《国际金融》2011年第11期。

③ 李曙光：《论新破产法与金融机构破产的制度设计》，载《中国金融》2007年第3期。

第六章

中国保险法 40 年

一、保险法 40 年的发展变迁

(一)《保险法》的诞生与发展

1.1995 年《保险法》诞生

1978 年 12 月中国共产党十一届三中全会以后，党的工作重心转移到经济建设上来，发展社会主义有计划的商品经济，给各行各业带来了蓬勃生机，我国的保险事业也同样获得了新生。经国务院批准，我国从 1980 年开始正式恢复办理国内保险业务，保险立法也受到了前所未有的重视。1981 年 12 月 13 日第五届全国人民代表大会第四次会议公布了《中华人民共和国经济合同法》(1993 年 9 月 2 日又作了修正)，其中第 25 条和第 46 条对财产保险合同作了原则性的规定。1983 年 9 月 1 日国务院发布了《中华人民共和国财产保险合同条例》，共 5 章 23 条。第一章为总则，第二章为保险合同的订立、变更和转让，第三章为投保方的义务，第四章为保险方的赔偿责任，第五章为附则。实际上，《财产保险合同条例》是《经济合同法》第 25 条和第 46 条规定的实施细则，它是在总结我国财产保险业务的长期实践的基础上，参照国际通行的惯例而制定的，适应了当时现代化建设的需要。[①] 因此，它的公布和实施，为我国保险基本法律的制定奠定了基础，对于促进我国保险事业的发展，具有十分重要的意义。[②]

1985年3月3日，国务院又发布了《保险企业管理暂行条例》(以下简称《条例》)，共6章24条。第一章为总则，第二章为保险企业的设立，第三章为中国人民保险公司，第四章为偿付能力和保险准备金，第五章为再保险，第六章为附则。该《条例》旨在通过法律规定，加强国家对保险业的管理，维护被保险人的利益，发挥保险的经济补偿作用，促进保险业的健康发展。按此条例，只要符合一定的规定和要求，经国家保险管理机关中国人民银行批准后，即可设立新的保险公司，这在一定程度上打破了从前中国人民保险公司垄断经营保险业务的局面。1986年7月，新疆兵团保险公司在乌鲁木齐成立；1988年5月，平安保险公司在深圳蛇口成立；1991年5月，太平洋保险公司在上海成立。在此前后，经中国人民银行批准，中国国际信托投资公司和交通银行分别设立了保险部，经营非寿险业务；香港民安保险公司在深圳设立了分公司；1993年和1994年，天安保险公司和大众保险公司(筹备)分别在上海成立。如果说我国的《财产保险合同条例》相当于国外的保险契约法，那么可以将《保险企业管理暂行条例》看作国外的保险业监督法。它的颁布和实施，表明我国保险立法又向前迈了一大步。[③]

为适应改革开放的保险市场，在总结我国保险实践经验的基础上，1995年6月30日，第八届全国人民代表大会常务委员会第十四次会议通过《中华人民共和国保险法》(简称《保险法》)，并于同年10月1日起施行。这是新中国成立以来的第一部保险基本法，采用了国际上一些国家和地区集保险业法、保险合同法为一体的立法体例，形成了一部较为完整、系统的保险法律，共8章152条。第一章为总则，第二章为保险合同，第三章为保险公司，第四章为保险经营规则，第五章为保险业的监督管理，第六章为保险代理人和保险经纪人，第七章为法律责任，第八章为附则。该法的颁布和实施，为我国保险业的发展提供了全面的法律依据和法律保障，为建立具有中国特色的社会主义保险市场提供了法律环境。中国保险业，就此进入全面腾飞的时代。[④]

2.2002年《保险法》首次修改

我国《保险法》自从1995年颁布和实施以来，对于规范保险活动，保护当事人的合法权益，加强对保险业的监管，促进保险业的健康发展，起到了十分重要的作

---

① 覃有土:《保险法学》，中国政法大学出版社1991年版，第49页。

② 李玉泉:《保险法》，法律出版社1997年版，第47页。

③ 覃有土:《保险法概论》，北京大学出版社1993年版，第60页。

④ 陈继儒:《新编保险学》，立信会计出版社1996年版，第48页。

用。但是，随着时间的推移，保险业发展的外部环境和内部结构都发生了深刻的变化。从外部环境来看，我国金融体制改革不断深化，市场机制的作用日益增强，尤其是加入世贸组织（WTO）以后，我国对外开放的步伐进一步加快，对保险业对外接轨的要求进一步提高。从内部结构来看，我国保险业市场主体大量增加，业务规模迅速扩大，保险产品也日益丰富。1995年《保险法》的一些内容已经不适应我国保险市场及其监管的实际情况和客观需要，与我国加入世贸组织的一些承诺也有不一致的地方，一些条文已经不适应保险监管的状况，不符合加快保险业改革和发展的要求，因此，对1995年《保险法》的修改完善已势在必行。2002年10月28日，第九届全国人大常委会第十三次会议通过《关于修改〈中华人民共和国保险法〉的决定》，并于2003年1月1日起正式实施。

此次修法贯穿了以下几个指导思想：一是履行"入世"承诺；二是加强对被保险人利益的保护；三是强化保险监管；四是支持保险业的改革和发展；五是促进保险业与国际接轨。关于履行"入世"承诺，主要体现在对法定再保险的修改上。根据我国加入世贸组织谈判协议对保险业的承诺，法定分保将逐步取消。这次修改删去了每笔非寿险业务都必须有20%的法定分保的规定，只是原则规定保险公司应当按照监管机构的有关规定办理再保险。在保护被保险人利益方面，主要体现在为了切实建立保险保障基金，授权保险监管机构制定保险保障基金管理使用的具体办法；强化了保险公司对保险代理人的管理责任；对保险代理人的展业行为提出了明确的规范要求；规定了保险公司对被保险人的个人隐私负有保密义务；明确了人身保险的被保险人在获得保险赔偿后仍享有向侵权的第三人请求赔偿的权利；强调了人寿保险公司在被撤销或破产时，转让人寿保险合同及准备金，应当维护被保险人利益等。修改内容中许多地方体现了加强监管的目的。一是突出了对保险公司偿付能力的监管，如：明确要求保险监管机构对保险公司最低偿付能力实施监控，建立健全偿付能力监管指标体系；要求保险公司必须聘用保险监管机构批准的精算专业人员，建立精算报告制度；授权保险监管机构制定更加完善的保险责任准备金的提取和结转办法；要求保险公司不得提供虚假的财务和业务报告等。二是增加规定了监管机构对保险公司在金融机构存款的查询权，强化监管机构的监管检查手段。三是增加了对保险违法行为处罚的措施，加大了惩治力度等。支持保险业的改革与发展主要体现在以下几个方面：一是改变了以往保险条款费率由监管部门制定的做法，规定保险条款费率由保险公司制定，其中关系社会公众利益、实行强制保险和新开发的人寿保险等的条款费率应当报监管机构审批，其他的报监管机构备案，同时授权监管机构制定审批备案的具体办法。二是关于财产保险公司的业务范围，允许非寿险公司在经监管机构核定后，经营意外伤害保险和短期健康保险业务。三是为了发挥机构代理人的优势，规定个人代理人只能代理一家保险公司办理人寿保险业务，而不限制机构代理人代理保险公司的数量。在这次修法中，关于保险公司的经营范围、保险条款费率的制定、要求监管机构建立健全偿付能力监管指标体系、要求保险公司建立精算报告制度等诸多方面均参考了国际通行的做法，为加快我国保险业与国际接轨的步伐创造了条件。[①]

本次修法是《保险法》于1995年颁布实施以来的第一次修订，是我国保险法制建设向前迈进的重要一步。它体现了全国金融工作会议确定的保险业改革与发展的一系列重要方针政策，对深化保险体制改革、加强和改善保险监管、推进保险市场化进程、加快我国保险业与国际接轨的步伐将产生深远的影响。但是，从总体来看，本次修法的重点在于与世贸规则不一致的保险业法部分，仅在总则一处修改涉及了保险合同法的内容，强调了保险活动当事人应当遵循诚实信用原则，并未充分体现保险合同的特殊性，对于被保险人利益的保护明显存在不足，也未将实践中新增的保险险种法律化。因此，此次修法在一定意义上是消极的、被动的。[②]

3.2009年《保险法》第二次修改

随着我国保险业的快速发展，2002年修订的《保险法》已不能完全适应保险业改革发展的需要，有必要对其进行修订和完善，进一步规范保险公司的经营行为，加强对被保险人利益的保护，完善保险监管机构对保险市场的监管，有效防范和化解保险业风险，促进保险业持续、稳定、健康发展。2009年2月28日第十一届全国人民代表大会常务委员会第七次会议通过了《关于修订〈中华人民共和国保险法〉的决定》，并于2009年10月1日起施行。

在这次《保险法》的修订中，总体指导思想是贯彻落实科学发展观，规范保险经营行为，加强改善保险监管，防范金融风险，加强行业诚信建设，切实保护被保险人利益，促进行业健康发展，为构建社会主义和谐社会服务。本次修法的主要内容包括以下几个方面：一是加强对被保险人利益的保护，进一步明确保险活动当事人的权利和义务；二是进一步扩大保险公司的经营范围，拓宽保险资金运用渠道，完善保险行业基本制度；三是明确保险监管机构的职责，强化监管手段和措施；四是进一步明确法律责任，打击保险违法行为。

保险合同方面的修改主要体现在以下几个方面：第一，重点加强了对被保险人利益的保护。明确规范保险人理赔的程序和时限；限制保险人合同解除权，增设保险合同不可抗辩规则；规范格式条款，保护保险消费者利益；规定保险标的转让时，财产保险合同效力的承继和延续。第二，在人身保险中规定了对被保险人利益的特别保护。例如，规定在受益人故意造成被保险人死亡、伤残或者疾病时，实施非

---

① 徐晓：《新〈保险法〉体现了加强监管——本报记者就〈保险法〉修改专访中国保监会主席吴定富》，载《中国保险报》2002年10月30日。

② 赵广道：《我眼中的中国〈保险法〉20年——专访中南财经政法大学法学院教授樊启荣》，载《中国保险报》2015年10月16日。

法行为的受益人丧失受益权，但保险人并不因此免除保险责任，被保险人的利益仍然受到保护。

保险监管方面的修改主要体现在以下几个方面：第一，加强监管力度。保险公司的质量直接涉及广大投保人、被保险人和受益人的利益，本次修订进一步严格保险市场的准入条件，增加了对主要股东资质的要求；强化了对保险公司实缴货币资本的要求；将保险公司的董事和监事也纳入任职资格管理范畴，要求其必须具备任职的专业知识和业务工作经验；授权保险监督管理机构可以根据监管需要增设准入条件。第二，拓宽保险公司业务范围。保险公司的业务范围不再局限于财产保险、人身保险和再保险，为了适应现实需要，规定保险公司可以从事国务院保险监管机构批准的与保险有关的其他业务。第三，拓宽保险资金运用渠道。明确规定了已经允许投资的新增渠道，如股票、证券投资基金等有价证券，增加了保险资金可以投资于不动产。此外，还为保险资产管理公司明确了法律地位。第四，加强偿付能力监管。明确了以风险为基础的偿付能力监管机制，保险监督管理机构应当通过对保险公司偿付能力的监管，了解保险公司的财务状况，及时提醒偿付能力不足的保险公司采取积极有效的措施恢复偿付能力，以切实保障被保险人的利益。规定了对偿付能力不足的保险公司，国务院保险监督管理机构应当将其列为重点监管对象，并可以根据具体情况采取不同的监管措施。第五，加强保险监管机构的职权范围。根据保险监督管理的实践经验及国家有关部门职责分工的规定，增加了保险监督管理机构的执法手段和监管措施，不仅赋予了其对保险机构的现场检查权，还赋予了其对被调查事件有关的单位和个人的调查权；除了保留原来享有的对相关银行账户的查询权外，还增加了在特定情形下封存相关资料，以及申请人民法院冻结或者查封的权力。第六，深化保险行业自律管理。对于保险行业协会法律地位和性质、会员制度等作出原则性的规定，促进保险行业协会的发展，有利于增强其发挥行业自律与服务功能。

本次《保险法》修订是全面性的修改。就章节而言，原《保险法》共8章，新《保险法》仍为8章，但是第五章和第六章的顺序作了调整，将第五章规定为保险代理人和保险经纪人，第六章规定为保险业监督管理；第二章中第二节和第三节的顺序也做了调整，将第二节规定为人身保险合同，第三节规定为财产保险合同。就条文而言，原《保险法》共158条，新《保险法》共187条。具体而言，本次修订在原《保险法》基础上增加了49个条文，删除了20个条文，修改了123个条文，保持不变的条文仅有15个。[①] 此次修订吸收了自党的十六大以来，我国保险业在改革发展过程中积累的宝贵经验，针对行业发展和保险监管作出许多新规定，进一步完善了商业

① 杨华柏：《我国新〈保险法〉的主要变化》，载《保险法律评论》，法律出版社2010年第1集，第4页。

保险的基本行为规范和国家保险监管制度的主体框架，对于促进保险行业健康发展具有重要的意义。

4.2014年《保险法》第三次修改

2013年6月至2014年6月，保监会对《保险法》实施情况进行了全面、系统的评估，深入分析了反映突出的问题，并重点论证了《保险法》修改方案。2014年7月初启动了《保险法》修改工作，2014年8月13日，十二届全国人大常委会第十次会议通过了关于修改保险法等法律的决定。修改《保险法》以下两处：第一，将第82条中的"有《中华人民共和国公司法》第一百四十七条规定的情形"修改为"有《中华人民共和国公司法》第一百四十六条规定的情形"。第二，将第85条修改为："保险公司应当聘用专业人员，建立精算报告制度和合规报告制度。"此次修改的幅度不大，但在2014年8月，国务院出台了《关于加快发展现代保险服务业的若干意见》，在完善多层次社会保障体系、完善社会治理体系、提高灾害救助参与度、创新支农惠农方式等方面做了重要部署。至此，我国保险业发展进入一个新的阶段。[①]

5.2015年《保险法》第四次修改

保险法修改是保险业适应社会经济发展和全面推进保险法治建设的客观需要，也是贯彻落实新"国十条"，推动保险业深化改革，加快发展现代保险服务业的制度基础和必然要求。新一届政府把保险业提到了国家现代经济的重要产业和风险管理基本手段的高度，但保险业的发展现状尚未完全适应全面深化改革和社会经济发展的需要，解决这个不适应，需要立法先行。从修改保险法、法规、规章等多层面着手完善保险法律制度体系，确保改革创新措施在法治原则下运行。

2015年4月24日，第十二届全国人大常委会第十四次会议通过并公布了对《保险法》等法律作出修改。从公布施行的13个条款来看，此次《保险法》修正案强调简政放权，取消了保险销售从业人员、保险代理、保险经纪等从业人员的资格核准等行政审批事项；对机构主体的工商行政管理也有诸多放宽。其主要对《保险法》中保险业法所涉及的经营规则、监督管理、法律责任等方面的突出问题进行了修改，完善了对保险消费者的保护，加大对保险违法行为的打击力度，强化监管措施。[②]

（二）保险业部门规章的发布

随着1995年《保险法》的颁布和实施，相关配套的法律法规也随之出台。这些

① 马向东：《试论我国〈保险法〉四次修正对我国保险业的修正作用》，载《上海保险》2015年第11期。

② 马向东：《试论我国〈保险法〉四次修正对我国保险业的修正作用》，载《上海保险》2015年第11期。

法律法规的健全和完善使保险市场有法可依，对规范保险市场、促进保险业的健康发展起到了很大的积极作用。1998年11月18日中国保险监督管理委员会（简称“保监会”）正式成立，整顿全国的保险市场成为保监会的工作重点。自1999年起，保监会对保险法规、规章进行了全面的清理、修订和补充，逐步形成了以《保险法》为主体，以行政法规、部门规章和其他规范性法律文件为辅助的保险法律体系，为保险业的健康发展创造了良好的法制环境。

1.《保险公司管理规定》

2000年，保监会为加强对保险公司的监督管理，维护保险市场的正常秩序，保护被保险人的合法权益，促进保险事业的健康发展，公布实施了《保险公司管理规定》。2004年，保监会对原规定进行了全面系统的修改，总结四年来保险监管的经验，分别对保险机构、保险经营、保险条款和费率、保险资金和保险公司偿付能力、监督检查等五个保险监管的主要领域进行了规定。在许多方面有较大的改革和突破，主要集中在保险机构设立、保险公司分支机构管理、向保险公司投资入股、保险机构变更事项审批、保险业务经营规则和条款费率管理等方面。

2009年，保监会在调查研究保险业发展情况的基础上，根据2009年《保险法》的修改，第二次对《保险公司管理规定》（以下简称《规定》）作出系统全面的修改，此次修改的主要内容包括以下三个方面：一是提高准入门槛。在法人机构设立条件上，根据2009年《保险法》对保险公司法人机构股东的要求，明确设立保险公司，其股东必须符合法律、行政法规和保监会的规定。在分支机构设立条件上，除要求保险公司满足“上一年度偿付能力充足”以外，又提出了更高的要求。二是强化对保险公司分支机构的内部管控和外部监管。要求保险公司应当制定分支机构管理制度，强化上级机构对下级机构的管控；要求分支机构应当配备必要的人员、设备，负责人应当是签订劳动合同的正式员工。三是明确了对营销服务部的监管要求。将营销服务部纳入保险公司分支机构序列进行统一监管，要求应当符合《规定》对分支机构的日常监管要求。[①]

由于保险公司发展较快，机构管理日益复杂化和多样化，对提高保险公司内部管控力度，确保其依法合规经营，维护投保人、被保险人和受益人合法权益提出了更高的监管要求。因此，保监会有必要完善机构监管制度，以适应新的需要。2015年，保监会再一次对《保险公司管理规定》进行了修订，充分反映了保险业的发展需求，进一步改善了保险监管的手段和效果，有利于提高保险服务水平，更加充分地保护投保人、被保险人的利益。

2.《保险公司偿付能力额度及监管指标管理规定》和《保险公司偿付能力管理规定》

---

① 仝春建：《新修订〈保险公司管理规定〉10月实施》，载《中国保险报》2009年9月28日。

2003年，保监会在认真总结监管经验以及借鉴国外相关法规的基础上，发布实施了《保险公司偿付能力额度及监管指标管理规定》，包括总则、偿付能力额度、财产保险公司监管指标、人寿保险公司监管指标、偿付能力额度和监管指标的管理以及附则，共六个部分的内容。该规定是我国保险业偿付能力监管制度框架建设的开端，标志着我国偿付能力监管迈出了实质性的步伐。该规定的实施，极大地提高了我国保险业的风险防范能力，使得我国偿付能力监管工作取得了长足的进步。在监管标准方面，陆续发布实施了一系列偿付能力监管标准，搭建起了偿付能力监管标准的框架体系，同时与国际趋势相符的风险资本、保险集团等监管标准的研究也取得了阶段性成果；在工作机制方面，保监会内部分工协作的偿付能力监管机制正在形成，保险公司经营决策中的资本约束机制也已初步建立；在人才队伍方面，熟悉国际偿付能力监管理论的专业人才逐步增多，理论研究和实践应用型人才也在不断涌现。

但是，随着我国偿付能力监管水平的日益提高、保险业的快速发展和金融体制改革的不断深化，我国保险业已经站在了一个新的历史起点上。《保险公司偿付能力额度及监管指标管理规定》在很多方面已经不能适应保险业在新阶段的发展、改革、开放和监管的客观需要。2008年，保监会公布实施了《保险公司偿付能力管理规定》，同时废止了《保险公司偿付能力额度及监管指标管理规定》。该规定包括总则、偿付能力评估、偿付能力报告、偿付能力管理、偿付能力监督和附则。首先，该规定建立了完整的偿付能力监管体系，将保险公司内部偿付能力管理和监管部门外部偿付能力监管有机结合。以保险公司内部的偿付能力管理作为保监会外部偿付能力监管的基础，构建了一个职责明确、统一协调、以公司偿付能力管理为内因、以保监会监管为外力的偿付能力监管体系。其次，该规定吸收了近几年我国偿付能力监管的经验教训，对偿付能力监管制度、机制方面的成果进行了总结。第35条规定保监会应当在每季度结束后，根据保险公司报送的偿付能力报告和其他资料对保险公司偿付能力进行分析；第37条规定保监会应当根据偿付能力充足率进行分类监管；第38条至第43条还明确了保监会及其派出机构在偿付能力监管中的具体职责。最后，该规定在借鉴国际经验的基础上，本规定首次建立了与国际趋同的以风险为基础的动态偿付能力监管体系，包括以风险为基础的偿付能力监管和动态的偿付能力监管。

3.《保险代理机构管理规定》与《保险经纪机构管理规定》

2001年，我国保监会颁布了《保险代理机构管理规定》与《保险经纪机构管理规定》，是我国保险中介法律制度的第一次系统性确立；2004年，新的保险中介规章的正式颁布实施，标志着保险中介法规制度日趋完善和成熟，是保险中介法规制度建设的又一阶段性成果。新规定体现了以下特点：一是突出了对投保人、被保险人利益的保护，重点针对保险中介机构经营过程中的关键环节，增加和完善了有关管理措施,明确了投保人的相关知情权、保险中介机构对外投资的基本原则,以及对保险合同责任免除条款的告知义务。二是强调发挥市场机制作用,引导保险中介业规范发展,支持保险业发展。明确了保险中介机构设立分支机构的政策,制定了规范的保险中介机构分支机构管理程序,使中介机构分支机构管理走向制度化、规范化。三是完善了监管手段,加强对专业保险中介机构的有效监管,强化市场退出管理和保险公司对其代理机构的管控职责,完善保险中介从业人员资格管理制度,建立保险中介机构报告和披露制度。四是贯彻落实了国务院行政审批制度改革精神,在保持必要监控手段、做好宏观调控的前提下,新规章充分尊重保险中介机构的自主经营空间,采用新的替代监管手段,对保险中介机构行政许可事项进行了清理。①

为适应保险中介市场改革要求,进一步完善保险中介机构监管制度,保监会又于 2009 年、2013 年、2015 年和 2018 年先后对《保险代理机构管理规定》与《保险经纪机构管理规定》作出修改,并更名为《保险代理人监管规定》和《保险经纪人监管规定》。2018 年银、保监会发布的《保险代理人监管规定(征求意见稿)》提出,保险专业代理公司、保险兼业代理法人机构在中华人民共和国境内经营保险代理业务,应当符合国务院保险监督管理机构规定的条件,取得相关经营保险代理业务的许可证。在市场准入方面,规定了几种单位或个人不得成为保险专业代理公司股东的情况。还规定了保险专业代理公司的注册资本数额,以及其注册资本必须为实缴货币资本等。② 2018 年《保险经纪人监管规定》巩固了简政放权改革成果,实现了从"主要管机构"到"重点管业务"的转变,将进一步规范保险经纪业务,更好地防范风险,维护投保人、被保险人、受益人的合法权益。此规定共 8 章 109 条,在《保险经纪机构监管办法》《保险经纪从业人员、保险公估从业人员监管办法》的基础上,针对 2014 年保险中介市场清理整顿以来,市场上出现的新情况以及监管面临的新环境,对保险经纪人市场准入、经营规则、市场退出、行业自律、监督检查、法律责任等方面作出更加全面和详细的规定。此规定有四个突出的特点:一是完善市场准入退出;二是对已取消许可的事项进行有效管理;三是促进专业化和规范化经营;四是加强消费者权益保护。③

4.《保险保障基金管理办法》

2004 年,保监会发布了《保险保障基金管理办法》,标志着较为规范的保险保障基金制度已经建立。这是借鉴国际经验,完善我国保险市场的退出机制,保护保

① 《保监会颁布新的〈保险代理机构管理规定〉和〈保险经纪机构管理规定〉》,载《中国保险报》2004 年 12 月 24 日。

② 傅苏颖:《银保监会:进一步完善保险代理人监管制度》,载《中国保险报》2018 年 7 月 14 日。

③ 付秋实:《保监会发布〈保险经纪人监管规定〉》,载《中国保险报》2018 年 2 月 10 日。

单持有人利益的重要举措。2006年至2007年，为贯彻落实《国务院关于保险业改革发展的若干意见》关于“完善保险保障基金制度，逐步实现市场化、专业化运作”的要求，保监会与有关单位密切合作，深入研究保险保障基金制度的改革方案。2007年10月，国务院批准成立中国保险保障基金有限责任公司（以下简称保险保障基金公司），负责保险保障基金的筹集、管理和使用。2008年，保监会与财政部、中国人民银行联合发布了新的《保险保障基金管理办法》，不仅形成了较为完善的内部管理与外部监管相结合的保险保障基金管理体制，还体现了以人为本的科学发展理念。

2017年，保监会拟对《保险保障基金管理办法》进行修改和完善。此次修订拟针对以下几项内容进行：第一，将费率从“单一”改为“基准＋风险”；第二，使用功能增加“提供流动性支持”；第三，财产险公司申请流动性支持的金额不得高于财产保险保障基金上年末余额的15％，人身险公司申请流动性支持的金额不得高于人身保险保障基金上年末余额的15％；第四，要求保险公司制定切实可行的偿还计划，提供抵押品或其他形式的担保，并按同期银行贷款利率1倍以上的利率支付利息；第五，降低万能险和投连险的救助比例，救助金额以转让后保单利益不超过转让前保单利益的70％。拟进一步完善保险保障基金的管理运作，完善保险业风险防范机制，充分发挥风险屏障作用，促进保险业健康发展。

（三）《保险法》司法解释的发布

1.《保险法》司法解释一

随着2009年《保险法》的实施，有关法律适用问题正逐步在审判实务中显现出来，鉴于此，最高人民法院及时出台了《保险法》的一系列司法解释。《最高人民法院关于适用〈中华人民共和国保险法〉若干问题的解释（一）》（以下简称《解释一》）于2009年9月14日由最高人民法院审判委员会通过，自2009年10月1日起施行。该解释共6个条文，主要解决新旧《保险法》如何衔接的问题，并且将适用范围限定于保险合同纠纷案件。

《解释一》以不溯及既往为原则，同时，考虑到新法施行前成立的保险合同是依据旧法订立的，新法施行后保险合同法律关系依然处于延续状态，此时的行为和事件应当受到新法的规范。该解释规定了两种例外情形，即第2条关于合同效力的规定，以及第4条因投保人未履行如实告知义务或者申报被保险人年龄不真实为由，保险人主张解除合同的规定。第3条是《解释一》中的核心条款。在保险合同中，有相当多的合同特别是人身保险合同的履行期限比较长，以至于新法施行前成立的保险合同在新法施行后仍在履行，在此期间发生的保险标的转让、保险事故、理赔、代位求偿等行为或事件，应当受到新法的规范。

《解释（一）》第5条对一些期间的起算日作出特别规定。保险人在新法施行后行使解除权或者核定保险责任，应该受到新法相关条款的约束，但有关行为和事件发生在新法施行前，如果按照条文规定的起算点起算，就会出现权利人实际可行使权利的期间短于法律规定，甚至于新法施行之日，其权利已经无法行使的状况。在此问题上，该解释将其起算时间规定为新法施行的时间。[①]

2.《保险法》司法解释二

《最高人民法院关于适用〈中华人民共和国保险法〉若干问题的解释（二）》（以下简称《解释二》）于2013年5月6日由最高人民法院审判委员会通过，自2013年6月8日起施行。全文共21条，是针对保险合同一般规定部分的解释。该解释坚持以下四个指导思想：一是妥善平衡利益，合理保护保险消费者。加强对投保人、被保险人和受益人合法权益的保护，是2009年《保险法》修订的重中之重。保险监管部门也将加强保险消费者保护作为保险监管工作的重要内容。当然，在保护消费者的同时也应当兼顾保险人的利益，尊重保险行业发展的客观实际，保障保险行业的健康发展。二是坚持诚信原则，防范道德风险。保险合同以转移风险为目的，属典型的射幸合同，对诚实信用的要求高于一般合同。三是坚持保险原理，尊重保险特性。保险是以大数法则为基础的制度，具有很强的技术性。保险经营行为中保险费率的厘定、保险风险的选择、保险赔偿的计算、保险资金的运用以及各种准备金的提取等都需要以精算为基础。四是遵守合同原理，把握保险合同的特点。保险合同在订立、生效、履行等方面具有不同于普通民事合同的一些特征，需要在法律上作出不同于普通民事合同的规定。在司法解释中，既要尊重保险合同的特殊规则，也要重视保险合同法属于《合同法》的特别法这一事实，其仍应遵循《合同法》的基本原理。[②]

《解释二》关于加强对保险消费者保护的理念主要体现在以下几个方面：第一，规范保险公司的承保行为。督促保险公司尽快承保，并要求保险公司在保险标的符合承保条件的情况下，对其收取保险费后、作出承保意思表示前发生的保险事故承担保险责任。第二，细化投保人的如实告知义务，防止保险人随意以投保人违反如实告知义务为由拒赔。将投保人告知范围限于其明知的内容，防止无限扩大投保人告知内容的范围；明确确立询问告知主义，投保人仅在保险人询问的范围内承担如实告知义务；借鉴域外经验，引入弃权制度；规范保险合同解除与拒绝赔偿的关系，在保险人没有解除权或不行使解除权的情况下，不得拒赔。第三，强化保险人的说明义务。从宽理解《保险法》第17条规定的"免除保险人责任的条款"，要求保险公司对格式合同文本中的责任免除条款、免赔额、免赔率、比例赔付或者给付

① 仝春建：《最高法院出台首个新〈保险法〉司法解释》，载《中国保险报》2009年9月25日。

② 奚晓明、最高人民法院民事审判第二庭：《最高人民法院关于保险法司法解释（二）的理解与适用》，人民法院出版社2013年版，第11页。

等免除或者减轻保险人责任的条款进行明确说明，且要求其说明必须达到常人能够理解的程度。第四，明确非保险术语的解释规则。保险人在其提供的保险合同格式条款中对非保险术语所作的解释必须符合专业意义，不符合专业意义的，应适用疑义利益解释原则。第五，正确认定保险合同的内容。当投保单与保险单或者其他保险凭证不一致的，如保险人对不一致情形未向投保人说明并经投保人同意的，应以投保单为准。第六，排除保险人为被保险人、受益人设置索赔障碍。保险事故发生后，被保险人或者受益人起诉保险人，保险人不能以被保险人或者受益人未要求第三者承担责任为由作为抗辩，防止保险人拖延理赔。

《解释二》还有一些条文体现了保险服务市场经济这一原则。首先，司法解释通过对交易规则的明确，增强市场交易主体的可预见性，减少市场交易成本，提高市场运行效率。例如，司法解释对保险人核保期间起算以及扣除作了规定，且对保险代为求偿权的行使名义以及诉讼时效如何计算作了规定。其次，保险制度具有经济补偿、资金融通和社会管理功能，因此，司法解释的制定，应当体现鼓励保险创新的基本原则。例如，司法解释认可保险公司可以通过网络、电话等方式订立保险合同，鼓励保险营销创新。最后，司法解释也体现了一些保险业多年来形成的行业习惯，具有节省交易成本、简化交易流程的作用。例如，规定保险人对于保险合同中免除保险人责任的条款，以足以引起投保人注意的文字、字体、符号或者其他明显标志进行提示的，应当认为其履行了提示义务。

3.《保险法》司法解释三

《最高人民法院关于适用〈中华人民共和国保险法〉若干问题的解释（三）》（以下简称《解释三》）于2015年9月21日由最高人民法院审判委员会通过，自2015年12月1日起施行。该解释共26条，着重解决《保险法》保险合同章人身保险部分在适用中存在的争议。针对人身保险合同的特征，司法解释坚持以下指导原则：一是注重防范道德风险。人身保险以人的寿命和身体为保险标的，道德风险的发生意味着被保险人的生命健康受到侵害。因此，防范道德风险在人身保险合同中的任务更加繁重。二是注重保护保险消费者。加强保险消费者保护，是各国保险合同立法的基本原则，也是历次《保险法》修订的基本理念。《解释三》的制定也体现了这一原则。三是支持保险创新。现代人身保险不再局限于传统的人寿保险、医疗保险、意外伤害保险，而是发展出具有投资功能的万能险、分红险、投连险等保险产品，创新活跃。《解释三》坚持鼓励创新原则，为新型保险产品的发展创造条件。四是厘清保险合同法律关系。人身保险合同的主体，除保险人与投保人外，还有被保险人和受益人，法律关系较为复杂。《解释三》遵循合同相对性基本原理，以投保人作为保险合同当事人来构建保险合同法律关系，同时注重维护被保险人的合法权益。

《解释三》的主要内容包括以下几个方面：第一，明确人身保险利益主动审查原则，防范道德风险。《解释三》第3条要求各级人民法院审理人身保险合同纠纷案件时，主动审查投保人订立保险合同时是否具有保险利益，以及以死亡为给付保险金条件的合同是否经过被保险人同意并认可保险金额，目的在于强化各级人民法院防范道德风险的意识，以更好地保护被保险人。第二，细化死亡险的相关规定，鼓励保险交易。《保险法》第33条和第34条对死亡险作出特别规定，但是，以上规定在实践中存在不当适用的问题。鉴于此，《解释三》第1条针对《保险法》第33条和第34条的规定进行了细化。第三，明确体检与如实告知义务的规定，维护诚实信用。《解释三》第5条明确，被保险人在保险合同订立时根据保险人要求到指定医疗机构进行体检，投保人如实告知义务不能免除，鼓励最大诚信；保险人知道被保险人的体检结果仍同意订立保险合同，构成弃权，不得再以投保人未就相关情况履行如实告知义务为由要求解除合同，否则有违诚信。第四，明确保险合同恢复效力的条件，维持合同效力。《解释三》第8条规定，投保人提出恢复效力申请并同意补交保险费的，保险人原则上应予恢复效力，除非被保险人的危险程度在中止期间显著增加。第五，规范受益人的指定与变更，保护受益人的受益权。《解释三》第10条借鉴域外相关做法，规定投保人或被保险人变更受益人，自变更受益人的意思表示作出时生效。同时，为了保护保险人的合理信赖，变更受益人没有通知保险人的，不得对抗保险人。第六，规范医疗保险格式条款，维持对价平衡。此外，《解释三》还对保险金请求权的转让、作为被保险人遗产的保险金给付、受益人与被保险人同时死亡的推定、故意犯罪如何认定等问题作了规定。

《解释三》的出台，是最高人民法院依法保障保险消费者，促进保险市场健康发展的重要举措，对各级人民法院正确审理保险合同纠纷案件，妥善化解当事人纠纷，维护公平的市场交易秩序，促进保险行业健康发展具有重要意义。人民法院将充分发挥审判职能作用，确保国家法律的准确统一实施，为经济社会又好又快发展提供有力的司法保障。[①]

4.《保险法》司法解释四

2017年9月29日，最高人民法院发布《关于适用〈中华人民共和国保险法〉若干问题的解释(四)(征求意见稿)》(以下简称《解释四》)向社会公开征求意见的公告。此次最高人民法院起草的《解释四》旨在解决财产保险合同法律适用问题，对保险监管机构完善相关监管制度，引导和督促保险机构加强管控、重视服务，从源头上减少保险纠纷具有非常重要的现实意义。[②] 该解释包括四个部分，共26条，分别对保险合同当事人的权利义务、保险责任认定、保险代为求偿权和责任保险的问题作出解释。

---

① 荆龙:《最高人民法院发布保险法解释(三)》,载《人民法院报》2015年11月27日。

② 赵广道:《〈保险法司法解释(四)〉论证会在深圳举行》,载《中国保险报》2016年6月17日。

首先，就保险合同当事人的权利义务问题，明确了保险标的已交付但未办理所有权转移登记时，被保险人权利的承继；保险标的转让时是否需再次履行提示和明确说明义务；被保险人死亡或终止时保险合同的承继；《保险法》第49条和第52条规定的“危险程度显著增加”的认定；施救减损费用的承担。其次，就保险责任认定问题，明确了承运人投保货物损失险的法律后果；保险标的未经修理情形下的保险责任承担；财产损失险被保险人保险金请求权诉讼时效。再次，就保险代位求偿权的问题，明确了保险代位求偿权中被保险人对第三者的赔偿损失请求权的界定；保险人能否向投保人行使保险代位求偿权；保险人能否向第三者的担保人追偿；《保险法》第62条中被保险人的家庭成员的界定；保险合同订立前被保险人放弃对第三者赔偿请求权的处理；行使代位求偿权管辖以及相关诉讼主体的列明；被保险人未履行《保险法》第63条规定的协助义务的法律责任；保险人赔偿后第三者仍向被保险人作出赔偿的问题。最后，就责任保险的问题，明确了《保险法》第65条第2款中“怠于请求”的认定；《保险法》第65条第2款中“被保险人对第三者应负的赔偿责任确定”的认定；被保险人因共同侵权而承担的连带责任是否应予赔偿；生效判决虽进入执行程序但未获执行；责任保险诉讼时效的起算；保险人的和解参与权；保险人向被保险人支付保险金给第三者造成损害的法律责任。此外，第26条规定了该解释的效力范围：“本解释施行后尚未终审的保险合同纠纷案件，适用本解释；本解释施行前已经终审，当事人申请再审或者按照审判监督程序决定再审的案件，不适用本解释。”

二、保险法发展变迁中的重要理论和实践问题

(一)保险法体系结构的一体化

综观世界各国的保险法制发展史，在内容上经过了一个从私法到公法的发展过程，传统的保险法在学理上是商事法的一个重要组成部分，它是专门以保险合同关系为调整对象的商事法律，属于私法范畴，保险法在内容上即保险契约法。

20世纪30年代以来，鉴于现代社会经济生活的深刻变化，国家干预主义逐渐取代自由放任主义，其对立法和法律的发展产生的积极影响是，在包括保险法在内的商法领域实行大规模的公法干预政策，“其典型的方式就是向传统商法输入刑法、社会法等与经济活动有关的公法性规范，而使商法自身具有了公法性特征”。丹尼斯·特伦在谈到这一法律发展过程时曾指出在现代商事实践中，国家干预是通过在商法中切入公法性规则得以实现的，因此，商法是否自成体系的争论再也不

能仅仅局限在私法范围之内，或仅仅局限它与民法之比较。[①] 公法对商法的侵入，在保险立法方面的表现就是"催育"保险业法的产生并推动其发展。这样，现代保险法在内容上具有二元性特点，也就是说现代保险法在内容上主要涉及两个方面：一是保险合同法，主要调整保险当事人之间的关系；二是保险业法，主要规定政府对保险公司的监督和管理关系。[②]

虽然世界上大多数国家和地区在保险业法上都是通过保险合同法和保险业法两大支柱来构筑保险法体系的，但是在立法体制上，有两种不同的立法组成模式：一是合并立法体制，即将保险合同法与保险业法合并在一个法典之中，统称为《保险法》；二是分别立法体制，即分别制定《保险合同法》与《保险业法》。采合并立法体例之典型代表，为美国加州的《保险法》。不过，受其影响者仅有菲律宾、中国大陆（1995年《保险法》）、中国台湾地区（1963年"保险法"）等；其他主要国家，尤其是大陆法系国家，如德国、法国、瑞士、日本等国，则基于保险合同法为私法性质，而保险业法为公法性质，采保险合同法与保险业法分离的立法体系。

从我国保险法的沿革而论，在立法体例选择上经历了从分别立法转向合并立法的变迁历程。国务院于1983年和1985年颁行的《财产保险合同条例》与《保险企业管理暂行规定》仍沿袭了保险合同法与保险业法之分别立法体例，不过，1995年《保险法》制定时，则受我国台湾地区的影响，将两法合并。从立法背景而言，我国《保险法》于1995年制定之初，草案起草者之所以选择合并立法体例，并非出于理性，而是出于实用或便利；也就是说，采合并立法体例，在立法时只制定通过一部《保险法》，而不是《保险合同法》与《保险业法》两部法律，只需一次立法程序即可完成，易于被立法机关接受，有助于提高立法效率。[③] 但是从法理而论并不科学，更有甚者，从实务而言，合并立法体例不但给法律适用与修正带来了困扰，而且形成了法律制度之间的相互干扰。

首先，"合并立法"体例在法理上并不科学。诚如我国台湾地区著名保险法学者林勋法教授所言："保险契约之规范与保险事业之监理，两者之性质截然不同。保险契约法系以规范当事人之权利义务为目的，属私法之范畴，重在权义之平衡与法之安定性；而保险业法则以赋予主管机关监督保险业之权限与准则为宗旨，具公

① 中国人民大学法律系编：《外国民法论文选》（第二辑），中国人民大学出版社1986年版，第11页，转引自陈小君、樊启荣、高飞：《市场经济与中国保险法制的发展》，载《法商研究——中南政法学院学报》1996年第2期。

② 陈小君、樊启荣、高飞：《市场经济与中国保险法制的发展》，载《法商研究——中南政法学院学报》1996年第2期。

③ 李祝用：《保险法立法体例研究》，载《河北法学》2006年第12期，转引自樊启荣：《保险法诸问题与新展望》，北京大学出版社2015年版，第4页。

法之性质，重在保险业之健全发展与法之适应性。”[①]一言以蔽之，“保险合同法与保险业法固均以促进保险业之稳定发展为其终极目标，唯其规范对象不同，其所持之原则因而有异”[②]。因此，“合并立法”体例在法理上不科学。

其次，采两法合并立法例，使得立法者在处理“保险合同分类”与“保险业务分类”这两类不同性质的问题时，相互牵制、彼此干扰，不得迁就其一，忽略其二。保险合同的分类所考量的重点，应当是如何将性质上相同者归为一类，以利于对保险合同的权利义务予以有效地规范；而保险业务分类所考量的重点，应是如何区隔业务范围，以便于主营机关对保险经营予以有效的监理。若保险合同法与保险业法采分别立法的体制，则在保险合同法部分应当将保险合同区分为“损失填补保险”与“定额给付保险”；而在保险业法部分可区分为“财产保险业务”与“人身保险业务”。但是，囿于我国《保险法》采两法合并立法体制，在该法第二章保险合同中，放弃了损失填补保险与定额给付保险之分类，而采人身保险合同（第二节）与财产保险合同（第三节）的分类，以迁就财产保险与人身保险之业务分类。其结果顾此而失彼，给法律的理解与适用徒增诸多的争议与困扰。

最后，两法合并立法例给我国《保险法》的完善与修改制造了瓶颈，已是不争的事实。我国《保险法》于1995年制定之初，由于受“重保险监管立法，轻保险合同立法”之观念的影响，有关保险合同法的条文仅有区区60个条文（即第9条至第68条），实属“先天不足”，不足以发挥有效规范保险合同之功效。于2002年进行《保险法》第一次修改时，以“履行我国加入WTO的承诺，强化保险监督管理”为指导思想，仅仅对保险业法部分作了修正，而对保险合同法部分根本未作出任何实质性的修改。鉴于上述状况，中国保监会于2004年12月又正式启动《保险法》第二次修改的工作，提出了以“保险合同法”与“保险业法”同时兼修的设想，但是，2008年年底立法机关在审议修正案时，由于受国内汶川大地震、金融危机等国内外因素的影响，修改重点又向保险业法倾斜或偏移，全部条文数量从158条增加到187条，而有关保险合同的规定则从60条降至58条，所占比例从39%降至31%。虽然对保险合同法部分的诸多条文进行了“增、删、改”，但是仍属在已有的架构基础上的小修小补，保险实务中早已存在的保证保险、信用保险、意外伤害保险、健康保险、团体人身保险等险种仍乏于规定、失所准据，滞后于保险业的发展，仍属“后天不良”。

总之，保险合同法与保险业法，二者同等重要，不可偏废；但“两法合并”的立法

---

① 林勋发：《保险法论著译作选集》，作者1991年自版，第3页，转引自樊启荣：《保险法诸问题与新展望》，北京大学出版社2015年版，第4页。

② 施文森：《保险法论文（第二集）》，台湾三民书局1985年版，第55页，转引自樊启荣：《保险法诸问题与新展望》，北京大学出版社2015年版，第4页。

体例已在很大程度上成为我国修改和完善保险法的制约因素,未来修法时应当放弃两法合并体例,回归大陆法系之传统,采两法分立体制。[①]

(二)保险合同之立法分类

自《中华人民共和国保险法》于1995年颁行以来,保险损失填补原则及其衍生的代位、重复保险和保险竞合等制度的规范范围如何界定,一直是保险法理论界和实务界瞩目的焦点,迄今仍然争论不休。而产生争论之原因,与《中华人民共和国保险法》将保险合同类型化为财产保险合同与人身保险合同不无关联。因此,将保险合同分为财产保险合同与人身保险合同这一"二分法"是否科学,值得反思。

从立法沿革来看,1911年《大清商律草案》仿《日本商法》,将保险合同区分为损害保险合同与生命保险合同;1929年《保险契约法草案》将保险合同区分为损害保险合同与人身保险合同;1937年《保险法》颁行时将保险合同改为"损失保险合同"与"人身保险合同",其理由为:保险损失补偿有别于民法上之损害赔偿,故称"损失"而不称"损害"。[②] 不过,保险合同之"损失保险"与"人身保险"之"二分法",在当时遭到了学界的批评。有学者指出,保险合同之损失保险合同与人身保险合同之分类,并未依照同一的分类标准。损失保险之所谓损失,系对保险事故的结果而言;而人身保险所指之人身,则指对象而言;如果以保险之对象为分类标准,则人身保险应与财产保险相对。[③] 不过,保险合同之财产保险合同与人身保险合同之"二分法",未被当时的立法者所采纳。

《中华人民共和国保险法》于1995年制定之初,之所以采纳了财产保险合同与人身保险合同的"二分法",实际上是受我国台湾地区保险制度有关规定及学说的影响。1957年我国台湾地区行政管理机构在草拟"保险法修正案"时,建议废弃保险合同之"损失保险合同"与"人身保险合同"之"二分法",改采"火灾保险、运送保险、人寿保险、健康保险及意外保险"之"五分法"。[④] 台湾地区立法机构在审议过

---

① 樊启荣:《保险法诸问题与新展望》,北京大学出版社2015年版,第4页。

② 袁宗蔚:《保险学——危险与保险》,首都经济贸易大学出版社2000年版,第126页,转引自樊启荣:《中国保险立法之反思与前瞻——为纪念中国保险法制百年而作》,载《法商研究》2011年第6期。

③ 袁宗蔚:《保险学——危险与保险》,首都经济贸易大学出版社2000年版,第126页,转引自樊启荣:《中国保险立法之反思与前瞻——为纪念中国保险法制百年而作》,载《法商研究》2011年第6期。

④ 应式文:《保险与法律及实务论丛选集》,台湾财团法人责任保险研究基金会1982年版,第5页,转引自樊启荣:《中国保险立法之反思与前瞻——为纪念中国保险法制百年而作》,载《法商研究》2011年第6期。

程中，围绕“保险分类：五分法、三分法或二分法，如何选择”之主题，[①]进行了一场历时6年的研讨和争论，至1963年决定采“财产保险合同”与“人身保险合同”之“二分法”，并一直延续至今。我国《保险法》于1995年制定时，于“第二章保险合同”中分设“财产保险合同”与“人身保险合同”并一直延续至今，只不过于2009年第二次修订时在章节顺序上，将人身保险合同置于财产保险合同之前。但是，笔者认为，此种调整除具有政治上的宣示意义外，于规范效果上并无多大改进，甚至与保险从财产保险发展到人身保险的历史逻辑不符。

毋庸讳言，以保险合同所承保的标的之性质为区分标准，将保险合同类型化为财产保险合同与人身保险合同，这种“二分法”仅仅只是对近代保险业发展水平的一种朴素的认知，因而不能不说是一种带有深刻历史烙印的传统分类。这是因为，近代以降，虽然已将保险区分为“对物的保险”与“对人的保险”，但是所谓“对人的保险”仅停留在“人寿保险”或者“生命保险”方面，而意外伤害保险、健康保险等业务并未开展。在这种情形下，财产保险合同与人身保险合同（实为“人寿保险合同”）两者之间的区隔似乎泾渭分明，对相关法律规范理解和适用的争议，也无从产生；但伴随着保险业的不断发展，新型保险险种也日新月异，财产保险合同与人身保险合同之“二分法”，除在形式上“仅具有认识论上的意义”之外，[②]不但对保险合同的权利义务规范并无任何实益，而且徒增法律理解和适用上的困扰。其中，典型的疑难问题是，意外伤害保险与健康保险中的“医疗费用性保险”，到底是归入“寿险”还是归入“财险”？诸如此类的问题，就成为困扰各国保险经营和法律适用的“悬案”。我国保险理论界和实务界为解决上述困扰，主张借鉴日本所确立的“三分法”，即财产保险、人身保险和中间性保险。此主张也为中国保监会2006年出台的《健康保险管理办法》等规章所采。[③] 不过，由于这种做法仅为权宜之计，不能从根本上廓清理论和实务上的争议，《中华人民共和国保险法》2009年修订时未予采纳，仍然墨守财产保险合同与人身保险合同“二分法”之陈规。

保险合同法学说的现代发展，已经扬弃了对财产保险合同与人身保险合同之传统“二分法”，进而演进为“损失填补（补偿）保险合同”与“定额给付保险合同”之

---

① 应式文：《保险与法律及实务论丛选集》，台湾财团法人责任保险研究基金会1982年版，第5～7页，转引自樊启荣：《中国保险立法之反思与前瞻——为纪念中国保险法制百年而作》，载《法商研究》2011年第6期。

② 江朝国：《论我国保险法中被保险人之地位——建立以被保险人为中心之保险法制》，载《月旦法学教室》2011年第2期，转引自樊启荣：《中国保险立法之反思与前瞻——为纪念中国保险法制百年而作》，载《法商研究》2011年第6期。

③ 见中国保险监督管理委员会2006年9月1日出台的《健康保险管理办法》第4条之规定，转引自樊启荣：《中国保险立法之反思与前瞻——为纪念中国保险法制百年而作》，载《法商研究》2011年第6期。

现代“二分法”。现代“二分法”不再固守“以保险契约所承保标的之性质为区分标准”的传统观念，而改为“以保险契约之给付基础是否为经济上可得估计之损失为区分标准”的现代观念。[①] 从保险契约之给付基础来看，财产保险合同的保险人之给付基础与被保险人所遭受之“实际损失”密切相关：有损失，才补偿，无损失，不补偿；损失多少，补偿多少。也就是说，财产保险合同本质上是填补被保险人实际所遭受的损失——“损失补偿(填补)保险”。[②] 但是，从保险契约之给付基础的标准来衡量与“损失补偿保险”相对应的术语，就不应当是“人身保险”，而应当是“定额给付保险”——缔约时约定多少保险金额，事故发生时就给付多少保险金，而不问被保险人实际所遭受多少损失。有德国学者就指出：“损失(补偿)保险和人身保险的这种比照还不是特别明确。损失保险的保险人在被保险人发生保险事故后，必须对由此而生的财产损失予以赔偿。但这也可能发生在人身保险的一些事故中，如意外伤害事故中要对医疗费用或者误工费予以赔偿。故此，‘损失保险’准确的相对概念应为‘定额保险’。定额保险是在合同中约定一个明确的保险金额，以在投保人保险事故情形给付，而不取决于具体财产损害的多少。这种设计特别适合于财产损害难以量化的保险事故，特别是人寿保险。”[③]

“损失补偿保险合同”与“定额给付保险合同”之现代“二分法”，并非是对“财产保险合同”与“人身保险合同”之传统“二分法”的彻底抛弃，而是在“对物的保险”与“对人的保险”这一传统认知框架下，为因应保险险种的多样化发展之需，在关于保险合同分类之认识论上所作的进一步抽象和升华。因为从保险合同之给付基础而论，财产保险合同之给付固然均为损失补偿性质；但人身保险合同之给付并非均为定额给付性质，而是既有定额给付性质者又有损失补偿性质。由此可见，从逻辑关于概念的分类须满足“不相容性”的要求出发，“财产保险”与“人身保险”之“二分”区隔并非相互排斥，而是有所相容的，逻辑上并不严谨。相反，“损失补偿保险”与“定额给付保险”之“二分”区隔则“非此即彼”、互不相容，逻辑上相当严谨。总之，“按因保险契约之特性有属共通性者，亦有属差异性者，就其差异性而言，以损失填补与定额给付最为明显，其亦直接导致保险契约之权利义务之差异，以此作为保险

---

① 汪信君、廖世昌：《保险法理论与实务》，台湾元照出版有限公司2006年版，第10页，转引自樊启荣：《中国保险立法之反思与前瞻——为纪念中国保险法制百年而作》，载《法商研究》2011年第6期。

② [美]小罗伯特·H.杰瑞、道格拉斯·R.里士满：《美国保险法精解》(第4版)，李之彦译，北京大学出版社2009年版，第105页，转引自樊启荣：《中国保险立法之反思与前瞻——为纪念中国保险法制百年而作》，载《法商研究》2011年第6期。

③ [德]迪特尔·梅迪库斯：《德国债法分论》，杜景林等译，法律出版社2007年版，第438～439页，转引自樊启荣：《中国保险立法之反思与前瞻——为纪念中国保险法制百年而作》，载《法商研究》2011年第6期。

契约法上保险分类之标准，方能有效规范保险契约所生法律问题”[①]。

综上所述，保险契约之分类于学说上的发展，实际上早已脱离了“财产保险”与“人身保险”之“二分法”而演进为“损失补偿保险”与“定额给付保险”之“二分法”。故我国立法者须对保险合同分类的立场加以调整，将保险合同分类修正为“损失补偿保险合同”与“定额给付保险合同”。

(三)保险契约告知义务

告知义务制度，作为保险契约法上一个传统而又独特的固有制度，是保险业合理经营之制度基石；没有科学而又合理的告知义务制度之建构，就不可能有保险业的稳健运营与有序发展。但与此同时，它也是保险实务与理论研究中的一个最容易引起争议而又难以为人所理解的规则，因而成为保险立法史上一个最具活力和最容易作为立法改革对象的精灵。

比较而言，在一般合同法中，订立合同时当事人没有披露重要事实的义务；但是，“适用于各类保险的一个基本规则是，在订立保险合同时，投保人要向保险人披露一切会影响危险的重要资料”。它反映了保险合同和保险行业的特殊性——保险人依赖被保险人告知的内容评价风险，这是保险业赖以生成和合理运营的基础与前提。我国《保险法》第16条规定：“订立保险合同，保险人就保险标的或者被保险人的有关情况提出询问的，投保人应当如实告知。”然而，自我国《保险法》颁行以来，围绕告知义务之争议与纠纷与日俱增。有业内权威人士指出：“现在消费者对保险的投诉居高不下，消费者往往反映在投保时代理人说得‘花好稻好’，但理赔时却是‘千难万难’。保险公司拒赔的理由往往是投保人投保时‘未如实告知’；投保人却称投保时已向代理人口头告知。双方为此争执不下，公说公有理，婆说婆有理，但是常常都无法举证。”告知义务，本为协助保险人为危险估测时所课投保人之协力义务；如今却已成为保险人以图推卸保险金给付之责而作“技巧性”乃至“恶意性”抗辩之工具。保险人此举，不但损害了被保险人之权益，而且有害于保险业本身之声誉，阻碍了保险业之发展。[②] 上述问题不能不令人重新审视保险法上的告知义务制度。

1.告知义务制度之立法根据

告知义务之立法根据，众说纷纭，莫衷一是。自保险业发轫以来至19世纪，各国学者相继提出了“射幸契约说”“瑕疵担保说”“最大善意说”“意思和致说”等。比

---

① 林勋发：《保险法论著译作选集》，台湾1991年自版，第3、124、5页，转引自樊启荣：《中国保险立法之反思与前瞻——为纪念中国保险法制百年而作》，载《法商研究》2011年第6期。

② 樊启荣：《投保人告知义务性质之多维分析》，载《保险职业学院学报》2007年10月第21卷第5期。

较而言，英美法系国家判例及立法主张“最大善意说”最盛，且为英美法系国家之通说，认为“保险合同为高度诚实信用合同”[①]，而告知义务是“总的善意义务中最重要的一部分”；这一义务存在的理由在于“推定被保险人更了解资料”。[②] 按照最大诚信说及其立法例，被保险人必须主动地告知他所知道的有关保险标的一切终于事实。在大陆法系，晚近以来则力倡“危险估计说”，渐成为通说。在该说主张者看来，“告知义务制度，本系基于技术上及经济上的理由，而有存在之必要”。[③]

危险测定说与最大善意说二者之间并不相互排斥，因此立法例上兼采二者似乎更为妥适。我国《保险法》第 16 条正是兼采“善意说”与“危险测定说”为其立法依据，该条第 2 款规定：“投保人故意或因重大过失未履行前款规定的如实告知义务，足以影响保险人决定是否同意承保或者提高保险费率的，保险人有权解除合同。”依此规定，投保人故意或重大过失未履行告知义务的，依诚信原则，保险人解除合同；但保险人并不当然解除合同，其法律效果依其违反之行为与危险测定之间的因果关系而定，若投保人虽因过失未履行如实告知义务，但不足以影响保险人测定危险，二者间不具相当因果关系的，保险人并不能解除合同，以达对价平衡。[④]

2.告知义务制度之定性分析

第一，告知义务在制度层面上之性质为先契约义务。现代合同法的发展，在一定意义上可以说是合同关系上义务群的发展。保险契约亦是如此。在保险契约关系中，投保人的给付义务为交付保险费；保险人的给付义务为危险负担（事故发生后体现为保险金之给付），二者互为对价关系；除此之外，还有基于法律规定或当事人约定而产生的其他义务。就告知义务而言，其性质为先契约义务。所谓先契约义务，是指当事人为缔约而接触时，基于诚实信用原则而发生的各种说明、告知、注意及保护等义务，违反它即构成缔约过失责任。

第二，告知义务在规范层面上之性质为“片面”的强行性规定。综观各国告知义务之立法规定，已从无限告知义务主义到有限告知义务主义，从严苛性走向宽松性，这是优先保护被保险人利益之法益思潮所使然。其缘由在于保险契约为附合契约，事关社会公众，不许保险人就告知义务之规定为不利于要保人之变更，否则，倘保险人可以凭其丰富之知识，强制要保人接受更苛酷之法律效果（如变更违反告知义务效果之契约解除权为契约无效）或履行更苛酷之告知义务（如于危险估计无

---

① 肖和宝：《保险法诚实信用原则研究》，法律出版社 2007 年版，第 55 页。

② ［英］M.A.克拉克：《保险合同法》（中译本），何美欢、吴志攀等译，北京大学出版社 2002 年版，第 584 页，转引自樊启荣：《保险契约告知义务制度论》，中国政法大学出版社 2004 年版，第 79 页。

③ 杨仁寿：《海上保险法论》，台湾三民书局 1996 年版，第 63 页，转引自樊启荣：《保险契约告知义务制度论》，中国政法大学出版社 2004 年版，第 80 页。

④ 樊启荣：《保险契约告知义务制度论》，中国政法大学出版社 2004 年版，第 82 页。

关之非重要事实亦须为告知)等,显非事理之平;但倘为有利于要保人之变更(如变更契约解限权之一月期间为一周),则为法之所许。

第三,告知义务在义务层面上之性质为不真正义务。一般而言,私法上所谓的"义务",有真正义务与不真正义务之分。合同关系上的义务,大多为真正义务。但除真正义务外,还有不真正义务,或称间接义务,其主要特征在于权利人通常不得请求履行,违反时亦不发生损害赔偿责任,仅使负担义务的一方遭受权利的减损或丧失的不利益。依我国《保险法》之规定,若投保人违反告知义务时仅认允保险人有解除契约权,保险人对告知义务人,并无请求其履行告知义务的权利,而投保人或被保险人若依保险契约对保险人有所请求,则须履行告知义务。①

3.告知义务制度之基本范畴解构

告知义务的主体原则上为投保人。不过在投保人与被保险人不一致的情况下,如果被保险人不负担告知义务,投保人可能无法知道那些仅由被保险人知悉的危险事实,即使该事实是重大的,保险人也只能就投保人违反义务的行为主张合同无效,这对保险人极为不利,所以,被保险也应当为告知义务人。② 当投保人和被保险人告知的事实前后未发生变化时,不会引起争议;但是,当事实于告知之时和保险人承保之时不一致的情况下,告知的时间标准会对双方当事人的权利义务产生影响。依据"合同订立时"的文义解释,保险合同订立之时不应该仅为投保人和被保险人发出订立合同的要约之时,而应该为订立合同的全过程。而合同是否订立需以保险人是否作出承诺为依据。否则,有悖于合同订立的实际过程,与立法的根本目的不符。因此,告知义务的履行时间应该为保险合同正式成立之前。在此之前,任何事情的变化的告知或者对以前的告知作出的修正都应当得到法律的许可,保险人不得拒绝。③

告知之对象虽为危险状况,但从作为法律问题的层面加以考察,并非所有有关于危险状况的事实,均为告知义务的对象。对于保险人的询问,投保人或者被保险人的告知是否仅以其知悉者为限,若某一事实,于客观上存在,但投保人主观上非因过失或故意而不知悉,是否亦应负据实告知义务?投保人告知之范围,除在客观上须属重大事项外,主观上还必须是投保人所知悉或应知悉事项,学理上称之为"知悉及应知悉事项"④。而在认定某一情况是否属于"重要情况"时。采用"决定性影响"标准较为合理,如果该情况影响了一个谨慎的保险人的思想,并促使他拒绝承保或提高保险费率,那么该情况将被认定为"重要情况",投保人或被保险人必

---

① 樊启荣:《投保人告知义务性质之多维分析》,载《保险职业学院学报》2007年10月第21卷第5期。

② 曹兴权:《保险缔约信息义务制度研究》,中国检察出版社2004年版,第166页。

③ 肖和宝:《保险法诚实信用原则研究》,法律出版社2007年版,第132页。

④ 樊启荣:《保险契约告知义务制度论》,中国政法大学出版社2004年版,第189页。

须将该情况如实告知保险人。[①]

4.违反告知义务之法律效果分析

投保人或被保险人违反如实告知义务将产生什么样的法律效果，取决于不同国家的保险法所采的规范模式。少数国家，如英国对违反如实告知义务的法律效果通常只设定两项要件：重要事实和过错；而大多数国家在违反告知义务行为的基础上，还要考虑行为与保险事故发生的因果关系，并配合过错程度的考量，甚而按比例原则的调整思想，区别配置不同的法律效果。

依据我国《保险法》第 16 条第 4 款和第 5 款的规定，我国保险法对重要事实的规范在一定范围内采纳了因果关系模式，符合保险法发展的方向，具有先进性，但因果关系要件的适用有一定的范围。对于投保方故意违反告知义务，对重要事实误述或隐瞒的，保险人解除保险合同的权利不受因果关系要件拘束。而对于投保方因过失对重要事实误述或隐瞒的，须隐瞒的重要事实对保险事故的发生有“重要影响”，“重要影响”的法条文义实质上是指两者之间须存在法律上的因果关系，保险人才有权以投保方违反告知义务为由解除保险合同；反之，即使投保方隐瞒了重要事实，但该重要事实与保险事故的发生毫无关系，则保险人不能免除保险金给付责任。[②]

（四）保险利益

2009 年，我国《保险法》对保险利益的规定进行了全面的修改。我国 1995 年和 2002 年的《保险法》第 12 条对于保险利益的规定是：“投保人对保险标的应当具有保险利益。投保人对保险标的不具有保险利益的，保险合同无效。”并且将保险利益定义为“投保人对保险标的具有的法律上承认的利益”。由于第 12 条属于保险合同法的一般规定部分，因此这一保险利益规则同时适用于财产保险合同和人身保险合同，并确定了我国保险合同中保险利益的主体归属于投保人。2009 年修订后的《保险法》第 12 条将保险利益定义为，“投保人或者被保险人对保险标的具有的法律上承认的利益”，将保险利益主体范围扩大为投保人和被保险人。同时，删除了“投保人对保险标的不具有保险利益的，保险合同无效”的规定。在保险合同一般规定部分，根据财产保险合同和人身保险合同的差异，分别确定对保险利益的时间效力要求——“人身保险的投保人在保险合同订立时，对被保险人应当具有保险利益。财产保险的被保险人在保险事故发生时，对保险标的应当具有保险利益”。另外，在人身保险合同中，将投保人对保险利益载体的要求扩大到“与投保人有劳动关系的劳动者”，以法定形式进一步确立了团体保险合同的法律效力要求。

---

① 樊启荣：《保险契约告知义务制度论》，中国政法大学出版社 2004 年版，第 198 页。

② 李庭鹏：《保险合同告知义务研究》，法律出版社 2006 年版，第 37～53 页。

保险市场是交易市场，它的潜在动力来源于个体对自己利益的关怀，另一方面，保险制度又是一个社会共担风险的机制，这个机制在满足个体追求的同时，也要保证制度自身的良性发展，只有如此才能发挥其社会效用。保险利益恰恰就是这两者之间的平衡点，它关系到法律关系的属性和效力。保险利益在保险合同法上的重要性，体现在以下两个层面：一方面，保险利益是保险法的基本原则，它决定保险法的法域的问题，也就是哪些合同属于保险法调整的范围，因此有人说“无保险利益则无保险”。另一方面，保险利益是保险标的，从技术性保险利益学说开始，人们认识到，保险标的并不是通常所认为的物或人身，而是保险利益。从保险利益是保险标的这一理论出发，保险利益作为保险合同法的中心概念，涉及保险合同的效力、保险价值、超额保险、重复保险、保险人代位权等一系列保险合同法制度的设计。保险法上的这些具体制度，贯彻和体现了保险利益作为保险法基本原则的精神。

1.保险利益之界定

关于保险利益的定义，主要有三种观点：一是经济利益说，主张保险利益是投保人或被保险人对保险标的物或被保险人人身所具有的经济利益。二是利害关系说，即保险利益是投保人或被保险人对保险标的物或被保险人人身所具有的利害关系。三是适法利益说，认为保险利益是投保人或被保险人对保险标的物或被保险人人身所具有的合法的利益。此说为我国国内通说[①]，与我国《保险法》第12条的规定相吻合。究保险利益之实质，乃法律概念，需与整个民事法律关系体系相衔接，适法性应是其前提条件，适法利益说能够体现保险利益应有之特性，可同时适用于人身保险和财产保险合同，能够发挥保险利益作为保险法基本原则的作用，为最适当。[②]

保险利益的要件包括以下三点：第一，须为适法性利益。适法性乃指不违反法律的强制性或禁止性规定，不违背社会公共秩序和善良风俗，并非一定要是法定的权利。适法性具有相对性，并非指保险客体本身具有适法性，而是指该项保险利益具有适法性。对于没有符合约定的保险利益而导致无效的合同，乃是因合同履行不能而无效的保险合同，并不关涉适法性问题。第二，须为确定性利益。具有确定性的利益，为已经确定的现有利益和可得确定的期待利益。保险利益的确定性，乃指保险利益种类的确定性，而非指数额的确定。第三，财产保险合同的保险利益须为经济性利益，人身保险合同的保险利益须为法定关系。[③]

---

① 石慧荣、许安平：《谈我国保险法的几个问题》，载《现代法学》1995年第6期；孟庆瑜、张丽霞：《论保险利益》，载《河北法学》1997年第3期，转引自王萍：《保险利益研究》，机械工业出版社2004年版，第9页。

② 王萍：《保险利益研究》，机械工业出版社2004年版，第3～13页。

③ 王萍：《保险利益研究》，机械工业出版社2004年版，第77页。

2.保险利益之归属和存在时点

保险利益的归属判断是法律要求保险利益应为谁所具有的问题，或者说是保险利益主体的问题。保险利益的一般规则，是投保人有保险利益，基于投保人有保险利益，他才可能成为受益人或指定受益人，亦可以他人的人身为保险合同客体投保，并得指定受益人。而保险利益的例外规则，则是当投保人无保险利益时，若被保险人有保险利益，且被保险人与受益人同一时，保险合同仍得有效。

保险利益应由何人具有，应视保险利益之功能而定。保险利益之功能，可归为两大类：一类是在缔约时要实现的功能，对所有保险合同适用，包括禁止赌博和防范道德风险两项功能。另一类是在保险事故发生时要实现的功能，仅对损失补偿性保险合同适用，包括禁止不当得利和确定赔偿程度两项功能。前一类功能所约束的对象，是保险合同的当事人；后一类功能所约束的对象，是保险金请求权人。据此，保险利益的归属判断应依据如下规则：第一，在缔约时，无论财产保险合同还是人身保险合同，均要求投保人有保险利益；第二，在缔约时，无论财产保险合同还是人身保险合同，如果被保险人与受益人系同一人时，不要求投保人有保险利益；第三，在保险事故发生时，对损失补偿性合同，要求被保险人有保险利益；第四，在保险事故发生时，对损失补偿性合同，如果约定了受益人，且受益人系投保人指定，非被保险人，亦未经被保险人同意的，受益人须具有保险利益。如此划分，应可同时解决财产保险合同和人身保险合同保险利益归属判断的争议，也可对保险利益存在时点问题作出回答。

保险利益存在的时点，在财产保险合同和人身保险合同中有所不同。在财产保险合同中，保险利益必须于保险事故发生时存在，但不必于订约时存在。[①] 因为财产保险合同旨在填补损失，若无利益，何言损失，故纵订约之际有利益，而保险事故发生时其利益已不存在，即无损失可言；反之，于订约之际利益虽不存在，或利益尚未归属，但于事故发生时，已归属于己者，其利益之丧失亦即为实际之损失，如法律规定缔约时必有保险利益，必使交易呆滞，不利于保险业务的拓展。人身保险利益的存在，与财产保险不同，其必须于缔约时存在，至于保险事故发生时是否仍有保险利益，则无关紧要。法律之所以要求人身保险于缔约之际具有保险利益，因人身保险包括以死亡为保险事故的死亡保险，攸关被保险人生命安全，若于缔约时无保险利益，容易引发道德危险。[②]

3.保险合同的标的——保险利益

保险合同的标的，不仅决定合同是否有效的问题，而且也是判断保险合同种类

① 施文森：《保险法总论》，台湾三民书局1980年版，第5～11页，转引自王萍：《保险利益研究》，机械工业出版社2004年版，第100页。

② 王萍：《保险利益研究》，机械工业出版社2004年版，第79～112页。

及明确合同当事人之间权利义务关系的重要依据。在保险法上，保险合同标的的种类，直接决定保险险种的确定。保险合同标的在保险合同法上的意义，也是保险利益意义之体现。

首先，通过保险利益可以区分保险合同的种类。保险合同因险种之差别而有所区分，其险种之差别，乃源于所承保之保险利益的差别。如物之所有权人，以所有权利益投保者，为财产所有权保险合同。但若物之所有权欲出售其物，已与他人签订合同，恐对方违反合同造成损失，以该债权投保者，则为责任保险合同。而若已交付物于他人，尚未获得价款，以该请求权之利益投保者，则为信用保险合同。由于所保之利益种类和价值的差别，此三种保险合同所适用的保险范围和保险费率以及保险金额，均可能有所不同。每一个保险利益均可以单独成立一个保险合同，该保险合同以此保险利益为中心概念，而决定其保险价值及损害范围。

其次，通过保险利益可以确定给付义务之内容。保费之给付，为保险利益获保险保障之对价，由保险利益之价值（主观和客观保险利益都包括在内）决定；赔偿金、保险金之给付，为保险利益损失或丧失之对价，无论是损失补偿性保险合同还是定额给付性保险合同，保险金的给付，都是保险利益的丧失的实际价值或约定价值的体现。约定价值者，虽可不以保险利益之存在为前提，但其约定可能有赌博或道德风险之存在，易产生违法性结果，故法律通过制度安排，排除此种情形。因此，在保险合同中，约定价值并不能脱离保险利益而存在。

最后，保险利益影响保险合同之效力。合同之标的的确定和可能，为合同成立的一般要件，无标的之合同无效，标的不明确的可补正，未为补正的，当事人得主张无效。在保险合同中，如果合同订立时缺乏保险利益，则合同因缺乏标的而无效。这在各国保险法或保险契约法上均有反映。标的不明确的，则不当然无效。[①]

4.保险利益的例外规则

保险利益的规则体系虽然是以法律的正面规定表现的，但是随着保险实务的发展，保险险种不断增加，保险利益的具体化越来越成为一件困难的事情。相反，在有关保险利益争议的案件中，法官适用保险利益原则的方法，越来越多的由直接寻找保险利益，转变为寻找不存在保险利益的理由。而在实务当中，“无保险利益则无保险”的规则，则正在被“非赌博、无道德风险和不当得利即为有保险利益”的规则所替代。保险合同法虽然围绕保险利益建立了规则体系，但是在适用时，凡不违背保险利益原则功能控制的保险，即有效保险。以下特别探讨保险利益的两项例外规则。

第一，保险合同之无因管理——反向规则：非赌博即有保险利益。无因管理乃民法上之弘扬互助精神的制度设计，因投保人保险费支付债务与民法上的一般债

① 王萍：《保险利益研究》，机械工业出版社2004年版，第177～182页。

务没有本质的区别，第三人代付保险费也与民法上第三人代为履行债务相仿，应许可无因管理制度在保险法上的适用。但无因管理之适用，亦受保险法上禁止赌博和防范道德风险理念的限制，因而还需设立保险法上无因管理适用的规则。首先，在投保人无保险利益时，若被保险人为受益人，财产保险和人身保险均得适用无因管理。此时投保人只有支付保险费之义务，并无任何保险合同之利益可言。且被保险人为受益人，则除非投保人系被保险人的继承人，否则也无间接受益的可能性，道德风险已降到最低。其次，虽人身保险合同投保人无保险利益时，得适用无因管理之设计，但以被保险人死亡为保险金给付条件的人身保险合同，仍以被保险人同意为必要。最后，第三人代付保险费，与投保人无保险利益的情形不同。第三人代付保险费，第三人并非保险合同的当事人，保险人不易掌握第三人的情况，第三人也不负有合同的其他义务，无法从合同的角度来控制道德风险，而只能视保险合同的性质而定。在财产保险合同方面，任意第三人可代付保险费，而利害关系人代付保险费的，需经投保人同意。在人身保险合同方面，第三人，包括任意第三人和利害关系人，均不得代付保险费。在保险法上，投保人无保险利益时适用无因管理的情形，往往以“非赌博即有保险利益”的反向规则来判断。依诚实信用原则观之，保险人系经营商业保险的专业机构，投保人缺乏保险利益，保险人应自订立合同时知晓，保险人仍接受保险费的，则有恶意取得保险费之嫌。故投保人无保险利益时，只要投保人无赌博意图，仍应认可保险合同之效力。

第二，弃权和禁止抗辩——反向规则：人身保险无道德风险即有保险利益。弃权是指有意识的放弃一项已知的权利。要求放弃权利的人了解自己拥有权利这一事实，并且是在了解这项权利的基础上放弃权利的。禁止反言，指保险人失去对抗被保险人的抗辩权利。此处，对弃权和禁止抗辩并无区分之必要。总体上，保险人对自己在保险单上的权益均可以放弃。但有一些权益是不能放弃的，其中最显著的例子就是保险人不能放弃对被保险人必须对保险客体有保险利益的要求。如果允许保险人放弃这一要求，投保人或被保险人可以没有保险利益，就违反了基本的公共利益准则。[①] 因为如果被保险人没有保险利益，则该被保险人并无损失，若以保险人自愿订立合同为据，认定保险人弃权，则有损保险制度之总体运行，实际上是支持了赌博行为。但是，投保人没有保险利益的，保险合同无效，而保险人在保险合同订立时即应知晓，却为收取保费或对危险发生存侥幸心理，仍与之订立合同并收取保险费。在保险事故发生后，又得据此抗辩。此对投保人和被保险人都会造成不公平的现象。因此，在投保人没有保险利益的情况下，应得适用弃权和禁止抗辩规则。弃权和禁止抗辩的最终意义在于使保险人丧失免责抗辩的权利。其规

① 陈欣：《保险法》，北京大学出版社2000年版，第85页，转引自王萍：《保险利益研究》，机械工业出版社2004年版，第293页。

则的适用都是在保险事故发生之后,如果没有发生保险事故,被保险人或受益人没有形式保险金请求权,则保险合同当然无效,保险人和投保人均得主张合同无效,相互返还所得并赔偿损失。[①]

(五)保险代位的制度构造

保险代位权制度是保险法上一项基础性的制度,是损失补偿原则所派生的代位原则的核心,在各国保险法中均占有重要的地位。我国《保险法》第60条第1款规定:"因第三者对保险标的的损害而造成保险事故的,保险人自向被保险人赔偿保险金之日起,在赔偿金额范围内代位行使被保险人对第三者请求赔偿的权利。"当保险事故发生后,被保险人已经从第三者取得损害赔偿的,保险人赔偿保险金时,可以相应扣减被保险人从第三者已取得的赔偿金额。并且保险人行使代位请求赔偿的权利,不影响被保险人就未取得赔偿的部分向第三者请求赔偿的权利。虽然我国《保险法》《海商法》《海事诉讼特别程序法》都对该项制度作出较为详尽的规定,但是在保险实务中,由于社会公众和保险人对于该制度的社会功能和重要性认识不足,保险公司追偿意识不强,在实践中面临着一些尚未解决的难题,使得该项制度的作用尚未得到充分的发挥。据此,最高人民法院在2017年9月发布的《关于适用〈中华人民共和国保险法〉若干问题的解释(四)(征求意见稿)》中,进一步细化了保险人代位权的司法裁判规则,明确了被保险人对第三者的赔偿损失请求权的界定、保险人能否向投保人行使保险代位求偿权、保险人能否向第三者的担保人追偿等重要问题。

1.保险代位的基本原理

损失补偿原则是保险的基本原则之一,代位原则是损失补偿原则的派生原则,这在各国保险理论和实务界基本上没有分歧。[②] 损失补偿原则中的"损失",即存在于被保险人和某特定标的物间保险利益之反面,[③]即保险利益因保险事故发生受侵害所产生的反面效果。何谓损失补偿原则中的"补偿"?民法上的所谓赔偿,是指因侵犯行为或者债务不履行时,债务人所应负担的责任;损害赔偿对于赔偿义务人隐含有加以非难及制裁之意味。而反观保险之损失补偿,则无制裁意义,保险人向被保险人"补偿"保险金是为履行保险契约而为的"给付行为",并非在于保险人有何过错。因此,从这个意义而言,保险的目的及功能在于"补偿"而非"赔偿"。

对于补偿原则的实质,人们的认识有一个过程。早期的保险法学理解释多采

---

① 王萍:《保险利益研究》,机械工业出版社2004年版,第273～298页。

② [英]约翰·T.斯蒂尔:《保险的原则与实务》,孟兴国等译,中国金融出版社1992年版,第57页。

③ 江朝国:《保险法基础理论》,中国政法大学出版社2002年版,第309页。

“充分补偿说”，主张在补偿性保险合同中，被保险人因保险事故所遭受的损失，应如数获得补偿，以使被保险人在经济上恰好能恢复至保险事故发生以前的状态。[①]该说将损失补偿原则视为一种“法律机制”，通过这种机制在被保险人遭到损失后，保险人对其进行补偿，使其恢复到保险事故发生以前的经济状况。晚近以来，保险法学理解释在修正“充分补偿说”的基础上，提出了“限制补偿说”。该说认为，补偿原则说明被保险人在发生损失后的财务状况不应比未发生时更好，即被保险人不应从保险损失中获利。[②]“限制补偿说”已成为现代保险法的通说，补偿原则允许保险人在必要时减少赔偿金额，但是与保险利益原则不同，这并不意味着合同无效。[③]这正是保险损失补偿原则的实质内核或精髓所在。综上所述，保险法上所谓的损失补偿，实质上是被保险人在保险事故发生所遭受损失时，由保险人在约定的保险价值及保险金额范围内，以实际的损失额为基准，并在考量保险利益之有无的前提下及其范围内，予以给付保险金。

关于损失补偿原则的适用范围，历来存在争议。通说所谓“损失补偿原则适用于财产保险”固然正确，但所谓“人身保险不适用损失补偿原则”一语，则存在语病，在逻辑上不周延。人身保险，基于生命身体之无价值，保险契约当事人可自由约定保险金额，于保险事故发生时，直接以之为给付额。因此，人身保险多属定额保险，而无超额保险或复保险之可能。但须注意的是，在人身保险中亦有的属于损失保险之性质，例如健康保险或意外伤害保险中的医疗费用保险，其目的仅在于补偿被保险人因治疗疾病所产生的费用，被保险人不得因伤病或受伤治疗而获不当得利，故也属于补偿合同。因此，我们可以得出结论，损失补偿原则适用于补偿性保险契约。

2.保险代位的性质辨析

我国的法律体系受大陆法系影响较大，我国学者一致认同法定债权转移理论，主张保险代位的内核是法定债权让与，在保险人赔付保险金之后，被保险人对第三人的损害赔偿请求权则于保险金额范围内全部或部分地转移至保险人处，此项权利变动为法律所强制规定，无须保险人和被保险人达成合意。这就是保险代位下的法定债权让与。

---

① 陈云中：《保险学》，台湾三民书局1985年版，第188页，转引自樊启荣：《保险损害补偿原则研究——兼论我国保险合同立法分类之重构》，载《中国法学》2005年第1期。

② ［美］康斯坦斯·卢瑟亚特等：《财产与责任保险原理》（中译本），英勇等译，北京大学出版社2003年版，第158页，转引自樊启荣：《保险损害补偿原则研究——兼论我国保险合同立法分类之重构》，载《中国法学》2005年第1期。

③ ［美］皮特·纽曼：《新帕尔格雷夫法经济学大辞典（第二卷）》（中译本），法律出版社2003年版，第379页，转引自樊启荣：《保险损害补偿原则研究——兼论我国保险合同立法分类之重构》，载《中国法学》2005年第1期。

而保险代位的外在构造为不真正连带之债。所谓不真正连带之债，是指数债务人基于不同之发生原因，对于债权人负以同一给付为标的之数个债务，依一债务人之完全履行，他债务因目的之达到而消灭之法律关系。① 当保险事故发生时，基于不同的原因，保险人和第三人都对被保险人负以同一给付为标的的两项债务。然而这两项债务实际上处于不同层次，保险人的保险金给付责任是替代责任，而第三人对被保险人承担的赔偿责任是终局责任。也就是说，无论第三人是基于侵权之债还是合同之债要对被保险人承担责任，且无论其是否有过错，都要不影响保险人代位求偿权的成立。②

3.保险代位的适用范围

我国《保险法》第46条规定："被保险人因第三者的行为而发生死亡、伤残或者疾病等保险事故的，保险人向被保险人或者受益人给付保险金后，不享有向第三者追偿的权利，但被保险人或者受益人仍有权向第三者请求赔偿。"该条规定否定了人身保险合同适用保险代位制度。对于保险代位权的适用范围，就真如多数学者所说的那样，《保险法》的规定使得保险代位权在中国的保险实践中可实施的范围过窄吗？

依照补偿性保险和给付性保险的划分，来区别具体类型的保险是否适用保险代位权，不但在论理逻辑上是自恰的，而且在保险实务中也是可行的。《保险法》修法的最终目标也应是超越财产保险的范畴，实现保险代位权在补偿性的意外伤害险和健康险种的适用。但是，仍然存在问题值得进一步探讨，那就是"被保险人完全受偿"原则的确定标准及实现可能。在补偿性的人身保险中，被保险人只能请求保险人支付因事件而导致的费用支出，但损失可能还未完全弥补，需要补偿精神利益的损害，还包括对身体造成的潜在或持续的损害，对此的完全补偿又该如何估定？特别是在我国的救济体系尤为不健全的情况下，完全补偿是十分困难的，超额赔付更仿佛彼岸的神话。

由于潜在受害人保险购买意识和购买能力较低，以及侵害人偿付能力往往不足且甚少有责任保险保障，事故发生时被保险人往往难以得到充分赔付。人身伤害还常常涉及社会保险，可我国损害赔偿的标准本就很低，社会保险的赔付数额又在此基础上再低很多，即使工伤和职业病等受害人获得社会保险足额赔付，也多是杯水车薪。欧美发达国家广覆盖、多层次、高标准的保险和社会救助形成了对受害人完善的救济体系，尚且对保险代位权适用于补偿性人身保险中存有疑虑。在我国如此严峻的现实面前，保险代位权扩张适用理应缓行，以免使受害人本就孱弱的

---

① 史尚宽：《债法总论》，中国政法大学出版社2000年版，第672页，转引自武亦文：《保险代位的制度构造研究》，法律出版社2013年版，第33页。

② 武亦文：《保险代位的制度构造研究》，法律出版社2013年版，第34页。

求偿权利再雪上加霜。保险代位权在我国保险立法上的扩展适用还要待多重且充分有效的受害人保护制度的构建,以及被保险人完全补偿原则的真正贯彻落实之后。①

4.保险代位的构成要件

在具备哪些必要条件之下,保险代位才可成立,这就是保险代位的构成要件问题。针对此问题,不同学者有不同的看法,经过整理辨识可知,保险代位的构成要件包括以下四项:

第一,被保险人对第三人有损害赔偿请求权。被保险人双重受偿的可能性,不独第三人应对其负侵权损害赔偿责任时存在,而是在被保险人因保险事故的发生另获任何赔偿请求权或给付请求权利时也同样存在。作为防止被保险人双重受偿手段的保险代位权无差别地排斥任何这样的可能性。此处的赔偿请求权不仅包括由第三人的侵权行为而产生,也包括由合同关系而产生,如因货物运输合同的运送人的违约行为造成保险标的损失,保险人履行补偿责任后可请求责任方予以赔偿;不仅包括因第三人的不法行为而成立,也包括因第三人的适法行为而成立,如共同海损中的弃货行为,当保险人赔付后,有权向其他共同海损债务人行使分摊请求权。②

第二,保险人基于保险合同应负保险责任。保险代位权之所以产生,正是因为被保险人除了对第三人拥有损害赔偿请求权之外,还对保险人拥有保险金赔付请求权,存在着双重受偿可能,而这又为法律所不允。如果被保险人虽然已就保险标的投保,但是保险人基于保险合同无须负保险赔付之责(比如导致保险事故的风险为该保险的除外风险),而只有第三人应对被保险人承担损害赔偿责任,这时被保险人根本无额外获利的可能,保险代位权也自无适用的必要。由此不难推断,保险人基于保险合同对被保险人应负保险责任,也是保险代位的一项基本构成要件。

然而,仍有疑义的是,若保险人基于保险契约并无理赔之义务,但因"判断错误"或基于"优惠赔款"而为理赔,③又或者保险人与被保险人在保险事故发生之后达成合意,由保险人"自愿"赔付不应赔偿或者有争议的损失,这时应否认定保险代位权存在?保险人放弃依照保险合同而享有的免于承担保险责任的利益,固然并不说明保险人放弃了保险代位权,但是保险代位权存在与否是依法律推定的,而非

---

① 武亦文:《保险代位的制度构造研究》,法律出版社2013年版,第47页。

② 王林清:《保险代位求偿权法律适用问题探讨》,载《法律适用》2010年第5期,转引自武亦文:《保险代位的制度构造研究》,法律出版社2013年版,第70页。

③ 所谓"判断错误",乃保险人依保险契约本无理赔义务,但因对于保险契约之效力判断错误,而仍为赔款之给付。所谓"优惠赔款",乃保险人依保险契约本无理赔义务,但为顾及业务,避免被保险人脱落,仍为赔款之给付。参见梁宇贤、刘兴善、柯泽东等:《商事法精论》,今日书局2009年版,第733页,转引自武亦文:《保险代位的制度构造研究》,法律出版社2013年版,第73页。

由当事人所意定。不过要强调的是，保险代位权是法定债权让与，而非意定债权让与，但保险代位权的存在与意定债权让与之间并不矛盾。基于错误、施惠或合意而为的非依约赔付仍可能产生意定债权让与。是故，保险人非依约赔付保险金后可以向第三人求偿，第三人不得据此抗辩，只是保险人行使的该部分求偿权不是保险代位权而已。

第三，保险人对被保险人已给付保险金。依据法定债权移转理论，保险事故发生时，被保险人对第三人有损失赔偿请求权的，在保险人依保险契约给付保险赔偿金之前，该对第三人的损失赔偿请求权仍未移转于保险人，以避免被保险人一方面因损失赔偿请求权已转移而无法向第三人求偿；另一方面将来因故未获赔偿，而产生未得先失，两俱落空之处境。保险金给付是保险代位的取得要件，而非行使要件。首先，因为在保险合同订立的当时，保险所保障的是保险标的的损失风险，并非仅仅针对第三人造成的损失风险。也就是说，被保险人对第三人的损害赔偿请求权在合同订立之时根本无法判断将来是否能够存在以及范围是什么，这样一项"莫须有"的权利又怎么能够在保险合同订立时就已存在，且全部或部分移转或分摊给保险人呢？其次，若保险人尚未为给付，则被保险人就根本没有得到赔偿，更无双重得利的问题而留待保险代位来调整。[①]

给付保险金给被保险人是保险代位权得以成立的构成要件，那么保险金给付要达到何种程度才算足够呢？仅仅是依保单约定给付全部保险金，还是尚须使得被保险人的损失获得全部补偿？保险人行使保险代位权，不以被保险人已经获得全部损害赔偿为必要条件，仅以保险人给付保险赔偿为要件。保险人向被保险人依保单规定给付保险金额的，哪怕所给付的保险金额尚不足以填补被保险人所发生的损失，在不损害被保险人的利益的范围内，应当可以行使保险代位权。

第四，损害赔偿标的的一致性。前述保险代位的第一项构成要件为"被保险人对第三人有损害赔偿请求权"，但是并非只要被保险人对第三人有任一损害赔偿请求权的，保险代位权就一定成立。哪些被保险人对第三人的赔偿请求权是保险人得代位行使者，在保险代位上是相当重要的一个问题，这就牵涉到"标的一致性"原则。所谓"标的一致性"原则，系指为保险代位（债权的法定移转）客体的损害赔偿请求权，须该损害系属于保险契约所承担危险的范围内始可，并非所有的请求权均属之，亦即赔偿请求权所生的损害须与保险所承担危险的损害完全一致，才有保险代位的适用。也就是说，保险金给付所补偿的损失标的与损害赔偿所赔偿的损失标的为同一时，被保险人才有双重受偿的可能性，保险代位权才有其适用的空间。

---

① 陈俊元：《我国保险代位理论与法制之再构建》，台湾政治大学法律学系2009年博士论文，转引自武亦文：《保险代位的制度构造研究》，法律出版社2013年版，第77页。

该项构成要件为对第一项构成要件的进一步限定。[①]

(六)保险格式条款的规制

我国2002年修订的《保险法》第31条规定:"对于保险合同的条款,保险人与投保人、被保险人或者受益人对合同条款有争议时,人民法院或者仲裁机构应当作出有利于被保险人和受益人的解释。"按照该条的规定,疑义利益解释规则似乎是保险合同的唯一解释规则。在保险司法实务中,法院动辄适用第31条,作出不利于保险人之解释与判决,以致保险公司感叹"为什么受伤的总是我"。[②] 法院形成的这种"凡是保险条款有争议,就直接适用疑义利益解释规则"的思维惯性,导致被保险人受到过度的倾斜保护,也成为被保险人进行恶意抗辩的工具。疑义利益解释规则可能使一种为了有利于被保险人而作出的不合理解释合法化,[③]因此2009年新修订的《保险法》对该条"大动干戈"。

2009年修订的《保险法》第30条规定:"采用保险人提供的格式条款订立的保险合同,保险人与投保人、被保险人或者受益人对合同条款有争议的,应当按照通常理解予以解释。对合同条款有两种以上解释的,人民法院或者仲裁机构应当作出有利于被保险人和受益人的解释。"较之于2002年修订的《保险法》第31条对保险合同解释的规定,2009年修订的《保险法》第30条有了重大进步:一是对合同解释原则的规定仅适用于采用保险人提供的格式条款订立的合同。如果是保险人与投保人充分协商形成的条款,其解释不适用本条规定。二是采用保险人提供的格式条款订立的合同,双方对条款的理解有争议的,不是当然适用有利于被保险人、受益人解释的原则,而是首先按照通常的理解予以解释。只有在有两种以上通常理解时,才适用有利于被保险人、受益人解释的原则。这样的规定更加公平,有利于保护双方的利益。

2009年修订的《保险法》第30条不但使保险合同格式条款的解释更科学合理,更好地平衡保险人与被保险人的利益,而且也与我国《合同法》第41条的规定相衔接。我国《合同法》第41条规定:"对格式条款的理解发生争议的,应当按照通常理解予以解释。对格式条款有两种以上解释的,应当作出不利于提供格式条款一方的解释。"但我国《保险法》第30条仍有美中不足之处:何为"通常理解";如何进行"通常理解";疑义利益解释规则的法理基础是什么;其适用的条件和范围是什么。《保险法》第30条并未澄清,成为困扰保险业者、保险主管机关、学者以及司法

① 武亦文:《保险代位的制度构造研究》,法律出版社2013年版,第75~83页。

② 樊启荣:《保险合同"疑义利益解释"之解释》,载《法商研究》2002年第4期。

③ [英]M. A.克拉克:《保险合同法》,何美欢等译,北京大学出版社2002年版,第360页,转引自樊启荣:《保险法诸问题与新展望》,北京大学出版社2015年版,第71页。

机关的议题。

1.保险格式条款之“通常理解”

传统合同法理论界，对于格式条款之认定，基本达成一致意见。格式条款具有如下两个特征：一方面，格式条款具有不可协商性。我国《合同法》第39条规定，所谓格式条款是指当事人为了重复使用而预先拟订，并在订立合同时未与对方协商的条款。这里有两个方面的问题值得引起我们注意：首先，“重复使用”强调的是其经济功能，譬如使订约基础明确、节省费用、节约时间，从而大大降低交易费用等，并非其法律特征；其次，格式条款的主要特点在于未与对方协商。根据我国《合同法》第39条之规定，格式条款只是指不能协商的条款。假如当事人一方在能够协商的情况下而不与对方协商，或放弃协商的权利，则不能认为未协商的条款因此而成了格式条款。[①] 另一方面，格式条款具有定型性。所谓定型性，是指格式条款具有稳定性和不变性，它将普遍适用于一切要与起草人订合同的不特定的相对人，而不因相对人的不同有所区别。这表现为，格式条款文件普遍适用于一切要与条款的制定者订立合同的不特定的相对人，相对人对合同的内容只能表示完全的同意或拒绝，而不能修改、变更合同内容；并且，以格式条款方式订立之合同，要约人和承诺人双方的地位可以随时改变。换言之，格式条款具有不可讨价还价性和定型性特征。

我国《保险法》第30条前半段规定之“通常理解”具体为何意义？根据全国人大法工委编写的《中华人民共和国合同法释义》认为：“按通常理解予以解释，指的是提供格式条款的对方订约能力较弱时，可以不按提供格式条款的一方的理解予以解释，而是按可能订立合同的一般人的理解予以解释，这对保护采用格式条款订立合同的公民、小企业是有利的。”[②]将此种释义纳入保险合同中，则保险合同格式条款的通常理解是指理性的被保险人的理解，是具有合理智力的被保险人使用该语句时，其应当具有的含义。虽然理性人标准本身是客观性的，但是法官在拟制理性的被保险人时，难免会加入自己的主观色彩。“事实上，是法官在代表‘理性人’说话，他（法官）决定，‘理性的正确的、正派的、善意的人……’会做什么，不会做什么，什么是他想要的，什么是他当时会想要的，可以期望他什么……只要法官援引

① 王利民：《对〈合同法〉格式条款规定的评析》，载《政法论坛》（中国政法大学学报）1996年第6期，转引自方志平：《保险合同强制规则研究》，中国财政经济出版社2007年版，第98页。

② 全国人民代表大会常务委员会法制工作委员会编，胡康生：《中华人民共和国合同法释义》，法律出版社2009年版，第71～72页，转引自樊启荣：《保险法诸问题与新展望》，北京大学出版社2015年版，第74页。

了'理性人',那么,法官判决的基础就是他自己的(主观的)判断。"[①]所以,通常理解指的是理性被保险人的理解,而理性被保险人的理解实际上是法官的理解。

非格式条款的解释,应探求当事人的真意。而格式条款的解释,应寻求通常理解。理由何在?这主要是格式条款的法律性质使然。关于格式条款性质的争议,主要包括"合同说""规范说"和"准规范说或准制度说"三种观点。比较这三种观点,"准规范说或准制度说"具有较强的说服力。因为一方面格式条款仍然具有私法的特性,只有当它被相对人认可后才能产生约束力;另一方面,从格式条款由一方片面决定,相对人并不参与制定过程这一角度观察,它又具有公法上规范的特点,虽然不能承认它具有普遍性的法律效力,但是一定范围内需要接受条款制定者商品或服务的消费者群体必须受束于它。因此,既不能将格式条款认定为一种法规或交易习惯等规范形态,也不能将其简单地认定为私法上普通的合同条款,而应将其认定为已经规范化或制度化的合同条款。[②]

法规的解释与意思表示的解释不同,法规的解释着重于法规文义的客观性及安定性,注重法规的客观文义,以谋求法规规范目的的达成;意思表示的解释,则应重视探求当事人的真意,注重意思表示的目的达成。定型化契约既然是一种准法规或准制度,其解释原则就应介于法律与契约之间,既不像法律的解释,是完全在追求安定性及稳定性,也不像契约的解释,是完全探求当事人的真意,而是介在两者之间,在"寻求定型化契约适用对象的共同了解或合理期待"[③]。

2.保险格式条款之"疑义利益解释"

保险立法史上,疑义利益解释规则的援引与创设,初始系针对保险人与投保人(被保险人)之间不平等的交易地位而进行司法调整以实现公平交易,并体现对保险交易中的弱势群体——被保险人倾斜性保护的价值关怀。我国《保险法》第30条规定:"对于保险合同的条款,保险人与投保人、被保险人或者受益人有争议时,人民法院或者仲裁机关应当作有利于被保险人和受益人的解释。"然而,由于该条文规定过于原则和笼统,在我国保险司法实务中,法院动辄适用该法第30条,作出不利于保险人之解释与判决。因此,有必要对保险契约的"疑义解释"规则作出解释,以利于公平合理地保护保险当事人双方的权益。

---

① [瑞士]彼得·高赫:《理性人:瑞士债法中的人像》,谢鸿飞译,载梁慧星:《民商法论丛》第35卷,法律出版社2006年版,第206页,转引自樊启荣、王冠华:《保险格式条款"通常理解"之解释——以我国〈保险法〉第30条规定为中心》,载《西部法学评论》2010年第6期。

② 苏号朋:《格式合同条款研究》,中国政法大学出版社2004年版,第61页,转引自樊启荣、王冠华:《保险格式条款"通常理解"之解释——以我国〈保险法〉第30条规定为中心》,载《西部法学评论》2010年第6期。

③ 刘宗荣:《论保险契约的解释》,载台湾《月旦法学》2008年第8期,转引自樊启荣:《保险法诸问题与新展望》,北京大学出版社2015年版,第77页。

疑义利益解释规则，又称“不利解释”规则。此种解释规则渊源于罗马法“有疑义应为表意者不利益之解释”原则，其后为法学界所接受，不但法谚有所谓“用语有疑义时，应对使用者为不利益的解释”，且亦为英美法和大陆法所采用。[①] 目前，世界各国保险立法或司法判例大多确立或采用此规则。保险合同解释中的疑义利益解释规则，系指“在保险单用语可以作出两种解释的情况下，保险单用语应当依照最不利于保险人的方式予以解释”[②]。之所以当保险条款用语出现歧义时应作不利于保险人的解释，学说和判例所持依据及其目的主要包括：“附和契约说”“专有技术说”“弱者保护说”“满足合理期待说”。保险合同之疑义利益解释规则之基础和目的，系基于保险合同为一种附和合同，保险条款由保险人单方拟定，加之被保险人欠缺保险专业知识，且经济力量相对弱小，为衡平当事人双方的利益，当保险条款的用语有歧义或模糊时，疑义利益解释规则的适用就成为必要。目前多数国家通过立法确立了一种对保险合同附和性的司法规制手段，以及对处于弱者地位的被保险人提供一种司法救济方式。

疑义利益解释原则仅仅为解释保险合同的歧义条款提供了一种手段或者途径，它本身并不能取代合同解释的一般原则；而且，疑义利益解释原则不具有绝对性，不能排除解释合同的一般原则或者方法的适用，对保险合同任意作不利于保险人的解释。疑义利益解释原则所具有的“辅助性原则”的特征，决定了在保险合同的当事人就保险合同的条款产生争议的情况下，保险合同解释原则的正确适用位次为：首先得以适用的应为保险合同的一般解释原则——意图解释原则。从保险单本身及任何附件（例如投保单等）中发现的当事人的意图应居于统治地位。只有在运用意图解释原则仍不能正确解释保单条款的情况下，疑义利益解释原则的适用方为可能。[③]

适用疑义利益解释原则的实质要件和前提，是保险合同的定型条款“模糊不清”(ambiguity)。“模糊不清”这一用语的本来含义，系指“一个词语具有两个以上完全不同的含义，以至于在同一时间，对这一词语的理解既有可能是正确的也有可

---

① 刘宗荣：《定型化契约论文专集》，台湾三民书局1987年版，第125页。

② American Jurisprudence, Vol.43, Insurance, 2nd.ed., Lawyers Cooperative Pub. Co., 1991, p.360，转引自樊启荣：《保险合同“疑义利益解释”之解释——对〈保险法〉第30条的目的解释和限缩解释》，载《法商研究》2002年第4期。

③ Kenneth Cananar, Essential Cases in Insurance Law Wood head—Faulkner, Canbridge, 1985, p.11，转引自樊启荣：《保险合同“疑义利益解释”之解释——对〈保险法〉第30条的目的解释和限缩解释》，载《法商研究》2002年第4期。

能是不正确的"[①]。对保险单文字含义进行解释时,一般应当首先按普通含义去理解词语,但在词语有"专门含义"时则不能按照普通含义去理解,这种情况下专门含义是优先的。[②] 此外,由于疑义利益解释原则是为了适应合同格式化的趋势,以保护经济上的弱者利益为目的而发展起来的合同条款解释原则,因此在审判实践中,根据保险人和被保险人交易实力的强弱决定疑义利益解释原则的适用与否,应当是该原则的内在要求。如果被保险人的交易实力与保险人相当,被保险人即不属于"经济上的弱者",疑义利益解释原则即不应对其适用。[③]

3.保险格式条款之"合理期待解释"

在美国司法判例和保险法学者的互动下,合理期待解释原则产生。该原则产生的历史前提是保险格式条款的出现与广泛适用,观念基础是保护被保险人之理念。该原则在美国得到进一步发展,并对其他国家或地方的立法及实践产生了深刻的影响。[④] 合理期待解释原则严重背离合同法的一般规则:偏离"明示合同条款必须严守"之原理、推定被保险人没有阅读义务。同时该原则偏离文本,满足被保险人与明确的保单条款相冲突的期待,是对普通合同解释规则的超越。合理期待解释原则的正当性乃在于规制保险格式合同的附合性,以实现合同正义。

在保险交易中,存在着双重的信息困境。一方面,保险人享有的信息优势尤为明显:对于保险产品,保险人作为卖方拥有信息优势,保险产品的无形性、专业性、复杂性更是加剧了这种信息不对称;作为保险业运营基础的大数法则使保险业共享信息以计算出精准的保险费率。合理期待解释原则可以矫正保险人具有信息优势的信息不对称。另一方面,保险代理人与保险人之间存在信息不对称、利益目标不一致,因此出现委托代理问题。保险代理人在销售保单时往往有不当代理行为,使被保险人产生与保单条款不一致的合理期待。[⑤]

保险法对保险格式条款的规制既有缔约程序之控制,又有内容之控制。缔约程序之控制,系为确保当事人于缔约时,对合同的内容充分明了,若当事人之一方于缔约时无法知悉合同的可能内容,则该合同并非当事人意思形成之结果,对该当

---

① SpencreL. Kimball,Cases and Materials on Insurance Law,Little Brown& Company,1992,p.8.,转引自樊启荣:《保险合同"疑义利益解释"之解释——对〈保险法〉第30条的目的解释和限缩解释》,载《法商研究》2002年第4期。

② [英]约翰·伯茨:《现代保险法》,陈丽洁译,河南人民出版社1987年版,第138页,转引自樊启荣:《保险合同"疑义利益解释"之解释——对〈保险法〉第30条的目的解释和限缩解释》,载《法商研究》2002年第4期。

③ 樊启荣:《保险合同"疑义利益解释"之解释——对〈保险法〉第30条的目的解释和限缩解释》,载《法商研究》2002年第4期。

④ 樊启荣:《美国保险法上"合理期待解释原则"评析》,载《法商研究》2004年第3期。

⑤ 王冠华:《保险格式条款合理期待解释原则研究》,武汉大学出版社2014年版,第3页。

事人不具有拘束力。程序控制可以最大限度地尊重当事人的自我决定。一般保险法对保险格式条款的程序规制主要有三种途径：保险格式条款的提示义务、保险人缔约说明义务、冷静期制度。实质内容之控制，也称为实体规制，是指法院直接干涉保险格式合同的内容。程序规制可以最高程度地尊重当事人的自我决定，而实体控制的实质在于立法者、法官代替当事人的自我决定。一般保险法采用的实体规制方法主要包括特别控制条款、内容控制原则、疑义利益解释原则。[①]

缔约说明义务属于程序控制方法，其本身并不是一个完美的制度，有其内在的局限性。而合理期待解释原则是对保险合同的实体内容的控制，可以补充、超越缔约说明义务的不足。缔约说明义务是一种事前规制，要求保险人在缔约过程中向投保人说明保单条款，使投保人在基于了解保险条款内容的基础上有计划地安排和购买适合其需要的保险，并尽量避免和减少因不了解保单内容导致盲目购买并不适合的险种。而合理期待解释原则是对保险格式条款的事后规制，即如果保险人未能在缔约时使被保险人了解合同条款之含义，那么在发生纠纷后按照投保人的合理期待解释保单。可以说，合理期待解释原则是对被保险人"事后的司法救济"，使对保险格式条款之司法规制的法律机理更趋完善与缜密。[②] 在适用上，合理期待解释原则与缔约说明义务是协作关系，可以同时适用。

作为一般合同法的一项基本解释原则，疑义利益解释原则可以为一般合同的非拟约方提供足够的保护。面对具有超级附合性的保险合同，疑义利益解释原则已不足以保护被保险人，合理期待解释原则由此产生。两者存在着诸多的区别：第一，疑义利益解释原则的适用前提是合同条款有疑义，即有两种合理的解释。当保险合同的当事人就保险合同的条款产生争议时，首先得以适用的应为合同的一般解释原则：意图解释原则。合理期待解释原则的适用不以条款有疑义为前提。第二，疑义利益解释原则的前提假设是被保险人阅读保单条款。而合理期待解释原则的前提假设是被保险人不阅读保单条款。第三，疑义利益解释原则适用基础之交易模式为古典交易模式。按照这种交易模式，保险合同是保险双方当事人意思表示一致的反映，是当事人讨价还价的结果。而合理期待解释原则适用基础之交易模式为现代交易模式。保险人提前拟定好保单条款提供给对方，投保人"要么接受要么离开"。第四，疑义利益解释原则的侧重点是合同文本（文本主义），即以合同的书面文件表达来确定当事人的意思。而合理期待解释原则的侧重点是被保险人的期待（语境主义）。合理期待规则使保险合同的内容和形式在特定条件下发生某种分离，即使保险人提供的保险条款词语的文义和意旨是清楚和明确的，如果被

---

① 王冠华：《保险格式条款合理期待解释原则研究》，武汉大学出版社2014年版，第130～134页。

② 王冠华：《保险格式条款合理期待解释原则研究》，武汉大学出版社2014年版，第145页。

保险人对该保险条款感到出乎意外或者认为显失公平，并对其合理性提出质疑或发生争议时，法院基于公平原则和公共政策之考量，拒绝按照该保险条款之明确而清晰的文义来执行，而改为依照被保险人内心的合理期待来强制执行该保险合同。合理期待解释原则既是对疑义利益解释原则的补充，又对其有所超越。[①]

基于上述，当文字无疑时，若法院发现依该文义解释与被保险人合理期待相抵触，即应该依被保险人之合理期待解释系争合同；反之，当文字有疑义时，合理期待解释原则仅仅作为疑义利益解释原则之辅助标准。

（七）责任保险、信用保险、保证保险法律制度

1.责任保险法律制度

责任保险是我国财产保险的一种类型，是指以被保险人对第三者依法应负的赔偿责任为保险标的的保险。责任保险起源于雇主责任保险，但是发展到现代，其所涵盖的范围已非雇主责任保险所能比拟，雇主责任保险因为劳工损害赔偿等其他社会保险的应用，已日显衰落的趋势。但是，以雇主责任保险为模式而发展起来的诸多新种责任保险，如汽车责任保险、产品责任保险、专家责任保险、环境责任保险等则取得了长足的进步。

1995年我国《保险法》制定之初，对于责任保险问题的规定为："保险人对责任保险的被保险人给第三者造成的损害，可以依照法律的规定或者合同的约定，直接向该第三者赔偿保险金。"同时规定："责任保险的被保险人因给第三者造成损害的保险事故而被提起仲裁或者诉讼的，除合同另有约定外，由被保险人支付的仲裁或者诉讼费用以及其他必要的、合理的费用，由保险人承担。"我国《保险法》于2009年第二次修订之后，增加了两款对责任保险的规定——第65条第2款："责任保险的被保险人给第三者造成损害，被保险人对第三者应负的赔偿责任确定的，根据被保险人的请求，保险人应当直接向该第三者赔偿保险金。被保险人怠于请求的，第三者有权就其应获赔偿部分直接向保险人请求赔偿保险金。"第65条第3款："责任保险的被保险人给第三者造成损害，被保险人未向该第三者赔偿的，保险人不得向被保险人赔偿保险金。"

最高人民法院在2017年9月发布的《关于适用〈中华人民共和国保险法〉若干问题的解释（四）（征求意见稿）》中，进一步明确了《保险法》第65条第2款中被保险人"怠于请求"的含义，即被保险人对第三者应负的赔偿责任确定后，被保险人不履行赔偿责任，且第三者以保险人为被告或者以保险人与被保险人为共同被告提起诉讼时，被保险人仍未向保险人提出直接向第三者支付保险金的请求。同时，通

① 王冠华：《保险格式条款合理期待解释原则研究》，武汉大学出版社2014年版，第158～166页。

过三种情形的列举，进一步明确了其中“被保险人对第三者应负的赔偿责任确定”的认定。此外，该解释的征求意见稿还对责任保险中被保险人因共同侵权而承担的连带责任的问题、责任保险诉讼时效的起算问题、保险人的和解参与权问题，以及保险人向被保险人支付保险金给第三者造成损害的法律责任问题进行了细化规定。

责任保险性质上为第三人保险。第三人对被保险人的赔偿请求，是责任保险合同得以成立和存在的基础。若没有第三人的存在，被保险人的损害赔偿责任无从发生，当无责任保险的适用。[①] 这就是说，责任保险合同在相当程度上，是为第三人的利益而订立的保险合同。投保人(被保险人)与保险人订立的责任保险合同，虽有填补被保险人所受到的损害之目的，但其目的并不在于填补被保险人的财产或者人身因为意外事故而受到的损害。责任保险的目的在于分散和转移被保险人对第三人应当承担的赔偿责任，性质上为第三人保险。[②]

责任保险的标的一直为责任保险制度发展的重要问题。责任保险的标的，为被保险人依法应对第三人承担的损害赔偿责任。被保险人对第三人承担的赔偿责任，除非被保险人故意所为，对被保险人而言，赔偿责任的承担属于非其所愿、所求的意外事件，而该意外事件必然会造成被保险人在经济上有所付出而受到不利的损失。被保险人对第三人承担的赔偿责任，性质上仍然不能脱离不确定的危险之范畴，能够作为保险得以分散的危险。依照契约自由原则，被保险人得以其对第三人的赔偿责任，向保险人投保；保险人以收取保险费为代价承担被保险人对第三人的赔偿责任。对第三人应当承担的损害赔偿责任，或为侵权损害赔偿责任，或为保险合同约定的违反合同而发生的其他赔偿责任，均属于民事责任的范畴。[③] 此外，保险人在责任保险合同约定的基本给付责任之外，还应当承担附加的给付责任以及无偿服务。附加的给付责任或无偿服务，为被保险人依照责任保险合同所享有的附加利益，主要包括：保险人对被保险人承担第三人索赔的抗辩与和解的义务，以及对被保险人抗辩第三人索赔的费用承担填补的责任；因诉讼而必须出具保证的费用或者提供担保金；应保险人要求而为特定行为支付的合理费用，如差旅费用；即时医疗和急救费用；为被保险人的防损而提供风险检视、安全服务；附加承保的医疗给付。[④]

责任保险的当事人为投保人和保险人，关系人为被保险人。在发生保险事故

---

① 吴荣清：《财产保险概要》，台湾三民书局1992年版，第225页，转引自邹海林：《责任保险论》，法律出版社1999年版，第63页。

② 邹海林：《责任保险论》，法律出版社1999年版，第63页。

③ 邹海林：《责任保险论》，法律出版社1999年版，第51页。

④ Lawyer's Desk-Book, 10th ed., Prentice Hall, 1995, pp.379-380，转引自邹海林：《责任保险论》，法律出版社1999年版，第179页。

时，被保险人享有请求保险人给付保险赔偿金的权利，责任保险之第三人（受害人）无权直接向保险人主张保险赔偿金的给付，除非法律另有规定或者保险合同另有约定。依照传统的及以填补损害为目的的责任保险，被保险人的行为之受害人，不具有保险合同的受益人地位，不能直接请求保险人给付保险金；唯有被保险人向受害人赔偿后，被保险人可以请求保险人给付保险赔偿金。若依照上述理念，受害人不能直接请求保险合同约定的利益，必然形成责任保险的理赔难以直接面对受害人的复杂局面。更有甚者，这还会导致受害人不能及时取得赔偿，而发生保险人拖延赔偿的不合理现象。[①]

第三人依照法律规定或保险合同的约定，而请求保险人给付保险赔偿金的权利，为第三人的直接请求权。立法例承认责任保险的第三人享有直接请求权，为责任保险所具有的公益性日益获得承认的必然结果。[②] 关于第三人的直接请求权的学说，主要有法定权利说、原始取得说、权利转移说和责任免脱给付说。第三人对保险人的直接请求权，其法理基础所要解决的核心问题，并不在于第三人的权利之取得，而在于第三人应当如何行使对保险人的直接请求权，必须解决第三人的直接请求权与保险合同的关联问题。第三人的直接请求权与保险合同之间的关联，核心在于保险人得否以保险合同约定的抗辩事由，对抗第三人的请求；保险人得以对抗被保险人的事由，对抗第三人的请求的，第三人的请求权，为附有抗辩事由的直接请求权；保险人不得以对抗被保险人的抗辩事由，对抗第三人的请求的，第三人的请求权，为不附抗辩事由的直接请求权。顺应责任保险保护被保险人利益的潮流，责任保险正在日益弱化其保护被保险人的目的，发展的结果使得责任保险具有了保护受害第三人及社会大众的功能。[③]

2.信用保险法律制度

在保险业，信用保险被定义为一种保险人承诺在法律及合同范围内向被保险人赔偿因被保险人之债务人不作清偿所造成之损害的保险类型。其中的“信用”是指债权人通过其授信行为而应享有之信用利益。信用保险关系乃是在被保险人和保险人之间建立起来的，以平等自由、等价有偿为特征的民事法律关系，因此是一种合同关系；信用保险合同之被保险人是信用交易中的债权人；信用保险合同的标的乃是被保险人享有的信用利益；信用保险的作用是为防范信用风险提供广泛的服务，而不仅仅是在债务人违约时补偿债权人之信用损失。以保险契约所保护之

① 邹海林：《责任保险论》，法律出版社1999年版，第234页。
② 邹海林：《责任保险论》，法律出版社1999年版，第244页。
③ 邹海林：《责任保险论》，法律出版社1999年版，第249～253页。

内容而言，可将保险契约分为财产保险及人身保险。[①] 信用保险就是一种财产保险。

我国《保险法》第95条关于保险公司经营范围的规定中，明确规定："财产保险业务，包括财产损失保险、责任保险、信用保险、保证保险等保险业务。"信用保险之独立财产保险属性在于：第一，信用保险之合同标的为财产利益。信用保险之所以为财产保险，皆因为其保险合同标的为信用利益。在市场经济条件下，信用不但是一种商业道德，一种交易行为的准则，而且是一种重要的无形财产。它既是组织（企业）的无形财产，也是个人的无形财产。第二，信用利益的非物质性使信用保险不同于有形财产保险。传统上的财产保险，一般以有形财产利益为合同标的，如火灾保险、海上保险等。正因为过去财产保险以物质财富，包括动产和不动产及它们的利益作为保险合同标的，为纯粹填补损害的一种保险，因此又称为"产物保险"或"损失保险"。但今天财产的范围已经极度扩展，从仅包括有形的、物质性的财产发展到包含有形财产和无形财产两种形态。商业信用就是作为无形财产而成为信用保险合同标的的。第三，信用保险独立于保证保险。以信用利益为保险标的的"险种"并非只有信用保险一种，保证保险亦是。但是，信用保险与保证保险为两个不同的险种。二者的差别主要在于主体的不同。在信用保险中，投保人和被保险人只能是债权人，债权人为了防范债务人违约的风险而为自己投保信用保险；而保证保险的投保人则是债务人，债务人为了取得债权人的信任，从而赢得交易机会，主动或应债权人的要求而为债权人投保保证保险。[②] 第四，信用保险具有独特的经营管理方式，包括实行额度管理制度；设立债务人信用状况资料库；要求保险人建立等额准备金制度；要求建立健全追偿体系。[③]

信用保险合同关系如同所有的法律关系一样，皆由主体、客体、内容三要素构成，而主体又是法律关系中最重要的因素，因为"一切权利均因人而设立"[④]。一般认为，信用保险合同的当事人乃是投保人和保险人，其中，被保险债权关系的债权人是投保人和被保险人，信用保险经营机构是保险人，被保险债权关系的债务人不

---

① 江朝国：《保险法基础理论》，中国政法大学出版社2002年版，第81页，转引自赵明昕：《中国信用保险法律制度的反思与重构——以债权人的信用利益保障为中心》，法律出版社2010年版，第20页。

② 褚红军：《保证保险合同三议》，载《研究与争鸣》2000年第12期，转引自赵明昕：《中国信用保险法律制度的反思与重构——以债权人的信用利益保障为中心》，法律出版社2010年版，第26页。

③ 赵明昕：《中国信用保险法律制度的反思与重构——以债权人的信用利益保障为中心》，法律出版社2010年版，第20～31页。

④ [意]彼得罗·彭梵得：《罗马教科书》，中国政法大学出版社1992年版，第29页，转引自赵明昕：《中国信用保险法律制度的反思与重构——以债权人的信用利益保障为中心》，法律出版社2010年版，第137页。

是信用保险合同的当事人,但却是与信用保险有着密切联系的第三人。信用保险之客体为信用利益,信用利益虽然对主体具有重要的价值,但是若想成为保险合同之标的,就必须具有可保性,即可为保险保障之性质。可保利益,是指被保险人在保险标的上因具有某种利害关系而享有的为法律所承认,可以进行投保的经济利益。这种经济利益,可因保险事故的发生而受到损失,也可因不发生事故而持续享有。[①]

信用保险利益之可保性表现在:第一,信用保险利益是风险利益。风险利益是指因人们规避某些风险的需求得到满足而产生的利益,只有受风险威胁且因风险受到有效控制或分散而得到保障的利益才是风险利益。第二,信用保险利益是共享利益。人们追逐的利益中,可能有源于自身需要被满足所形成的自我利益,也可能有与他人共同需要得到满足后所产生的共享利益,信用保险利益就是共享利益的一种。因为信用保险所保障的信用保险利益不仅可以惠及被保险人,还可以间接惠及债务人甚至其他人。第三,信用保险利益是可分散之利益。恰当地转移风险是主体获取保险利益的必要条件。但是,满足该条件就是要求保险风险是可以分散的风险,即可以通过联合和共同分担来化解的风险。只有属于此类性质的风险才能形成风险转移基础,借此才能使一定社会行为主体的保险利益实现之愿望成为可能。第四,信用保险利益是派生性利益。虽然保险利益是因一定的社会成员风险转移需求得到满足而产生的利益,但是由风险的伴生性决定,保险利益只能是一种派生性利益,是依附于主体另外一种利益目的而存在的利益。[②]

当事人以信用保险利益为客体所订立之契约,称为信用保险契约。[③] 严格地说,保险合同的成立、生效和保险人责任的开始,是三个不同的概念。在通常情况下,保险合同成立,亦即开始生效,保险人开始承担保险责任。但是,如果对保险合同何时生效、保险人何时开始承担保险责任,法律有明确规定或合同有特别约定的,那么必须依照法律规定或合同的特别约定。[④] 具体到信用保险合同,其生效通常除了要求具有一般保险合同生效要件之外,还须具备特殊生效要件,即确定被保险人特定买方的信用限额。在总括性信用保险合同中,保险人签发保险单其实并

---

① 赵明昕:《中国信用保险法律制度的反思与重构——以债权人的信用利益保障为中心》,法律出版社2010年版,第150页。

② 赵明昕:《中国信用保险法律制度的反思与重构——以债权人的信用利益保障为中心》,法律出版社2010年版,第151~154页。

③ 江朝国:《保险法基础理论》,中国政法大学出版社2000年版,第84页,转引自赵明昕:《中国信用保险法律制度的反思与重构——以债权人的信用利益保障为中心》,法律出版社2010年版,第113页。

④ 李玉泉:《保险法》,法律出版社2003年版,第113页,转引自赵明昕:《中国信用保险法律制度的反思与重构——以债权人的信用利益保障为中心》,法律出版社2010年版,第116页。

不表明保险合同已经生效。因为信用保险合同承保的是被保险人的信用利益，只有被保险人与其债务人的信用交易金额得到保险人予以承保的允诺，被保险人享有信用利益数额和保险人的承保范围才能确定，被保险人应当支付的保险费也才能确定，所以被保险人为特定买方申请信用限额和保险人对该限额的审核批准对信用保险合同是否产生实际效力至关重要。

一旦被保险人向保险人提交了申请买方信用限额的申请和买方资料，保险人的风险评估部门就要开始对被申请的买方进行信用风险评估，从而确定相应的买方信用限额的发放额度。风险评估的内容主要包括对风险单位[①]的清偿能力以及其所属行业风险状况的分析。[②] 在评估单位的清偿能力时，要特别注意审查它的借款能力和借款资信。保险人经过信用风险评估之后，要根据被保险人的申请和买方信用风险状况确定买方信用限额，并向被保险人发出保险通知单，从中载明买方信用限额，这时买方信用限额的审查结果才算正式成立。买方信用限额的确定意味着保险人承保范围的确定，也意味着投保人支付保费的确定。自此，信用保险合同生效，保险人开始承担保险责任。[③]

信用保险本身就是一个较为年轻的险种，我国的信用保险业务则开展得更晚，且更为初级。迄今为止，我国保险机构开办的信用保险业务主要限于出口信用保险一类，国内商业信用保险的适用范围和影响力还极为狭窄。我国信用保险事业主要存在以下问题：业务范围狭窄，总体规模太小；信用保险机构的财政问题；独家垄断的经营模式导致的弊端；法律法规和政策保障体系不健全不完善；政府有关部门对政策性出口信用保险的管理机制不健全；信用保险客户对该险种缺乏了解和认识；保险机构缺乏与其他金融机构的合作与协调。[④] 事实上，我国保险机构并非没有认识到市场对商业信用保险的需要，但过于严峻的市场信用状况使信用风险太高，无法正常开展商业信用保险业务。

在我国全面开展商业信用保险应具备以下基础条件：首先，要建立比较完善的社会信用管理体系。信用管理，是指对自然人和法人等市场主体的信用状况进行管理。信用管理的主要内容包括征信数据的搜集，使之成为征信产品，然后以征信产品为工具，从技术上保障信用交易的成功实现。完善的信用管理体系，尤其是对市场主体的信用评价体系对信用经济的正常运转不可或缺。完善的信用管理体系离不开健全的法律制度保障，为了推进我国社会信用保险体系之完善，就要建立健

---

① 即保险范围内的买方当事人。

② 在出口信用保险中还要注意买方所在的国家地区风险。

③ 赵明昕：《中国信用保险法律制度的反思与重构——以债权人的信用利益保障为中心》，法律出版社2010年版，第117页。

④ 赵明昕：《中国信用保险法律制度的反思与重构——以债权人的信用利益保障为中心》，法律出版社2010年版，第198～211页。

全规范信用管理体系的配套法律制度；还要大力扶植与培育民间信用管理机构，协调政府部门之间，以及政府部门与民间信用管理机构之间的关系，开放并共享信用信息资源。其次，要建立比较健全的信用约束机制。保险机构若想开办商业信用保险业务，除了要能够获得及时准确的信用信息，从而科学预测信用风险之外，还要求面临的信用风险能够被控制在一定的范围之内。否则，过高的信用风险会导致超过保险人承受能力的赔付率，打消其经营信用保险的积极性；或者导致保险人制定过高的保险费率，打消被保险人投保信用保险的热情。维护社会信用秩序，必须确定信用约束机制，即建立对失信行为的惩戒机制，对资信状况差的主体适用趋紧的信用规则。这样，市场主体才能在外部约束的规范下，努力成为信用至上的经营者，社会的信用大厦才能有稳固的基石。①

3.保证保险法律制度

2009年我国《保险法》第二次修改之际，将保证保险纳入保险公司的经营范围，“财产保险业务，包括财产损失保险、责任保险、信用保险、保证保险等保险业务”。但由于诸多方面的影响，保证保险在我国的发展状况一直不乐观。虽然各财产保险公司都在不同程度上开展了保证保险业务，但是基本上都还是以汽车消费信贷保证保险为主，不但许多在国外非常重要的保证险种，如金融机构保证保险、司法保证保险以及公务员保证保险等，在我国都还尚未出现，而且对于许多现有的险种，保险人在实际经营中也极为“保守”，如雇员忠诚保证保险等，保险公司一般不会轻易提供，而工程合同保证保险则几乎是“徒有其名”。从总体上看，我国保证保险业务增长缓慢，险种数量少，覆盖面小，而且在理赔过程中业务纠纷不断。2014年《国务院关于加快发展现代保险服务业的若干意见》中提出，要加快发展小微企业信用保险和贷款保证保险，增强小微企业融资能力；积极发展个人消费贷款保证保险，释放居民消费潜力。建立完善的保证保险制度是我国社会主义市场经济建设的现实需要，也是我国进一步深化对外开放的客观要求。②

保证保险一般包括三方当事人，即保证人、义务人、权利人。其中保证人相当于普通保险中的保险人，义务人相当于投保人，而权利人则相当于被保险人。保证保险分为确实保证保险和忠诚保证保险两大类。确实保证是一种书面协议，根据该协议，当义务人未能履行其承诺、给权利人造成损失时，保证人通常对权利人提供经济补偿。忠诚保证保险是承保雇员的不诚实和欺诈行为给雇主造成的经济损失。③ 从运行机制上看，保证保险如同普通商业保险一样，都是一种风险转移手

① 赵明昕：《中国信用保险法律制度的反思与重构——以债权人的信用利益保障为中心》，法律出版社2010年版，第212～230页。

② 何绍慰：《中国保证保险制度研究》，社会科学文献出版社2010年版，第2页。

③ 何绍慰：《中国保证保险制度研究》，社会科学文献出版社2010年版，第14～15页。

段，它们都是为经济损失提供补偿。实际上，保证保险业务与普通的商业保险存在着很大的区别。

第一，保证保险是一种风险回避机制而非风险分摊机制。商业保险是一种风险分摊机制。保险人运用大数原则，在对被保险人可能遭受的无法预料的意外事故发生的频率和损失程度进行预测的基础上确定保险费率，投保人按此标准缴费，保险人以所收取的保费为基础建立保险基金来应对被保险人可能遭受的经济损失进行分摊。相对而言，保证保险则更是一种风险回避机制（虽然实践上保证保险也具有一定的风险分摊作用），保险人通常将保证保险的承保看作是对义务人（投保人）提供信用的特殊手段，特别强调对义务人承保前的资格审查和选择，理论上只为其认为不会发生违约风险的投保申请人提供相应的保证保险，把不具备履约条件的投保申请人拒之门外。第二，保证保险通常具有三方当事人。即保证人、义务人和权利人，而普通商业保险协议中通常只有投保人和保险人双方当事人。第三，保证保险的直接目的是保护权利人而非投保人的利益。在普通商业保险中，投保人通过缴纳保险费，将可能发生的意外事故导致的风险损失转嫁给了保险公司。而保证保险却不同，投保人（义务人）尽管缴纳了规定的保费，仍然要承担其违约风险造成的损失。因为保险人在履行了对权利人的赔付之后有权向义务人追偿，这是保证保险的一个基本特征，也是保证保险与传统商业保险的根本区别之一。① 第四，保证保险费从性质上看是一种“服务费”。普通商业保险的费率是基于对将来预期损失的精算假设而确定的，收取的保费绝大部分都会用于将来的损失支出。而在纯粹的保证保险中，保险人通常会通过严格的资格审查而将不具备履约条件的投保申请人拒之门外，并且通过保险期内的风险监控等多种方式来对违约风险进行防范，即使风险损失发生，保险人也通常会通过追偿手段将其代偿损失转移回投保人自身。这样，从理论上说，保险人不会承担违约风险带来的损失，保险公司收取的保费实际上就成了保险人向投保人提供信用支持和保证而收取的一种“服务费”而已。②

在我国保证保险业务纠纷案件中，有以下几个争议较大的问题：

一是保证保险合同的独立性问题。保证保险合同并非保证担保合同，它是一类特殊的保险合同，而保险合同是并不存在一个决定其效力的“基础合同”。不可否认，保证保险总是与某种明确的或潜在的基础契约存在关联，但两者之间并不存在主从关系，保证保险协议一经签订就已经独立存在了。保证保险合同是一项独立的保险协议，在具体司法实践中必须把握以下两点：其一，投保人与被保险人之

---

① Jeffrey S. Russell，2000，Surety Bonds for Construction Contracts，ASCE press，p.29，转引自何绍慰：《中国保证保险制度研究》，社会科学文献出版社 2010 年版，第 26 页。

② 何绍慰：《中国保证保险制度研究》，社会科学文献出版社 2010 年版，第 27 页。

间的合同关系，并不构成保证保险的主合同，不应该以基础合同的效力为前提来判定保证保险合同的效力。其二，应该坚持保险人的理赔义务是第一位的。只要保险合同约定的危险发生，保险人即须履行给付义务，并不能以债务人对权利人的抗辩为理由进行抗辩。

二是保证保险合同解除权——最大诚信原则的适用问题。各国法律一般都规定投保人违背最大诚信原则将导致保险合同无效，保险人可以据此解除保险责任。对此，我国《保险法》第16条第2款也有相关的规定。但是，我国现行《保险法》在制定之时并没有考虑到保证保险的特殊性。保证保险一般承保的是投保人的履约责任，是以被保证人(投保人)的作为或不作为致使权利人(被保险人)遭受经济损失为保险标的的。因此，不能简单地引用《保险法》中关于投保人最大诚信原则的规定，否则权利人的利益必然受到极大的损害。事实上，保证保险所承保的履约风险基本上来自两个方面：其一，投保人(义务人)因特殊原因客观上失去了履约能力；其二，投保人故意不履行协议。由于在保证保险合同中，保险人承保的是投保人的信用风险，投保人是否履约，就意味着保险事故发生与否。如果投保人不履行协议，除了特定的死亡、丧失劳动能力和经营破产等客观因素外，投保人自己完全能够预见、控制保险事故的发生，保险事故如果发生基本上就是投保人的故意行为。因此，投保人故意制造保险事故，违背最大诚信原则，但保险人并不能据此解除其保险责任。在这种情况下，保险人只能在履行了对权利人的赔付职责后再向投保人追偿。

三是保证保险的除外责任——意外事故和不可抗力问题。在普通民事保证关系中，债务人因不可抗力不能履行债务，不但自身可免于承担违约责任，而且保证人亦可以充分利用债务人的抗辩权对抗债权人，免于承担保证责任。但对于保证保险而言，对于意外事件和不可抗力条款的使用应该适当地进行限制。因为保证保险承保的是投保人的履约责任，其直接目的是保护权利人的利益。虽然大多数情况下投保人拒绝履约都是主观故意行为，但是事实上除此之外，投保人也会因多方面的意外事件和不可抗拒因素而导致其在客观上失去履约能力，如在美国占市场大部分份额的工程合同保证保险中，承包商(投保人)违约大多是因为施工条件恶劣、原材料价格上涨以及设备和技术出现问题等导致其无法按协议规定履行承诺。如果将这些因素都列为除外责任的话，业主(权利人)的利益就无法得到有效保障，有违保证保险制度的基本宗旨。

四是保证保险追偿权的行使问题。就代位求偿而言，在保险业务实践中，我国各大保险公司通常是在支付保险金的同时，要求被保险人签署赔款收据和权益让与书，作为被保险人将对第三人损害赔偿请求权让渡给保险人的有效证明。但是，保证保险的追偿机制并不完全等同于普通财产保险中的代位求偿机制，虽然都具有类似的功能，但是其直接目的和适用对象等诸多方面都存在很大的区别。保险人实施追偿权利不需要权利人出具“权益让与书”，完全可以以自己的名义直接行使追偿权。在代为求偿规定中，因为可能造成保险事故的“第三方”事先是不明确的，其与保险人不存在任何权利义务关系，因此，需要被保险人将权利让与后保险人才能据此向第三方行使赔偿请求权。但在保证保险机制中，投保人（义务人）本是保证保险合同的重要当事人之一，保险人承保的实际上是投保人（义务人）的履约信用问题，两者之间存在着直接的权利义务关系。一旦权利人向保险人提出赔偿要求并获得协议规定范围的全部赔偿，则权利人与保险人的权利义务关系终止。此时，保证保险的三方权利义务关系事实上就演变成了保险人与义务人之间的权利义务关系。①

（八）被保险人利益保障的法律机制

被保险人是保险合同利益的归属者，但是，由于保险交易具有很强的技术性与附合性，保险人拥有结构性优势和对交易过程的控制力。现代社会被保险人利益保障理念的实质就在于，因应保险消费化趋势和要求，协调效率与公平价值，并体现适当倾斜性保护的意涵。被保险人利益保障的理论研究和制度建构，就是立基于保险交易的特殊性，以完善的权利义务规则和有效的责任机制，防范保险人凭借其优势实施过度控制和机会主义行为，确保被保险人移转危险的目标的有效实现。② 2009年我国《保险法》对保险合同法部分的修改，与日本2008年《保险法》从商法典中分离在时间上比较接近。日本《保险法》立法原则中包含的“强化对投保人方的保护”与我国《保险法》修改中“对被保险人的保护理念”相映成趣。③

1.被保险人的法律地位

根据我国《保险法》第12条第5款的规定，被保险人是指其财产或者人身受保险合同保障，享有保险金请求权的人。在保险合同关系主体“三分法”体制下，投保人作为保险合同当事人承担交付保费义务，但其并不能单纯以此种身份来享有保险合同利益。正如江朝国教授所言：“虽保险契约之当事人为要保人及保险人，但保险契约所保障之对象仍为被保险人，当事故发生时保险人需将保险金给付于被保险人，因为真正于该保险事故发生损害之人仍为被保险人。”④被保险人的法律地位在人身保险合同与财产保险合同中的表现并不相同。

在财产保险合同中，被保险人的特殊法律地位主要体现在以下几个方面：第

---

① 何绍慰：《中国保证保险制度研究》，社会科学文献出版社2010年版，第152～165页。

② 马天柱：《被保险人利益保障法律机制研究》，法律出版社2017年版，第1页。

③ 潘红艳：《被保险人法律地位研究》，载《当代法学》2011年第1期。

④ 江朝国：《论我国保险法中被保险人之地位——建立以被保险人为中心之保险法制》，载《月旦法学教室》2011年第2期，转引自马天柱：《被保险人利益保障法律机制研究》，法律出版社2017年版，第5页。

一，保险利益的有无以被保险人为衡量主体。我国《保险法》第48条规定，保险事故发生时，被保险人对保险标的不具有保险利益的，不得向保险人请求赔偿保险金。第二，赋予被保险人危险增加的通知义务。我国《保险法》第52条规定，在合同有效期内，保险标的危险程度显著增加的，被保险人应当按照合同约定及时通知保险人。第三，赋予被保险人减灾防损的义务。我国《保险法》第57条规定，保险事故发生时，被保险人应当尽力采取必要的措施，防止或者减少损失。第四，以被保险人为保险人代位权的行使对象。我国《保险法》第60条规定，因第三者对保险标的的损害而造成保险事故的，保险人自向被保险人赔偿保险金之日起，在赔偿金额范围内代为行使被保险人对第三者请求赔偿的权利。

在人身保险合同中，基于被保险人的存在，产生一系列不同于财产保险合同的制度设置。首先，投保人对作为标的的被保险人的生命和健康必须具有保险利益。我国《保险法》规定投保人对一定范围的人员具有保险利益，同时规定经过被保险人同意的也视为具有保险利益。其次，订立以死亡为给付保险金条件的人身保险合同须经被保险人同意。依据我国《保险法》第34条第1款之规定，以死亡为给付保险金条件的合同，未经被保险人同意并认可保险金额的，合同无效。再次，被保险人拥有指定和变更受益人的权利，投保人对受益人的指定和变更须经过被保险人的同意。最后，被保险人享有保险金的最终归属权。如果没有指定受益人，或者受益人指定不明无法确认；受益人先于被保险人死亡，没有其他受益人；受益人依法丧失受益权或者放弃受益权，没有其他受益人的，保险金作为被保险人的遗产。

2.被保险人的合同利益及其保障机制

被保险人的合同利益应该分为两个层次，抽象利益即无形的保险保障，与具体利益即事故发生后保险赔付的实现。前者是指通过保险合同订立履行来移转与承担某种危险，被保险人因此获得某种程度的财产稳定与精神安宁，满足了其对于安全的需要；后者是指一旦发生保险事故造成损失，被保险人就应该获得切实的保险赔付，保险合同利益就转化为第二层次并具有了显性特征，成为一种现实而具体的财产性给付。二者相辅相成、不可分割，在本质上具有整体价值和意义。可以说，被保险人的合同利益就是保险保障的有效和确定，而在事故发生后保险赔付的落实则是其必然的要求，是其应有之义。[①]

由保险行业经营的特殊性所决定，保险交易呈现自身特殊的本质。保险交易双方在经济实力、组织形式、信息知识等方面存在很大的差异，地位之强弱对比明显，并且已经日益固化。保险人对交易条件和过程都能较强地予以控制，双方的权利义务内容事实上也都由保险人来确定，保险人利用日益完善的经营技术也能够有效地控制经营风险和契约风险。保险人之特定主体资格的获得和特殊经营能力

① 马天柱：《被保险人利益保障法律机制研究》，法律出版社2017年版，第5～15页。

的拥有，本身就是一种社会资源。保险人拟制保险条款、厘定保险费率，相对于广大保险消费者而言，本身就具有显著社会性和浓厚权力色彩。加之保险人的营利性，甚至追求不合理超额利润，难以避免的机会主义倾向，以致出现保险人的违法背德行为，使得保险制度本旨和投保方合同目的难以顺利实现，作为危险团体成员之被保险人的利益受到损害。

我们首先要保证被保险人所希望的保险保障应有效存在，这就要求保险合同效力确定，保险责任期间依法依约开始并尽量地有效持续，保险保障不应被不合理地终止、解除或者撤销，被保险人所享有的保险合同利益也不应该意外地消失或者限制和缩减。但是，由于保险合同条款的专业性与复杂性、保险合同权义关系的持续性与射幸性，而当事人双方力量严重失衡，加之保险人逐利本质和难以避免的机会主义倾向，被保险人所期望的合同利益与保险保障往往会意外地缩减，甚至是消失和落空。所以，维护被保险人的抽象合同利益，保证其无形保险保障的确定获得和有效存在，是维护被保险人利益的根本要求，也是保险法律制度的一项核心任务。当保险事故发生而致被保险人遭受实际损失后，保险赔付及时而充分地落实，对于身处危难之境的被保险人来说，意义尤为重大。这就要求我们对理赔程序进行深入细致的研究，设置合理而有效的规则，来保障理赔的便捷和效率。事实上，由于保险经营的特殊要求与保险事故发生之特殊性，保险理赔有其特殊的制度原理和程序要求，对于此阶段被保险人利益的保障也要求有特殊的权义机制和规则设计。[①]

3.被保险人合同利益保障之重点

对保险交易格式条款进行规制，是被保险人合同利益保障之重点内容。这由保险机制运营与行业发展要求所决定，保险交易大规模地运用格式条款以附合合同的形式展开；保险交易特有之专业性和复杂性，更是形成了投保方难以跨越和破除的特殊障碍。保险人通过拟制格式条款的权力和机会，对合同权义作出畸轻畸重的安排，不合理地分配合同责任与契约风险，其可能性更大，操作也更为容易。投保方凭借自身能力也更难与之抗衡，因而其危害性也更大。所以保险人合同利益之保障，应以对保险格式条款规制为中心来开展和推进。

首先，应规范格式条款订入保险合同的过程。就拟定的保险合同，保险人应向投保方提供全面的信息，保证投保方有机会获得、有能力理解有关内容。这就要求明确规定保险人之缔约说明义务，确定其义务履行方式和标准，明定义务违反之法律效果与责任承担，合理设置义务履行之举证责任。其次，要对保险格式条款之内容和效力进行实质性控制。保险人应恪守诚信与公平原则，合理规定合同权义内容，公平分配合同责任与契约风险。违反公平与诚信原则的条款内容应该无效，但

---

① 马天柱：《被保险人利益保障法律机制研究》，法律出版社2017年版，第15～16页。

这不影响保险合同整体的效力。合理运用不利解释原则与合理期待原则,形成对保险格式条款的控制。最后,应该注重发挥相对强制性规范对保险格式条款规制的作用。相对强制性规范旨在维护格式条款接收方的基本利益,为保险人的条款拟制及交易行为设定必须遵守的底线,是保险人最低标准的义务履行要求和契约风险承担。①

4.被保险人保险赔付请求权之实现

保险赔付请求之及时充分地实现,是被保险人第二层的合同利益。危险事故致损后,被保险人所享有的保障利益就具体化为保险赔付请求权。被保险人身处艰难之中,在心理上与现实上都需要尽快获得充足的赔付。这就需要构建适当的理赔程序,明确限定被保险人义务负担的范围,完善保险赔付标的强制确定和保险人预先给付等规则,设置理赔程序之时限规定,督促保险人快速高效理赔。

首先,定损理赔是对事故损失进行认识、判断和确定的过程,也是各相关主体沟通、协商与谈判的过程。理赔过程包括多个阶段,涵盖多种关系,这个过程既需要各方诚信合作,也难免会出现机会主义和相互博弈。相关法律在制定的过程中,应当以保险人与被保险人为对应的权义主体,设置合理且细致的实体与程序规则,既能防范不良机会主义,更能促进有效合作。其次,调查事故真相的合理诉求、专业经营者的优势地位以及义务主体事实上的主动性选择,使保险人有足够的动因、机会和能力去追求对理赔过程的控制。作为格式条款的拟定者与结构性优势的经营者,保险人有可能对索赔主体提出更为苛刻的要求。因此,有必要明确设定保险人在理赔过程中的相关义务,完善规范的逻辑结构,设置有效的责任承担机制。②

三、中国保险法的未来和展望

(一)中国保险法的未来

古语有云:"天有不测风云,人有旦夕祸福。"在人们的生活中,风险无处不在、无时不有。无论人们的年龄、性别、职业、职务为何,无论人们身在何时、身处何地,总会面临各种危险的侵袭。人们不仅面临着地震、洪水、台风等自然灾害,还面临着被他人侵害权益的人为危险,甚至社会政治、经济变化引起的震动,都无不为人们所警惕和忧虑。可以说,当今社会是一个风险社会,而存在风险就意味着存在损失的可能性。无论科学技术发展到何等水平和人为进化作出多少主观努力,客观

① 马天柱:《被保险人利益保障法律机制研究》,法律出版社2017年版,第172～173页。

② 马天柱:《被保险人利益保障法律机制研究》,法律出版社2017年版,第282页。

存在的危险及其造成的损失在相当程度上都无法彻底消除。但是,如今我们可以用客观尺度来测度风险,即人们可以根据概率论来度量风险发生的概率大小。① 并且,我们可以通过经济上可行并且高效的方式,实现社会成员群体的“抱团取暖”。保险即这样一种风险防范管理的有效方法。保险本质上是一种“人人为我,我为人人”的互助合作机制,其功能就在于聚合社会大众力量来分担个体成员所遭受的损失,使个体风险和具体损失分散消化于无形。② 世界的最佳状态乃是所有风险皆被承保的世界,无论是责任保险抑或是第一人保险。③

党的十八届三中全会《决定》指出,全面深化改革的总目标是“完善和发展中国特色社会主义制度,推进国家治理体系和治理能力的现代化”。“治理”和“管理”最大的区别在于后者以政府命令、控制和规制为主,前者主要强调对话、协商和长期合作。此外,前者更加强调治理主体要从一元化转到多元化,因而企业等主体都应加入社会治理当中。保险具有社会治理功能。广义上,保险的社会治理功能包括经济补偿功能、资金融通功能以及其他对社会的积极作用。保险虽然具有社会治理功能,但是它只能是根据保险的内在特性,通过经济补偿和风险管理,间接促进经济社会的协调以及社会各领域的正常运转和有序发展。即使是政策保险、社会保险也不例外。④ 历史上,保险的功能长期被界定为转移风险、补偿损失。进入20世纪,随着聚集和使用的资金规模越来越大,保险在储蓄和投资方面的作用显现,资金融通功能受到重视。20世纪末以来,随着保险覆盖范围的扩大和对社会经济渗透程度的加深,它在管理经济和稳定社会方面的作用日益显著。⑤ 保险的多重功能已经使保险兼具了部分公共产品的性质,这就要求政府以主动、积极的姿态推动保险的发展,增进公共福利。⑥

2013年,十八届三中全会《决定》就商业保险、政策保险和社会保险提出了许多改革要求。2014年,国务院印发《关于加快发展现代保险服务业的若干意见》,立足于服务国家治理体系和治理能力的现代化,把发展现代保险服务业放在经济社会工作整体布局中统筹考虑。该《意见》明确提出,保险是现代经济的重要产业

---

① 黎建飞:《保险法的理论与实践》,中国法制出版社2005年版,第3页。

② 刘宗荣:《新保险法:保险契约法的理论与实务》,中国人民大学出版社2009年版,第3页。

③ [德]格哈德·瓦格纳:《比较法视野下的侵权法与责任保险》,魏磊杰、王之洲、朱森译,中国法制出版社2012年版,第442页。

④ 邢海宝:《风险社会、治理转型、保险制度》,载《中国保险法学研究会2017年年会论文集》,第3页。

⑤ 李扬:《保险业的社会管理功能》,载《中国金融》2004年第4期,转引自邢海宝:《风险社会、治理转型、保险制度》,载《中国保险法学研究会2017年年会论文集》,第3页。

⑥ 詹昊:《保险市场规制的经济法分析》,中国法制出版社2007年版,第104～107页,转引自邢海宝:《风险社会、治理转型、保险制度》,载《中国保险法学研究会2017年年会论文集》,第3页。

和风险管理的基本手段，是社会文明水平、经济发达程度、社会治理能力的重要标志；加快发展现代保险服务业，对完善现代金融体系、带动扩大社会就业、促进经济提质增效升级、创新社会治理方式、保障社会稳定运行、提升社会安全感、提高人民群众生活质量具有重要的意义。该《意见》明确要求，要以完善保险经济补偿机制、强化风险管理核心功能和提高保险资金配置效率为方向，建设有市场竞争力、富有创造力和充满活力的现代保险服务业，使现代保险服务业成为完善金融体系的支柱力量、改善民生保障的有力支撑、创新社会管理的有效机制、促进经济提质增效升级的高级引擎和转变政府职能的重要抓手。保险业的战略定位提升到前所未有的高度。保险成为国家治理体系和治理能力现代化的重要手段。2016年，中国保监会印发《中国保险业发展"十三五"规划纲要》(以下简称《纲要》)，明确了"十三五"时期(2016—2020年)我国保险业的指导思想、发展目标、重点任务和政策措施。要求深化改革，增强行业可持续发展动力；开拓创新，提高服务经济社会发展能力；服务民生，构筑保险民生保障网；提效升级，发挥保险资金支持经济建设作用；开放发展，提升保险业国际竞争力；加强监管，筑牢风险防范底线；夯实基础，持续改善保险业发展环境；人才为本，建设高素质人才队伍；科学统筹，保证《纲要》顺利实施。

(二)对中国保险法的展望

1.增订新兴险种之规范，适应保险商品多样化之趋势

根据我国《保险法》第95条之规定，保险公司的业务范围包括：(1)人身保险业务，包括人寿保险、健康保险、意外伤害保险等保险业务；(2)财产保险业务，包括财产损失保险、责任保险、信用保险、保证保险等保险业务；(3)国务院保险监督管理机构批准的与保险有关的其他业务。另外，保险人不得兼营人身保险业务和财产保险业务。但是，经营财产保险业务的保险公司经国务院保险监督管理机构批准，可以经营短期健康保险业务和意外伤害保险业务。保险公司应当在国务院保险监督管理机构批准的业务范围内从事保险经营活动。然而，纵观《保险法》的所有条文，在财产保险产品类型中，传统的有形财产保险即财产损失保险占据主要地位，但属无形财产保险的民事责任保险之相关法律条文少之又少，债权利益保险、保证保险等较为新兴的保险产品类型之相关法律条文仍为空白；在人身保险产品类型中，亦存在着类似的情况，法律条文仅仅涉及以生存和死亡为保险标的的人寿保险，属于传统类型的人身保险产品，但未涉及疾病健康保险、意外伤害保险等现代类型的人身保险产品。此种立法现状着实不利于我国保险业的健康快速发展。详言之，由于经济发展迅速，保险业为适应社会之需要，不断设计推出了众多新险种，并且经营有年，唯现行《保险法》对于此等险种之规范却付诸阙如，使得保险公司在经营现代新兴保险产品时无依无据。因此，在保险产品不断创新的今天，保险法律

也应当适时更新，增订新兴险种之规范，以适应保险商品多样化之趋势。

2.修订保险消费者权益保护之规范

保险消费者是保险业赖以生存发展的前提和根基。2014年，保监会印发《中国保监会关于加强保险消费者权益保护工作的意见》，提出要紧紧围绕“抓服务、严监管、防风险、促发展”的总体要求，以完善制度、健全机制为前提，以实施预防性保护、过程性保护为重点，以强化公司主体责任、实施透明度监管为核心，以加大查处力度、加强监督考核为手段，以注重消费者教育、推进行业诚信建设为基础，着力解决关系消费者切身利益的突出问题，着力提升消费者的保险知识水平和维权能力，切实保护消费者的合法权益。到2020年，努力形成科学有效的消费者权益保护制度体系，建立起健全完善的消费者权益保护工作机制，搭建起多方参与、协同推进的消费者权益保护工作格局。保险服务质量和水平大幅提升，损害消费者合法权益的行为得到有效遏制。消费者满意度明显提高，消费者的维权意识和能力显著增强，保险行业形象和社会信誉切实改善。2016年，中国保监会印发的《中国保险业发展“十三五”规划纲要》也提出要加强保险消费者权益保护；提出要着力解决销售误导、理赔难等消费者普遍反映的突出问题，建立和完善销售、承保、回访、保全和理赔给付等各环节服务标准；健全保险纠纷诉调对接机制；研究设立中国保险消费者权益保护中心和保险消费者保护基金。

加强消费者权益保护之关键在于强化保险公司主体责任，其中最为重要的即规范保险公司的销售行为。保险公司要根据产品特点和消费者风险承受能力建立区分销售制度，将合适的产品销售给有相应需求的消费者。不得利用广告或者其他宣传方式对保险条款内容和服务质量等做引人误解的宣传；不得在销售活动中阻碍消费者履行如实告知义务，或者诱导其不履行如实告知义务；不得伪造、擅自变更保险合同，或者为消费者提供虚假证明材料；不得夸大保险产品收益，隐瞒合同重要内容，提供虚假产品信息；禁止未经消费者书面授权或者追认而代替其签订保险合同以及其他违反法律、行政法规和保监会规定的行为。通过电话或者互联网销售保险产品，保留与双方权利义务相关的电话录音和网络销售痕迹。完善委托合同约定，规范与其有代理关系的保险中介机构的销售行为，并对保险中介机构的违规销售行为承担相应的责任。

3.修改保险保障基金之规范，防范或化解保险行业系统性风险

金融是国家重要的核心竞争力，金融安全是国家安全的重要组成部分，金融制度是经济社会发展中重要的基础性制度。维护金融安全，是关系我国经济社会发展全局的一件带有战略性、根本性的大事。作为金融行业的三驾马车之一，保险是现代经济的重要产业和风险管理的基本手段，必须立足于服务国家治理体系和治理能力现代化。保险业是经营管理风险的特殊行业，必须加强对自身风险的管控，无论是监管部门还是市场主体，都必须在各个环节切实增强风险防范的前瞻性、有

效性、针对性。保险保障基金制度作为监管部门以市场化手段处置化解行业风险的重要工具,要发挥应有的作用。这项制度体现了党和国家“执政为民”的理念,是维护保险消费者利益的重要制度安排,也是现代保险服务业健康发展的稳定器和助推器,在完善保险市场退出机制过程中发挥着重要的保障作用。

我国保险保障基金制度始于20世纪末,是我国金融行业率先建立的市场化的风险自救机制。经历了20多年的发展,保险保障基金规模不断扩大,管理体制逐步完善,保障功能日益增强。2008年9月,保监会会同有关部委颁布了《保险保障基金管理办法》,成立了中保基金公司,负责基金的筹集、管理和使用。多年以来,积累了较为成熟的基金管理和风险防控做法。当前,保险业面临复杂的风险形势,要通过填补制度空白、修订现行规则,积极稳妥地处置潜在的风险点,牢牢守住不发生系统性风险的底线。2016年,中国保监会印发的《中国保险业发展“十三五”规划纲要》明确提出要构建防范化解风险长效机制,修订保险保障基金制度相关法律法规,加强保险保障基金的专业化管理,推进基金筹集方式改革,进一步明确基金救济范围和标准,丰富风险处置工具,优化风险处置流程,健全风险处置和救助机制。陈文辉副主席在第三届保险保障基金论坛上提出,制度创新总的思路是要将风险管理元素融入基金筹集、管理和使用的各个环节。通过必要的创新举措,一方面提高保险公司的违规成本,促使其自发地实施风险管控;另一方面提高基金资产的使用效率,使其更好地为行业风险管理服务。可从以下三个方面作为突破口予以推进:一是建立和完善事前预警和纠正、事后处置与救济的一整套制度机制。二是探索流动性救助方式,建立多元化的风险处置手段和工具。三是推动基金筹集方式由固定费率制向差别费率制转变。

第七章

中国票据法40年

一、票据法40年的发展变迁

(一)1982年至1993年:中国票据法的恢复期

1949年,中华人民共和国成立,废除国民党旧法统,包括票据法,之后通过行政办法来限制或禁止票据,并且随着计划经济体制的全面建立,本票被取消,汇票只在国际贸易中使用,支票只能由企业或者单位使用,个人不得使用支票。当时,既无票据法,也少严格意义上的票据活动。进入1980年代,随着商品经济在整个经济体制中所占比重的增大,票据又为社会所需求,逐渐出现了一些地方性法规和行政规章,比较重要的有:

1.1982年中国人民银行上海市分行制定的《票据承兑、贴现办法》;

2.1984年中国人民银行发布的《商业汇票承兑、贴现暂行办法》;

3.1986年中国人民银行发布的《中国人民银行再贴现试用办法》;

4.1986年中国人民银行、中国工商银行、中国农业银行联合发布的《关于个体经营户和个人使用支票结算基本规定》;

5.1987年中国人民银行、中国工商银行、中国银行、中国人民建设银行联合发布的《华东三省一市票汇结算试行办法》;

6.1988年上海市人民政府颁布的《上海市票据暂行规定》;

7.1988年中国人民银行发布的《银行结算办法》;

8.1989年中国人民银行、中国工商银行、中国农业银行、中国人民建设银行、交通银行联合发布的《关于交通银行签发跨系统银行汇票委托中国银行代理兑付的通知》。

以上票据法规除法律效力层级普遍较低,且多是地域性、专项性的行政规章式规定,多数不具有票据法意义。有票据法价值的一是上海的《上海票据暂行规定》,二是中国人民银行《银行结算办法》。前者是新中国成立以来第一个比较全面系统并与国际票据立法有共同之处的,本身也较完整、正规的票据法规;后者的发布机关为中国人民银行,因其全面推行银行汇票、商业汇票、银行本票、支票,与《上海票据暂行规定》相比,其具有全国性的票据规章意义。但是,这些规章离法律意义上的票据法都还有很大的距离,市场经济已经在呼唤真正意义上的票据法了。

(二)1995年至2018年:一部"很多错误的"票据法颁行

1986年,中国人民银行曾根据国务院的指示,起草票据法草案,但因时机不成熟而告停。1990年,为回应全国人大代表的议案,中国人民银行正式成立票据法起草小组,中间经历讨论稿、修改稿几易其稿,于1993年将草案提交国务院,国务院法制办又对草案进行了一定的修改,于1994年12月呈报全国人大常委会提请审议,最终在1995年5月10日由全国人大常委会第十三次会议通过颁布,于1996年1月1日起生效实施。这部票据法结束了新中国没有票据法的历史。随后,为配合这部法的实施,根据该法的授权,中国人民银行于1997年8月21日发布了《票据管理实施办法》,同年10月1日起施行。为配合《票据法》及《票据管理实施办法》的实施,中国人民银行于1997年9月19日又发布了《支付结算办法》,同年12月1日施行。2000年11月14日,最高人民法院又颁布实施了《最高人民法院关于审理票据纠纷案件若干问题的规定》。其后,中国人民银行等又发布了一些针对汇票、支票,以及支付结算方面的单项规定,加之民法、民事诉讼法等相关法律规定,基本形成了票据法的立法和适用体系。

这部票据法的颁行无疑具有非常重要的意义,它是建立社会主义现代金融秩序的制度补缺,对规范票据活动,维护交易秩序,起到了积极的作用。这部法律的特点主要表现在:

1.定位于私法

票据法属于私法范畴自不待言,但票据法本身对其和民法、商法的关系并无明确说明。依法理,自然是遵循民法和商法一般法和特别法的关系,而票据法作为商法的部门法，以民法作为一般法也是文中应有之义。如此，票据法有规定的，要优先适用，没有规定的要以民法规范来补充。如因为票据行为的文义性特征，票据代理必须表明本人的名义，而不能采民法上隐名主义代理的形式；同样，票据法对表见代理并无特别的规定，则直接适用民法上表见代理的规定也不是一个值得讨论的问题。

2.采包括主义立法体例

关于票据法的立法体例，世界上有分离主义和包括主义两种，前者如德国、日本、法国等绝大多数日内瓦法系国家的票据法，将票据与支票进行分别规范。我国即分别制定《票据法》(仅规定汇票和本票)和《支票法》，其票据的概念仅含汇票与本票，支票不在其中。后者如英国票据法，于1882年制定的《票据法》规定汇票与本票，支票包括在汇票之中，1957年虽又制定《支票法》，但仅8条。可见，英国将三种票据制度合于一部法律，即属于包括主义。包括主义的立法还包括我国台湾地区，将三种票据制度集于一法规定。与英国不同的是，我国台湾地区"票据法"将汇票、本票、支票均作为独立的票据种类，并将"票据"作为汇票、本票、支票三种票据的总概念加以规定。我国大陆《票据法》采台湾地区模式。《中华人民共和国票据法》第2条第2款规定："本法所称票据，是指汇票、本票和支票。"这一立法体例应该是科学合理的。其一，将汇票法和本票法作为票据法的母本，支票法单立，是源于大陆法系国家特殊的立法背景。在票据法的发展历史上，支票制度的产生和发展比汇票、本票制度的产生与发展晚。支票制度产生时，汇票、本票制度已先行稳定与巩固。加上支票功能等方面与汇票本票的区别，支票法单立的现象一直延续至今。而我国大陆接受票据制度较晚，大陆法系国家制定票据法的背景早已消失，遵循这些国家的旧制已无必要。其二，虽然新中国成立后，票据法及其实践有一段时期的断层，但是我国台湾地区的"票据法"毕竟曾在大陆实施，法律制度及文化的传统和影响依然存在，表现形式就是《中华人民共和国票据法》颁布前，我国将三种票据集于同一法规规章之中已经定型。其三，三种票据制度基本相同，统一规范可以避免重复，使条文疏而不漏，精炼简明。

3.采总分式立法结构

日内瓦法系国家的票据立法，在票据分类的基础上设篇章，以票据流通过程的顺序为内在逻辑结构。其章节安排为"汇票的签发、背书、承兑、担保、到期、付款、追索、参加、成套汇票与复本、更改、时效、一般规定"。英国票据法也以票据分类为基础设章节，但在内容集合方式及内在逻辑上以票据流通顺序与票据关系人权利、责任双重逻辑来编排体例。其章节安排顺序为：汇票的格式和解释、汇票的流通、持票人的一般责任、当事人的责任、汇票责任的解除、参加承兑和参加付款、票据的丧失、成套汇票、法律上的冲突。美国的票据制度体现在《美国统一商法典》的商业证券编中，不是以票据种类为章节的逻辑顺序，体系结构与英国相似。中国大陆

《票据法》的结构与中国台湾地区“票据法”相同，以先总则后分则设计主体框架。在总则中将票据行为、票据权利等的一般规则进行高度抽象，加之对各类票据共同适用的票据伪造、票据变造、票据更改、票据时效以及利益偿还请求权制度等其他内容以票据分类为依据，设汇票、本票、支票各一章。在内容上除对汇票作全面规定外，其他均采用准用技术，避免不必要的重复。在内在逻辑方面，以票据行为和流通顺序作为节的设置依据。比如在汇票一章中设出票、背书、承兑、保证、付款、追索权共六节。如此的结构和章节设置较其他立法例更为科学和具有时代的特点。

4.基本采用了国际通行规则

商法本来就是国际性非常强的一个部门法，而商法中的票据法国际性更加突出，一部好的《票据法》，一定要体现出对票据国际通行规则的足够尊重。《中华人民共和国票据法》采用国际规则主要表现在：

其一，我国的票据种类亦采世界通行的法定主义分类，如《票据法》第3条第2款称票据是指汇票、本票和支票。三种票据的意义和性质与国际通行的规则一致。其二，票据行为依然体现无因性、要式性、文义性以及独立性等特征，并坚守“不署名者不负票据责任”的原则，后者反映在《票据法》第4条第1款、第3款票据行为人因署名而负责的文义。其三，坚持双重票据权利的设计，体现对持票人权利的特殊保护和确保票据支付理念。其四，沿用票据抗辩限制的独特设计，以从根本上保护票据的流通。其五，规定短期时效制度，以配合票据迅捷流通的需要。此外，在出票、背书、承兑、保证和付款请求权、追索权的具体制度中，也基本保持了和国际规则的一致性。

5.世界统一规则外作变通规定

票据制度虽趋于国际性，走向国际统一，但顾及我国《票据法》及票据实践历史断层和改革开放后已有的实践做法，《中华人民共和国票据法》虽整体遵循轨迹统一规则，却也作了一些变通规定。具体分述如下：

第一，对无因性作例外规定。

《上海市票据暂行规定》第7条第3款规定：“商业汇票和商业本票的签发，以合法的商品交易为限。”《银行结算办法》第14条第1款第3项规定：“签发商业汇票必须以合法的商品交易为基础，禁止签发无商品交易的汇票。”《票据法》延续了这样的规定，在第10条强调票据的签发、取得和转让等，要具有真实的交易关系和债权债务关系。这一规定的文义解释，当然是票据关系必须建立在真实的交易关系和债权债务关系之上。无真实的交易关系和债权债务关系，票据关系不能成立。如此规定是考虑到当时的经济体制仍属于计划经济向市场经济的转型时期，社会信用、市场信用低下，利用票据骗取财物、资金的情形屡有发生，因而立法者是要把票据作为金融机关管理经济生活的一种工具，试图以票据行为的有因性来防止票据诈骗等破坏金融秩序的行为。与各票据立法相比，我国票据立法对票据无因性这样的规定，态度上显然是保守的。

第二，侧重票据交易安全，希望减少交易风险。

票据是一种便捷与风险并存的金融工具，加之我国立法当时缺乏票据市场基础，为规避风险，稳定和维护交易秩序，立法者采取了谨慎的态度，确定了种种强行规则，具体表现如下：

当事人在签发票据时必须使用国家统一印制的票据格式用纸。无论汇票、本票还是支票，其格式和印刷管理办法均由中国人民银行规定。空白票据只限于支票可以签发。票据中的金额须以中文大写和数码同时记载，二者必须一致，否则无效。票据签发后，不得对票据金额、日期、收款人名称进行更改，否则无效，而不是像多数立法例仅限于金额不得更改。票据权利的转让，必须背书，而且必须记载被背书人名称。这种严格的背书形式表明，我国票据法不承认单纯交付的票据转让方式，也不允许作空白的背书。《日内瓦统一汇票本票法公约》及该法系国家的票据法多允许背书得不指明受益人，或仅有背书人签名(即空白背书)。可见，多数国家为促进票据流通都允许空白背书及仅以交付方式转让票据权利。我国《票据法》则不允许，目的是更强调票据交易安全、减少风险。

为确保持票人的权利，我国《票据法》不允许出票人、背书人对承兑提示作出限制性的规定。《日内瓦统一汇票本票法公约》及该法系国家均规定出票人可以限定持票人在某一日期到来前不得提示承兑，也可以限定持票人只能在某一期限内提示承兑，以防止付款人拒绝承兑后持票人期前行使追索权。《中华人民共和国票据法》对此无明确规定，但该法明确规定，票据上记载票据法规定事项以外的其他出票事项的，不具有票据上的效力。这表明，我国《票据法》禁止出票人、背书人对持票人提示承兑作出限制，出票人、背书人如有此限制记载的，不产生票据法上的效力。

第三，加入了一些我国以往的做法和经验。

立法前，我国银行结算实践，已经形成了一些习惯做法和经验。这些习惯做法和经验反映在《票据法》中主要有以下表现。

关于汇票的种类，肯定过去银行汇票和商业汇票的分类。银行汇票是出票银行签发的，由其在见票时按照实际结算金融无条件支付给收款人或持票人的票据。银行汇票中的出票人和票据原因关系中的应为付款义务的人不是同一人。票据原因关系中应为付款的人需使用银行汇票的，应向开户银行提出申请，并将款项存入银行由银行按当事人的要求向收款人签发银行汇票。商业汇票是出票人签发的，委托付款人在到期日或见票时无条件支付确定金额给收款人或者持票人的票据。它又分商业承兑汇票和银行承兑汇票。由银行以外的人作为付款人并承兑的，为商业承兑汇票；由银行作为付款人并承兑的，为银行承兑汇票。商业承兑汇票的出票人应当是在银行开立存款账户的法人以及其他组织；银行承兑汇票的出票人应当是在承兑银行开立存款账户的法人及其他组织。多年来的习惯做法是，商业汇票都是在作成并承兑后才交付收款人的，虽然如此做法有违基本票据行为和附属票据行为的法理，但是《中华人民共和国票据法》并未限制商业汇票在出票时向付款人提示承兑后使用，实务上是和出票后先使用然后在向付款人提示承兑并行。为了减少风险，沿用了实践中商业汇票的付款期最长不超过6个月的做法。

至于国外关于汇票“参加承兑”和“参加付款”制度，依据多年的社会实践，我们认为无实际需要而未加规定。

关于本票，基于交易安全的追求和担心金融膨胀，以及多年来的习惯做法，我国票据法只认可银行本票。票据原因关系中的应为付款的一方可向银行申请签发本票，并将资金交付签发本票的银行。银行根据申请人指定的收款人和支付金额签发本票。在我国，本票为见票即付的票据，分不定额本票与定额本票两种。

关于支票，沿用了立法前无保付支票规定的做法。而且按照多年来的习惯做法，仍将支票分转账支票和现金支票两种。支票上印有“转账”字样的为转账支票，印有“现金”字样的为现金支票。普通支票可以用于支取现金，在普通支票左上角划两条并行线的，为划线支票，只能用于转账。出票人可以签发空白支票，但只能签发金额、收款人名称授权他人补记的空白支票。空白支票未补记前不得背书转让和提示付款。

第四，不拘泥于法系，兼容并蓄。

经过历史的演变和票据法的统一运动，目前票据立法在世界上系日内瓦法系和英国法系并存。我国大陆《票据法》多仿我国台湾地区的“票据法”，而台湾地区的“票据法”是吸收了作为日内瓦统一法模板的德国票据法而来，故无论是从成文法传统还是立法的沿袭，《中华人民共和国票据法》更接近日内瓦法系的票据法。当然，两大法系之间虽然并无根本性的差异，但是我们对英美法系的灵活性和注重实际性也有适当的吸收。比如，《中华人民共和国票据法》借鉴了英国票据法“正当持票人”制度，对票据权利的取得作了两个方面的限制：一是恶意或重大过失而取得票据的，不享有票据权利；二是无对价取得票据的，不享有票据权利。考虑到我国法律行为的成立和生效不以“对价”为条件，虽然对无对价取得票据作出限制，但是又作出例外规定。即因税收、赠与、继承可以无对价取得票据，但持票人所享有的票据权利不优于前手。

此外，关于票据丧失的补救，各立法例不尽相同。英国票据法通过诉讼，失票人在提供担保的前提下可要求出票人签发票据的副本；德国票据法则规定了公示催告，并作出除权判决；法国商法规定，失票人可在提供担保的前提下请求法院作出强制票据债务人为票据金额付款的判决。我国《民事诉讼法》对有价证券的丧失以公示催告方式予以补救。但是，我国地域宽广，票据流通范围很广，人们很难注意到法院的公告，使公示催告制度在实际操作中存在一定的难度。而且，票据丧失存在绝对丧失和相对丧失，不同的丧失形态可以针对性地选择补救的方法，比如在绝对丧失的情况下，选用诉讼的方法，在提供担保后，可能会较快取得付款，且根本不会发生以担保来补偿付款人损失的情况。我国《票据法》对票据丧失的补救采用双轨制，给失票人有了选择适用的机会。

这部《票据法》总的来说积极意义不容否认，毕竟完成了一个从无到有的历史进程。然而，也如它颁布不久后著名民商法学家谢怀栻先生所评价的，这是一部“令人失望的法律”[①]。也许是因为这部《票据法》错误太多，给学者们留下了较大的研究空间，也激发了学者们的研究热情。二十多年来，即使是这样小的一个商事部门法，相关研究成果也已经覆盖了票据法的各个方面。

二、票据法发展变迁中的重要理论和实践问题

(一)40年票据法研究综述

如果以1995年划界，《中华人民共和国票据法》的诞生无疑给中国票据法的理论研究带来了生机，也可以说，在中国大陆，虽然随着“文革”的结束，改革开放的开始，国家也开始了法律制度的建设和法学理论的研究。但是，在1995年以前，票据法更多的意义是作为法学，或是商法学的一门课程存在的。“文革”后较早在法律专业课程中涉及票据法内容的应该是20世纪80年代初中国政法大学开设的外国民商法课程，当时的教材是江平先生主编的《外国民商法》[②]，笔者就有幸聆听过王书江先生讲授的包括票据法内容的外国商法制度。至1990年，我国著名法学家谢怀栻先生的《票据法概论》出版，各法律院系纷纷以此书作为教材，独立开设票据法课程。该书初版因其概念准确、条理清晰、逻辑严谨、内容精炼等诸多优点，深受学界与实务界的厚爱，在高校选用率极高，惠泽学子无数。本书的学术价值也毋庸置疑，其内容的深刻性与前瞻性及在学界的影响至今仍很难超越。将其称为目前为止中国大陆最经典的一部票据法教科书仍不为过。该书也可以说是中国大陆票据法研究的奠基之作，它培育了一批后来的票据法研究者，更是观点纷纭时标准答案的寻找之地。

在《中华人民共和国票据法》出台之前，大陆票据法的研究在论文上的表现，基

---

① 谢怀栻：《评新公布的我国票据法》，载《法学研究》1995年第12期。

② 由于当时的出版业也远不如今天繁荣、顺畅，这部教材并非公开出版，但以此为标志，中国政法大学领外国民商法教育之先河是一个公认的事实。

本限于银行专业期刊刊登的金融从业人员对票据法规章的解释，较有理论意义的的文章几乎看不到，法学专业期刊更是难觅票据法研究的踪影。但值得一提的是1994年出版的赵新华教授的《票据法》(吉林人民出版社)和姜建初教授的《票据法原理与票据法比较》(法律出版社)，是中国大陆前述《票据法概论》之外的较早且很有影响力的票据法著作。赵新华教授有早年日本留学、访学、讲学的背景，是我国"文革"后最早研究票据法且票据法学养深厚的代表性学者。他的《票据法》在当时我国没有票据立法的情况下，以世界票据法先进国家日本的票据法研究为基础，系统地介绍了票据法的原理。而《票据法原理与票据法比较》是在当时票据法研究极其薄弱，票据实践的经验和票据法的资料都很缺乏的情况下，作者姜建初针对日内瓦法系和英美法系的制度差异所做的比较研究成果。基于作者对不同法系票据法制度和理论的较深入的理解，这部著作资料翔实、内容丰富、知识点准确、议论画龙点睛。在当时，这两部著作对满足各界对票据法理论和知识的需求，特别是对后来的票据法研究都产生了巨大的影响。《中华人民共和国票据法》颁布的当年(1995年)迅速出版了对票据法介绍性的几本书籍，如卞耀武所著的《票据法基础与应用》(中国商业出版社)，国务院法制局财政金融法规司组织编写的《〈中华人民共和国票据法〉讲解》，梁英武主编的《中华人民共和国票据法释论》等，这个时期的票据法著作多是新票据法释义性的，很少涉及对新票据法的批评和理论探讨。赵新华的《票据法》(吉林人民出版社1996年修订版)是跟进票据法出台最早的票据法教材之一，对相当一个时期高校票据法教学产生了很大的影响。因为票据法的颁布，教材也迅速更新，2000年前后，国家级出版社、地方出版社出版的票据法教材不下十几种，有影响的当属王小能主编的《中国票据法律制度研究》(北京大学出版社1999年版)，董安生主编的《票据法》(中国人民大学出版社2000年版)，及至后来于莹教授的《票据法》(中国高等教育出版社2004年版)。它们被认为是《中华人民共和国票据法》颁布后比较有代表性的票据法教材，这些教材对票据法知识的普及传播发挥了重要的作用。

除前述《票据法原理与票据法比较》外，票据法颁布后相关的专著也并不太多，具有代表性的按时间顺序大致有这样几本：首先是赵威的《票据权利研究》(法律出版社1997年版)，该书从票据权利的角度，阐述付款请求权和追索权的基本原理，并扩展到以票据抗辩限制为中心的票据权利保护制度，以及票据权利救济制度。其次是郑孟状的《票据法研究》(北京大学出版社1999年版)，该书撷取票据法的主要制度，对票据立法，票据法解释原则，票据对价，出票、代理、伪造、空白票据、票据担保等作了较深入的专题式研究。其中，因为该书主要完成于加拿大，较其他著作多以日内瓦法系票据法为背景，书中较多地取材于英美票据法并结合我国票据法做比较研究，结论有较强的参考性。2002年，作为谢怀栻先生之后的中国大陆票据法领军人物的赵新华教授率领一众弟子编写了一部《票据法问题研究》，由法律出版社出版。这部著作，在中国大陆票据法研究还没有充分展开的阶段，从票据法的有因无因这种根本性问题，到票据签章、票据无权代理、票据保证、空白票据、票据抗辩、票据伪造、票据变造、票据付款等一系列具体制度，做了引领先河的研究。到2003年，又有两本票据法著作问世：一是中国法制出版社出版的，吕来明先生的《票据法基本制度评判》；二是法律出版社出版的，汪世虎先生的《票据法律制度比较研究》。前者选取票据法立法原则，票据行为的有效要件，票据权利的转让，票据伪造的风险承担等，做了针对各票据立法例评说式的研究。该书还特别就银行汇票的特殊法律问题，商业汇票贴现的特殊法律问题，支票的特殊法律问题等与实务联系密切的问题做了有实践意义的探讨。后者比较全面地对票据各种主要制度都做了深入的比较研究，如从票据行为，包括背书、承兑、保证，代理和空白票据，以及伪造，票据权利，票据抗辩，票据付款等。也正如作者在自序中指出的，我国现行《票据法》因诸多因素，存在严重的不足和缺陷，[①]故在相应的部分对现行《票据法》的错误都做了相应的检讨。比如，作者认为来自英美法上的对价问题，实际上可以归入票据关系的基础关系或实质关系的范畴，其法律效果与原因关系所导致的法律效果相差无几。[②] 该书的一些观点虽然会有争议，但是对两法系票据法制度差异的背景，体系内的合理性，以及我国《票据法》引入的失误和改造方向的思考会给其他研究者良好的启迪。2006年，吴京辉的《票据行为论》由中国财政经济出版社出版，该书选题与赵威的《票据权利研究》有共同性，即以票据法的某一制度作为研究对象，选题更集中，论证也就更深入。作者对票据的经济功能，票据行为的实质与形式、票据行为的法律特征、票据行为的解释原则、票据行为的控制、票据行为的救济等问题予以探悉，提出了一些有见地的见解。如作者创造性地运用无须意思表示理论结构票据行为的构成要件，提出形式正义在票据法中具有不可动摇的重要地位，观点具有妥当性。

随着票据法研究的深入和理论的成熟，由郑孟状、郭站红、姜煜洌三位学者完成出版了《中国票据法专家建议稿及说明》（法律出版社2014年版）。该书指出现行《票据法》存在的问题是：第一，对票据制度认识不足，过度迁就中国票据实践。第二，票据立法没有很好地利用国际立法经验。第三，票据立法没有体现良好的前瞻性。进而指出，《票据法》应以流通性作为修改的主导观念，不应因过度强调票据的安全性而损害流通。故而《票据法》修改的方向一是坚持票据的流通性，通过票据活络经济；二是兼容国际和国内票据实践，服务经济和经贸来往；三是回应信息

① 汪世虎：《票据法律制度比较研究》，法律出版社2003年版，第1页（序文页）。

② 汪世虎：《票据法律制度比较研究》，法律出版社2003年版，第81页。

技术的要求,利用现代科技促进票据流通。[①] 该书对现行《票据法》存在问题的条文有较详尽的分析并提出了合理的修改意见,是目前公开出版的对票据法全面修改的重要文献。

《中华人民共和国票据法》颁布后,票据法相关的硕士、博士论文也大批量产生。据中国知网统计,1999 年至 2017 年近 20 年间,在中国知网上公开的票据法方面的硕士论文超过 2500 篇,博士论文也有 200 余篇。这些论文除了跟踪票据法研究的热点问题,涉及范围更加广泛,特别是大量法硕学位论文直接关注票据实务,使研究生学位论文构成了票据法研究的一个重要部分。当然,票据法研究的学术观点更集中地表达在各种期刊上,我们在下一部分分不同的方面综合评价。

(二)关于票据法的理念——应以促进票据流通和确保票据支付指导票据法的立法和适用

董惠江教授在 2003 年引入日本学者"票据法是以促进票据流通和确保票据支付为两大基本理念"[②]的说法,并在之后的多篇论文中论及。[③] 作为票据法理念,郑玉波先生和日本学者均主张为促进票据流通(与助长票据流通同义),差异在于日本学者另认为确保票据支付亦为票据法之理念。那么,促进票据流通,抑或确保票据支付能不能作为票据法之理念,要看它们是否属于"法律制定及运用之最高原理"[④]。

票据法理念体现在票据法的制度设计上。第一,设票据为要式证券。以使票据方便辨识,受让人受让票据时因省时而乐于接受。第二,设票据为文义证券。票据文义之外的任何事实均不能用来证明票据关系和票据权利,受让人不必担心来自票据文义之外的抗辩的对抗。第三,设票据为无因证券。持票人行使票据权利,无须证明取得票据的原因,原因关系哪怕并不存在,以及无效、撤销,包括解除都不影响持票人的权利取得。第四,票据行为采独立性原则。票据上的多个票据行为,即使某一票据行为无效或有其他瑕疵,也不影响其他票据行为的效力。第五,设立票据双重权利制度,即付款请求权和追索权。这种设计使付款人的付款请求权不

---

① 郑孟状、郭站红、姜煜洌:《中国票据法专家建议稿及说明》,法律出版社 2014 年版,第 1～7 页(前言页)。

② [日]川村正幸:《手形法学の特色とその展開》,法学教室 1990 年版,11—No122,第 28 页;[日]田邊光政:《最新手形法小切手法》(三訂版),中央経済社 1994 年版,第 141 页。

③ 董惠江:《关于票据抗辩限制的新思考》,载《比较法研究》2003 年第 6 期。此外如《票据抗辩的分类》,载《法学研究》2004 年第 1 期;《票据无因性研究》,载《政法论坛》2005 年第 1 期;《票据法的坚守与发展》,载《中国法学》2010 年第 3 期。

④ 史尚宽:《法律之理念与经验主义法学之综合》,载刁荣华:《中西法律思想论集》,汉林出版社 1984 年版,第 259 页。

能实现时，还可以向票据上所有的债务人进行追索，这种双重保护当然使受让人比起普通债权更乐于接受票据权利。第六，设立背书转让制度。较民法上的债权转让，票据背书转让，手续更简捷，也无须通知债务人，使票据流通拥有了最便捷的方式，而且，背书连续即能使持票人获得权利证明的效力。第七，采短期时效制度。这样既符合票据流通的实际，同时又促进当事人加快票据的流通。此外，此类设计还有如拼尽全力的善意取得，票据上必须记载"无条件支付的委托""无条件支付的承诺"，付款人只需形式审查付款即免责，付款人一旦承兑即负绝对付款责任，公示催告和诉讼对失票人权利的补救（较之货币丢失，持有票据更为可靠）等等。可以说促进票据流通、确保票据支付量大的理念贯穿了票据法制度的始终，明确票据法的理念，对于检讨票据立法的得失居于首要的位置。

我国《票据法》第 1 条即关于立法目的的规定："为了规范票据行为，保障票据活动中当事人的合法权益，维护社会经济秩序，促进社会主义市场经济的发展，制定本法。"有学者认为该条规定以及《票据法》的部分具体条文，表明立法者将着眼点更多倾向于"规范票据行为""维护社会经济秩序"，而对保护票据权利和促进票据流通未给予充分甚或相同的对待，对票据安全和市场秩序的过于强调，使得 1995 年颁布的《票据法》带有强烈的行政管理色彩，有违《票据法》是私法的属性。[①]

伴随着我国市场经济的日益发展和全球化的加快，我国票据法学研究也经历了由无到有、由简单到深入的发展过程，学者们结合世界票据法的立法趋势和实务，提出应将"助长票据流通"作为《票据法》的最大任务；[②]《票据法》应剔除行政管理色彩，还原各类商事主体平等的地位。[③]

（三）关于票据的种类——应建立融资性商业本票制度

《中华人民共和国票据法》第 2 条第 2 款规定"本法所称票据，是指汇票、本票和支票"。而在第 73 条第 2 款规定"本法所称本票，是指银行本票"，该条规定将商业本票排除在外。之所以如此规定，主要是立法者担心如果企业或个人大量发行本票，特别是发行无记名见票即付的定额本票，无异于增加社会上的通货数量，使社会上的信用膨胀。[④]

但是，就世界票据实践而言，本票包括银行本票和商业本票。而且，在日本国内交易中，一般不使用本票，单就汇票与本票而言，99%都使用本票。[⑤] 这其中当然包括大量的商业本票。商业本票是由企业或个人签发的承诺到期时由其自身无

① 吴京辉：《〈票据法〉修订：私法本性的回归》，载《法商研究》2013 年第 3 期。

② 刘甲一：《票据法新论》，台湾五南图书出版公司 1978 年版，第 5 页。

③ 郑孟状：《论〈票据法〉的修订》，载《宁波大学学报（人文科学版）》2013 年第 1 期。

④ 谢怀栻：《票据法概论》，法律出版社 2006 年版，第 231 页。

⑤ ［日］末永敏和：《日本票据法原理与实务》，张凝译，中国法制出版社 2012 年版，第 7 页。

条件支付票面金额的票据。商业本票的出票人和付款人为同一人。在国外，通常融资性商业本票是通过经济中介组织以折价发行的方式发售的。签发商业本票的企业可以通过这种方式获得短期融资，本票的利率会因企业信用等级的不同而有所差异。融资性商业本票对活跃金融市场和促进资源配置都有着重要的作用。允许商业主体签发本票，一是节约了商业主体向银行缴纳的手续费；二是充分利用了自身的信用，也可以发展商业信用，从而解决短期资金的不足，解决向银行的贷款难的问题；三是符合票据法对各种票据功能的定位。如果不承认商业本票，《中华人民共和国票据法》中的本票制度即没有存在的必要，只要签发已付汇票即可解决这一问题。①

其实，立法者担心商业本票会导致信用膨胀是多余的，商业本票的签发受制于出票人的信用和收款人的信赖，发达国家的实践也表明允许商业本票的存在，并不会导致商业主体和自然人成为印钞机器。因此，我国《票据法》应取消对汇票、本票出票人身份的限制，允许一般商业主体及自然人签发商业汇票与本票；取消对本票到期日的限制，恢复本票信用票据的本来面目，以建立与国际接轨的票据体系。②

(四)票据无因性问题研究

虽然票据无因性已是世界通例，但是《中华人民共和国票据法》在第10条第1款规定“票据的签发、取得和转让，应当遵循诚实信用的原则，具有真实的交易关系和债权债务关系”。而且，在第21条第1款、第83条第2款、第88条第1款等条款要求汇票、支票必须有“可靠的资金来源”。这些规定使用了民商事法律规范中“应该”“必须”“不得”等强行规范的表述方式，很容易让人理解为票据基础关系有决定票据关系效力的意义，于是，我国《票据法》无因或有因就成了该法颁布以来最为热烈的话题。围绕这一话题，有对该法第10条等规范性质的判断，有对该法第10条等无因、有因属性的解说，还有由此引发的票据无因性绝对、相对的争论，和该法第10条等存废的无休止的争论。

第一，关于第10条等的规范性质。这一问题的讨论可区分为效力性规范说和非效力性规范说两种，主张第10条等属于效力性规范的学者认为，这些规定中使用的是“应该”“必须”“不得”等民商事法律中强行规范的表述方式，也就是，“按照我国《票据法》第10条，则在上述票据行为的有效要件之外，又增加了票据基础关

① 郑孟状等：《中国票据法专家建议稿及其说明》，法律出版社2014年版，第224页。

② 董翠香：《我国票据体系立法完善之思考》，载《社会科学研究》2003年第3期。

系这一票据行为有效要件……票据基础关系决定票据行为的效力”[①]，如果违反这个强制性条款会导致票据无效或者票据行为无效；主张第10条等属于非效力性规范的学者认为这一条仅仅是管理性公法规范，对其公法效力和私法效力应作区隔。其公法效力从历史考察，是禁止没有真实交易关系为基础时作出票据行为，其私法效力从维护整体票据制度的客观目的出发，不能将其解释为是对票据行为生效要件的规定，因此该条规定和票据无因性原则并不矛盾。违反该条规定并不必然导致票据行为无效。[②] 也有学者解释说是宣示性条款，其仅具有引导功能而非效力性规定，即使违反也不影响票据本身的法律效力。[③] 更有学者参照最高人民法院关于合同效力强制性规范的解释，将第10条等认定为属于管理性规范而非效力性规范，基础关系的无效或者瑕疵并不当然导致票据行为无效。在这些条款中虽然使用了“应当”“必须”等体现强制性规则的词语，但是仅表明立法者对票据基础关系的态度和要求，违反并不发生票据行为无效的法律效果。[④]

第二，对于我国《票据法》第10条是否确立了票据的无因性原则，学界有肯定说、否定说、折中说等观点。

首先，肯定说。认为第10条的规定没有否定票据的无因性，或者与票据的无因性并不冲突。有学者即认为，第10条的目的是维护票据交易的安全性，不是否定票据的无因性。《票据法》的规定的确有不合理之处，但并未否定票据行为的无因性。这是因为：第一，票据的产生都是有一定的原因的，所以第10条“应当具有真实的交易关系和债权债务关系”并无错误。第二，第10条并未正面规定没有真实的交易关系和债权债务关系，票据的签发、取得和转让无效。第三，票据行为的无因性并非绝对，只具有相对性，在一定条件下，票据的原因可以作为抗辩事由，以之对抗票据关系。第四，我国司法实践从未否定票据行为的无因性。[⑤] 我国《票据法》第10条及其他相关条款的规定，并不意味着否认票据行为的抽象性，《票据法》在作出这些规定后并没有进一步规定违反这些条款的票据和票据行为无效，因此它只表明了立法者的一种态度和对票据签发、使用行为的要求，以指导票据实践，

---

① 林毅：《对〈票据法〉第10条的一点意见》，载《中国法学》1996年第3期：谢怀栻：《评新公布的我国票据法》，载《法学研究》1995第6期；王小能：《中国票据法律制度研究》，北京大学出版社1999年版，第98页；吕来明：《票据法基本制度评判》，中国法制出版社2003年版，第36～37页：董惠江：《票据无因性研究》，载《政法论坛》2005年第1期。

② 殷志刚：《〈中华人民共和国票据法〉第10条存废之探讨——以公法规范的公法、私法效力区隔为视角》，载《法商研究》2013年第2期。

③ 李伟群：《对我国〈票据法〉第10条之修改建议》，载《法学》2011年第9期。

④ 翟小康：《论我国票据法的票据行为无因性原则》，载《现代商贸工业》2011年第21期。

⑤ 汪世虎：《论票据行为的无因性》，载《海南大学学报(人文社会科学版)》2003年第3期。

维护正常的票据使用秩序。[①]

其次,否定说。认为第10条的规定否定了票据的无因性原则。其中,有学者认为我国票据立法的关注点主要集中在票据的安全性上,票据基础关系与票据关系结合,不承认票据的无因性。[②] 根据第10条的规定可以看出,票据的流通依赖于真实的交易关系,依赖于真实的债权债务关系,即票据的流通要依赖于基础法律关系,但是这一点既不符合票据的基本原理,也与各国公认的票据法无因性原理背道而驰。[③] 第10条等都是将本属于民法规定的票据基础关系写进票据法,实际上是对票据无因性的否定,直接导致了对人的抗辩切断理论的破坏,也就限制了票据的流通,严重损害了票据的流通功能。[④] 还有的学者认为我国《票据法》奉行票据有因性理论,从法理上限制了融资性票据的发展。[⑤]

最后,折中说。持此说的学者认为我国票据立法中对票据无因性原则没有明确的体现,致使在理论和实践项域中产生理解的混乱。[⑥] 第10条的规定虽然使"票据的无因特性"变得很不明确,但是根据整部法的立法精神和其他规定,第10条对票据无因性的阻却,仍然是可以在《票据法》整体框架下援引其他规定来加以解决的。[⑦]

第三,所谓绝对无因性与相对无因性的争论。对于票据应该是有因性还是无因性这个问题上,学者基本没有争论,一致认为票据应当是无因性的。但在票据的

---

① 屠世超:《论票据行为的抽象性》,载《云南财贸学院学报》2004年第4期。

② 郑孟状、姜煜洌:《论〈票据法〉的修订》,载《宁波大学学报(人文科学版)》2013年第1期。

③ 史正保、李智明:《论我国票据抗辩制度的完善》,载《中国商法年刊》,北京大学出版社2012年版,第167页。

④ 王珊:《关于完善我国票据法律制度的几点思考》,载《经营管理者》2009年第13期;杜春、曹辛:《票据抗辩制度的立法现状分析及质疑》,载《商品与质量》2012年第7期。

⑤ 王林、范朝霞、王成林:《关于〈票据法〉确立融资性票据制度的对策探究》,载《金融纵横》2008年第8期;黄鑫:《关于完善我国〈票据法〉的几点思考》,载《行政与法》2009第9期。

⑥ 张璟霖、魏雁飞、刘春梅:《国外票据无因性立法及对我国的借鉴》,载《经营管理者》2009年第11期。

⑦ 杨蓉:《论"票据行为诚信"原则对票据法技术性的现实背离》,载《中国商法年刊》,北京大学出版社2013年版,第447页。

无因性问题上，学者的观点分为两种：绝对无因性[①]和相对无因性[②]。“它们的区别在于是否承认在票据行为的直接当事人之间适用无因性原理，承认这一可能性的为绝对无因性理论，反之为相对无因性理论。”

王小能教授认为，票据是否有效一律不受票据基础原因关系的影响，只取决于票据的形式要件。直接当事人之间亦应主张票据关系有效。不过持票人是否可以行使票据权利，还取决于其取得票据时的行为和主观心态如何。[③] 赵新华教授和董惠江教授都认为无因性原则的法律效果，在于它有使人的抗辩切断的法律机能。[④] 冯梅等认为票据无因性是绝对的，不是相对的。票据效力应当是一贯的，不应在直接当事人之间无效，而在以后的交易中又变成有效。票据的效力主要看票据的形式要件是否符合《票据法》的规定。[⑤] 这是绝对无因性的基本观点。

无因性相对论者同主张票据原因关系可以在直接当事人之间主张抗辩自不待言，[⑥]还有学者从持票人取得票据未给付对价或未给付相当对价的，票据债务人可以以与持票人前手之间的抗辩事由，对抗持票人；票据债务人可以自己与出票人或持票人的直接前手之间存在的抗辩事由对有恶意或有重大过失取得票据的持票人进行的抗辩；持票人取得票据手段不合法即不享有票据权利，票据债务人得对该持票人提出“恶意抗辩”等票据法已有的制度，说明票据无因性的相对性。[⑦] 更有甚者主张在直接当事人之间原因关系无效票据关系也无效。如谢怀栻先生就认为，无因性原则有例外，即在直接当事人之间，如出票人和第一受票人、背书人和被背书人之间的票据关系取决于票据的基础关系，如果他们之间的基础关系无效，则票

---

① 董惠江：《票据行为实质要件之否定》，载《环球法律评论》2012 年第 1 期；李新天、李承亮：《论票据不当得利的返还与抗辩——兼论票据的无因性》，载《法学评论》2003 年第 4 期；傅鼎生：《票据行为无因性二题》，载《法学》2005 年第 12 期。

② 郑孟状著：《票据法研究》，北京大学出版社 1999 年版，第 21 页；汪世虎：《论票据行为的无因性》，载《海南大学学报(人文社会科学版)》2003 年第 3 期；夏林林：《对票据无因性原则法律适用的思考》，载《法律适用》2004 年第 1 期；张澄：《试论票据行为的无因性及其相对性——兼评我国〈票据法〉第十条》，载《政治与法律》2006 年第 1 期；蔡文明：《从安全性视角看我国票据法律制度》，载《法制与社会》2008 年第 11 期。

③ 王小能：《中国票据法律制度研究》，北京大学出版社 1999 年版，第 99 页。

④ 赵新华：《票据法》，人民法院出版社 1999 年版，第 38 页；董惠江：《票据无因性研究》，载《政法论坛》2005 年第 1 期。

⑤ 冯梅、邓军英：《对我国票据法中票据无因性规定的再认识》，载《太原经济管理干部学院学报》2004 年第 1 期。

⑥ 汪世虎：《论票据行为的无因性》，载《海南大学学报(人文社会科学版)》2003 年第 3 期。

⑦ 张媛媛：《关于票据无因性的思考》，载《中外企业家》2009 年第 10 期；于莹：《论票据的无因性原则及其相对性——票据无因性原则“射程距离”之思考》，载《吉林大学社会科学学报》2003 年第 4 期。

据关系亦无效。[①] 于莹教授、李燕等也都有类似的表述。[②]

我们认为，所谓相对无因性或无因性的相对性可能是个伪命题，首先，如果相对无因性仅是强调原因关系可以对直接当事人抗辩，即重复票据抗辩限制的应有之义。因为票据抗辩限制制度的核心意思是持票人不受来自间接前手间原因关系抗辩的对抗，依反面解释的方法，直接当事人之间以原因关系作为抗辩事由是不言自明的。它用来和对价抗辩、恶意抗辩等一起解释抗辩限制或票据无因性的限制适用，不过是原则和例外的立法技术的运用，而并非此类事项可以用于否定票据关系。从这个角度来看，根本无所谓票据无因性的绝对与相对的命题，如同任何一个主张票据无因性的学者自己都从未想过需要用绝对无因性的说法来表达。其次，如果相对无因性是指在直接的当事人之间，原因关系无效则票据关系无效，实质就是在直接当事人之间系有因性的，但这样会出现理论上无法解释的问题。我们可以通过一个具体的票据流转图示来说明。如票据呈 A—B—C—D 式流转，(1)若 A 是出票人，当 AB 间的原因关系无效，一个无效的票据关系及其不存在的票据权利是如何向 C、D 移转的。(2)假如 BC 间的原因关系无效，BC 间的票据关系就无效，那么，票据上所体现的单纯票据关系怎么会从 AB 间的有效到无效，又从无效转成了 CD 间的有效实在是无法想象的。[③] 另外，票据无因性和物权无因性作为物权变动的理论一样都是服务于流通保护第三人的，如此多的学者失去前提地热衷于在直接当事人之间来讨论无因性令人不可思议。而且，姑且不考虑直接当事人之间票据关系有因化理论上的难题，原因关系无效等作为抗辩的事由同样能达到拒绝相对人权利请求的目的，为什么一定要用原因关系否定票据关系来破坏票据法原已精美的制度设计呢？在票据关系和原因关系的关系上，无因和有因是非此即彼的关系，本无所谓绝对和相对。

第四，学界对于第 10 条的修订建议。对于如何对待第 10 条可归纳为四类意见：

第一类是废止第 10 条的建议。董惠江教授在其《票据无因性研究》一文中较全面地论述了废止第 10 条的理由：(1)历史上，法国票据行为的有因性妨碍了票据流通，而在日内瓦统一票据法运动后，改采无因性。现在，票据的无因性早已成为世界通行的法理。(2)坚持该条存在的主张，事实上是坚持票据行为的有因性。既然是有因性的规定，必然会破坏票据简易、快捷、安全的设计追求，阻碍票据流通，

① 谢怀栻：《票据法概论》，法律出版社 1990 年版，第 41 页。

② 于莹：《论票据的无因性原则及其相对性——票据无因性原则"射程距离"之思考》，载《吉林大学社会科学学报》2003 年第 4 期；李燕：《论票据的无因性》，载《青海师专学报(教育科学)》2008 年第 2 期。

③ 董惠江：《票据法的坚守与发展》，载《中国法学》2010 年第 3 期。

妨碍票据的巨大经济职能的发挥，根本违背票据法理。另外，从坚持该条存在的理由上看，此观点人为地夸大甚至是扭曲了票据的社会功能。该条规定根本无力防止违法行为人采取签订虚假合同等方式继续利用票据诈骗。(3)虽然司法解释和学理解释第10条不能用来对抗持票人的权利主张解释学上的主张，但是该第10条的《票据法》条款很容易被人援用做抗辩的根据，从而带来法律适用的混乱。(4)从法律本身的体系化角度来看，我国的《票据法》既已规定了以无因性作为根据的抗辩限制制度，而且整体制度上都是与无因性相配套的，那么第10条等的有因性规定造成了票据法体系的混乱，破坏了法律的内部统一。(5)就与民法的关系而言，票据法的有因性违背了票据法特别法的个性。(6)从票据法的技术性特点来看，其规范基本是不具道德性的。诚实信用对于票据行为而言只具有道德意义，不具备任何法律原则的功能(立法、执法、守法的功能)。(7)票据法的高度国际性，使得我国票据法没理由游离于世界统一原则之外自创规则。(8)我国《票据法》第10条第1款将“交易关系”和“债权债务关系”并列，是个简单的文字逻辑错误。① 郑孟状等众多学者也都从不同角度，认为应废止《中华人民共和国票据法》第10条，确认票据的无因性。②

第二类是建议保留。也就是认为我国《票据法》第10条第1款的规定是民法的内容在票据法中的体现，系票据基础关系的规定。它是要提醒人们应当遵守民法的一般原则。这一规定与票据抗辩的限制并没有冲突，而是使票据更具规范化，有利于票据在实际生活中的具体运用。所以，对有的学者建议在进行《票据法》修改时将第1款舍去是不赞成的。③

第三类是建议修改。比如建议增加一款规定“票据关系的效力不以基础交易关系的真实有效为条件，票据债务人不得以交易关系和债权债务关系真实有效与否为由对抗善意第三人”，而且，应为融资性票据预留空间，建议增加一个但书规定“但是，法律、法规另有规定的除外”。④ 类似的观点如主张对《票据法》第10条第1款的规定可按如下意思进行修改：即票据的签发、取得和转让，应当遵循诚实信用原则，即有真实的交易关系和债权债务关系；违者应依有关法律承担法律责任，但不影响票据的效力。⑤ 另有建议是：(1)从根本上改变《票据法》的立法宗旨，还原

---

① 董惠江：《票据无因性研究》，载《政法论坛》2005年第1期。

② 郑孟状、姜煜洌：《论〈票据法〉的修订》，载《宁波大学学报(人文科学版)》2013年第1期；董翠香：《票据法修正之基本思路》，载《中国商法年刊》，北京大学出版社2008年版，第34页；杨蓉：《“票据行为诚信”原则再认识——基于票据法技术性特征》，载《学术交流》2013年第2期。

③ 柯爱艳、陈琦：《论票据抗辩》，载《当代经理人》2006年第1期。

④ 殷志刚：《〈中华人民共和国票据法〉第10条存废之探讨——以公法规范的公法、私法效力区隔为视角》，载《法商研究》2013年第2期。

⑤ 姚文：《论票据抗辩的限制》，载《海南金融》2006年第4期。

其应有的本来面目。(2)增加和修改《票据法》的具体条款,在《票据法》中体现相对坚持票据无因性原则理念:第一,增加"交易关系和债权债务关系真实与否不得对抗善意第三人;违反票据资金关系真实性签发票据的出票人,必须承担相应的法律责任,并仍应按照票据上的记载事项对善意持票人负票据责任",同时,保留《票据法》第10条第1款、第21条第1款、第74条、第83条第2款等强调票据基础关系真实性的条文,但仅需将其作为上述条款的但书或补充规定。第二,将票据无因性原则之例外情形在《票据法》中加以明确规定。①

第四类其他建议。李伟群对于第10条的修改提出了两种不同的建议:建议之一是删除现行《票据法》第10条第1款的规定,而将其纳入中国人民银行制定的《票据管理实施办法》。建议之二是对现行《票据法》第10条第1款的规定进行修改与完善,建议将之修改为:票据签发、取得和转让,应当具有真实的交易关系和债权债务关系。但是,票据关系的效力不以基础交易关系的真实、有效为条件,票据债务人不得以交易关系和债权债务关系真实、有效与否对抗善意的第三人。② 这两个建议分别可归入废止和修改两类建议中。李燕认为分析我国《票据法》是否适用无因性原则,并不能单纯地认定我国就应该确定票据无因性的肯定说或否定说,而是应该以动态的眼光来看待这个问题,在目前经济水平发展较低的社会主义初级阶段,应以有因性为主兼顾无因性原则,当社会经济及信用发展到一定程度时,以无因性为主兼顾有因性原则等等。③

票据无因性的含义总的意思是原因关系不影响票据关系的效力,其中包括原因关系是否存在和原因关系是否有效都不影响票据关系的效力。该第10条要求票据的签发、取得和转让,应当具有真实的交易关系和债权债务关系,无论如何与原因关系不存在也不影响票据关系的效力这层含义是冲突的。因为按照法律解释的方法,虽然该规定并未指明没有真实交易关系的后果,但是反面解释的效果当然是签发、取得和转让都是无效的。如果不顾这里使用了"应当"的字样,一定要把这一规定解释成管理性而非效力性规范,这一规定的存在就仅剩下宣示意义了。而票据无因性如同物权无因性首先是承认一个民事上的交易行为同时存在物权行为和债权行为并各自分离一样,原因行为和票据行为各自分离是当然的前提。《票据法》专门用一个条款告诉我们"票据的产生都是有一定的原因"的,岂不是把无因论者看得太幼稚了?如果仅止于此,它不过是个"无害条款",但该法第10条很容易被人援用做抗辩的根据,也会带来付款人不仅要作形式审查而且要对交易的真实背景做实质审查等一系列对票据法固有制度的破坏而根本上损害票据流通。另

① 夏林林:《对票据无因性原则法律适用的思考》,载《法律适用》2004年第1期。

② 李伟群:《对我国〈票据法〉第10条之修改建议》,载《法学》2011年第9期。

③ 李燕:《论票据的无因性》,载《青海师专学报(教育科学)》2008年第2期。

外，如前述，如果将这一规定解释成另一个极端，即在直接的当事人之间原因关系无效票据关系也无效，不但理论上无法自圆其说，也将更加远离无因性的原理。

(五)票据行为问题研究

关于票据行为的研究，比较重要的成果有两个：一个是票据行为要件的研究，另一个是就某些特定行为引入权利外观理论规制的问题。其他还有一些零散的对《票据法》条文的批评。

对于票据行为的要件，中国两岸学者的票据法论著，以及日本学者的观点，绝大多数称票据行为的要件包括实质要件和形式要件，[①]并且实质要件一般被认为包括票据能力和意思表示真实。而立法上和票据法理论上并非如此，如《日内瓦统一汇票本票法公约》第7条规定："如汇票上有无承担责任能力的人签名……其他签名人应负之责仍然有效。"我国台湾地区"票据法"第8条规定："票据上虽有无行为能力人或限制行为能力人之签名，不影响其他签名之效力。"我国大陆《票据法》第6条规定："无民事行为能力人或者限制民事行为能力人在票据上签章的，其签章无效，但是不影响其他签章的效力。"英国《票据法》第22条规定："如汇票由婴孩、未成年人或无行为能力或无力在汇票上承担责任之法人组织开立或背书，该出票和背书仍使持票人有权取得汇票之付款，并向其他任何汇票上之当事人要求执行。"以上各规定都表明这样一个法理，即票据行为的独立性。也就是，在票据上，出票人、背书人、保证人、承兑人依各自署名所实施的票据行为，各自独立产生效力，不受其他行为效力瑕疵的影响。民事行为的一般原则是，作为前提的行为如果无效，其后的行为也无效，后一种行为的效力依附于前一种行为。民事主体无民事权利能力和民事行为能力，则民事行为无效，这也是民事权利能力和民事行为能力作为法律行为要件的意义所在。而按照上述票据行为独立性的法律规定，票据能力并没有民法上的效力要件的意义。它的实际效果是行为人可以对抗任何持票人向他的票据金额支付请求(物的抗辩)，其他署名人仍然要就票据上的记载内容负责。于是，将票据能力作为票据行为的要件，于出票，则认定出票无效，无法解释后续的转让行为的效力的根源；于背书或保证，则无法解释前后票据行为效力的衔接，与为票据流通服务的票据行为独立性相冲突，从而破坏票据的流通。

---

① 谢怀栻：《票据法概论》，法律出版社1991年版，第46页；赵新华：《票据法》，吉林人民出版社1996年修订版，第50页；姜建初：《票据法》，北京大学出版社2000年版，第53页；梁宇贤：《票据法新论》，台湾瑞兴图书股份有限公司1997年版，第42页；施文森：《票据法论》，台湾三民书局股份有限公司2005年版，第32页；王志诚：《票据法》，台湾元照出版有限公司2007年版，第105页；[日]関俊彦：《金融手形法小切手法》(新版)，有斐閣2003年，第226页；[日]田邊光政：《最新手形法小切手法》(四定版)，中央经济社2005年，第59页以下；[日]田邊宏康：《手形小切手法講義》(補訂版)，成文堂2007年，第53页。

在意思表示解释的理论中，虽然由于实践操作的需要，“表示主义”成为补充意思主义的一种解释方法，但是意思主义仍是民事法律行为意思表示的主要解释原则，在商行为领域中，则始终坚持“表示主义”的解释方法。[①] 尤其票据信用等功能的最好发挥，有赖于票据的流通，而票据的流通则需要更侧重于信赖利益的保护，这就与民法上强调当事人意思自治的价值取向有根本性的不同。因此，票据法采取绝对的表示主义，其文义性的强烈特征，就是绝对表示主义的集中体现。民法意思表示的规则适用于票据行为与票据行为的价值目标冲突，在意思表示问题上，单纯体现的是特别法与一般法的区别而非联系。以人的抗辩解释意思表示瑕疵，即意思表示瑕疵作为抗辩仅在直接当事人间适用，不能用来对抗无恶意或重大过失的第三人，更具合理性。

无论是票据能力，还是意思表示是不是作为票据行为的要件来考虑关系到票据法的价值取向及个性的维护，也直接关系到票据功能的发挥，并影响到票据当事人权利义务的确定和风险的分担。郑玉波先生尝言：“票据之生命在于流通”，票据法以“助长票据流通为最大任务”。[②] 票据行为的要式性、文义性、无因性、独立性等特殊性设计，可以说都是直接为票据流通服务的。所谓票据的实质要件应该是源于票据行为类属于法律行为性质的逻辑演绎，但以票据能力作为票据行为的要件来判断票据行为的有效无效，与票据行为最直接的冲突是票据行为的独立性；以意思表示作为票据行为的要件，则会直接与票据行为的文义性相冲突。所谓“票据行为实质要件”这首误唱了多年的老歌当休矣！[③]

通常而言，无论是出票行为还是背书、承兑、保证，行为人作成书面并将其交付给相对人，即使完成了票据债务负担的意思，相应地，也完成了票据权利的设立、移转等。当票据行为依法成立，流通的形态即为常态移转，在票据常态移转的情况下，各票据法是以抗辩限制等制度维护其流通的。当票据非常态移转的情况下，署名人的票据债务就出现了问题。例如，行为人作成票据并签章后，未及交付就因失窃、遗失而脱离签章人之手进入流通，或者委托保管的票据被违反委托的意思而转让给第三人。这种交付契约欠缺的场合，按照契约说，[④]署名并不是独立的票据行为，不过是交付契约的准备行为。因而署名后交付前因被盗，遗失而脱离署名人之手的情况自不待言，就是委托保管的票据因违反委托的旨意而进入流通的情况，出

① 叶林、黎剑飞：《商法学原理与案例教程》，中国人民大学出版社2006年版，第95页。

② 郑玉波：《票据法》，台湾三民书局股份有限公司1980年版，第5页。

③ 以上观点集中反映在董惠江《票据行为实质要件之否定》一文（载《法律评论》2012年第1期）。

④ 票据理论上关于票据行为性质的学说，从大的方面来看，有从契约说到单方行为说，其间，单方行为说又有从发行说到创造说的流行过程。为保护票据流通，在实现排除交付契约欠缺的抗辩这一点上，各票据理论的讨论，都有对应的配套理论。限于篇幅，本书不作展开讨论，仅以契约说展开。

票人可以票据并未交付作为物的抗辩，对抗包括善意取得人在内的任何人。但这一结论明显有害于票据交易安全，抑制票据的流通。20世纪初德国法学家Jacobi的权利外观理论为解决这一问题提供了方案。根据Jacobi的理论，票据上的债权债务依票据授受的交付契约而成立，即使交付契约无效或不存在，对于具有归责性地引起交付契约有效的权利外观的署名人，对信赖这一外观，无恶意或重大过失的取得人，必须像有效的交付契约一样，负票据责任。[①] 也就是票据债务，依交付契约成立，而且，在交付契约无效或不存在的情况下，因有可归责性地引起权利外观，票据债务也视为成立。于是，根据权利外观理论，交付契约欠缺的署名人不再可以对第三取得人抗辩，其物的抗辩的属性所带来的困难问题就可以解决了。特别是权利外观理论是一个开放式的理论，除针对交付欠缺的情况，对伪造、变造，以及因意思表示瑕疵，交付契约无效或被撤销等情况，空白不当补充的抗辩，欠缺票据收回却已支付的抗辩等可能出现的一时还没有类型化的事由，都可以权利外观理论解决对善意第三人的保护问题。既然现行的票据制度对票据非常态移转如何解决对第三人的保护问题没有作出相应的规定，权利外观理论的现实意义就是作为法律漏洞补充的工具，而进一步的努力是将其直接落实为法律规范，这也符合成文法的立法规律。因为中国并非日内瓦统一法公约的签约国，没有遵守国际公约义务的限制，完成这一工作，恰恰具备其他日内瓦统一法签约国所不具有的条件，也因此可以实现中国票据立法的突破而修订出一部世界领先的票据法。[②]

针对《中华人民共和国票据法》第7条第3款要求“在票据上的签章，应当为当事人的本名”的规定，有学者认为对票据上以艺名、笔名等所作的签章应认定为有效。[③] 董惠江教授引用日本学者的观点认为：票据具有天然地向第三人流通的本质，为票据流通考虑，票据行为，票据上的记载，要以客观解释为原则，其解释的标准应理解为以社会的通常观念（一般交易观念、社会的习惯）作合理的判断。[④] 当某票据上的签名按通常的观念当然地被理解为与某人具有同一性时，我们一定要以其不是该人的本名而否定签名的效力，未免过于脱离社会生活，同时也违背了票据关系自身的规律。[⑤]

针对《中华人民共和国票据法》第8条“票据金额以中文大写和数码同时记载，二者必须一致，二者不一致的，票据无效”的规定，学者们参照世界各票据法文字和数码记载不一致时多以文字为准的做法，主要从鼓励交易的角度，以及在法律的解释上，不一致的记载，仍有确定其意思的方法，断无彻底否定这一行为效力的必要，

① ［德］Ernst Jacobi，Wechsel-und Scheckrecht.1956，S.41-143（S.106-107）.

② 以上观点归纳于董惠江：《票据法的坚守与发展》，载《中国法学》2010年3期。

③ 赵新华：《票据法问题研究》，法律出版社2002年版，第84页。

④ ［日］川村正幸：《手形法·小切手法》，新世社2005年，第46页。

⑤ 董惠江：《票据签章之中日比较》，载《学术交流》2008年第3期。

而且金额记载不符,票据无效对善意持票人的保护也有不逮。[①] 为促进票据流通,有效解释是票据行为的解释原则之一,我国《票据法》应采国际通行规则,当中文大写和数码记载不一致时,应以中文大写为准。

《中华人民共和国票据法》第6条规定:无民事行为能力人或者限制民事行为能力人在票据上签章的,其签章无效,但是不影响其他签章的效力。这一条在文字使用上也有问题。该规定仿自我国台湾地区"票据法"第8条,即票据上虽有无行为能力人或限制行为能力人之签名,不影响其他签名之效力。签名或签章本身是个事实行为,不包含意思表示,无所谓效力的判断,应采用类似《日内瓦统一汇票本票法公约》第7条的表述,即无民事行为能力人或者限制民事行为能力人在票据上签章的,其他签章人应负之责仍然有效。

(六)票据代理问题研究

票据代理是票据行为代理的简称,具体指代理人在其代理的权限范围内,在票据上载明被代理人的名称,并在票据上签章的行为。

《中华人民共和国票据法》对票据代理仅在第6条作了两款规定,未作规定的部分当然适用民法上的规定。比如我国大陆曾有学者讨论建立票据表见代理制度的必要性,应该说这是个误会。根据法解释学的原理,票据法与民法之间是特别法与一般法的关系,票据行为本质上是一种法律行为,票据表见代理直接适用民法关于表见代理的规定,当无讨论的余地。[②]

该第6条第1款强调票据代理的严格显名主义,这是票据的文义性所决定的。第2款引发了一些争议,一是票据无权代理可否追认的问题,二是关于越权代理的责任规定如何适用的问题。

关于票据无权代理可否追认成为问题,源自"没有代理权而以代理人名义在票据上签章的,应当由签章人承担票据责任"的规定,票据法上对无权代理可否追认没有明确的规定。

传统上,中国大陆的票据法理论不承认票据无权代理可由本人追认,即所谓否定说。其主要理由是:(1)票据无权代理不适用被代理人追认首先源自立法本身,即日内瓦统一法系国家的票据法一般均规定:无权代理人而以代理人名义签名于票据者,应自负票据责任;此项规定准用于越权代理。[③] (2)票据无权代理若由本人追认,实际上是将谁来承担责任的主动权交给了本人,万一本人拖延时日,势必

① 郑孟状、郭站红、姜煜洌:《中国票据法专家建议稿及说明》,法律出版社2014年版,第42页。
② 董惠江:《票据表见代理适用及类推适用的边界》,载《中国法学》2007年第5期。
③ 姜建初:《票据原理与票据法比较》,法律出版社1994年版,第43页。

使该无权代理的后果处于不稳定状态，从而有害于代理行为的相对人。[①] (3)民法上无权代理的被代理人追认制度若适用于票据，势必影响交易安全，造成票据受让人犹豫，从而阻碍票据流通。[②] (4)郑孟状先生也曾归纳不允许票据无权代理人追认的优点：第一，票据中的权利义务关系得以早日确定，而不会因为存在追认与否而使票据中的权利义务关系处于不确定和游移状态；第二，被代理人的责任得到撇清，他可以以越权代理和无权代理为由对抗一切持票人包括善意持票人；第三，是持票人的权利得到加强，行使权利也无须周折，直接可以请求越权代理人或无权代理人履行票据义务。[③] 以上种种构成了否定无权代理可以追认的基本理由。

与此相反，近年在中国大陆，越来越多的学者主张票据无权代理可以由本人追认，即所谓肯定说。首先，郑孟状先生援引民法学者的观点，作为主张可由本人追认的根据，即民法上规定无权代理和越权代理可以追认，是由于这种行为未必对本人不利，追认给了其一个亲自选择、判断的机会。同样地，追认越权代理或无权代理，也未必对相对人不利，被代理人的追认，可能恰恰是相对人所期望的。[④] 其次，之所以允许事后追认，是因为在通常情况下，本人与代理人相比，更具有承担责任的能力，而排斥本人的追认，也就排斥了其所承担的票据责任，显然减弱了票据的清偿能力，从而影响了票据流通安全，这与票据法的精神相悖。所以，允许本人追认，更有利于票据的安全流通。[⑤] 再次，肯定追认，能使票据关系和原因关系一致。即在一个交易关系中，发生了无权代理，原因关系由于适用民法可以加以追认得以成立，票据关系却因票据法否定追认而遭受阻却。所以导致在一个交易过程中，由于适用不同法律的不同规定而产生了无法结合、无法衔接的后果。[⑥] 最后，承认追认之效力，并不会增加持票人行使权利的周折。从票据实务来看，持票人根据票据之记载，一般都会向本人要求行使权利，如果本人即刻追认，持票人便可即时实现票据权利。即使本人拒绝追认，持票人转而向无权代理人要求其承担票据责任时，也没有比直接由无权代理人履行票据上义务而费更多的周折。[⑦]

董惠江教授援引台湾学者的观点进一步说明各票据法规范形式的内在语义，

---

① 王小能：《中国票据法律制度研究》，北京大学出版社1999年版，第60页。学者徐海燕亦有相同理由的说明(见《英美法系追认代理的法律问题》，载《外国法译评》1999年第2期)。

② 汪世虎：《票据法律制度比较研究》，法律出版社2003年版，第105页。

③ 郑梦状：《票据法研究》，北京大学出版社1999年版，第104页。

④ 王立明、郭明瑞、方流芳：《民法新论》，中国政法大学出版社1986年版，第431页，转引自郑梦状：《票据法研究》，北京大学出版社1999年版，第104页。

⑤ 范启其：《论票据行为的代理》，载《法学》1995年第4期；芦苇平、吴斌：《票据代理若干法律问题探讨》，载《上海市政法管理干部学院学报》1998年第4期。

⑥ 赵新华：《票据法问题研究》，法律出版社2009年版，第141页。

⑦ 李璐：《试论票据代理的追认制度》，载《湖北经济学院学报(人文社科版)》2006年第1期；赵新华：《票据法问题研究》，法律出版社2009年版，第141页。

按照民法上之无权代理，非经本人之承认对于本人不生效力(台湾地区“民法”第179条第1项)，因而本人如果不承认时，虽善意相对人可向无权代理人请求损害赔偿(我国台湾地区“民法”第110条)，以谋救济，但终究不能主张该代理行为有效。此种办法倘亦适用于票据时，则影响于受领人之权利者颇大，故票据法乃径使无权代理人自负票据上之责任。[①]《日本民法》第117条第1项，《德国民法》第179条第1项对无权代理人责任的规定，也都有未能得到本人追认时，服从相对人的选择，或者对相对人履行，或者负损害赔偿责任的内容，以此推知，无论是日内瓦统一票据法还是我国台湾地区的“票据法”之所以规定无权代理人自负票据责任，都是因为直接适用民法上无权代理责任的规定有技术上的障碍，比如票据责任以票据金额为内容，民法上的令无权代理人负赔偿责任无法和票据金额相对接。那么，根据上述解释，票据法规定无权代理人自负票据上的责任，只是用来解决本人不追认的前提下票据无权代理的责任承担问题，而非强调无权代理只能由无权代理人自负票据上的责任，当发生本人追认，则直接根据民法上的规定，由本人向直接相对人和其后的受领人负票据责任。另外，从票据制度的目的分析，票据上的一切制度都是围绕促进票据流通，确保票据支付的理念而设计的。考察某项票据制度的真意，应该从该制度是否有害于票据流通，妨碍票据支付来考虑。如上所述，否定本人的追认，出发点应该是保护实际上并未授予他人代理权的本人，但承认本人对票据无权代理和越权代理的追认，并不损害本人的利益，无权代理人的代理结果可能正是本人所希望的，同时相对人可以得到本人的追认符合其所理解的权利外观(尽管是虚假的)，也不构成票据文义性的障碍。比起否定票据无权代理和越权代理可以追认的观点，承认追认反倒会使票据金额的支付又增加了一层保障，对持票人也只是权利行使对象的增加，而没有更多的义务负担。可以说票据无权代理可以追认对确保票据支付有利无害，并且也会在一定程度上消除票据取得人对被代理人以及代理权是否虚假的顾虑，从而更乐于接受存在票据代理的票据，结果是更好地促进了票据的流通。

该第6条第2款后段规定，代理人超越代理权限的，应当就其超越权限的部分承担票据责任。这也是仿自我国台湾地区的“票据法”，即代理人逾越权限时，就其权限外之部分，亦应自负票据上之责任(第10条第2款)。文义解释，应是越权代理人对越权部分的票据金额承担票据责任，本人对代理权限内的票据金额承担票据责任。该规定引发了众多学者的批评。首先，如果是票据金额的越权代理，本人和代理人就权限范围内和越权部分的责任尚可划分。但如果把越权代理作广义的理解，提前到期日、记载不方便的付款地等给本人造成代理权限范围外的附加义务

---

① 郑玉波:《票据法》，台湾三民书局2002年版，第40页；刘兴善、王志诚:《现代票据法》，台湾三民书局股份有限公司2007年版，第78页。

的代理行为都是越权代理。这种情况下本人和代理人的责任如何划分，或者说代理权限范围内和越权部分的界限标准无法量化，该责任规定也就难以实施。[①] 其次，依这一规定，越权代理时，代理权限范围内的部分，本人当然要负责，代理人则是就越权的部分负责。这样，持票人不得不向本人和代理人各请求支付一部分票款，这不仅对持票人极其不方便，对代理人恐怕也是把票据关系复杂化了。而且依该规定，持票人要就一个票据债权分别行使，岂不是违背了票据权利的不可分原则。[②] 与第二点相同的批评还有，票据是完全有价证券，票据权利的发生、转移、行使都需要依照票据才能进行，这就决定了票据权利的不可分原则。依此说，持票人不得不向本人和代理人各请求支付部分票款，这对持票人极其不方便，而且违反了票据权利不可分原则。另外，这种责任分担方法在实践中不易操作，因为票据是缴回证券，持票人向越权代理人和本人任何一方行使票据权利，票据都要被缴回，当持票人欲行使另一部分票据权利时就无票据可供出示，不利于持票人票据权利的实现。[③] 鉴于此，谢石松和钱玉林都认为，在越权代理中，应以由本人和越权代理人对执票人负连带责任较为合适。[④] 我们认为，目前两岸关于票据越权代理的立法及学说的本质缺陷在于并未脱离民事责任的思维定式。依票据责任的特点，本人和越权代理人不可能同时或先后对同一票据权利的不同部分承担票据责任。本人和越权代理人依代理权限所做的内部责任划分，本质上属民事责任范畴。对外责任(票据责任)只能由本人或越权代理人之一就全部票据金额承担下来，然后在内部再按民事责任的规则追偿。这样，我们只有两个选择：其一，由越权代理人就票据金额的全部负责，再由越权代理人依民事责任向本人追偿代理权限内的金额；其二，由本人就票据金额的全部负票据责任，再由本人依民事责任就代理人超越权限的部分向越权代理人追偿。[⑤] 考虑票据法的国际性，作简单化处理采第一套方案是一个合理的选择，即越权代理准用无权代理的规定。

(七)票据伪造和变造问题研究

对票据伪造和变造的研究，有代表性的研究成果是董惠江教授的《我国票据伪

---

① 芦苇平、吴斌：《票据代理若干法律问题探讨》，载《上海市政法管理干部学院学报》1998 年第 4 期；季俊东：《论票据无权代理》，载《现代法学》1996 年第 2 期。

② 董惠江：《浅析票据代理的若干问题》，载《河北法学》1997 年第 1 期；王连洲、何宝玉、刘金华：《票据法知识问答》，经济科学出版社 1995 年版，第 17 页；[日]李偉群：《中国の手形抗弁制度について の一考察(二)》，名古屋大学法政論集 183 号(2000 年)，第 212 页。

③ 董建学：《关于完善我国票据越权代理制度的思考》，载《大众商务》2009 年第 9 期。

④ 谢石松：《试论票据代理中的法律问题》，载《中国法学》1996 年第 1 期；钱玉林：《关于票据代理的两项特别法则》，载《山东法学》1996 年第 1 期。

⑤ 董惠江：《票据无权代理、越权代理责任》，载《法律适用》2002 年第 8 期。

造、变造制度的设计——围绕现行票据法第十四条展开》[1]一文。该文解决的第一个问题是《票据法》对伪造、变造应分别在两个条文中予以规定。因为：第一，票据伪造主要针对的事项是票据签章，变造人的目的在于变更票据责任的内容（通常是加大票据金额的记载），二者在行为对象上明显不同。第二，二者有着不一样的法律效果和法律责任。票据伪造行为是当然无效的，而票据变造是在有效成立的票据上实施变造行为，法律效果和法律责任遵从变造前签章的，依原文义负责；变造后签章的，依变造文义负责的法理。票据的伪造、变造，有不同的对象、不同的法律效果和法律责任，直接立法目的也各不相同，它们之间没有可能存在共同的规则，除了行为对象同属票据记载事项，基本上没有什么牵连关系，没理由放在一个条文里规定。

其次，《票据法》应对伪造可否追认给予明确规定。一般说来，按照不署名者不负票据责任的法理，伪造票据的被伪造人因未在票据上签章而不负票据责任。但是，在实践中，完全可能出现被伪造人通过追认（以虚构人的名义实施伪造不存在这一问题）加入票据关系中来的情况，法律上对这种行为应该是什么态度呢？

否定追认观主要认为，其一，追认权是一种民事权利，它是对法律行为的追认，而不是对一定事实行为的追认，如侵权行为、犯罪行为等是不能被追认的，票据伪造是一种侵权行为，甚至是一种犯罪行为，这种行为在性质上不能被追认。其二，伪造人伪造票据的目的在于诈取财物，一般情况下都会损害被伪造人的利益，如果允许伪造人与被伪造人达成追认协议，那么就可能使伪造人借以摆脱刑事处罚，有规避法律之嫌。[2] 而且，票据伪造如果准用有关票据行为无权代理的规定，势必对被伪造人的合法权益造成损害，有损法律公平。[3] 肯定追认的主要理由包括：其一，并不是所有的票据伪造行为都有害于票据被伪造人，很多情况下，伪造人为了避免因票据伪造而受到刑事处罚，主动给付被伪造人一定的经济利益也是可能的；其二，承认被伪造人的追认权，有利于维护票据的流通，保护持票人的合法权利。[4]

确实，票据伪造不像无权代理那样存在有效意思表示而缺乏可追认的对象，而且，伪造行为的追认会产生伦理观念和犯罪规制的冲突，英国法之所以完全否定票据伪造的效力并不得追认，是因为英国人更强调理性，他们认为：一个等于伪造的

---

① 董惠江：《我国票据伪造、变造制度的设计——围绕现行票据法第十四条展开》，载《法商研究》2018年第2期。

② 于永琴：《票据伪造追认法律问题研究》，载《烟台大学学报（哲学社会科学版）》2008年第2期。

③ 赵新华：《票据法问题研究》，法律出版社2002年版，第360页。

④ 于永琴：《票据伪造追认法律问题研究》，载《烟台大学学报（哲学社会科学版）》2008年第2期。

无授权签字就不可能被追认为有效了，没有人肯认为一个伪造签字的有效性，因为那可能涉及一项罪行。[①] 但是，从私法的本质来讲，被伪造人自愿接受伪造行为的后果又符合意思自治的原则，法理上没有否定这种自愿接受行为的理由。况且允许被伪造人加入进来更有助于票据的流通，而接下来要确定的是认可这种接受行为的法律根据。依票据法与民法特别法与普通法的关系，在日本等国是可以在民法上找到依据的，如《日本民法》第119条前段"无效的行为，不因追认发生效力，但当事人明知其无效而为追认时，视为新的行为"。依《日本民法》第119条但书的追认，既不是无权代理的追认，也不是无效行为的追认，它被视为一个新的行为而不具有溯及力，上述是否追认的矛盾和纠结得以解决。但是，中国大陆已有的民法制度资源，尚无日本等国那样的无效行为追认的规定，一旦出现票据伪造的追认，只能依上述诸国既存的法律规定所形成的法理以法解释学的方法做相同的处理。但是，作为成文法国家，与其依靠法解释学这种退而求其次的办法，不如直接在《票据法》中规定："票据伪造，不因追认发生效力，但当事人明知其无效而为追认时，视为新的票据行为。"

再次，应适用权利外观理论特殊情况下令被伪造人担责。[②] 作为原则，被伪造人并未在票据上署名，而且因为未授予他人(伪造人)代行的权限，一般不负票据责任是个当然的结论。因此，当被伪造人受到来自持票人票据金额请求时，可以票据对自己无效的抗辩(物的抗辩)对抗之。但是，将被伪造人对伪造票据不负责任绝对化可能会对票据取得人保护不利，有违票据法促进票据流通的理念。对伪造行为的发生，当存在可归责于被伪造人的事由，取得人有信赖其是真正票据的正当理由时，被伪造人就必须承担票据责任。这就是前述权利外观理论对伪造行为的意义。

最后，变造的效力规则应予修改。世界上，英美的票据法并无与我们完全相同的变造制度而没有严格的比较意义，而日内瓦统一法和我国两岸有关票据制度的规定都遵循变造前后不同的签章人各负其责的法理。此外，我国台湾地区的"票据法"还多了两项内容，即在第16条中还规定了"不能辨别前后时，推定签名在变造前"，"前项票据变造，其参与或同意变造者，不论签名在变造前后，均依变造文义负责"。《中华人民共和国票据法》沿袭了台湾地区"票据法"推定责任的内容，在第14条"有不能辨别是在票据被变造之前或者之后签章的，视同在变造之前签章"的内容。两岸有关票据制度的这个规定应该是错误的，因为在明确举证责任后，无法

---

① [英]理查逊：《流通票据及票据法规入门》，李光英、马卫英译，复旦大学出版社1990年版，第68页。

② 对这一问题，中国大陆仅董惠江给予较多的关注，另参见董惠江如下三篇论文：(1)《票据抗辩的分类》(载《法学研究》2004年第1期)；(2)《票据表见代理适用及类推适用的边界》(载《中国法学》2007年第5期)；(3)《票据法的坚守与发展》(载《中国法学》2010年第3期)。

辨别在变造前或变造后签章的，必然有一方承担举证不能的后果，另一方的主张当然应视为成立，所以，这样的规定也就完全成了立法者的想象。因此，我国大陆《票据法》的修改应将原第14条第3款后半段与台湾地区“票据法”相同的内容删除。

关于变造，特殊情况下也是可以适用权利外观理论的。如日本学者主张即使是变造前署名的人，若对变造有可归责的事由，对善意取得人仍应依禁反言原则按变造后的文义负责。[①] 其理由是，票据本来就是一种存在很容易被变造危险的证券，作成或者在其上署名的人，对用纸、笔墨、记载方法等必须悉心注意，应不留有空隙、余白等可供变造的余地。怠于这种注意，就会给变造者以可乘之机。对票据变造有可归责事由的署名人，和在轻易就会被变造的票据上署名的人，可认为和被不当补充的空白票据上的署名人有同样的法律地位。[②] 此种情况即可类推适用空白票据不当补充时的责任规定，[③]当然，适用权利外观理论更简捷。这一点已有立法例可资借鉴。比如，《美国统一商法典》第3-406条第(a)号规定：“因怠于通常应有的注意，而对变造给予了实质机会的人，对诚实地取得票据的人不得主张变造抗辩。”

补充一点，如果看《中华人民共和国票据法》第14条的3款内容设计，第2款规定的是伪造，第3款规定的是变造，按照立法技术，第1款貌似后两款的共同规则或一般条款，但从第1款的内容分析，所谓“票据上的记载事项应当真实”中的“真实”，是普遍的行为标准，这种一般性的强调没什么法律意义。也就是说，其他法上可以内容真实判断行为的效力，在票据法上恰恰不能以内容真实否定票面记载。于是，这里的“真实”不但没有法律实益，反倒会与票据及票据行为的固有特征产生冲突。该款中的“应当承担法律责任”一词含义不清，如果是刑事或一般民事责任，则没有必要在《票据法》中作规定，否则有越俎代庖之嫌；如果是票据法上的责任，一则伪造人原则上无票据责任，二则变造的情形，变造人的票据责任在具体条款中规定，此处规定已属重复。从第1款的内容安排来看，立法者似有将其抽象为伪造、变造的一般条款的意图，但根本上伪造与变造有前述的不同，这种努力一定是徒劳的，结果是使这一款在《票据法》中变成了无用条款甚至是有害条款，应当删除。[④]

另外，《中华人民共和国票据法》第14条第2款“票据上有伪造、变造的签章的，不影响票据上其他真实签章的效力”的规定，和我国台湾地区“票据法”第15条

---

① [日]伊泽孝平：《手形法・小切手法》，有斐閣1949年，第165页。

② [日]前田庸：《手形法・小切手法》，有斐閣1999年，第271页。

③ [日]菱田政宏：《手形の变造、抹消》，载[日]铃木竹雄、[日]大隅健一郎：《手形法・小切手法講座》(1)，有斐閣1964年，第265页。

④ 董惠江：《我国票据伪造、变造制度的设计——围绕现行票据法第十四条展开》，载《法商研究》2018年第2期。

"票据之伪造或票据上签名之伪造,不影响于真正签名之效力",应该是错误的。此类的"签章无效","不影响其他签章的效力",因签章或签名(或者二者统称为署名)本身只是个事实行为,不包含意思表示,不存在效力判断的问题。《票据法》此类条文的规定是要侧重于表明票据行为独立性的原理,意为票据上有伪造签章的,其他签章人的行为仍然有效,其应负的票据责任仍然有效。①

(八)票据权利问题研究

首先,关于票据权利的定义。《中华人民共和国票据法》第4条第1款规定票据权利是指持票人向票据义务人请求支付一定金额的权利,包括付款请求权和追索权。这一规定存在两个问题:一是"金额"一词使用不准确,因为追索权可请求的不仅仅是票据金额,还包括利益和其他费用。二是票据权利行使的对象不周延,与民法上权利和义务相一致的原理不同,持票人行使权利的对象不但包括义务人,还包括汇票、支票上的并不负票据上付款义务的付款人。② 因此,这一定义应该修改为"本法所称的票据权利,是指持票人向票据债务人和关系人请求支付一定金额和费用的权利,包括付款请求权和追索权"。

其次,对票据权利部分的研究主要集中在善意取得问题。学者们主要聚焦于票据权利善意取得的构成要件上,有所谓二要件说、三要件说③、四要件说④、五要

① 董惠江:《我国票据伪造、变造制度的设计——围绕现行票据法第十四条展开》,载《法商研究》2018年第2期。

② 郑孟状、郭站红、姜煜洌:《中国票据法专家建议稿及说明》,法律出版社2014年版,第13页。

③ 三要件说:一是须依票据法所规定的方式取得票据;二是须由无权利人处取得票据;三是取得人须无恶意或重大过失。吴国喆:《票据权利善意取得与票据抗辩的比较研究》,载《甘肃社会科学》1999年论文辑刊。值得注意的是,还有不同的三要件说:一是票据必须存在连续的背书;二是根据票据法规定的转让方法并在期限前取得票据;三是取得人没有恶意和重大过失。郑宇:《论票据法中的无权利抗辩》,载《黑龙江社会科学》2009年第2期。

④ 四要件说:一是必须以票据法规定的转让方式取得票据;二是必须从无处分权人处取得票据;三是受让人受让时须无恶意或重大过失;四是已付出合理的(相当的)对价。汪世虎:《论票据权利的善意取得》,载《西南师范大学学报(人文社会科学版)》2003年第6期;姜万国:《票据救济对抗事由评析》,载《当代法学》2005年第3期。值得注意的是,还有不同的四要件说:一是受让人从无处分权人处取得票据;二是受让人按照票据法规定的转让方式取得票据;三是受让人善意或无重大过失;四是转让方在形式上为合法持票人与实际转让人。吕来明:《票据权利善意取得的适用》,载《法学研究》1998年第5期。

件说[①]、六要件说[②]、七要件说[③]。这些研究对丰富善意取得制度的理论研究有积极意义,但立法价值不大。另一方面,董惠江关于票据善意取得制度存废的观点值得关注。无因性原则与善意取得制度相比,在都是为了保护交易安全,侧重对第三人权利的保护上两者是相同的,前者强调原因关系与票据关系的分离以及原因关系不对票据关系的效力产生影响,后者直接解决转让人无权利对受让人的权利不产生影响的问题。无因性原则适用于整个票据流转的每一个环节,善意取得只是针对持票人直接前手无权利的情况,无因性原则有覆盖善意取得制度的功能,而且从保护第三人的角度,善意取得是以第三人善意为条件的,无因性原则则直接推定第三人善意,只是以第三人知道前手原因关系的抗辩存在为例外,如《中华人民共和国票据法》第13条第1款以但书规定,持票人明知存在抗辩事由而取得票据的除外。于是聪明的德国人为什么在物权法和票据法上都同时采用无因性原则和善意取得制度这种叠床架屋式的立法,颇令人费解。其实,无论物权变动还是票据流通,采无因性原则即不必同时规定善意取得。[④]

票据权利取得的对价问题也备受学者关注。《中华人民共和国票据法》第10条第2款从正面规定了票据的取得需要给付对价,第11条从反面规定了无对价取得票据的限制。对于第10条关于对价的法律效果的规定,理论上有两种认识,其中一种是取得票据必须给付对价,缺乏对价的票据是无效票据,但目前不赞成对价是取得票据要件的观点是有力的学说。[⑤] 主要理由是,票据法强调对价的必要性,其着眼点在于票据"取得",而"取得"仅是票据流转中的一个环节,并不概括创造票据权利义务关系的票据"签发",因此没有理由将取得无效与票据无效等同起来。

---

① 五要件说:一是必须从无处分权人手中取得票据;二是受让人依照票据法规定的转让方式取得票据;三是必须基于善意而取得票据;四是必须付出对价而取得票据;五是必须是受让形式完备的票据。张杰军:《论票据权利的善意取得》,载《河北法学》1999年第6期。

② 六要件说:一是善意取得票据权利必须符合票据法规定的转让方式;二是善意取得票据权利必须是从无处分权人处取得票据;三是受让人取得的票据须在形式上完整且符合法律定式;四是善意取得票据权利必须有票据丧失占有的事实;五是票据受让人取得票据须无恶意及重大过失;六是无对价或不以相当对价取得票据的不适用善意取得。门献敏:《审判实践中票据权利的善意取得》,载《求索》2007年第1期。

③ 七要件说:一是须是从无票据处分权人手中取得票据;二是须依照票据法规定的转让方法而取得;三是受让人取得的票据须在形式上完整且符合法律定式;四是受让人须善意且无重大过失;五是受让人须以背书连续证明自己的形式性资格;六是在票据上必须有独立有效的票据债务存在;七是无对价或不以相当对价取得票据的不适用善意取得。郑雷:《论票据权利善意取得的构成要件》,载《市场周刊·管理探索》2005年第6期。

④ 董惠江:《票据善意取得制度评析》,载《黑龙江教育》2016年第9期。

⑤ 郑孟状:《论票据对价》,载《中外法学》1997年第1期;梁作民、王雷:《论票据权利之取得与票据对价》,载《法商研究》1999年第1期;于永芹:《试析我国票据对价制度》,载《山东大学学报(哲学社会科学版)》2001年第6期。

我国将支付对价作为取得票据的必要条件之一，实际上是对英美法系对价要件的误读。英美法将对价当作正当持票人的要件之一，而正当持票人制度只有在其他人对票据可能主张权利或抗辩时才有意义。如果受让票据时，让与人的票据权利是无瑕疵的，受让人即使未支付对价取得票据，不能成为正当持票人，但也同样享有完整的票据权利。大陆法系的法国、德国等国家也一样认为对价非取得票据的一般要件，只是未支付对价，受让人不能弥合前手的瑕疵，不能取得优于前手的法律地位，而非不能取得票据权利。以原因关系中的对价作为票据权利取得的一般要件，从根本上违背了票据无因性的基本原理，妨碍了票据的流通。对该条应以修正。[①] 欠缺对价所形成的抗辩属人的抗辩，只能在直接当事人之间提出，非直接当事人之间，不得以欠缺对价作为抗辩事由。[②] 所以，应当将《中华人民共和国票据法》第 10 条第 2 款与第 11 条第 1 款所规定之内容合并，形成一条规定："票据的取得应当给付对价，无偿取得票据的善意持票人，所享有的票据权利不得优于其前手的权利。"[③]或者将第 10 条的第 2 款即"票据的取得必须给付对价"作为第 11 条的第 1 款列在"因税收、继承、赠与可以依法取得票据的，不受给付对价"内容之前。[④]

对第 11 条的质疑则主要集中在第 11 条采用列举的方式的立法不妥。[⑤] "当事人认可的相应的代价"的描述模糊不清，故应当删除。还有学者认为无对价抗辩应与恶意抗辩同置于第 13 条抗辩制度的但书中规定，以及对价的标准等。

(九)票据抗辩问题研究

立法本身票据抗辩的概念是值得检讨的。《中华人民共和国票据法》第 13 条第 3 款规定：本法所称抗辩，是指票据债务人根据本法规定对票据债权人拒绝履行义务的行为。这一概念性规定，因为票据抗辩包括主张相对人票据债权未成立的情形，[⑥]比如票据绝对必要记载事项欠缺，持有这样的票据主张权利的人即不能称为票据债权人，同样这种情况下也不存在什么债务人。因此，第 13 条第 3 款把抗辩的主体用债务人、债权人指称并不妥当。

理论上，有关票据抗辩制度的研究成果数量也不少，但多是围绕票据抗辩限制制度的解说。票据抗辩切断制度的内容包括承兑人对出票人抗辩的限制和被请求

---

① 唐义红：《论票据的流通性》，载《泸州职业技术学院学报》2008 年第 2 期。

② 汪世虎：《论票据行为的无因性》，载《海南大学学报(人文社会科学版)》2003 年第 3 期。

③ 赵霞：《对票据无因性理论相关问题的思考——谈"正当持票人"概念及立法借鉴》，载《商品与质量》2011 年第 3 期。

④ 姚文：《论票据抗辩的限制》，载《海南金融》2006 年第 4 期。

⑤ 李伟群：《我国票据法中无对价抗辩制度的完善》，载《法学》2008 年第 7 期。

⑥ 王志诚：《票据法》，台湾元照出版有限公司 2004 年版，第 179 页。

人对持票人前手抗辩的限制，票据抗辩切断的例外主要表现为恶意抗辩和无对价抗辩。[①] 对这一问题的研究早期有代表性的作品是赵威的《票据抗辩限制研究》[②]。作者分析研究了国内外票据抗辩限制的理论、立法主义和内容，在此基础上指出：我国票据立法对票据抗辩采取形式上限制、实质上不限制的做法，违背了票据的本质特征；我国票据抗辩限制立法的内容，不仅应包括对人的抗辩的限制，还应包括票据效力抗辩的限制。作者最后对我国《票据法》有关票据抗辩限制立法提出了具体的修改建议。董惠江的《关于票据抗辩限制的新思考》[③]一文主要从票据抗辩限制的个性、立法例比较、票据抗辩限制的理论根据、前提条件、例外规定等几个方面，来丰富我国的票据抗辩理论，并为完善相关立法提出一些思考。

关于票据抗辩的分类也是学者研究的一个热点。抗辩理论的发展经历了从传统的抗辩权分为物的抗辩和人的抗辩到权利外观下的新抗辩理论的发展。[④] 有学者将票据抗辩分为三类：物的抗辩、人的抗辩和票据效力抗辩。[⑤] 还有不同的票据抗辩三分法：物的抗辩、人的抗辩和特定关系抗辩。[⑥] 有学者提出票据抗辩四分类理论，将票据抗辩分成物的抗辩、有效性抗辩、无权利的抗辩和人的抗辩。[⑦] 有学者从抗辩的有效性事由的角度将抗辩进行分类。有效的抗辩事由包括：对抗不特定债权人的法定事由、对抗特定债权人的法定事由、对抗特定债权人的约定事由、票据抗辩限制中对人抗辩限制事由因持票人的恶意而重新变为有效性抗辩事由。[⑧] 董惠江教授的《票据抗辩的分类》[⑨]认为传统的，现在仍占统治地位的票据抗辩分类理论，把票据抗辩分为物的抗辩和人的抗辩两大类，但事实上存在不为这种二分法的分类所涵盖的抗辩事由，典型的是欠缺交付的抗辩，还有诸如伪造的抗辩、变造的抗辩等等。此类抗辩如果简单地归属于物的抗辩，显然是违背票据流通的理念的。该文回归票据抗辩分类是否受限制的本质属性，跳出非此即彼的思维窠臼，以权利外观理论为基础，提出在物的抗辩和人的抗辩之外，尚存在介于物的抗辩和人的抗辩之间的抗辩或称为中间抗辩，并对这类抗辩作了展开性的论述。这篇文章是董惠江教授鼓吹权利外观理论上升为立法思想的较早期作品，其理想的目标是在修改我国《票据法》时，在票据行为部分加入一个条文，即“非因票据行

① 董惠江：《关于票据抗辩限制的新思考》，载《比较法研究》2003年第6期。

② 赵威：《票据抗辩限制研究》，载《中国法学》1997年第6期。

③ 董惠江：《关于票据抗辩限制的新思考》，载《比较法研究》2003年第6期。

④ 吴浩：《论票据抗辩理论的革新及其对我国的启示》，载《求索》2011年第12期。

⑤ 谢黎伟：《论票据抗辩》，载《福建金融管理干部学院学报》2004年第2期。

⑥ 胡振玲：《票据抗辩权初探》，载《中南民族大学学报(人文社会科学版)》2004年第1期。

⑦ 郑宇：《票据抗辩理论的流变及其再构成》，载《当代法学》2011年第5期。

⑧ 姜万国：《票据抗辩事由的有效性评析》，载《当代法学》2006年第7期。

⑨ 董惠江：《票据抗辩的分类》，载《法学研究》2004年第1期。

为而对票据权利的成立负有责任的人，应当对信赖这一外观的受让人负票据责任。但是，受让人明知或者因重大过失而不知者除外”，来解决交付期约欠缺票据的署名人，伪造票据的被伪造人，变造票据变造前署名的人等承担票据责任的问题。

（十）票据利益偿还请求权制度研究

《中华人民共和国票据法》第18条规定了利益偿还强求权制度，这是一个遍体鳞伤的带病条文，随着该法的颁布饱受批评，主要问题有：其一，该第18条将票据利益偿还请求权的前提条件超过票据权利时效和手续欠缺改为超过票据权利时效和“记载事项欠缺”，可以说是荒唐了。利益偿还请求权的立法理由是因票据法设置短期时效制度和严格的追索权保全手续制度，导致了票据权利人票据权利容易丧失，而部分债务人单方面获得了原因关系或资金关系的对价却不必支付票面金额。于是，票据法又不得不从协调票据法与民法在这一问题上的关系考虑，基于衡平的理念，确定了利益偿还请求权制度。该第18条将“手续欠缺”改成了“记载事项欠缺”，而影响票据权利的，只有绝对必要记载事项，当绝对必要记载事项欠缺票据权利也就不能产生，何来丧失？其二，该第18条将利益偿还请求权的性质表述为“民事权利”也是欠斟酌的。首先，民事权利是由民法规定的，而利益偿还请求权由票据法规定。其次，民事权利以来民事法律事实发生（如合同、侵权行为、不当得利、无因管理等），而利益偿还请求权是由票据法规定的法定权利。最后，民事权利一定基于民事关系发生，而利益偿还请求权的请求权人（持票人）和被请求人（出票人、承兑人等），通常没有民事法律关系的存在，因为票据上的当事人只有直接前后手之间才有作为基础关系的民事关系存在。利益偿还请求权本质上是一种请求权，类似于民法上的普通债权，但直接表述为民事权利却是法理上说不通的。回避定性表述，交给理论上去解决才是明智的。其三，出票人或承兑人受有利益是利益偿还请求权的成立要件之一，如果像该第18条规定的“可以请求出票人或者承兑人返还其与未支付的票据金额相当的利益”，当出票人或者承兑人没有或部分受有利益，还要向持票人偿还与票据金额（利益偿还请求权发生当然是“未支付”）相当的利益，这个制度就不再是对有过失的持票人的补救了。因此，相应的表述应回归到日本《票据法》和我国台湾地区“票据法”上的“既得利益”或“所受利益”上。由此，关于利益偿还请求权的被请求人我国两岸有关票据制度的规定都仅指出票人和承兑人不够周全，当持票人或承兑人未受有利益或部分受有利益，就可能背书人受有全部利益或部分利益，此时，因为持票人无法向出票人或承兑人请求偿还，就可能出现背书人单方受有利益，利益偿还请求权制度匡救持票人因时效经过或手续欠缺造成的票据关系两端当事人利益失衡的立法目的仍未实现，所以，日本把背书人也规定为利益偿还义务人的立法例更优。其四，原本在我国台湾地区的“票据法”上，使用的是利益偿还请求权，我国大陆《票据法》将“偿还”改为“返还”是没有道理的。因为返还的对象应是请求人的原有之物或利益，而本条制度中的请求权是一种次生的补救权利，是一种补偿意义上的权利，不应具有返还的强度。①

近时有学者主张废除利益偿还请求权这一制度，②其主要理由是：其一，利益返还请求权与票据法不兼容，包括票据法本身无法解释利益返还请求权的性质，利益返还请求权与票据法相关制度冲突。其二，实践中的难题——利益返还请求权无法行使。其三，权益间的纠葛——"利益"判断的困境等等。其中一些分析确实抓住了该制度的关键之处，无论制度存废，这篇文章都是有积极意义的。

(十一)票据时效问题研究

对于票据时效期间的研究，争议主要在于票据时效期间的起算点的问题。覃有土等认为，我国《票据法》第17条第1款第3项的规定对持票人是十分不利的，虽然时效制度的目的在于惩罚在权利之上睡眠的主体，但是法律的最终目的还是督促权利人及时行使权利以保护权利人的利益，持票人行使追索权必须取得拒绝证明或退票理由书，在未取得这些证据之前，持票人是无法行使追索权的，因此，追索权的起算点从被拒证明作成之日起算更公平合理，另外，在承兑人或付款人死亡、逃匿、被依法宣告破产或因违法被责令终止业务活动等情形下，持票人只有当票据到期提示时，才可能知道付款人死亡、逃匿、被宣告破产或被责令终止业务活动等情况，从此时起算，可以比较合理地保护持票人的利益。③ 陈运雄认为，第17条第(3)项将持票人对除出票人外的前手的追索权时效的起算点规定为付款人和承兑人的拒绝承兑日和拒绝付款日，有进一步研究的必要。首先，持票人行使追索权的原因除拒绝承兑和拒绝付款外，还有《票据法》第61条第2款第(2)项、第(3)项规定的承兑人或者付款人死亡、逃匿，承兑人或者付款人被依法宣告破产或者因违法被责令终止业务活动等情形。其次，即使是拒绝承兑和拒绝付款的情形，也不应以拒绝承兑和拒绝付款日作为追索权时效的起算点，因为，持票人行使追索权，应以一定形式的拒绝证明或其他合法证明来证实追索权行使的法定条件已经具备。最后，当《票据法》第61条第2款第(2)项、第(3)项规定的情形出现时，追索权时效起算点的确定，应自取得有关合法证明之日起算。第17条第(4)款规定的关于持票人对出票人的追索权和再追索权的时效起算点的制度设计，不一定能够达到加重出票人的责任、保护票据权利人的目的，将持票人对出票人的追索权和再追索权的时效起算点，也分别规定为在恰当时间内取得拒绝证书或者其他有关合法

---

① 以上内容可以参考董惠江：《票据利益返还请求权制度研究》，载《中国法学》2001年第2期；于永芹：《完善票据利益返还请求权的思考》，载《法学》2011年第9期。

② 徐晓：《论票据利益返还请求权制度的废除》，载《法商研究》2015年第3期。

③ 覃有土、吴京辉：《略论票据时效》，载《中南财经政法大学学报》2005年第2期。

证明之日，和清偿日或者被提起诉讼案件审结之日，然后，根据不同的票据分别计算2年和6个月的时效期间，却能实现立法者的立法意图。[①]

另外，我国《票据法》第17条第(4)项规定持票人对前手的再追索权，自清偿日或者被提起诉讼之日起3个月，“被提起诉讼之日”这个起算点是不科学的。因为普通民事一审案件的审理期限是6个月。再追索义务人自“被提起诉讼之日起三个月”起算，意味着可能在法院还未就该诉作出判决或调解的生效文书时，再追索时效期间已经经过，这无论如何是《票据法》的规定没有考虑与诉讼法的衔接，应该为“持票人对前手的再追索权，自清偿日或者被人民法院生效司法文书确定的清偿之日起三个月”。

(十二)票据丧失补救制度研究

1.关于挂失止付

重要的关注是挂失止付的范围，即可以挂失的票据有哪些。在票据绝对丧失的场合，不可能发生票据金额被冒领的情形，所以在这种场合也就没有必要挂失止付。在票据相对丧失的场合，失票人丧失的票据就有流入他人之手而发生票据金额被冒领的可能，故失票人就有必要向付款人进行挂失止付。所以，只有票据相对丧失时，才有必要挂失止付。但是，对相对丧失的票据，我国《票据法》第15条第1款但书又作了进一步的明确，即未记载付款或者无法确定付款人及其代理付款人的票据不得挂失止付。其中未记载付款人的票据依我国《票据法》的规定为无效票据自不能挂失止付；无法确定付款人及其代理付款人的票据，因不能确定挂失止付通知的特定送达对象也不能挂失止付。接下来，中国人民银行发布的《支付结算办法》第48条有进一步限制为，“已承兑的商业汇票、支票、填明‘现金’字样和代理付款人的银行汇票以及填明‘现金’字样的银行本票丧失，可以由失票人通知付款人或者代理付款人挂失止付”。那么，没有承兑的商业汇票、转账的银行汇票和转账的银行本票等，也就不适用挂失止付。这种限缩招致了学者的批评，即《银行结算办法》规定的可以挂失止付的票据范围要比《票据法》规定的可以挂失止付的票据范围小得多。它只注意保护作为付款人和代理付款人的银行的利益，而没有注意保护票据权利人的利益。[②] 更直接的批评是，转账的票据只能办理转账而不能要求支付现金，能够查明票款的去向，一般不会发生被他人冒领的问题，即使被他人冒领也很容易能查明冒领人为谁，固然不属于挂失止付的范围，未将转账支票纳入其中却是不妥的。另外，未经承兑的商业汇票，并不是持票人就没有取得票款的保障，其向付款人或代理付款人提示，可能获得付款，也可能不能获得付款，因此未经

---

① 陈运雄：《对〈票据法〉第十七条的解读和思考》，载《法学杂志》2007年第4期。

② 赵威：《票据丧失与挂失止付》，载《法学研究》1997年第5期。

承兑的商业汇票丧失,应允许失票人挂失止付,否则,在实践中不仅会损害票据权利人的利益,还会产生对商业汇票的歧视和阻碍其使用、流通的结果。① 此外,赵威教授对法律没有明确规定的超过票据权利消灭时效、未到期、经过法定提示付款期限、空白票据等票据丧失的情况是否适用挂失止付也做了有益的探讨。②

2.关于公示催告

对公示催告制度的一个重要批评是,我国《民事诉讼法》第195条第2款③规定"公示催告期间转让票据权利的行为无效"。对于这一规定我国学界的意见主要有两种对立的观点。主张废除《民事诉讼法》第195条第2款规定的见解认为:票据是一种完全的有价证券。票据的可自由转让是其本质特征。该条款的规定在理论上有违《票据法》的通行原则。④ 公示催告与其他补救票据丧失的措施一样,在保护失票人的同时,必须充分考虑善意持票人的正当权益。⑤ 在公示催告期间,票据尚未被除权宣告无效,受让人若以善意、无重大过失取得票据的,当属善意取得应受保护。长期以来,公示催告作为大陆法系国家票据丧失的主要救济措施沿用至今,并无大碍。可是,上述规定却与大陆法系诸国的票据立法相对立,这样的规定不利于维护票据交易的安全,应予修改。⑥ 支持《民事诉讼法》第195条第2款规定的见解则认为,可背书转让的票据丧失后,如果允许其继续流通转让,其结果不仅违背了票据持有人的意旨,而且还会给不法分子造成可乘之机,危及原票据持有人及其后手的利益。⑦ 票据的特点就在于能够转让,票据的转让也意味着票据权利的转让。所以,为了保护失票人的利益不受侵害,绝不能允许在公示催告期间内,将票据承兑、贴现、转让。⑧ 李伟群教授总结这些争议认为:公示催告的根本目的在于保护票据善意取得者之权利。失票人只有在没有善意取得者出现的前提之下,方可通过除权判决获得票据权利的救济。这种先后次序、主次关系不容颠倒。对于善意取得者来说,仅因其不知有公示催告的存在而未作申报的,就要承受失权的不利后果,这显然过于严苛而不具任何合理性。因此,从强化票据交易安全的角

---

① 屠世超、郑雨尧:《论票据丧失补救制度——兼论我国立法的缺陷与完善》,载《绍兴文理学院学报(哲学社会科学版)》2002年第4期。

② 赵威:《票据丧失与挂失止付》,载《法学研究》1997年第5期。

③ 《中华人民共和国民事诉讼法》已于2012年8月31日做了修改并于2013年1月日生效,相同内容已变更为第220条第2款。

④ 谢红:《试论票据丧失的补救途径》,载《经济法制》1995年第7期。

⑤ 王小能、肖爱华:《中国内地与台湾地区、香港特区票据丧失补救制度比较研究》,载《法制与社会发展》2000年第6期。

⑥ 朱丹、刘铮:《论票据权利的善意取得》,载《经济与法》1994年第3期。

⑦ 梁书文、回沪明、杨荣新:《民事诉讼法及配套规定新释新解》,人民法院出版社1996年版,第697页。

⑧ 蔡玉明:《票据法与律师票据业务》,人民法院出版社1997年版,第246页。

度考虑，优先保护善意取得者的权利，使其权利不因除权判决而受到影响，这种价值取向是正确的、值得支持。为了更有效地发挥公示催告的作用，这一不合理的规定必须废除。[①] 何况这一规定的存在，会导致即使最后没有除权判决的发生，公示催告期间的票据转让也是无效的这一无意义的后果。

公示催告制度的另一个被质疑的问题是公知性不够。首先，公告的载体及在不同载体上发布公告的时间。我国新旧《民事诉讼法》对公示催告的载体均未作规定，我国《民事诉讼法》未修改前，《最高人民法院关于适用〈中华人民共和国民事诉讼法〉若干问题的意见》第229条将其规定为人民法院公告栏内，并在有关报纸或其他宣传媒介上刊登；法院所在地有证券交易所的，还应张贴于该交易所。颁布在后的《票据纠纷规定》对公告的载体进行了限缩性解释，限缩为"全国性的报刊"，最高人民法院又用几个"通知"将其确定为《人民法院报》。由于全国性的报刊较多，利害关系人往往难以注意到公告的事实，明确规定便利、权威、统一的公告载体确有必要，[②]2015年修订的《最高人民法院关于适用〈中华人民共和国民事诉讼法〉的解释》(以下简称《民事诉讼法解释》)第448条规定，除在报纸上发布公告外，仍然坚持公告还应张贴于人民法院公告栏内或人民法院所在地的证券交易所。这样规定的目的在于尽量扩大受众群体，减少善意受让人受让的机会，避免失票人权利受损。为避免由于在不同媒介上刊登公告时间不同的问题，在有关报纸或者其他宣传媒介上刊登公告、在人民法院公告栏内和交易所公布公告的时间规定为同日。[③]

公示催告公知性不够还涉及公示催告期间的问题。《票据纠纷规定》第33条规定为确定的60日，涉外票据可根据具体情况适当延长，但最长不得超过90日。《民事诉讼法》第219条规定："公示催告的期间，由人民法院根据情况决定，但不得少于60日。"《民事诉讼法解释》第449条规定："公告期间不得少于60日，且公示催告期间届满日不得早于票据付款日后15日。"《票据纠纷规定》将公告期间确定为60天最为典型的体现是银行承兑汇票存在着付款期限为6个月的情形。60日期满，就会出现在提示付款期届满前申请人即可以取得除权判决主张权利的现象。这会出现由于除权判决公告日早于票据付款期限，导致申请人丧失票据后实现票据权利的时间可以早于其未丧失票据时行使票据权利的时间。因此，应将公示催告的期间与票据提示付款期限相结合进行规定，在票据未丧失的情形下，持票人提示付款需在法定期限内进行。在票据丧失的情形下，申请人依据除权判决向付款

① 李伟群：《我国票据丧失补救制度的不足及完善——兼谈我国〈票据法〉第15条第3款的修改》，载《法律适用》2011年第11期。

② 张雪楳：《票据丧失救济之公示催告程序疑难问题研究——兼论票据权利人的认定》，载《人民司法》2015年第8期。

③ 张雪楳：《票据丧失救济之公示催告程序疑难问题研究——兼论票据权利人的认定》，载《人民司法》2015年第8期。

人请求支付的，其权利不能优于票据未丧失情形下的持票人。故公示催告期的上限应与票据的提示付款期相衔接。《民事诉讼法》第219条规定的本意是对公示催告的期间设定一个最低天数为60日的期间，而非将公示催告期间限定为60日。《票据纠纷规定》将法律规定的下限日期规定为固定日期有欠妥当。另外，根据德国、日本、我国台湾地区的相关规定，公示催告期均长于60日，为6个月，我们不能将公示催告期间简单地固定为60日。[①]

公示催告程序还有一个问题是是否要求申请人提供担保。按照李伟群教授的思路，公示催告期间失票人提供担保的，即可请求付款人履行付款义务。主债务人向提供担保的公示催告申请人支付票据金额后，其他的票据债务人的票据责任即告解除。公示催告后除权判决前，即使出现了善意取得者，主债务人将申请人提供的担保金用来支付，故无二次付款之虞。失票人的担保，应在除权判决后予以解除。这是一种通过优化组合，将我国请求付款诉讼制度中的一些合理元素吸收进来的做法。另一种思路是，公示催告可以要求申请人提供担保。按照《民事诉讼法解释》第456条的规定，"人民法院依照民事诉讼法第220条规定通知支付人停止支付，应当符合有关财产保全的规定"。《民事诉讼法》第100条第2款规定："人民法院采取保全措施，可以责令申请人提供担保，申请人不提供担保的，裁定驳回申请。"结合《民事诉讼法》第219条"人民法院决定受理申请，应当通知支付人停止支付"的规定，可以责令申请人提供担保。一段时期以来，实践中不断出现买卖票据，包括正常流转的票据，出票人、背书人伪称票据丧失申请公示催告的案件，这实质上已涉及虚假诉讼甚至诈骗犯罪的刑事制裁问题，在公示催告程序中，为保护真正失票人和防止伪报票据丧失申请公示催告，应由人民法院根据个案的具体情况，要求申请人提供担保。

3.诉讼

作为票据丧失补救手段的普通诉讼，在我国《票据法》中只有第15条规定的"提起诉讼"四个字。相对于公示催告还适用于其他有价证券的丧失，票据丧失的诉讼制度为票据失票人独享，所以应在《票据法》中给予规定。《票据纠纷规定》做了一些填补漏洞的工作。如第35条规定，失票人在票据权利时效届满以前请求出票人补发票据或者请求付款人付款，在提供相应担保的情况下因债务人拒绝付款或者出票人拒绝补发票据提起诉讼的，由被告住所地或者票据支付地人民法院管辖。按这种规定方式，以诉讼补救票据丧失，要以提供担保请求补发票据或请求付款被拒绝为前提。第36条规定，提起诉讼的被告为与失票人具有债权债务关系的出票人、拒绝付款的付款人或者承兑人。第38条规定，提起诉讼的条件即说明曾

① 张雪楳：《票据丧失救济之公示催告程序疑难问题研究——兼论票据权利人的认定》，载《人民司法》2015年第8期。

经持有及丧失票据的情形，和提供相当于票据金额的担保。对此，有学者认为该规定将被告限制在与失票人具有债权债务关系的出票人、拒绝付款的付款人或承兑人欠妥当，在主债务人不能付款时，将其他票据债务人，如背书人、保证人列为被告也是可以的，但究竟谁可充当被告，要由失票人举证。此外，还有担保金额的标准应由要求提供担保的票据债务人自行决定，以及失票人确实不能提供担保的，可采用提存的方法保障付款人的利益等。[①] 还有很多学者希望参考英美法中相关制度设立我国的票据丧失普通诉讼制度，[②]但也有学者主张我国票据法不应引入票据丧失普通诉讼制度。[③]

(十三)关于出票制度的研究

我国《票据法》第二章汇票部分规定了出票、背书、承兑、保证四种票据行为，此外，还规定了付款和追索权，相比较而言，出票部分还算中规中矩，除了第 21 条可以参考第 10 条的评价外，还有对第 20 条出票定义的批评。即《票据法》第 20 条规定的出票的定义，使用“签发”二字似有不妥。签发本身即含有作成并交付之意，与其后“将其交付给收款人”中的交付有语意重复之嫌。[④] 在立法例上，签发二字已有比较法意义上的确定含义，如英美法上的规定。将“签发”改为“作成”更为科学。[⑤]

(十四)关于背书制度的研究

关于背书的理论研究涉及票据背书的连续性，背书的伪造，空白背书，以及散见的对背书制度完善的思考。背书的连续性主要是背书连续的构成、认定，以及效力问题，[⑥]该部分成果基本上是对法律法规的解释，在法律适用上仍有意义。关于背书伪造的研究，有学者对我国《票据法》第 32 条提出批评，认为依第 32 条“以背书转让的汇票，后手应当对其直接前手背书的真实性负责”的规定，后手背书人有

---

① 于莹：《票据法》，高等教育出版社 2008 年第 2 版，第 210 页。

② 王小能、肖爱华：《中国内地与台湾地区、香港特区票据丧失补救制度比较研究》，载《法制与社会发展》2000 年第 6 期；屠世超、郑雨尧：《论票据丧失补救制度——兼论我国立法的缺陷与完善》，载《绍兴文理学院学报(哲学社会科学版)》2002 年第 4 期。

③ 刘丽萍：《票据丧失补救措施的效力与适用》，载《山西大学学报(哲学社会科学版)》2003 年第 3 期。

④ 刘心稳：《票据法》，中国政法大学出版社 1999 年版，第 163～167 页。

⑤ 董惠江：《票据法的坚守与发展》，载《中国法学》2010 年第 3 期。

⑥ 王小能：《论票据背书的连续性》，载《中国法学》1999 年第 1 期；张燕强：《背书连续认定规则之探讨》，载《法律科学(西北政法学院学报)》2006 年第 1 期；金纯：《论票据背书的连续性及其效力》，载《西南民族大学学报·人文社科版》2005 年第 12 期；赵清树：《空白背书的效力与连续性问题研究》，载《山东商业职业技术学院学报》2009 年第 2 期。

担保前一手背书人签章真实的责任，前一手背书人的签章如为伪造，后手背书人应负相应的民事责任，而不问该背书人在背书时是否善意。如此在被伪造人没有在票据上签章和伪造人伪造他人签章的情形下，根据票据上谁签章谁负责的文义性规则，善意受让该伪造票据的持票人是根本无法找到承担背书伪造责任的后手，其利益是无法得到保障的。① 第 32 条的问题还在于，按第 31 条持票人持有背书形式连续的票据即合法的持票人和票据权利人，除非该持票人取得票据有恶意或重大过失。紧接着的该第 32 条却要求后手无论有无过错，都要对其前手的不真实背书或者实质不连续的背书负责，这两个条款直接产生冲突，也就使第 32 条成了世界各票据立法例都找不到的一个条文。

票据背书的研究还有一个条文是争议较大的，即第 36 条关于期后背书的规定。我国《票据法》第 36 条规定："汇票被拒绝承兑、被拒绝付款或者超过付款提示期限的，不得背书转让；背书转让的，背书人应当承担汇票责任。"这条规定的前段对期后背书在票据法上的效力是否定的，与世界各国的通例方向相同，但后段又规定期后背书的背书人要承担汇票责任，即票据责任。被禁止的票据行为却能产生票据责任，这种自相矛盾的同条规定令人费解。② 故应明确期后背书不能产生票据法上背书转让的效力，只能产生通常债权转让的效力。③

票据背书还有一个论文频发的热点问题，就是票据质押物权法包括担保法和票据法规定的冲突问题。其中，如傅鼎生、杨忠孝、于莹、熊丙万、高圣平、陈本寒等发表了一批有影响的文章。问题的引发是源于我国《票据法》第 35 条第 2 款的规定："汇票可以设定质押；质押时应当以背书记载'质押'字样。被背书人依法实现其质权时，可以行使汇票权利。"《票据纠纷规定》第 55 条规定："依照票据法第 35 条第 2 款的规定，以汇票设定质押时，出质人在汇票上只记载了'质押'字样未在票据上签章的，或者出质人未在汇票、粘单上记载'质押'字样而另行签订质权合同、质押条款的，不构成票据质押。"由此可见，票据质权之设立应以背书记载"质押"字样为必要，设质背书是票据质权的生效要件。《物权法》第 224 条规定："以汇票、支票、本票……出质的，当事人应当订立书面合同。质权自权利凭证交付质权人时设立；没有权利凭证的，质权自有关部门办理出质登记时设立。"据此，《物权法》对票据质权是否以设质背书为要件未作规定。《最高人民法院关于适用〈中华人民共和国担保法〉若干问题的解释》（以下简称《担保法司法解释》）第 98 条明确规定："以汇票、支票、本票出质，出质人与质权人没有背书记载'质押'字样，以票据出质对抗善意第三人的，人民法院不予支持。"这即设质背书是票据质权的对抗要件。综上

① 陈斌彬、李章辉：《票据背书伪造法律规制的比较及借鉴》，载《上海金融》2007 年第 9 期。

② 董惠江：《关于票据抗辩限制的新思考》，载《比价法研究》2003 年第 6 期。

③ 董翠香：《票据背书法律制度研究》，山东大学 2012 年博士论文。

所述，在不同的法律规范之下，设质背书或为票据质权的生效要件，或为票据质权的对抗要件，直接导致法律适用上的冲突，仅单纯交付而未作成设质背书的票据质权在《担保法司法解释》下是有效的；但在《票据法》之下是无效的，当质权人基于质权行使票据权利之时，票据上除出质人以外的所有票据债务人均可以背书不连续、持票人无法证明自己权利来源合法为由对抗质权人的付款请求权或追索请求权，票据质权人的权利无从实现。[①] 这一问题的解决除于莹教授为代表的采一种比较圆滑的解释，即以票据设定质押，是指持票人为了担保自己或者他人的债务，而在其持有的票据上设定质权的行为。在我国，以票据设定质押，既可以依据《担保法》的规定仅采用质押合同的方式，也可以依据《票据法》的规定采用背书的形式。从解释论上看，《担保法》第76条与《票据法》第35条并不矛盾，也非分别适用票据基础关系和票据法律关系，而是对以不同方式设定票据质押分别进行的规范，[②]多数学者都强调要尊重票据质押票据行为的个性，优先适用《票据法》的规定。陈本寒更是从整个权利质权的角度，认为在确定权利质权的公示方法时主要考虑以下三个因素：财产权利的流转方式、交易习惯和特别法之规定。从而批评我国物权法体系在对待权利质权公示制度时的混乱和不合理。[③] 其实，我们认为，就上述几个法律包括司法解释的冲突，票据质押直接适用《票据法》及相关规定，在法解释学上是不成问题的，《票据法》本身这个规定也无须修改，是物权法上的规定出了问题，物权法上的相关规定应予修改。

除此之外，董翠香在其博士论文中对增加规定空白背书规则，增加电子背书规则等也提出了一些有益的建议。

（十五）关于承兑制度的研究

对于承兑制度，研究成果更多地集中在因承兑引发的刑事案件上，在商事领域仅仅是实务适用的一些具体问题，但研究者应该是忽视了第39条对承兑自由原则的破坏。承兑自由原则包括付款人的承兑自由和持票人的提示承兑自由，前者因汇票上的付款人并非票据债务人，当持票人提示其承诺付款，他有承兑或拒绝承兑的自由。而对于持票人，因汇票到期日形式不同，并不一概要求提示承兑。比如见票即付的，不得承兑。见票后定期付款的，因为不提示见票无法确定到期日，提示见票与承诺付款两程序合一，是必须提示承兑的。而定日付款和出票后定期付款提示承兑的好处是若被拒绝，则可以展开期前追索，提前实现票款及费用；如果持

① 高圣平：《设质背书的效力研究兼及〈票据法〉与〈物权法〉的冲突及其解决》，载《中外法学》2009年第4期。

② 于莹：《论票据质押的设立与效力》，载《法学评论》2009年第1期。

③ 陈本寒：《我国〈物权法〉上权利质权公示方法之检讨》，载《法学》2014年第8期。

票人确定付款人到期能够付款，提示承兑就是多此一举。因此，各票据法对这两种到期日形式的汇票，均规定是否提示承兑由持票人根据情况自己选择，这就是承兑自由原则包含的另一层意思。但是，我国《票据法》第39条对后两种到期日形式的汇票，使用了和见票后定期付款的汇票一样的"应当"提示承兑的用语，纠正为"可以"提示承兑才是回归到本源。

(十六)关于保证制度的研究

对于保证制度，似乎少有学者对其有太高的理论热情，比较有影响的是关于票据保证从属性与独立性[①]和关于票据保证效力[②]的讨论，本部分对其内容不再展开，只针对立法条文中的问题做一些说明。

我国《票据法》条文中的问题有，第46条规定了包括绝对必要和相对必要的必要记载事项，却使用了"必须"的字样，改为"应该"和其他部分的用语一致也更准确。另外，该条把"保证人的名称和住所"列为必要记载事项是多余的。因为保证行为一定要有保证人的签章，何必再另记名称？住所本应是相对必要记载事项，按"没有记载的，营业场所、住所或者经常居住地为其住所"来推定即可。当然，保证人的住所是否有必要作为相对必要记载事项也是可以讨论的。再比如第50条规定："被保证的汇票，保证人应当与被保证人对持票人承担连带责任。汇票到期后得不到付款的，持票人有权向保证人请求付款，保证人应当足额付款。"这个规定前半段没什么问题，后半段就是多余的了。本来连带责任即有连带责任各方同一责任的意思，特别是保证人的被保证人可能是出票人、背书人、承兑人等，"保证人应当足额付款"，"付款"二字就把出票人、背书人的追索义务排除了。用语有失严谨，又显得蛇足。另外，第50条"保证人为二人以上的，保证人之间承担连带责任"的表述仍不严密，这一条本来讲的是共同保证的连带责任问题，但如此表述有歧义存在。因为票据上可能会有出票的保证人、背书的保证人（可能会多个）和承兑的保证人多个保证人同时存在，该条规定可能会令人误解为是指明所有这些保证人之间承担连带责任而偏离共同保证，如改为"二人以上为保证的，保证人之间承担连带责任"，即可无虞。

(十七)关于付款制度的研究

该部分学者们集中关注的是付款审查的问题。按照我国《票据法》第57条第1款和其他条款的精神，在我国，付款人的付款只负形式审查义务，这一点和其他各票据法规定相同，符合共通的法理。但是，后来的《票据纠纷规定》第69条规定：

---

① 孙卫国：《票据保证的从属性与独立性》，载《当代法学》2000年第5期。

② 赵新华：《票据保证及其效力》，载《吉林大学社会科学学报》1996年第4期。

“付款人或者代理付款人未能识别出伪造、变造的票据或者身份证件而错误付款，属于票据法第57条规定的‘重大过失’，给持票人造成损失的，应当承担民事责任。”由此理论界和实务界对这个规定产生了很大的异议。第一，法理不通，即与“重大过失”的法理不相容。第二，与我国《票据法》的规定相抵触，使《票据法》第57条的规定前后矛盾。第三，与国际公约及各国的规定相悖。第四，无现实操作性。[①] 这实际上是该规定强加给了当事人无法完成的义务。

我国《票据法》关于付款的部分应修改的条款一是第53条第2项的两处规定，即“定日付款、出票后定期付款或者见票后定期付款的汇票，自到期日起十日内向承兑人提示付款”和“持票人未按照前款规定期限提示付款的，在作出说明后，承兑人或者付款人仍应当继续对持票人承担付款责任”。该条是规定不同到期日形式的付款提示期限的，定日付款等三种到期日形式请求付款的对象有遗漏，即除了承兑人，还应有付款人。第2项第2段使得该条之前的规定变得毫无意义，因为按照前两项的期限提示付款的意义是可以保全追索权的，反之则丧失追索权，而按照该规定，持票人的一个说明就可以轻易地把具有追索权保全意义的“遵期请求付款”否定掉了，而且立法者并不关心如何说明？说明的内容标准是什么？只要作出“说明”，承兑人或者付款人就还要对持票人承担付款责任，付款请求期限的规定岂非儿戏？

二是第54条“足额”和“当日”付款的规定。该条规定：持票人依照前条规定提示付款的，付款人必须在当日足额付款。其立法本意是：部分付款不能使持票人的权利一次性全部实现，有降低票据信用之嫌，而且要求当日付款看似也是为持票人的利益着想。但是，部分付款并不会增加对持票人的损害，不过是增加了他的请求次数而已。如果绝对地要求足额付款，就会增加付款人、承兑人拒付的风险，相对而言，部分付款即使后续付款难以实现，持票人追索权实现的难度也相应降低。同样，绝对要求付款在当日完成，一定会增加被拒绝付款的可能，如果灵活一些，是否当日付款由持票人选择，法律再限定不得超过一定的时日，应该是一个更好的保护持票人利益的立法选择。

（十八）关于追索权制度的研究

有关追索权制度的研究成果相对较少，其中汪世虎教授从票据提示，作成拒绝证书，拒绝事由的通知三个方面对两大票据法系相关规定的比较研究，提出了如英美法上提示方式等方面的借鉴意见。[②] 另有学者指出，我国《票据法》并没有对拒绝证明和退票理由书的制作和取得规定期限，而对于提供其他合法证明却要在“规

---

① 董翠香：《论我国票据法中票据付款人的审查义务》，载《当代法学》2002年第8期。

② 汪世虎：《追索权保全手续之比较研究》，载《池州师专学报》2003年第1期。

定的期限”(第65条)内完成,导致立法上出现脱节。[①] 郑孟状等建议规定:拒绝承兑证明,应在提示期限内作成。拒绝付款证明,应在拒绝付款日或在其后3日内作成。[②]

(十九)关于本票的研究

对本票,因为现行《票据法》将其限定为银行本票,学者们对制度本身的研究已了无兴趣,更多的是在增设商业本票的立法政策上的呼吁。因为商业本票和其他票据相比,有着自己独特的优势,对促进我国票据业务市场的发展,完善金融市场业务品种和国际市场接轨等方面有着不可替代的作用。其一,利用商业本票进行融资具有一定的灵活性,并且商业本票的融资成本一般低于银行的短期借贷成本。其二,利用商业本票融资具有提高社会整体信用的作用。其三,利用资金的逐利性特征,运用商业本票的法律形式来规范民间借贷行为。其四,商业本票的发展,对利率市场化有积极的促进作用。[③] 另有学者分析商业本票存在的合理性指出:首先,商业本票符合本票的所有意义,和银行本票相比,不过是商事主体的信用判断则由银行转为收款人,且承担不利后果。其次,票据实务中对商业本票的变相运用,因为我国票据法律制度已经允许出票人和付款人一致的商业承兑汇票存在,所以不必执着于一定要对商业本票予以特别限制。最后,允许商业本票签发不改变票据风险控制的结果。收款人愿意信赖出票人,并非常明确自己将承担的票据责任以及面临的相应的风险,那么法律也没有理由限制发行自由。[④]

总之,本票的突出功能是信用功能和由此衍生的融资功能,随着我国信用体系的建立,发挥商业本票的融资功能,对于解决民间借贷的乱象有极大的益处,而且以发达国家成熟的经验,商业本票在整个金融体系中应该有它应有的位置。

(二十)关于支票的研究

第一,关于远期支票的问题。“远期支票”一词,并非票据法上之规范用语,只是一般之习惯用语。习惯上所称之远期支票,是指“票载发票日以前签发之支票或以未届至日期为发票日之支票”,[⑤]其实,远期支票的“远期”和作为票据分类的远

---

① 郭继、李德贵:《论我国票据追索权行使要件的立法完善》,载《合肥学院学报(社会科学版)》2005年第3期。

② 郑孟状、郭站红、姜煜洌:《中国票据法专家建议稿及说明》,法律出版社2014年版,第206页。

③ 赵佳燕:《商业本票在我国票据市场的发展探析》,载《时代金融》2018年第1期中旬刊。

④ 赵意奋:《试论我国商业本票发行的合理性及原则》,载《宁波经济(三江论坛)》2016年第6期。

⑤ 颜炳杰:《论远期支票的效力》,载《西南政法大学学报》2007年第3期。

期票据、即期票据中的"远期"并不相同，它不过是个"预开支票"。[①] 我国《票据法》第90条规定："支票限于见票即付，不得另行记载付款日期。另行记载付款日期的，该记载无效。"这是强调支票的支付性，不允许有如汇票、本票信用功能意义上的远期意味。所以，有学者认为我国《票据法》对远期支票的态度不明，[②]可能是误会，上述习惯意义上的远期支票或预开支票在我国票据实践中存在，法律上也是没有障碍的。对其讨论的意义是远期支票可否在出票日前提示付款，背书的效力如何，等等。

第二，承认保付制度。由于支票的付款人并无票据上的付款义务，从确保支付的理念出发，许多票据法都规定支票的保付制度，即付款人在支票上记载"保付"的字样并签章，保付人负绝对付款责任的支票。鉴于实践中较少票据债务人乐于采用票据保证制度，[③]因为对支票而言，保证对票据信用的增加并不明显，故学者们主张在票据法上明文规定保付支票制度。[④]

第三，删除资金关系、预留印鉴、本名开户等管理性规定。如谢怀栻先生对《票据法》第83条第2款、第88条第1款等的批评。[⑤]

第四，关于空白支票。《票据法》在第84条、第85条、第86条中规定了空白支票制度。首先的一个问题是，尊重商业习惯，空白票据制度是各票据法都承认的，我国没有必要将过期限定在只允许支票的使用。其次，《票据法》对空白支票的规定本身即有问题，空白票据是出票人有意空白某些票据绝对必要记载事项，而第84条未将收款人列入绝对必要记载事项，第86条又要求像空白票据一样补记就失去了根据。因为不将收款人列为绝对必要记载事项，原理上是否补记并不影响出票的效力。所以，应将付款人列入绝对必要记载事项，把第85条和第86条合并规定(因补记要求相同)更简洁、更合理。

(二十一)其他

1.关于涉外票据。由于立法技术的原因，涉外票的法律适用传统上属于国际私法的调整内容，以本国法规定票据冲突规则的并不多见。但我国如此规定，作为

---

① 郑玉波：《论远期支票、空白支票与空头支票》，载《法令月刊》第32(8)期。类似的看法亦可参见李开远：《票据法理论与实务》，台湾五南图书出版股份有限公司2004年版，转引自颜炳杰：《论远期支票的效力》，载《西南政法大学学报》2007年第3期。

② 郑孟状、郭站红、姜煜洌：《中国票据法专家建议稿及说明》，法律出版社2014年版，第243页。

③ 谢怀栻：《票据法概论》，法律出版社2006年版，第173页。

④ 郑梦状：《票据法研究》，北京大学出版社1999年版，第225～226页；董翠香：《我国票据体系立法完善之思考》，载《社会科学研究》2003年第3期。

⑤ 谢怀栻：《评新公布的我国票据法》，载《法学研究》1995年第12期。

《涉外民事法律适用法》的一个补充也是一种选择。问题是,如联合国国际汇票和国际本票公约,仅仅把出票地和付款地以及收款人所在地作为涉外票据的因素来考察,而我国《票据法》将背书和保证等行为也作为判断票据是否涉外的因素似过于宽泛。另外,第95条关于票据法与国际公约适用的优先层级问题,是国际法上的一个常识,无须由票据法重复规定。

2.我国《票据法》专设"法律责任"一章实乃多余。该章将某些行为指向性地规定了其应当承担刑事、行政和民事责任,而并非票据法中所说的票据责任。而前列各种责任无论从构成到制裁,该章本身都没有言明,更无法律结果的规定,毫无规范意义。上述责任在各相应法律中都自有规定,不必浪费不必要的立法资源。

3.电子票据的立法问题。美国是最早进行电子票据立法的国家,1999年7月美国统一州法委员会颁布的《统一电子交易法》(UETA)。UETA第16条规定了"可转让电子记录"(transferable record),用来表述电子簿记式证券或票据。2000年6月美国总统签署了国会第106次年会通过的《国际与国内商务电子签名法》(E-SIGN)。E-SIGN第201条也规定了"可转让记录"。这两部法令构成了比较完善的美国电子票据制度。日本"电子票据"的正式名称为:电子债权记录法。由于采用了比电子票据的概念更为广泛的"电子债权记录法",其最大的优点是债权债务可以分割支付,以解决中小企业融资难的问题。进入2000年后,日本就在探讨如何利用现代科学技术解决中小企业融资难的问题,2003年7月2日日本政府提出e-Japan战略2,开始正式从立法层面探讨电子债权的转让问题,终于在2007年6月通过了《电子记录债权法》,并于2008年12月开始施行。其他如新加坡、韩国等国,以及我国台湾地区等也都有电子票据的立法和实践。

从1996年开始我国也开始尝试使用电子票据。2005年4月1日,《电子签名法》正式生效,它确立了数据电文与纸质数据具有同等的法律地位、电子签名与手写签名具有同等的法律地位,以及电子身份认证机构的法律地位和管理问题。《电子签名法》颁布不到一年,招商银行在国内推出了第一张电子票据——"票据通"。2009年10月16日,中国人民银行在商业汇票现有的法律框架下,制定了《电子商业汇票业务管理办法》等一系列制度,并对《支付结算办法》涉及的商业汇票有关规定进行了必要的调整。

虽然相关的法律规章正陆续颁布施行,但是总体来看,我国的电子支付法制体系还处于雏形阶段,单行法律仅有一部《电子签名法》,《电子银行法》与《电子商务法》尚未出台,而对具体电子支付业务的规范层级也仅限于部门规章,且现有的规章并未覆盖所有的业务形态。相关法律的空白与滞后,给支付行为的安全与稳定带来了诸多法律问题,也使电子支付市场的主要参与者——商业银行面临一些法律风险,如电子支付法律关系中的归责原则、银行与第三方支付平台的法律关系、银行在电子支付中承担怎样的民事责任及承担责任的方式、银行如何有效使用电子证据等。

目前,从人民银行的态度来看,是积极推进电子票据使用的,但其中的一个重要问题不仅仅是如何从表层上消除电子票据交易的法律障碍,而是如何使人们消除对电子票据行为的可预见性、确定性和安全性的担忧从而建立起对电子票据的信心或信赖。[①] 但是,由于我国"电子票据"的实践才刚刚起步,实践中实际出现的法律纠纷案件尚无,成功经验也未得到总结,因此,建议暂缓《电子票据法》的立法,可先修改现行的票据法。详而之,一是建议在《票据法》第 2 条增加 1 款,作为第 3 款:"电子票据适用本法规定,法律、行政法规另有规定的,从其规定。"二是建议《票据法》第 4 条第 2 款修改为:"持票人行使票据权利,应当按照法定程序在票据上签章,并按规定出示票据",解决该法没有承认票据的电子载体问题。三是建议《票据法》第 7 条增加 1 款:"电子签名必须符合有关法律规定",从而在票据法中承认了电子签名的有效性。四是制定专门的电子票据法律制度及配套规定。[②]

三、中国票据法的未来和展望

(一)期待《票据法》的修改

我国票据法如果以 1995 年《中华人民共和国票据法》的颁布为标志,之前的表现应该是以银行的部门规章和个别地方性法规所引导的票据实践为主,真正的理论研究开始于这部法律和一些配套法规颁行之后,而这部法律错误过多在某种程度上激发了学者们的研究热情,成果已经全面覆盖了票据法的制度和理论。如票据法的理念——针对票据无因性等问题,票据法的立法政策——增加商业本票等问题,和太多太多的立法技术上的检讨等,也包括将权利外观理论成文化解决各票据法对非常态票据移转法律漏洞的问题。所以,中国票据法的下一步发展亟待全面修改现行的《票据法》。

现行的《票据法》问题很多,有几个主要原因:一是我国票据实践的断层,即新中国成立后国家实行计划经济,在国内逐渐废除了几种票据的使用。缺乏对实践的认识,立法者对票据法的规则把握容易出现偏差。二是 20 世纪 90 年代开始票据法立法活动时我国票据法研究基础的薄弱。一部法律的制定,没有很好的理论研究基础是很难保证其质量的。当时,除谢怀栻、姜建初等人的几部票据法著作外,基本上看不到稍有分量的票据法论文的发表。更为可惜的是仅有的几位票据

---

① 刘满达:《论电子票据适用票据法的可行性》,载《法学》2017 年第 6 期。

② 侯双梅:《借鉴国际经验完善我国电子票据法律制度》,载《金融法制》2010 年第 5 期。

法权威竟没能直接参与票据法的立法活动。三是现行《票据法》制定当时，我国实行的是有计划的商品经济，计划经济无论是从观念上还是制度上都还有着强大的影响力，作为市场经济规则的票据法不得不顾及变革时期的经济需求，造成票据法一些具体制度的扭曲。

经过二十几年的研究，我国票据法学者已经能够把握票据法的基本理论问题，希望尽快把《票据法》的修改纳入立法轨道已经成为学者们——包括实务界的共识。2010年和2012年，在上海和哈尔滨已经成功举办了两次关于现行《票据法》修改的全国性专门会议，会议以《票据法》学者为主，同时邀请了银行、法院、检察院等实务界的人士，对《票据法》修改的指导思想、立法政策，以及具体条文的修改进行了深入细致的讨论并形成了对《票据法》修改极具参考价值的研讨成果。特别是，经过几十年的发展，我国的市场经济日渐成熟，制定现行《票据法》的社会背景发生了巨大的变化，我们没有理由再抱残守缺。

如果说，这部《票据法》当时会出现许多错误主要是因为我国大陆票据实践断层和票据法研究基础的薄弱，那么到了今天无论是市场经济本身，还是理论研究的成熟度都发生了极大的变化，这部在当时既已错误多多的法律，更产生了不得不修改的必要。而且，票据是现代化支付工具，从先进国家之经济发展过程来观察，使用票据或信用卡等进步支付工具之程度，必然与其经济发展成正比，没有一个现代化国家，可以长期任其进步的经济和落后的支付制度并存。[①]

一旦《票据法》修改完成，新一轮针对新票据法的研究又会带来票据法研究成果的繁荣期。

(二)纸质票据和电子票据并存的时代到来

随着现代社会计入电子时代，电子票据抢夺传统纸质票据的局面已经开始，一段时期，纸质票据和电子票据都会有各自的发展。

社会的变迁，纸质票据一定会让渡一部分市场于电子票据。纸质票据应有自己的发展方向。传统纸质票据的支付结算功能将会迅速被便捷的电子支付方式替代，电子票据将率先从这一领域发展。但是，传统并不会轻易被取代，纸质票据在信用功能和融资功能方面仍有相当的作为。近些年，中国经济的快速发展，中小企业融资难的现象突出，民间借贷乱象丛生，发达地区买卖票据的现象十分活跃，票据已成为这些地区的重要融资手段。但是，《票据法》第10条等条文的存在，天然地限制了融通票据的使用，实践中的票据融资已经突破这个限制反映了市场对票据法的自然需求。但是，因为现行《票据法》的缺陷，目前利用票据融资的行为已经有很多偏离票据法原理的现象发生，甚至银行管理部门将转贴现、再贴现视为合同

① 李开远：《票据法理论与实务》，台湾五南图书出版股份有限公司2004年版，封底。

行为而不是票据行为，导致纠纷发生解决规则的适用违背法律规律。如何恢复票据法的本源，并结合中国经济发展的需求，将票据法的信用和融资功能发扬光大是未来纸质票据的发展方向。

电子票据虽然是个新生事物，但是接受它并逐步在法律制度上给予完善是我们无法回避的。在我国，电子票据的发展还面临这样一些问题：第一，电子票据法律体系有待健全。一是核心法律缺失，《票据法》暂无关于电子票据的法律设计和安排。二是电子票据领域法律规范层级偏低。三是与其他领域法律法规存在冲突，如印花税无法在电子票据上操作，《刑法》中尚未针对电子票据网络违法行为设定罪名。第二，法律责任分配有待修正。如电子票据侵权适用过错责任原则意味着举证责任将由被侵权人承担，面对技术专业要求高的各类设备、系统，一般社会公众很难做到证据收集和整理。第三，电子票据反洗钱机制有待完善。第四，电子设备故障法律责任如何确定等等。[①] 但是，电子网络时代的学者有这样的智慧去面对并解决这些已有的和不断发生的一切问题，特别是新生代的学者，电子票据带来的挑战更会体现研究者的时代价值。

---

① 卢家瑜等：《电子票据法律问题研究》，载《金融纵横》2018年第1期。

后记

赵旭东(中国政法大学教授、博士生导师):第一章;

李建伟(中国政法大学教授,博士生导师):第二章;

吴　弘(华东政法大学教授、博士生导师):第三章;

季奎明(华东政法大学副教授):第四章第一节;

唐　波(华东政法大学教授、博士生导师):第四章第二节;

韩长印(上海交通大学法学院凯原特聘教授,博士生导师)、张玉海(上海师范大学哲学与法政学院讲师,法学博士):第五章;

樊启荣(中南财经政法大学法学院教授、博士生导师):第六章;

董惠江(黑龙江大学法学院教授、博士生导师):第七章。

以下研究生和博士研究生参与了本书资料的收集与整理工作:

第二章:博士研究生毛快、孟宪贵、李晓明,研究生李亚超、梁正超、何秉泽、叶一丁、覃亚莉、熊梦西、王巍阳、席茜、刘辉君、黄秋月、韩庆玺;

第三章:博士研究生桂祥,硕士研究生库亚芳、陈沛、陈天旸、陈超俊、曾曾;

第四章第二节:研究生黄骜、杜凯、胡仕炜、夏雯雯、张韬、夏文涛、易慧。

此外,硕士研究生裴任、辛海平、马颖洁、吕祎曼、庄紫婷、于雅慧、赵怡琳、赵清斌协助本书主编完成了全书的审稿和统稿工作。